Die Grundbuchsachen
in der gerichtlichen Praxis
einschließlich Aufwertung der Grundstückspfandrechte

Von

Dr. A. Brand und **Dr. L. Schnitzler**
Landgerichtspräsident Ministerialdirektor

Vierte
verbesserte und vermehrte Auflage

Springer-Verlag Berlin Heidelberg GmbH 1928

ISBN 978-3-662-40794-3 ISBN 978-3-662-41278-7 (eBook)
DOI 10.1007/978-3-662-41278-7
Softcover reprint of the hardcover 4th edition 1928

Vorwort zur ersten bis dritten Auflage.

Das vorliegende, in erster Linie für das preußische Rechtsgebiet bestimmte Handbuch will allen mit Grundbuchsachen befaßten Behörden, Beamten und Privatpersonen ein Hilfsmittel für die Praxis des täglichen Lebens sein. Der jüngere Praktiker wird durch die in knapper Form gehaltene systematische Darstellung einen schnellen Überblick gewinnen über den in zahllosen Gesetzen, Verordnungen und Verfügungen zerstreuten Stoff. Auch wird er durch die mannigfaltigen, in die Darstellung eingeflochtenen Beispiele von Anträgen, Verhandlungen und Verfügungsentwürfen dem Verständnisse der schwierigen Materie nähergebracht werden. Dem Grundbuchrichter, Rechtspfleger und Notar wird die eingehende Berücksichtigung der Entscheidungen der obersten Gerichtshöfe willkommen sein; die gerade auf dem Gebiete des Grundbuchrechts gewaltig angewachsene oberstrichterliche Rechtsprechung, besonders die des Kammergerichts, ist bis in die neueste Zeit mit tunlichster Vollständigkeit in der Darstellung verarbeitet.

Die Rücksicht auf die Bedürfnisse der Praxis ließ es auch erforderlich erscheinen, die beurkundende Tätigkeit des Grundbuchamtes, seine Tätigkeit im Zwangsversteigerungs-, Konkurs-, Enteignungs- und agrarrechtlichen Auseinandersetzungsverfahren, sowie endlich die das Grundbuchwesen berührenden Teile des ehelichen Güterrechts und des Erbrechts in den Kreis der Betrachtung zu ziehen.

Die besondere Berücksichtigung der dem Grundbuchführer obliegenden Geschäfte läßt das Buch auch zur Benutzung für die Beamten der Geschäftsstelle geeignet erscheinen.

Nachdem die erste Auflage des Buches i. J. 1904, die zweite Auflage i. J. 1921 erschienen war, ergab sich wenige Jahre später das Bedürfnis nach einer weiteren Auflage.

Hierbei mußte auch die Aufwertung der Grundstückspfandrechte (insbesondere der Hypotheken- und Grundschulden) wegen ihrer Wichtigkeit in einem besonderen Abschnitt am Ende des Buches ausführlich behandelt werden. Die schwierigen gesetzlichen Bestimmungen sind durch zahlreiche Beispiele von Anträgen und Eintragungsverfügungen erläutert worden; die bisher erlassenen Durchführungsbestimmungen und die einschlägige oberstrichterliche Rechtsprechung sowie das wichtigste Schrifttum sind berücksichtigt. Besonderer Wert ist auf die Behandlung der grundbuchtechnischen Fragen gelegt, die weder in den Durchführungsbestimmungen noch auch in dem bisher erschienenen Schrifttum in einem dem praktischen Bedürfnisse genügenden Maße berücksichtigt worden sind. Auf diese Weise ist allen im Grundbuchverkehr mit der Aufwertung befaßten behördlichen und privaten Stellen ein praktisches Hilfsmittel an die Hand gegeben.

Sonstige Abschnitte des Buches mußten völlig umgearbeitet oder weitgehend ergänzt oder verändert werden, da Gesetzgebung und Rechtsprechung der letzten Jahre eine besonders lebhafte Tätigkeit entwickelt haben.

Der Abschnitt über das vielfach geänderte Kosten-, Stempel- und Steuerwesen mußte eingehender dargestellt werden; vor allem mußte hinsichtlich der Grunderwerb- und Wertzuwachssteuer der jetzige Rechtszustand klargestellt werden. Ferner bedurften die Abschnitte über die statistischen Nachweisungen, Steuermitteilungen usw. einer vollständigen Umarbeitung.

In dem die Vertretung der Beteiligten behandelnden Abschnitt brachten die für die evangelischen Landeskirchen und die katholische Kirche im Jahre 1924 erlassenen Gesetze erhebliche Veränderungen.

Auch im übrigen ist kaum ein Teil des Buches unverändert geblieben.

Auf Wunsch zahlreicher Praktiker ist im Anhang das amtliche Grundbuchformular abgedruckt worden.

Duisburg und Berlin, im April 1926.

A. Brand. L. Schnitzler.

Vorwort zur vierten Auflage.

Die dritte Auflage war bereits im Herbst 1927 vollständig vergriffen. Bei Bearbeitung der vierten Auflage sind zahlreiche Abschnitte durch inzwischen ergangene Gesetze, Verordnungen und Entscheidungen geändert worden. Hierbei konnte verschiedenen Wünschen, die aus dem Kreise der Benutzer des Buches bezüglich des Inhalts der Darstellung geäußert worden waren, Rechnung getragen werden. Die Unterzeichneten haben die gegebenen Anregungen und das hierdurch bekundete Interesse dankbar begrüßt.

Der Abschnitt über das Kosten- und Stempelwesen ist auf Wunsch der Praxis unter dankenswerter Mithilfe des Herrn Bezirksrevisors Rechnungsrats Sicora in Duisburg erheblich ausführlicher als bisher behandelt worden; dabei sind Fingerzeige zur Ersparung unnötiger Kosten gegeben worden.

Besonders durchgreifende Änderungen und Ergänzungen hat naturgemäß der Aufwertungsabschnitt erfahren, da seit dem Erscheinen der dritten Auflage das Aufwertungsrecht durch Rechtsprechung und Schrifttum erheblich weiter entwickelt worden ist.

Wir übergeben die vierte Auflage der Öffentlichkeit mit der Bitte, uns auch weiterhin durch Hinweise, Ratschläge und Anregungen zu unterstützen.

Duisburg und Berlin, im Mai 1928.

A. Brand. L. Schnitzler.

Inhaltsverzeichnis.

Seite

Erster Abschnitt.

Die Verfassung der Grundbuchämter.

Zweiter Abschnitt.

Die Einrichtung des Grundbuchs.

Dritter Abschnitt.

Die Eintragungen in das Grundbuch.

I. Die allgemeinen Vorschriften.

A. Voraussetzungen der Eintragungen im allgemeinen.

1. Der Antrag.

Vierter Abschnitt.

Die Beschwerde in Grundbuchsachen.

Fünfter Abschnitt

Die beurkundende Tätigkeit des Grundbuchamts.

Sechster Abschnitt.

Vertretung der Beteiligten im Grundbuchverfahren.

I. Die Bevollmächtigung.

II. Die gesetzliche Vertretung.

A. Die gesetzliche Vertretung natürlicher Personen.

B. Die gesetzliche Vertretung juristischer Personen.

Genehmigung von Aufsichtsbehörden.

C. Religionsgesellschaften, Schulen, Juristische Personen.

D. Vertretung der Handelsgesellschaften.

Siebenter Abschnitt.

Eheliches Güterrecht und erbrechtliche Verhältnisse im Grundbuchverfahren.

A. Eheliches Güterrecht.

B. Stellung der Erben im Grundbuchverfahren.

Achter Abschnitt.

Die Tätigkeit des Grundbuchamts in besonderen Fällen.

Neunter Abschnitt.

Die Aufwertung der Grundstückspfandrechte.

Abkürzungen.

a. a. O. = am angegebenen Orte.
Abs. = Absatz.
a. E. = am Ende.
AG = Preußisches Ausführungsgesetz.
AGGBO = Ausführungsgesetz zur Grundbuchordnung.
AGGVG = Ausführungsgesetz zum Deutschen Gerichtsverfassungsgesetze.
AV = Allgemeine Verfügung.
AllgVfg (ohne Datumzusatz) = Allgemeine Verfügung vom 20. November 1899 zur Ausführung der Grundbuchordnung (JMBl S. 349).
ALR = Allgemeines Landrecht für die Preußischen Staaten.
A.M. = anderer Meinung.
Anm. = Anmerkung.
Art. = Artikel.
AwG = Aufwertungsgesetz vom 16. Juli 1925 (RGBl I S. 117).
Bd. = Band.
Bek. = Bekanntmachung.
Bem. = Bemerkung.
Beschl. = Beschluß.
BGB = Bürgerliches Gesetzbuch.
Buko = Personal- und Dienstordnung für das Büro der preuß. Justizbehörde v. 1. 3. 1928 (JMBl S. 173).
D. Jur.Ztg. = Deutsche Juristen-Zeitung, begründet von Laband, Stenglein und Staub, herausgegeben von Liebmann.
DurchfV = Durchführungsverordnung zum AwG vom 29. November 1925 (RGBl. I S. 392).
EG = Einführungsgesetz.
EGBGB = Einführungsgesetz zum Bürgerlichen Gesetzbuch.
Entsch = Entscheidung.
Erl = Erlaß.
FGG = Reichsgesetz über die Angelegenheiten der freiwilligen Gerichtsbarkeit.
GBO = Grundbuchordnung.
Ges = Gesetz.
GeschO = Geschäftsordnung für die Geschäftsstellen der Amtsgerichte vom 18. Februar 1914 (JMBl. S. 197), in der zum 1. März 1915 gültigen Fassung erschienen im Verlag Hermann Sack, Berlin W 35.
GS = Pr. Gesetzsammlung.
Güthe = Güthe-Triebel, Kommentar zur GBO, 4. Aufl.
GVG = Gerichtsverfassungsgesetz in der Fassung der Bekanntmachung vom 22. März 1924 (RGBl S. 299), geändert durch Gesetz vom 13. Februar 1926 (RGBl I S. 99) und durch Gesetz zur Änderung der Bezeichnungen „Gerichtsschreiberei", „Gerichtsschreiber" und „Gerichtsdiener". Vom 9. Juli 1927 (RGBl I S. 175).
H. = Heimstätte.
HGB = Handelsgesetzbuch.
HRR = Beilage der Ztschr JurRdsch „Die Rechtsprechung", ab 1. Januar 1928 genannt „Höchstrichterliche Rechtsprechung".
JFG = Jahrbuch für Entscheidungen in Angelegenheiten der freiwilligen Gerichtsbarkeit und des Grundbuchrechts, herausg. von Ring.
JMBl = Preußisches Justizministerialblatt.
JMV = Verfügung des Preußischen Justizministers.

JurRdsch = Juristische Rundschau.
JW = Juristische Wochenschrift.
KGJ = Jahrbuch für Entscheidungen des Kammergerichts, herausgg. von Johow und Ring.
KGJMBl = Entscheidung des KG, mitgeteilt im JMBl.
KabO = Kabinettsorder.
KG = Kammergericht.
KO = Konkursordnung.
Kübler = Kübler-Beutner „Die Auflösung der Familiengüter in Preußen" (Carl Heymanns Verlag, 1927).
LStG = Preußisches Stempelsteuergesetz in der Fassung der Bekanntmachung vom 27. Oktober 1924 (GS S. 627).
MBldiV. = Preußisches Ministerialblatt der inneren Verwaltung.
Motive = Motive z. d. Entwurf eines Bürgerlichen Gesetzbuchs f. d. Deutsche Reich.
PrFGG = Preußisches Gesetz über die freiwillige Gerichtsbarkeit.
PrGBO = Preußische Grundbuchordnung vom 5. Mai 1872.
PrGKG = Preußisches Gerichtskostengesetz in der Fassung der Bekanntmachung vom 31. Oktober 1922 (GS S. 363), abgeändert durch Art. I des Ges. vom 12. April 1923 (GS S. 107) und Art. VI der Vdg vom 18. Dezember 1923 (GS S. 556).
RG = Entscheidungen des Reichsgerichts in Zivilsachen.
RGBl = Reichsgesetzblatt.
RFH = Entsch. des Reichs-Finanzhofs.
RH = Reichsheimstätte.
RHE = Reichsheimstätteneigenschaft.
RHV = Reichsheimstättenvermerk.
Ring = Die Rechtsprechung in Aufwertungssachen, herausgegeben von Ring. Zusatz S bedeutet Sonderheft.
Rspr. siehe unter HRR.
RStG = Reichsstempelgesetz vom 3. Juli 1913 (RGBl S. 544) in der Fassung der Bekanntmachung des Reichskanzlers vom 2. August 1913 (RGBl S. 639), abgeändert durch RGes vom 17. Juni 1916 (RGBl S. 555), vom 8. April 1917 (RGBl S. 329) und vom 26. Juni 1918 (RGBl S. 799).
RVO = Reichsversicherungsordnung vom 15. Dezember 1924 (RGBl S. 779), das dritte, fünfte und sechste Buch i. d. Fassung der Bekanntmachung vom 9. Januar 1926 (RGBl I S. 9).
RVfg = Rundverfügung des preuß. Justizministers.
Schlegelberger = Schlegelberger, Die Gesetze über die Angel. der fr. G., 3. Aufl. (Carl Heymanns Verlag, 1927.)
S. = Seite oder Sonderheft (in Verbindung mit Ring).
str. = streitig.
V. = Verfügung.
Vdg = Verordnung.
Vdg (ohne Zusatz) = Verordnung, betr. das Grundbuchwesen vom 13. November 1899 (GS S. 519).
VO = Vergleichsordnung vom 5. Juli 1927 (RGBl. I S. 139).
Volkswohlfahrt = Amtsblatt des Ministeriums für Volkswohlfahrt.
WO = Allgemeine Deutsche Wechselordnung.
Z.Bl. f. fr. Ger. = Zentralblatt für freiwillige Gerichtsbarkeit, Notariat und Zwangsversteigerung, herausgg. von Lobe.
ZPO = Zivilprozeßordnung in der Fassung der Bekanntmachung vom 13. Mai 1924 (RGBl I S. 437).
ZwAV = Zwangsauflösungsverordnung.
ZwVG = Gesetz über die Zwangsversteigerung und die Zwangsverwaltung.

Erster Abschnitt.

Die Verfassung der Grundbuchämter.

§ 1. Die Grundbuchbeamten.

Die für die Führung der Grundbücher zuständigen Behörden sind die Grundbuchämter. § 1 GBO. Die Verrichtungen der Grundbuchämter werden in den einzelnen Ländern von verschiedenen Beamten oder Behörden wahrgenommen. In Preußen sind die Grundbuchsachen den Amtsgerichten zur Bearbeitung überwiesen[1]. Art. 1 AGGBO.

Die Bearbeitung der Grundbuchsachen liegt bei den Amtsgerichten dem Richter und dem Grundbuchführer ob. Art. 4 AGGBO. Die den festangestellten Richtern eines Amtsgerichts obliegenden Grundbucharbeiten können auch Gerichtsassessoren übertragen werden. §§ 3, 4 AGGVG. Desgleichen können andere Personen, die die Befähigung zum Richteramt erworben haben (Ges v. 23. März 1926, GS S. 99 und 4. Juli 1927, GS S. 126; es tritt am 1. Oktober 1928 außer Kraft), sowie Referendare, die im Vorbereitungsdienste seit mindestens einem Jahr und drei Monaten beschäftigt sind, im Falle des Bedürfnisses durch die Justizverwaltung mit der zeitweiligen Wahrnehmung der dem Richter obliegenden Grundbuchgeschäfte beauftragt werden. § 2 AGGVG. Es kann aber auch den Referendaren, die jene Vorbereitungszeit von mindestens einem Jahr und drei Monaten hinter sich haben, durch den Richter, dem sie zur Ausbildung überwiesen sind, die selbständige Erledigung einzelner grundbuchrichterlicher Geschäfte übertragen werden. Von dieser Vorschrift soll aber nur hinsichtlich der Abhaltung von Terminen Gebrauch gemacht werden. JMV v. 9. Dez. 79 (JMBl S. 466). Jedoch ist die Übertragung von Grundbuchgeschäften an Referendare überhaupt nicht empfehlenswert; es erscheint unangemessen, jungen unbesoldeten Beamten die Grundbuchgeschäfte, bei denen es sich meist um erhebliche Werte handelt, zur Bearbeitung unter eigener Verantwortlichkeit zu überlassen.

Die Geschäfte des Grundbuchführers gehören zu denen des schwierigeren Bürodienstes (Arbeitsrate A) § 32 II Ziff. 19 Buko vom 1. März 1928; doch können sie im Falle notwendiger Vertretung auch von Beamten des einfacheren Bürodienstes wahrgenommen werden. § 31 Abs. 2 Buko.

[1] Dennoch ist das Grundbuch nicht ein „Gericht" (s. JFG 4 271).

Der mit den Amtsobliegenheiten eines Grundbuchführers zu beauftragende Urkundsbeamte der Geschäftsstelle wird vom Aufsichtsrichter durch schriftliche Anordnung bestimmt. § 1 Nr. 1 und 4 GeschO.

Nach der AV vom 9. November 1910 (JMBl S. 393) und vom 31. Juli 1920 (JMBl S. 407) hat der Bürobeamte bei den dem Richter obliegenden schriftlichen Arbeiten durch Entwürfe Hilfe zu leisten. Für die Bearbeitung der Grundbuchsachen kommen folgende Geschäfte in Betracht:

a) ohne besondere Anordnung:

1. Verfügungen betr. Eintragung und Löschung von Konkurs-, Zwangsversteigerungs- und Zwangsverwaltungsvermerken,

2. Verfügungen zur Erhaltung der Übereinstimmung zwischen Grundbuch und Steuerbuch,

3. Verfügungen auf Anträge betr. Erteilung von Abschriften,

4. Antworten auf Anfragen über den Inhalt des Grundbuchs;

b) auf Anweisung des Richters:

Vorbereitung einfacherer Verhandlungen zu Auflassungen, zu Bestellungen, Abtretungen, Löschungen von Hypotheken usw. einschl. der Beurkundung von Schuldverschreibungen und Quittungen, zu Bewilligungen der Eintragung von Grunddienstbarkeiten, Pfandentlassungen, zu Erklärungen über Vorrechtseinräumungen.

c) auf besondere Anordnung der Aufsichtsbehörde (Landgerichtspräsidenten), wobei dem Oberlandesgerichtspräsidenten bei längerer als dreimonatiger Dauer Anzeige zu erstatten ist:

1. Verfügungen zur Anpassung der Grundbuchblätter an das neue Formular und zur Umschreibung unübersichtlicher Grundbuchblätter,

2. einfachere Verfügungen auf Eintragungsanträge.

Der Grundbuchrichter kann sich ferner der Hilfe der Kanzlei bedienen zur Übertragung umfangreicherer Eintragungen von einer Tabelle in die andere im Falle des Verfügens unter Verweisung auf die Tabelle.

Auch der Grundbuchführer kann nach Maßgabe der Nr. 7 und 8 der AV v. 9. November 1910 durch die Kanzlei entlastet werden. (AV v. 21. August 1920, JMBl S. 446.) Für die Grundbuchsachen kommt namentlich die Eintragung in die Grundbuchtabellen in Betracht. Der Vorstand der Behörde hat die Zeitdauer dafür nach Vorschrift der AV v. 9. Oktober 1913 (JMBl S. 384) zu bestimmen. Von jeder Festsetzungsverfügung eines aufsichtsführenden Amtsrichters ist dem Landgerichtspräsidenten eine Abschrift einzureichen. Auf den Präsidenten des Amtsgerichts Berlin-Mitte findet diese Vorschrift keine Anwendung.

Ist ein Amtsgericht nur mit einem Richter besetzt, so bearbeitet dieser die Grundbuchsachen. Bei den mit mehreren Richtern besetzten Amtsgerichten werden die Grundbuchsachen entweder nach örtlich abgegrenzten Bezirken unter zwei oder mehrere Amtsrichter verteilt, oder sie werden sämtlich einem Richter zur Bearbeitung übertragen. Die Übertragung der

Grundbuchgeschäfte auf einen oder mehrere Richter erfolgt durch das Präsidium (nicht etwa durch den Präsidenten) des Landgerichts im voraus auf die Dauer eines Geschäftsjahres, das mit dem Kalenderjahr übereinstimmt. § 23 AGGVG.

Bei dem Amtsgericht in Lobau, das mit drei Amtsgerichtsräten besetzt ist, ist den Amtsgerichtsräten Schmidt und Schultze die Bearbeitung der Grundbuchsachen für das Geschäftsjahr 1928, d. h. vom 1. Januar bis 31. Dezember 1928, in der Weise übertragen, daß Schmidt die Grundbuchsachen aus der Stadt Lobau, Schultze dagegen die Grundbuchsachen aus den ländlichen Bezirken des Amtsgerichts zu bearbeiten hat. Das Präsidium des Landgerichts in Kronthal hat im voraus bestimmt, daß sich in Grundbuchsachen für das Geschäftsjahr 1928 die beiden Richter Schmidt und Schultze wechselseitig vertreten, und daß, wenn sie beide verhindert sein sollten, der dritte Richter, Amtsgerichtsrat Müller, sie in ihren Geschäften, also auch in Grundbuchsachen, vertrete. Sollten alle drei Richter behindert sein, so sollen nach Anordnung der Justizverwaltung[1] die Richter des benachbarten Amtsgerichts Felsheim die Vertretung übernehmen. § 24 AGGVG. Das Landgericht in Kronthal könnte in besonderen Fällen aus praktischen Gründen die Erledigung der Grundbuchsachen auch einem anderen Amtsgericht übertragen. § 24 Abs. 3 AGGVG.

Würde der Amtsgerichtsrat Schultze eine ihm nach der Geschäftsverteilung nicht zustehende Grundbuchsache bearbeiten, z. B. die Eintragung einer Hypothek auf ein Grundstück der Stadt Lobau verfügen, so würde dennoch die Eintragung der Hypothek gültig sein, weil die Geschäftsverteilung nur das Arbeitsverhältnis der Richter untereinander regelt, nach außen aber, dem Publikum gegenüber, bedeutungslos ist. Eine Ausnahme gilt nur für die Beurkundung des Zeitpunktes der Eingänge, vgl. unten § 43.

Die AV v. 28. Mai 1923 (JMBl S. 401) zur Ausführung des Reichsgesetzes zur Entlastung der Gerichte vom 11. März 1921 (RGBl S. 229) und des preuß. Gesetzes betr. die Übertragung richterlicher Geschäfte in Grundbuchsachen auf die Urkundsbeamten der Geschäftsstelle vom 14. Dez. 1920 (GS 1921 S. 75) — Entlastungsverfügung — i. d. Fassung der AV vom 18. Dez. 1925 (JMBl S. 426), geändert durch AV v. 17. und vom 20. April 1926 (JMBl S. 155 und 159), v. 28. Januar 1927 (JMBl S. 24) u. 25. Februar 1928 (JMBl S. 117) und neu gefaßt am 1. März 1928 (JMBl S. 140) gestattet die Beauftragung gewisser Beamten des mittleren Dienstes als Rechtspfleger mit der selbständigen Erledigung richterlicher Geschäfte in Grundbuchsachen. Voraussetzung ist zunächst die Entscheidung des Landgerichts- (Amtsgerichts-)präsidenten, ob und in welchem Umfange eine Entlastung des Grundbuchrichters eintreten soll. Zur selbständigen Wahrnehmung geeignet sind (§ 23ff. a. a. O.):

a) Das Unterschreiben der vom Richter verfügten Eintragungen und der Hypotheken-Grundschuld- und Rentenschuldbriefe, sowie der beglaubigten Abschriften aus dem Grundbuch und der Vermerk auf den Briefen[2],

[1] Eine solche Anordnung ist gesetzlich nur vorgeschrieben, wenn das betreffende Amtsgericht nur mit einem Richter besetzt ist. § 24 AGGVG Abs. 2 Satz 2. Sie wird vom Oberlandesgerichtspräsidenten erlassen (AV vom 19. Juli 1915, JMBl S. 136).

[2] Vollzieht der Rechtspfleger statt des Richters die Unterschriften unter den Eintragungen im Grundbuch und unter den beglaubigten Abschriften, Briefen

b) die Beurkundung der der Form des § 29 GBO bedürfenden Eintragungsbewilligungen und der sonstigen zur Eintragung erforderlichen Erklärungen, sowie die Entgegennahme von Auflassungen, und zwar einschließlich der folgenden regelmäßig damit verbundenen Beurkundungen: der Schuldurkunden, der Unterwerfung unter die sofortige Zwangsvollstreckung aus der Urkunde, der Abtretungs- und Verpfändungserklärungen sowie der Empfangsbescheinigungen. Ausgenommen sind die Beurkundungen und Auflassungen in den Fällen, in denen gewisse schwierige Rechtsverhältnisse (§ 26 a. a. O.) vorliegen, sowie in den Fällen, in denen es sich um Grundstücke außerhalb des Amtsgerichtsbezirks handelt,

c) die Verfügungen betreffend Eintragung und Löschung auf Ersuchen einer zuständigen Behörde,

d) die regelmäßigen Verfügungen zur Erhaltung der Übereinstimmung zwischen Grundbuch und Steuerbuch einschließlich der Fortschreibungen, die eine Zerlegung der Parzelle und eine Zusammenfassung mehrerer Parzellen enthalten.

Ausgenommen sind Fortschreibungen, die eine Grenzveränderung unter Berichtigung eines materiellen Irrtums enthalten,

e) die Erledigung von Anträgen auf Erteilung von Abschriften und auf Bescheinigungen über den Inhalt des Grundbuchs oder der Grundakten sowie auf Rückgabe von Urkunden,

f) die Antwort auf Anfragen über den Inhalt des Grundbuchs,

g) die Entscheidung auf Anträge betr. Gestattung der Einsicht des Grundbuchs und der Grundakten,

h) die Entscheidung über Versendung von Grundakten an andere Behörden und die Überwachung der Rücksendung.

Der Landgerichtspräsident (Amtsgerichtspräsident) kann die Entlastung für einen beliebigen Teil der bezeichneten Geschäfte oder auch für alle diese Geschäfte anordnen. Er kann außerdem die Entscheidung über Eintragungsanträge einfacherer Art als zur selbständigen Wahrnehmung durch den Rechtspfleger geeignet bezeichnen, ferner auch die Entscheidung auf alle Eintragungsanträge, soweit sich nicht der Richter die Entscheidung im Einzelfalle vorbehält. Soweit die Entscheidung auf Eintragungsanträge als geeignet bezeichnet ist, erstreckt sich die Befugnis des Rechtspflegers auch auf die Bildung der Hypotheken-Grundschuld- und Rentenschuldbriefe. Die Entscheidung auf Eintragungsanträge, die auf Grund des Industriebelastungsgesetzes vom 30. August 1924 (RGBl II

---

und Vermerken, so unterzeichnet als Grundbuchführer ein zweiter Bürobeamter oder ein vom Behördenvorstand ermächtigter Büroangestellter oder Kanzleibeamter oder Kanzleiangestellter. Diesen Personen kann auch die Vornahme der Eintragung übertragen werden. Diese Regelung gilt im Falle notwendiger Aushilfe auch dann, wenn der Richter die Eintragungen im Grundbuch mitunterschreibt. JM 20. und 21. April 1926 (JMBl 1926 S. 155, 159).

S. 257) sowie der zu diesem Gesetz ergangenen Durchführungsverordnungen gestellt werden, kann nicht als geeignet bezeichnet werden. Das gleiche gilt von den Entscheidungen auf Eintragungsanträge auf Grund des Aufwertungsges. v. 16. Juli 25 (RGBl I S. 117) und der dazu ergangenen Durchführungsverordnungen, soweit es sich nicht handelt

1. um die Eintragung des Widerspruchs auf Grund des § 8 AwG.;
2. um die Eintragung der Widersprüche gemäß § 16 Art. 2 u. 3 und § 31 AwG.

Die Entscheidung über die Eintragung von Widersprüchen gemäß §§ 17, 32, 78 AwG kann nicht als geeignet bezeichnet werden. (§ 24 Abs. 4 EntlV vom 1. März 1928, JMBl 140.)

Die selbständige Wahrnehmung der übertragenen Geschäfte erfolgt nach Maßgabe der Geschäftsverteilung durch Beamte, die die im § 1 Ges vom 18. Dezember 1927 (GS S. 209) vorgesehene Prüfung bestanden haben oder nach § 4 daselbst diesen Beamten gleichstehen.

Den vorbezeichneten Beamten stehen gleich:

a) Beamte, die im richterlichen Vorbereitungsdienst mindestens 6 Monate beschäftigt gewesen sind.

b) Ruhegehalts- und Wartegeldempfänger, die als Bürohilfsarbeiter beschäftigt werden und den in Abs. 1 § 1 AV vom 25. Februar 1928 bezeichneten Beamten in ihrer letzten Stellung im Justizdienst angehörten.

Auch wenn eine Entlastung angeordnet ist, sind die Eingänge, die richterliche Geschäfte betreffen — mit Ausnahme der oben zu d bis h genannten —, einschließlich der Protokolle und Vermerke über mündliche Erklärungen dem Richter vorzulegen. Dieser kann sich die Erledigung im Einzelfalle ganz oder teilweise vorbehalten. Der Richter soll von dem Vorbehalt Gebrauch machen

1. in den Fällen des § 26 a. a. O.,
2. im übrigen dann, wenn nach seinem pflichtmäßigen Ermessen die Sache wegen rechtlicher Schwierigkeiten oder wegen tatsächlicher Verwickelung oder wegen der großen Tragweite der Entscheidung nicht zu den Geschäften einfacher Art gehört.

Der Richter kann auch, soweit eine Vorlegung der Eingänge nicht zu erfolgen hat, sich ausnahmsweise die Erledigung im Einzelfalle vorbehalten.

Der Richter darf sich bei Prüfung der Frage, ob das Geschäft zu den übertragenen gehört sowie ob ein Vorbehalt erfolgen soll, auf die Einsichtnahme des Eingangs und der miteingereichten Urkunden beschränken, es sei denn, daß sich aus ihnen Anlaß zu Zweifeln ergibt; bestehen hiernach keine Bedenken gegen die selbständige Wahrnehmung des Geschäfts durch den Rechtspfleger, so ist der Richter für dessen Ausführung nicht verantwortlich.

Ist ein Geschäft wegen einer Rechtsfrage als schwieriger anzusehen, so kann der Grundbuchrichter bestimmen, wie zu der Rechtsfrage (z. B.

Legitimation) Stellung zu nehmen ist, und im übrigen von dem Vorbehalt absehen; diese Bestimmung ist für den Rechtspfleger bindend, dem nunmehr die weitere Bearbeitung der Sache nach Maßgabe der richterlichen Verfügung obliegt. Innerhalb der durch die Verfügung des Richters gezogenen Grenzen handelt der Rechtspfleger selbständig.

Soweit eine Vorlegung der Eingänge zu erfolgen hat, macht der Grundbuchrichter aktenkundig, daß die Eingänge vorgelegt worden sind, und zwar:

a) bei übertragenen Sachen, die er sich nicht vorbehalten will, durch ein „Gesehen" oder „Ges.",

b) bei übertragenen Sachen, die er sich vorbehalten will und bei nicht übertragenen Sachen durch ein „V." (Vorbehalt). Diesen Vermerken ist Unterschrift oder Namenszeichen mit Tagesangabe beizufügen.

Der Rechtspfleger soll die ihm übertragenen Sachen dem Richter vorlegen:

a) wenn sich rechtliche Schwierigkeiten ergeben,

b) wenn er von einer ihm bekannten Stellungnahme des Grundbuchrichters abweichen will,

c) wenn sich ergibt, daß der Richter sich die Sache nach § 26 vorbehalten soll,

d) wenn sich bei Prüfung eines Eintragungsantrags oder -ersuchens ergibt, daß bereits ein oder mehrere noch nicht erledigte Eintragungsanträge oder -ersuchen vorliegen,

e) wenn die Änderung einer Entscheidung oder Verfügung des Rechtspflegers verlangt wird[1],

f) wenn eine Mitteilung oder Anfrage an eine ausländische Behörde oder ein Bericht an das Justizministerium erforderlich wird.

Bei allen nach außen gehenden Schriftstücken in Angelegenheiten, die dem Grundbuchrichter gesetzlich obliegen, ist als Behörde, von der sie ausgehen, das Amtsgericht zu bezeichnen. Der Unterschrift ist die Amtsbezeichnung des Beamten und g. F. die Eigenschaft als Rechtspfleger beizufügen (also z. B. Amtsgerichtsrat, Justizinspektor als Rechtspfleger). Besteht das übertragene Geschäft in der Aufnahme einer Urkunde, so ist in dieser die Amtsbezeichnung des Beamten sowie seine Eigenschaft als Rechtspfleger anzugeben.

Die Gültigkeit eines vom Grundbuchrichter wahrgenommenen Geschäfts wird dadurch nicht berührt, daß es dem Rechtspfleger zur selbständigen

---

[1] § 2 Abs. 1 des vorerwähnten Gesetzes vom 14. Dezember 1920 (GS 1921 S. 75) hat durch Art. 5 der Vdg vom 9. Dezember 1927, GS S. 204, folgende Fassung erhalten: „Wird die Änderung einer Entscheidung des Urkundsbeamten der Geschäftsstelle in den Angelegenheiten, die ihm auf Grund des § 1 zur selbständigen Erledigung übertragen worden sind, verlangt, so ist die Entscheidung des Gerichts nachzusuchen, dem er angehört".

Erledigung übertragen war. Dagegen hat ein vom Rechtspfleger selbständig wahrgenommenes Geschäft nur dann die Wirksamkeit eines richterlichen Geschäfts, wenn es ihm zur Zeit der Vornahme übertragen war.

§ 2. Ausschließung der Grundbuchbeamten von der grundbuchamtlichen Tätigkeit.

Der Grundbuchrichter ist ebenso wie der Grundbuchführer in Fällen, in denen er selbst beteiligt ist, oder zu einem Beteiligten in nahen Beziehungen steht, von der Ausübung seiner Tätigkeit kraft Gesetzes ausgeschlossen. Hiernach müssen die Grundbuchbeamten ihre Tätigkeit unterlassen in Sachen, in denen sie selbst beteiligt sind, oder in denen sie zu einem Beteiligten in dem Verhältnis eines Mitberechtigten oder Mitverpflichteten stehen, ferner in Sachen ihrer Ehefrauen, auch wenn die Ehe nicht mehr besteht, in Sachen einer Person, mit der sie in gerader Linie oder im zweiten Grade der Seitenlinie verwandt oder verschwägert sind und in Sachen, in denen sie als Vertreter eines Beteiligten bestellt oder als gesetzliche Vertreter eines solchen aufzutreten berechtigt sind. § 2 FGG, Art. 1, 2 PrFGG. Hiernach darf z. B. der Grundbuchrichter oder Rechtspfleger die Eintragung einer Hypothek auf seinem oder seiner Ehefrau Grundstück nicht verfügen und der Grundbuchführer die Eintragung einer Hypothek für sich oder seine Ehefrau nicht vornehmen.

Nehmen die Beamten entgegen diesen Vorschriften Geschäfte vor, so sind diese zwar deshalb nicht ungültig, § 10 GBO, § 7 FGG; es ist aber die Beschwerde im Aufsichtswege zulässig, und die Beamten können unter Umständen disziplinarisch bestraft werden.

An die Stelle des kraft Gesetzes ausgeschlossenen Beamten tritt sein ordnungsmäßiger Stellvertreter.

Die Grundbuchbeamten können sich auch wegen Befangenheit der Ausübung ihres Amtes enthalten; die Ablehnung eines Beamten seitens eines Beteiligten ist nicht angängig.

Insoweit die Grundbuchbeamten als Urkundspersonen tätig werden, kommen die §§ 170 bis 172 FGG in Betracht (vgl. unten § 127). So kann z. B. der Richter, der gesetzlicher Vertreter des Gläubigers ist, nicht eine die Hypothekenbestellung für den Gläubiger enthaltende Urkunde aufnehmen (KGJ **20** A 184), auch nicht eine Vollmacht auf sich selbst beurkunden (KGJ **24** A 6; **36** A 194; **38** A 190), wohl aber kann er die Unterschrift eines Grundstückeigentümers unter der von ihm ausgestellten, die Eintragungsbewilligung enthaltenden Schuldurkunde beglaubigen (KGJ **20** A 184).

Für die Ausschließung und Ablehnung der Gerichtspersonen, die in der Beschwerdeinstanz mit Grundbuchangelegenheiten befaßt werden, kommen die §§ 41 bis 48 ZPO zur entsprechenden Anwendung. § 81 Abs. 2 GBO.

§ 3. Haftung der Grundbuchbeamten für Versehen.

Die Grundbuchbeamten müssen mit peinlichster Sorgfalt ihre Dienstgeschäfte erledigen, da es sich meist um beträchtliche Vermögenswerte handelt und der dem Publikum durch schuldhaftes Verhalten der Grundbuchbeamten erwachsende Schaden regelmäßig ein sehr erheblicher sein wird. Eine Vernachlässigung der Amtspflichten macht die Grundbuchbeamten disziplinarisch und zivilrechtlich verantwortlich.

Ein Anlaß zu disziplinarischem Einschreiten wird nur bei vorsätzlichen und solchen fahrlässigen Amtsverletzungen gegeben sein, die sich, wie z. B. fortgesetzte Verzögerungen, grobe, sich häufende Versehen verschiedenster Art u. dgl., als Dienstvergehen im engeren Sinne darstellen.

Die zivilrechtliche Verantwortlichkeit der Grundbuchbeamten hat neben der vorsätzlichen oder fahrlässigen Verletzung der Amtspflichten zur Voraussetzung, daß einem Beteiligten (vgl. RG **66** 107; **72** 330; **78** 244) ein Schaden entstanden ist, der mit der Pflichtverletzung in ursächlichen Zusammenhang steht. Regelmäßig wird ein Schaden nicht entstehen, da die Versehen von den Beamten selbst oder den Beteiligten meist noch rechtzeitig bemerkt werden und ohne weitere Nachteile richtiggestellt werden können. Auch durch die von Amts wegen zu bewirkende Eintragung eines Widerspruchs gemäß § 54 GBO wird sich nicht selten der Schaden abwenden lassen.

Die Schadensersatzpflicht der Grundbuchbeamten ist in der Weise geregelt, daß an Stelle der schuldigen Beamten dem Verletzten allein der Staat haftet. Der Verletzte kann sich also an den Beamten nicht halten. Nach dem früheren preußischen Grundbuchrechte haftete der Staat nur subsidiär neben dem Grundbuchbeamten. Der jetzige Rechtszustand entspricht der Billigkeit und ist im Interesse des Publikums und der Beamten lebhaft zu begrüßen. Der Beschädigte ist nicht mehr wie früher genötigt, zunächst in oft ergebnislosen Rechtsstreitigkeiten gegen vermögenslose Beamte vorzugehen, sondern er hält sich jetzt unmittelbar an den Staat. Andererseits ist auch der Grundbuchbeamte nicht mehr unbegründeten Entschädigungsansprüchen von Privatpersonen ausgesetzt, sondern er ist nur dem Staate verantwortlich.

Der Staat kann nun aber nicht in allen Fällen, in denen er dem verletzten Dritten zum Ersatze des durch den Beamten verursachten Schadens verpflichtet ist, seinen Rückgriff gegen den schuldigen Beamten nehmen. Nach Art. 8 AGGBO hat der Staat vielmehr ein Rückgriffsrecht gegen den Beamten nur, wenn dieser vorsätzlich oder aus grober Fahrlässigkeit seine Amtspflicht verletzt; trifft den Beamten nur der Vorwurf nicht erheblicher Fahrlässigkeit, so hat der Staat den Schaden allein zu tragen, und der Beamte braucht ihm keinen Ersatz für das dem Geschädigten Gewährte zu leisten. Der Grundbuchbeamte ist also für geringe Fahrlässigkeit zivilrechtlich überhaupt nicht verantwortlich.

Vorsätzliche Amtsverletzungen gehören bei der Zuverlässigkeit des deutschen Beamtenstandes zu den größten Seltenheiten. Versehen kommen natürlich mitunter vor und werden durch Unerfahrenheit, Überlastung des Richters oder eine mißbräuchliche Übung des Grundbuchamts nicht entschuldigt (RG **77** 423). Ob die Versehen als grobe oder geringe zu erachten sind, ist Frage des Einzelfalles. Jedoch werden die meisten Verstöße gerade der zu besonderer Sorgfalt verpflichteten Grundbuchbeamten als grobe zu erachten sein. So wird man z. B. Schreibfehler, unterlassene oder ungenügende Prüfung der Identität, Legitimation und Geschäftsfähigkeit der Beteiligten, Eintragungen ohne die vorgeschriebenen Bewilligungen und Anträge, vorschriftswidrige Nichtmitübertragung eingetragener Rechte auf das für abgezweigte Trennstücke neu angelegte Grundbuchblatt, unrichtige Eingangsvermerke u. a. regelmäßig als auf grober Fahrlässigkeit beruhend ansehen müssen. Andererseits müssen aber auch die in der Individualität des einzelnen Richters liegenden subjektiven Momente berücksichtigt werden. RG „Recht" **22** 107 Nr. 560.

Der Grundbuchrichter ist leichter der Gefahr ausgesetzt, Verstöße zu begehen, als der Grundbuchführer. Denn der Richter hat bei der Aufnahme von Urkunden und der Verfügung von Eintragungen zahlreiche, nicht selten verschiedener Auslegung fähige Vorschriften des materiellen und formellen Grundbuchrechts zu berücksichtigen und trägt für die Richtigkeit, auch wenn er sich der Hilfe eines Referendars oder Bürobeamten bedient hat, die alleinige Verantwortung. Freilich wird nicht jede irrige Rechtsauslegung, besonders wenn es sich um unklare und mehrdeutige Vorschriften handelt, als ein vertretbares Verschulden anzusehen sein. Vgl. RG **57** 279; **59** 383; **60** 392. Die Unkenntnis oder Nichtbeachtung oberstrichterlicher Entscheidungen wird meist als Fahrlässigkeit, ja als grobes Versehen zu erachten sein. Der Grundbuchführer[1] haftet nur dafür, daß die von ihm im Grundbuche bewirkten Eintragungen mit der Verfügung des Richters übereinstimmen, und daß die vom Grundbuchamt ausgestellten Hypotheken-, Grundschuld- und Rentenschuldbriefe vorschriftsmäßig gebildet sind und ebenso wie die nachträglich auf diese gesetzten Vermerke sowie die beglaubigten Abschriften aus dem Grundbuche, mit diesem in Einklang stehen; der Richter haftet in diesen Fällen neben dem Grundbuchführer. Für die Richtigkeit der Beurkundung des Zeitpunktes, in dem ein Schriftstück bei dem Grundbuchamt eingelaufen ist, haftet der Grundbuchbeamte, der den Vermerk auf das Schriftstück gesetzt hat; vgl. unten § 43.

Hervorzuheben bleibt noch, daß der Verletzte nur im Falle vorsätzlicher Verfehlung der Grundbuchbeamten den Staat sofort in An-

[1] Der mit der selbständigen Erledigung richterlicher Geschäfte in Grundbuchsachen beauftragte Rechtspfleger tritt auch hinsichtlich der Verantwortlichkeit an die Stelle des Richters (§ 6 Abs. 3 der Entlastungsverfügung vom 1. März 1928, JMBl S. 140).

spruch nehmen kann. Handelt es sich nur um Fahrlässigkeit des Beamten, so muß der Verletzte sich zunächst auf andere Weise Ersatz zu verschaffen suchen, und erst wenn dieser Versuch mißlingt, kann er gegen den Staat vorgehen. Die Ersatzpflicht des Staates ist jedoch ausgeschlossen, wenn der Verletzte vorsätzlich oder fahrlässig unterlassen hat, den Schaden durch Gebrauch des Rechtsmittels[1] der Beschwerde abzuwenden; überhaupt ist ein Ersatzanspruch nicht gegeben, wenn der Beschädigte die Hauptschuld an dem entstandenen Schaden trägt.

Art. 131 Abs. 1 RV; § 12 GBO, Art. 8 AGGBO, § 839 BGB.

§ 4. Ort der Tätigkeit der Grundbuchbeamten. Gerichtstage und Lokaltermine.

Die Grundbuchsachen werden in der Regel am Sitze des Amtsgerichts, und zwar in dessen Geschäftslokal, in dem sich auch die Grundbücher und Grundakten befinden, bearbeitet. Die Gültigkeit der von den Grundbuchbeamten vorgenommenen Geschäfte wird aber dadurch nicht berührt, daß sie außerhalb der Gerichtsstelle, sei es auf besonderen Gerichtstagen oder sonst an einem innerhalb des Gerichsbezirkes belegenen Orte vorgenommen werden, wenn sie nur ein innerhalb dieses Bezirkes belegenes Grundstück zum Gegenstand haben.

Beim Amtsgericht Lobau wird in jedem Monat ein Gerichtstag in der zu dem Gerichtsbezirke gehörigen Dorfgemeinde Buchhain abgehalten. Diesen Gerichtstag nimmt nach der Geschäftsverteilung abwechselnd der Amtsgerichtsrat Müller und der Amtsgerichtsrat Schultze wahr. Auch an den Gerichtstagen, die vom Amtsgerichtsrat Müller wahrgenommen werden, können in Buchhain Grundbuchsachen bearbeitet werden, obwohl der Amtsgerichtsrat Müller nach der Geschäftsverteilung mit der Bearbeitung von Grundbuchsachen nicht beauftragt ist; denn die auf den Gerichtstagen zu bearbeitenden Sachen werden von der sonstigen Geschäftsverteilung nicht berührt. Zu den Gerichtstagen in Buchhain nimmt der jedesmalige Gerichtstagskommissar die Grundakten derjenigen, zu dem Gerichtsbezirke gehörigen Grundstücke mit, zu denen ein Gesuch um Aufnahme einer Grundbuchverhandlung gestellt ist.

Die Grundbücher selbst dürfen zu den Gerichtstagen nicht mitgenommen werden. Auf dem Gerichtstage werden Anträge und Urkunden, die zu einer Eintragung oder Löschung erforderlich sind, sowie die im § 29 GBO erwähnten mündlichen Anträge und Erklärungen auf Eintragungen oder Löschungen entgegengenommen. JMV 18. Juni 1881 (I 1668). Freilich ist hierbei vorausgesetzt, daß entweder die betreffenden Grundakten zur Stelle sind oder daß sich ihre Einsichtnahme, etwa infolge der Vorlegung von Urkunden durch die Beteiligten, erübrigt. Geeignetenfalls sind die Beteiligten auf den nächsten Gerichtstag zu bestellen. Auf den Gerichtstagen können auch Auflassungen aufgenommen werden, jedoch nur auf Verantwortung der Beteiligten. Die Gerichtstagskommissare haben zu er-

[1] Hierzu gehört auch die Aufsichtsbeschwerde in Grundbuchsachen (RG vom 24. Januar 1927, JurRdsch Rspr S. 396).

messen, ob die Aufnahme der Auflassungserklärungen nicht besser an Gerichtsstelle zu bewirken ist. JMV 11. Mai 1882 (I 1709) und 13. Juni 1882 (I 2079). Es kann vorkommen, daß vor Aufnahme einer Auflassungserklärung die Einsicht des Grundbuchs selbst und nicht bloß der Grundakten erforderlich wird, so z. B., wenn die bei den Grundakten befindliche Tabelle offenbar nicht sorgfältig geführt ist und unter den Beteiligten Zweifel über ihre Übereinstimmung mit dem Grundbuche bestehen.

Ist der Amtsgerichtsrat Müller, der sonst Grundbuchsachen nicht bearbeitet, Gerichtstagskommissar, so kann er den Zeitpunkt des Eingangs der auf dem Gerichtstage aufgenommenen Verhandlungen beim Grundbuchamte Lobau, der für die Reihenfolge der Eintragungen entscheidend ist (vgl. unten § 60), nicht wirksam beurkunden, sondern muß diese Beurkundung dem Amtsgerichtsrat Schultze überlassen, der die Grundbuchsachen aus den ländlichen Bezirken des Gerichts zu bearbeiten hat. Jedoch kann an Stelle des Amtsgerichtsrats Schultze auch der Obersekretär Lehmann, der die sämtlichen Grundbuchsachen des Amtsgerichts Lobau als Grundbuchführer bearbeitet, die Beurkundung des Eingangs schon am Orte des Gerichtstags wirksam vornehmen.

Außer den Gerichtstagen kann die Aufnahme von Grundbuchakten auch sonst **außerhalb der Gerichtsstelle** vorgenommen werden.

Auf dem Amtsgericht in Lobau erscheint der Kaufmann Schwarz und bittet, von seiner erkrankten Mutter in ihrem am Markt Nr. 37 belegenen Hause eine Auflassung entgegenzunehmen. Schwarz teilt dem hierfür zuständigen Amtsgerichtsrat Schmidt mit, daß seine Mutter ihr Hausgrundstück an den Gastwirt Fritz Krause in Lobau auflassen wolle. Auf Veranlassung des Amtsgerichtsrat Schmidt stellt der Obersekretär Lehmann aus dem Eigentümerverzeichnis (vgl. unten § 27) fest, daß das Grundstück der Frau Schwarz im Grundbuche von Lobau Band II Blatt Nr. 57 eingetragen steht, und holt die über das Grundstück in dem Aktenrepositorium der Nummernfolge nach verwahrten Grundakten heraus und übergibt sie dem Amtsgerichtsrat Schmidt. Dieser stellt durch Einsichtnahme in die Tabelle fest, daß eingetragene Eigentümerin des Grundstücks die Witwe Hermine Schwarz geb. Otto in Lobau ist. Schwarz bestätigt auf Befragen, daß die Eigentümerin seine Mutter ist. Der Amtsgerichtsrat Schmidt begibt sich nunmehr mit Schwarz unter Mitnahme der Grundakten von Lobau Bd. II Nr. 57 in das Haus am Markt Nr. 37. Er findet hier außer dem ihm persönlich bekannten Gastwirt Fritz Krause eine ihm nicht bekannte, anscheinend kranke Frau vor, die sich durch Vorlegung ihres Taufscheins als die Witwe Hermine Schwarz geb. Otto, ausweist. Die darauf vom Amtsgerichtsrat Schmidt aufzunehmende Auflassungsverhandlung lautet:

Amtsgericht. **Lobau, den 9. Nov. 1927.**

Der unterzeichnete Richter begab sich heute auf Antrag des Kaufmanns Schwarz in das in Lobau am Markte Nr. 37 belegene Haus der Witwe Hermine Schwarz, geb. Otto, und traf hier an:

1. Die Witwe Schwarz, die sich durch Vorlegung ihres Taufscheins vom 30. Dezember 1860 über ihre Person auswies.

2. Den Gastwirt Fritz Krause in Lobau, von Person bekannt.

Die Angetroffenen erklärten . . .

Nunmehr folgt die übliche Auflassungsverhandlung.

Besondere Kommissionsgebühren kann der Amtsgerichtsrat Schmidt für diese Auflassungsverhandlung nicht beanspruchen, da solche nur bei Aufnahme von Testamenten außerhalb der Gerichtsstelle vorgesehen sind. § 113 PrGKG.

§ 5. Sachliche Zuständigkeit der Grundbuchbeamten.

Die Grundbuchbeamten haben folgende Obliegenheiten:

1. Der Grundbuchrichter oder der Grundbuchführer hat alle auf eine Eintragung in das Grundbuch gerichteten Anträge oder Ersuchen entgegenzunehmen und den Zeitpunkt auf den Schriftstücken zu vermerken, in dem sie bei dem Grundbuchamt eingehen. § 13 GBO, § 5 Z. 9 GeschO. Näheres vgl. unten § 43.

2. Der Richter hat solche Erklärungen entgegenzunehmen, die vor ihm abgegeben werden und durch die die besonderen Formerfordernisse des § 29 GBO erfüllt werden sollen. Er hat über diese Erklärungen ein Protokoll aufzunehmen. Hierzu ist auch der Rechtspfleger nach Maßgabe der Entlastungsverfügung vom 28. Mai 1923 (JMBl S. 401) befugt. Näheres vgl. unten §§ 126ff.

3. Der Richter, unter Umständen auch der Rechtspfleger, hat ferner die in das Grundbuch zu bewirkenden Eintragungen ihrem Wortlaute nach zu verfügen, und der Grundbuchführer hat den vom Richter verfügten Wortlaut in das Grundbuch und die Tabelle einzutragen. S. weiteres unten §§ 58ff.

4. Der Richter und der Grundbuchführer haben endlich die beglaubigten Abschriften aus dem Grundbuch und die Hypotheken-, Grundschuld- und Rentenschuldbriefe sowie die nachträglich auf sie gesetzten Vermerke auszufertigen und zu unterschreiben; vgl. unten §§ 25 und 121. Inwieweit in diesen Fällen an die Stelle des Richters der Rechtspfleger und an die Stelle des Grundbuchführers ein zweiter Büro- oder ein Kanzleibeamter treten kann, vgl. oben S. 2ff. mit Anm. 2 S. 3.

§ 6. Örtliche Zuständigkeit der Grundbuchbeamten.

Die Zuständigkeit der Grundbuchämter erstreckt sich auf alle in ihrem Bezirke belegenen Grundstücke, Bergwerke, selbständigen Kohlenabbau-Gerechtigkeiten und andere selbständige Gerechtigkeiten. Art. 1, 22 AG GBO. Ausgenommen sind die dem Buchungszwange nicht unterworfenen Grundstücke, vgl. § 90 GBO, Art. 1 Vdg und unten § 26. Da die Bezirke der Amtsgerichte durch Gesetz fest bestimmt sind, so ist damit von vornherein festgestellt, welche Grundstücke zu einem Amtsgerichtsbezirk gehören.

Es kann nun aber vorkommen, daß ein Grundstück im Bezirke mehrerer Amtsgerichte belegen ist, indem die Grenze der Amtsgerichtsbezirke mitten durch ein Grundstück geht. In einem solchen Falle ist es zweifelhaft, welches der beiden beteiligten Amtsgerichte zuständig ist. Ebenso können Zweifel über die Zuständigkeit entstehen, wenn zwei oder mehrere Grundstücke, die in den Bezirken verschiedener Amtsgerichte liegen, zu einem Grundstück vereinigt werden sollen. In diesen Fällen wird das Gericht, das sich im gegebenen Falle mit der Bearbeitung der Sache zu befassen hat, von dem gemeinschaftlichen oberen Gerichte bestimmt. § 20 AG GVG in der Fassung des Art. 130 PrFGG[1]. Dieses obere Gericht ist, wenn die Amtsgerichte zu demselben Landgerichtsbezirke gehören, das Landgericht, wenn sie zwar nicht zu demselben Landgerichtsbezirk, wohl aber zu demselben Oberlandesgerichtsbezirk gehören, das Oberlandesgericht, nicht etwa stets das Kammergericht. Handelt es sich um Amtsgerichtsbezirke in verschiedenen Oberlandesgerichtsbezirken, so entscheidet der Justizminister. Liegen die Amtsgerichte in verschiedenen deutschen Ländern, so kann nur im Wege des Staatsvertrags das örtlich zuständige Amtsgericht bestimmt werden. Die gleichen Vorschriften finden auch Anwendung, wenn das an sich örtlich zuständige Gericht in einem einzelnen Falle tatsächlich oder rechtlich an der Ausübung der Tätigkeit des Grundbuchrichteramtes verhindert ist. Eine Anfechtung der Entscheidung, durch die in solchen Fällen das örtlich zuständige Amtsgericht bestimmt wird, findet nicht statt.

Soll ein Grundstück, das in dem dem Bezirke A. benachbarten Amtsgerichtsbezirk B. belegen ist, einem in ersterem Bezirke belegenen Grundstück als Bestandteil zugeschrieben werden, so ist für die Entscheidung über den Antrag auf Zuschreibung und, wenn dem Antrag stattgegeben wird, für die Führung des Grundbuchs über das ganze, durch Zuschreibung des Bestandteils vergrößerte Grundstück das Amtsgericht A. zuständig. Art. 2 AG GBO.

Zu beachten ist aber der Grundsatz, daß auch Grundbuchgeschäfte nicht deshalb unwirksam sind, weil sie von einem örtlich unzuständigen Gericht vorgenommen sind. § 7 FGG; Art. 1 PrFGG.

Betrifft ein Antrag oder ein Ersuchen mehrere Grundstücke, die in verschiedenen Amtsgerichtsbezirken[2] liegen, so müssen auch die sämtlichen beteiligten Amtsgerichte bei der Bearbeitung der Sache mitwirken, und es ist nicht zulässig, daß etwa das zuerst angegangene Amtsgericht die Angelegenheit auch insoweit erledigt, als sie die nicht in seinem Bezirke belegenen Grundstücke betrifft. Für die Entgegennahme des Eintragungsantrags ist jedes Grundbuchamt nur bezüglich

---

[1] Das nunmehr zuständige Grundbuchamt hat hiervon den Eigentümer und die aus dem Grundbuch ersichtlichen dinglich Berechtigten unter Mitteilung der künftigen Aufschrift des Grundbuchblattes zu benachrichtigen. AV vom 10. Januar 1907 (JMBl S. 6).

[2] Geht die Zuständigkeit für die Führung des Grundbuchs über eins der mehreren, auf einem gemeinschaftlichen Blatt eingetragenen Grundstücke auf ein anderes Grundbuchamt über, so hat das bisherige Grundbuchamt die seiner Zuständigkeit entzogenen Flächen abzuschreiben und dem neuen Grundbuchamt einen beglaubigten Tabellenauszug zu übersenden, auf Grund dessen sodann die Neueintragung erfolgt. Der vorherigen Anlegung und demnächstigen Schließung eines besonderen Grundbuchblattes für die abzuschreibenden Parzellen bedarf es nicht. KGJ 34 A 215.

derjenigen Grundstücke zuständig, über die das Grundbuch von ihm zu führen ist. KGJ **34** A 289.

Das Verfahren in solchen Fällen zeigt folgendes

Beispiel:

Bei dem Amtsgericht in Lobau geht am 6. September 1927 ein Antrag auf Eintragung einer Hypothek auf ein in der Stadt Lobau und ein weiteres, im Amtsgerichtsbezirk Felsheim belegenes Grundstück ein. Der Amtsgerichtsrat Schmidt nimmt den Antrag entgegen und vermerkt darauf:

„Eingegangen Lobau, den 6. Sept. 1927, vorm. 10 Uhr 4 Minuten. Schmidt."

Er gibt dann das eingegangene Schriftstück in die Geschäftsstelle, wo es der Obersekretär Lehmann zu den in Frage kommenden Grundakten Lobau Bd. I Bl. Nr. 9 bringt, mit einer Ordnungsnummer versieht und sodann mit den Akten dem Amtsgerichtsrat Schmidt wieder vorlegt. Dieser bemerkt keine Anstände und verfügt daher:

1. Einzutragen in das Grundbuch von Lobau Bd. I Bl. Nr. 9 Abt. III Sp. 1 bis 4.

Sp. 1. Nr. 10.
Sp. 2. 1 bis 3.
Sp. 3. 20000.
Sp. 4. Zwanzigtausend RM. Darlehn mit acht vom Hundert jährlich vom 1. Oktober 1927 ab in halbjährlichen Teilen verzinslich und sechs Monate nach Kündigung rückzahlbar für den Kaufmann Paul Erbe in Lobau. Die Erteilung eines Hypothekenbriefes ist ausgeschlossen.
Eingetragen am . . . September 1927.

2. Bekanntmachung an den Eigentümer, den Gläubiger und das Amtsgericht Felsheim, an letzteres wegen Vermerks der Mithaft.

3. Nach 1 Monat (wegen Vermerks der Mithaft bei Lobau I Nr. 9).

Lobau, 6. 9. 27. Schm.

Der Amtsgerichtsrat Schmidt hat sich auf eine Benachrichtigung des Amtsgerichts Felsheim zu beschränken; er kann weder selbst die Eintragung auf das nicht in seinem Gerichtsbezirk belegene Felsheimer Grundstück bewirken, noch auch den Antrag nach Erledigung der Eintragung auf dem Lobauer Grundstück, an das Amtsgericht in Felsheim zur weiteren Veranlassung abgeben, es sei denn, daß der Antragsteller ein solches Verlangen ausdrücklich ausgesprochen hätte. Der Antragsteller muß, um zum Ziele zu gelangen, entweder beim Amtsgericht in Felsheim einen gleichlautenden Antrag auf Eintragung der 20000 RM. stellen oder das zuerst angegangene Amtsgericht Lobau ersuchen, die Sache demnächst an das Amtsgericht Felsheim zur weiteren Veranlassung abzugeben. Der zuständige Richter des Amtsgerichts in Felsheim hat dann ebenfalls die Eintragung der Hypothek auf dem Grundstück in Felsheim (eingetragen Bd. II Bl. Nr. 47) zu bewirken und gleichzeitig die Mithaft des Grundstücks Lobau Bd. I Bl. Nr. 9 zu vermerken, vorausgesetzt, daß ihm die Nachricht von der Eintragung auf dem Lobauer Grundstück bereits zugegangen ist. Schließlich benachrichtigt er noch das Amtsgericht Lobau von der erfolgten Eintragung, und der Amtsgerichtsrat Schmidt verfügt auf diese Nachricht folgendes:

1. Einzutragen in das Grundbuch von Lobau Bd. I Nr. 9 Abt. III Sp. 5 bis 7.

Sp. 5. Nr. 10.
Sp. 6. 20000.
Sp. 7. Das im Grundbuch von Felsheim Bd. II Bl. Nr. 47 eingetragene Grundstück haftet mit. Eingetragen am . . . Oktober 1927.

2. Bekanntmachung an den Eigentümer, den Gläubiger und das Amtsgericht Felsheim.

L. 3. 10. 27. Schm.

Weit einfacher wäre zu verfahren, wenn beide verpfändeten Grundstücke im Bezirke des Amtsgerichts Lobau lägen. Die Sache könnte dann selbst in dem Falle vom Amtsgerichtsrat Schmidt allein bearbeitet werden, daß nur das eine Grundstück in Lobau, das andere aber in Buchhain, also in dem Bezirke des Amtsgerichtsrats Schultze läge[1]. Denn nach Art. 4 Abs. 2 AGGBO könnte der Amtsgerichtsrat Schmidt den Antrag in Ansehung beider Grundstücke rechtswirksam mit dem Eingangsvermerk versehen und auch die Eintragung auf beide Grundstücke gleichzeitig verfügen; nur müßte er den Amtsgerichtsrat Schultze von der Verfügung alsbald benachrichtigen, da dieser von allen Veränderungen, die bei den seinem Geschäftsbereich unterstehenden Grundstücken eintreten, Kenntnis erhalten muß. Die vom Amtsgerichtsrat Schmidt zu erlassende Verfügung bietet keine Besonderheiten; vgl. daher das unten im § 119 angeführte Beispiel der Eintragung einer Gesamthypothek.

§ 7. Ausschluß der Öffentlichkeit. Sitzungspolizei. Ordnungsstrafen zur Erzwingung von Anordnungen.

Die Verhandlungen, die vor dem Grundbuchrichter zur Aufnahme von Anträgen und sonstigen Erklärungen stattfinden, sind nicht öffentlich. Nur die unmittelbar Beteiligten haben ein Recht auf Anwesenheit. Anderen Personen kann die Anwesenheit nur mit Zustimmung aller Beteiligten gestattet werden.

Die Aufrechterhaltung der Ordnung bei den Verhandlungen in Grundbuchsachen liegt dem Richter ob. Er kann die Beteiligten und die übrigen zu den Verhandlungen zugelassenen Personen, die den zur Aufrechterhaltung der Ordnung erlassenen Befehlen nicht gehorchen, aus dem Verhandlungszimmer entfernen, auch zur Haft abführen und während einer näher zu bestimmenden Zeit, die 24 Stunden nicht übersteigen darf, festhalten lassen.

Machen sich die Personen bei der Verhandlung einer Ungebühr schuldig, so kann der Richter gegen sie, vorbehaltlich der strafgerichtlichen Verfolgung, eine Ordnungsstrafe in Geld oder bis zu 3 Tagen Haft festsetzen und sofort vollstrecken lassen. In allen diesen Fällen muß der Richter

[1] Vielfach werden in den einzelnen Oberlandesgerichtsbezirken bei der Geschäftsverteilung Bestimmungen dahin getroffen, daß die Fälle, in denen die in einem einzigen Schriftstück zusammengefaßten Anträge zu den Geschäftskreisen verschiedener Grundbuchrichter desselben Amtsgerichts gehören, von dem Richter desjenigen Bezirks bearbeitet werden, in dessen Geschäftsbezirk das in dem Antrag zuerst genannte Grundstück liegt.

seinen Beschluß nebst dessen Veranlassung in das Protokoll aufnehmen. Gegen einen bei der Verhandlung beteiligten Rechtsanwalt, der sich ungebührlich benimmt, kann der Richter eine Ordnungsstrafe nicht festsetzen.

Die geschilderten Befugnisse stehen dem Grundbuchrichter auch zu, wenn er außerhalb der Gerichtsstelle, auf Gerichtstagen oder Lokalterminen, seine Tätigkeit ausübt.

Die Vollstreckung der verhängten Ordnungsstrafen hat der Grundbuchrichter unmittelbar zu veranlassen.

Gegen die Festsetzung einer Ordnungsstrafe ist binnen der Frist von einer Woche nach der Bekanntmachung der Entscheidung Beschwerde zulässig, die an das dem Grundbuchamt übergeordnete Oberlandesgericht zu richten ist.

§ 88 AG GVG; §§ 176 bis 183 GVG.

Wohl zu unterscheiden von den wegen Ungebühr vor Gericht verhängten Strafen sind Ordnungsstrafen zur Durchführung gerichtlicher Anordnungen. Sie sind daher nur gestattet, wo die Grundbuchordnung Zwangsmaßnahmen besonders zuläßt (RG **83** 290; KGJ **30** A 282, **38** A 294), z. B. Art. 32 Vdg; vgl. auch unten § 108 Abs. 2. Die zwangsweise Einziehung der Ordnungsstrafen erfolgt im Wege des Verwaltungszwangsverfahrens. Der Rechtspfleger ist zur Androhung und Verhängung von Ordnungsstrafen nicht befugt (§ 10 der Entlastungsverfügung vom 28. Mai 1923, JMBl S. 401).

§ 8. Gerichtsferien.

Die Gerichtsferien, die vom 15. Juli bis 15. September dauern, sind auf die Grundbuchsachen ohne Einfluß. Die Grundbuchsachen vertragen keinen Aufschub und werden daher auch während der Ferien ausnahmslos bearbeitet. Ist der an sich zuständige Grundbuchbeamte beurlaubt, so tritt für ihn sein amtlicher Vertreter ein. § 91 AG GVG; § 199 GVG.

§ 9. Rechtshilfe.

Die Gerichte des preußischen Staates sind verpflichtet, sich in Grundbuchsachen Rechtshilfe zu leisten. § 87 Abs. 1 AGGVG. Wegen des Rechtshilfeverkehrs mit den übrigen deutschen Ländern oder mit dem Auslande kommen die etwa geschlossenen Staatsverträge in Betracht[1].

Die Hilfe anderer Gerichte wird vornehmlich in den Fällen beansprucht werden müssen, in denen nicht alle Beteiligten im Bezirk des zuständigen Grundbuchamtes wohnen. Besonders häufig kommt dies vor, wenn die im Grundbuch als Eigentümer, Gläubiger usw. eingetragenen Berechtigten verstorben sind und ihre Erben die zur Übertragung oder Löschung

---

[1] Über Vereinbarungen mit anderen Ländern s. Schlegelberger S. 47 unter VII.

des Rechts erforderlichen Erklärungen abgeben wollen. Abgesehen von der beurkundenden Tätigkeit des Grundbuchrichters werden Ersuchen um Rechtshilfe besonders in den Fällen der §§ 59 Abs. 2 und 86 GBO in Betracht kommen können.

Das Ersuchen um Rechtshilfe ist stets an das Amtsgericht zu richten, in dessen Bezirk die Amtshandlung vorgenommen werden soll. Andere Gerichte, etwa ein örtlich unzuständiges Amtsgericht, ein Landgericht oder ein Oberlandesgericht, haben ein an sie gerichtetes Ersuchen um Rechtshilfe abzulehnen. §§ 158, 159 GVG. Wird das Ersuchen abgelehnt und hält das ersuchende Gericht oder ein Beteiligter die Ablehnung für unbegründet, so entscheidet das Oberlandesgericht, zu dessen Bezirk das ersuchte Gericht gehört. Erklärt das Oberlandesgericht die Ablehnung für unbegründet, so muß das ersuchte Amtsgericht dem Ersuchen stattgeben; hält aber das Oberlandesgericht die ablehnende Haltung des Amtsgerichts für zutreffend, so haben die Beteiligten oder das ersuchende Amtsgericht kein Recht, sich weiter zu beschweren. Die Entscheidung des Oberlandesgerichts ist stets unanfechtbar. § 87 Abs. 1 AG GVG. Insbesondere ist eine Beschwerde an das Reichsgericht nicht zulässig (RG **55** 275).

Beispiel.

Im Grundbuch von Lobau Bd. I Bl. Nr. 10 stehen in Abt. III unter Nr. 3 für den Kaufmann Richard Reiche in Lobau 3000 RM. Darlehn als Hypothek eingetragen. Reiche ist verstorben und nach dem vom Amtsgericht Lobau ausgestellten Erbscheine von seinen drei Söhnen Arthur, Bernhard und David beerbt worden; Arthur wohnt in Lobau, Bernhard in Königsberg i. Pr. und David in Stettin. Die Erben haben die 3000 RM. von dem Grundstückseigentümer, Schmiedemeister Karl Schröder in Lobau, ausgezahlt erhalten und wollen daher die Löschung der Hypothek bewilligen. Sie können dies in der Weise bewirken, daß jeder an seinem Wohnorte zu einem dort wohnhaften Notar oder auch auf das dort befindliche Amtsgericht geht und die Löschungsbewilligung zu Protokoll gibt, oder auch nur die selbstgeschriebene Löschungsbewilligung der Unterschrift nach beglaubigen läßt. Die Angelegenheit kann aber auch — nach der freilich nicht unzweifelhaften Praxis — im Wege der Rechtshilfe erledigt werden. In diesem Falle bewilligt Arthur Reiche vor dem Amtsgerichtsrat Schmidt in Lobau unter Überreichung des Erbscheins und des Hypothekenbriefs die Löschung der 3000 RM., während der miterschienene Grundstückseigentümer Schröder die Löschung beantragt und gleichzeitig bittet, die übrigen Erben durch Ersuchen der Amtsgerichte ihres Wohnsitzes über ihren Beitritt zu der Löschungsverhandlung zu vernehmen.

Auf die aufgenommene Verhandlung setzt der Amtsgerichtsrat Schmidt folgende Verfügung:

V.

1. Der Hypothekenbrief über 3000 RM. und der Erbschein sind in besondere Verwahrung zu nehmen[1].

---

[1] Es ist zweckmäßig, die überreichten Urkunden nicht mitzusenden, um einem etwaigen Verluste vorzubeugen. Um sie sicher aufzubewahren, sind sie vom Grundbuchführer in besondere Verwahrung zu nehmen. § 61 Nr. 2 GeschO.

2. Urschriftlich
an
die Amtsgerichte
in
a) Königsberg i. Pr.
b) Stettin.

mit dem Ersuchen:

zu a: den Buchhalter Bernhard Reiche, Königsberg i. Pr. Hohe Straße 12,

zu b: den Schlossermeister David Reiche, Stettin, Friedenstr. 3 über den Beitritt zu nebenstehender Verhandlung zu vernehmen.

Amtsgericht Lobau, den 9. Oktober 1927.

Schmidt.

W. V. nach 2 Monaten[1].

Der Vorgang gelangt zunächst an das Amtsgericht Königsberg; der für Erledigung von Rechtshilfesachen in freiwilliger Gerichtsbarkeit zuständige Richter verfügt die Vorladung des Buchhalters Reiche, nimmt mit dem Erschienenen eine Beitrittsverhandlung auf und sendet die Vorgänge an das Amtsgericht in Stettin unter Benachrichtigung des Amtsgerichts Lobau von der Weitersendung[2]. Das Amtsgericht Stettin verfährt wie das Amtsgericht Königsberg und sendet dann die Vorgänge an das Amtsgericht Lobau zurück. Der Amtsgerichtsrat Schmidt verfügt dann die Herausgabe der in Verwahrung des Grundbuchführers befindlichen Urkunden und erläßt die Löschungsverfügung (vgl. unten § 109).

§ 10. Gerichtssprache. Dolmetscher.

Die Gerichtssprache ist die deutsche. Die Verhandlungen vor dem Richter werden in deutscher Sprache geführt; ist ein Beteiligter des Deutschen nicht mächtig, so muß ein Dolmetscher zugezogen werden, auf dessen Vereidigung die Parteien verzichten können. Der Zuziehung eines Dolmetschers bedarf es nicht, wenn der Richter der fremden Sprache, in der sich der Beteiligte erklärt, mächtig ist.

Art. 1 PrFGG; §§ 8, 9 FGG; §§ 184 bis 191 GVG.

Bei der gerichtlichen Beurkundung von Rechtsgeschäften gelten für die Zuziehung von Dolmetschern besondere Vorschriften, vgl. unten § 135.

Auch die dem Grundbuchamt eingereichten Urkunden müssen in deutscher Sprache abgefaßt sein; deutsche Übersetzungen von Urkunden in fremder Sprache sind nur zulässig, wenn sie als öffentliche oder öffentlich beglaubigte Urkunden im Sinne des § 29 GBO angesehen werden können.

---

[1] Der Grundbuchführer hat vor Absendung des Schriftstücks einen sog. Versendungsbeleg zu fertigen und diesen nach zwei Monaten dem Richter vorzulegen, falls nicht inzwischen der Vorgang zurückgelangt ist.

[2] Diese Benachrichtigung erfolgt, damit das die Angelegenheit betreibende Gericht weiß, in welcher Lage sich die Sache befindet und an welche Behörde es sich im Falle von Verzögerungen zu wenden hat.

§ 11. Kosten- und Stempelvorschriften[1 2 3]. Grunderwerbsteuer. Wertzuwachssteuer. Armenrecht.

1. Über die Gebühren in Grundbuchsachen handelt der 3. Abschnitt des 1. Teils des PrGKG. Auch die allgemeinen Bestimmungen des 1. Abschnitts und die Bestimmungen des 9. und 10. Abschnitts finden Anwendung. Die Vorschriften über die Beurkundungsgebühren sind im 2. Abschnitt enthalten. Sie gelten auch für Notare mit der Maßgabe, daß für die Anfertigung des Entwurfs die für die Beurkundung selbst bestimmte Gebühr zu erheben ist, und daß bei der demnächstigen Beurkundung und Unterschriftsbeglaubigung eine Erhöhung dieser Entwurfsgebühr nicht eintritt. § 9 NotGebO. Der Gebührenberechnung liegen die nach Wertstufen bemessenen, im § 32 PrGKG bestimmten Gebührensätze zugrunde, durch die auch die Post- und teilweise auch die Schreibgebühren abgegolten sind, und die je nach der Art des gerichtlichen oder notariellen Geschäfts voll oder nach Bruchteilen zum Ansatz kommen. Die Mindestgebühr ist durch § 31 PrGKG auf 2 RM. bestimmt. (Ausnahme bei Löschungen § 61 Abs. 1.) Die für die Gebührenberechnung maßgebenden Wertbestimmungen finden sich in den §§ 18 bis 23, 38, 63 PrGKG. Die volle Gebühr beträgt z. B. bei Werten von mehr als 500 bis 1000 RM. 8 RM., bei mehr als 4000 bis 5000 RM. 22 RM., bei mehr als 9000 bis 10000 RM. 32 RM., bei mehr als 40000 bis 50000 RM. 100 RM. und bei mehr als 90000 bis 100000 RM. 160 RM., während die ferneren Wertklassen um je 10000 RM. und die Gebühren um je 12 RM. steigen.

Es wird berechnet für die Beurkundung einseitiger Willenserklärungen die volle Gebühr, § 33 PrGKG, für die Beurkundung zweiseitiger Verträge das Zweifache der vollen Gebühr, § 34 PrGKG, für die Beurkundung von Eintragungs- und Löschungsbewilligungen und Anträgen, sowie von Auflassungen ohne Beurkundung des Rechtsgeschäfts $^5/_{10}$ der vollen Gebühr, § 37 PrGKG, für Unterschriftsbeglaubigungen $^2/_{10}$ der vollen Gebühr, § 41 PrGKG. Zusatzgebühren kommen nach § 51 PrGKG zum Ansatz bei Vornahme von Rechtsgeschäften außerhalb der Geschäftsstelle und ferner gemäß § 6 NotGebO für die Beurkundung durch die Notare am Krankenlager, an Sonn- und Feiertagen, sowie in der Zeit von 19 Uhr bis 8 Uhr.

---

[1] Der Deutschen Reichsbahngesellschaft steht Befreiung von der preußischen Stempelsteuer und von den Gerichtsgebühren in Angelegenheiten der freiwilligen Gerichtsbarkeit nicht zu (JMBl 1925 S. 41, 208; 1927 S. 298), in Grundbuchsachen auch dann nicht, wenn die Reichsbahn in Vollmacht des deutschen Reichs handelt (Beschluß des KG vom 18. September 1925; mitgeteilt im JMBl 1925 S. 405).

[2] Die Bank für deutsche Industrie-Obligationen (unten § 68), ist im Verkehr mit den Grundbuchämtern von allen Gebühren, Stempeln, sonstigen Kosten und Auslagen befreit (s. AV vom 27. Januar 1926, JMBl S. 41).

[3] Über die Ermäßigung von Gebühren für Bescheinigung des Grundbuchrichters zwecks Beantragung der Herabsetzung der Hauszinssteuer JM 3. Juni 1924 u. 2. Februar 1927 (JMBl **24** 246; **27** 25).

Für Grundbucheintragungen ist zu berechnen, und zwar für die Eigentumseintragung nach dem gemeinen Werte oder dem höheren Kaufpreise die volle Gebühr § 55 Abs. 1 PrGKG, die sich bei Eintragung von Abkömmlingen und bei Eintragungen auf Grund gütergemeinschaftlicher Bestimmungen und Auseinandersetzungen gemäß § 55 Abs. 2 PrGKG auf die Hälfte ermäßigt; die Entgegennahme der Auflassung und die Eigentumseintragung kann nach § 55 Abs. 6 PrGKG von einer Sicherstellung der Staatskasse wegen der Kosten der Eintragung abhängig gemacht werden. Neben der Eintragungsgebühr sind Fortschreibungsgebühren in Höhe von 2 Pfg. vom Tausend des Wertes, mindestens 10 Pfg. und höchstens 3 RM. zu erheben. Die Eintragung einer Belastung unterliegt der vollen Gebühr des § 56 PrGKG, ebenso die Eintragung der Abtretung § 57 Abs. 1 Nr. 1 PrGKG. Dagegen beträgt die Gebühr für die Eintragung sonstiger Veränderungen und Verfügungsbeschränkungen, § 57 Abs. 1 Nr. 2 PrGKG, sowie von Vormerkungen und Widersprüchen, § 58 PrGKG, nur die Hälfte der vollen Gebühr. Für die Eintragung von Grundstücksteilungen und -vereinigungen, die ohne Veränderung des Eigentümers veranlaßt werden, für Eintragung des Eigentumsverzichts und für sonstige Eintragungen von geringerer Bedeutung sind nach § 60 PrGKG $^2/_{10}$ der vollen Gebühr zu erheben. Für jede Löschung beträgt die Gebühr gemäß § 61 PrGKG $^5/_{10}$ der vollen Gebühr. Diese Löschungsgebühr kommt jedoch bei Eintragung neuer, an Stelle der gelöschten Posten tretender Rechte nur insoweit zum Ansatz, als der Gesamtbetrag der Löschungen den Betrag der Neueintragung übersteigt. Für Eintragung von Pfandentlassungen wird die halbe Gebühr, und zwar nach dem geringeren Werte des Rechts oder des Grundstücks gemäß § 62 PrGKG und für Erteilung von Hypotheken-, Grundschuld- und Rentenschuldbriefen nach § 64 PrGKG $^2/_{10}$ und für beglaubigte Grundbuchabschriften und Bescheinigungen $^1/_{10}$ der vollen Gebühr berechnet. Für Zurücknahme eines Antrags vor der Entscheidung kommen $^2/_{10}$ bis höchstens 20 RM. und für Zurückweisung $^5/_{10}$ der vollen Gebühr bis höchstens 50 RM. zur Einziehung, mit der Einschränkung, daß die für die beantragte Verhandlung und Entscheidung bestimmte Gebühr nicht überschritten werden darf § 105 Abs. 2 PrGKG. Für die Beschwerdeinstanz gilt § 105 Abs. 3 PrGKG, wonach für die Entscheidung, soweit die Beschwerde als unzulässig verworfen oder zurückgewiesen wird oder die Kosten einem Gegner zur Last fallen, $^5/_{10}$ und bei der Zurücknahme der Beschwerde vor der Entscheidung $^2/_{10}$ der vollen Gebühr erhoben werden.

Das Schreibwerk ist im allgemeinen durch die Gebühren abgegolten. Jedoch sind u. A. Schreibgebühren einzuziehen in den Fällen der persönlichen und sachlichen Gebührenfreiheit (§§ 7, 8 PrGKG), für die auf Antrag erteilten Ausfertigungen und Abschriften, sowie für Abschriften zurückgegebener Urkunden (§ 109). Bei Beurkundung zweiseitiger Geschäfte sind

2 Ausfertigungen oder Abschriften, bei sonstigen Beurkundungen 1 Ausfertigung oder 1 Abschrift schreibgebührenfrei (§ 110 Abs. 3). Die Beglaubigung der bei den Akten zurückzuhaltenden Abschriften erfolgt gebühren- und stempelfrei § 109 Abs. 2 PrGKG. Nach § 110 Abs. 1 PrGKG beträgt die Schreibgebühr für die Seite 30 Pfg.

Zur Zahlung der Kosten ist der Antragsteller (§ 1) und derjenige, welcher sie übernommen hat (§ 4), verpflichtet. Zur Deckung der Gebühren und Auslagen kann ein Vorschuß erhoben und die Vornahme einer Handlung von Zahlung eines Auslagenvorschusses abhängig gemacht werden. Ebenso kann die Aushändigung von Ausfertigungen und Abschriften und die Rückgabe überreichter Urkunden von Zahlung der Kosten und Stempel abhängig gemacht werden. § 6 PrGKG. Hierbei ist auch besonders auf §§ 13 und 16 Kassenordnung hinzuweisen. Die persönliche und sachliche Gebührenfreiheit bestimmen §§ 7 und 8 PrGKG[1]. Sie entbindet jedoch nicht von Zahlung barer Auslagen.

Über Erinnerungen gegen den gerichtlichen Kostenansatz entscheidet zunächst das Gericht gebührenfrei. Gegen seinen Beschluß, der von Amts wegen abgeändert werden kann, ist Beschwerde an das Landgericht und gegen dessen Entscheidung, falls ein neuer selbständiger Beschwerdegrund vorliegt oder die Entscheidung auf einer Verletzung des Gesetzes beruht, weitere Beschwerde an das Kammergericht zulässig. §§ 24 bis 27 PrGKG.

Die Kostenberechnung des Notars kann von Amts wegen durch den Landgerichtspräsidenten berichtigt werden. Auch auf Antrag des Zahlungspflichtigen setzt der Landgerichtspräsident Gebühren und Auslagen des Notars fest. Der Notar kann ebenfalls bei Erinnerung des Zahlungspflichtigen diese Festsetzung beantragen. Gegen diese Entscheidung findet unter sinngemäßer Anwendung der §§ 569 bis 575, 577 ZPO sofortige Beschwerde an das Kammergericht statt. § 25 NotGebO.

Zwecks Kostenersparnis wird die Kenntnis der Gebührenvorschriften für die Behandlung der Grundbuchgeschäfte oft von großer Bedeutung sein. So wird z. B. in vielen Fällen an Stelle der Beurkundung der materiell-rechtlichen Willenserklärungen nur die Beurkundung der Eintragungs- und Löschungsbewilligungen und Anträge oder die notarielle oder gerichtliche Unterschriftsbeglaubigung unter der privatschriftlich ausgestellten Urkunde genügen, so daß dann statt des vollen und doppelten Gebührensatzes (§§ 33, 34 PrGKG) nur $^{5}/_{10}$ (§ 37⁴ PrGKG) bzw. $^{2}/_{10}$ (§ 41 PrGKG) der vollen Gebühr entstehen würden. Die Gebühren für die Eintragung der Abtretung und für die Eintragung einer neuen Hypothek sind jetzt gleich hoch. Auch entstehen für die Löschung der in Folge der Eintragung

[1] Über die nach § 7, Abs. 2 PrGKG für gewisse Rechtsgeschäfte erlassenen Anordnungen über Gebühren- und Stempelfreiheit s. Anhang zur Textausgabe des PrGKG. R. v. Deckers Verlag.

einer neuen Hypothek in Wegfall kommenden Vorhypotheken gemäß § 61 Abs. 2 PrGKG nur insoweit Gebühren, als der Gesamtbetrag der Löschungen die neue Hypothek übersteigt. Dadurch soll die Neueintragung und die Löschung alter Rechte anstatt der Abtretungen und Bedingungsänderungen der bisherigen Rechte gefördert werden. Die Frage der Mehrkosten bei Abtretung oder Neueintragung wird jedoch bei der Verschiedenartigkeit der Hypothekenverhältnisse nur von Fall zu Fall zu entscheiden sein. Bei Umwandlung einer Hypothek gemäß § 1180 oder gemäß § 1198 BGBs wird ein Kostenunterschied kaum entstehen.

2. Die stempelgesetzlichen Vorschriften sind enthalten im LStG in der Fassung der Bekanntmachung vom 27. Oktober 1924 nebst Tarif (GS S. 627) mit Änderungen durch Ges v. 5. 4. 28 (GS 52). Für die Ausführung des LStG sind die Ausführungsbestimmungen vom 19. Januar 1926 — JMBl S. 9 — erlassen.

Die gebräuchlichsten Landesstempel in Grundbuchangelegenheiten sind folgende:

Abtretung von Rechten $^{1}/_{10}$ vH., bei unschätzbaren Werten 5 RM. (T. St. 1), beglaubigte Abschriften und Nebenausfertigungen von stempelpflichtigen Urkunden 3 RM., jedoch nicht über den zu der stempelpflichtigen Urkunde selbst erforderlichen Stempel hinaus (T. St. 4), Nießbrauchsbestellungen $^{6}/_{10}$ vH. des Kapitalswerts der nach dem Reinertrage des Nießbrauchs zu berechnenden Nutzungen (T. St. 9), Schuldverschreibungen, abgesehen von einzelnen Ausnahmen und Befreiungen, $^{1}/_{6}$ vH. des Kapitalbetrags der Schuldverschreibung (T. St. 14), Sicherstellung von Rechten[1] [2] $^{1}/_{10}$ vH., jedoch nicht über den für die Beurkundung des sicherzustellenden Rechts erforderlichen Stempel hinaus. Bei unschätzbaren Werten 1,50 RM. (T. St. 15), Verträge 3 RM. (T. St. 18), Vollmachten[3] [4] $^{1}/_{10}$ vH. des Wertes des Gegenstandes, jedoch höchstens 1000 RM. Steht der Bevollmächtigte in einem Dienstverhältnis zum Vollmachtgeber oder ist er Ehegatte desselben oder in gerader Linie verwandt oder teilt

[1] Auflassungsvormerkungen sind dieser Tarifstelle nicht unterworfen (AV vom 10. Oktober 1925, JMBl S. 372).

[2] Die Vorschrift in Abs. 3 Tarifstelle 15 bezieht sich auch auf die daselbst in Abs. 2 bezeichneten Höchstbetragshypotheken und -schiffspfandrechte. Der Stempel für Sicherung von Rechten aus Kreditverträgen beträgt unabhängig von der Höhe des Kredits höchstens 3 RM. RG. vom 5. Juli 1927 — VI 163/27 — AV vom 17. Januar 1928 (JMBl S. 23). RG vom 16. November 1926, mitgeteilt im JMBl 1927 S. 56.

[3] Siehe Gesetz vom 26. Juli 1926, GS S. 233 und AV vom 6. August 1926 (JMBl S. 287).

[4] Nach Abs. 7 b der Tarifstelle 19 sind in Erweiterung des § 31 GBO — befreit: Auflassungsvollmachten, wenn das der Einigung zugrunde liegende Rechtsgeschäft von einem Notar oder einer Behörde beurkundet und die Vollmacht in der Urkunde erteilt ist. In gerichtlichen und notariellen Kaufangeboten beurkundete Auflassungsvollmachten sind stempelpflichtig (Erl. des FM vom 9. Januar 1926, mitgeteilt im JMBl 1926 S. 58).

er als Familienangehöriger seinen Hausstand, so verfällt $^1/_4$ des obigen Vollmachtstempels, jedoch höchstens 250 RM. Bei unschätzbaren Werten beträgt der Stempel 1,50 RM. (T. St. 19).

Vorrechtseinräumungen 3 RM. (T. St. 20); bei notariellen Beurkundungen ist, wenn ein höherer Stempel nicht zu verwenden ist, mindestens der Protokollstempel von 3 RM. (T. St. 12II) zu verwenden. Das gleiche gilt bei gerichtlichen Protokollen über stempelpflichtige Geschäfte. Sachliche Stempelbefreiung liegt vor bei Werten von nicht mehr als 150 RM[1]. Nach § 4f des LStG sind ferner befreit alle Rechtsvorgänge beim Erwerb von Grundstücken zwecks Schaffung oder Erweiterung öffentlicher Erholungs-, Wald- und sonstiger Grünanlagen, sowie für Zwecke öffentlicher Straßen oder Plätze, nach § 4g alle Rechtsvorgänge, die eine Übertragung der Beschränkung des Eigentums ausschließlich im öffentlichen Interesse der Denkmalpflege, des Natur- und Heimatschutzes zum Gegenstande haben, sofern im Einzelfalle ein solches ausschließliches öffentliches Interesse vom Finanzminister als vorliegend anerkannt worden ist.

Über persönliche Stempelbefreiungen siehe § 5 LStG[2].

Fortgefallen sind alle Vorschriften über gebührenartige Stempelabgaben, an deren Stelle Verwaltungsgebühren auf Grund des Gesetzes vom 29. September 1923 (GS S. 455) getreten sind. Infolge Beseitigung der früheren T. St. 77 „Zeugnisse" sind nunmehr alle Unterschriftsbeglaubigungen (auch gerichtliche oder notarielle) stempelfrei. Gerichtlich oder notariell beglaubigte Abschriften sind Duplikate im Sinne der T. St. 4.

Die im PrGKG über das Stempelwesen getroffenen Bestimmungen bleiben unberührt (§ 35 Abs. 2 LStG).

Die Verwaltung des Stempelwesens liegt, soweit nicht oberste Landesbehörden oder Gerichtsbehörden zuständig sind, den Reichsfinanzbehörden ob.

Über die Art der Erfüllung der Stempelpflicht s. §§ 14ff. des LStG.

Für die Stempelerhebung sind die §§ 29, 30 PrGKG von Bedeutung. Eine Verwendung von Stempelmaterial findet bei den Gerichten nicht statt. Wenn Stempelabgaben neben den Gebühren zu erheben sind, werden sie nach den für Gerichtsgebühren geltenden Vorschriften eingezogen und auch sonst als Gerichtsgebühren behandelt (§ 29). Auf die Einziehung des Stempels findet § 29 entsprechende Anwendung für gewisse außergerichtliche, unversteuert oder ungenügend versteuert eingereichte Urkunden. Den gerichtlichen Stempelansatz regelt die GV d. JM u. d. FM v. 19. Januar 1926 (JMBl S. 17) über gerichtliche Landesstempelsachen (LStV). Hervorzuheben sind ferner aus der LStV die Vorschriften über die Erhebung der Stempel für gerichtliche Urkunden, für Eintragungsanträge pp § 1 Nr. 3, § 2, § 13 LStV. Wird bei Stellung des Eintragungsantrags die Urkunde über das Rechtsgeschäft nicht vorgelegt, so hat der beurkundende Beamte die Beteiligten gemäß § 16 LStV zu vernehmen und zu belehren.

---

[1] Siehe Anm. 1 S. 21.   [2] Siehe Anm. 1 S. 19.

Ist bei Beurkundung von Verträgen oder in den der Auflassung zugrunde liegenden Urkunden über Veräußerung eines Grundstücks nebst Gegenständen, die nicht unter das Grunderwerbssteuergesetz (s. Nr. 4) fallen, das Entgelt nur in einer Summe vereinbart, so hat der beurkundende Richter die Beteiligten gemäß § 6 Nr. 4 LStV über die Einzelwerte zu vernehmen und bei Bedenken gegen deren Richtigkeit die Beteiligten hierauf und auf die amtliche Ermittlungspflicht unter Aufnahme eines Vermerks im Protokoll hinzuweisen.

Besonders hinzuweisen ist auf die den Gerichten und Bureaubeamten nach § 18 LStV obliegende Prüfungspflicht.

Zu beachten ist auch die durch § 30 Absatz 3 LStG angeordnete Prüfungs- und Anzeigepflicht der Beamten. Alle Behörden und Beamten, denen richterliche oder Polizeigewalt anvertraut ist, haben die besondere Verpflichtung, auf Befolgung der Stempelgesetze zu halten und alle bei ihrer Amtsverwaltung zu ihrer Kenntnis kommenden Zuwiderhandlungen gegen das StG von Amts wegen zur Anzeige zu bringen.

3. Grunderwerbsteuer. Beim Übergang des Eigentums[1] an inländischen Grundstücken und Berechtigungen[2], auf die die Vorschriften des bürgerlichen Rechts über Grundstücke Anwendung finden, wird auf Grund des Grunderwerbsteuergesetzes vom 12. September 1919 (RGBl S. 1617) in der Fassung der Bekanntmachung vom 11. März 1927 (RGBl I S. 72) die Grunderwerbsteuer erhoben. Sie beträgt 3 vH. und in den Fällen des § 10: 2 vH. des gemeinen Werts[3] oder des höheren Veräußerungspreises[4]. Sie erhöht sich um 2 vH. in den Fällen des § 19. Hierzu können nach § 38 des Finanzausgleichgesetzes in der Fassung der Bekanntmachung vom 27. April 1926 (RGBl I S. 203) Zuschläge bis zu 2 vH. des steuerpflichtigen Wertes erhoben werden. Die Zuschläge entfallen nach § 38 Abs. 3 a. a. O. beim Einbringen von Grundstücken bei Errichtung von Kapitalgesellschaften, wenn die Grundstückübertragungen der Gesellschaftssteuer unterliegen. Nachdem durch § 36 des Finanzausgleichsgesetzes bestimmt ist, daß das Aufkommen aus der Grunderwerbsteuer die Länder in voller Höhe erhalten, hat der preußische Staat durch

[1] Die Verfügung über einen Erbanteil an einem Nachlasse, zu dem ein Grundstück gehört, ist kein Eigentumsübergang im Sinne des GErwStGes, jedenfalls dann nicht, wenn die Übertragung nicht zu einer Vereinigung sämtlicher Erbanteile in einer Person geführt hat (KGJ **52** 151).

[2] Die selbständigen Gerechtigkeiten haben die Eigenschaft unbeweglicher Sachen nur dann, wenn sie im Grundbuch eingetragen sind (RG **106** 227, **116** 69).

[3] Die Grundsätze für die Wertberechnung sind in § 152ff. der Reichsabgabenordnung vom 13. Dezember 1919 (RGBl 1993) und im Reichsbewertungsgesetz vom 10. August 1925 2. Abschnitt, §§ 9 bis 37 (RGBl I S. 214) enthalten.

[4] Nachträgliche, d. h. nach dem Eigentumsübergang erfolgende Erhöhung oder Herabsetzung des Kaufpreises hat auf die Höhe der Steuer keinen Einfluß (RFH vom 2. August 1927 in S. II A 311/1927.

§ 3 des Ausführungsges. zum Finanzausgl.-Gesetz in der bis 1. April 1929 geltenden Fassung der Bekanntmachung vom 14. Mai 1927 (GS S. 63) dieses Aufkommen den Stadt- und Landkreisen überlassen unter Verzicht auf das Recht zur Erhebung der Zuschläge zugunsten der Stadt- und Landkreise.

Die Eintragung des Erwerbers in das Grundbuch darf erst stattfinden, wenn dem Grundbuchamt eine Bescheinigung der Steuerstelle beigebracht ist[1], daß die Steuer gestundet oder sichergestellt oder eine Steuer nicht zu erheben ist[2]. (§ 24 Grunderwerbsteuerges.)

Die Beteiligten sind gemäß § 5 Abs. 1 Satz 2 der AV vom 11. November 1919 (JMBl S. 553) auf diese Vorschrift hinzuweisen[3]. Steuerbefreiung ist vorgesehen bei Grundstücksübertragungen, die gewissen gemeinnützigen Zwecken dienen, bei Nachlaßteilungen, beim Erwerb der Abkömmlinge von Eltern und Voreltern sowie der Eltern von den Kindern u. a. m. Im einzelnen vgl. § 8 des Gesetzes[4 5 6], ferner § 21 daselbst.

Mit Erhebung der Grunderwerbsteuern sind die Gerichte nicht befaßt. Die Verwaltung dieser Steuer ist in Preußen durch Erlaß des Reichsfinanzministers vom 26. Oktober 1923 (AV vom 15. Januar 1924, JMBl S. 24, IV der Richtlinien des MdJ und des FM vom 17. November 1923, MBliV. 1923 S. 1155 nebst Anlage S. 1174) den Land- und Stadtkreisen übertragen. Wegen der Mitteilungspflicht der Gerichte s. § 29.

---

[1] Liegt die Bescheinigung nicht vor, so muß das Grundbuchamt eine Frist zur Beibringung der Bescheinigung setzen. Mit der Frage, welche Rechtsvorgänge anläßlich des Eigentumsüberganges der Steuerpflicht unterliegen, ist das Grundbuchamt nicht befaßt (KGJ **52** 147). Die Beibringung der Bescheinigung ist auch bei Eigentumserwerb durch Zwangsversteigerung erforderlich (KGJ **52** 154).

[2] Auch die Eintragung des Alleinerben des bisherigen Eigentümers als Erwerber in das Grundbuch darf erst stattfinden, wenn die Bescheinigung über Nichterhebung der Steuer beigebracht ist (JFG **1** 404).

[3] Soll nach Übertragung eines Erbanteils an einem Nachlaß, zu dem ein Grundstück gehört, das Grundbuch, in dem die Erbengemeinschaft als Eigentümer eingetragen ist, berichtigt werden, so ist eine Bescheinigung nach § 24 des Grunderwerbsteuergesetzes jedenfalls dann nicht beizubringen, wenn die Übertragung nicht dazu geführt hat, daß sämtliche Erbanteile in einer Person vereinigt sind (KGJMBl 1920 S. 576).

[4] Nach dem Gesetz vom 25. Mai 1873 (RGBl S. 113) in Verb. mit der Vdg vom 4. Juli 1922 (Reichszentralblatt S. 415) sind z. B. unentgeltlich vom Reich an den Staat fallende militärische Grundstücke von der Grunderwerbsteuer nebst Zuschlägen befreit.

[5] Der Erwerb von Grundstücken durch einen auswärtigen Staat oder durch den Heiligen Stuhl für die amtlichen Zwecke ihrer diplomatischen oder konsularischen Vertretungen ist von der GErwSt bei vorliegender Gegenseitigkeit befreit (Vdg vom 19. Februar 1923, RGBl I S. 153).

[6] Bei Nichtigkeit einer Auflassung kann die für diese erfolgte Sicherstellung der Grunderwerbsteuer nach der Absicht der Beteiligten und des Notars auf eine zweite Auflassung bezogen werden. Oberstes LG München JFG **4** 326.

4. Wertzuwachssteuer. Eine andere den Gemeinden (Gemeindeverbänden) nunmehr ganz überlassene Steuer ist die Wertzuwachssteuer, die auf dem Wertzuwachssteuergesetz vom 14. Februar 1911 — RGBl S. 33 — beruht. Das Recht zur Erhebung der Steuer steht den Gemeinden und Gemeindeverbänden durch die Zuwachssteuerämter allein zu. Ortsstatutarische Vorschriften (Wertzuwachssteuerordnungen) regeln die für die Steuerpflicht, für die Errechnung der Steuer, welcher der Unterschiedsbetrag zwischen Erwerbs- und Veräußerungspreis zugrunde liegt, und für ihre Erhebung maßgebende Grundsätze. Wegen der Zuwachssteuerliste siehe § 29e.

5. Auf das Armenrecht in Grundbuchsachen finden die §§ 114ff. ZPO entsprechende Anwendung. Art. 1 PrFGG; § 14 FGG. Durch die Bewilligung des Armenrechts erlangt der betreffende Beteiligte die einstweilige Befreiung von der Berichtigung der rückständigen und der künftig erwachsenden Gerichtskosten, der baren Auslagen und der Stempelsteuer, Beiordnung eines Anwalts, falls dies erforderlich oder angemessen erscheint, sowie gebührenfreie Inanspruchnahme eines Notars.

Zweiter Abschnitt.

Die Einrichtung des Grundbuchs.

§ 12. Die leitenden Grundsätze der Grundbuchverfassung. Publizitäts-, Eintragungs-, Legalitäts-, Spezialitätsprinzip.

Das Grundbuch bezweckt in erster Linie die Ermittlung und Feststellung der einzelnen Grundstücke, sodann die Sicherung und Befestigung des Eigentums daran und schließlich die Darstellung seiner Belastungen insbesondere der Hypotheken und Grundschulden (KGJ 25 A 114). Es werden daher alle Grundstücke, soweit nicht gewisse Gruppen ausdrücklich vom Buchungszwang befreit sind (§ 90 BGO), in das Grundbuch eingetragen, und die an jedem einzelnen Grundstück bestehenden Rechte werden durch das Grundbuch nachgewiesen.

Der Zweck, für den die Grundbücher bestimmt sind, ist nur erreichbar, wenn demjenigen, der ein auf die Erwerbung eines Rechtes an einem Grundstück gerichtetes Rechtsgeschäft im Vertrauen auf den Inhalt des Buches vornimmt, dieser Inhalt als richtig und vollständig gewährleistet, dem Buche öffentlicher Glaube (publica fides) beigelegt wird. (Publizitätsprinzip). Hierdurch wird der Erwerb von Rechten an Grundstücken im Verkehrsinteresse auf eine sichere und feste Grundlage gestellt; vgl. § 892 BGB[1]. Auch der Vormerkungsberechtigte kann sich auf den öffentlichen Glauben des Grundbuchs berufen (JFG **4** 339) s. unten § 83. Geschützt wird nur der vollendete Erwerb, so daß beim Eigentumserwerb an einem Grundstück der Erwerber sich nicht schon nach erfolgter Auflassung, sondern erst nach der auf Grund der Auflassung erfolgten Eintragung des neuen Eigentümers im Grundbuch mit Erfolg auf seinen guten Glauben berufen kann. (KGJ **27** A 97)[2]. Gegenüber bereits beantragter Eintragung versagt der gute Glaube (RG **62** 377). Ferner kann sich der Erwerber auf seinen guten Glauben nicht berufen, wenn das Grundstück zur Zeit der Auflassung auf zwei Grundbuchblättern für zwei verschiedene Eigentümer eingetragen sind. KGJ **39** A 154. Streitig ist, ob der öffentliche Glaube des Grundbuchs sich auch auf die in dem Bestandsverzeichnis enthaltenen Angaben über die Lage und Größe des Grundstücks erstreckt. Nach KGJ **27** A 86, **30** A 206 erstreckt sich der öffentliche Glaube des Grundbuchs nicht auf die im Bestandsverzeichnis enthaltenen Katasterangaben rein tatsächlicher Natur, die, wie namentlich die über Lage und Größe des Grundstücks, nur zur nachrichtlichen Beschreibung des Grundstücks dienen, wohl aber auf diejenigen Katasterangaben, die die eingetragenen dinglichen Rechte, namentlich das Eigentumsrecht, hinsichtlich des Gegenstandes umgrenzen und feststellen; vgl. auch RG **73** 125 und unten § 17. Dies gilt auch dann, wenn die Bestandsangaben des Titelblatts nur eine Gesamtbezeichnung des Grundstücks unter Hinweis auf die Grundsteuermutterrolle (s. unten § 16) enthalten. RG bei Gruchot **68** 68. Der öffentliche Glaube erstreckt sich nicht auf unzulässige Eintragungen, noch weniger auf unmögliche Rechtsverhältnisse (RG **88** 27; **98** 219). Er schützt auch nicht den, der im Wege der Zwangsvollstreckung odir Arrestvollziehung ein Recht an einem Grundstück erwerben will; vielmehr ist der öffentliche Glaube nur zugunsten des Erwerbs durch Rechtsgeschäfte anerkannt (KGJ **20** A 88; RG **54** 105; **59** 315; **68** 153; **72** 271; **90** 335; **97** 227).

Ein Rechtserwerb kann sich auf den öffentlichen Glauben des Grundbuchs u. U. auch dann stützen, wenn der Erwerber auch in die passiven Beziehungen des Veräußerers eingetreten ist und daher der Berichtigung des Grundbuchs gleich diesem zustimmen muß. Denn in der Regel besteht nur ein dinglicher, nicht auch ein schuldrechtlicher Berichtigungsanspruch. RG 17. Februar 1927 (JMBl 166) gegen KGJ **22** A 143. Die Vorschriften über den öffentlichen Glauben des Grundbuchs greifen nicht Platz, wenn

[1] Die Vormerkung ist keine Verfügungsbeschränkung im Sinne des § 892 Abs. 1 Satz 2 BGB. Verfügungsbeschränkungen im Sinne der §§ 878, 892 BGB sind nur solche Einschränkungen des Verfügungsrechts, die auf Gesetz oder behördlicher Anordnung beruhen (RG **113** 403).

[2] Zur Auslegung des § 892 BGB s. RG **74** 416; **89** 152; **92** 254; **116** 351, 356.

das Eigentum an einem Grundstück von einer offenen Handelsgesellschaft auf eine Aktiengesellschaft übergegangen ist und wenn die alleinigen Inhaber der offenen Handelsgesellschaft zugleich die einzigen im Zeitpunkte des § 892 Abs. 2 BGB vorhandenen Aktionäre der Aktiengesellschaft sind. Dagegen können u. U. die Vorschriften über den öffentlichen Glauben angewendet werden, wenn die gesetzlichen Vertreter einer erwerbenden juristischen Person mit den Veräußerern personengleich sind. KG 17. Februar 1927 (JMBl 167).

Bei einem Widerspruch zwischen dem Inhalt des Buches und der wirklichen Rechtslage tritt nun freilich der Übelstand ein, daß für den, der dem öffentlichen Glauben des Grundbuchs gefolgt, also dadurch geschützt ist, ein anderer Rechtsstand des Grundstücks gilt wie für die sonstigen Beteiligten. Allein dieser Übelstand wird gehoben oder doch wesentlich abgeschwächt, wenn man die Buchführung für den Rechtserwerb selbst derart verwertet, daß der Erwerb in den praktisch wichtigsten Fällen, also namentlich in den Fällen der Eigentumsübertragung und der Hypothekenbestellung, von der Eintragung in das Buch abhängig gemacht wird. (Eintragungsprinzip[1].)

Die Gefährdung wohlerworbener Rechte durch das Publizitätsprinzip beschränkt sich auf das geringste Maß, wenn für Eintragungen bestimmte, einem Widerspruch zwischen dem Buch und der wirklichen Rechtslage möglichst vorbeugende Voraussetzungen vorgeschrieben, die Grundbuchbehörden also verpflichtet werden, eine Eintragung nur beim Vorhandensein der gesetzlichen Voraussetzungen vorzunehmen. (Legalitätsprinzip[2].)

Über das Spezialitätsprinzip s. unten §§ 62 und 76.

§ 13. Fortführung der alten Grundbücher.

Die bisher geführten, nach Maßgabe der Preuß. Grundbuchordnung vom 5. Mai 1872 eingerichteten Grundbücher gelten als Grundbücher im Sinne der Reichsgesetze und werden weitergeführt. Art. 3 Vdg und § 27 AllgVfg. Die Vorschriften des BGB und der GBO über das Grundbuch und über die Eintragungen in das Grundbuch kommen auf die bisher geführten Bücher und alle Eintragungen in ihnen zur Anwendung.

Die alten Grundbücher sind entweder gemäß Form. I nach Realfolien dergestalt angelegt, daß jedes Grundstück ein besonderes Grund-

---

[1] Wegen des mit dem Eintragungsprinzip zusammenhängenden Konsensprinzips s. unten § 44.

[2] Die Ausführungen über die Grundprinzipien sind im wesentlichen den Motiven III, 17 und der Denkschrift S. 171 entnommen.

buchblatt hat[1], oder sie weisen nach Personalfolien gemäß Form. II unter einem Artikel sämtliche Grundstücke eines Eigentümers nach.

Diese alten Grundbücher bestanden zur Zeit des Inkrafttretens des Bürgerlichen Gesetzbuchs und der Grundbuchordnung, d. h. am 1. Januar 1900, im Kammergerichtsbezirke und in den Oberlandesgerichtsbezirken Königsberg, Marienwerder, Stettin, Posen, Breslau, sowie in den preußischen Bezirken der Oberlandesgerichte in Hamm, Naumburg und Jena vollständig und in den Oberlandesgerichtsbezirken Kiel, Celle, Kassel, Frankfurt a. M. und Köln teilweise[2]. Die seitdem angelegten Grundbuchblätter sind sämtlich nach dem neuen Formular eingerichtet; vgl. unten §§ 14ff. Nach Art. 186 EGBGB wird der Zeitpunkt, in dem das Grundbuch für einen Bezirk als angelegt anzusehen ist, durch Verordnung bestimmt; eine solche Verordnung ist am 13. November 1899 ergangen, an die sich zahlreiche Bekanntmachungen des Justizministers angeschlossen haben; s. § 14. Jetzt ist die Anlegung der Grundbücher und der Berggrundbücher für alle Bezirke des Freistaats Preußen beendet. JM 2. Dezember 1925 (GS S. 175).

Sind in den alten Grundbüchern die Grundstücke bisher nicht unter Angabe des Namens, der Gemarkung, der Nummern des Kartenblattes und der Parzelle sowie der Nummer der Grundsteuermutterrolle und der Gebäudesteuerrolle bezeichnet, so muß diese Bezeichnung allmählich von Amts wegen bewirkt werden. Jedoch bedarf es der Angabe der Gemarkung nicht, wenn diese denselben Namen hat wie der Bezirk, für den das Grundbuch eingerichtet ist. In gleicher Weise sind auch die in den alten Büchern durch Aufführung einer großen Zahl einzelner zu einem Grundstück gehörigen Parzellen entstandenen Unübersichtlichkeiten gemäß § 3 Abs. 2 AllgVfg zu beseitigen. §§ 27, 28 AllgVfg.

Die bei den alten Grundbüchern zu bewirkenden Neueintragungen erhalten an den in den bisherigen Formularen dafür geeigneten Stellen ihren Platz. Hierbei ist nach Möglichkeit, nötigenfalls unter handschriftlicher Änderung, dahin zu wirken, daß das alte Formular allmählich in Übereinstimmung mit dem neuen Formular gebracht wird.

Schwierigkeiten ergeben sich bei der Anpassung der alten Formulare an das neue Formular besonders beim Verzeichnis des Bestandes. Hier reicht häufig der Raum in den alten Formularen für die in das Bestandsverzeichnis des neuen Formulars aufzunehmenden Vermerke nicht aus. In einem solchen Falle sind an der geeigneten Stelle des bisherigen

[1] Die Eintragung mehrerer Katasterparzellen unter verschiedenen Nummern auf dem Titelblatt des Form. I ergibt nicht, ob diese Parzellen mehrere selbständige Grundstücke oder ein rechtlich einheitliches Grundstück sind. Die Frage, welches dieser Rechtsverhältnisse vorliegt, ist nach dem sonstigen Inhalt des Grundbuchblattes zu beurteilen. Dies gilt auch für die Zeit seit dem 1. Januar 1900, solange das Grundbuchblatt nach dem alten Formular fortgeführt wird (KGJ **37** A 209).

[2] Vgl. die Anlage zu Art. 3 Vdg.

Formulars neue Einlagebogen mit dem alten Grundbuch fest zu verbinden, die der Einrichtung des Bestandsverzeichnisses im neuen Formular entsprechen; auf dem Einlagebogen ist die Stelle des bisherigen Formulars, zu welcher der Bogen gehört, sowie die Zeit der Einfügung anzugeben.

Sind also z. B. in dem nach dem alten Formular I geführten Grundbuch von Buchhain Bd. II Bl. Nr. 45 auf dem Titel unter Sp. Bezeichnung des Grundstücks aufgeführt: unter Nr. 1 das Gut Buchhain und unter Nr. 2 das Vorwerk Neukrug von 65 a 30 qm Größe, und soll die Nr. 2 nach Abzweigung eines Trennstücks von 5 a 30 qm Größe, das auf ein anderes Grundbuchblatt übertragen ist, auf Bd. II Bl. Nr. 45 nach dem neuen Bestande eingetragen werden, so würden zunächst die Eintragungen zu Nr. 2 auf dem alten Formular rot zu unterstreichen sein, während Nr. 1 des Titels unverändert bleibt. Auf das alte Titelblatt würde sodann der Vermerk zu setzen sein:

„**Fortsetzung vorher.**"

Vor das Titelblatt ist dann ein Einlagebogen zu heften, der das Bestandsverzeichnis nach neuem Formular enthält. Vorn auf den Bogen setzt der Grundbuchführer folgenden Vermerk:

Eingeschaltet als Fortsetzung des Bestandsverzeichnisses zu Bd. II Bl. Nr. 25 des Grundbuchs von Lobau am 24. Oktober 1925.

Lehmann,
Justizobersekretär.

Schließlich erfolgt die Eintragung des Neubestandes der früheren Nr. 2 in den Spalten 1 bis 10 des dem neuen Formular entsprechenden Einlagebogens, und in den Spalten 13 und 14 dort wird die Abschreibung des Trennstücks von 5 a 30 qm Größe vermerkt.

Von dem geschilderten Verfahren ist nur in dem Fall Abstand zu nehmen, daß das Grundbuchblatt durch die Einfügung des Einlagebogens unübersichtlich werden würde; es müßte dann das ganze Grundbuchblatt nach Maßgabe des neuen Formulars umgeschrieben werden. § 28 AllgVfg. und III der AV vom 31. März 1919 (JMBl S. 207). Zur Behebung von Zweifeln ist bei einer Reihe von Eintragungen, die in die nach den alten Formularen angelegten Grundbücher erfolgen sollen, näher bestimmt, an welcher Stelle der alten Formulare sie zu vermerken sind. Es sollen nämlich:

1. der Vermerk über die Eintragung des ursprünglichen Bestandes des Blattes (Zeit der Eintragung, Nummer des bisherigen Blattes usw.),
2. die Übertragung eines Grundstückes auf das Blatt sowie die Vereinigung mit einem auf dem Blatte bereits eingetragenen Grundstück oder die Zuschreibung als Bestandteil zu einem solchen Grundstück,
3. die Vereinigung mehrerer auf dem Blatte eingetragener Grundstücke zu einem Grundstück sowie die Zuschreibung eines solchen Grundstücks zu einem andern als Bestandteil,
4. die Vermerke, durch die bisherige Grundstücksteile als selbständige Grundstücke eingetragen werden,
5. die Vermerke über Berichtigungen der Bestandsangaben,

bei dem bisherigen Formular I auf dem Titel, bei dem bisherigen Formular II in Sp. 8 der ersten Abteilung eingetragen werden.

Ferner sollen die Vermerke über Rechte, die dem jeweiligen Eigentümer eines auf dem Blatte verzeichneten Grundstücks zustehen, sowie über die Änderung oder Aufhebung eines solchen Rechtes bei Formular I auf dem Titel, bei Formular II in der ersten Abteilung, unter Verweisung auf die laufende Nummer des Grundstücks, dessen jeweiligem Eigentümer das Recht zusteht, eingetragen werden.

Endlich hat die Eintragung des Eigentümers sowie der Miteigentümer unter Angabe der Anteile der Berechtigten in Bruchteilen oder unter Bezeichnung des für die Gemeinschaft maßgebenden Rechtsverhältnisses beim Formular II auf dem Titel zu erfolgen. § 28 AllgVfg. Im übrigen sind auch bei der Fortführung der bisherigen Bücher die für die neuen Bücher bestimmten Vorschriften der §§ 1 bis 4, 6, 8 bis 19, 22 bis 26 AllgVfg zu beachten[1].

Neu anzulegende Grundbuchblätter sind überall, auch in den Landesteilen Preußens, in denen am 1. Januar 1900 das Grundbuch als vollständig angelegt galt, nach den neuen Vorschriften einzurichten, es sei denn, daß sie sich in bereits eingebundenen alten Büchern befinden. § 27 AllgVfg.

Einrichtung der neuen Grundbücher.

§ 14. Allgemeines.

Für jeden Gemeindebezirk oder selbständigen Gutsbezirk und, wenn ein Gemeindebezirk zum Zwecke der Grundbuchanlegung in mehrere Bezirke geteilt ist, für jeden Anlegungsbezirk, wird ein Grundbuch eingerichtet. Wird ein Gemeinde- oder Gutsbezirk mit einem anderen Gemeinde- oder Gutsbezirk vereinigt, so können die bisherigen Grundbuchbezirke beibehalten werden. (A V vom 25. September 1908, JMBl S. 355.) Solange nicht für alle Grundbuchbezirke Preußens das Grundbuch als angelegt anzusehen war (vgl. oben § 13 Abs. 3 a. E.), hatte der Justizminister alljährlich im Monat Januar die Bezirke, für die während des vorhergehenden Kalenderjahres die Anlegung erfolgt war, in der Gesetzsammlung bekannt zu machen. Art. 36 Abs. 1 Vdg. Zu diesem Behufe hatten die betreffenden Grundbuchämter, solange nicht für alle zu ihrem Bezirk gehörenden Grundbuchbezirke und Anlegungsbezirke das Grundbuch als angelegt anzusehen war, alljährlich bis zum 15. Dezember dem Landgerichtspräsidenten ein Verzeichnis der Bezirke einzureichen, für die während des Kalenderjahres die Anlegung des Grundbuchs bekannt gemacht worden

[1] Ein im Grundbuch auf dem alten Titelblatt verzeichnetes Recht gelangt nicht dadurch zur Löschung, daß es bei Anlegung eines neuen Titelblattes auf dieses oder bei Anlegung eines Bestandsverzeichnisses auf das Verzeichnis der mit dem Eigentum verbundenen Rechte nicht mitübertragen wird. Die Übertragung ist vielmehr jederzeit von Amts wegen nachzuholen (KGJ 48 117).

war. Nr. 6 AV vom 18. November 1899 (JMBl S. 347). Die Einreichung dieses Verzeichnisses kommt jetzt nicht mehr in Frage, da das Grundbuch in allen Bezirken Preußens angelegt ist. JM 2. Dezember 1925 (GS S. 175).

Das Grundbuch kann aus mehreren Bänden bestehen; die Bände erhalten fortlaufende Nummern. Jedes Grundstück erhält im Grundbuch ein besonderes Grundbuchblatt; dieses Blatt ist für das Grundstück als das Grundbuch im Sinne des Bürgerlichen Gesetzbuchs anzusehen. Die Grundbuchblätter erhalten fortlaufende Nummern, und zwar ist aus praktischen Gründen, insbesondere um die Angabe des Grundbuchbandes bei der Bezeichnung des Grundbuchblattes entbehrlich zu machen und um Verwechslungen zu vermeiden, angeordnet, daß die Nummern der Grundbuchblätter durch alle Bände des Grundbuchs eines Anlegungsbezirks fortlaufen. §§ 2, 3 GBO; §§ 1, 2 AllgVfg; RVfg d. J. M. vom 10. März 1902 I 1203.

Bei dem Amtsgericht Lobau ist ein aus 30 Bänden bestehendes Grundbuch für die Stadt Lobau angelegt; die Bände tragen die Nummern 1 bis 30 und enthalten zur Zeit 900 Grundbuchblätter. Diese Blätter haben die Nummern 1 bis 900, so daß nicht etwa in jedem Bande die einzelnen Grundbuchblätter besonders gezählt werden.

Jedes Grundbuchblatt besteht aus der Aufschrift, dem Bestandsverzeichnis und drei Abteilungen. § 5 Abs. 2 AllgVfg.

§ 15. Die Aufschrift.

In der Aufschrift sind das Amtsgericht, der Bezirk, der Kreis, zu dem der Bezirk gehört, sowie die Nummern des Bandes und des Blattes anzugeben. Auf die Vereinigung des Bezirks mit einem anderen Bezirk ist gegebenenfalls durch einen Zusatz hinzuweisen. AV vom 25. September 1908. (JMBl S. 355, Nr. 2.) Gehört der Bezirk zu einem Stadtkreis, so ist die Angabe des Kreises nicht erforderlich. § 6 AllgVfg.

Die Aufschrift lautet also z. B.:

Amtsgericht Lobau.

Grundbuch
von
Buchhain, Kreis Seefeld.
Bd. I Bl. Nr. 12.

oder

Amtsgericht Lobau.

Grundbuch von Lobau.
Bd. II Bl. Nr. 46.

Das Bestandsverzeichnis.

Das Bestandsverzeichnis zerfällt in das Verzeichnis der Grundstücke und das Verzeichnis der mit dem Eigentum verbundenen Rechte. § 7 AllgVfg.

§ 16. Das Verzeichnis der Grundstücke[1].

Das Verzeichnis der Grundstücke hat 14 Spalten.

Die Spalte 1 ist für die Angabe der laufenden Nummer des Grundstücks, die Spalte 2 für die Bezeichnung der bisherigen laufenden Nummer des Grundstücks in Fällen bestimmt, in denen durch Vereinigung mehrerer Grundstücke oder Zuschreibung eines Grundstücks zu einem anderen oder durch Abschreibung eines Grundstückteils ein oder mehrere bisherige Grundstücke verschwinden und ein neues an ihre Stelle tritt.

Der Inhalt der Spalten 3 bis 10 wird aus den Steuerbüchern (unten § 17) übernommen, und zwar enthält:

Sp. 3 den Namen der Gemarkung, z. B.

Lobau, Buchhain.

Sp. 4 die Nummern des Kartenblattes (der Flur) und der Parzelle z. B.

Ktbl. 2 Fl.Absch. Nr. 54.

Sp. 5 die Artikelnummer der Grundsteuermutterrolle,

Sp. 6 die Nummer der Gebäudesteuerrolle.

Sp. 7 die Wirtschaftsart (also die Angabe, ob das Grundstück in Acker, Wiese, Weide, Holzung, Garten, Ödland oder in einem bebauten Hofraum mit Hausgarten oder dgl. besteht) und die Lage (also die Straße, Hausnummer oder sonstige ortsübliche Bezeichnung).

Beispiele für Eintragungen in Sp. 7:

bebauter Hofraum im Dorfe.
Wiese am tiefen See.
Bauernhof Nr. 8.
Bebauter Hofraum mit Hausgarten.
Friedenstr. 23.

Sp. 8 die Größe nach ha, a und qm oder, falls diese aus den Steuerbüchern nicht ersichtlich ist, ein Vermerk hierüber.

Sp. 9 den staatlich ermittelten Grundsteuerreinertrag nach RM.

Sp. 10 den staatlich ermittelten Gebäudesteuernutzungswert nach RM.

Sehr häufig, namentlich bei größeren Gütern, kommt es vor, daß ein Grundstück aus zahlreichen einzelnen Katasterparzellen besteht. Würden alle diese Parzellen in Sp. 4 des Bestandsverzeichnisses aufgenommen, so könnte leicht das Grundbuch unübersichtlich werden. In solchen Fällen braucht der Grundbuchrichter die Sp. 4 überhaupt nicht auszufüllen, wenn die Parzellen in einem bei den Grundakten befindlichen beglaubigten Auszug aus der Grundsteuermutterrolle nachgewiesen sind. Liegt ein solcher Auszug nicht vor, so kann der Grundbuchrichter

[1] Über den Begriff des Grundstücks vgl. RG **68** 25; **84** 270; KGJ **37** A 209.

die Katasterbehörde um die Erteilung eines solchen von Amts wegen ersuchen. § 3 Abs. 2 AllgVfg in der Fassung der AV vom 17. Mai 1923 (JMBl S. 385). In solchen Fällen brauchen auch nicht in Sp. 7 die für jede einzelne Parzelle in den Steuerbüchern gebrauchten Bezeichnungen ihrer Wirtschaftsart und Lage eingetragen zu werden, sondern es genügt die Angabe des Gesamtnamens des Grundstücks, z. B. Rittergut Neufelde, Bauerngut Nr. 40 u. dgl. § 3 Abs. 3 AllgVfg. Endlich brauchen auch in Sp. 8 nicht die Größen und in den Sp. 9 und 10 nicht die Reinerträge und Nutzungswerte der einzelnen Parzellen vermerkt zu werden, sondern es genügt die Angabe der Gesamtgröße sowie des Gesamtbetrags des Grundsteuerreinertrags und des Gebäudesteuernutzungswertes. § 8 Abs. 2 Satz 2 AllgVfg.

Besteht also z. B. der in der Gemarkung Buchhain belegene Bauerhof Nr. 18 aus folgenden Parzellen:

Ktbl. 4 Nr. 47 Weide am großen Graben von 23 a 20 qm und 7 RM. R.E.

Ktbl. 4 Nr. 49 Holzung am Tiefen See von 67 a 40 qm und 15 RM. R.E.

Ktbl. 5 Nr. 14 bebauter Hofraum im Dorfe von 5 a 22 qm und 50 RM. N.W.

Ktbl. 5 Nr. 20 Acker auf den Rehbergen von 3 ha 42 a 33 qm und 75 RM. R.E.,

so können zwar diese Parzellen einzeln mit den näheren Angaben über Wirtschaftsart, Lage, Größe, Reinertrag und Nutzungswert in das Grundbuch eingetragen werden. Würde aber der Richter annehmen, daß durch Aufführung der einzelnen Parzellen das Grundbuch unübersichtlich werden würde, und würden die vier Parzellen ausweislich eines bei den Akten befindlichen Auszugs aus der Grundsteuermutterrolle auf einem Artikel der Mutterrolle nachgewiesen sein, der andere Parzellen als diese vier nicht umfaßt, so würden diese Parzellen in folgender Weise in das Bestandsverzeichnis des betreffenden Grundbuchblatts einzutragen sein:

Sp. 1. **1.**
Sp. 2. **—**
Sp. 3. **Buchhain.**
Sp. 4. **— (keine Eintragung)!**
Sp. 5. **4.**
Sp. 6. **25.**
Sp. 7. **Bauerhof Nr. 18.**
Sp. 8. **4 ha 38 a 15 qm.**
Sp. 9. **97 RM.**
Sp. 10. **50 RM.**

Die Spalten 11 und 12 des Bestandsverzeichnisses dienen zur Aufnahme des Bestandes und der Zuschreibungen.

Sp. 11 enthält die Nummer des von der Eintragung betroffenen Grundstücks.

In Sp. 12 sind einzutragen und vom Grundbuchrichter und Grundbuchführer zu unterschreiben:

1. Der Vermerk über die Eintragung des ursprünglichen Bestandes des Blattes (Zeit der Eintragung, Nummer des bisherigen Blattes usw.). § 8 Abs. 3 Nr. 1 AllgVfg.

Beispiel:

Bei Anlegung des Grundbuchs eingetragen am 23. August 1914.
Schmidt. Lehmann.

2. Die Übertragung eines Grundstücks auf das Blatt, so daß dann mehrere Grundstücke unter Wahrung ihrer rechtlichen Selbständigkeit zusammengeschrieben werden.

Beispiel:

Von Band I Blatt Nr. 12 dieses Grundbuchs hierher übertragen am 6. März 1928.
Schmidt. Lehmann.

Bei dieser gemeinschaftlichen Buchung ist das öffentliche Interesse an einer übersichtlichen Grundbuchführung beteiligt, die Zustimmung des Eigentümers also nicht erforderlich. Es handelt sich hierbei nicht um eine Eintragung mit materiellrechtlichen Folgen, wie bei der Vereinigung und Zuschreibung nach § 5 GBO (§§ 890, 1131 BGB), sondern um eine auf Zweckmäßigkeitsgründen beruhende Einschreibung, die der Eigentümer zwar anregen, aber nicht fordern darf (KGJ **23** A 221). Er hat indes ein Beschwerderecht, falls seine Rechte durch die Entscheidung des Grundbuchamts beeinträchtigt werden (KGJ **50** 127). Die Zusammenschreibung ist nur zulässig, solange hiervon Verwirrung nicht zu besorgen ist. Auch müssen die Grundstücke denselben Eigentümer haben und im Bezirk desselben Grundbuchamts liegen. § 4 GBO. Deshalb ist unzulässig die Zuschreibung oder Vereinigung eines im Miteigentum mehrerer Personen stehenden Grundstücks zu oder mit solchen Grundstücken, die alleiniges Eigentum eines der Miteigentümer sind (KGJ **28** A 68). Ferner ist, wenn der Eigentümer auf sein Eigentum an einem der Grundstücke verzichtet, die Übertragung des herrenlosen Grundstücks auf ein besonderes Grundbuchblatt geboten (KGJ **51** 198). Das Grundbuchamt hat von Amts wegen darüber zu wachen, ob die Voraussetzungen des § 4 GBO fortgefallen sind oder andere Umstände die Aufhebung des gemeinschaftlichen Blattes zweckmäßig erscheinen lassen (KGJ **50** 127).

3. Die Übertragung eines Grundstücks auf das Blatt derart, daß es mit einem auf dem Blatte bereits eingetragenen Grundstück vereinigt oder einem solchen Grundstück als Bestandteil zugeschrieben wird § 8 Abs. 3 Nr. 2 AllgVfg; § 5 GBO; § 890 BGB; § 8 Abs. 5 des preuß. Wassergesetzes vom 7. April 1913 (GS S. 53). Bei einer Zuschreibung ist das Grundbuchblatt, von dem die zuzuschreibende Parzelle stammt, und bei einer Abschreibung dasjenige, auf das sie übertragen wird, anzugeben. JFG **4** 307.

Die Zuschreibung gemäß § 890 Abs. 2 BGB hat nach § 1131 BGB zur Folge, daß sich die an dem Hauptgrundstück bestehenden Hypotheken auf das zugeschriebene Grundstück erstrecken, daß aber Rechte, mit denen das zugeschriebene Grundstück belastet ist, diesen Hypotheken im Range vorgehen[1] [2]. Die Vereinigung oder Zuschreibung ist auch hier wieder nur zulässig, wenn hiervon Verwirrung nicht zu besorgen ist. § 5 GBO. Die Ablehnung der Zuschreibung eines Grundstücks als Bestandteil eines andern wegen Besorgnis der Verwirrung bedarf aber der besonderen Begründung. Sie wird nicht durch den Umstand gerechtfertigt, daß auf dem Grundstück öffentliche Lasten von verschiedenem Betrage ruhen. Soll ein Grundstück einem in dem Bezirk eines anderen Grundbuchamts belegenen Grundstück als Bestandteil zugeschrieben werden, so ist das andere Grundbuchamt zuständig; vgl. oben § 6.

Beispiel:

Im Grundbuch von Lobau Bd. III Blatt Nr. 94 ist unter Nr. 1 des Bestandsverzeichnisses ein in den Sp. 3 bis 9[2] näher beschriebener Acker eingetragen. Es soll nun eine im Grundbuch von Lobau Bd. II Blatt Nr. 25 eingetragene Wiese auf Bd. III Nr. 94 übertragen und dem dort verzeichneten Acker als Bestandteil zugeschrieben werden. Es wird daher zunächst die Wiese unter Nr. 2 des Bestandsverzeichnisses unter Ausfüllung der Sp. 3 bis 9[3] eingetragen. Sodann wird in Sp. 11 und 12 folgendes vermerkt:

1, 2, 3. Nr. 2 nach Abschreibung von Bd. II Bl. Nr. 25 der Nr. 1 als Bestandteil zugeschrieben und Nr. 1 mit Nr. 2 unter Nr. 3 neu eingetragen am 24. April 1928.

Schmidt. **Lehmann.**

Die Eintragungen zu Nr. 1 und 2 des Bestandsverzeichnisses werden in den Sp. 1 bis 10 rot unterstrichen, und das durch die Zuschreibung neu entstandene Grundstück wird, wie bereits in Sp. 12 vermerkt, unter Nr. 3 des Bestandsverzeichnisses eingetragen; neben der Nr. 3 ist in Sp. 2 auf die bisherigen laufenden Nummern der beiden beteiligten Grundstücke zu verweisen. Es wird also in Sp. 2 eingetragen:

1 mit 2.

Ebenso wäre zu verfahren, wenn die Wiese mit dem Acker vereinigt werden sollte; nur wäre dann in dem Vermerk statt „der Nr. 1 als Bestandteil zugeschrieben" zu setzen:

Mit Nr. 1 zu einem Grundstück vereinigt.

4. Die Vereinigung mehrerer auf demselben Blatt eingetragenen

---

[1] Wird ein Grundstück mit einer Heimstätte vereinigt oder ihr als Bestandteil zugeschrieben, so erstreckt sich die Eigenschaft als Heimstätte auf das ganze vergrößerte Grundstück. § 10 des Reichsheimstättengesetzes vom 10. Mai 1920 (RGBl S. 962).

[2] Wenn ein mit aufgewerteten Rechten belastetes Grundstück einem andern gleichfalls mit aufgewerteten Rechten belasteten Grundstück als Bestandteil zugeschrieben ist, so ist wegen der sich aus § 1131 Satz 2 BGB ergebenden verschiedenen Rangordnungen vor der Eintragung einer Rangbefugnis der zugeschriebene Bestandteil von Amts wegen von dem Gesamtgrundstück wieder abzuschreiben und als selbständiges Grundstück einzutragen. RG 3. März 1927 (JMBl 133).

[3] Die Sp. 10 ist unausgefüllt geblieben, da der Acker keinen Gebäudesteuernutzungswert hat.

Grundstücke zu einem Grundstück sowie die Zuschreibung[1] eines solchen Grundstücks zu einem anderen als Bestandteil. § 8 Abs. 3 Nr. 3 AllgVfg[2].

Beispiel:

Im Grundbuch von Lobau Bd. I Bl. Nr. 7 ist unter Nr. 1 des Bestandsverzeichnisses eine Hofraumparzelle und unter Nr. 2 dort ein Garten eingetragen. Der Garten soll mit dem Hofraum vereinigt werden. In Sp. 11 und 12 des Bestandsverzeichnisses wird folgendes eingetragen:

Sp. 11. 1, 2, 3.

Sp. 12. Nr. 2 mit Nr. 1 vereinigt und Nr. 1 mit Nr. 2 unter Nr. 3 als ein Grundstück eingetragen am 6. Juni 1927.

Schmidt. Lehmann.

Sodann werden die Eintragungen zu Nr. 1 und 2 in den Sp. 1 bis 10 rot unterstrichen, und auch im übrigen wird wie im vorstehenden Beispiel verfahren.

Ist ein aus mehreren Katasterparzellen bestehendes Grundstück als ein einheitliches Grundstück gebucht oder durch Zuschreibung von anderen Grundstücken als Bestandteilen ein einheitliches Grundstück geworden, so kann eine neue Parzelle nur dem Ganzen, nicht aber einem früher selbständig gewesenen Teilstück als Bestandteil zugeschrieben werden[3].

5. Die Vermerke, durch die bisherige Grundstücksteile als selbständige Grundstücke eingetragen werden, insbesondere wenn die Abschreibung der Teile zum Zwecke der Belastung mit einem Recht erfolgte. Vgl. hierzu § 30 AllgVfg in der Fassung der AV vom 17. Mai 1923 (JMBl

---

[1] Die Vornahme der Zuschreibung hängt, abgesehen von dem Erfordernis des § 5 GBO, lediglich von dem Willen des Eigentümers, nicht aber von der Zustimmung der an beiden Grundstücken dinglich Berechtigten ab (KGJ **43** 125). Auf die Stellung des Antrags durch den Eigentümer ist vom Grundbuchamt hinzuwirken, wenn Katasterparzellen sich nach Inhalt der Katasterauszüge örtlich und wirtschaftlich als einheitliches Grundstück darstellen; AV vom 14. März 1912 (JMBl S. 125) sowie Schlußsatz der AV vom 31. März 1919 (JMBl S. 207). Zur Förderung dieser Angelegenheit sollen die entstehenden Gebühren vorläufig gestundet werden, um ihre spätere Niederschlagung herbeizuführen. Zu diesem Zwecke sind die betreffenden Gebühren und Pauschsätze in Verzeichnisse aufzunehmen und letztere bis Ende Januar dem Rechnungsamte des Oberlandesgerichts einzureichen; gegebenenfalls sind Fehlanzeigen zu erstatten; Vfg vom 12. Oktober 1914 I a 1799, abgedruckt im JMBl 1918 S. 209. Die Notare sollen in geeigneten Fällen, insbesondere bei der Beurkundung von Auflassungen, die Beteiligten über die Zweckmäßigkeit der Vereinigung belehren und auffordern, die dazu erforderlichen Anträge zu stellen, diese Anträge auch möglichst sogleich mit beurkunden (JMV vom 6. April 1923 I 378).

[2] Soll die Zuschreibung als Bestandteil zu einem im Bezirk eines anderen Grundbuchamts liegenden Grundstück erfolgen, so hat zunächst das bisher zuständige Grundbuchamt den Erwerber als Eigentümer einzutragen und zu diesem Zwecke ein besonderes Grundbuchblatt anzulegen. Erst wenn dies geschehen ist, hat das andere Grundbuchamt über den Antrag auf Zuschreibung zu entscheiden (KGJ **36** A 191).

[3] Die Selbständigkeit der als selbständige Grundstücke unter verschiedenen Nummern eingetragenen mehreren Katasterparzellen wird dadurch noch nicht beeinträchtigt, daß das Katasteramt sie zusammenlegt (KGJ **31** A 236).

S. 385). In der Regel wird freilich in solchen Fällen der Teil auf ein anderes Blatt übertragen werden. Auf demselben Blatt kann der bisherige Teil nur dann als selbständiges Grundstück eingetragen werden, wenn hiervon Verwirrung nicht zu besorgen ist. § 8 Abs. 3 Nr. 4 AllgVfg; §§ 5, 6 GBO. Wenn ein Grundstücksteil ohne Abschreibung mit einer Dienstbarkeit oder Reallast belastet werden soll, so muß eine von der Katasterbehörde beglaubigte Karte vorgelegt werden. § 30 Abs. 2 AllgVfg. in der Fassung der AV vom 17. Mai 1923 (JMBl S. 385). Wird ein ganzes Grundstück mit einem Recht belastet, die tatsächliche Ausübung des Rechtes aber vertraglich auf einen realen Teil des Grundstücks beschränkt, so ist eine Abschreibung und Verselbständigung dieses Teils gemäß § 6 GBO nicht erforderlich (KGJ **35** A 258).

Beispiel:

Im Grundbuch von Lobau Bd. I Bl. Nr. 6 ist unter Nr. 1 des Bestandsverzeichnisses ein bebauter Hofraum mit Hausgarten von 46 a 20 qm Größe eingetragen. Der Eigentümer dieses Grundstücks will den Hausgarten mit einer Hypothek von 600 RM. belasten, während der Hofraum mit Gebäuden unbelastet bleiben soll. Er hat daher den Hausgarten besonders vermessen zu lassen; nach dem vorgelegten Auszug aus der Grundsteuerrolle und der Katasterkarte hat der Garten die Größe von 40 a, während der bebaute Hofraum 6 a 20 qm groß ist. Er könnte nun den Garten auf ein besonderes Blatt übertragen lassen. Er möchte ihn aber auf demselben Grundbuchblatt stehen lassen, und da sonst dort noch keine Lasten und Hypotheken eingetragen sind, also Verwirrung nicht zu befürchten ist, so gibt auch der Richter dem Antrag statt, läßt die Eintragungen zu Nr. 1 des Bestandsverzeichnisses in den Sp. 1 bis 10 rot unterstreichen und veranlaßt in den Sp. 11 und 12 folgende Eintragung:

Sp. 11. 1, 2, 3.
Sp. 12. Nr. 1 in Nr. 2 und 3 geteilt und Nr. 2 und 3 als selbständige Grundstücke eingetragen am 16. Juni 1927.
Schmidt. Lehmann.

Sodann wird unter Nr. 2 der bebaute Hofraum und unter Nr. 3 der Hausgarten unter Ausfüllung der Sp. 3 bis 10 nach Maßgabe des Katastermaterials eingetragen. In Sp. 2 wird zu Nr. 2 und 3 vermerkt:

Teil von 1.

6. Die Vermerke über Berichtigungen der Bestandsangaben. Solche Vermerke kommen besonders dann vor, wenn die von der Grundsteuerbehörde dem Amtsgericht mitgeteilten Veränderungen in den Bestandsangaben in das Grundbuch aufgenomen werden; vgl. Näheres unten § 17. Der Vermerk in Sp. 12 lautet:

Die Bestandsangaben nach dem Steuerbuch berichtigt. Eingetragen am 26. August 1927.
Schmidt. Lehmann.

Die Spalten 13 und 14 des Bestandsverzeichnisses sind für Abschreibungen bestimmt. Die Eintragungen in Sp. 14 werden ebenso wie die in Sp. 12 vom Richter und Grundbuchführer unterschrieben.

In Sp. 13 wird auf die laufende Nummer des von der Eintragung betroffenen Grundstücks verwiesen.

Die Sp. 14 enthält:

1. Die Abschreibungen von Grundstücken und Grundstücksteilen, sofern sie auf ein anderes Grundbuchblatt übertragen und nicht auf dem bisherigen Grundbuchblatt als selbständige Grundstücke eingetragen werden; vgl. oben Nr. 4 zu Sp. 12; § 8 Abs. 6 Nr 1 AllgVfg.

Zu unterscheiden ist, ob ein ganzes Grundstück oder nur ein Grundstücksteil abgeschrieben werden soll.

Wird ein ganzes Grundstück abgeschrieben, z. B. von Lobau Bd. I Bl. Nr. 13: Nr. 4 des Bestandsverzeichnisses, so wird eingetragen:

Sp. 13. 4.

Sp. 14. Übertragen nach Bd. III Bl. Nr. 105 des Grundbuchs von Buchhain am 9. September 1927.

Schmidt. Lehmann.

Es werden sodann die Eintragungen zu Nr. 4 des Bestandsverzeichnisses in Sp. 1 bis 12 ebenso wie die ausschließlich das Grundstück Nr. 4 betreffenden Vermerke in den drei Abteilungen rot unterstrichen.

Von besonderer Häufigkeit und daher von großer praktischer Bedeutung ist der Fall, daß ein Grundstücksteil abgeschrieben wird. Es ist der Fall der sog. Parzellierung. Er ist unten im § 73 besonders behandelt; hier ist er nur mit Rücksicht auf das Bestandsverzeichnis kurz zu besprechen.

Ist z. B. im Grundbuch von Lobau Bd. III Bl. Nr. 90 unter Nr. 1 des Bestandsverzeichnisses ein bebauter Hofraum mit Hausgarten eingetragen und soll hiervon ein Teil, nämlich der Hausgarten, abgeschrieben und nach Bd. XX Bl. Nr. 430 desselben Grundbuchs übertragen werden, so wird in Sp. 13 und 14 eingetragen:

Sp. 13. 1.

Sp. 14. Von Nr. 1 die Parzelle Ktbl. 4 Nr. $\frac{47}{60}$ übertragen nach Bd. XX Bl. Nr. 430 am 19. August 1925. Rest: laufende Nr. 2.

Schmidt. Lehmann.

Sodann werden die sich auf Nr. 1 des Bestandsverzeichnisses beziehenden Eintragungen in den Sp. 1 bis 10 (nicht auch in den Sp. 11 und 12) rot unterstrichen, und unter Nr. 2 des Verzeichnisses wird die Restparzelle als neues Grundstück eingetragen. Hierbei wird in Sp. 2 vermerkt:

Rest von 1.

Besonderes gilt, wenn in einem solchen Falle das zu teilende Grundstück aus mehreren Katasterparzellen besteht und gemäß § 3 Abs. 2 AllgVfg die einzelnen Kartenblatt- und Parzellennummern im Grundbuch nicht vermerkt sind. Es muß dann die Abschreibung außer im Grundbuch auch in dem Auszug aus der Mutterrolle vermerkt werden; in dem Auszug ist eine ganz oder teilweise abgeschriebene Parzelle rot zu unterstreichen und eine bei dem Grundstück verbleibende Restparzelle am Schluß neu einzutragen. § 8 Abs. 7 Satz 3 AllgVfg.

2. **Die Eintragung des Ausscheidens** eines Grundstücks oder eines Grundstückteils aus dem Grundbuch. Dieser Fall kommt vor, wenn derjenige, der nach § 90 Abs. 1 GBO von der Verpflichtung zur Eintragung seines Grundbesitzes befreit ist[1], das Eigentum an einem Grundstück oder einem Grundstücksteil erwirbt, worüber ein Blatt geführt wird. Auf seinen Antrag ist dann das Grundstück aus dem Grundbuch auszuscheiden, vorausgesetzt freilich, daß eine Eintragung, von der das Recht des Eigentümers betroffen wird, nicht vorhanden ist. § 8 Abs. 6 Nr. 2 AllgVfg.

Wird z. B. das im Grundbuch von Lobau Bd. I Nr. 13 eingetragene Grundstück Nr. 4 des Bestandsverzeichnisses an den Fiskus aufgelassen, so kann dieser das erworbene Grundstück, wenn es lasten- und pfandfrei ist, aus dem Grundbuch ausscheiden lassen. Es ist dann einzutragen:

Sp. 13. 4.
Sp. 14. Aus dem Grundbuch ausgeschieden am 9. Januar 1928.
Schmidt. Lehmann.

Es werden sodann die Eintragungen zu Nr. 4 des Bestandsverzeichnisses in den Sp. 1 bis 12 ebenso wie die ausschließlich das Grundstück Nr. 4 betreffenden Vermerke in den drei Abteilungen rot unterstrichen.

Wird aber z. B. von dem im Grundbuch von Lobau Bd. II Bl. Nr. 69 eingetragenen Grundstück Nr. 3 des Bestandsverzeichnisses nur ein Teil, nämlich die Parzelle Krtbl. 4 Nr. $\frac{380}{67}$ an den Fiskus aufgelassen und soll die Parzelle aus dem Grundbuch ausscheiden, so wird eingetragen:

Sp. 13. 3.

Sp. 14. Von Nr. 3 die Parzelle Ktb. 4 Nr. $\frac{380}{67}$ aus dem Grundbuch ausgeschieden am 23. August 1927. Rest: laufende Nr. 4.
Schmidt. Lehmann.

Sodann werden die sich auf Nr. 3 des Bestandsverzeichnisses beziehenden Eintragungen in den Sp. 1 bis 10 (nicht auch in Sp. 11 und 12) rot unterstrichen, und unter Nr. 4 des Verzeichnisses wird die Restparzelle als neues Grundstück eingetragen; hierbei wird in Sp. 2 vermerkt:

Rest von 3.

Besteht das zu teilende Grundstück aus mehreren im Grundbuch gemäß § 3 Abs. 2 AllgVfg noch nicht eingetragenen Katasterparzellen, so muß die Abschreibung auch in dem Auszug aus der Mutterrolle vermerkt werden; vgl. oben zu 1, letzter Absatz.

§ 17. Zurückführung des Grundbuchs auf das Grundsteuerbuch.

Die Spalten 3 bis 10 des im § 16 besprochenen Verzeichnisses der Grundstücke werden nach Maßgabe der Grund- und Gebäudesteuerbücher ausgefüllt. Die in den Steuerbüchern erfolgten Veränderungen werden daher fortlaufend in die Grundbücher übernommen. Zu diesem Zwecke sendet der Grundbuchführer des Amtsgerichts dem Katasteramt Eigentums-

[1] Vgl. Näheres unten § 26.

veränderungslisten ein, § 3 der AV vom 18. Februar 1911 (JMBl S. 91), die das Katasteramt nach Berichtigung oder Vervollständigung an das Amtsgericht zurücksendet. Nunmehr verfügt der Richter die erforderliche Berichtigung der Bestandsangaben des Grundbuchs. Die für die Grundakten bestimmte Ausfertigung oder Abschrift des Veräußerungsvertrags ist behufs Einsichtnahme durch das Katasteramt der Liste als Anlage beizufügen; ihre Rücksendung soll binnen drei Tagen erfolgen. Urschriften sind nicht mitzusenden. Auf sie ist vielmehr Bezug zu nehmen; AV vom 20. Juni 1919 (JMBl S. 345).

Das Katasteramt sodann fertigt dem Amtsgericht in längstens vierteljährlichen Zwischenräumen Flurbuchsanhänge und alljährlich Gebäudesteuerrollenanhänge zu, die nach § 45 Nr. 6 GeschO zusammen mit den Abschriften des Flurbuchs und der Gebäudesteuerrolle sowie den sich auf die Anhänge beziehenden Schriften zu besonderen, für jeden Grundbuchbezirk getrennt zu haltenden Generalakten zu nehmen sind. Aus den Anhängen sind die Veränderungen, soweit erforderlich, in das Grundbuch zu übertragen. Es ist das sog. Zurückführungsgeschäft, das regelmäßig vom Grundbuchführer vorbereitet und vom Richter bzw. Rechtspfleger nur geprüft wird. Zur Kontrolle der eingehenden Anhänge ist für den Gerichtsbezirk ein gemeinschaftliches Generalaktenstück zu halten. Mit diesem ist alljährlich eine Übersicht vorzulegen, aus der sich der Eingang und die Erledigung der Rollen, Anhänge und Verzeichnisse ergibt. § 45 Nr. 7 GeschO.

Für das Verfahren gilt die AV vom 18. Februar 1911 (JMBl S. 91). Siehe dort auch die Formulare: Eigentumsveränderungsliste, Flurbuchsanhang, Gebäudesteuerrollenanhang, Auszug aus den Grundsteuerfortschreibungsverhandlungen. Vgl. ferner die AV vom 19. März und 5. Dezember 1912 (JMBl S. 129, 409), vom 20. Februar 1919 (JMBl S. 55) sowie vom 10. September 1923 (JMBl S. 629).

Die berichtigten Angaben werden im Verzeichnis der Grundstücke Sp. 3 bis 10 eingetragen[1]; in Sp. 11 und 12 wird die erfolgte Berichtigung der Bestandsangaben vermerkt und der Vermerk von beiden Grundbuchbeamten unterschrieben. Die berichtigten Angaben brauchen nicht unter einer neuen laufenden Nummer eingetragen, und die bisherige Nummer braucht nicht rot unterstrichen zu werden; es genügt, daß die Veränderungen z. B. die neuen Größenangaben unter oder über die alten — nunmehr rot zu unterstreichenden — Größenangaben vermerkt und die Sp. 11 und 12 ausgefüllt werden. Wenn die bisherige Bestandsangabe in

[1] Hat sich die Zurückführung des Grundbuchs auf das Kataster versehentlich nur auf einen Teil des Grundstücksbestandes bezogen, so ist der Restbestand auch dann als noch gebucht anzusehen, wenn die Angaben des den bisherigen Bestand enthaltenen alten Titelblattes rot unterstrichen sind und ein neues Titelblatt eingefügt ist. KGJ **43** 122.

allen Spalten geändert wird, ist sie vollständig rot zu unterstreichen bis auf die Nummer in Sp. 1; darunter sind die neuen Angaben einzutragen. Eine neue Nummer in Sp. 1 wird nicht vermerkt.

Beispiel:

Im Grundbuch von Lobau Bd. II Bl. Nr. 43 ist im Verzeichnis der Grundstücke Sp. 1 bis 10 eingetragen, wie im Formular I S. 38.

Aus dem dem Amtsgericht Lobau im Jahre 1925 zugegangenen Flurbuchsanhang geht hervor, daß bei einer Neuvermessung sich ein Abgang von 20 qm ergeben hat; aus dem dem Gerichte mitgeteilten Gebäudesteuerrollenanhang ist ersichtlich, daß ein Anbau zu dem Wohnhause vorgenommen und infolgedessen sich der Nutzungswert um 70 RM. erhöht hat. Es ergeht folgende Verfügung:

1. **Veranlassung zu dieser Verfügung gibt der Flurbuchsanhang von Lobau für 1927 Nr. 22 und der Gebäudesteuerrollenanhang von Lobau für 1927 Nr. 32.**
2. **Einzutragen in das Grundbuch von Lobau Bd. II Bl. Nr. 43; Verzeichnis der Grundstücke.**
   a) **Sp. 8 und 10 (siehe Form. II S. 38)**
   b) **Sp. 11 und 12 (siehe S. 460, 461) Nr. 2. Die Bestandsangaben sind nach dem Steuerbuch berichtigt. Eingetragen am ... Februar 1928.**
3. **Die frühere Eintragung zu Nr. 2, soweit berichtigt, also Sp. 8 und 10, rot unterstrichen.**
4. **Bekanntmachung an den Eigentümer.**
   Lobau, 20. Februar 1928.

Schm.

Zu beachten ist, daß nicht etwa noch in Sp. 7 die Herstellung des Anbaues zu vermerken ist; denn im Grundbuch werden nicht die einzelnen Gebäude aufgeführt, und die Bezeichnung: bebauter Hofraum, trifft auch jetzt — nach Errichtung des Anbaues — noch zu.

Eine Berichtigung der Bestandsangaben, insbesondere der Größe, ist aber nur *solange zulässig, als nicht die Möglichkeit eines gutgläubigen Rechtserwerbes*[1] auf Grund der zu berichtigenden Angaben besteht. Wo solche Möglichkeit erkennbar ist, hat der Grundbuchrichter die Berichtigung abzulehnen und die Entscheidung darüber, ob die etwa unrichtige tatsächliche Notiz auf dem Titelblatt eine Änderung in der Rechtslage herbeigeführt hat, dem Prozeßrichter zu überlassen. Es ist daher zu empfehlen, von den Bestandsangaben auf Ersuchen des Katasteramts ohne weiteres nur zu berichtigen: die Artikelnummer, Gebäudesteuerrollennummer, Bezeichnung der Lage, Reinertrag und Gebäudesteuernutzungswert, außerdem die Größe, wenn bescheinigt wird, daß der Zu- oder Abgang auf einer Neuvermessung ohne Veränderung der Grenzen beruht.

---

[1] Der öffentliche Glaube des Grundbuchs erstreckt sich nicht auf die im Bestandsverzeichnis enthaltenen Katasterangaben rein tatsächlicher Natur, die, wie namentlich die über Lage und Größe des Grundstücks, nur zur nachrichtlichen Beschreibung des Grundstücks dienen, wohl aber auf diejenigen Katasterangaben, die die eingetragenen dinglichen Rechte, namentlich das Eigentumsrecht, hinsichtlich des Gegenstandes umgrenzen und feststellen. RGJ **27** A 86; **30** A 206; RG **78** 125.

I.

Laufende Nummer der Grundstücke	Bisherige laufende Nummer der Grundstücke	Gemarkung	Flurbuch: Kartenblatt (Flur-) Nr.	Flurbuch: Parzelle Nr.	Grundsteuermutterrolle Art.	Gebäudesteuerrolle Nr.	Wirtschaftsart und Lage	Größe ha	Größe a	Größe qm	Grundsteuerreinertrag RM.	Grundsteuerreinertrag 1/100	Gebäudesteuernutzungswert RM.
1	2	3	4		5	6	7		8		9		10
2	—	Lobau	1	312/43, 313/43	26	38	Bebauter Hofraum mit Hausgarten		6	92			450

II.

Laufende Nummer der Grundstücke	Bisherige laufende Nummer der Grundstücke	Gemarkung	Flurbuch: Kartenblatt (Flur-) Nr.	Flurbuch: Parzelle Nr.	Grundsteuermutterrolle Art.	Gebäudesteuerrolle Nr.	Wirtschaftsart und Lage	Größe ha	Größe a	Größe qm	Grundsteuerreinertrag RM.	Grundsteuerreinertrag 1/100	Gebäudesteuernutzungswert RM.
1	2	3	4		5	6	7		8		9		10
2									6	72			520

Dagegen dürfen diejenigen Katasterangaben, die die eingetragenen dinglichen Rechte, also das Eigentums-, Hypotheken- usw. Recht, hinsichtlich des Gegenstandes umgrenzen und feststellen, auf Grund der Fortschreibung des Katasteramts nicht berichtigt werden, wenn nach Zurückführung des Grundbuchs auf das Grundsteuerbuch ein Erwerb im — zu vermutenden — Glauben an die Richtigkeit des Grundbuchs stattgefunden hat, es sei denn, daß die Einwilligung des Erwerbers dem Grundbuchamt gegenüber in der Form des § 29 GBO erklärt oder daß das Nichtvorliegen eines Erwerbes in gutem Glauben im Prozeßwege festgestellt ist. Diese Grundsätze gelten besonders auch dann, wenn es sich um einen Irrtum des Katasters über das Eigentum an einer Parzelle handelt. Die Vorschriften des § 7 der AV vom 18. Februar 1911 (JMBl S. 91), wonach das Katasteramt im Einvernehmen mit dem Amtsgericht den Irrtum beseitigen und eine Fortschreibung nach dieser Richtung vornehmen, auch die Grenzberichtigung im Kataster unter Zustimmung der beteiligten Eigentümer bewirken darf, sind nur formaler Natur; sie regeln nur die Art des Verfahrens, das die Herbeiführung der Übereinstimmung zwischen Grundsteuerbuch und Grundbuch zum Gegenstande hat. Es darf also, auch wenn das Kataster nach diesen Vorschriften berichtigt worden ist, doch daraufhin das Grundbuch nicht entsprechend berichtigt werden, wenn materielle Rechte, die sich aus dem Grundbuch ergeben, dadurch verletzt werden würden. (KGJ **27** A 86.)

Lehnt das Grundbuchamt es ab, die ihm vom Katasteramt mitgeteilten Änderungen im Kataster in das Grundbuch zu übernehmen, so ist weder das Katasteramt noch die diesem vorgesetzte Regierung zur Erhebung der sachlichen Beschwerde über die Ablehnung berechtigt (KGJ 30 A 202).

Vgl über Vorlegung von Steuerbuchsauszügen und Karten im Falle von Parzellierungen unten § 73.

Nach § 23d der Entlastungsverfügung (JMBl 1928 S. 140) kann angeordnet werden, daß der Rechtspfleger die regelmäßigen Verfügungen zur Erhaltung der Übereinstimmung zwischen Grundbuch und Steuerbuch selbständig ohne eine Mitwirkung des Richters zu erledigen hat, s. S. 4.

§ 18. Das Verzeichnis der mit dem Eigentum verbundenen Rechte[1].

In das Verzeichnis der mit dem Eigentum verbundenen Rechte werden die Rechte aufgenommen, die dem jeweiligen Eigentümer eines Grundstücks zustehen. In Betracht kommen besonders Grunddienstbarkeiten, Vorkaufsrechte und Reallasten. Nach § 8 GBO werden diese Rechte auf Antrag des Eigentümers des Grundstücks sowie desjenigen, dessen Zu-

[1] Wegen der Eintragungen dieser Rechte in die nach den früheren Formularen geführten Grundbücher vgl. oben § 13.

stimmung nach § 876 Satz 2 BGB zur Aufhebung der Rechte erforderlich ist, eingetragen. Das Recht kann auf dem Grundbuchblatt des berechtigten Grundstücks nur vermerkt werden, nachdem die entsprechende Last auf dem Blatte des verpflichteten Grundstücks eingetragen ist (KGJ **25** A 142; **34** A 218[1]). Eine Ausnahme hiervon besteht für solche subjektiv dinglichen Rechte, die, wie z. B. die Apothekengerechtigkeiten, nicht zugleich objektiv dinglich sind. KGJ **34** A 818.

Das Verzeichnis enthält fünf Spalten. Die Sp. 1 ist für die laufende Nummer der einzutragenden Rechte, die Sp. 2 für die laufende Nummer des mit dem Rechte bedachten Grundstücks und die Sp. 3 zur näheren Bezeichnung des Rechtes bestimmt.

Beispiel:

Im Grundbuch von Buchhain Bd. III Bl. Nr. 43 ist in Abt. II unter Nr. 4 ein Wegerecht für den jeweiligen Eigentümer des im Grundbuch desselben Ortes Bd. IV Bl. Nr. 76 unter Nr. 3 des Bestandsverzeichnisses aufgeführten Grundstücks eingetragen. Der Eigentümer des berechtigten Grundstücks beantragt in privatschriftlicher Form (vgl. § 30 GBO) das Wegerecht, das bisher nur auf dem belasteten Grundstück (Buchhain Bd. III Bl. Nr. 43) eingetragen ist, auch auf dem Blatte des berechtigten Grundstücks (Buchhain Bd. IV Bl. Nr. 76) vermerken zu lassen. Es wird nunmehr folgendes in den zweiten Abschnitt des Bestandsverzeichnisses eingetragen:

Sp. 1. 1.
Sp. 2. 3[2].
Sp. 3. **Das auf dem Grundstück Buchhain Bd. III Bl. Nr. 43 in Abt. II Nr. 4[3] eingetragene Wegerecht hier vermerkt am 23. März 1928.**

Schmidt. Lehmann.

Zu beachten bleibt, daß diese Eintragung im Grundbuch des belasteten Grundstücks (Buchhain Bd. III Bl. Nr. 43) in Abt. II Spalte Veränderungen zu Nr. 4 etwa in folgender Form vermerkt werden muß:

Sp. 4. 4.
Sp. 5. **Das Wegerecht ist im Grundbuch von Buchhain Bd. IV Bl. Nr. 76 im Abschnitt II des Bestandsverzeichnisses unter Nr. 1 vermerkt. Eingetragen am 24. März 1928.**

Schmidt. Lehmann.

Die Sp. 4 ist für Veränderungen des in Sp. 3 eingetragenen Rechts bestimmt.

Beispiel:

Das auf dem Grundstück Buchhain Bd. III Bl. Nr. 73 in Abt. II Nr. 4 eingetragene Wegerecht wird bei Abzweigung einer Parzelle auf das Grundstück Buchhain Bd. X Bl. Nr. 156 mitübertragen. Diese Veränderung muß nach

---

[1] Dies gilt aber nur für die Eintragungen, die nach dem 1. Januar 1900 bewirkt werden. KGJ **43** 121.

[2] Das berechtigte Grundstück ist, wie vorbemerkt, unter Nr. 3 des Verzeichnisses der Grundstücke eingetragen.

[3] Das dienende Grundstück ist nach dem Inhalt der Steuerbücher zu bezeichnen. Ist es anders bezeichnet, so ist die katastermäßige Bezeichnung gelegentlich von Amts wegen zu vermerken. KGJ **35** A 242.

§ 8 Abs. 2 GBO von Amts wegen (also ohne daß es eines besonderen Antrags bedarf) bei dem berechtigten Grundstück vermerkt werden. Es ist also in Sp. Veränderungen des II. Abschnitts des Bestandsverzeichnisses folgendes einzutragen:

Das unter Nr. 1 aufgeführte Wegerecht ist auch auf das nach Bd. X Bl. Nr. 156 übertragene Grundstück in Abt. II Nr. 1 eingetragen. Hier vermerkt am 23. Oktober 1927.

Schmidt. Lehmann.

Die Sp. 5 endlich ist für die Löschungen der eingetragenen Rechte bestimmt.

Beispiel:

Wird das auf den Grundstücken Buchhain Bd. III Bl. Nr. 43 und Bd. X Bl. Nr. 156 haftende Wegerecht aufgehoben, so ist diese Aufhebung von Amts wegen, also auch ohne Antrag, bei dem berechtigten Grundstück zu vermerken. § 8 Abs. 2 GBO. Die Eintragung in Sp. Löschungen des II. Abschnittes des Bestandsverzeichnisses lautet sodann:

Nr. 1 gelöscht am 24. April 1928.

Schmidt. Lehmann.

Gleichzeitig sind in den Sp. 1 bis 4 die sich auf die Nr. 1 beziehenden Eintragungen rot zu unterstreichen. § 9 AllVfg.

Zu beachten ist, daß, wenn ein solches Recht auf dem Blatte des berechtigten Grundstücks vermerkt ist, es zur Aufhebung des Rechts der Bewilligung derjenigen bedarf, für die ein durch die Aufhebung betroffenes Recht auf dem berechtigten Grundstück besteht. § 21 GBO.

Von großer praktischer Bedeutung ist übrigens der zweite Abschnitt des Bestandsverzeichnisses nicht, da in den meisten Fällen die betreffenden Rechte nur im Grundbuch des belasteten Grundstücks eingetragen werden.

§ 19. Die erste Abteilung.

Die erste Abteilung besteht aus vier Spalten.

In Spalte 1 ist der Eigentümer einzutragen. Gehört er zu den natürlichen Personen, so sind der Name[1] (Vorname [KGJ **39** A 223], Familienname), der soziale Stand, der Beruf sowie der Wohnort[2] und, soweit diese Angaben nicht tunlich oder nicht ausreichend sind, andere die Berechtigten deutlich kennzeichnende Merkmale anzugeben. Gehört der Eigentümer zu den juristischen Personen, Handelsgesellschaften oder eingetragenen Genossenschaften, so ist der Name oder die Firma und der Sitz anzugeben. § 10 Nr. 1, § 4 AllgVfg[3] [4]. Der Einzelkaufmann kann

[1] Adelige Namen können bei weiblichen Personen in der weiblichen Form (Gräfin, Freifrau) gebraucht werden (RG **113** 107).

[2] Die häufigem Wechsel unterliegende Wohnung ist nicht in das Grundbuch, sondern in das Wohnungsblatt (unten § 24) einzutragen.

[3] Über die Eintragung der Gesamtheit der Beteiligten im Auseinandersetzungsverfahren vgl. § 4 Abs. 3 AllgVfg u. unten § 169.

[4] Falls die Zweigniederlassung einer Aktiengesellschaft mit einem besonderen Zusatz in das Handelsregister eingetragen ist, können für die Sonderfirma der Zweigniederlassung Eintragungen in das Grundbuch erfolgen. KGJ **28** A 81; **32** A 199; RG **62** 7 (str.).

hiernach in Preußen nur unter seinem bürgerlichen Namen, nicht unter seiner Firma als Eigentümer eingetragen werden. (RG **72** 40.)

Die Ehefrau teilt den sozialen Stand des Ehemanns, und es wird, wenn der Ehemann einen Beruf ausübt, der Stand der Ehefrau gekennzeichnet durch den Hinweis auf den Beruf des Ehemanns. Auch die geschiedene Ehefrau behält, solange sie nicht einen eigenen Beruf ergreift oder eine neue Ehe eingeht, den Stand des früheren Ehemanns (KGJ **42** 179; **51** 140).

Beispiel:

Kaufmann Samuel Levy[1] in Lobau.
Die St. Johanniskirchengemeinde in Lobau.
Die Dorfgemeinde Buchhain.
C. A. Schmidt & Co. in Lobau.
Molkereigenossenschaft Eintracht, Eingetr. Genossenschaft mit beschränkter Haftpflicht, in Lobau.

Bei Miteigentümern sind entweder die Anteile der Berechtigten in Bruchteilen anzugeben oder es ist das für die Gemeinschaft maßgebende Rechtsverhältnis zu bezeichnen. § 48 GBO. § 10 Nr. 1 AllgVfg.

Beispiele:

Geschiedene Arztfrau Elise Schwarz, geb. Schmidt, in Lobau **Landwirt Otto Götsch in Buchhain** **Ackerbürger Bernhard Krebs in Lobau**	**zu je einem Drittel.**
Tischlermeister Robert Runge in Lobau **Schneidermeister Alfred Runge ebenda**	**in ungeteilter Erbengemeinschaft[2].**
Büdner Karl Gerber und seine Ehefrau Marie, geborene Gundlach, beide in Buchhain	**als Miteigentümer kraft ehelicher Gütergemeinschaft.**

Steht an einem Wasserlauf erster Ordnung einem anderen als dem Staat ein von dem Wasserlaufeigentum des preuß. Wassergesetzes vom 7. April 1913 (GS S. 53) abweichendes Eigentum, insbesondere ein bloßes Eigentum an dem Flußbett zu (§ 9 Abs. 1 das.), so ist dem Namen der beiden Eigentümer ein Vermerk hinzuzufügen, aus dem sich ergibt, welchen Inhalt ihr Recht hat (III der AV vom 14. April 1914, JMBl S. 479).

Bei Eintragungen für den Fiskus, eine Gemeinde oder sonstige juristische Personen des öffentlichen Rechts kann auf Antrag des Berechtigten derjenige Teil seines Vermögens, zu dem das eingetragene Grundstück oder Recht gehört, oder die Zweckbestimmung des Grundstücks oder des Rechts durch einen dem Namen des Berechtigten in Klammern beizufügenden Zusatz bezeichnet werden[3]. § 4 Abs. 2 AllgVfg.

[1] Ein Vorname, der Rufname, genügt.

[2] Innerhalb einer fortbestehenden Erbengemeinschaft können engere, auf einen Teil der Erben beschränkte Erbengemeinschaften nicht durch Vertrag begründet werden. RG vom 6. Januar 1927, JurRdsch Rspr S. 269.

[3] Auch bei Rechtssubjekten des Privatrechts ist der Zusatz zulässig, z. B. die zu X domilizierende Aktiengesellschaft in Firma Bank für H. und J., Zweigniederlassung in Y. KGJ **28** A 81.

Beispiele:

St. Petrikirchengemeinde (Diakonat) in Lobau.

Evangelische Kirchengemeinde in Lobau (Begräbnisplatz für die Evangelischen in Lobau[1].

Stadtgemeinde in Lobau (städtischer Trockenplatz).

Im Grundbuche staatseigener Grundstücke derjenigen Gefangenenanstalten (Strafanstalten und Gefängnisse), die gemäß dem Erlaß vom 14. Dezember 1917 (GS **18** 11) und der AV vom 15. März 1918 (JMBl 67) aus dem Geschäftsbereiche des MJ in den Geschäftsbereich des JM übergegangen sind, ist als Eigentümer einzutragen: der Preußische Staat (Justizverwaltung). JM 4. Oktober 1926 (JMBl 366).

Der Grundbuchrichter kann den Nachweis nicht fordern, daß eine einzutragende Person existiert. Er hat aber die Eintragung abzulehnen, wenn der Bezeichnete nicht rechtsfähig ist, oder wenn bei einem, der eine physische Person nicht ist, die gewählte Bezeichnung Zweifel an der Rechtsfähigkeit offen läßt (KGJ **24** A 83; vgl. unten auch § 90).

In Spalte 2 ist die laufende Nummer der Grundstücke aufzunehmen, auf die sich die in Spalte 3 enthaltenen Eintragungen beziehen.

In Spalte 3 ist der Grund des Erwerbs sowie der Verzicht auf das Eigentum an dem Grundstück sowie stets der Tag der Eintragung zu vermerken. Auch ist diese Spalte in allen Fällen vom Richter und Grundbuchführer zu unterschreiben. Bildet die Grundlage der Eintragung eine Auflassung, so ist der Tag der letzteren anzugeben. Unzulässig ist die Angabe des der Auflassung zugrunde liegenden Rechtsgeschäfts, desgleichen der Vermerk, daß die Auflassung auf Grund einer Vormerkung erfolgt sei (KGJ **50** 171). Neben der Auflassung kommen als anderweite Eintragungsunterlagen besonders in Betracht: Erbscheine, Testamente, Zuschlagsbeschlüsse, Enteignungsbeschlüsse u. dgl.

Beispiele:

Aufgelassen und eingetragen am 24. April 1928.
Schmidt. Lehmann.

Auf Grund des am 23. Oktober 1927 eröffneten Testaments vom 7. Oktober 1925 eingetragen am 26. November 1927.
Schmidt. Lehmann.

Auf Grund des Zuschlagsbeschlusses des Amtsgerichts in Lobau vom 22. September 1927 eingetragen am 1. Oktober 1927.
Schmidt. Lehmann.

Bei der Anlegung des Grundbuchs auf Grund 44jährigen Besitzes eingetragen am 19. November 1927.
Schmidt. Lehmann.

Zu beachten bleibt, daß bei der Eintragung eines neuen Eigentümers die sich auf den bisher eingetragenen Eigentümer beziehenden Vermerke in den Spalten 1 bis 3 rot zu unterstreichen sind.

---

[1] KGJ **26** A 109.

In Spalte 4 ist auf Antrag des Eigentümers, also nicht etwa von Amts wegen, der Erwerbspreis, der durch eine öffentliche Taxe festgestellte Schätzungswert und bei Gebäuden die Feuerversicherungssumme unter Hinweis auf die laufende Nummer des Grundstücks und mit Angabe des für den Preis, die Schätzung oder die Versicherung maßgebenden Zeitpunktes aufzunehmen. § 10 Nr. 4 AllgVfg.

Beispiele:

Zu Nr. 1:

50000 RM. Kaufpreis vom 23. August 1927 eingetragen am 12. November 1927.

Schmidt. Lehmann.

Zu Nr. 4:

10000 RM. Schätzungswert nach der Taxe des Amtsgerichts in Lobau vom 22. Juni 1927 eingetragen am 30. Oktober 1927.

Schmidt. Lehmann.

Zu Nr. 5:

Wohnhaus und Stall am 12. März 1928 mit 15000 RM versichert. Eingetragen am 20. Juni 1928.

Schmidt. Lehmann.

Die Spalte 4 enthält nur selten Eintragungen, da der hierfür erforderliche Antrag des Eigentümers in der Regel nicht gestellt wird.

Vgl. über die Eintragungen in die erste Abteilung auch unten §§ 68ff.

§ 20. Die zweite Abteilung.

Die zweite Abteilung dient zur Aufnahme der Lasten und Beschränkungen mit Ausnahme der Hypotheken, Grundschulden und Rentenschulden, für die die dritte Abteilung bestimmt ist.

Sie enthält acht Spalten.

In die drei ersten Spalten werden die einzelnen Lasten und Beschränkungen derart aufgenommen, daß die Spalte 1 die laufende Nummer der Eintragung, die Spalte 2 das von der Last oder Beschränkung betroffene Grundstück mit der laufenden Nummer, die es im Bestandsverzeichnis führt, und die Spalte 3 die Lasten und Beschränkungen selbst enthält.

Es werden daher in Spalte 3 z. B. eingetragen:

a) an Lasten: die Altenteile, Wegegerechtigkeiten, Vorkaufsrechte; vgl. § 11 Abs. 1 Nr. 1 AllgVfg;

b) an Beschränkungen: das Recht eines Nacherben, die Ernennung eines Testamentvollstreckers, die Anordnung der Zwangsversteigerung oder Zwangsverwaltung des Grundstücks, ein vom Konkursgericht erlassenes Veräußerungsverbot oder die Eröffnung des Konkursverfahrens über das Vermögen des Eigentümers, die Vormerkung über ein eingeleitetes Enteignungsverfahren u. a. § 11 Abs. Nr. 2 bis 4 AllgVfg[1].

Beispiele siehe unten §§ 76ff.

---

[1] Wegen der Eintragung von Vormerkungen und Widersprüchen vgl. § 14 AllgVfg und unten §§ 41, 66 und 83.

In den Spalten 4 und 5 sind die Veränderungen der in den Spalten 1 bis 3 vermerkten Rechte und Beschränkungen dergestalt einzutragen, daß die Spalte 4 die laufende Nummer der Eintragung, auf die sich die Veränderung bezieht, und die Spalte 5 den Inhalt der Veränderung enthält.

Zu diesen Veränderungen gehört z. B. die Mitbelastung eines anderen Grundstücks in den Fällen des § 49 Abs. 1 Satz 2 GBO, die Änderung des Rangverhältnisses u. a. § 11 Abs. 2 AllgVfg[1].

Beispiele siehe unten §§ 76ff.

Die Spalte 6 dient zur Eintragung der Löschung der in den Spalten 4 und 5 eingetragenen Veränderung, so z. B. wenn die in den Spalten 4 und 5 vermerkte nachträgliche Mitbelastung eines anderen Grundstücks wieder aufgehoben wird.

Die Spalten 7 und 8 endlich dienen zur Löschung der in den Spalten 1 bis 3 eingetragenen Rechte, und zwar wird in Spalte 7 die laufende Nummer der zur Löschung gelangenden Eintragung und in Spalte 8 der eigentliche Löschungsvermerk aufgenommen. Die gelöschte Eintragung ist in den Spalten 1 bis 6 rot zu unterstreichen.

§ 21. Die dritte Abteilung.

Die dritte Abteilung dient zur Aufnahme der Hypotheken, Grundschulden und Rentenschulden. Sie enthält elf Spalten.

In den Spalten 1 bis 4 werden die einzelnen Hypotheken, Grundschulden und Rentenschulden dergestalt eingetragen, daß die Spalte 1 die laufende Nummer der Eintragung, die Spalte 2 das von der Hypothek usw. betroffene Grundstück mit der laufenden Nummer, die es im Bestandsverzeichnis führt, die Spalte 3 den Betrag der Hypothek usw. in Zahlen und die Spalte 4 die Hypothek usw. unter näherer Angabe des Gläubigers, der Zins- und Zahlungsbedingungen usw. enthält. Vgl. § 12 Abs. 2 AllgVfg[1].

Beispiele siehe unten §§ 86ff.

Die Spalten 5 bis 7 dienen zur Aufnahme der Veränderungen, die sich auf die in den Spalten 1 bis 4 eingetragenen Hypotheken usw. beziehen. Die Spalte 5 enthält die laufende Nummer der Eintragung, auf die sich die Veränderung bezieht, die Spalte 6 den Betrag, der von der Veränderung betroffen wird, und die Spalte 7 den Inhalt der Veränderung.

Als Veränderungen kommen z. B. in Betracht: die Übertragung, Pfändung oder Verpfändung des Rechts, die Änderung des Rangverhältnisses oder der Verzinsung, der Zahlungszeit oder des Zahlungsortes, die Umwandlung des Rechtes, die Mitbelastung eines anderen Grundstücks in den Fällen des § 49 Abs. 1 S. 2 GBO, die nachträgliche Aus-

[1] Wegen der Eintragung von Vormerkungen und Widersprüchen vgl. § 14 AllgVfg und unten §§ 41, 66 und 83.

schließung der Erteilung eines Briefes oder die Aufhebung der Ausschließung sowie die Erteilung eines neuen Briefes u. a. § 12 Abs. 2 AllgVfg.

Beispiele siehe unten §§ 100 ff.

Die Spalte 8 dient zur Aufnahme der Löschung der in die Spalten 5 bis 7 eingetragenen Veränderungen, so z. B. wenn die Verpfändung des Rechts wieder aufgehoben oder die Mitbelastung eines anderen Grundstücks wieder beseitigt wird.

In die Spalten 9 bis 11 wird die Löschung der in den Spalten 1 bis 4 eingetragenen Rechte dergestalt eingetragen, daß die Spalte 9 die laufende Nummer des zur Löschung kommenden Rechts, die Spalte 10 den Betrag der gelöschten Summe in Ziffern und die Spalte 11 den Löschungsvermerk enthält. Wird das Recht vollständig gelöscht, so werden die darauf bezüglichen Eintragungen in den Spalten 1 bis 8 rot unterstrichen. Wird das Recht nur teilweise gelöscht, so wird nur der gelöschte Teil in Spalte 3 von dem Betrage abgeschrieben; vgl. das amtliche Formular. §§ 12 und 13 AllgVfg.

Beispiele siehe unten §§ 109 ff.

§ 22. Die Schließung und Umschreibung des Grundbuchs.

Die Schließung[1] eines Grundbuchblattes tritt ein:

a) wenn alle auf dem Blatt eingetragenen Grundstücke abgeschrieben, also nach anderen Grundbuchblättern übertragen sind;

b) wenn alle auf dem Blatt eingetragenen Grundstücke aus dem Grundbuch ausscheiden, was geschieht, wenn der nicht buchungspflichtige Eigentümer, dessen Recht von einer Eintragung nicht betroffen wird, einen darauf bezüglichen Antrag stellt;

c) wenn die Zuständigkeit für die Führung des Blattes auf ein anderes Grundbuchamt übergeht. Dieser Fall tritt ein, wenn das betreffende Grundstück, wie sich etwa nachträglich herausstellt, in den Bezirken mehrerer Grundbuchämter liegt oder mit einem im Bezirk eines anderen Grundbuchamtes belegenen Grundstück zu einem Grundstück vereinigt werden soll, soweit in diesen Fällen das anderen Grundbuchamt als das zuständige gemäß Art. 2 AGGBO bestimmt wird; der Fall tritt ferner auch dann ein, wenn das Grundstück einem in dem Bezirk eines anderen Grundbuchamtes belegenen Grundstück als Bestandteil zugeschrieben werden soll. § 3 AGGBO; vgl. oben §§ 6, 16.

Das Grundbuch wird geschlossen durch:

1. Eintragung des Schließungsvermerks in der Aufschrift; in dem Vermerk ist der Grund der Schließung anzugeben.

---

[1] Über die Wiederverwendung geschlossener Grundbuchblätter siehe AV vom 31. März 1919 (JMBl S. 207), 15. April 1921 (JMBl S. 260) und 4. Januar 1922 (JMBl S. 8).

2. Rotdurchkreuzung sämtlicher nicht völlig leerer Seiten des Blattes; in der Aufschrift ist der Schlußvermerk nicht zu durchkreuzen. § 19 AllgVfg in der Fassung der AV vom 31. März 1919 (JMBl S. 207).

Die Schließung ist auch auf dem Deckel der zu dem Blatte gehaltenen Grundakten erkennbar zu machen. § 45 Nr. 5 GeschO.

Der auf die Aufschrift zu setzende Schließungsvermerk wird also lauten:

Dieses Blatt ist am 24. April 1928 geschlossen, weil sein Bestand nach Band XX Bl. Nr. 230 des Grundbuchs von Lobau übertragen ist.

Schmidt. Lehmann.

oder

Das Blatt ist am 6. März 1928 geschlossen, weil sein Bestand aus dem Grundbuch ausgeschieden ist.

Schmidt. Lehmann.

oder

Das Blatt ist am 9. Januar 1928 geschlossen, weil sein Bestand dem im Bezirk des Amtsgerichts in Felsheim belegenen, im Grundbuch dieses Ortes Band X Bl. Nr. 130 eingetragenen Grundstück als Bestandteil zugeschrieben ist.

Schmidt. Lehmann.

Besonderes gilt für den Fall c. Die Schließung des alten Blattes erfolgt auch hier in der vorgeschilderten Weise; es sind aber ferner dem anderen Grundbuchamt, auf das die Zuständigkeit für die Führung des Blattes übergeht, die Grundakten zu übersenden, nachdem die wörtliche Übereinstimmung der Tabelle mit dem Grundbuchblatt vom Richter und Grundbuchführer bescheinigt ist. In der Aufschrift des neuen Blattes ist auf das bisherige Blatt zu verweisen. Gelöschte Eintragungen werden in das neue Blatt nur insoweit übernommen, als dies zum Verständnis der noch gültigen Eintragungen erforderlich erscheint; im übrigen sind aus den beiden Abschriften des Bestandsverzeichnisses und aus der zweiten und dritten Abteilung nur die Nummern der Eintragungen mit dem Vermerk „Gelöscht" zu übernehmen. Die Übereinstimmung des Inhalts des neuen Blattes mit dem Inhalt des bisherigen Blattes ist in jedem Abschnitt und jeder Abteilung vom Richter und Grundbuchführer zu bescheinigen. Die Bescheinigung kann in einem Abschnitt oder einer Abteilung mehrfach erfolgen, wenn die Spalten nicht gleich weit ausgefüllt sind. Befinden sich vor einer Bescheinigung leer gebliebene Stellen, so sind sie zu durchkreuzen. AV vom 25. September 1908 (JMBl S. 355).

Geht bei einer Bezirksänderung[1] die Führung des Grundbuchs in Ansehung aller Blätter eines Grundbuchbandes auf ein anderes Grundbuchamt über, so sind die Blätter nicht zu schließen, sondern an das andere

[1] Bezüglich der abgetretenen Kreise Eupen—Malmedy siehe das deutsch-belgische Abkommen betreffend Überleitung der Grundbücher vom 9. Juli 1927, mitgeteilt durch Bekanntmachung vom 25. Oktober 1927 (RGBl II S. 905).

Grundbuchamt abzugeben. Die Abgabe kann auch erfolgen, wenn von der Bezirksänderung nicht alle Blätter eines Bandes betroffen werden.

Die Abgabe geschieht durch Übersendung des Grundbuchbandes, gegebenenfalls nach Austrennung der von der Änderung nicht betroffenen Blätter, oder durch Übersendung der aus dem Bande ausgetrennten Blätter. Der Verbleib der ausgetrennten Blätter ist in dem Grundbuchband, soweit erforderlich auf einem unter dem Deckel zu befestigenden Blatte, zu vermerken; der Vermerk ist von dem Richter und dem Grundbuchführer zu unterschreiben.

Mit den Grundbuchblättern sind die Grundbuchakten (§ 34 AllgVfg) sowie besonders verwahrte Urkunden (§ 46 GeschO), beim Übergang eines ganzen Grundbuchbezirkes auch die auf sich diesen beziehenden Katasterurkunden und Schriften und das Eigentümerverzeichnis (§ 47 GeschO) abzugeben. Bei Grundstücken, die kein Grundbuchblatt haben, sind die sich auf sie beziehenden Schriften (§ 45 Nr. 8 GeschO) gleichfalls abzugeben. Über die Abgabe ist ein Vermerk zurückzubehalten.

Bei der neuen Aufschrift sind in Klammern mit dem Zusatz „früher" auch der bisherige Bezirk sowie die bisherigen Band- und Blattnummern anzugeben.

Das nunmehr zuständige Grundbuchamt hat den Eigentümer und die aus dem Grundbuch ersichtlichen dinglich Berechtigten von dem Übergang der Zuständigkeit unter Mitteilung der künftigen Aufschrift des Grundbuchblattes zu benachrichtigen. AV vom 10. Januar 1907 (JMBl S. 6)[1].

Wenn ein Grundbuchblatt unübersichtlich geworden ist — z. B. bei sehr zahlreichen, zum Teil gelöschten Eintragungen in die zur Veränderung der eingetragenen Rechte bestimmten Spalten —, so ist das Blatt umzuschreiben. Vor der Umschreibung hat der Grundbuchrichter etwa von Amts wegen vorzunehmende Eintragungen, insbesondere Löschungen auf Grund des § 54 Abs. 1 Satz 2 GBO, zu bewirken und die Beteiligten, wenn nötig, über die Beseitigung unrichtiger Eintragungen und die Vereinigung oder Zuschreibung von Grundstücken zu belehren (vgl. oben § 16 Nr. 4). Das umgeschriebene Blatt ist in der bereits bezeichneten Weise zu schließen. AV vom 31. März 1919 (JMBl S. 207). Das neue Blatt erhält die nächst fortlaufende Nummer. In der Aufschrift des neuen Blattes muß auf das alte Blatt verwiesen werden. Gelöschte Eintragungen werden in das neue Blatt insoweit übernommen, als dies zum Verständnisse der noch gültigen Eintragungen erforderlich erscheint; im

---

[1] Die Vorschriften des § 18 und des § 18a Abs. 1, 2, 5 AllgVfg finden entsprechende Anwendung, wenn Grundstücke durch Vereinigung eines Gemeinde- oder Gutsbezirks mit einem anderen oder durch Abtrennung von einem solchen Bezirk in einen anderen Grundbuchbezirk desselben Grundbuchamts übergehen. AV vom 25. September 1908 Nr. 4 (JMBl S. 355). Ebenso ist die AV vom 10. Januar 1907 (JMBl S. 6) entsprechend anzuwenden.

übrigen sind aus den beiden Abschnitten des Bestandsverzeichnisses und aus der zweiten und dritten Abteilung nur die Nummern der Eintragungen mit dem Vermerk „Gelöscht" zu übernehmen. Die Eintragungsvermerke sind tunlichst so zu ändern und zusammenzufassen, daß nur ihr gegenwärtiger Inhalt in das neue Blatt übernommen wird. In der zweiten und dritten Abteilung ist der Tag der ersten Eintragung des Rechts mitzuübertragen. Jeder übertragene Vermerk ist mit dem Zusatz „Umgeschrieben" zu versehen und von dem Richter und dem Grundbuchführer zu unterzeichnen. In Spalte 12 des Verzeichnisses der Grundstücke genügt der Vermerk: „Bei Umschreibung des unübersichtlich gewordenen Blattes .... als Bestand eingetragen am ....; der Vermerk in Spalte 3 der ersten Abteilung hat zu lauten: „Das auf dem unübersichtlich gewordenen Blatt .... eingetragene Eigentum bei Umschreibung des Blattes hier eingetragen am .... (vgl. AV vom 31. März 1919, JMBl S. 207).

Die Umschreibung ist dem Eigentümer, den eingetragenen dinglich Berechtigten und der Katasterbehörde bekanntzugeben; einem Briefgläubiger ist anheim zu geben, den Brief zwecks Berichtigung der Nummer des Grundbuchblattes dem Grundbuchamt alsbald einzureichen.

Durch Erlaß vom 15. April 1919 I 7650 empfiehlt der Justizminister für die Umschreibungsgeschäfte, daß sich regelmäßig die ordentlichen Grundbuchrichter dieser Arbeit unterziehen, weil sie besondere Umsicht und Erfahrung erfordere. Vgl. auch § 26g der Entlastungsverfügung (JMBl 1928 S. 140).

Über die Umschreibung der Grundbuchblätter, die aus Anlaß der mit der Aufwertung zusammenhängenden Eintragungen unübersichtlich geworden sind s. Hamelbeck JurRdsch **27** 193ff.

Das Verfahren zum Zwecke der Wiederherstellung eines ganz oder teilweise zerstörten oder abhanden gekommenen Grundbuchs wird durch einzelstaatliche Verordnung bestimmt, die im einzelnen Falle erlassen wird. § 92 GBO. Vgl. z. B. Vdg der Preußischen Staatsregierung vom 8. März 1920 (GS S. 79) betr. die Wiederherstellung der gelegentlich der Plünderung des Gerichtsgebäudes in Altona zerstörten oder abhanden gekommenen Grundbücher des Amtsgerichts in Altona. Desgleichen Vdg über die Wiederherstellung der durch Brand am 21. Oktober 1923 zerstörten Grundakten des Amtsgerichts in Deutsch-Eylau vom 3. April 1925 (GS S. 50).

§ 23. Nachträgliche Anlegung von Grundbuchblättern bei bisher nicht eingetragenen Grundstücken.

Häufig kommt es vor, daß Grundstücke, die bei der Anlegung des Grundbuchs ein Blatt nicht erhalten haben, z. B. weil sie nicht buchungspflichtig (unten § 26) oder weil sie übersehen waren, nachträglich ein Grundbuchblatt erhalten soll. Das für diese Fälle zur Anwendung kommende

Verfahren ist in den Art. 15ff. Vdg und der Vdg vom 18. März 1914 (GS S. 49) geregelt. Hervorzuheben ist folgendes:

Die Anlegung des Blattes erfolgt von Amts wegen, auch soweit, wie z. B. bei nichtbuchungspflichtigen Grundstücken, ein Antrag erforderlich ist (KGJ **30** A 174; **48** 167; **49** 158). In allen Fällen hat das Grundbuchamt die Katasterbehörde um Erteilung eines beglaubigten Auszugs aus dem Steuerbuch zu ersuchen; auch sind über Besitz und Eigentum der im Steuerbuch eingetragenen Besitzer, der etwa von dem Besitzer als Eigentümer Bezeichnete und die Eigentümer oder Besitzer der angrenzenden Grundstücke, soweit nicht ihre Anhörung untunlich oder unnötig erscheint, zu vernehmen. Wer das Eigentum beansprucht, hat auf Verlangen des Grundbuchamts seinen unmittelbaren Rechtsvorgänger zu nennen, den Rechtsgrund anzugeben, vermöge dessen er das Eigentum erworben hat und die sich darauf beziehenden Urkunden vorzulegen sowie andere Beweise anzuzeigen. Als Eigentümer ist in das Grundbuch einzutragen:

1. wer das Grundstück in einer gerichtlichen Zwangsversteigerung erstanden hat,

2. wer das Grundstück im Eigenbesitz hat und entweder:

a) durch Urkunden, Verfügungen oder Bescheinigungen öffentlicher Behörden, z. B. durch sog. Besitzatteste des Landsrats[1] (KG 24. September 1925 OLG **45** 93) oder durch Zeugen glaubhaft macht[2], daß er allein oder unter Hinzurechnung der Besitzzeit seines Rechtsvorgängers das Grundstück schon vor dem Inkrafttreten des Bürgerlichen Gesetzbuches (vgl. KGJ **29** A 119) seit 44 Jahren oder auf Grund eines nach I, 9 § 579 ALR zur Erlangung des Eigentums geeigneten, wenngleich dem Inhalt oder der Form nach ungültigen Titels seit zehn Jahren im Eigenbesitz gehabt hat, oder

b) den im Art. 20 Nr. 2b a. a. O. näher bezeichneten Nachweis erbringt;

3. wer nach Maßgabe der Art. 21 bis 27 Vdg ein Ausschließungsurteil erwirkt hat.

Art 20 Vdg.

Soll ein Grundbuchblatt zugunsten einer juristischen Person angelegt werden, so ist in der Regel das Zeugnis einer staatlichen Behörde, z. B. einer städtischen Polizeiverwaltung, die genügende Grundlage für die Glaubhaftmachung des 44jährigen oder 10jährigen titulierten Eigen-

---

[1] Zur Anlegung eines Grundbuchblatts für Provinzialchausseen genügt eine Bescheinigung des Landrats, daß der Provinzialverband die Grundstücke auf Grund des § 18 des Dotationsgesetzes vom 8. Juli 1875 (GS S. 497) schon vor Inkrafttreten des BGB seit länger als 10 Jahren besitzt (KG vom 29. August 1927, JurRdsch Rspr S. 1243).

[2] Ein strikter Nachweis wird nicht verlangt; Glaubhaftmachung genügt. KGJ **30** A 174.

besitzes[1]. Sofern aber der Inhalt der Bescheinigung selbst zu Zweifeln an der Richtigkeit der Bescheinigung Anlaß gibt oder sofern dem Grundbuchrichter anderweit Tatsachen bekannt geworden sind, die geeignet sind, begründete Bedenken gegen die objektive Wahrheit des Zeugnisses zu erregen, so kann der Grundbuchrichter die Eintragung der juristischen Person als Eigentümerin auf der alleinigen Grundlage des Zeugnisses beanstanden (KGJ **27** A 238; **30** A 171; **45** 210). Das Grundbuchamt hat aber in solchen Fällen die Sache selbst aufzuklären und darf sich dieser Aufklärungspflicht nicht unter Berufung auf einen schwebenden Eigentumsprozeß entziehen. KG 24. September 1925, OLG **45** 94.

Die Anlegung des Grundbuchblattes erfolgt, wenn der nach Art. 20 Vdg zur Eintragung des Eigentums erforderliche Nachweis geführt ist[2]. Art. 28 Abs. 1 Vdg. In den Fällen des Art. 20 Nr. 2 darf die Anlegung erst erfolgen, nachdem in der Gemeinde, in deren Bezirk das Grundstück liegt, die Absicht der Anlegung und die Person des als Eigentümer Einzutragenden öffentlich bekannt gemacht und seit der Bekanntmachung ein Monat verstrichen ist. Die Art der Bekanntmachung bestimmt das Grundbuchamt (Art. 1 Nr. 3 der Vdg vom 18. März 1914). Rechte an dem Grundstück werden bei der Anlegung des Grundbuchblattes außer dem Falle des Art. 28 Abs. 2 Vdg nur berücksichtigt, wenn sie bei dem Grundbuchamt angemeldet sind. Zur Eintragung eines Rechtes, z. B. einer Hypothek ist erforderlich, daß es sich auf eine von dem Eigentümer ausgestellte öffentliche Urkunde gründet oder von dem Eigentümer anerkannt wird. Art. 29 Vdg. Letzteres bildet in der Praxis die Regel. Über die Anerkennung ist der Eigentümer zu vernehmen. Besonderes gilt, wenn der Eigentümer das Recht bestreitet. Art. 29 Abs. 2 Vdg.

Wegen der Rangordnung der in das Grundbuch aufzunehmenden Rechte vgl. Art. 30 Vdg.

In dem Verfahren kann der Grundbuchrichter Zeugen und Sachverständige laden und eidlich oder eidesstattlich oder auch unbeeidet vernehmen, auch andere Beweise erheben. Das Grundbuchamt kann die Befolgung einer Ladung sowie die Erfüllung jeder dem Geladenen auferlegten Verpflichtung durch Geldstrafen bis zum Gesamtbetrage von 150 RM. erzwingen, auch die in Art. 20 Vdg bezeichneten Nachweisungen auf Kosten der Säumigen beschaffen. Art. 31 und 32 Vdg; vgl. auch oben § 7. Im übrigen finden gemäß Art. 1 PrFGG und § 15 FGG die Vor-

[1] Der Magistrat einer preußischen Stadtgemeinde ist zur Erteilung von Besitzzeugnissen für juristische Personen behufs Anlegung eines Grundbuchblattes nicht befugt. KGJ **24** A 226. Ebensowenig haben die Landesdirektoren diese Befugnis. Dagegen ist die von städtischen Beamten geführte Polizeiverwaltung einer preußischen Stadtgemeinde eine staatliche Behörde und als solche zur Ausstellung von Zeugnissen über den Eigenbesitz juristischer Personen behufs Anlegung von Grundbuchblättern zuständig. KGJ **21** A 290.

[2] Besonders gilt, wenn ein Ausschlußurteil erwirkt ist. Art. 28 Abs. 2 Vdg.

schriften der ZPO über den Zeugenbeweis (§§ 373 bis 401), über den Beweis durch Sachverständige (§§ 402 bis 414) und über das Verfahren bei der Abnahme von Eiden (§§ 478 bis 484) entsprechende Anwendung.

Eine Zwischenverfügung auf Grund des § 18 GBO kann im Grundbuchanlegungsverfahren nicht erlassen werden (KGJ **48** 170).

Über die Grundbuchanlegung für Wasserläufe und Wasserlaufanteile vgl. Güthe im JMBl 1914 S. 497 und die Vdg. vom 18. März 1914 (GS S. 49) Art. 1 Nr. 4.

§ 24. Die Grundakten. Die Aufbewahrung von Urkunden. Die Tabelle. Das Wohnungsblatt. Das Aktenzeichen.

Für jedes Grundbuchblatt werden besondere Grundakten gehalten[1]. Zu diesen Akten werden, abgesehen von den zu Sonderheften zu nehmenden Schriftstücken von vorübergehender Bedeutung (wie z. B. Anträge auf Erteilung von Abschriften, Versendungsbelege, geschlossene Tabellen u. dgl.), alle Schriftstücke gebracht, die sich auf das Blatt beziehen. Insbesondere werden außer den Eintragungsverfügungen die Urkunden, auf die sich eine Eintragung gründet oder Bezug nimmt und die nach § 9 GBO vom Grundbuchamt zum jederzeitigen Nachweise der Gesetzmäßigkeit der Eintragung aufzubewahren sind, zu den Grundakten genommen und geheftet. Zu den Urkunden, auf die sich eine Eintragung gründet, gehören z. B. die vor dem Grundbuchamt errichteten Urkunden über eine Auflassung, Eintragungsbewilligung usw., oder die von einem andern Amtsgericht oder einem Notar aufgenommenen oder der Unterschrift nach beglaubigten Eintragungsbewilligungen und Eintragungsanträge, ebenso aber auch die bloß privatschriftlichen Urkunden, ferner Vollmachten, Bestallungen, Genehmigungsurkunden usw. Zu den Urkunden, auf die eine Eintragung Bezug nimmt, gehören z. B. die Bewilligungen der Eintragung einer Hypothek oder eines Altenteils, auf deren einzelne Bestimmungen in der Eintragung Bezug genommen werden kann; vgl. unten §§ 89, 77. Die Herausgabe einer solchen Urkunde darf nur erfolgen, wenn statt der Urkunde eine vom Richter oder Grundbuchführer[2] beglaubigte Abschrift aufbewahrt wird. § 9 GBO[3]. Jedoch bedarf es der Aufbewahrung einer solchen beglaubigten Abschrift nicht, wenn die betreffende Urkunde sich in anderen der Vernichtung nicht unterliegenden Akten des das Grundbuch

[1] Soweit für gewisse Grundstücke (z. B. des Staats, der Gemeinde usw.) ein Grundbuchblatt weder angelegt noch in der Anlegung begriffen ist, werden die auf solche Grundstücke sich beziehenden Schriften gemeindeweise zu Sammelakten vereinigt. § 45 Nr. 8 GeschO.

[2] Art. 35 PrFGG.

[3] Zur Erleichterung des Geschäftsverkehrs empfiehlt es sich, daß die Notare von den ihren Anträgen beigefügten Urkunden, von denen bei den Gerichtsakten Abschriften zurückzubehalten sind, die erforderlichen Abschriften mit den Anträgen einreichen; vgl. hierzu die AV vom 19. Juni 1920 (JMBl S. 313).

führenden Amtsgerichts, also z. B. in anderen Grundakten oder Testamentsakten befindet; es genügt dann vielmehr eine Verweisung auf die anderen Akten. § 35 AllgVfg. Die mit einem Eintragungsantrage eingereichten Urkunden sind, solange eine Eintragung nicht erfolgt ist, jederzeit dem Berechtigten auf Verlangen zurückzugeben (KGJ **44** 170).

Außer den vorbezeichneten Urkunden können auch noch die Urkunden über das einer Eintragung zugrunde liegende Rechtsgeschäft in Urschrift (nur bei Privaturkunden), Ausfertigung (nur bei öffentlichen Urkunden) oder beglaubigter Abschrift (bei Privat- und öffentlichen Urkunden) bei den Grundakten aufbewahrt werden, wenn die Beteiligten dies wünschen. § 9 Abs. 2 GBO. Der häufigste Fall dieser Art ist der, daß bei einer Auflassung der ihr zugrunde liegende Kauf- oder Tauschvertrag zur Aufbewahrung bei den Grundakten überreicht wird; vgl. unten § 71.

Müssen Urkunden längere Zeit bei dem Gericht aufbewahrt werden, ohne daß sie zu den Grundakten geheftet werden können — so z. B. wenn Hypothekenbriefe, Erbscheine, Testamente usw. mit Eintragungsanträgen überreicht sind, denen erst nach Beseitigung von Anständen stattgegeben werden kann —, so ist mit ihnen gemäß § 59ff. GeschO zu verfahren (§ 46 das.).

Es empfiehlt sich, im Nummernverzeichnis des Aktenstücks oder auf einem vorn in dem Aktenstück einzuheftenden Blatte stets das Vorhandensein, die Art der Verwahrung und den Verbleib der zur Sache eingereichten Urkunden zu vermerken.

Bei den Grundakten muß eine mit dem Blatt wörtlich übereinstimmende Tabelle gehalten werden. Die Tabelle ist, wenn nötig, in einen Umschlag von starkem Papier zu heften und unter dem Deckel der Akten (bei mehreren Aktenbänden des letzten Bandes) lose — was ihre Handlichkeit erleichtert — zu verwahren. Die Eintragungen in die Tabelle werden in der Regel vom Grundbuchführer bewirkt. Es kann aber auch der Richter bzw. der Rechtspfleger die Eintragungen in die Tabelle vornehmen und anordnen, daß diese Eintragungen in das Grundbuch übernommen werden. In manchen Landesteilen ist es aber üblich, daß der Richter bzw. der Rechtspfleger die Eintragungsverfügung besonders entwirft und der Grundbuchführer die Eintragung im Grundbuch und der Tabelle bewirkt. Welche Eintragung zuerst erfolgt, ist gleich; vgl. unten § 59. Die Sorge für die Übereinstimmung des Tabelleninhalts mit dem Grundbuch liegt aber neben dem Grundbuchführer auch dem Richter ob. Es ist daher geboten, daß beim Vergleichen der Eintragungen mit den ergangenen Verfügungen die Tabelle mitgelesen wird, da auf diese Weise am sichersten die Übereinstimmung der Tabelle mit dem Grundbuch festgestellt wird. Die Richtigkeit der Tabelle ist von besonderer Bedeutung, da der Grundbuchrichter pp. bei der Prüfung der Eintragungsanträge usw. regelmäßig nur die Tabelle zur Hand hat und nur auf Grund dieser seine Entschließungen trifft. Weicht die Tabelle vom Grundbuch ab, so ist das letztere allein maßgebend, und der Richter pp. kann sich nicht damit entschuldigen, daß die ihm vorliegende Tabelle anders gelautet habe. Es wird daher stets die Einsicht des Grundbuchs geboten sein, wenn irgendwelche Zweifel an der Richtigkeit der Tabelle vorliegen. Der Tabelle ist ein Wohnungsblatt vorzuheften, jedoch nicht schon bei Anlegung der Grundakten, sondern erst, wenn sich ein Anlaß zur Ingebrauchnahme ergibt, was vielfach nicht der Fall ist. Auf diesem Blatt sind die Wohnungen der Berechtigten, die Bestellung eines Vertreters oder Zustellungsbevollmächtigten sowie die Veränderungen dieser Tatsache zu vermerken. § 45 Nr. 3 u. 4 GeschO.

Als Aktenzeichen dient für Grundakten die Bezeichnung des Grundbuchs nach Bezirk, Band und Blatt; die zu denselben Grundakten gehörigen Schriftstücke erhalten in ununterbrochener Folge eine Nummer (Ordnungsnummer), die auch dann fortläuft, wenn ein neuer Band angelegt wird oder wenn die Akten unter einem neuen Aktenzeichen fortgesetzt werden. Die Ordnungsnummer bestimmt die Folge der Schriften in den Akten; Anlagen eines Schriftstücks erhalten keine Nummer und werden, als zu der betreffenden Nummer gehörig, nur dann bezeichnet, wenn die besondere Wichtigkeit der Schriftstücke, so regelmäßig bei Urkunden, dies erfordert. § 7 Nr. 4, § 8 Nr. 1 u. 5 GeschO.

§ 25. Einsicht des Grundbuchs und der Grundakten. Abschriften und Auskünfte.

Das Grundbuch und die Grundakten sind nicht öffentlich. Wer das Grundbuch oder die Grundakten einzusehen wünscht, muß ein berechtigtes Interesse darlegen. (§ 11 GBO; § 36 AllgVfg.)

Der Begriff „berechtigtes Interesse" deckt sich nicht mit dem des „rechtlichen Interesses". Ein berechtigtes Interesse kann jemand haben, ohne daß er ein Recht besäße, aus dem das Interesse an der Einsichtnahme herzuleiten wäre. Es können daher außer dem Eigentümer, Hypothekengläubiger und allen anderen im Grundbuch als Berechtigten eingetragenen Personen auch solche, die nur ein tatsächliches (wirtschaftliches) Interesse haben, die Einsicht verlangen; hierher gehören z. B. Personen, die künftig ein Recht an dem Grundstück, z. B. das Eigentum, ein Pfandrecht usw., zu erwerben ernstlich (KGJ **20** A 176) beabsichtigen; ob dieser Erwerb im Wege des Vertrags freiwillig oder im Wege der Zwangsvollstreckung erfolgen soll, ist gleich. Den Gläubigern des Eigentümers (KGJ **20** A 173)[1], eines Hypothekengläubigers usw. wird daher die Einsicht nicht zu versagen sein, wenn sie berechtigtes Interesse, z. B. durch Vorlegung des voll-

[1] Hierher gehören auch die Bauhandwerker wegen der für sie einzutragenden Sicherungshypothek.

streckbaren Schuldtitels, darlegen. Ein berechtigtes Interesse kann nicht aus dem öffentlichen Recht hergeleitet werden (KGJ **45** 198). Wird unter dem Vorwand eines berechtigten Interesses nur ein auf Neugier beruhendes, unbefugtes Eindringen in die Vermögensverhältnisse des Eigentümers bezweckt, so ist die Einsicht nicht zu gestatten (KGJ **20** A 176).

Zur Darlegung des berechtigten Interesses genügt, daß der Grundbuchrichter bzw. der Rechtspfleger, soweit Tatsachen in Betracht kommen, irgendwie greifbaren und überzeugenden Anhalt für die Richtigkeit der Darstellung des Antragstellers erlangt. Darlegung ist nicht gleichbedeutend mit Glaubhaftmachung (KGJ **20** A 173).

Eine Ausnahmestellung nehmen öffentliche Behörden (s. § 52), und die von ihnen beauftragten Beamten ein. Diesen ist nämlich die Einsicht gestattet, ohne daß es der Darlegung eines berechtigten Interesses bedarf. §§ 32, 36 AllgVfg. Öffentliche Behörden sind Träger eines dauernden, von der Person des Inhabers und dessen Wechsel unabhängigen öffentlichen Amtes (KGJ **22** A 290); vgl. auch unten § 52. Das gleiche gilt für Notare sowie auch für Rechtsanwälte, die im nachgewiesenen Auftrag eines Notars das Grundbuch einsehen wollen. AV vom 21. Februar 1919 (JMBl S. 53). Diese Bevorzugung genießen auch Bauschutzvereine und die von ihnen beauftragten Personen, wenn der Minister für Handel und Gewerbe bescheinigt, daß ein berechtigtes Interesse des Vereins an der Einsicht des Grundbuchs allgemein anzuerkennen ist. (AV vom 10. August 1914, JMBl S. 676.)

Die Einsichtnahme kann auch von Bevollmächtigten der zur Einsicht Berechtigten erfolgen. Die Bevollmächtigten haben sich durch eine Vollmacht, die einer Beglaubigung nicht bedarf, auszuweisen. Entscheidend ist das berechtigte Interesse des Vertretenen; ein Grund zur Zurückweisung des Vertreters kann aus dessen Person nur dann entnommen werden, wenn der im Einzelfalle näher zu rechtfertigende Verdacht besteht, daß der Vertreter nicht das fremde berechtigte, sondern das eigene unberechtigte Interesse oder das Interesse Dritter wahrnehmen werde (KGJ **22** A 122).

Die Einsichtnahme hat an der Gerichtsstelle bei dem Amtsgericht zu erfolgen, bei dem das betreffende Grundbuch geführt wird[1]. Eine Versendung der Grundbücher, etwa an andere Gerichte zur Einsichtnahme durch die Beteiligten, ist unzulässig. Dagegen ist eine Versendung der Grundakten zulässig; sie soll aber auch möglichst eingeschränkt werden, und es ist nicht zu billigen, daß Grundakten oft jahrelang von den Prozeßgerichten bei den Prozeßakten behalten werden.

In den Grundakten können außer der Tabelle alle Urkunden eingesehen werden, an deren Kenntnisnahme ein berechtigtes Interesse besteht. Die Einsichtnahme erstreckt sich insbesondere auf die Urkunden, auf die im

[1] Die Einsichtnahme ist gebührenfrei. § 64 Abs. 4 PrGKG.

Grundbuch zur Ergänzung einer Eintragung Bezug genommen ist, und auf die noch nicht erledigten Eintragungsanträge. (§ 11 GBO; § 36 AllgVfg.)

Soweit nach den vorstehend entwickelten Vorschriften die Einsicht des Grundbuchs und der Grundakten gestattet ist, kann eine Abschrift des Grundbuchblattes und der in der Grundakten enthaltenen Urkunden gefordert werden. Hiernach können öffentliche Behörden und die von ihnen beauftragten Beamten, ferner Notare und die von ihnen beauftragten Rechtsanwälte ohne weiteres die Abschriften verlangen, alle übrigen Personen nur, wenn sie ein berechtigtes Interesse darlegen. Die Abschrift ist auf Verlangen zu beglaubigen. § 11 Abs. 2 GBO; §§ 32 Abs. 4, 36 Abs. 2 AllgVfg. Auf einfachen Abschriften ist auf Verlangen der Tag zu vermerken, an dem sie gefertigt sind. Der Vermerk ist jedoch nicht zu unterzeichnen. AV vom 25. September 1908 (JMBl S. 355). Die beglaubigten Abschriften des Grundbuchblattes sind nach Art. 7 Abs. 2 AGGBO vom Richter und Grundbuchführer zu unterschreiben; im übrigen bewirkt der Grundbuchführer allein die Beglaubigung. Art. 35 PrFGG. Soll eine beglaubigte Abschrift nur von einem Teil des Grundbuchblattes erteilt werden, so sind in die Abschrift diejenigen Eintragungen aufzunehmen, die den Gegenstand betreffen, auf den sich die Abschrift beziehen soll; in dem Beglaubigungsvermerk ist der Gegenstand anzugeben und zu bezeugen, daß weitere den Gegenstand betreffende Eintragungen in dem Grundbuch nicht enthalten sind; § 33 AllgVfg. Stellt der Grundbuchrichter das Nichtvorhandensein solcher Eintragungen fest, so hat er dem Antragsteller hierüber Mitteilung zu machen.

Über die Anträge auf Einsichtnahme des Grundbuchs[1] und der Grundakten sowie auf Erteilung von Abschriften steht die Entscheidung nur Richter bzw. dem Rechtspfleger, nicht etwa dem Grundbuchführer zu. Freilich pflegt in zweifellosen Fällen der Grundbuchführer ohne weitere Befragung des Richters, dessen stillschweigender Billigung er sich versichert hält, die Einsicht zu gestatten; dieses Verfahren ist aber nicht unbedenklich, und jedenfalls kann der Richter bzw. der Rechtspfleger sich stets durch ausdrückliche Anordnung für alle Fälle die Entscheidung vorbehalten. Diese erfolgt meist mündlich. Gegen die die Einsichtnahme usw. versagende Entscheidung ist Beschwerde zulässig (KGJ **20** A 173). Desgleichen unterliegt die Gewährung der Einsicht und die Erteilung des Grundbuchauszugs der Beschwerde; jedoch fehlt dem Eigentümer die Sachberechtigung hierzu. KGJ **48** 252 (OLG Karlsruhe).

Wenn die Voraussetzungen zu §§ 2 ff., 23e bis g der Entlastungsverfügung (JMBl 1928 S. 140) gegeben sind, hat der Rechtspfleger die Entscheidungen auf Anträge betreffend die Gestattung der Einsicht des Grundbuchs und der Grundakten, die Verfügung auf Anträge betreffend

[1] Auf die Bezeichnung des Grundstücks, auf das sich die Einsichtnahme beziehen soll, findet § 28 GBO keine Anwendung (KGJ **45** 198).

Erteilung von Abschriften sowie Antworten auf Anfragen über den Inhalt des Grundbuchs selbständig ohne eine Mitwirkung des Richters zu erledigen.

Die sehr häufig von Rechtsanwälten und Privatpersonen verlangten Auskünfte aus dem Grundbuch wird der Grundbuchrichter (Rechtspfleger) nur dann erteilen, wenn es sich um einfache, schnell und sicher zu erledigende Anfragen handelt. Im übrigen ist dem Richter (Rechtspfleger) zu empfehlen, solche Auskünfte, zu deren Erteilung er niemandem, auch nicht den Notaren (KGJ **21** A 274) gegenüber verpflichtet ist, wegen der für den Fall ihrer Unrichtigkeit drohenden Schadensersatzansprüche, abzulehnen und die Beteiligten auf die Vorschriften des § 11 GBO über die Einsichtnahme des Grundbuchs usw. hinzuweisen. Der eine Auskunft verweigernde Richter (Rechtspfleger) kann zur Erteilung einer solchen auch vom Beschwerdegericht nicht angehalten werden (KGJ **21** A 274; **23** A 213).

Auch Behörden gegenüber ist das Grundbuchamt zur Erteilung von Auskünften gemäß der Grundbuchgesetzgebung nicht verpflichtet. Dagegen ist die Auskunftspflicht Behörden gegenüber nach dem öffentlichen Rechte Preußens nicht zu verneinen. Doch unterliegt die Feststellung der Verpflichtung nach Grund und Umfang im Beschwerdefalle nur der Entscheidung der vorgesetzten Dienstbehörde, nicht der gerichtlichen Instanzen im Sinne des § 71 GBO (KGJ **23** A 213).

Dies gilt aber nur für positive Mitteilungen über Eintragungen im Grundbuch; Fälle, in denen auf an sich berechtigte Anträge wegen Erteilung auszugsweiser Grundbuchblattabschriften gemäß § 33 AllgVfg das Nichtvorhandensein entsprechender Eintragungen festgestellt wird, können ohne Mitteilung über das Fehlen entsprechender Eintragungen und damit über den negativen Inhalt des Grundbuchs überhaupt nicht erledigt werden (KGJ **23** A 217).

§ 26. Vom Buchungszwang befreite Grundstücke.

Die Grundstücke des Reichs, die Domänen und die sonstigen Grundstücke des Staates, die Grundstücke der Gemeinden und Gemeindeverbände, der Kirchen, Klöster und Schulen, die öffentlichen Wege und Gewässer[1], sowie die Grundstücke, die einem dem öffentlichen Verkehr dienenden Bahnunternehmen gewidmet sind, sind von der Buchungspflicht befreit. Sie erhalten ein Grundbuchblatt nur auf Antrag des Eigentümers oder eines Berechtigten[2], § 90 GBO; Art. 1 Vdg.

Steht einem nicht buchungspflichtigen Eigentümer das Eigentum an einem Grundstück zu, über das ein Blatt geführt wird, oder erwirbt er

[1] Vgl. § 13 des preußischen Wassergesetzes vom 7. April 1913 (GS S. 53); Güthe im JMBl 1914 S. 492ff.)

[2] Zu den Berechtigten gehört z. B. der, der ein subjektiv und objektiv dingliches Recht an dem Grundstück beansprucht. KGJ **34** A 223.

ein solches Grundstück, so ist auf seinen Antrag das Grundstück aus dem Grundbuch auszuscheiden, wenn eine Eintragung, von der das Recht des Eigentümers betroffen wird, nicht vorhanden ist. § 90 Abs. 2 GBO.

Ist also z. B. die Kirchengemeinde in Lobau als Eigentümerin eines Grundstücks im Grundbuch eingetragen, so könnte auf den einseitigen Antrag der Gemeinde das Grundstück aus dem Grundbuch ausscheiden, wenn weder in Abt. II noch in Abt. III Eintragungen vorhanden sind, die das Eigentumsrecht der Kirchengemeinde belasten. Würde die Kirchengemeinde ein bisher auf den Ackerbürger Karl Brennecke in Lobau eingetragenes Grundstück von Brennecke aufgelassen erhalten, so könnte die Gemeinde das Grundstück, ohne daß es etwa zuvor auf ein neues Blatt übertragen würde, aus dem Grundbuch ausscheiden lassen, vorausgesetzt, daß es nicht belastet ist. Der Schluß der Auflassungsverhandlung (vgl. unten § 69) würde dann lauten:

Wir, die Erschienenen zu 2 bis 5 (Mitglieder des Gemeindekirchenrats) als Vertreter der Kirchengemeinde in Lobau, beantragen, daß das auf die Gemeinde übergegangene Grundstück aus dem Grundbuch ausscheidet.

In der Praxis sind solche Anträge auf Ausscheiden nichtbuchungspflichtiger Grundstücke aus dem Grundbuch selten, wie denn überhaupt bei den Vorzügen der Eintragung des Grundbesitzes im Grundbuch auch die nichtbuchungspflichtigen Grundstücke meist eingetragen werden.

Die Ausbuchungen kommen z. B. vor bei Abschreibungen von Marksteinschutzflächen (vgl. Ges. vom 7. Oktober 1865, 7. April 1869 und 3. Juni 1874 [GS 1865 S. 1033; 1869 S. 729 und 1874 S. 239] sowie AV vom 6. September 1878, JMBl S. 136); der in Spalte Abschreibung des Verzeichnisses der Grundstücke einzutragende Vermerk lautet z. B.:

Von Nr. 3 die Parzelle $\frac{220}{40}$ von 4 qm Größe auf Ersuchen des Landrats in . . . für den preuß. Fiskus (Landestriangulation) hier abgeschrieben und aus dem Grundbuch ausgeschieden am . . . Rest: lfd. Nr. 4.

Ist ein in dieser Weise abgeschriebenes Grundstück für die Festlegung der trigonometrischen Punkte und die Sicherstellung der Marksteine nicht mehr notwendig, so genügt zur Rückübertragung des Eigentums auf den zeitigen Eigentümer des durch die Überlassung verkleinerten Grundstücks die Einigung dieses Eigentümers und des regelmäßig durch den Landrat vertretenen Staates und die auf Ersuchen des Landrats kostenfrei zu bewirkende Eintragung in das Grundbuch. § 1 Ges. vom 24. Mai 1901 (GS S. 145).

Hervorzuheben ist noch, daß nach Art. 27 AGBGB zur Übertragung des Eigentums an einem Grundstück, das im Grundbuch nicht eingetragen ist und auch nach der Übertragung nicht eingetragen zu werden braucht, die Einigung des Veräußerers und des Erwerbers über den Eintritt der Übertragung erforderlich und ausreichend ist. Die Einigung bedarf der gerichtlichen oder notariellen Beurkundung; wird einer der Beteiligten durch eine öffentliche Behörde vertreten, so genügt die Beurkundung durch einen nach Art. 12 § 2 AGBGB für die Beurkundung des Veräußerungsvertrags zuständigen Beamten. Art. 27 AGBGB. Will also z. B. eine Stadtgemeinde ein ihr gehöriges, im Grundbuch nicht eingetragenes Grundstück an den Fiskus zu Eigentum übertragen, so bedarf es nicht der Auflassung und Eintragung der Eigentumsveränderung in ein etwa neu anzulegendes Grundbuch; es genügt vielmehr die Einigung der Stadtgemeinde und des Fiskus.

Soll aber ein Grundstück, das bisher vom Buchungszwange befreit und daher im Grundbuch nicht eingetragen war, an einen nicht vom Buchungszwange befreiten Erwerber zu Eigentum übertragen werden, so muß zuvor ein Grundbuchblatt für den Veräußerer angelegt werden; unter „Eintragung der Eigentumsübertragung" im Sinne des § 873 BGB ist nämlich eine in ein bereits angelegtes Grundbuchblatt erfolgende Eintragung zu verstehen, aus der sich ergibt, daß der bisher eingetragene Eigentümer das Eigentum auf den neu eingetragenen übertragen hat (KGJ **26** A 115; **49** 160). Will also z. B. eine Stadtgemeinde ein bisher im Grundbuch nicht eingetragenes Grundstück an eine Privatperson verkaufen und auflassen, so muß sie zunächst das Grundstück in einem gemäß Art. 15ff. Vdg (s. oben § 23) zu betreibenden Verfahren auf ein besonderes Grundbuchblatt für sich eintragen lassen, und erst wenn dies geschehen ist, kann sie das Grundstück an die Privatperson auflassen.

§ 27. Das Eigentümerverzeichnis.

Für den Bezirk des Gerichts ist ein alphabetisches Eigentümerverzeichnis zu führen. In dieses werden unter fortlaufenden Nummern die Eigentümer nach alphabetischer Reihenfolge unter Angabe ihres Zu- und Vornamens, Berufs und Wohnorts vermerkt; neben ihren Namen werden die ihnen gehörenden Grundstücke nach der grundbuchmäßigen Bezeichnung z. B.:

Lobau Bd. 3 Bl. Nr. 123.

aufgeführt. Das Verzeichnis kann, wenn die örtlichen Verhältnisse z. B. bei sehr ausgedehntem oder stark bevölkertem Gerichtsbezirk dies wünschenswert erscheinen lassen, für jeden Grundbuchbezirk gesondert geführt werden. Jeder Eigentümer ist in dasselbe Eigentümerverzeichnis nur einmal aufzunehmen, und neben seinem Namen sind alle ihm gehörigen Grundstücke zu verzeichnen. Nicht mehr gültige Eintragungen sind rot zu unterstreichen. § 47 GeschO.

Das Eigentümerverzeichnis erleichtert die schnelle Ermittlung der den einzelnen Personen gehörigen Grundstücke nach ihrer grundbuchmäßigen Bezeichnung.

§ 28. Das Tagebuch des Grundbuchführers.

Der Grundbuchführer hat über die von ihm im Grundbuch bewirkten Einschreibungen nach dem im JMBl 1914 S. 270 abgedruckten Muster 16 (abgeändert durch die AV vom 2. Januar 1920, JMBl S. 11, und vom 25. Januar 1921, JMBl S. 75, unter III) ein Tagebuch zu führen[1]. Hierbei sind die zu dem Muster gegebenen Erläuterungen zu beachten. Das Tagebuch dient zur Ermittlung der in den Geschäftsübersichten darzustellenden statistischen Angaben; es werden besonders gezählt die Veränderungen des Eigentums an Grundstücken, ferner die auf andere Blätter übertragenen Grundstücke und die mit den Grundstücken auf andere Blätter übertragenen Posten, sodann die einmaligen sowie die gleichzeitig auf mehreren Blättern bewirkten Eintragungen in Abt. II und III, ferner die Löschungen und endlich die Blätter, auf denen Eintragungen bewirkt sind, die die Zurückführung des vorhandenen Grundbuchs auf die Steuerbücher betreffen.

Die jährlich fortlaufende Tagebuchnummer in Spalte 1a wird unterstrichen, wenn die im folgenden Paragraphen erwähnte Steuermitteilung anzufertigen ist, andernfalls mit einem Kreuz versehen.

Die Spalten 1c bis e des Tagebuchs dienen auch dazu, die von den Grundbuchbehörden zur Erledigung der Eintragungsanträge und Ersuchen gebrauchte Zeit festzustellen.

§ 29. Statistische Nachweisungen. Steuermitteilungen[2].

a) Das Beurkundungsregister (Muster 15, JMBl 1914 S. 269). In dieses werden mit Ausnahme der Auflassungserklärungen und Unterschriftsbeglaubigungen die vom Richter oder Rechtspfleger beurkundeten Erklärungen gemäß § 42 GeschO aufgenommen. Es dient in erster Linie statistischen Zwecken und bildet daneben auch die Grundlage zur Aufstellung der den Steuerbehörden mitzuteilenden Verzeichnisse, die in einer auszugsweisen Abschrift des Beurkundungsregisters bestehen. Die Urkunden, aus denen Eintragungen in das Grundbuch erfolgen sollen, sind in dem Verzeichnis nur insoweit zu berücksichtigen, als nicht ihr Inhalt durch die nachstehend zu b genannte Steuermitteilung zur Kenntnis der Steuerbehörde gebracht wird. Diese Verzeichnisse werden deshalb beim Grundbuchamt nur wenig zur Ausfüllung kommen.

b) Nachweisung der eingetragenen und gelöschten Hypotheken, Grundschulden und Rentenschulden.

Sie dient statistischen Zwecken und ist getrennt in städtische und ländliche Bezirke und gesondert nach den Berufsarten der Grundstückseigentümer, je nachdem sie der Land- und Forstwirtschaft, dem Handel und

[1] Vgl. ferner AV vom 18. August 1925 (JMBl S. 285) über die Nachweisung der Eigentumsveränderungen usw., die sich aus § 34 des Preußischen Ausführungsgesetzes zum Reichssiedlungsgesetz vom 18. Dezember 1919 (GS 1920 S. 31) ergeben.

[2] Über die Mitteilungspflichten des Grundbuchamts bei der öffentlichen Last der Industriebelastung siehe § 76.

Gewerbe und sonstigen Berufen angehören. In diese Nachweisung werden nach den Vorschriften der AV vom 12. August 1912 (JMBl S. 294) und 6. April 1926 (JMBl S. 122) die eingetragenen oder vorgemerkten und gelöschten Hypotheken, Grundschulden und Rentenschulden eingetragen unter Beachtung der auf dem vorgeschriebenen Muster vermerkten Anweisung. Am Schluß des Haushaltjahres sind die Nachweisungen dem Grundbuchrichter, der sich über etwaige Beobachtungen wegen der wirtschaftlichen Ursachen der Hypothekenbewegung darauf zu äußern hat, vorzulegen und sodann bis 1. Juli jeden Jahres dem statistischen Landesamt in Berlin SW 68, Lindenstr. 28, unmittelbar ohne Anschreiben einzusenden. Ferner sind über die vom 25. Oktober 1925 ab in Abtlg. III des Grundbuchs durch die Aufwertung veranlaßten Eintragungen Nachweisungen aufzustellen und dem statistischen Landesamt einzureichen. Die Bestimmungen zu 2 bis 5 der AV vom 12. August 1912 gelten sinngemäß (AV vom 15. Oktober 1925, JMBl S. 377, Nr. 328).

c) Nach den AVen vom 24. März 1903 (JMBl S. 63), 28. Dezember 1910 (JMBl 1911 S. 2), 28. September 1912 (JMBl S. 323), 27. Mai 1914 (JMBl S. 545) haben die Grundbuchämter jährlich eine Nachweisung über die Zahl der im Laufe des Haushaltjahres bei der Eintragung eines Eigentumsüberganges in das Grundbuch zu ihrer Kenntnis gelangten Eigentumswechsel an solchen Grundstücken aufzustellen, die hauptsächlich zur Land- und Forstwirtschaft dienen und mindestens 2 ha groß sind, oder doch von mindestens 2 ha großen Grundstücken abgezweigt werden. Nach der AV vom 18. August 1924 (JMBl S. 338) ist diese Eigentumswechselstatistik vorläufig in Wegfall gekommen (s. auch AV vom 10. August 1926 über die Statistik der ländlichen Versteigerungen, JMBl S. 288).

d) Steuermitteilungen. Diese Mitteilungen nach vorgeschriebenem Formular, Muster A, haben den Zweck, den Finanzämtern von den Einschreibungen im Grundbuch Kenntnis zu geben. Nach Maßgabe der AV vom 7. Juni 1910 (JMBl S. 181), abgeändert durch die AV vom 9. Februar 1924 (JMBl S. 69) und vom 3. August 1925 (JMBl S. 275), sind mitzuteilen:

1. Die Eintragung einer Hypothek, Grund- oder Rentenschuld im Betrage von über 1000 RM., sowie eines Altenteils, eines Nießbrauchs, einer Reallast oder eines sonstigen Rechts auf wiederkehrende Leistungen bei einem Jahreswert über 100 RM. zugunsten von natürlichen Personen.

Ausgeschlossen bleiben: a) Eintragungen zugunsten von offenen Handelsgesellschaften und von Kommanditgesellschaften; b) Eintragungen von Zwangsvollstreckungs- und Höchstbetragshypotheken, Vormerkungen, alle im Verwaltungszwangsverfahren erfolgten Eintragungen, Verfügungsbeschränkungen, Grunddienstbarkeiten, Übertragungen von Rechten bei Übertragung von Grundstücken auf ein anderes Blatt oder einen anderen

Artikel, Eintragungen eines bereits eingetragenen Rechts auf ein anderes Grundstück zur Mithaft, Entlassungen aus der Mithaft. Dagegen ist von einer Umschreibung einer Höchstbetragshypothek in eine Sicherungshypothek oder Verkehrshypothek sowie einer Vormerkung in eine endgültige Eintragung Mitteilung zu machen.

2. Umschreibungen eines unter 1. bezeichneten Rechts von einer natürlichen oder juristischen Person auf eine natürliche Person als neuen Erwerber. Ausgeschlossen von der Mitteilung bleiben Umschreibungen auf offene Handelsgesellschaften oder Kommanditgesellschaften, Verfügungsbeschränkungen, Verpfändungen, Vorrechtseinräumungen.

3. Veränderungen des Zinsfußes der für natürliche Personen eingetragenen Hypotheken oder Grundschulden.

4. Die gänzliche oder teilweise Löschung der unter 1. bezeichneten Rechte, ohne Unterschied der Person des Berechtigten.

e) Zuwachssteuerliste. Sie stellt eine Abschrift der dem Katasteramt zu übermittelnden Eigentumsveränderungsliste dar, ist den Zuwachssteuerämtern zuzusenden und dient den letzteren als Nachricht von der Eigentumseintragung oder dem Eigentumsübergang des betreffenden Grundstücks oder der Berechtigung sowie als Grundlage für die Veranlagung zur Zuwachssteuer[1] (Zuwachssteuergesetz vom 14. Februar 1911, RGBl S. 33, abgeändert durch Gesetz vom 3. Juli 1913 (RGBl S. 521). Sie ist entsprechend den Vorschriften der AV vom 19. Mai und 23. Juni 1911 (JMBl S. 201 und 255) sowie 8. April 1913 (JMBl S. 124) auszufüllen. In Spalte 18 ist der Kaufs- und Erwerbspreis anzugeben, wenn er aus den Grundakten ersichtlich ist. Darunter ist das Jahr des zuletzt vorangegangenen Eigentumsübergangs und, wenn dieser nicht vor dem 1. Januar 1885 liegt, auch der damalige Wert (Preis) anzugeben, wenn letzterer für den jetzt betroffenen Grundbesitz gesondert festgestellt war. Ist nur ein Teil eines Grundstücks übereignet, während der Rest im Eigentum des bisherigen Eigentümers verblieben ist, so ist in Spalte 19 „TV" und die Bezeichnung des Restgrundstücks durch „Rest Kbl. ... Parz. ..." zu vermerken.

f) Übereignungsanzeige, Veräußerungsanzeige.

Zur Nachprüfung der von den Grunderwerbsteuerämtern zu berechnenden und einzuziehenden Grunderwerbssteuer nebst Zuschlägen (siehe oben § 11, Nr. 4) haben die Grundbuchämter gemäß § 25 des Grunderwerbsteuergesetzes in der Fassung vom 11. März 1927 (RGBl I S. 72) nebst Ausführungsbestimmungen vom 14. Oktober 1919 (Zentralblatt für das Deutsche Reich S. 1177, auszugsweise mitgeteilt in JMBl 1919 S. 555) sowie den AVen vom 11. November 1919 (JMBl S. 553), 24. Juli 1925

[1] Nach § 38 des AG zum Finanzausgleichgesetz in der Fassung der Bekanntmachung vom 14. Mai 1927 (GS S. 63) sind die Stadt- und Landkreise berechtigt, Zuwachssteuer zu erheben.

(JMBl S. 267), 19. August 1926 (JMBl S. 334) u. 2. März 1927 (JMBl S. 56), den zuständigen Steuerstellen nach Muster 1 von den Eintragungen in das Grundbuch, die eine Eigentumsveränderung oder den Übergang einer Berechtigung (§ 2 d. Ges.) betreffen, oder von der Umschreibung in öffentlichen Büchern durch die Übereignungsanzeige sowie die Behörden und Beamten nach Muster 2 von allen von ihnen beurkundeten Rechtsvorgängen, die Fälle dieser Art betreffen (z. B. auch Zuschlagsbeschlüsse) oder zu den in den §§ 5, 6 des Gesetzes bezeichneten Rechtsvorgängen gehören (z. B. auch Prozeßvergleiche) durch die Veräußerungsanzeige Mitteilung zu machen. Die letztere wird beim Grundbuch nur ausnahmsweise zur Ausfüllung kommen, wenn Übereignungsanzeigen nicht gemacht werden können.

Zu den Mitteilungen sind in der Regel die hierfür eingeführten Vordrucke zu benutzen, und an ihrer Stelle darf eine Übersendung einer Abschrift der Veräußerungsurkunde nur dann erfolgen, wenn aus ihr alle in dem Vordruck enthaltenen Angaben, insbesondere auch der Preis oder Wert der Liegenschaften, Gebäude und anderer mitverkaufter Gegenstände bei der letzten vorangegangenen Veräußerung (Eigentumsübertragung) und deren Zeitpunkt hervorgehen. AV vom 11. Mai 1926 (JMBl S. 187).

Soweit die Grundbuchämter neben Übereignungsanzeigen gleichzeitig dem Zuwachssteueramt entsprechende Mitteilungen zu machen haben, ist die für die Grunderwerbsteuer vorgeschriebene Übereignungsanzeige auch für die Zuwachssteuer zu verwenden und der bei der Gemeinde bestehenden Zuwachssteuerstelle an Stelle der Abschrift der dem Katasteramt zu übermittelnden Eigentumsveränderungsliste lediglich ein Durchschlag der Übereignungsanzeige zu übersenden[1]. Gleiches gilt für die Verwendung der Veräußerungsanzeige zur Mitteilung an das Zuwachssteueramt. Die Übereignungsanzeige sowohl für die Grunderwerbsteuer als auch für die Zuwachssteuer ist in den Fällen, wo aus den Akten festgestellt werden kann, daß eine Veräußerungsanzeige erstattet ist, in vereinfachter Form („Vereinfachte Übereignungsanzeige") zu erstatten. Die Gerichte, Notare und Ortsgerichte haben zu diesem Zwecke die Absendung der Veräußerungsanzeige nicht nur auf der Urschrift, sondern auch auf jeder Ausfertigung oder Abschrift der Urkunde unter Angabe des Datums der Absendung mit Namensunterschrift zu vermerken. Alles Nähere ergeben die AVen vom 6. Februar, 18. April 1922 (JMBl S. 39, 127), 21. Juli, 5. November 1923 (JMBl S. 564, 712), 15. Januar, 11. September 1924 (JMBl S. 24, 357) und 11. Mai 1926 (JMBl S. 187).

Die für die Grunderwerbsteuer und die Zuwachssteuer bestimmten Anzeigen sind innerhalb einer Frist von 14 Tagen nach Eintragung bzw.

---

[1] Die Anzeigen sind in jedem Falle gesondert an die Grunderwerbsteuerstelle und das Zuwachssteueramt des betreffenden Stadt- oder Landkreises zu übersenden.

Beurkundung — für jede Sache besonders — an die für die Erhebung der betreffenden Steuern in Frage kommenden Steuerstellen (d. h. hinsichtlich der Grunderwerbssteuer die Grunderwerbsteuerstelle, hinsichtlich der Zuwachssteuer das Zuwachssteueramt des betreffenden Stadt- oder Landkreises) abzusenden. AV 11. Mai 1926 (JMBl 187). Die Absendung ist in den Akten zu vermerken.

Zu beachten ist ferner noch § 48 des AusfGes. zum Körperschaftssteuergesetz. Hiernach haben die Grundbuchämter und Notare dem für ihren Sitz zuständigen Finanzamt Anzeige von jeder Vertragsbeurkundung und Grundbucheintragung zu machen, die den Erwerb oder die Veräußerung inländischer Grundstücke durch Körperschaften oder Vermögensmassen betrifft, die nicht im Inland ihren Sitz oder Ort der Leitung haben. Die Mitteilung, die zwecks Veranlagung zur Körperschaftssteuer erfolgt, kann durch Übersendung eines zweiten Stücks der für die Veranlagung der GrundErwSt. erforderlichen Anzeige geschehen (AV vom 30. Oktober 1926; JMBl S. 387).

Dritter Abschnitt.

Die Eintragungen in das Grundbuch.

I. Die allgemeinen Vorschriften.

A. Voraussetzungen der Eintragungen im allgemeinen.

1. Der Antrag.

§ 30. Der Antrag als Voraussetzung der Eintragung. Eintragungen von Amts wegen.

Eintragungen im Grundbuch erfolgen, abgesehen von einigen gesetzlich festgelegten Ausnahmen, nur auf Antrag.

Zu den Ausnahmefällen, in denen Eintragungen von Amts wegen erfolgen, gehören z. B.: die Anlegung eines Grundbuchblattes (§ 3 GBO), die Umschreibung eines unübersichtlich gewordenen Grundbuchblattes (§ 20 AllgVfg), die Berichtigung des Vermerks eines dem jeweiligen Eigentümer eines Grundstücks zustehenden Rechts auf dem Blatte des berechtigten Grundstücks, wenn das Recht geändert oder aufgehoben wird (§ 8 GBO), die Eintragung und die Löschung einer Vormerkung oder eines Widerspruchs bei Beanstandung von Anträgen im Falle des § 18 GBO, die Erkennbarmachung der Mitbelastung im Falle der Belastung mehrerer Grundstücke sowie das Erlöschen dieser Mitbelastung (§ 49 GBO), die Eintragung des Rechts der Nacherben und der Ernennung des Testamentsvollstreckers in den Fällen der §§ 52, 53 GBO, die Eintragung eines Widerspruchs und die Löschung einer unzulässigen Eintragung im Falle des § 54 GBO, die Eintragung des Enteignungsvermerkes (§ 24 Abs. 4 Ges. vom 11. Juni 1874) u. a.[1].

§ 31. Rechtliche Natur des Antrags (Formalakt und materieller Rechtsakt).

Der Antrag als solcher ist seiner Natur nach regelmäßig eine formale Handlung, durch die lediglich die Tätigkeit des Grundbuchamtes veranlaßt wird; er ist keine rechtsgeschäftliche Willenserklärung und bildet kein materiell-rechtliches Erfordernis der Rechtsänderung (KGJ **21** A 125; **22** A 154). Er bedarf daher auch regelmäßig nicht der Form des § 29 GBO, vgl. unten § 36. Soll aber der Antrag von Erfolg sein, so müssen seine materiell-rechtlichen Unterlagen (KGJ **20** A 210), so z. B. die Einigung der Beteiligten im Falle der Auflassung (§ 20 GBO), oder der Erbschein (KGJ **22** A 154), oder die Eintragungsbewilligung dessen vorliegen, dessen Recht von der Eintragung betroffen wird (§ 19 GBO).

Bewilligt z. B. der Eigentümer eines Grundstücks in einer notariellen Urkunde die Eintragung einer Hypothek auf sein Grundstück für einen bestimmt bezeichneten Gläubiger, so könnte der Gläubiger auf Grund dieser Bewilligung in einem privatschriftliche Antrage die Eintragung der Hypothek für sich bei dem zuständigen Grundbuchamt verlangen. Dieser Antrag wäre lediglich ein Formalakt, der die Tätigkeit des Grundbuchamts, nämlich vorliegend die Eintragung der Hypothek veranlassen würde, während die der vorzunehmenden Eintragung zugrunde liegende materielle Voraussetzung die Bewilligung des Eigentümers ist. In der Praxis schließen sich häufig Bewilligung und Antrag unmittelbar aneinder an, so daß der formale Antrag sich von der materiellen Bewilligung nur wenig abhebt. So stellt in der Regel der die Eintragung bewilligende Eigentümer gleichzeitig im unmittelbaren Anschluß daran den Antrag auf Eintragung; es heißt z. B. bei Bestellung einer Hypothek regelmäßig: „Ich bewillige und beantrage die Eintragung der Hypothek im Grundbuch des verpfändeten Grundstücks."

Eine materiell-rechtliche Bedeutung hat der Antrag nur in den Fällen, in denen er entweder als von dem zur Bewilligung Berufenen ausgehend, die Bewilligung mitumfaßt und ersetzt (§ 30 GBO), oder von einer gesetzlich zu Eintragungsersuchen befugten Behörde innerhalb ihrer Zuständigkeit gestellt wird (§ 39 GBO). KGJ **21** A 125.

---

[1] Vgl. z. B. noch § 37 der Vdg über das Erbbaurecht vom 15. Januar 1919 (RGBl S. 72), §§ 84, 23 Abs. 1, 24, 76 GBO, Art. 25 Abs. 2 AGGBO.

Als wirksam gestellt gelten Eintragungsanträge erst in dem Zeitpunkt, in dem sie dem Grundbuchamt zugehen. In diesem Zeitpunkt oder, wenn der Antragsteller gestorben ist, in dem Zeitpunkt der Absendung des Antrags muß der Antragsteller rechtsfähig sein (KGJ **44** 174). Ein hiernach nicht wirksam gestellter Eintragungsantrag ist zurückzuweisen.

§ 32. Inhalt des Antrags.

Aus der formalen Natur des Antrags folgt nicht, daß in ihm die einzutragenden Rechtsänderungen etwa genau dem Wortlaut nach angegeben zu werden brauchten. Es genügt vielmehr, wenn die zu bewirkenden Eintragungen sich aus der beigefügten Eintragungsbewilligung oder den sonstigen Unterlagen des Antrags bestimmt und unzweifelhaft ergeben.

Ist also z. B. im Grundbuch von Lobau Bd. II Bl. Nr. 87 in Abt. II unter Nr. 6 für den Eigentümer des benachbarten Grundstücks Bd. II Bl. Nr. 90 eine Wegegerechtigkeit eingetragen und hat der derzeitige eingetragene Eigentümer von Lobau Bd. II Bl. Nr. 90 in einer notariellen Urkunde in die Löschung der im Grundbuch von Lobau Bd. II Bl. Nr. 87 in Abt. II unter Nr. 6 eingetragenen Wegegerechtigkeit gewilligt, so genügt es, wenn der Eigentümer von Lobau Bd. II Bl. Nr. 87 an das Amtsgericht Lobau unter Beifügung der Bewilligung folgenden privatschriftlichen Antrag richtet:

Lobau, den 24. April 1928.

Ich beantrage die Löschung der in der beigefügten Löschungsbewilligung näher bezeichneten Wegegerechtigkeit.

Karl Flaßhaar.

Der Antrag darf von der Bewilligung nicht abweichen (KGJ **37** A 299). Geht aus den dem Antrag beigefügten Löschungsbewilligungen usw. der Inhalt der einzutragenden Vermerke sowie das Grundbuchblatt, auf das die Eintragung bewirkt werden soll, nicht hervor, so muß natürlich der Antrag die erforderlichen Angaben enthalten.

Wird auf Grund eines Urteils die Eintragung einer Zwangshypothek beantragt, so muß in dem Antrag vor allem auch das Grundstück, bei dem die Hypothek vermerkt werden soll, übereinstimmend mit dem Grundbuch oder durch Hinweisung auf das Grundbuchblatt bezeichnet werden. § 28 GBO. Der Antrag würde also etwa lauten:

Lobau, den 6. März 1928.

Unter Überreichung beiliegender, mit dem Zeugnis der Rechtskraft versehener Urteilsausfertigung nebst Zustellungsurkunde beantrage ich, wegen der in dem Urteil näher bezeichneten Forderung von 600 RM. nebst Zinsen eine Hypothek bei dem Grundstück des Schuldners, Lobau Bd. II Bl. Nr. 87, einzutragen.

Karl Röhr.

In diesem Fall kann der Antrag auch auf einen geringeren Betrag lauten als den im Schuldtitel angegebenen (RG **71** 315; KGJ **41** 248).

§ 33. Die zur Stellung des Antrags Berechtigten.

Die Befugnis, einen Eintragungsantrag bei dem Grundbuchamt zu stellen, hat zunächst jeder, dessen Recht von der Eintragung betroffen wird. § 13 Abs. 2 GBO. Unter demjenigen, dessen materielles (KGJ **45** 204) Recht von der Eintragung betroffen wird, ist nur der passiv Beteiligte, also der zu verstehen, dessen Recht durch die Eintragung eine Einbuße erleidet (vgl. § 44 zu 2). Es kann deshalb z. B. der Eigentümer eines Grundstücks beantragen, daß auf diesem ein dingliches Recht, eine Hypothek oder Grundschuld eingetragen werde, da sein Eigentumsrecht von der beantragten Eintragung betroffen wird[1]. Ebenso kann der Gläubiger einer Hypothek beantragen, daß die Verpfändung oder Übertragung des Rechts im Grundbuch vermerkt werde; denn hierdurch wird das Recht des Antragstellers betroffen, da es geschmälert wird oder künftig einem andern zustehen oder ganz fortfallen soll. Der Grundstückseigentümer ist in den letzterwähnten Fällen nicht antragsberechtigt, da durch die Eintragung zwar ein Recht an dem Grundstück, nicht aber sein Eigentumsrecht betroffen wird. Dagegen ist bei der Löschung der Hypothek auch der Eigentümer des Grundstücks als antragsberechtigt zu erachten.

Das Antragsrecht hat aber ferner auch jeder, zu dessen Gunsten die Eintragung erfolgen soll. § 13 Abs. 2 GBO. Unter dem letzteren ist der zu verstehen, der als Berechtigter eingetragen werden soll. Daher ist z. B. antragsberechtigt derjenige, für den eine Last, Hypothek usw. eingetragen werden oder auf den eine eingetragene Hypothek übergehen soll. Ebenso ist der Eigentümer eines Grundstücks, auch wenn er nicht als solcher im Grundbuch eingetragen ist, befugt, den Antrag auf Löschung eingetragener Belastungen auf Grund der von dem Berechtigten erteilten Löschungsbewilligung zu stellen, da solche Löschungen (die auch als Eintragungen anzusehen sind), zugunsten des Eigentümers erfolgen (KGJ **23** A 156). Ferner kann der Gläubiger einer Gesamthypothek, falls der Grundstückseigentümer die Zuschreibung des einen belasteten Grundstücks zu dem anderen als dessen Bestandteil bewilligt hat, den entsprechenden Eintragungsantrag stellen (KGJ **30** A 178).

Streitig ist, ob die Antragsberechtigung sich auf die Personen beschränkt, deren Begünstigung die Eintragung unmittelbar bezweckt, oder ob auch solche Personen den Antrag stellen können, die nur mittelbar durch die Eintragung begünstigt werden. Letzteren Personen wird das Antragsrecht gleichfalls zuzusprechen sein, soweit Eintragungen in Frage kommen, die der Berichtigung des Grundbuchs dienen; es kann also z. B. wenn der Gläubiger X und der Eigentümer Y in die Löschung der für X eingetragenen Hypothek gewilligt haben, ein nachstehender Gläubiger Z die

[1] Dem Eigentümer steht der für ein herrenloses Grundstück bestellte Pfleger nicht gleich (KGJ **49** 282, OLG Karlsruhe).

Eintragung der Löschung beantragen, da er durch die Löschung insofern mittelbar begünstigt wird, als seine Hypothek einen besseren Rang bekommen würde (RG **73** 80; KGJ **31** A 346; **47** 208).

§ 34. Antragsbefugnis Dritter auf Berichtigung des Grundbuchs.

In einem besonderen Falle ist einem nur mittelbar Beteiligten das Antragsrecht ausdrücklich eingeräumt. Die Berichtigung des Grundbuchs durch Eintragung eines Berechtigten (vgl. unten § 67) kann nämlich auch von dem beantragt werden, der auf Grund eines gegen den Berechtigten vollstreckbaren Titels eine Eintragung in das Grundbuch verlangen kann, sofern die Zulässigkeit dieser Eintragung von der vorgängigen Berichtigung des Grundbuchs abhängt. § 14 GBO. Mit dieser Vorschrift soll das Hindernis beseitigt werden, das sonst daraus erwächst, daß regelmäßig eine Eintragung nur erfolgen darf, wenn der durch die Eintragung Betroffene als Berechtigter eingetragen ist. § 40 Abs. 1 GBO. Auch der Gläubiger, dessen vollstreckbare Forderung den Betrag von 500 RM. nicht übersteigt, kann die Berichtigung des Grundbuchs durch Eintragung seines Schuldners als Eigentümer des Grundstücks beantragen; dies gilt trotz der Vorschrift des § 866 Abs. 3 ZPO, wonach die Eintragung von Sicherungshypotheken auf Grund von nicht mehr als 500 RM. betragenden vollstreckbaren Forderungen nicht erfolgen soll (KGJ **27** A 101).

Beispiel:

Der Kaufmann Karl Dohms in Lobau hat gegen den Kaufmann Friedrich Ebert dort ein rechtskräftiges Urteil erwirkt, durch das Ebert verurteilt ist, an ihn 500 RM. zu zahlen. Er will jetzt die Zwangsvollstreckung in ein dem Ebert gehöriges Hausgrundstück, eingetragen im Grundbuch von Lobau Bd. II Bl. Nr. 53, betreiben, und zwar durch Eintragung einer Sicherungshypothek. Nun ist aber Ebert zwar Eigentümer von Lobau Bd. II Bl. Nr. 53, aber noch nicht als solcher eingetragen; vielmehr steht noch der Vater des Ebert, der Rentner Christian Ebert, dessen alleiniger gesetzlicher Erbe Friedrich Ebert geworden ist, als Eigentümer eingetragen. Nach § 40 Abs. 1 GBO muß zunächst Friedrich Ebert als Eigentümer eingetragen sein, ehe dem Antrag auf Eintragung der Sicherungshypothek stattgegeben werden kann. Wenn Friedrich Ebert bereit wäre, den zur Eintragung seines Eigentumes erforderlichen Erbschein zu erwirken und den Antrag auf Eintragung selbst zu stellen, so würden Schwierigkeiten sich nicht ergeben. Ebert ist hierzu aber nicht bereit, so daß Dohms gezwungen ist, die Ausstellung des Erbscheins hinter Christian Ebert bei dem zuständigen Amtsgericht selbst zu beantragen; diesem Antrag muß das Amtsgericht entsprechen, da nach § 792 ZPO der Gläubiger, der zum Zwecke der Zwangsvollstreckung einer Urkunde bedarf, die dem Schuldner auf Antrag von einer Behörde zu erteilen ist, die Erteilung an Stelle des Schuldners verlangen kann. Auf Grund des Erbscheins kann Dohms dann gemäß § 14 GBO die Berichtigung des Grundbuchs durch Eintragung des Friedrich Ebert als des Eigentümers von Lobau Bd. II Bl. Nr. 53 beantragen, und sobald diese Berichtigung erfolgt ist, steht der Eintragung der Sicherungshypothek nichts mehr im Wege.

§ 35. Das Antragsrecht der Notare.

In gewissen Fällen gilt der Notar auch ohne besondere Vollmacht stillschweigend zur Stellung von Eintragungsanträgen für ermächtigt. § 15 GBO[1]. Es wird angenommen, daß der Notar sich nicht ohne Auftrag in die Verhältnisse anderer einmischen werde. Vorausgesetzt ist hierbei, daß der Notar die zu der beantragten Eintragung erforderliche Erklärung beurkundet oder beglaubigt hat, und daß er die zur Eintragung nötigen Erklärungen und Urkunden einreicht. Da der Notar für einen jeden Antragsberechtigten den Antrag zu stellen als ermächtigt gilt, so muß, wenn in dem Antrag nicht angegeben ist, für wen er gestellt wird, auch grundsätzlich davon ausgegangen werden, daß der Antrag namens aller Antragsberechtigten gestellt sei (KGJ **25** A 278). Diese Vermutung ist jedoch durch die besonderen Umstände des Falles widerlegbar (KGJ **24** A 91).

Beispiel:

Der Notar Hennig in Lobau hat eine Erklärung des Tischlermeisters Friedrich Götsch in Lobau beurkundet, ausweislich welcher Götsch eine für ihn im Grundbuch von Lobau Bd. I Bl. Nr. 2 in Abt. III unter Nr. 4 eingetragene Hypothek von 2000 RM. an den Rentier Karl Wolff in Berlin abtritt und darin willigt, daß Wolff als neuer Gläubiger der Post im Grundbuch eingetragen wird und den Hypothekenbrief ausgehändigt erhält. Der Notar Hennig kann, ohne besondere Vollmacht von Götsch oder Wolff zu haben, bei dem Amtsgericht Lobau unter Überreichung der von ihm aufgenommenen Eintragungsbewilligung und des Hypothekenbriefes beantragen, die Hypothek auf den Namen des neuen Erwerbers im Grundbuch umzuschreiben und den Brief dem Wolff auszuhändigen. Der Notar braucht nicht anzugeben, ob er die Eintragung im Namen des Götsch oder des Wolff, die beide antragsberechtigt sind (vgl. oben § 33), beantrage; macht er seinen Machtgeber nicht namhaft, so gilt er als von allen Antragsberechtigten, also von Götsch und von Wolff, und nicht etwa nur von Götsch, dessen Erklärung er beurkundet hat, zur Antragstellung ermächtigt (KGJ **21** A 93, **22** A 294).

Wohl zu beachten ist aber, daß das Antragsrecht des Notars nur dazu dient, die Tätigkeit des Grundbuchamtes insoweit in Bewegung zu setzen, als es dem Inhalt der von ihm, dem Notar, beurkundeten Erklärungen entspricht. Der Notar kann aber nicht materielle Grundlagen des Antrags, wie Eintrittsbewilligungen usw., ersetzen, ergänzen oder gar abändern. Es könnte also im vorstehenden Beispiel dem Antrag des Notars keine Folge gegeben werden, wenn die Bewilligungserklärung des Götsch und der Hypothekenbrief nicht beigefügt wären. Auch könnte der Notar nicht in Abänderung der Erklärung des Götsch beantragen,

---

[1] Dies Antragsrecht der Notare enthält nur eine Vermutung, deren Widerlegung zulässig ist. KGJ **21** A 276. Steht der einen von zwei in derselben Urkunde bewilligten und von dem beurkundenden Notar auf einmal beantragten Eintragungen ein Hindernis entgegen, so liegt in der nachträglichen Erklärung des Notars, die Beteiligten könnten das Hindernis nicht beseitigen, sie verlangten aber die Vornahme der nicht beanstandeten Eintragung, keine der Formvorschrift des § 32 GBO unterliegende Einschränkung des ersten Antrags. Es ist daher die zulässige Eintragung vorzunehmen, die beanstandete abzulehnen, wenn nicht der Antragsteller ausdrücklich oder stillschweigend bestimmt hatte, daß die zulässige Eintragung nicht ohne die andere erfolgen solle. KGJ **35** A 195.

den Hypothekenbrief ihm, dem Notar, auszuhändigen (vgl. KGJ **23** A 163; **30** A 272).

Aus demselben Grunde kann auch ein Notar auf Grund einer löschungsfähigen Quittung über eine Hypothek nicht den Antrag auf Löschung im Namen des Eigentümers stellen; denn wegen der Vorschriften über die Eigentümerhypothek ist bei Löschungen von Hypotheken der Löschungsantrag des Eigentümers von materieller Bedeutung (KGJ **21** A 96). Ebensowenig kann der Notar die im § 28 GBO vorgeschriebene Bezeichnung des Grundstücks, die in der Eintragungsbewilligung fehlt, in seinem Antrag ergänzen (KGJ **21** A 125; vgl. auch **22** A 294). Er kann auch nicht bei gleichzeitiger Einreichung mehrerer, auf die Eintragung von Hypotheken auf dasselbe Grundstück gerichteter Anträge das Rangverhältnis der Hypotheken, über das die Eintragungsbewilligungen des Eigentümers nichts ergeben, bestimmen (KGJ **26** A 83). Der Notar ferner, der eine Auflassung beurkundet hat[1], kann um deswillen noch nicht eine vor der Eintragung des neuen Erwerbers in das Grundbuch notwendige Berichtigung des Grundbuchs beantragen (KGJ **26** A 245).

Regelmäßig sind in den vom Notar überreichten Urkunden bereits die erforderlichen Eintragungsanträge gestellt. Auch in solchen Fällen wiederholt aber der Notar meist die bereits in den überreichten Urkunden gestellten Anträge in einem besonderen Schriftsätze. Die Wiederholung ist für den Richter angenehm, da ihm durch eine sachgemäße Zusammenfassung der in den Unterlagen gestellten Anträge die Eintragungsverfügung erleichtert wird.

Vor allem aber ist zu beachten, daß der Notar durch Einreichung der Urkunden in solchen Fällen keineswegs nur Dienste tatsächlicher Art gleich dem Boten leistet; denn der Notar gilt, wenn er selbst einen Eintragungsantrag gestellt hat, als bevollmächtigt, die von ihm überreichten Urkunden, z. B. die Hypothekenbriefe, vom Grundbuchamt wieder zurückzufordern. Deshalb kann auch der Grundbuchrichter in solchen Fällen unbedenklich dem Notar die dem Gericht überreichten Urkunden nach gemachtem Gebrauch wieder behändigen. Es behält danach neben dem in der Urkunde mitenthaltenen Antrag der Beteiligten der Antrag des Notars die rechtliche Wirksamkeit des Antrags eines legitimierten Willensvertreters (KGJ **32** A 284; **38** A 196; **44** 173); die frühere gegenteilige Ansicht des KG (KGJ **28** A 90) ist verlassen. Sprechen im Einzelfalle nicht besondere Umstände dagegen, so muß es als Wille der Beteiligten gelten, daß der Notar, dem sie die Besorgung der ganzen Angelegenheit und namentlich auch die Einreichung der Urkunden überlassen haben, die Urkunden auch für sie wieder vom Grundbuchamt zurückfordern darf, sobald es ihm nach pflichtmäßigem Ermessen angezeigt erscheint (KGJ **44** 173). — Außerdem

[1] Siehe unten § 68 Abs. 4.

erhält der Notar, der den Antrag selbst gestellt hat, die Befugnis zur Beschwerdeerhebung ohne Vollmacht; diese Befugnis hat er nicht, wenn er ohne Wiederholung des Eintragungsantrags sich damit begnügt hat, die Urkunde dem Grundbuchamt zu überreichen. KGJ **32** A 284. Über das Beschwerderecht des Notars vgl. auch unten § 123.

Übrigens kann der Grundbuchrichter in Fällen, in denen der Notar außerhalb des Bereichs seiner gesetzlichen Vertretungsmacht Anträge stellt, von der Beibringung einer öffentlich beglaubigten Vollmacht absehen; er kann sich vielmehr mit einer privatschriftlichen Vollmacht begnügen, ja sogar von jedem besonderen Beweise für die Vollmachtserteilung absehen. (KGJ **33** A 65.)

§ 36. Die Form des Antrags.

Wegen der Form der Anträge muß zwischen reinen Anträgen und solchen Anträgen unterschieden werden, durch die zugleich eine zu der Eintragung erforderlichen Erklärung ersetzt werden soll. §§ 29, 30 GBO.

Reine Anträge, d. h. Anträge, die sich nur als Formalakte darstellen und nur die Tätigkeit des Grundbuchamtes veranlassen (vgl. oben § 31), bedürfen keiner besonderen Form. Es genügt vielmehr, daß ein solcher Antrag privatschriftlich[1] oder zu Protokoll des Urkundsbeamten der Geschäftsstelle gestellt wird. Anträge jedoch, durch die zugleich eine materielle Unterlage des Eintragungsbegehrens ersetzt werden soll, müssen entweder vor dem Grundbuchrichter zu Protokoll gegeben oder durch öffentliche oder öffentlich beglaubigte Urkunden nachgewiesen werden (KGJ **22** A 154).

Beispiele:

1. Der Erbe eines im Grundbuch eingetragenen Hypothekengläubigers, der den Nachweis seiner Erbfolge durch einen Erbschein führt und gleichzeitig den Hypothekenbrief vorlegt, kann den Antrag, ihn als Gläubiger der Hypothek einzutragen, privatschriftlich stellen.

2. Der Zessionar einer Hypothek kann unter Überreichung der in der vorgeschriebenen Form ausgestellten Umschreibungsbewilligung des bisherigen Gläubigers und des Hypothekenbriefes den privatschriftlichen Antrag stellen, die Hypothek auf seinen Namen im Grundbuch umzuschreiben; dagegen würde es nicht genügen, wenn der bisherige Gläubiger unter Überreichung nur des Hypothekenbriefes beim Grundbuchamt den privatschriftlichen Antrag stellte, die Hypothek auf einen namentlich bezeichneten Gläubiger im Grundbuch umzuschreiben. Denn der letztgedachte Antrag würde zugleich die zur Eintragung erforderliche Abtretungserklärung oder Bewilligung des bisherigen Gläubigers in sich schließen, also in der Form des § 29 GBO gestellt werden müssen.

3. Der vom Grundstückseigentümer gestellte Antrag auf Löschung einer von ihm getilgten und dadurch zur Eigentümergrundschuld gewordenen Hypothek enthält stets die sachliche Grundlage für die einzutragende Rechtsveränderung mit und muß daher in der Form des § 29 GBO gestellt werden (KGJ **22** A 154; **23** A 156).

---

[1] Stillschweigende Anträge gibt es aber nicht. KGJ **44** 176.

§ 37. Anträge unter Vorbehalt.

Einem Eintragungsantrage, dessen Erledigung an einen Vorbehalt z. B. eine Bedingung oder Voraussetzung, geknüpft wird, soll nicht stattgegeben werden. § 16 GBO (vgl. KGJ **37 A** 212).

Beantragt also z. B. der Eigentümer eines Grundstücks die Eintragung einer Darlehnshypothek für eine bestimmte Person mit der Maßgabe, daß die Eintragung erst erfolgen solle, wenn das Darlehn gezahlt sei, so ist dieser Antrag zurückzuweisen. Handelt es sich dagegen um Voraussetzungen, ohne die der Grundbuchrichter die Eintragung überhaupt nicht vornehmen darf, so liegt der Fall des § 16 GBO nicht vor. Beantragt also z. B. ein Gläubiger die Eintragung einer Zwangshypothek auf dem Grundstück seines Schuldners unter der Voraussetzung, daß der Schuldner der eingetragene Eigentümer des Grundstücks ist, so ist dies keine Voraussetzung im Sinne des § 16 GBO, da ohne solche Voraussetzung die Eintragung nicht erfolgen kann, der Richter also in jedem Falle das Vorhandensein einer solchen prüfen muß. Ebensowenig liegt der Fall des § 16 GBO vor, wenn das einzutragende Recht inhaltlich beschränkt werden soll, z. B. durch den Vorbehalt der Befugnis, mit dem Range vor dem einzutragenden Rechte demnächst ein anderes, dem Umfang nach bestimmtes Recht eintragen zu lassen. Nicht selten wird auch die Eintragung einer Hypothek usw. nach einer bestimmt angegebenen Summe der Vorbelastung beantragt. Es muß, falls diese Summe mit dem Grundbuch nicht übereinstimmt, der Grundbuchrichter stets die Eintragung beanstanden, mag nun der angegebenen Betrag der Vorbelastung kleiner oder größer sein als deren Bestand im Grundbuch (Recht 1911, Beil. 2462, Oberstes Landesgericht München).

Die unter einem Vorbehalt hinsichtlich des Abtretungsgegenstandes (des Aufwertungsanspruchs), nicht nur hinsichtlich des Abtretungsentgelts, erklärte Abtretung einer Hypothek ist auch nach Inkrafttreten des Aufwertungsgesetzes als unwirksam anzusehen. KG vom 11. November 1926 (JMBl S. 411).

§ 38. Anträge auf eine Mehrheit von Eintragungen.

Werden mehrere Eintragungen beantragt, so kann von dem Antragsteller bestimmt werden, daß die eine Eintragung nicht ohne die andere erfolgen soll. § 16 Abs. 2 GBO. Die Vorschrift ist also als eine Ausnahme von der oben § 37 abgehandelten Regel des § 16 Abs. 1 GBO anzusehen. Häufig wird eine solche Bestimmung des Antragstellers als stillschweigend gewollt angesehen werden müssen (KGJ **35 A** 195).

Beispiel:

Der Ackerbürger Johann Schnauß in Lobau hat sein im Grundbuch von Lobau Bd. I Bl. Nr. 17 verzeichnetes Grundstück an den Arbeiter Richard Schönfeld aufgelassen und bei der Auflassung unter Zustimmung Schönfelds beantragt, daß außer dessen Eintragung als des neuen Eigentümers auch für ihn, den Veräußerer, eine Restkaufgeldforderung auf das verkaufte Grundstück als Hypothek eingetragen werde. Der Amtsgerichtsrat Schmidt, vor dem die Auflassung stattgefunden hat, bemerkt, als er die beantragten Eintragungen verfügen will, daß zwar der Eintragung des neuen Eigentümers Bedenken nicht entgegenstehen, aber versehentlich die Höhe der einzutragenden Restkaufgeldforderung nicht angegeben ist, also gemäß § 1115 BGB die Hypothek noch nicht eingetragen werden kann. Es müssen vielmehr über die Höhe der Forderung die Erklärungen der Beteiligten nachträglich beschafft werden. Wenn der Richter den Schönfeld jetzt schon als Eigentümer eintrüge, so würde Schnauß unter Umständen erheblich geschädigt werden können, so z. B., wenn Schönfeld noch vor der Eintragung der Restkaufgeldforderung das Grundstück anderweit belastete, so daß dann die später einzutragende Kaufgeldforderung erst den Rang hinter dieser anderweiten Belastung erhielte. Es muß hiernach angenommen werden, daß Schnauß stillschweigend hat beantragen wollen, die Eigentumsänderung nur gleichzeitig mit der Hypothek einzutragen. Daher muß der Richter mit der Eintragung des neuen Eigentümers warten, bis auch die Hypothek eintragungsfähig ist.

§ 39. Anträge auf eine Mehrheit von Eintragungen bezüglich desselben Rechts.

Werden mehrere Eintragungen beantragt, durch die dasselbe Recht betroffen wird, so darf die später beantragte Eintragung nicht vor der Erledigung des früher gestellten Antrags erfolgen. § 17 GBO.

Beispiel:

Der Ackerbürger Johann Schnauß in Lobau hat am 26. Januar 1928 sein im Grundbuch von Lobau Bd. I Bl. Nr. 17 verzeichnetes Grundstück an den Arbeiter Richard Schönfeld in Lobau vor dem Amtsgerichtsrat Schmidt aufgelassen und hierbei unter anderem im Einverständnis mit Schönfeld bewilligt und beantragt, diesen als neuen Eigentümer in das Grundbuch einzutragen. Die Auflassungsverhandlung ist von dem Richter mit folgendem Vermerk versehen worden:

Eingegangen am 26. Januar 1928, 9 Uhr 30 Minuten.

Schmidt.

Um 10 Uhr 30 Minuten, also eine Stunde später, geht von dem Notar Hennig in Lobau ein von ihm am 22. Januar 1928 beurkundeter Antrag des Johann Schnauß auf Eintragung einer Darlehnshypothek für den Kaufmann Büttner im Grundbuch von Lobau Bd. I Bl. Nr. 17 ein.

Der Amtsgerichtsrat Schmidt, der inzwischen auf die Auflassungsverhandlung noch keine Verfügung getroffen hat, erwägt, daß der bei der Auflassung gestellte Antrag auf Eintragung des neuen Eigentümers und der bald darauf eingegangene Antrag auf Eintragung der Hypothek dasselbe Recht, nämlich das Eigentum an dem Grundstück Lobau Bd. I Bl. Nr. 17, betreffen. Er muß also gemäß § 17 GBO zunächst den in der Auflassungsverhandlung gestellten Antrag erledigen, da dieser früher eingegangen ist als der zeitlich vorher beurkundete Antrag auf Eintragung der Hypothek (vgl. KGJ 21 A 157; 25 A 163). Für eine Arresthypothek gilt das gleiche (JFG 2 447, OLG Dresden).

Die Erledigung des zuerst eingegangenen Antrags kann dadurch geschehen, daß der Richter dem Antrage stattgibt und die Eintragung des neuen Eigentümers verfügt, oder daß er, da noch Anstände vorliegen, dem Antragsteller ihre Beseitigung aufgibt, oder endlich, daß er den Antrag zurückweist.

Gibt der Richter dem Antrage statt und verfügt er die Eintragung des neuen Eigentümers, so ist der später eingeganene Antrag auf Eintragung der Hypothek abzulehnen, da der bewilligende Eigentümer zur Zeit der Prüfung des Antrags nicht mehr Eigentümer ist.

Gibt der Richter dem Antragsteller unter Bestimmung einer Frist die Beseitigung von Anständen auf, so kann zwar die Eintragung der Hypothek erfolgen, der Richter muß aber gleichzeitig zugunsten des Antrags auf Eintragung des neuen Eigentümers von Amts wegen eine Vormerkung eintragen (vgl. unten § 41). Würden demnächst die Anstände gehoben werden, so müßte die Hypothek von Amts wegen gelöscht werden, auch könnte Schönfeld die Löschung der Hypothek von Büttner nötigenfalls im Prozeßwege verlangen. Würden dagegen die Anstände nicht gehoben, und würde der Antrag endgültig abgelehnt, so würde die Vormerkung zu löschen sein, und die Hypothek Büttners würde zu Recht bestehen.

Lehnt der Richter den Antrag auf Eintragung des neuen Eigentümers von vornherein ab, so steht der Eintragung der Hypothek nichts im Wege.

Unter Umständen kann es vorkommen, daß in scheinbarer Abweichung von dem Grundsatz des § 17 GBO zuerst der später gestellte Eintragungsantrag erledigt wird.

Nehmen wir an, daß in vorstehendem Beispiel der notarielle Antrag auf Eintragung der Hypothek nicht von dem bisherigen Eigentümer Schnauß, sondern von dem neuen Erwerber Schönfeld gestellt, und daß er vor der Auflassungsverhandlung beim Grundbuchamt eingegangen wäre. In diesem Falle müßte, streng genommen, der früher eingegangene Antrag auf Eintragung der Hypothek zurückgewiesen werden, da zur Zeit seiner Prüfung Schönfeld noch nicht als Eigentümer eingetragen ist; der Antrag würde dann als erledigt im Sinne des § 17 GBO gelten, so daß nunmehr der Antrag auf Eintragung des neuen Erwerbers erledigt werden könnte. Ein solches Verfahren würde aber zu unbilligen Härten führen, und es wird daher der früher eingegangene Antrag zunächst unberücksichtigt gelassen und erst auf Grund des später eingegangenen die Eintragung des Schönfeld als des neuen Eigentümers bewirkt werden. Ist dies geschehen, so kann gemäß § 185 Abs. 2 BGB dem früheren Antrage zufolge die Hypothek für Dohms eingetragen werden. Entsprechendes gilt für die Behandlung eines Antrags auf Eintragung einer Zwangshypothek gegen den noch nicht eingetragenen Erwerber des Grundstücks (JFG 2 448).

Betreffen die mehreren beantragten Eintragungen nicht dasselbe Recht, sondern verschiedene Rechte, so gilt die Vorschrift des § 17 GBO nicht, und die Anträge brauchen nicht nach der Reihenfolge ihres Eingangs erledigt zu werden. Es kann also z. B. die später beantragte Löschung einer

Hypothek vor der früher beantragten Eintragung einer anderen Hypothek desselben Grundstücks verfügt werden.

§ 40. Abweisung und Beanstandung von Anträgen.

Steht einer beantragten Eintragung ein Hindernis entgegen, ist z. B. dem Antrag auf Umschreibung einer Briefhypothek der Hypothekenbrief nicht beigefügt, so kann der Grundbuchrichter entweder den Antrag unter Angabe der Gründe zurückweisen[1] oder dem Antragsteller eine angemessene Frist zur Hebung des Hindernisses bestimmen. § 18 GBO. Unzulässig ist es, daß auf Grund eines Eintragungsantrags etwas anderes, als beantragt, eingetragen wird (KGJ **20** A 99). Der Grundbuchrichter muß ferner Eintragungen ablehnen, durch die nach seiner Kenntnis der Verhältnisse das Grundbuch unrichtig werden würde (KGJ **36** A 172; JFG 1 380). Wird der Antrag zurückgewiesen, so sind die zu dessen Erledigungen eingereichten Urkunden demjenigen zurückzugeben, der sie eingereicht hat (KGJ **39** A 162).

Ob der Richter zurückweisen oder eine Frist bestimmen will, steht in seinem Ermessen. Das Ermessen unterliegt aber der Nachprüfung in der Beschwerdeinstanz. Hat also der Richter einen Antrag wegen eines entgegenstehenden Hindernisses abgelehnt, statt eine Frist zu dessen Hebung festzusetzen, so ist die Einlegung der Beschwerde nur zur Erlangung der Frist nicht ausgeschlossen; das Beschwerdegericht hat in diesem Falle nach eigenem Ermessen zu entscheiden, ob das Hindernis leicht zu heben und deshalb statt der Zurückweisung des Antrags die Setzung einer Frist am Platze ist (KGJ **24** A 83; **44** 269). Für den Antragsteller ist es von wesentlicher Bedeutung, daß ihm durch eine Fristsetzung die Möglichkeit der Beseitigung der Mängel gewährt wird, da ihm auf diese Weise das Rangrecht gewahrt bleibt, das er zu beanspruchen gehabt hätte, wenn seinem Antrage sofort stattgegeben worden wäre. Er hat auf Fristsetzung geradezu einen Anspruch (KGJ **48** 161; **51** 169), und regelmäßig wird daher der Grundbuchrichter den Antrag nicht zurückweisen, sondern dem Antragsteller eine Frist zur Hebung der Anstände bestimmen, es sei denn, daß das vorliegende Hindernis aller Voraussicht nach nicht oder doch nur in sehr langer Zeit zu beseitigen ist, oder abgesehen von der Einschränkung des ursprünglichen Antrags (vgl. KGJ **44** 268) nur durch die Änderung des Antrags ein Erfolg erzielt werden kann (KGJ **37** A 212; **47** 179; **50** 188).

So wird z. B. eine Zwischenverfügung geboten sein, wenn die Zahlung der Grunderwerbsteuer noch nicht nachgewiesen ist; s. oben S. 24, 25.

---

[1] Der Antrag darf nicht um deswillen sofort zurückgewiesen werden, weil sich das Hindernis bei Anwendung ausreichender Sorgfalt hätte vermeiden lassen. KGJ **40** 99.

Dasselbe wird bei offensichtlichen Irrtümern gelten müssen, z. B. wenn Schreibfehler oder sonst fehlerhafte Bezeichnungen (falsche Grundbuchblätter u. dgl.) vorliegen.

Wird eine Eintragung unter Hinzufügung eines unzulässigen Zusatzes beantragt, so kann auf die Zurücknahme des Zusatzes durch eine Zwischenverfügung hingewirkt werden, sofern die Zurücknahme des Zusatzes den Antrag nur beschränkt, aber nicht zu einem neuen Antrag macht. KGJ **44** 264. Eine Zwischenverfügung ist also z. B. nicht zulässig, wenn der Antrag eines Nichtberechtigten vorliegt und der Mangel der Berechtigung nicht nachträglich mit rückwirkender Kraft beseitigt werden kann. KGJ **39** A 166. Im allgemeinen wird bei Einreichung von Anträgen, die sich auf die Bewilligung Nichtberechtigter stützen, kein Anlaß bestehen, mit der Beschaffung einer Genehmigung des Berechtigten zu rechnen und sie durch Zwischenverfügung aufzugeben (JFG **1** 303). Man wird endlich auch dann den Anspruch auf Erlaß einer Zwischenverfügung versagen müssen, wenn der Antragsteller den Mangel seines Antrags kennt und offensichtlich mit einer abweichenden Rechtsauffassung des Grundbuchrichters bei der Beurteilung des Mangels nicht gerechnet hat (KGJ **47** 254; **50** 136). Beim Fehlen einer prozeßrechtlichen Voraussetzung für eine Zwangseintragung ist für eine Zwischenverfügung kein Raum, vielmehr sofortige Zurückweisung des Eintragungsantrages gerechtfertigt. KG JurRdsch **26** 1476. Verfügungen, durch die Anträge abgelehnt werden, bedürfen nicht der Zustellung, da die gegen solche Verfügungen zulässige Beschwerde an keine Frist gebunden ist.

Steht die Hebung des Hindernisses in absehbahrer Zeit zu erwarten, so ist eine Zwischenverfügung zu erlassen (KGJ **20** A 276; **50** 4), die ebenso wie eine den Antrag abweisende Verfügung mit der Beschwerde angefochten werden kann (KGJ **20** A 125)[1]. Die Einlegung der Beschwerde hindert nicht die endgültige Zurückweisung des gestellten Antrags. Alsdann wird die Beschwerde gegen die Zwischenverfügung gegenstandslos und unzulässig. Meist wird es jedoch gerechtfertigt sein, die Entscheidung des Beschwerdegerichts abzuwarten (KGJ **51** 276). Nach Beseitigung der in der Zwischenverfügung gerügten Anstände kann mitunter eine neue Zwischenverfügung angebracht erscheinen, wenn sich z. B. bei nochmaliger Prüfung neue, bisher nicht beachtete Bedenken ergeben.

---

[1] Hat das Prozeßgericht dem Käufer eines Grundstücks aus Anlaß eines über die Gültigkeit des Kaufvertrags anhängig gemachten Rechtsstreits durch einstweilige Verfügung verboten, Handlungen vorzunehmen, die geeignet sind, die Eintragung des Käufers als Eigentümer des Grundstücks herbeizuführen, so kann das Grundbuchamt, auch wenn der Käufer bereits auf Grund der Auflassung die Eintragung des Eigentumsübergangs beantragt hat, durch Zwischenverfügung bestimmen, daß dem Eintragungsantrag bis zur rechtskräftigen Entscheidung des Rechtsstreits nicht stattgegeben wird (OLG Dresden JFG **3** 301).

Die Zwischenverfügung muß die zu beseitigenden Anstände genau bezeichnen und einen Hinweis darauf enthalten, welche Schritte der Antragsteller zur Hebung der Hindernisse zu tun habe (KGJ **50** 299).

Die Verfügung wird also z. B. lauten:

1. Zu schreiben an den Kaufmann Karl Dohms in Lobau.

Ihrem Antrag vom 22. Mai d. J. auf Eintragung einer Darlehnshypothek von 10000 RM. für den Rentier Steinbrückner auf Ihr im Grundbuch von Lobau Bd. I Blatt Nr. 33 verzeichnetes Grundstück kann nicht stattgegeben werden, weil die von Ihnen ausgestellte und dem Antrage beigefügte Eintragungsbewilligung nur in privatschriftlicher Form erteilt ist, während sie nach § 29 GBO entweder vor dem Grundbuchrichter hätte zu Protokoll erklärt oder durch öffentliche oder öffentlich beglaubigte Urkunden nachgewiesen werden müssen. Zur Beseitigung dieses Mangels wird Ihnen eine Frist von vier Wochen bestimmt. Nach dem Ablauf dieser Frist müßte Ihr Antrag zurückgewiesen werden, wenn nicht inzwischen die Hebung des Anstandes nachgewiesen ist.

2. Nach vier Wochen (von Zustellung ab).

Lobau, 23. Mai 1928. Schmidt.

Für die Bewirkung der Zustellung des Schreibens hat der Grundbuchführer zu sorgen; die vom Justizwachtmeister, Obergerichtsvollzieher oder Postboten aufgenommene Zustellungsurkunde gelangt zu den Akten, Art. 1 PrFGG; § 16 FGG; §§ 208 bis 213 ZPO. Durch Einsichtnahme der Zustellungsurkunde kann der Zeitpunkt der Zustellung genau bestimmt werden. — Ist ein Bevollmächtigter bestellt, so ist sie unter entsprechender Anwendung des § 176 ZPO diesem zuzustellen. Hat ein Notar gemäß § 15 GBO im Namen eines Antragsberechtigten die Eintragung beantragt, so ist nur eine Bekanntmachung der Zwischenverfügung an den Notar wirksam. KGJ **38** A 194.

Die verfügte Frist beginnt erst mit Ablauf des Tages, an dem die Verfügung zugestellt ist; sie endigt mit dem Ablauf des letzten Tages; vgl. auch die gemäß Art. 1 PrFGG und § 17 FGG hier zur Anwendung kommenden §§ 187ff. BGB. Die Frist kann durch ein bestimmtes Ereignis begrenzt werden, z. B. bis zur rechtskräftigen Entscheidung eines Rechtsstreits (JFG **3** 306). Die Frist kann auf Antrag verlängert werden. Sind mehrere voneinander abhängige Eintragungsanträge gestellt, so kann die Verlängerung der dem ersten Antragsteller gesetzten Frist unter Umständen auch von dem späteren Antragsteller nachgesucht werden (JFG **1** 305).

Beispiel:

Am 20. Juni 1928, also noch vor Ablauf der Frist, geht beim Amtsgericht Lobau ein Antrag Dohms auf Verlängerung der ihm gestellten vierwöchigen Frist um weitere vier Wochen mit der Begründung ein, daß er sich während der letzten Wochen meist auf Geschäftsreisen aufgehalten und daher den Anstand noch nicht habe erledigen können.

Der Amtsgerichtsrat Schmidt lehnt diesen Antrag durch folgende an Dohms gerichtete Verfügung ab:

Amtsgericht Lobau, den 20. Juni 1928.

Ihrem Antrag auf Verlängerung der Ihnen zur Beseitigung des Anstandes durch Verfügung vom 23. Mai d. J. gewährten vierwöchigen Frist kann nicht entsprochen werden. Eine Nachfrist wird grundsätzlich nicht gewährt; eine Ausnahme könnte Platz greifen, wenn die ursprünglich gestellte Frist sich nachträglich als zu kurz bemessen erwiese und Sie glaubhaft dartun würden, daß der Anstand ohne Ihre Schuld in der gestellten Frist nicht beseitigt werden konnte. Dies ist vorliegend nicht der Fall. Denn Sie konnten während der vier Wochen trotz Ihrer Geschäftsreisen die Angelegenheit leicht erledigen. Ihr Antrag wird daher nach Ablauf der vier Wochen zurückgewiesen werden, wenn Sie nicht noch rechtzeitig das bisher Versäumte nachholen.

Schmidt.

An den Kaufmann Herrn Karl Dohms, hier.

Dohms läßt nun alsbald nach Empfang des Schreibens seine Unterschrift unter die Eintragungsbewilligung von einem Notar beglaubigen und reicht darauf das Schriftstück beim Amtsgericht Lobau ein. Es geht dort am 25. Juni 1926 ein. Am 23. Juni war aber die gewährte vierwöchige Frist bereits abgelaufen, und der Obersekretär Lehmann hatte auch an diesem Tage die Akten dem Amtsgerichtsrat Schmidt zur Verfügung vorgelegt. Der Richter war aber bisher wegen anderweiter Dienstgeschäfte noch nicht zur Erledigung dieser Sache gekommen. Er kann und muß jetzt dem Antrag des Dohms stattgeben, obwohl die vierwöchige Frist nicht eingehalten ist. Denn bis zum Erlaß der Zurückweisungsverfügung können die Anstände immer noch beseitigt werden, wenn auch inzwischen die Frist abgelaufen ist.

Hervorzuheben ist schließlich noch der Fall der in der Praxis nicht seltenen stillschweigenden Fristgewährung. Wird nämlich ein Antrag von dem Antragsteller mit dem Bemerken eingereicht, daß gewisse, von dem Antragsteller selbst bereits bemerkte Anstände binnen einer von ihm angegebenen Frist beseitigt werden würden, und verfügt darauf der Grundbuchrichter die Wiedervorlegung des Antrags nach Ablauf der Frist, so liegt darin eine stillschweigend gewährte Frist zur Hebung der Anstände; vgl. den Fall bei KGJ **26** A 238. Der Grundbuchrichter kann indes in solchen Fällen den Antrag sofort zurückweisen (KGJ **31** A 250).

Wird ein Eintragungsantrag mit der Maßgabe gestellt, daß über ihn erst nach Ablauf einer gewissen Frist entschieden werden soll, so kann das Grundbuchamt die Entscheidung bis zum Ablauf der Frist aussetzen, sofern die Aussetzung die Interessen Dritter nicht gefährdet. Mit dem Ablauf der Frist gilt dann der Antrag, wie wenn er jetzt neu gestellt wäre (KGJ **34** A 312).

§ 41. Eintragung von Vormerkungen und Widersprüchen bei Beanstandung von Anträgen.

Besondere Vorschriften gelten für den Fall, daß vor der Erledigung des Antrags eine andere Eintragung beantragt wird, durch die dasselbe Recht betroffen wird. Es ist dann nämlich nicht etwa zugunsten des zuerst gestellten Antrags bis zu dessen endgültiger Erledigung das Grundbuch gewissermaßen für weitere, dasselbe Recht betreffende Eintragungen gesperrt. Vielmehr wird nur zugunsten und zur Wahrung des Vorrechts des früher gestellten Antrags von Amts wegen eine Vormerkung oder ein Widerspruch eingetragen, und dann kann auch trotz des § 17 GBO die später beantragte Eintragung vorgenommen werden. § 18 Abs. 2 GBO[1] [2]. Zur Behandlung mit Zwischenverfügung ist daher nur ein Antrag geeignet, für den eine auf den Zeitpunkt seines Eingangs rückwirkende Erledigungsfähigkeit in Betracht kommt, wogegen das Eintreten künftiger, zwar bedeutungsvoller, aber nicht rückwirkender Ereignisse nicht in Rechnung zu stellen ist (JFG **1** 302).

Die Vormerkung des § 18 Abs. 2 GBO sichert nicht einen obligatorischen Anspruch, sondern dient zur Sicherung von Rechten, zu deren Dinglichkeit es — abgesehen von den Hindernissen — nur noch an der Eintragung fehlt (RG **110** 206). Der Widerspruch dagegen ist am Platze zur Sicherung von Rechten, die ohne Eintragung dinglich sind. Übrigens ist eine falsche Bezeichnung der Sicherungsmaßregel im Grundbuch unschädlich (RG **55** 340).

Beispiele:

I. Ein Antrag des Kaufmanns Dohms in Lobau auf Eintragung einer Darlehnshypothek von 6000 RM. für den Rentier Wolff in Berlin auf dem im Grundbuch von Lobau Bd. I Bl. Nr. 33 verzeichneten Grundstück ist vom Amtsgerichtsrat Schmidt beanstandet worden; dem Dohms ist aufgegeben, die Anstände binnen einer Frist von vier Wochen bei Vermeidung der Zurückweisung des Antrags zu beseitigen. Während diese Frist noch läuft, geht zu denselben Grundakten ein Antrag auf Eintragung einer Sicherungshypothek von 20000 RM. für den Agenten Lustig in Breslau ein. Würde dieser letztere Antrag erledigt werden, ohne daß bezüglich des früheren etwas veranlaßt würde, so müßte die Sicherungshypothek den Rang vor jener, zuerst beantragten, aber wegen Vorliegens von Anständen noch nicht eingetragenen Hypothek von 6000 RM. bekommen. Hierin würde eine Unbilligkeit liegen, und deshalb soll nach § 18 Abs. 2 GBO zugunsten des früher gestellten Antrags eine Vormerkung von Amts wegen, eingetragen werden. Würde auch der Antrag des Lustig beanstandet werden und zu einer Zwischenverfügung mit Fristgewährung führen, so brauchte natürlich die Vormerkung zugunsten des ersten Antrags nicht eingetragen zu werden.

---

[1] Für die Anwendung des § 18 Abs. 2 entscheidet nur die Frage, wie der Grundbuchrichter den ersten Antrag — gleichviel ob zutreffend oder unzutreffend — wirklich bereits beurteilt hat. Der Richter muß also, falls er auf den Antrag auf Eintragung einer Vormerkung zur Sicherung des Anspruchs auf Umschreibung einer Hypothek zur Hebung eines Hindernisses eine Frist bestimmt hat und vor der Erledigung des Antrags vom Eigentümer des belasteten Grundstücks die Löschung der Hypothek beantragt wird, zugunsten des ersten Antrags von Amts wegen eine Vormerkung eintragen, auch wenn aus der Löschungsbewilligung sich ergeben sollte, daß dem Hypothekengläubiger zur Zeit des Erlasses der gegen ihn gerichteten einstweiligen Verfügung die Hypothek nicht mehr zustand.

[2] Die Vorschriften der §§ 883ff. BGB haben für die Vormerkung des § 18 Abs. 2 GBO keine Geltung (RG **110** 207; KGJ **53** 109); auch § 24 KonkO findet weder unmittelbare noch entsprechende Anwendung (KGJ **39** A 167).

Auf den nicht beanstandeten Antrag des Lustig wird nunmehr verfügt:

1. **Einzutragen im Grundbuch von**

Lobau Bd. I Bl. Nr. 33

Abt. III Sp. 1 bis 4.

A. **Sp. 1. Nr. 3.**
Sp. 2. 1 und 2.
Sp. 3. 6000.
Sp. 4. (Halbspalte!) Vormerkung zur Erhaltung des Anspruchs auf Eintragung einer Darlehnshypothek von sechstausend RM. nebst Zinsen[1] für den Rentier Wolff in Berlin. Eingetragen am ... Mai 1928.

B. **Sp. 1. Nr. 4.**
Sp. 2. 1 und 2.
Sp. 3. 20000.
Sp. 4. Sicherungshypothek für eine Darlehnsforderung von zwanzigtausend RM. nebst sechs vom Hundert jährlicher Zinsen seit 1. Juli 1927 für den Agenten Karl Lustig in Breslau unter Bezugnahme auf das rechtskräftige Urteil des Landgerichts in Kronthal vom 2. Februar 1928, eingetragen am ... Mai 1928.

2. **usw.**

Lobau, 27. Mai 1928. Schmidt.

Die Wiedervorlegung der Akten nach Ablauf der gestellten Frist braucht nicht bei Anordnung der Eintragung der Vormerkung verfügt zu werden; denn diese Wiedervorlegung muß schon bei Erlaß der Zwischenverfügung angeordnet sein.

Wird der zuerst eingegangene Antrag nach Ablauf der zur Behebung der Anstände gesetzten Frist zurückgewiesen, so muß gleichzeitig mit der Zurückweisung von Amts wegen[2] die Löschung der vorgemerkten 6000 RM. erfolgen, so daß dann die 20000 RM. ohne weiteres im Range vorrücken würden. Werden aber die Anstände rechtzeitig beseitigt, so werden nunmehr die 6000 RM. als Hypothek unter Nr. 3 der Abt. III, d. h. an der durch die Vormerkung gesicherten Stelle endgültig vermerkt. § 14 AllgVfg. Da die Vormerkung des § 18 Abs. 2 GBO kein bedingtes dingliches Recht begründet, so ist die Entscheidung über den Antrag so zu treffen, als ob die Vormerkung nicht eingetragen worden wäre. KGJ **39** A 167. Sind zwei sich ausschließende Anträge auf Eintragung verschiedener Eigentümer gestellt und erweist sich der durch Vormerkung gesicherte Antrag innerhalb der gesetzten Frist als begründet, so ist diesem Antrag unter Beseitigung der inzwischen erfolgten Eintragung des anderen Eigentümers von Amts wegen stattzugeben. Die Vorschrift des § 22 Abs. 2 GBO greift nicht ein (RG **110** 207; KGJ **53** 109). Ist die Löschung der nach der Vormerkung erfolgten, dasselbe Recht betreffenden Eintragung unterblieben,

[1] Der Zinsfuß kann für eine Vormerkung aus § 18 Abs. 2 GBO unbestimmt angegeben werden, z. B. 2 vH. über Reichsbankdiskont (JFG **4** 404).

[2] Ist die Amtslöschung versehentlich unterblieben, so wird die nachträgliche Löschung nicht dadurch gehindert, daß das Beschwerdegericht den zurückgewiesenen Antrag für begründet erachtet (JFG **1** 309).

so muß sie vom Grundbuchamt nachgeholt werden, auch wenn die Vormerkung inzwischen zu Unrecht gelöscht ist, es sei denn, daß bereits auf Grund der späteren Eintragung ein gutgläubiger Rechtserwerb stattgefunden hat (KGJ **53** 112). Ein Zwangsversteigerungsvermerk, der nach der Eintragung einer Vormerkung gemäß § 18 Abs. 2 GBO eingetragen worden ist, darf nicht gelöscht werden (JFG **1** 310).

II. Der Antrag des Ackerbürgers Hermann Brennecke auf Umschreibung der für ihn im Grundbuch von Lobau Bd. III Bl. Nr. 142 in Abt. III unter Nr. 5 eingetragenen Buchhypothek von 8000 RM. auf den Schlossermeister Richter in Lobau ist unter Fristgewährung vom Grundbuchamt unterm 21. April 1928 beanstandet worden. Am 23. April 1928 geht ein nach Form und Inhalt begründeter Antrag des Rentiers Jädicke in Berlin auf Eintragung des für ihn an derselben Hypothek in ganzer Höhe von Brennecke bestellten Pfandrechts ein.

Der Amtsgerichtsrat Schmidt verfügt daher:

1. **Einzutragen im Grundbuch von**
Lobau Bd. II Bl. Nr. 142.
Abt. III Sp. Veränd. (5—7)

Sp. 5. 5.
Sp. 6. 8000 RM.
Sp. 7. **Achttausend RM. mit den Zinsen vom 1. Mai 1928 ab verpfändet an den Rentier Karl Jädicke in Berlin. Eingetragen unter Vorbehalt eines Widerspruchsrechtes für den Schlossermeister Paul Richter in Lobau am ... April 1928.**

2. usw.

Würde der Antrag Breneckes nach Ablauf der Frist zurückgewiesen werden, so würde das dem Richter vorbehaltene Widerspruchsrecht von Amts wegen gelöscht werden. Für diesen Fall würde die Verpfändung zu Recht bestehen. Würde aber nach Beseitigung der Anstände dem Antrag Breneckes stattgegeben werden, so würde sich die eingetragene Verpfändung als materiell unbegründet erweisen, so daß sie, nötigenfalls nach vorherigem Prozesse, zu löschen ist, während die Umschreibung der Hypothek auf Richter zu bewirken wäre.

Da die Eintragung der Vormerkungen und Widersprüche in den Fällen des § 18 Abs. 2 von Amts wegen erfolgen muß, so wird der Grundbuchrichter sich stets erinnern müssen, daß bereits ein dasselbe Recht betreffender früherer Antrag gestellt war. Zur Unterstützung seines Gedächtnisses wird er daher zweckmäßig sich auf dem Deckel der betreffenden Grundakten einen kurzen, in die Augen fallenden Vermerk machen, um nicht gezwungen zu sein, in jedem Falle die Grundakten auf etwaige frühere, beanstandete Anträge durchzusehen.

§ 42. Zurücknahme von Anträgen.

Jeder Antrag kann ohne weitere Begründung jederzeit zurückgenommen werden (KGJ **24** A 91). Eine Zurücknahme ist nur dann nicht mehr möglich, wenn der Antrag bereits durch Eintragung oder Zurückweisung vollständig erledigt ist; eine vollständige Erledigung liegt noch nicht vor, wenn erst die betreffende Eintragungs- usw. Verfügung ergangen, die Verfügung aber noch nicht durch die Eintragung ausgeführt ist. In einem solchen Falle würde der Richter die Ausführung der Verfügung sofort zu untersagen haben. Zur Zurücknahme des Antrags ist nur der Antragsteller, bei mehreren Antragstellern nur die Gesamtheit befugt, da nach der Zurücknahme von einer Seite der für die Eintragung ausreichende Antrag der anderen Beteiligten bestehen bleibt (vgl. KGJ **24** A 91; **34** A 312). Bei Anträgen, die von mehreren Personen gestellt werden müssen, um die Tätigkeit des Grundbuchrichters zu veranlassen, kann allerdings die Zurücknahme des Antrags durch einen der Antragsteller zur Folge haben, daß der Antrag als nicht gestellt gilt. In allen Fällen kann auch ein mit ordnungsmäßiger Vollmacht versehener Beauftragter des Antragstellers den Antrag zurücknehmen. Ist der Antrag durch einen Bevollmächtigten gestellt, so ist in der Vollmacht zur Stellung des Antrags auch diejenige zur Zurücknahme desselben zu finden. In der vermuteten Vollmacht des Notars zur Stellung eines Eintragungsantrags (§ 15 GBO) liegt also die Befugnis zur Zurücknahme (KGJ **26** A 88).

Die Zurücknahmeerklärung bedarf der Form des § 29 GBO, soweit sich der Antrag auf eine Eintragung richtete. § 32 GBO. Dies gilt auch für den Fall, daß der Antrag formlos gültig war, sowie auch dann, wenn der Notar die Zurücknahme auf Grund seiner vermuteten Vollmacht bewirkt (KGJ **28** A 88).

§ 43. Beurkundung des Zeitpunkts des Eingangs der Anträge.

Die Grundbuchämter haben alle auf eine Eintragung in das Grundbuch gerichteten Anträge und Ersuchen entgegenzunehmen und auf ihnen den Zeitpunkt zu beurkunden, in welchem sie eingehen. § 13 GBO[1]. Dies gilt auch für Anträge, die vom Grundbuchamt selbst aufgenommen werden. § 11 GeschO. Sie sind sofort nach Fertigstellung des Protokolls mit dem Eingangsvermerk zu versehen.

Zur Beurkundung des Zeitpunktes des Eingangs sind nur die Beamten zuständig, die mit der Führung des Grundbuchs über das betreffende Grundstück beauftragt sind.

Der Obersekretär Lehmann, der mit der Führung des Grundbuchs für alle Grundstücke des Amtsgerichtsbezirks Lobau beauftragt ist, kann daher bei allen Anträgen, die auf eine Eintragung in ein zu diesem Bezirk gehöriges Grundstück gerichtet sind, den Zeitpunkt des Eingangs rechtswirksam beurkunden. Dagegen hat der Amtsgerichtsrat Schmidt und Amtsgerichtsrat Schulze diese Beurkundungsbefugnis nur für die ihrem Geschäftsbereich unterstellten Grundstücke, während der mit der Bearbeitung von Grundbuchsachen überhaupt nicht

[1] Der Briefkasten des Amtsgerichts soll für Eingaben in Grundbuchsachen nicht benutzt werden. In der Aufschrift des Briefkastens ist hierauf hinzuweisen. § 3 Nr. 7 GeschO in der Fassung vom 22. Juli 1925 (JMBl S. 267).

beauftragte Amtsgerichtsrat Müller den Zeitpunkt des Eingangs in keinem Falle wirksam beurkunden kann.

Der Eingangsvermerk, der auf das den Antrag oder das Ersuchen enthaltene Schriftstück zu setzen ist, muß den Zeitpunkt des Eingangs genau nach Tag, Stunde und Minute angeben; auch ist er von dem beurkundenden Beamten mit ausgeschriebenem, nicht etwa abgekürztem Namen zu unterschreiben. § 5 Nr. 9 GeschO. Die Anlagen des Antrags werden nicht noch besonders mit dem Eingangsvermerk versehen, jedoch wird ihre Zahl in dem auf den Antrag zu setzenden Vermerk erwähnt. Der Eingangsvermerk lautet also z. B.:

Eingegangen am 9. Februar 1928 13 Uhr 20 Minuten. 3 Anlagen.
Schmidt.

Betrifft der Antrag oder das Ersuchen mehrere im Bezirk des Grundbuchamts belegene, zur Zuständigkeit mehrerer Richter gehörende Grundstücke, so kann jeder Richter den Zeitpunkt des Eingangs für beide Grundstücke wirksam beurkunden. Art. 4 Abs. 2 AGGBO. Nur muß jeder Richter, der das Schriftstück zuerst mit dem Eingangsvermerk versehen hat, dem anderen Richter hiervon sofort durch Vorlegung Mitteilung machen, damit dieser alsbald Kenntnis erhält von dem Antrag, der das seinem Geschäftskreis unterstehende Grundstück betrifft. Sind auch verschiedene Grundbuchführer zuständig, so muß der Antrag oder das Ersuchen ebenfalls sofort zur Kenntnis aller beteiligten Grundbuchführer gebracht werden; diese müssen den Inhalt, den Zeitpunkt des Eingangs und den Verbleib des Antrags oder Ersuchens zu den Grundakten, oder soweit der Antrag oder das Ersuchen nicht selbst zu den Akten genommen wird, auf einem mit einer besonderen Ordnungsnummer zu versehenden Blatte vermerken. Auf diesem Blatte ist später anzugeben, wie der Antrag oder das Ersuchen erledigt ist. § 5 Nr. 11 GeschO. Wegen der Behandlung der sich auf mehrere, in den Bezirken verschiedener Amtsgerichte belegenen Grundstücke beziehenden Anträge vgl. oben § 6.

Der Zeitpunkt des Eingangs ist für das Rangrecht der einzutragenden Rechte von Bedeutung; vgl. §§ 17, 46 GBO; §§ 878, 879, 892 Abs. 2 BGB und unten § 60.

2. Die Bewilligung.

Vorbemerkung.

Die Eintragungsbewilligung ist die regelmäßige Grundlage der Eintragung. Die Eintragung kann sich aber auch auf andere materielle Unterlagen stützen. So wird die Eintragungsbewilligung ersetzt durch das Ersuchen der zuständigen Behörde (vgl. unten § 55), ferner durch ein rechtskräftiges Urteil, durch das der von der Eintragung Betroffene zur Erklärung der Eintragungsbewilligung verurteilt ist (vgl. unten § 53), sodann durch vollstreckbare Titel, auf Grund deren in ein

Grundstück oder ein Recht an einem solchen die Zwangsvollstreckung bewirkt werden soll (vgl. unten § 118) u. a.[1].

§ 44. Das der Bewilligung zugrunde liegende Konsensprinzip. Materielles und formelles Recht.

Die Grundbuchgesetzgebung beruht auf dem sogenannten abstrakten Konsensprinzip, d. h. auf dem Grundsatz, daß bei der Erwerbung durch Rechtsgeschäft der abstrakte Konsens in Verbindung mit der Eintragung den Rechtsübergang vermittelt. Eine verschiedene Bedeutung hat dieses Prinzip nach materiellem und formellem Recht.

1. Nach materiellem Recht ist bei allen Rechtsgeschäften, die die Übertragung des Eigentums an einem Grundstück, die Belastung eines solchen mit einem Recht sowie die Übertragung oder Belastung eines solchen Rechts zum Gegenstand haben, zu unterscheiden:

a) das Kausalgeschäft, durch das die obligatorische Verpflichtung zur Übertragung des Eigentums, der Belastung usw. begründet wird, also z. B. Kauf, Tausch, Darlehn, Erbteilung usw., und

b) die Erfüllung des Kausalgeschäfts durch Vollziehung der vereinbarten Rechtsänderung.

Diese Vollziehung erfordert außer der Eintragung der Rechtsänderung in das Grundbuch die abstrakte Einigung des Berechtigten und des anderen Teils über den Eintritt der Rechtsänderung, den sog. dinglichen Vertrag. § 873 BGB. Dasselbe gilt für Änderungen des Inhalts eines Rechts an einem Grundstück, für die Änderung des Rangverhältnisses und für die Änderung der einer Hypothek zugrunde liegenden Forderung. §§ 877, 880 Abs. 2, 1180 BGB; vgl. auch § 1116 Abs. 2 u. 3 BGB. In allen diesen Fällen vollzieht sich die Rechtsänderung lediglich durch den abstrakten, von dem Kausalgeschäft unabhängigen dinglichen Vertrag in Verbindung mit der Eintragung in das Grundbuch. Die dingliche Einigung kann der Eintragung auch nachfolgen (RG **89** 32).

2. Das formelle Grundbuchrecht macht die Eintragung im Interesse der Erleichterung der Buchführung und des Verkehrs nur von der Bewilligung des leidenden Teils abhängig[2]. Als leidender Teil (Passivbeteiligter) gilt derjenige, dessen Recht von der Eintragung betroffen wird, der also durch die Eintragung an seinem Recht verliert (KGJ **23** A 115; **29** A 176; **51** 223, 283). Ob die Einigung die Eintragsbewilligung in sich schließt, ist streitig (vgl. RG **54** 363; **62** 378; KGJ **28** A 151).

---

[1] Vgl. wegen der übrigen Fälle, in denen eine Eintragungsbewilligung nicht erforderlich ist, die §§ 21 bis 26, 37 u. 38 GBO; § 1139 BGB und Güthe Anm. 88 f. zu § 19 GBO.

[2] Das Kausalgeschäft unterliegt grundsätzlich nicht der Prüfung des Grundbuchrichters (KGJ **30** A 207; **51** 178).

Beispiel:

Wenn der Kaufmann Schwarz, der als Eigentümer des Grundstücks Lobau Bd. I Bl. Nr. 23 eingetragen ist, auf sein Grundstück für den Rentier Wolff eine Darlehnshypothek von 10000 RM. eintragen lassen will, so muß er sich nach materiellem Recht mit Wolff über die Hingabe des Darlehns und die Eintragung der Hypothek geeinigt haben; der Grundbuchrichter aber, der die Eintragung der Hypothek verfügen soll, kann nicht den Nachweis dieser obligatorischen und dinglichen Einigung verlangen, sondern muß sich damit begnügen, daß der leidende Teil, dessen Eigentumsrecht von der beabsichtigten Eintragung betroffen wird, also der Eigentümer Schwarz, die Eintragung der Hypothek bewilligt (KGJ **23** A 115)[1]. Schwarz kann daher die Hypothek für Wolff eintragen lassen, bevor sich dieser hiermit einverstanden erklärt hat; Schwarz wird dies z. B. tun, wenn er sicher weiß, daß Wolff mit der Eintragung der Hypothek einverstanden und zur Hingabe des Darlehns von 10000 RM. bereit ist. Wäre Wolff entgegen der Erwartung des Schwarz zur Hingabe des Darlehns nicht bereit, so würde allerdings das Konsensprinzip des formellen Grundbuchrechts zu einer Eintragung geführt haben, die mit der Rechtslage nicht übereinstimmt. Immerhin aber würde der Benachteiligte, der Kaufmann Schwarz, keinen Anlaß zur Beschwerde haben, da er die sein Grundstück belastende Eintragung selber gewollt hatte und er sich vorher davon hätte überzeugen müssen, ob Wolff zur Darlehnshingabe bereit sein würde.

Das Beispiel zeigt, daß die nach materiellem Recht vorgeschriebene Einigung ebenso wie das der Eintragung zugrunde liegende obligatorische Rechtsverhältnis auch dem formellen Grundbuchrecht gegenüber von Bedeutung bleibt; denn mangels eines Darlehnsvertrags und mangels einer Einigung kann Schwarz natürlich die für Wolff erfolgte Eintragung als zu Unrecht erfolgt und als nur formell zu Recht bestehend anfechten und ihre Löschung begehren (vgl. RG **106** 139).

Sehr zweifelhaft ist die Frage, ob § 181 BGB auf die Eintragungsbewilligung Anwendung findet, ob also der Vertreter des Passivbeteiligten eine Eintragung zu seinen Gunsten bewilligen kann oder nicht (vgl. KGJ **41** 172, wo die Anwendbarkeit des § 181 BGB bejaht wird. Anderer Ansicht ist anscheinend RG **89** 367). Vgl. auch § 138.

Eine Einschränkung erleidet das Konsensprinzip des formellen Rechts insofern, als die Eintragung trotz des Vorliegens einer vorschriftsmäßigen Eintragungsbewilligung nicht erfolgen darf, wenn der Grundbuchrichter aus dem Grundbuch oder aus dem ihm vorliegenden Urkundenmaterial ersieht, daß die Einigung weder erfolgt sein kann noch auch künftig wird erzielt werden können (KGJ **20** A 294, insbes. 298; vgl. auch KGJ **41** 201 f.).

Zu beachten ist, daß der „Betroffene" der wahre, nicht bloß der eingetragene Berechtigte ist (vgl. RG **54** 364 unter 1). Das materielle Recht entscheidet also über die Legitimation des Passivbeteiligten. Findet der Grundbuchrichter, daß das Grundbuch infolge der Verletzung gesetzlicher Vorschriften unrichtig, also der Buchberechtigte nicht wahrer Be-

[1] Die Bewilligung des für ein herrenloses Grundstück bestellten Pflegers genügt nicht (KGJ **49** 292, OLG Karlsruhe).

rechtigter ist, so hat er einen Widerspruch einzutragen und Anträge des Buchberechtigten oder Anträge anderer, die sich auf dessen Bewilligung stützen, abzulehnen (KGJ **23** A 117; vgl. ferner KGJ **28** A 92, 94, 102; **29** A 186; **35** A 303; **40** 296).

Besonderes gilt für den Fall der Auflassung eines Grundstücks und der Bestellung, Änderung des Inhalts oder Übertragung eines Erbbaurechts. Hier muß nämlich der Richter auch nach formellem Grundbuchrecht den Nachweis der Einigung des Berechtigten und des anderen Teils verlangen und darf sich nicht mit der Bewilligung des leidenden Teils, also des eingetragenen Eigentümers oder des Erbbauberechtigten begnügen. § 20 GBO. (KGJ **24** A 231).

In einer Reihe von Fällen, vgl. z. B. §§ 875, 1071, 1168 Abs. 2, 1188, 1196 Abs. 2 BGB, verlangt auch das materielle Recht nicht eine Einigung der Beteiligten über den Eintritt der Rechtsänderung, sondern nur die einseitige Erklärung des Berechtigten; diese einseitige Erklärung ist aber nach materiellem Recht dem Grundbuchamt oder einem anderen gegenüber abzugeben. Nach formellem Grundbuchrecht ist der Nachweis, daß die Bewilligung dem Grundbuchamt oder einem anderen gegenüber erklärt ist, nicht erforderlich (KGJ **21** A 206).

Beispiel:

Wenn die im Grundbuch von Lobau Bd. I Bl. Nr. 23 in Abt. II für den Altsitzer Deter eingetragene Rente aufgehoben werden soll, so ist nach § 875 BGB außer der Löschung der Rente im Grundbuch auch die Erklärung des Deter, daß er das Recht aufgebe, erforderlich. Die Erklärung muß Deter nach § 875 BGB dem Grundbuchamt in Lobau oder dem Eigentümer des Grundstücks Lobau Bd. I Bl. Nr. 23 gegenüber abgeben; sie ist also nach materiellem Recht ein empfangsbedürftiges einseitiges Rechtsgeschäft. Der Grundbuchrichter aber kann den Nachweis, daß die Löschungsbewilligung des Deter dem Grundbuchamt oder dem Eigentümer gegenüber abgegeben ist, nicht verlangen, sondern braucht nur zu prüfen, ob Deter überhaupt in die Löschung gewilligt hat.

§ 45. Inhalt der Eintragungsbewilligung.

Die Eintragungsbewilligung muß den nach dem materiellen Recht vorgeschriebenen Inhalt haben. Der Inhalt richtet sich im einzelnen nach dem Recht, das den Gegenstand der Eintragung bildet; das Nähere ergeben daher die §§ 68ff. Hier ist nur hervorzuheben, daß die Eintragungsbewilligung (ebenso wie der Antrag, vgl. oben § 37) unbedingt und unbetagt sein muß. Eine unzulässige Bewilligung läge daher z. B. vor, wenn der Eigentümer die Eintragung einer Hypothek für A für den Fall bewilligen würde, daß A ihm das versprochene Darlehn geben werde. Dagegen kann das Recht, dessen Eintragung bewilligt wird, bedingt oder betagt sein. Es könnte also z. B. bewilligt werden, daß für A eine für den Fall seiner Heirat mit der Tochter des Grundstückseigentümers zur Entstehung gelangende Hypothek eingetragen wird.

Die Bewilligung muß auch stets das Grundstück übereinstimmend mit dem Grundbuch oder durch Hinweisung auf das Grundbuchblatt bezeichnen (KGJ **21** A 121, 125); einzutragende Geldbeträge sind in Reichswährung, also Reichsmark, anzugeben. § 28 GBO. (Siehe jedoch § 122.) Es genügt also z. B. nicht folgende Fassung: „Ich bewillige die Eintragung einer Hypothek im Grundbuch meiner sämtlichen Grundstücke (KGJ **21** A 125). Das Wort „bewilligen" muß nicht notwendig gebraucht werden; es genügt ein Ausdruck, der unmittelbar und unzweideutig den auf die Eintragung gerichteten Willen des Erklärenden erkennen läßt. Es genügt aber nicht die Erklärung des Bewilligenden, daß er zur Bewilligung verpflichtet sei, oder eine Erklärung, die aus dem Zusammenhang der Erklärungen des von der Eintragung Betroffenen als Bewilligung zu folgern ist (KGJ **21** A 121 ff.). Jedoch ist auch bei Eintragungsbewilligungen stets der wirkliche Wille des Erklärenden zu erforschen und nicht an dem buchstäblichen Sinne des Ausdrucks zu haften (KGJ **21** A 281). So sagt z. B. ein Gläubiger, der mehrere Hypotheken unter Festsetzung eines bestimmten Rangverhältnisses abtritt und nur die Umschreibung bewilligt, hiermit ohne weiteres, daß er die Abtretung einschließlich der Rangänderung eingetragen haben wolle. Auch liegt in der Einigung über die Erteilung eines Hypothekenbriefes über eine bisher brieflos eingetragene Hypothek die Eintragungsbewilligung (KGJ **28** A 151).

Bei Bewilligung mehrerer Eintragungen kann bestimmt werden, daß die eine Eintragung nicht ohne die andere erfolgen soll (s. oben § 38). Obwohl also die Eintragungsbewilligung grundsätzlich unbedingt sein muß, kann sie von der Vornahme anderer Eintragungen abhängig gemacht werden (KGJ **44** 200).

Inwieweit die Eintragungsbewilligung von dem eingetragenen Berechtigten erklärt sein muß, ist unten (§§ 56, 57) abgehandelt. Über die Unwiderruflichkeit der Bewilligung vgl. KGJ **49** 149.

§ 46. Das Konvaleszenzprinzip bei der Eintragungsbewilligung.

Es ist nicht erforderlich, daß der Bewilligende schon zur Zeit der Abgabe seiner Erklärung als der Berechtigte im Grundbuch eingetragen ist; es genügt vielmehr, daß er als solcher eingetragen ist zu der Zeit, zu der die Eintragung verfügt werden soll. Die Eintragungsbewilligung des Nichtberechtigten wird also mit dem Augenblick wirksam, wo er selbst das Grundstück oder das Recht durch Eintragung im Grundbuch erwirbt. Dies ist das im § 185 BGB enthaltene Konvaleszenzprinzip, das auch für den Grundbuchverkehr gilt (KGJ **21** A 150; **26** A 145; **41** 234; RG **54** 366). Die Auflassung, die ein nichtberechtigter Veräußerer in eigenem Namen erteilt, wird daher gemäß § 185 BGB durch die Genehmigung des eingetragenen Eigentümers wirksam (KGJ **23** A 136); vgl. unten § 139[1].

Beispiel:

Der Kaufmann Schwarz in Lobau hat durch notariellen Vertrag vom 24. April 1928 sein in Lobau belegenes Grundstück an den Bäckermeister Schönfeldt in Berlin verkauft und in demselben Vertrage für seine Restkaufgeldforderung von 10000 RM. von dem Erwerber die Eintragung einer Hypothek im Grundbuch des Kaufgrundstücks bewilligen und beantragen lassen. Bei der am 1. Juli 1928 erfolgenden Auflassung des gekauften Grundstücks vor dem Amtsgericht in Lobau braucht Schönfeldt die Bewilligung der Eintragung der Restkaufgeldhypothek nicht zu wiederholen, da zu der Zeit, zu der die Eintragung der Hypothek erfolgen soll, Schönfeldt als Eigentümer eingetragen ist oder doch sofort eingetragen werden kann.

Dasselbe würde gelten, wenn Schönfeldt, noch vor Abschluß des Kaufvertrags, also noch ehe er ein auch nur obligatorisches Recht auf das Grundstück erworben hätte, die Eintragung einer Hypothek auf dem künftig zu kaufenden Grundstück bewilligen und beantragen würde. Denn auch in diesem Falle würde die Bewilligung Schönfeldts gemäß § 185 Abs. 2 BGB durch den späteren Erwerb des Eigentums an dem Grundstück wirksam werden.

§ 47. Die Verfügungsbefugnis des Erklärenden bei der Eintragungsbewilligung. Nachträgliche Verfügungsbeschränkungen.

Die Gültigkeit einer Eintragungsbewilligung hängt, wie bereits oben im § 44 bemerkt, davon ab, daß der sie Erklärende zur Verfügung über das Recht befugt ist. Ergeben sich aber weder aus dem Grundbuch noch aus den zur Eintragung erforderlichen Urkunden Bedenken gegen die Verfügungsberechtigung, so ist der Grundbuchrichter zu weiteren Ermittlungen nicht verpflichtet[2]. Er kann indes Bedenken, die ihm auf Grund des anderweit vorliegenden Materials erwachsen, berücksichtigen (KGJ **25** A 117; **27** A 98; **28** A 97). So kann z. B. der Grundbuchrichter die in seiner gleichzeitigen Eigenschaft als Prozeßrichter zu seiner Kenntnis gelangten Pfändungsbeschlüsse berücksichtigen. Dieser Grundsatz findet aber nur da Anwendung, wo die Eintragung im Grundbuch erst die dingliche Wirkung der Verfügung herbeiführen soll. Ist die Wirkung bereits außerhalb des Grundbuchs eingetreten, wie z. B. bei der Abtretung von Briefhypotheken, so daß die Eintragung im Grundbuch keine selbständige Bedeutung hat, sondern nur die eingetretene Rechtsänderung offenkundig macht, dann

---

[1] Auf Verfügungen im Wege der Zwangsvollstreckung bezieht sich § 185 BGB nicht (RG **60** 72 unten).

[2] Ein Urteil gemäß § 894 Satz 1 ZPO macht die Prüfung, ob die Willenserklärung von dem Berechtigten abgegeben ist, nicht entbehrlich (KGJ **51** 194, wo die Frage erörtert und bejaht wird, ob der gemäß § 58 ZPO bestellte Vertreter des herrenlosen Grundstücks befugt ist, das Grundstück an den Berechtigten einer Auflassungsvormerkung zu übertragen).

hat der Grundbuchrichter sich mit dem Nachweis des eingetretenen Erwerbs zu begnügen und nicht mehr die Legitimation des Beteiligten nachzuprüfen, deren etwaige Mängel an der Tatsache des Erwerbs nichts ändert; er darf also dann z. B. die Eintragung nicht um deswillen versagen, weil ihm eine Verfügungsbeschränkung des Veräußerers bekannt geworden ist; auch hat er zu beachten, daß für den guten Glauben des Erwerbers die Vermutung spricht. §§ 891, 892, 1154 BGB (KGJ **28** A 92).

Die Eintragungsbewilligung wird, vorausgesetzt, daß sie mit dem Eintragungsantrag bei dem Grundbuchamt eingereicht ist, nicht dadurch unwirksam, daß der Erklärende nach der Einreichung in der Verfügung beschränkt worden, so z. B. in Konkurs geraten ist (RG **51** 286). § 878 BGB[1]. Bei Erklärungen eines Nichtberechtigten hat die Vorschrift des § 878 keine Bedeutung (RG **89** 156f.).

Die Eintragungsbewilligung ist eine empfangsbedürftige Willenserklärung. Sie wird nicht nur durch ihren Eingang beim Grundbuchamt, sondern auch dadurch wirksam, daß sie demjenigen zugeht, zu dessen Gunsten sie abgegeben ist. Nachträglicher Widerruf ist unzulässig (JFG **2** 337, Oberstes Landesgericht München). Die wirksam gewordene Eintragungsbewilligung eines Vertreters verliert dadurch nicht ihre Wirksamkeit, daß die Vertretungsmacht nach dem Eintritt der Wirksamkeit, aber vor Vornahme der Eintragung fortfällt. Dagegen kann eine Eintragungsbewilligung nach dem Fortfall der Vertretungsmacht nicht mehr wirksam werden (KGJ **43** 147; A.M. KGJ **23** A 242). Eine nach der Auflassung von dem Veräußerer gegen den Erwerber erwirkte einstweilige Verfügung, durch die dem Erwerber verboten wird, sich das Eigentum an dem aufgelassenen Grundstück zu verschaffen, hindert die Eintragung des Eigentumsübergangs (JFG **2** 320), und zwar auch dann, wenn bei Erlaß der einstweiligen Verfügung der Antrag auf Eintragung beim Grundbuchamt bereits gestellt war (JFG **1** 379). Dem Grundbuchamt muß die Zustellung der einstweiligen Verfügung nachgewiesen werden. In der Zustellung der ein Verbot enthaltenen einstweiligen Verfügung liegt zugleich deren Vollziehung; die Innehaltung der im Abs. 3 des § 929 ZPO vorgesehenen Frist ist daher nicht festzustellen. Dagegen bedarf es einer Prüfung, ob die Frist des Abs. 2 des § 929 gewahrt ist. Ist dies der Fall, so darf die Eintragung nicht vorgenommen werden; sonst wird das Grundbuch unrichtig (JFG **1** 383). Das Eintragungshindernis fällt fort, wenn die einstweilige Verfügung durch ein vorläufig vollstreckbares Urteil aufgehoben worden ist; die Rechtskraft des Urteils braucht nicht abgewartet zu werden (JFG **1** 386).

---

[1] § 878 BGB ist auch bei Bewilligung einer Vormerkung anwendbar (JFG **4** 336). Andererseits ist die Vormerkung selbst keine Verfügungsbeschränkung im Sinne des § 878 BGB (RG **113** 403).

Form der Eintragungsbewilligung.

§ 48. Übersicht.

Die Eintragungsbewilligung kann nicht in einer bloß privatschriftlichen Urkunde oder zu Protokoll des Urkundsbeamten der Geschäftsstelle abgegeben werden. Sie muß vielmehr im Interesse der Verkehrssicherheit in eine besonders solenne Form gekleidet werden.

Die Bewilligung kann entweder vor dem Grundbuchamt zu Protokoll erklärt werden oder sie wird durch öffentliche[1] [2] oder auch öffentlich beglaubigte Urkunden nachgewiesen. Will also z. B. jemand auf seinem Grundstück eine Hypothek eintragen lassen, so kann er die hierzu erforderliche Eintragungsbewilligung entweder vor dem zuständigen Grundbuchrichter zu Protokoll erklären oder von einem hierfür zuständigen Richter eines Amtsgerichts oder einem beliebigen Notar in einer von diesem aufgenommenen Verhandlung beurkunden lassen, oder er kann sie selbst schreiben und mit seinem Namen unterschreiben, worauf er dann seine Unterschrift von einem für solche Akte zuständigen Amtsrichter, Urkundsbeamten der Geschäftsstelle (Ges. vom 18. März 1914 GS S. 35) oder einem beliebigen Notar beglaubigen läßt. Nachträgliche Berichtigungen einer beglaubigten Urkunde bedürfen einer nochmaligen Beglaubigung.

Auch die Urschrift einer öffentlichen Urkunde ist ein dem § 29 GBO entsprechendes Beweismittel. Wird auf die in den Gerichtsakten befindliche Urschrift einer gerichtlichen Urkunde zwecks Beweises verwiesen, so bedarf sie nicht eines Siegels oder Stempels, um beweiskräftig zu sein (KGJ **40** 207).

Das Protokoll über eine Erklärung, die der im § 29 GBO vorgeschriebenen Form bedarf und vor dem Grundbuchamt abgegeben wird, kann unter den Voraussetzungen zu §§ 2ff., 23b der Entlastungsverfügung (JMBl 1928 S. 140) auch von dem Grundbuchführer als Rechtspfleger aufgenommen werden.

Die Formvorschriften haben keine materiellrechtliche Bedeutung. Sollte der Grundbuchrichter auf Grund einer privatschriftlichen Eintragungsbewilligung eine Eintragung versehentlich veranlaßt haben, so wäre diese nicht unwirksam. Denn das materielle Recht (§§ 873ff. BGB) knüpft die Wirksamkeit der bezüglichen Erklärungen an keine bestimmte Form.

[1] Die Gewerkenbücher einer Gewerkschaft neuen Rechts haben nicht die Eigenschaft öffentlicher Urkunden; durch sie kann daher die Vereinigung aller Kuxe in einer Hand nicht nachgewiesen werden (KGJ **51** 212, 213).

[2] Der Begriff der öffentlichen Urkunde ist auch für das Grundbuchverfahren aus § 415 ZPO zu entnehmen (KGJ **40** 114; **43** 143; **44** 208). Karten und Zeichnungen können öffentliche Urkunden sein. Durch Beifügung zu einer öffentlichen Urkunde und Bezugnahme erlangen sie diese Eigenschaft nicht. Ausgeschlossen ist ihre öffentliche Beglaubigung, da sie keine Erklärungsurkunden sind (KGJ **50** 131).

Der Grundbuchrichter soll aber die Beobachtung der in dem § 29 a. a. O. vorgeschriebenen Formen verlangen, damit die Eintragungen nur auf Grund unverdächtiger und zuverlässiger Erklärungen bewirkt werden. Obwohl also z. B. im § 1154 BGB zur Abtretung einer Briefhypothek außer Übergabe des Hypothekenbriefes nur die privatschriftliche Abtretungserklärung vorgeschrieben ist, muß dennoch zur Umschreibung der abgetretenen Hypothek im Grundbuch die Erklärung des abtretenden Gläubigers in der Form des § 29 BGO abgegeben werden.

Öffentliche oder öffentlich beglaubigte Urkunden über rechtsgeschäftliche Erklärungen von Privatpersonen reichen im Sinne der §§ 22, 29 GBO zum Nachweise der sich aus dem fraglichen Rechtsgeschäft ergebenden Rechtsänderungen aus, sofern nicht aus den besonderen Umständen des Falles Bedenken gegen die Rechtswirksamkeit, insbesondere die Ernstlichkeit der Erklärungen zu entnehmen sind (KGJ **40** 133).

Ist eine öffentliche Urkunde in vorschriftsmäßiger Form hergestellt, so kann das Grundbuchamt, von besonderen Ausnahmefällen abgesehen, nicht den Nachweis verlangen, daß die Aussteller in amtlicher Eigenschaft die Urkunde unterzeichnet haben.

§ 49. a) Eintragungsbewilligung zu Protokoll des Grundbuchrichters.

Werden Erklärungen, die der im § 29 GBO vorgeschriebenen Form bedürfen, vor dem Grundbuchamt abgegeben, so ist das Protokoll nicht etwa von dem Grundbuchführer, sondern von dem Grundbuchrichter bzw. Rechtspfleger (s. oben § 48, Abs. 4) aufzunehmen. Art. 5 AGGBO. Der Grundbuchrichter (Rechtspfleger) hat hierbei die für alle Urkundsbeamten gleichmäßig geltenden Vorschriften zu beachten. Das Nähere siehe im fünften Abschnitt dieser Darstellung.

§ 50. b) Eintragungsbewilligungen in öffentlichen Urkunden.

Als öffentliche Urkunden[1], in denen Eintragungsbewilligungen enthalten sein können, kommen die von den Amtsgerichten und den Notaren aufgenommenen Verhandlungen in erster Linie in Betracht. Art. 31 PrFGG. Wer also eine Eintragungsbewilligung in einer öffentlichen Urkunde abgeben will, hat die Wahl, ob er die Erklärung vor einem Amtsrichter oder einem Notar abgeben will. Der die Erklärung beurkundende Amtsrichter braucht nicht etwa mit dem zuständigen Grundbuchrichter identisch zu sein, und er braucht auch nicht bei demselben Amtsgericht angestellt zu sein, bei dem das Grundbuch geführt wird. Der Umstand, daß ein Amtsgericht als ersuchtes Gericht über eine vor ihm abgegebene Er-

[1] Der Begriff der öffentlichen Urkunden ist auch für den Grundbuchverkehr aus § 415 ZPO zu entnehmen (KGJ **40** 114; **43** 143; **44** 208).

klärung eine Urkunde aufnimmt, entzieht dieser nicht die Eigenschaft einer der Formvorschrift des § 29 GBO entsprechenden öffentlichen Urkunde. OLG München JFG **4** 272. Über die bei den Beurkundungen zu beobachtenden Vorschriften vgl. unten den fünften Abschnitt dieser Darstellung.

Die Beurkundung der Auflassung kann nur vor dem Grundbuchamt, nicht vor anderen Behörden oder Beamten zu Protokoll erklärt werden; wegen der Sonderstellung der im bisherigen Geltungsbereich des rheinischen Rechts liegenden Grundstücke vgl. unten § 68.

Nach dem Gesetz vom 13. Mai 1918 (GS S. 51) ist die Befugnis zur Beurkundung der Auflassung allen Amtsgerichten und Notaren verliehen worden; das Gesetz soll zwei Jahre nach Beendigung des Krieges außer Kraft treten. Der Zeitpunkt der Kriegsbeendigung wird durch Vdg des Staatsministeriums bestimmt. Es kann jedoch angenommen werden, daß die bestehende Regelung beibehalten wird.

Außer den Amtsgerichten und den Notaren sind noch andere Behörden oder mit öffentlichem Glauben versehene Personen unter gewissen Einschränkungen zur Beurkundung der eingangs bezeichneten Erklärungen zuständig; vgl. Art. 32 PrFGG und Schlegelberger Bd. II S. 914.

1. Die Konsuln des Deutschen Reichs, und zwar die Berufs- und die Wahlkonsuln, können innerhalb ihres Amtsbezirks die auf das Grundbuch bezüglichen Erklärungen Reichsangehöriger wirksam beurkunden; sie müssen aber bei Aufnahme der Urkunden zwei Zeugen zuziehen, in deren Gegenwart die Verhandlung vorzulesen und von den Beteiligten durch Unterschrift oder im Falle der Schreibensunerfahrenheit durch Handzeichen zu vollziehen ist. Die Befolgung dieser Vorschriften muß aus der Urkunde hervorgehen, widrigenfalls diese nicht die Kraft einer Notariatsurkunde hat. Die Urkunde muß auch mit der Unterschrift und dem Siegel des Konsuls versehen werden. §§ 16, 17 Ges. vom 8. November 1867 (Bundesgesetzblatt des Norddeutschen Bundes S. 137). Die zur Ausübung der Konsulargerichtsbarkeit befugten Konsuln sind nach § 7 Abs. 2 des Konsulargerichtsbarkeitsgesetzes vom 7. April 1900 (RGBl S. 213) allgemein für die den Amtsgerichten übertragenen Angelegenheiten der freiwilligen Gerichtsbarkeit für zuständig erklärt. Sie können daher die für das Grundbuch erforderlichen Bewilligungen beurkunden.

Zur Beurkundung einer einseitigen Erklärung eines Ausländers, die nur einem Deutschen gegenüber abzugeben ist, oder zur Beglaubigung der Unterschrift einer solchen Erklärung ist der deutsche Konsul nicht zuständig (KGJ **44** 6). Hierfür sind vielmehr die ausländischen Ortsbehörden oder die fremden Konsuln zuständig, die nach den in ihren Gesetzen als zwingend vorgeschriebenen Formen verfahren müssen; die Unterschrift der ausländischen Behörde oder des fremden Konsuls muß dann von dem deutschen Konsul oder Gesandten legalisiert werden. § 14 Ges. vom 8. November 1867; § 2 Reichsges. vom 1. Mai 1878 (RGBl S. 89) und Schlegelberger Bd. II S. 919). Die Legalisation bezweckt die Feststellung, daß gegen die Echtheit der Unterschrift des ausstellenden Beamten und seine Befugnis zur Beurkundung keine Bedenken vorliegen (KGJ 21 A 102); dagegen gibt die Legalisierung keine Gewähr für die Formrichtigkeit, z. B. des Beglaubigungsvermerks oder der Beurkundung. Der Legalisationsvermerk wird unmittelbar unter die zu beglaubigende Unterschrift gesetzt und enthält den Ort und das Datum sowie die Firma und das Siegel des Konsuls. Einer Zuziehung von Zeugen bedarf es hierbei nicht, falls der Konsul mit Gerichtsbarkeit ausgestattet ist. Allgem. Dienstinstr. f. d. Konsuln d. Deutschen Reichs vom 6. Juni 1871 zu § 14 Ges. vom 8. November 1867. Eine so legalisierte Urkunde muß dem Grundbuchrichter genügen; jedoch ist die Legalisation nicht unbedingt erforderlich, vielmehr kann sich der Grundbuchrichter auch auf andere Weise, z. B. durch amtliche Auskünfte der Konsuln über die Zuständigkeit der ausländischen Behörden Gewißheit verschaffen (KGJ 21 A 5); er kann auch verlangen, daß die Beteiligten die erforderlichen Bescheinigungen beibringen. Dagegen nimmt das Kammergericht an, daß der Grundbuchrichter sich auch über ausländisches Recht, soweit er dazu in der Lage ist (äußersten Falls im Wege der Berichterstattung an den Justizminister), selbst Kenntnis verschaffen müsse, so z. B. zwecks Prüfung der Formgültigkeit einer von einem ausländischen Notar vollzogenen Beglaubigung (KGJ 27 A 250).

2. Zur Beurkundung von Eintragungsbewilligungen sind ferner zuständig: die Kommissare der Auseinandersetzungsbehörden § 55 Vdg. vom 20. Juni 1817, GS S. 161; die Auflösungsbehörden (s. unten § 172); die Landschaftssyndiken für Beurkundungen innerhalb des Geschäftskreises der Landschaft, Art. 21 AGGBO und § 14 des im folgenden § 51 Abs. 4 zitierten Gesetzes vom 20. August 1906 (GS S. 389); für den Umfang der Befugnisse der Landschaftssyndici zur Aufnahme von Urkunden der freiwilligen Gerichtsbarkeit sind maßgebend die bestätigten Satzungen der landschaftlichen Kreditverbände (KGJ 25 A 93). Nach dem Industriebelastungsgesetz vom 30. August 1924 (RGBl II S. 257) in Verb. mit § 21 Abs. 2 der ersten Durchführungsbestimmungen vom 28. Oktober 1924 (RGBl II S. 421) haben die von der Urkundsperson der Bank für deutsche Industrieobligationen in Angelegenheiten der Bank aufgenommenen Urkunden die gleiche Wirkung, als wenn sie von einem Gericht oder Notar aufgenommen wären. Die Urkundsperson ist auch berechtigt, in Angelegenheiten der Bank Unterschriften zu beglaubigen. Sie führt ein amtliches Siegel.

§ 51. c) Eintragungsbewilligungen in öffentlich beglaubigten Urkunden.

Eine Erklärung, für die öffentliche Beglaubigung vorgeschrieben ist, muß nach § 129 BGB schriftlich abgefaßt und der Unterschrift nach von der zuständigen Behörde oder einem zuständigen Beamten oder Notar beglaubigt werden. Wird die Erklärung von dem Aussteller mittels Handzeichens unterzeichnet, so ist die Beglaubigung des Handzeichens erforderlich und genügend. In der Beglaubigung von Unterschriften liegt nicht die Beurkundung eines Rechtsgeschäfts (KGJ **20** A 185). Daher finden die §§ 168ff. FGG bei Beglaubigungen keine Anwendung[1].

Für die Beglaubigung der Unterschriften und Handzeichen sind die Amtsgerichte und die Notare zuständig, für die Beglaubigung einer Unterschrift in Preußen und dem preußischen Gebietsteil Pyrmont auch der Urkundsbeamte der Geschäftsstelle (auch Justizsekretäre); siehe Art. 60 PrFGG, ferner Ges. vom 18. März 1914, GS S. 35, AV vom 31. März 1914, JMBl S. 475, vom 11. April und 10. Juli 1922, JMBl S. 126 und 257[2]. Die Beglaubigungsbefugnis haben ferner für gewisse Fälle die Kommissare der Auseinandersetzungsbehörden, die Landschaftssyndiken sowie die Konsuln (vgl. oben § 50).

Die Konsuln müssen bei der Beglaubigung eine besondere Urkunde über die Anerkennung der vollzogenen Unterschrift unter Zuziehung von zwei Zeugen aufnehmen (§§ 16, 17 Ges. vom 6. November 1867); sind die Konsuln aber zur Ausübung der Gerichtsbarkeit befugt, so können sie die Beglaubigung durch einen einfachen mit Datum, Unterschrift und Siegel oder Stempel versehenen Vermerk bewirken. Zur Beglaubigung der Unterschrift eines Ausländers unter einer einseitigen Erklärung, die nur gegenüber einem Deutschen abgegeben wird, ist ein Reichskonsul auf Grund des § 16 a. a. O. nicht zuständig (KGJ **44** 6).

Über die Beglaubigungsbefugnis der Landschaftssyndici vgl. KGJ **25** A 93; **53** 199, ferner § 14 des Gesetzes betr. die Zulassung einer Verschuldungsgrenze für land- und forstwirtschaftlich genutzte Grundstücke vom 20. August 1906 (GS S. 389) und Schlußsatz der AV vom 16. August 1913 (JMBl S. 315)[3].

Ferner können Unterschriften (nicht auch Handzeichen) von Personen, die in ihrem Amtsbezirk wohnen oder sich dort gewöhnlich aufhalten, mit Wirksamkeit für den Grundbuchverkehr beglaubigen: Die aus dem Ortsgerichtsvorsteher und drei Gerichtsmännern bestehenden Ortsgerichte in den Hohenzollernschen Landen, in den vormals Großherzoglich Hessischen Gebietsteilen, in dem vormals Landgräflich Hessischen Amtsbezirk Homburg, in dem vormaligen Herzogtum Nassau, in dem Gebiet der vormals

[1] Hieraus folgt z. B., daß sich die Ausschließung der Urkundspersonen nicht nach § 170f., sondern nach § 6 FGG richtet.

[2] Art. I § 2 des Gesetzes über die Zuständigkeit der rheinischen Notare vom 2. Januar 1924 (GS S. 5), abgeändert durch Gesetz vom 13. Dezember 1926 (GS S. 319), schließt die Zuständigkeit der Amtsgerichte für die öffentliche Beglaubigung von Unterschriften und Handzeichen im früheren Geltungsbereich des rheinischen Rechts aus. Das Gesetz bleibt in Kraft bis 31. Dezember 1929.

[3] Siehe auch S. 103 über die Urkundsbeamten der Reichsbank.

freien Stadt Frankfurt, in den vormals Kurhessischen Teilen des Oberlandesgerichtsbezirks Frankfurt und für den Bezirk des vormaligen Justizsenats in Ehrenbreitstein. Die Zuständigkeit der Ortsgerichte erstreckt sich aber nicht auf Orte, die Sitz eines Amtsgerichts sind. Verordnung vom 20. Dezember 1899 (GS S. 640); Art. 115 Abs. 1 PrFGG; § 89 AV vom 28. Dezember 1899 (JMBl S. 889); zu vgl. GütheAnm. 107 zu § 29 GBO.

In Neuvorpommern und Rügen sind auf dem Lande die zur Führung eines Amtssiegels befugten öffentlichen Beamten, die von dem Oberlandesgericht Stettin beauftragt sind, zuständig zur Beglaubigung von Unterschriften behufs Eintragungen und Löschungen im Grundbuch. § 28 Nr. 4 Ges. vom 26. Mai 1873 (GS S. 229), aufrechterhalten durch Art. 33 Nr. 3 AGGBO.

Die Beglaubigung einer Unterschrift darf nur erfolgen, wenn die Unterschrift in Gegenwart der Urkundsperson vollzogen oder anerkannt wird; die Urkundsperson muß also mit dem Unterzeichner stets persönlich verhandeln und kann nicht ohne weiteres eine ihr als echt erscheinende Unterschrift beglaubigen. Sie muß sich auch von der Identität des Erschienenen mit dem in der Unterschrift Bezeichneten Gewißheit verschaffen, da ja bei Nichtprüfung der Identität der Beglaubigungsvermerk sinnlos ist und die Tatsache der Beglaubigung zugleich die Beurkundung enthält, daß die Identität geprüft ist.

Die Beglaubigung erfolgt durch einen unter die Unterschrift zu setzenden Vermerk. Dieser Vermerk muß die Bezeichnung desjenigen, der die Unterschrift vollzogen oder anerkannt hat, enthalten, den Ort und den Tag der Ausstellung angeben sowie mit Unterschrift und Siegel oder Stempel[1] versehen sein. Diese Vorschriften finden auf die gerichtliche oder notarielle Beglaubigung eines Handzeichens entsprechende Anwendung. § 183 FGG. Der Beglaubigungsvermerk lautet also z. B.:

Die vorstehende Unterschrift des Kaufmann Richard Schwarz in Lobau wird hiermit beglaubigt.

Lobau, den 26. Januar 1928, Amtsgericht.

(Siegel oder Stempel des Amtsgerichts.) Müller.

In dem Vermerk braucht nicht gesagt zu werden, daß die Beglaubigung auf Grund der in Gegenwart des Richters erfolgten Vollziehung oder Anerkennung der Unterschrift erfolgt (KGJ **20** A 133). Bei Änderungen der Urkunde muß die Änderung besonders vom Aussteller unterschrieben und diese Unterschrift nochmals beglaubigt werden (KGJ **22** A 127; **29** A 116; **35** 227).

Ein besonderes Protokoll über die Beglaubigung einer Unterschrift braucht nicht aufgenommen zu werden[2], doch ist eine sog. Registratur üblich.

[1] Zu beachten ist, daß hier statt eines Siegels auch ein Stempel genügt. KGJ **20** A 17.

[2] Wegen der für die Konsuln bestehenden Abweichung vgl. oben Abs. 3.

Werden von der Urkundsperson Wahrnehmungen gemacht, die geeignet sind, Zweifel an der unbeschränkten Geschäftsfähigkeit der Person zu begründen, deren Unterschrift oder Handzeichen beglaubigt werden soll, so soll dies in dem Beglaubigungsvermerk festgestellt werden, Art. 60 PrFGG. So kann z. B. in dem Vermerk angeführt werden, daß die Unterschrift einer Person beglaubigt ist, die sich in einer Irrenanstalt befindet (KGJ **20** A 277). Die Geschäftsfähigkeit des Unterschreibenden hat die Urkundsperson nicht zu bescheinigen.

Auch die Firma des Kaufmanns gilt im Handelsverkehr als Name und kann beglaubigt werden.

Ebenso genügt es im Grundbuchverkehr, wenn die zu einer Eintragung erforderliche Erklärung einer offenen Handelsgesellschaft von einem vertretungsberechtigten Gesellschafter mit der Firma der Gesellschaft gezeichnet und diese Zeichnung als von jenem Gesellschafter herrührend öffentlich beglaubigt ist; der bürgerliche Name des Gesellschafters kann nicht noch außerdem gefordert werden (KGJ **21** A 103). Es würde übrigens auch genügen, wenn die Urkunde nur mit dem bürgerlichen Namen des Gesellschafters vollzogen und beglaubigt würde.

Die Unterschriften tauber, blinder, stummer und der deutschen Sprache nicht mächtiger Personen werden ohne Beobachtung besonderer Formen beglaubigt; der Vermerk erhält keinen Zusatz. Auch die Unterschrift eines beschränkt Geschäftsfähigen, z. B. eines Minderjährigen, kann beglaubigt werden. Die Unterschrift unter einen leeren Raum kann nicht beglaubigt werden[1]. Auch ist es unzulässig, der als unvollständig zurückgewiesenen beglaubigten Bewilligungsurkunde durch eine nachträgliche Einschaltung einen anderen Inhalt zu geben, ohne zugleich diese Einschaltung besonders zu beglaubigen (KGJ **22** A 125; **29** A 116; **35** A 227); vgl. oben Absatz 9.

Bei der Beglaubigung darf die Urkundsperson ohne Zustimmung der Beteiligten von dem Inhalt der Urkunde nicht Kenntnis nehmen (Art. 60 PrFGG). Ist ihr die Kenntnisnahme gestattet worden, so ist bei offenbarer Strafbarkeit oder Ungültigkeit des Inhalts der Urkunde die Beglaubigung abzulehnen (RG **87** 232).

Eine beglaubigte Erklärung gilt erst in dem Zeitpunkt als abgegeben, in dem die Beglaubigung erfolgt, nicht schon, in dem die Unterschrift geleistet ist. Der Grundbuchrichter hat daher die Legitimation und Berechtigung des Erklärenden für den Zeitpunkt der erfolgten Beglaubigung ebenso wie für den etwa abweichenden Zeitpunkt der Unterschriftsvollziehung nachzuprüfen (KGJ **21** A 276).

---

[1] Über die Streitfrage, ob die Beglaubigung einer Unterschrift unter einer Blankozession zulässig ist, vgl. Güthe Anm. 115 zu § 29 GBO; Schlegelberger Anm. 9 zu § 183 FGG.

§ 52. d) Eintragungsbewilligungen in Urkunden öffentlicher Behörden.

Der Begriff der öffentlichen Urkunde ist auch für das Grundbuchverfahren aus § 415 Abs. 1 ZPO zu entnehmen (KGJ **40** 114; **43** 143; **44** 208).

Eintragungsbewilligungen öffentlicher Behörden sind ordnungsgemäß zu unterschreiben und mit Siegel oder Stempel zu versehen. Art. 9 AGGBO[1]. Eine ordnungsmäßige Unterschrift liegt vor, wenn sie von den Beamten geleistet ist, die zur Vertretung der Behörde oder zur Vollziehung der Urkunden befugt sind. Eine Beglaubigung ihrer Unterschriften ist nicht erforderlich[2]. Es braucht auch nicht etwa durch Bescheinigungen von Aufsichtsbehörden nachgewiesen zu werden, daß die Urkunden von den Unterzeichnern in ihrer amtlichen Eigenschaft unterschrieben sind, und daß das Siegel oder der Stempel echt ist; hierfür spricht die Vermutung. JFG **4** 255. Vgl. § 437 ZPO. Nur wenn im Einzelfalle begründete Zweifel vorliegen, kann der Grundbuchrichter die Echtheit der Unterschriften anzweifeln und einen solchen Nachweis verlangen (KGJ **21** A 101)[3].

Dagegen kann der Grundbuchrichter stets die Klarlegung der Organisation der Behörde verlangen, wenn diese nicht ohne weiteres aus dem Gesetz folgt; so kann er z. B. die Statuten einer Sparkasse zur Einsicht verlangen, um festzustellen, ob die Unterzeichner innerhalb ihrer Zuständigkeit und unter Beobachtung der etwa für ihre Willenserklärungen vorgeschriebenen Form gehandelt haben (KGJ **21** A 101).

Über den Begriff der öffentlichen Behörde siehe KGJ **26** A 87; **29** A 112; **40** 217; JFG **4** 262 und Güthe S. 886 und 1733. Für den Grundbuchverkehr sind folgende Beispiele von besonderer Bedeutung:

Der Bischof, das Bischöfliche Generalvikariatsamt, die Domkapitel, der Evangelische Oberkirchenrat sind öffentliche Behörden, ebenso der Verbandsvorsteher eines gemäß Ges. vom 19. Juli 1911 gebildeten Zweckverbandes (RG vom 17. Februar 1927, HRR S. 618); die Industrie- und

---

[1] Unter Art. 9 fallen nicht nur solche urkundlichen Erklärungen einer Behörde, die sich als zur Eintragung erforderliche Erklärungen eines Beteiligten im Sinne des § 29 Satz 1 GBO darstellen, sondern auch alle sonstigen Erklärungen rechtsgeschäftlicher oder tatsächlicher Art, so z. B. auch die Bescheinigung der Hinterlegungsstelle über eine erfolgte Hinterlegung. Art. 9 ist aber eine bloße Ordnungsvorschrift. Die Erklärung der Behörde ist auch ohne Untersieglung eine öffentliche Urkunde. Hat das Grundbuchamt deshalb auf Grund einer solchen nicht untersiegelten Erklärung eine Eintragung vorgenommen, so ist dadurch das Grundbuch nicht unrichtig geworden (KGJ **43** 144).

[2] Diese Erleichterung gilt gemäß der Ausnahmebestimmung des § 6 des Gesetzes vom 1. März 1922 (RGBl S. 228) auch für Erklärungen der Treuhandstelle der Posener Landschaft.

[3] Anderes gilt für ausländische Urkunden, vgl. oben § 50.

Handelskammern (KGJ **40** 217), die Apotheker-, Ärzte-, Zahnärzte-, und Tierärztekammern[1] haben die Eigenschaft öffentlicher Behörden, ferner die Klosterkammer in Hannover, die den mit juristischer Persönlichkeit ausgestatteten „Allgemeinen Hannoverschen Klosterfonds" verwaltet, ferner die Direktion der Preuß. Zentral-Genossenschaftskasse in Berlin (Gutachten des KG vom 31. Oktober 1904, JMBl S. 316; s. auch Gesetz vom 12. Dezember 1927, GS S. 203), das Berliner Pfandamt (KGJ **29** A 112), die Landschaftsdirektionen KGJ **25** A 93, **53** 199[2]; die Generallandschaftsdirektion (KG vom 4. November 1926, HRR 1927, S. 130), die Bergwerksverwaltung, Sparkassen[3] (KGJ **42** 1, s. unten § 146), der Landrat und zwar auch als Vorsitzender des Kreisausschusses KG in OLG **45** 93; die Reichsversicherungsanstalt (§ 94 des Versicherungsgesetzes für Angestellte in der Fassung der Bekanntmachung vom 28. Mai 1924, RGBl I S. 563).

Der Verbandsvorsteher eines zu einem kommunalen Bankbetriebe von mehreren Kreisen gegründeten Zweckverbandes ist öffentliche Behörde (JFG **4** 262). Der Vorstand einer rechtsfähigen Stiftung ist nur dann öffentliche Behörde, wenn eine öffentlich-rechtliche Stiftung vorliegt oder wenn die Verwaltung einer privatrechtlichen Stiftung von einer öffentlichen Behörde geführt wird. Das Kuratorium einer privatrechtlichen Stiftung, das aus Mitgliedern des Magistrats oder aus stimmfähigen Bürgern einer Stadtgemeinde besteht, ist regelmäßig keine Deputation im Sinne des § 59 der Pr. Städte-O. vom 30. Mai 1853 und somit keine öffentliche Behörde (KGJ **35** A 217). Die Reichsbankstellen — nicht auch die Nebenstellen — waren stets als öffentliche Behörden in Ansehung des Grundbuchverkehrs anerkannt (KGJ **39** A 149). Dies ist auch gegenüber der Neuregelung der Reichsbank durch das Bankgesetz vom 30. August 1924 (RGBl II/S. 235) anzunehmen (RFH vom 31. Mai 1927, JW S. 2165). Die von dem Reichsbankdirektorium und von den Vorständen der Reichsbankhauptstellen und der Reichsbankstellen in Angelegenheiten der Reichsbank in der Form des Art. 9 AGGBO abgegebenen Erklärungen sind öffentliche Urkunden (JFG **4** 255, JMBl 1926 S. 187). Nach § 8 des Bankgesetzes vom 30. August 1924 (RGBl II S. 235) können bei der Reichsbank und ihren Zweiganstalten vom Präsidenten des Reichsbankdirektoriums Urkundsbeamte bestellt werden, welche die Fähigkeit zur Bekleidung des Richteramts besitzen müssen; sie führen ein amtliches Siegel.

---

[1] S. die Ges. vom 30. Januar 1926 (GS S. 353), vom 17. und 21. April 1923 (GS S. 111, 123) und vom 13. April 1928 (GS S. 57).

[2] Bez. der Stadtschaften s. Gesetz vom 8. Juni 1918 (GS S. 97).

[3] Eine von dem Oberpostdirektionspräsidenten als Vorsitzenden des Vorstandes eines Post-, Spar- und Darlehnsvereins namens des Vereins unterschriebene und mit dem Siegel oder Stempel der Oberpostdirektion versehene Urkunde ist eine öffentliche Urkunde im Sinne der GBO (KGJ **40** 114).

Die von ihnen in Angelegenheiten der Reichsbank aufgenommenen Urkunden haben die Wirkung gerichtlicher oder notarieller Urkunden. Die Urkundsbeamten sind berechtigt, in Angelegenheiten der Reichsbank Unterschriften zu beglaubigen.

3. Das Urteil.

§ 53.

Die rechtskräftige Verurteilung[1] ersetzt die Eintragungsbewilligung und die Einigungserklärung[2]. § 894 Abs. 1 ZPO. Sie gilt also insbesondere auch als in der vorgeschriebenen Form und vor dem Grundbuchamt abgegeben (RG **76** 409). Jedoch enthebt das erwirkte Urteil den Grundbuchrichter nicht der Pflicht, nachzuprüfen, ob die Willenserklärung von dem betroffenen Berechtigten abgegeben ist (KGJ **51** 194).

Beispiel:

1. Hat sich der Kaufmann Lorenz verpflichtet, sein Grundstück, eingetragen im Grundbuch von Lobau Bd. VII Bl. Nr. 253, an den Rentner Peters aufzulassen, kommt er aber dieser Verpflichtung nicht nach, so wird er auf die Klage Peters verurteilt, zu erklären, daß er mit der Übertragung des Eigentums des Grundstücks an Peters einverstanden ist, und darin zu willigen, daß dieser als Eigentümer von Lobau Bd. II Bl. Nr. 253 in das Grundbuch eingetragen werde. Peters legt dann das mit Rechtskraftbescheinigung versehene Urteil dem Grundbuchrichter Schmidt in Lobau vor und beantragt gleichzeitig, ihn auf Grund des Urteils als Eigentümer in das Grundbuch einzutragen. Er muß aber vor dem Grundbuchrichter bzw. Amtsgericht oder Notar (vgl. Gesetz vom 13. Mai 1918, Ges.S. S. 51) erscheinen; es würde nicht genügen, wenn er das Urteil mit einem notariell beurkundeten oder beglaubigten Antrag auf Eintragung seines Eigentums einreichte. Auf diese Weise ist die Auflassung ebenso vollzogen, als wenn Lorenz die bezügliche Erklärung vor dem Grundbuchrichter abgegeben hätte (KGJ **26** A 260; **31** A 253; **44** 223; RG **76** 409). Es wird demnach auch in Sp. 3 der Abt. I, wie gewöhnlich, eingetragen:

Aufgelassen am 24. April 1928 und eingetragen am 25. April 1928.

2. Hat sich der Mühlenbesitzer Michael verpflichtet, auf seinem Grundstück, eingetragen im Grundbuch von Lobau Bd. I Bl. Nr. 24, für den Landwirt Max Stabe eine Darlehnshypothek von 10000 RM. eintragen zu lassen, und ist er infolge seiner unbegründeten Weigerung, eine bezügliche Eintragungsbewilligung zu erteilen, rechtskräftig verurteilt, darin zu willigen, daß die 10000 RM. für Stabe auf Lobau Bd. I Bl. Nr. 24 eingetragen werden, so genügt es, wenn Stabe unter Überreichung einer Ausfertigung des rechtskräftigen Urteils beim Grundbuchamt in Lobau den privatschriftlichen Antrag stellt, die 10000 RM. für ihn im Grundbuch einzutragen.

Die Urteilsformel muß natürlich stets die Willenserklärung des Verpflichteten deutlich erkennen lassen. Zur Klarstellung des Sinnes

[1] Urteile, die rechtsgestaltend wirken, sind für den Richter der freiwilligen Gerichtsbarkeit maßgebend. Die Wirkung der Rechtskraft eines Urteils beschränkt sich auch im Verfahren der freiwilligen Gerichtsbarkeit auf den im § 325 ff. ZPO bestimmten Personenkreis (KGJ **51** 6 f.).

[2] Daneben bedarf es der sonst erforderlichen Genehmigung des Vormundschaftsgerichts (Gegenvormunds) nicht (KGJ **31** A 293).

einer Urteilsformel kann aber unbedenklich auf die Urteilsgründe zurückgegangen werden (KGJ **23** A 158; **28** A 133). Der Grundbuchrichter muß sorgfältig prüfen, ob die Erklärung, zu deren Abgabe der Verpflichtete verurteilt ist, sich auch wirklich als ein ausreichender Ersatz der Eintragungsbewilligung oder der Einigungserklärung darstellt[1]. So genügt es z. B. zur Auflassung nicht, wenn dem Kläger lediglich das Eigentum zugesprochen und der Beklagte zur Anerkennung des Eigentums des Klägers verurteilt ist. Ferner muß das Urteil das zwischen mehreren Erwerbern zu begründende Miteigentumsverhältnis bestimmt bezeichnen (RG **76** 409; § 48 GBO). Ebenso muß die Urteilsformel im Beispiel 2 außer dem Grundstück Lobau Bd. I Bl. Nr. 24 auch die nach § 1115 BGB für den Eintragungsvermerk erforderlichen Angaben über den Gläubiger, Geldbetrag, Zinssatz usw. enthalten. Ist, wie im Beispiel 2, der Eigentümer schlechthin zur Eintragung einer Hypothek verurteilt, so kann der Gläubiger nur die Eintragung einer Briefhypothek (nicht auch einer Buchhypothek) verlangen, und der Hypothekenbrief ist nicht ihm, sondern dem Eigentümer auszuhändigen, es sei denn, daß dessen Zustimmung zur Aushändigung an den Gläubiger beigebracht oder gemäß § 894 ZPO ersetzt wird (KGJ **21** A 171). Lautet das Urteil auf Umschreibung einer Sicherungshypothek auf den Eigentümer, so bleibt die Hypothek Buchhypothek (KGJ **34** A 340).

Ist in dem rechtskräftigen Urteil eine Willenserklärung von einer Gegenleistung abhängig gemacht, so muß der Grundbuchrichter die Vorlegung einer vollstreckbaren Ausfertigung des Urteils verlangen. § 894 Abs. 1 ZPO[2].

Lautet die Verurteilung nicht auf Auflassung an den Gläubiger, sondern an einen Dritten, so hat der Gläubiger das rechtskräftige Urteil nicht nur dem Grundbuchamt vorzulegen, sondern auch dem Dritten mitzuteilen, und der Dritte muß zusammen mit dem Gläubiger die Einigungserklärung vor dem Grundbuchrichter abgeben (KGJ **44** 221).

§ 894 kommt nicht zur Anwendung, wenn der Schuldner alternativ zur Abgabe einer Willenserklärung *oder* zu einer Leistung verurteilt ist (RG **53** 80; KGJ **30** A 254).

Urteile, die nicht rechtskräftig, sondern nur für *vorläufig vollstreckbar* erklärt sind, können nicht zu einer endgültigen Grundbuchein-

[1] Ist gegen einen in Gütergemeinschaft lebenden Ehemann in seiner Eigenschaft als Vertreter des Gesamtguts ein Urteil auf Auflassung eines zum Gesamtgut gehörigen Grundstücks ergangen, so ersetzt, sobald die Willenserklärung des Schuldners nach § 894 ZPO als abgegeben gilt, diese auch die Zustimmung der Frau. KGJ **26** A 260; § 740 ZPO (str.).

[2] Ist der Gläubiger einer im Wege der konkursrechtlichen Anfechtung angefochtenen Hypothek zur Abgabe der Bewilligung der Löschung der Hypothek verurteilt, so kann auf Grund des Urteils weder die Umschreibung der Hypothek auf den Gemeinschuldner noch die Umschreibung auf einen Dritten, sondern nur Löschung der Hypothek verlangt werden (KGJ **39** A 226).

tragung, sondern nur zur Eintragung einer Vormerkung oder eines Widerspruchs führen. § 895 ZPO.

Beispiele:

1. Wären die in obigen Beispielen erwähnten Urteile nur für vorläufig vollstreckbar erklärt worden, so könnte Peters nur eine Vormerkung zur Erhaltung des Rechts auf Auflassung in der zweiten Abteilung des Grundbuchs, und Stabe nur eine Vormerkung zur Erhaltung des Rechts auf Eintragung einer Darlehnshypothek von 10000 RM. in der dritten Abteilung des Grundbuchs eintragen lassen.

2. Der Agent Cohn hat die für ihn im Grundbuch von Lobau Bd. II Bl. Nr. 112 eingetragene Hypothek vom Eigentümer gezahlt erhalten und ist, da er sich weigert, in die Löschung der 10000 RM. zu willigen, auf die Klage des Eigentümers durch vorläufig vollstreckbares Erkenntnis zur Bewilligung der Löschung verurteilt worden. Der Eigentümer kann nun, um weitere Verfügungen Cohns über die ihm, dem Eigentümer, gemäß § 1143 BGB zustehende Hypothekenforderung zu verhindern, auf Grund des Urteils einen Widerspruch gegen weitere Verfügungen Cohns in Spalte Veränderungen der Abt. III zu Nr. 9 im Grundbuch eintragen lassen.

Zu beachten ist, daß das dem Grundrichter mit dem Antrag auf Eintragung der Vormerkung oder des Widerspruchs vorzulegende Urteil mit der Vollstreckungsklausel versehen sein muß (vgl. KGJ **51** 194).

Wird das vorläufig vollstreckbare Urteil später durch eine vollstreckbare Entscheidung wieder aufgehoben, so können die von der Eintragung der Vormerkung oder des Widerspruchs Betroffenen die Löschung der Vormerkung oder des Widerspruchs unter Vorlegung der vollstreckbaren Entscheidung beantragen, ohne daß es der Bewilligung der Berechtigten bedarf. § 25 GBO.

Die sich bei der Eintragung auf Grund von Urteilen in dem Falle ergebenden Schwierigkeiten, daß der Verurteilte nicht als der Berechtigte im Grundbuch eingetragen ist, sind gemäß §§ 896, 792 ZPO und § 14 GBO zu beseitigen (vgl. oben § 34).

4. Nachweis anderer Voraussetzungen der Eintragung.

§ 54.

Nach § 29 GBO bedürfen die außer den Eintragungsbewilligungen und den sonstigen zur Eintragung erforderlichen Erklärungen in Betracht kommenden Voraussetzungen der Eintragung des Nachweises durch öffentliche Urkunden. Öffentliche Urkunden sind solche, die von einer öffentlichen Behörde innerhalb der Grenzen ihrer Amtsbefugnisse oder von einer mit öffentlichem Glauben versehenen Person innerhalb des ihr zugewiesenen Geschäftskreises in der vorgeschriebenen Form aufgenommen sind (**KGJ 25** A 123; **27** A 108; **33** A 190; **40** 114; **43** 143; **44** 208). Hierher gehören z. B. Auflassungsvollmachten, die von einer öffentlichen Behörde in eigener Angelegenheit in der vorgeschriebenen Form ausgestellt sind, Bestallungen, zu gerichtlichem oder notariellem Protokoll erklärte Testamente,

Erbscheine, Genehmigungen des Vormundschaftsgerichts, Beglaubigungsvermerke usw. Auch die Geschäftsfähigkeit (Verfügungsbefugnis) des Bewilligenden ist bei begründeten Zweifeln dem Grundbuchrichter durch öffentliche Urkunden nachzuweisen. Ergeben sich weder aus dem Grundbuch noch aus den zur Eintragung erforderlichen Urkunden Bedenken, so ist in dieser Beziehung der Grundbuchrichter zu weiteren Ermittlungen nicht verpflichtet.

Durch diese Vorschriften[1] soll dem Grundbuchamt eine zuverlässige Grundlage für die Prüfung der Voraussetzungen einer Eintragung verschafft werden. Die öffentliche Urkunde liefert Urkundenbeweis für den beurkundeten Vorgang einschließlich aller einzelner bei dem Vorgang hervorgetretener Tatumstände; ist daher die in einem notariellen Protokoll als Witwe Bezeichnete im Grundbuch als Ehefrau eingetragen, so darf das Grundbuchamt zum Nachweis ihrer Verfügungsbefugnis nicht noch eine Sterbeurkunde ihres Mannes verlangen (KGJ **44** 208; **52** 110).

Der Grundbuchrichter ist in den Sachen, in denen er auf Antrag tätig wird, zu einer Beweisaufnahme oder auch nur zur Anstellung eigener Ermittlungen nicht verpflichtet[2] [3]. Er kann erwarten, daß mit den Anträgen gleichzeitig die erforderlichen Beweisstücke in urkundlicher Form beigebracht werden. § 12 FGG findet auf den Grundbuchrichter auch nicht entsprechend Anwendung (KGJ **20** A 277; **27** A 110[4]. Dagegen nimmt das Kammergericht in einer späteren Entscheidung an, daß der Grundbuchrichter sich Kenntnis des ausländischen Rechts, soweit er dazu in der Lage ist, selbst verschaffen muß, äußerstenfalls im Wege der Berichterstattung an den Justizminister zwecks Heranziehung einer gutachtlichen Äußerung darüber, ob die vorgelegte Urkunde den ausländischen Gesetzen entspricht, durch Vermittlung der deutschen Vertretung im Ausland (KGJ **27** A 250). Es lehnt also eine entsprechende Anwendung des § 293 ZPO ab.

Die Vorlegung einer beglaubigten Abschrift der betreffenden Urkunde ist nicht ausgeschlossen, soweit es sich nur um die Feststellung des Inhalts der Urkunde handelt. Soll aber die Urkunde zur Legitimation dienen, so daß es auf ihren Besitz in einem bestimmten Zeitpunkt ankommt, so muß sie in Urschrift oder in einer diese ersetzenden Ausfertigung vorgelegt

---

[1] Vgl. auch den fünften Abschnitt dieses Buches.

[2] Anders im Anlegungsverfahren (vgl. oben § 23).

[3] Der Grundbuchrichter kann die beantragte Eintragung des Grundstückerwerbers als Eigentümer nicht um deswillen ablehnen, weil ihm eine formlose Mitteilung der Auflassungsbeteiligten über die Aufhebung der Auflassung vorliegt. Die Aufhebung muß vielmehr durch öffentliche oder öffentlich beglaubigte Urkunden nachgewiesen werden (JFG **1** 288, OLG Karlsruhe).

[4] Etwas anderes gilt jedoch, wenn der Grundbuchrichter von Amts wegen ein Verfahren zu betreiben hat. In diesem Falle liegt es ihm ob, die etwa erforderlichen Aufklärungen und Feststellungen von sich aus vorzunehmen (KGJ **38** A 291; **48** 194).

werden; dies trifft z. B. zu, wenn der Vormund oder Beistand sich über diese ihre Eigenschaft zur Zeit der Abgabe einer Erklärung auszuweisen haben. Dieser Nachweis, daß sich der Vormund oder Beistand damals im Besitz der Bestallung befunden haben, kann auch durch die Bescheinigung eines Amtsgerichts oder Notars erfolgen, die der Formvorschrift des Art. 54 PrFGG entspricht. So kann z. B. der Notar in dem Vermerk, in dem er die Unterschrift des Vormundes oder Beistandes unter der bezüglichen Erklärung beglaubigt, bescheinigen, daß der Vormund oder Beistand bei Anerkennung seiner Unterschrift seine Bestallung vorgelegt habe (KGJ **25** A 120).

Der Nachweis durch öffentliche Urkunden ist nicht erforderlich, falls die Voraussetzungen der Eintragungen beim Grundbuchamt offenkundig sind. Offenkundig sind für das Grundbuchamt auch Vorgänge, die in den Akten und Registern einer anderen Abteilung des nämlichen Amtsgerichts beurkundet sind und über die sich der Grundbuchrichter jederzeit leicht durch Einsichtnahme Gewißheit verschaffen kann.

5. Ersuchen von Behörden.

§ 55.

In den Fällen, in denen nach gesetzlicher Vorschrift eine Behörde befugt ist, das Grundbuchamt um eine Eintragung zu ersuchen, erfolgt diese auf Grund des Ersuchens der Behörde. Das Ersuchen ist ordnungsmäßig zu unterschreiben und mit Siegel oder Stempel zu versehen. Art. 9 AGGBO. Statt eines Siegels genügt hier also auch ein Stempel (KGJ **20** A 17). Die Beifügung des Siegels oder Stempels soll die Echtheit der Urkunden gewährleisten. Diesem Zwecke kann nur ein Siegel usw. dienen, das sich als das für den Gebrauch der Behörde bestimmte Siegel usw. ohne weiteres durch den Augenschein kennzeichnet; die Um- oder Aufschrift muß auf die Behörde, die sich seiner im Verkehr bedient, mit ausreichender Deutlichkeit hinweisen.

Eines sonstigen Antrags oder einer sonst nach § 19 GBO erforderlichen Eintragungsbewilligung bedarf es nicht. § 39 GBO (KGJ **21** A 98; **22** A 157). Insbesondere haben Beteiligte kein Antragsrecht (KGJ **41** 193). Dagegen steht ihnen die Beschwerde zu, falls das Ersuchen abgelehnt wird (KGJ **41** 254).

Die Prüfungspflicht des Grundbuchrichters erstreckt sich in diesem Falle, abgesehen von den etwa aus dem Grundbuch sich ergebenden Bedenken, lediglich auf die Frage der Zuständigkeit der Behörde zu dem betreffenden Ersuchen[1]. Im übrigen ist für die gesetzlichen Voraussetzungen

[1] So kann z. B. das Prozeßgericht nicht unmittelbar das Grundbuchamt anweisen, etwas zu tun oder zu unterlassen, z. B. eine Auflassung nicht vorzunehmen. Eine trotzdem erlassene derartige Anweisung ist vom Grundbuchamt nicht zu berücksichtigen (KGJ **32** A 185 **43** 205, JFG **3** 303 (OLG Dresden). Eine Ausnahme bietet § 941 ZPO.

des Ersuchens die ersuchende Behörde verantwortlich. Das Ersuchen ersetzt in diesen Fällen den Antrag, die Eintragungsbewilligung und die sonst etwa zur Eintragung erforderlichen Erklärungen Dritter (KGJ **25** A 311; **26** A 103). Dagegen müssen die übrigen allgemeinen Voraussetzungen der Eintragung, insbesondere die des § 48 GBO auch bei dem Ersuchen einer Behörde gegeben sein (KGJ **26** A 103). Es müssen deshalb auch gemäß §§ 42 ff. GBO die Hypothekenbriefe vorgelegt werden (KGJ **28** A 107). Auch muß geprüft werden, ob die beantragte Eintragung nicht zur Beeinträchtigung wohlerworbener Rechte Dritter führen kann (KGJ **25** A 311; **26** A 103).

Wegen der am häufigsten vorkommenden Ersuchen von Behörden vgl. unten §§ 165, 166 (Ersuchen des Vollstreckungs- und Konkursgerichts), § 120 (Ersuchen des Prozeßgerichts oder des Amtsgerichts der belegenen Sache), §§ 83, 167 (Ersuchen der Enteignungsbehörde), § 169 (Ersuchen der Auseinandersetzungsbehörde) § 170 (Ersuchen der Landeskulturbehörden) und § 172 (Ersuchen der Auflösungsbehörden; hierzu Kübler S. 340 ff.). Hier ist noch zu erwähnen der § 54 FGG, wonach das Vormundschaftsgericht unter Umständen das Grundbuchamt um die Eintragung einer Sicherungshypothek an Grundstücken des Vormundes, des Pflegers oder des Beistandes[1] ersuchen kann[2]. Vgl. auch Art. 91 EGBGB. Wegen der Befugnis der Schlesischen Landschaft, um Löschung eines für sie eingetragenen Pfandbriefdarlehns ohne Führung des Nachweises der Zustimmung des Grundstückeigentümers zu ersuchen, vgl. KGJ **34** A 317.

Wegen Ersuchens des Deichhauptmanns um lastenfreie Umschreibung des zu Deichzwecken abzutretenden Eigentums auf den Deichverband s. KGJ **39** A 186.

6. Vorgängige Eintragung des Berechtigten.

§ 56. Die vorgängige Eintragung des Berechtigten als Voraussetzung der Grundbucheintragungen.

Der Grundbuchrichter soll eine Eintragung im Grundbuch nur vornehmen, wenn derjenige, dessen Recht durch sie betroffen wird, als der Berechtigte ordnungsmäßig eingetragen ist. § 40 Abs. 1 GBO[3]. Durch diese Vorschrift soll dem Richter die Legitimationsprüfung

---

[1] Über die Löschung dieser Hypothek s. Schlegelberger Bd. I S. 483, Anm. 7. Das Ersuchen des Vormundschaftsgerichts genügt **nicht** zur Löschung.

[2] Inwieweit ein Recht des Grundbuchamts zur Prüfung der Grundlagen des Ersuchens besteht s. JFG **4** 305.

[3] Derjenige, dessen Recht durch eine Eintragung betroffen wird, ist dann nicht als der Berechtigte eingetragen, wenn die Eintragung nicht ersehen läßt, um was für ein Recht es sich handelt, z. B. die Eintragung gegen § 48 GBO verstößt (KGJ **20** A 304; **39** A 190; **41** 54).

erleichtert und der eingetragene Berechtigte dagegen gesichert werden, daß ungeachtet der gemäß § 891 BGB mit der Eintragung verbundenen Vermutung ein anderer unbefugt über das Recht verfügt (KGJ **20** A 193, 303; **22** A 134).

Im Falle der Grundbuchberichtigung ist der Buchberechtigte der Betroffene (vgl. jedoch KGJ **26** A 245).

Ein Urteil, durch das der Grundstückseigentümer auf Grund des Anfechtungsgesetzes vom 21. Juli 1879 zur Duldung der Zwangsvollstreckung wegen einer Geldschuld in das Grundstück verurteilt ist, richtet sich gegen den Grundstückseigentümer; nur dieser, nicht auch der Schuldner, ist der Betroffene im Sinne des § 40 Abs. 1 GBO (KGJ **37** A 303).

Die Vorschrift des § 40 ist nur eine Ordnungsvorschrift des formellen Grundbuchrechts; ist sie nicht befolgt, so ist die trotzdem bewirkte Eintragung daher nicht ungültig.

Die Vorschrift bezieht sich nicht auf bloße Namensänderungen, Änderungen der Firma, des Personenstandes, Titel u. dgl. Sie findet ferner keine Anwendung, wenn sich eine im Grundbuch eingetragene offene Handelsgesellschaft unter Beibehaltung der Firma in eine Kommanditgesellschaft umwandelt (JFG **1** 371 unter Aufgabe des abweichenden Standpunktes bei KGJ **39** A 218).

Beispiel:

Der Kaufmann Wilhelm Ebel in Lobau will auf dem ihm gehörigen Grundstück Lobau Bd. II Bl. Nr. 144 eine Hypothek eintragen lassen. Eingetragener Eigentümer von Lobau Bd. II Bl. Nr. 144 ist der verstorbene Vater des Wilhelm Ebel, dessen alleiniger gesetzlicher Erbe er nach einem vom Amtsgericht Lobau ausgestellten Erbschein geworden ist. Wilhelm Ebel muß sich zunächst auf Grund des Erbscheins als Eigentümer in das Grundbuch eintragen lassen, da durch die Eintragung der Hypothek sein Recht, nämlich das Eigentumsrecht an dem Grundstück, betroffen wird (KGJ **27** A 269)[1].

Dasselbe würde gelten, wenn im Wege des Zwanges eine Hypothek auf dem Grundstück Ebels eingetragen werden sollte. Auch in diesem Falle müßte zunächst dieser als Eigentümer eingetragen werden, da die Vorschrift des § 40 Abs. 1 GBO auch dann zur Anwendung kommt, wenn die Eintragung gegen den Willen des von ihr Betroffenen erfolgt; vgl. auch oben § 34.

Ebenso können auch z. B. gütergemeinschaftliche Eheleute ein zum Gesamtgut gehörendes Grundstück mit Hypotheken usw. nur belasten, wenn sie als gütergemeinschaftliche Miteigentümer im Grundbuch vermerkt sind; es genügt nicht, daß nur einer der Ehegatten als Eigentümer eingetragen ist (KGJ **20** A 188). Desgleichen ist die Eintragung einer Vormerkung auf Grund einer einstweiligen Verfügung, die gegen den Mann

[1] Ist eine Deszendenz als Grundstückseigentümer eingetragen, so bedarf es zur Eintragung von Belastungen oder Verfügungsbeschränkungen nicht der vorgängigen Eintragung des Namens des Deszendenten (KGJ **31** A 263).

allein gerichtet ist, aus der sich aber das Gütergemeinschaftsverhältnis ergibt, abzulehnen, wenn nur der Mann, nicht auch die Frau, eingetragen ist (KGJ **29** A 150).

Fraglich ist, ob es in den Fällen, in denen der gütergemeinschaftliche Ehemann selbständig über Gegenstände des Gesamtguts verfügen kann, z. B. bei Abtretung von Hypotheken, Zustimmung zu Rangänderungen usw., erforderlich ist, daß die Frau zuvor als Genossin der Gütergemeinschaft in das Grundbuch eingetragen wird. Das KG hat die Frage durch Beschluß vom 20. Mai 1912, abgedruckt im Z. Bl. f. fr. Ger. 13, 416, bejaht, und zwar unter Aufgabe der gegenteiligen Entscheidung bei KGJ **22** A 134. Dagegen braucht z. B. der nicht eingetragene Eigentümer seine Eintragung als Eigentümer nicht herbeizuführen, wenn er die Löschung von Rechten in der zweiten Abteilung des Grundbuchs herbeiführen will; denn er ist bei der Löschung dieser Rechte nicht der Betroffene (KGJ **23** A 156). Ebenso kann ein Grundstücksteil auf ein besonderes Grundbuchblatt auf Antrag des nicht eingetragenen Eigentümers übertragen werden, ohne daß zuvor das Stammgrundstück auf den Namen des Eigentümers umgeschrieben werden müßte; denn mit der „Eintragung" im Sinne des § 40 GBO ist nur eine solche gemeint, die das Recht des Betreffenden ändert (KGJ **27** A 260).

§ 57. Ausnahmefälle.

Die Vorschrift des § 40 Abs. 1 GBO, wonach eine Eintragung nur erfolgen soll, wenn derjenige, dessen Recht durch sie betroffen wird, als der Berechtigte eingetragen ist, erleidet wichtige Ausnahmen.

1. Bei einer Hypothek, Grundschuld oder Rentenschuld, über die ein Brief erteilt ist, steht es der Eintragung des Gläubigers gleich, wenn dieser sich im Besitze des Briefes befindet und sein Gläubigerrecht durch eine zusammenhängende, auf einen eingetragenen Gläubiger zurückführende Reihe von öffentlich beglaubigten Abtretungserklärungen nachweist; einer Abtretungserklärung steht gleich ein gerichtlicher Überweisungsbeschluß und das öffentlich beglaubigte Anerkenntnis einer kraft Gesetzes erfolgten Übertragung der Forderung. § 40 Abs. 2 GBO, § 1155 BGB.

Beispiel:

Ist im Grundbuch von Lobau Bd. I Bl. Nr. 29 in Abt. III unter Nr. 11 eine Briefhypothek von 10000 RM. für den Kaufmann Lustig eingetragen und hat Lustig diese Hypothek in einer von einem Notar der Unterschrift nach beglaubigten Erklärung an den Rentner Wolff und dieser wieder an den Ackerbürger Krasemann ebenfalls in einer notariell beglaubigten Urkunde abgetreten, so kann Krasemann unter Vorlegung des Hypothekenbriefes[1] und der beiden Abtretungserklärungen die Umschreibung der Hypothek unmittelbar auf seinen Namen im

[1] Die Vorlage des Briefes begründet die Vermutung seines rechtmäßigen Erwerbs (KGJ **31** A 287).

Grundbuch beantragen, obwohl derjenige, dessen Recht von der Eintragung zunächst betroffen wird, nämlich der Rentner Wolff, im Grundbuch als der Berechtigte nicht eingetragen ist.

Der Erbe des sich gemäß § 1155 BGB ausweisenden Hypothekenbriefbesitzers gilt als Erbe des eingetragenen Berechtigten im Sinne des § 41 GBO. Bei der Abtretung der Briefhypothek durch den Erben kann daher die Umschreibung der Hypothek auf den Namen des Zessionars des Erben nach § 41 Abs. 1 GBO ohne vorgängige Eintragung des Erben als Gläubigers erfolgen. Ist ferner eine Briefhypothek von den Erben des eingetragenen Gläubigers an einen anderen und von diesem wiederum an einen Dritten abgetreten worden, so kann die Umschreibung der Hypothek auf den Namen des letzten Zessionars ohne vorgängige Eintragung des Zwischenzedenten im Wege der Grundbuchberichtigung erfolgen, wenn der Übergang der Hypothek auf den Erben nachgewiesen ist und Abtretungserklärungen des Erben und des Zessionars des Erben vorgelegt werden (KGJ **36** A 242; **42** 279). Die abweichende Ansicht bei KGJ **20** A 303; **25** A 159; **26** A 181; **27** A 126 ist aufgegeben. Indes ist die Frage, ob eine Verbindung des § 40 Abs. 2 mit § 41 Abs. 1 zulässig ist, derart, daß Erbscheine oder Verfügungen von Todes wegen in die Kette der Abtretungserklärungen, Überweisungsbeschlüsse und Anerkenntnisse eingeschoben werden dürfen, ohne den Zusammenhang zu unterbrechen, sehr bestritten.

2. Eine weitere Ausnahme von der Regel des § 40 Abs. 1 GBO tritt ein, wenn derjenige, dessen Recht von der Eintragung betroffen wird, Erbe des eingetragenen Berechtigten ist und wenn die Übertragung oder die Aufhebung des Rechts eingetragen werden soll. § 41 GBO[1]. Gleichgültig ist hierbei, ob nur ein Erbe oder mehrere Erben vorhanden sind. Die Ausnahmevorschrift gilt nicht nur zugunsten des unmittelbaren Erben des eingetragenen Berechtigten, sondern bezieht sich auch auf Nacherben (KGJ **51** 190, 191), Erbeserben und noch weiter entfernte Erben[2]. Es sind also auch diese bei der Übertragung oder Aufhebung eines eingetragenen Rechts von der vorgängigen Eintragung als Berechtigte befreit[3], und zwar auch dann, wenn die erforderlichen Er-

[1] Bei Fortsetzung der Gütergemeinschaft im Falle des § 1483 BGB sind die Kinder nicht Erben im Sinne des § 41 GBO. Gleichwohl findet § 41 GBO entsprechende Anwendung. Es kann daher ein zum Gesamtgut gehörendes Grundstück von dem überlebenden Ehegatten aufgelassen werden, ohne daß zuvor gemäß § 40 GBO die Kinder in das Grundbuch eingetragen sind (JFG **1** 292 unter Aufgabe der bisherigen abweichenden Rechtsprechung des KGJ **27** A 258; **37** A 256; **38** A 212). Dies gilt auch dann, wenn nur einer von den Ehegatten als Berechtigter im Grundbuch eingetragen ist (JFG **1** 295 unter Aufgabe des abweichenden Standpunktes bei KGJ **52** 134). Dasselbe trifft auch für den Fall der fortgesetzten westfälischen Gütergemeinschaft zu.

[2] Über die Anwendung des § 41 GBO in anderen Fällen der Gesamtrechtsnachfolge (Eingemeindungen u. a.) vgl. KGJ **41** 213; **53** 187; RG **87** 284.

[3] KGJ **26** A 96; **28** A 286; **44** 241; RG **53** 298. Das Kammergericht hat seine frühere gegenteilige Ansicht (KGJ **21** A 283) aufgegeben.

klärungen von einem seitens des Erblassers ernannten Testamentsvollstrecker abgegeben werden (KGJ **49** 147).

Dem Erben des eingetragenen Berechtigten steht auch derjenige gleich, der von dem Miterben eines eingetragenen Berechtigten einen Erbanteil nach § 2033 Abs. 1 BGB mit dinglicher Wirkung erworben hat (KGJ **28** A 285; **44** 238).

Das Gesagte bezieht sich aber nur auf die Fälle der Übertragung[1] oder Aufhebung eines Rechts und findet keine Anwendung, wenn das Recht bestehen bleibt und durch die beabsichtigte Eintragung nur belastet oder eingeschränkt wird. Denn nur in den Fällen der Übertragung oder Aufhebung des Rechts verschwindet der Erbe völlig aus dem Kreise der an dem Grundstück berechtigten Personen, so daß es zwecklos wäre, unnötige Kosten verursachen und zur Belastung des Grundbuchs mit überflüssigen Eintragungen führen würde, wenn diese Personen noch kurz vor ihrem Ausscheiden aus der Reihe der Beteiligten in das Grundbuch eingetragen würden. Handelt es sich dagegen nur um eine Belastung oder Veränderung des ererbten Rechts (KGJ **25** A 303; **27** A 125), so bleibt das Recht in der Person des Erben, wenn auch in einem durch das Recht eines Dritten beschränkten, oder in einem veränderten Zustande bestehen, und deshalb wird dann auch der Erbe, dessen Recht beschränkt oder verändert ist, im Grundbuch vermerkt (KGJ **27** A 263; **52** 187). Desgleichen findet § 41 GBO auf die Eintragung einer von Erben bewilligten Vormerkung keine Anwendung, da diese nur zur Vorbereitung der Übertragung oder Aufhebung eines Rechts dienen kann, eine solche aber keineswegs im Gefolge haben muß (KGJ **30** A 217).

Beispiele:

a) Will A das von seinem Vater ererbte und noch auf dessen Namen eingetragene Grundstück an B auflassen, so braucht er sich nicht zuvor als Eigentümer eintragen zu lassen, weil es sich bei der Auflassung um eine Übertragung des Eigentumsrechts handelt. Will A dagegen das ererbte Grundstück mit einer Hypothek belasten, so muß er sich zuvor als Eigentümer in das Grundbuch eintragen lassen.

b) Will A die von seinem Vater ererbte Buchhypothek[2] an B abtreten und die Abtretung im Grundbuch vermerken lassen, so braucht er sich zuvor nicht im Grundbuch als Gläubiger eintragen zu lassen, sondern er kann die direkte Umschreibung der Hypothek auf B erwirken. Anders würde die Sache liegen, wenn B, der die Hypothek durch Abtretung von A (als dem nicht eingetragenen Erben des ursprünglichen eingetragenen Gläubigers) erworben hat, diese weiter an C abtreten und auf diesen umschreiben lassen wollte. In diesem Falle müßte sich B erst eintragen lassen (KGJ **20** A 303). Will A die ererbte Buchhypothek dem B verpfänden und die Verpfändung in das Grundbuch eintragen lassen, oder will A die Eintragung der mit dem Grundstückseigentümer vereinbarten veränderten

[1] Dies gilt auch, wenn die Übertragung nicht allein, sondern zugleich mit einer von dem Erben bewilligten Änderung des Rechtes eingetragen werden soll (KGJ **36** A 239 gegen KGJ **25** A 303).

[2] Wegen der Briefhypothek vgl. oben unter 1.

Zins- und Zahlungsbestimmungen in Ansehung der Hypothek bewirken, so muß er sich zunächst als Hypothekengläubiger in das Grundbuch eintragen lassen, da es sich in beiden Fällen nicht um eine Übertragung oder Aufhebung, sondern um eine Belastung oder Veränderung des Hypothekenrechts handelt.

c) Willigt A in die Löschung einer ererbten Hypothek, so kann die Löschung der Hypothek auf Antrag des Grundstückeigentümers erfolgen, ohne daß A zuvor als Gläubiger der Hypothek in das Grundbuch eingetragen wird. Dasselbe gilt, wenn A als Erbe des eingetragenen Hypothekengläubigers einzelne Grundstücksteile aus der Pfandhaft entläßt; auch in diesem Falle braucht A nicht zuvor die Post auf seinen Namen umschreiben zu lassen, da die Entpfändung einzelner Grundstücksteile rechtlich nichts anderes ist als die Aufhebung der Hypothek bezüglich der Teile, die für die Forderung künftig nicht mehr haften sollen (KGJ **23** A 149).

d) Beantragt A auf Grund einer von dem eingetragenen Hypothekengläubiger ausgestellten Bewilligung die Löschung einer seinem Erblasser oder ihm, dem Erben, als Eigentümerhypothek zugefallenen Hypothek im Grundbuch des von ihm, A, ererbten Grundstücks, so braucht er sich nicht etwa zuvor als Gläubiger eintragen zu lassen (KGJ **20** A 190; **21** A 150; **23** A 156; **25** A 303; **28** A 289; vgl. auch unten § 113). Steht nicht fest, daß infolge einer Löschungsbewilligung eine Eigentümerhypothek entstanden ist (vgl. unten § 113), so ist der Grundstückseigentümer nicht der von der Löschung betroffene im Sinne des § 41 GBO. A braucht sich dann also schon aus diesem Grunde vor Stellung des Löschungsantrags nicht eintragen zu lassen (KGJ **23** A 235).

3. Die vorherige Eintragung des Erben ist ferner auch dann nicht erforderlich, wenn der Eintragungsantrag durch die Bewilligung des Erblassers oder eines Nachlaßpflegers oder durch einen gegen den Erblasser oder den Nachlaßpfleger vollstreckbaren Titel begründet wird. § 41 Abs. 1 GBO. Dieser Grundsatz gilt allgemein und ist nicht nur auf die Fälle der Übertragung oder Aufhebung eines Rechts beschränkt. Hat also z. B. A als der eingetragene Eigentümer die Eintragung einer Darlehnshypothek für B bewilligt, so kann nach dem Tode des A der B den Antrag auf Eintragung der Hypothek stellen, ohne daß zuvor die Erben des A als die Eigentümer in das Grundbuch eingetragen zu werden brauchen. Dasselbe gilt, wenn B gegen A einen vollstreckbaren Schuldtitel erlangt hat und auf Grund dieses nach dem Tode des A eine Zwangshypothek auf dem Nachlaßgrundstück eintragen lassen will.

Dieselben Erleichterungen gelten auch für eine Eintragung auf Grund der Bewilligung eines Testamentsvollstreckers oder auf Grund eines gegen diesen vollstreckbaren Titels, sofern die Bewilligung oder der Titel gegen den Erben wirksam ist. § 41 Abs. 2 GBO. Will also z. B. ein in der Eingehung von Verbindlichkeiten für den Nachlaß nicht beschränkter Testamentsvollstrecker auf ein Nachlaßgrundstück eine Hypothek eintragen lassen, so brauchen die Erben als Eigentümer zuvor nicht eingetragen zu werden.

4. Der Grundstückseigentümer, der von dem Gläubiger einer auf dem Grundstück haftenden Buchhypothek löschungsfähige Quittung

erhalten hat, kann diese Hypothek an einen Dritten abtreten oder verpfänden oder auch zur Löschung bringen, ohne daß zuvor die Eigentümerhypothek auf seinen Namen umgeschrieben zu werden braucht (KGJ **20** A 190, 282; **21** A 159, **22** A 171; **23** A 156; **28** A 135); vgl. unten § 113. Das gleiche gilt, wenn eine Pfändung der Eigentümerhypothek in Frage steht.

B. Die Eintragung.

§ 58. Die Eintragungsverfügung.

Die Eintragungen in das Grundbuch verfügt der Richter[1] mit Angabe des Wortlauts. Art. 6 AGGBO[2]. Die Formulierung des Eintragungsvermerks ist seine Sache; Parteianträge sind für ihn in dieser Hinsicht nicht maßgebend (KGJ **23** A 143). Auch er hat zu prüfen, ob die Vermerke, deren Eintragung beantragt wird, materiell den gesetzlichen Erfordernissen entsprechen (KGJ **21** A 133).

Der Richter braucht die Eintragungsverfügung nicht selbst zu schreiben, kann sich hierbei vielmehr der Hilfe eines Referendars pp. bedienen, der die Verfügung, um sich praktisch zu üben, entwirft. Die von anderen Beamten etwa entworfenen Verfügungen hat der Richter genau zu prüfen; mit seiner Unterschrift[3] übernimmt er die alleinige Verantwortung. Er kann auch die Eintragungsverfügung in der Weise bewirken, daß er den Wortlaut in die Tabelle einträgt und anordnet, daß die Eintragung aus der Tabelle in das Grundbuch übernommen werde. Auch kann er anordnen, daß aus einer zu bezeichnenden Urkunde ein bestimmter Vermerk wörtlich eingetragen werde. So pflegen z. B. Hypothekenbanken, Pfandbriefinstitute u. dgl. die einzutragenden Vermerke in ihren Anträgen so zu fassen, daß sie, wenn sonst keine Anstände vorliegen, regelmäßig wörtlich in das Grundbuch übernommen werden können.

§ 59. Bedeutung, Inhalt und Ausführung der Eintragung.

Die Eintragung in das Grundbuch ist von großer Bedeutung, da nach den §§ 873, 875 Abs. 1, 877 BGB die dingliche Rechtswirkung erst mit der Eintragung eintritt. Die Eintragungverfügung (oben § 58) hat diese Wirkung nicht. Der Inhalt der Eintragungen im einzelnen richtet sich nach dem zur Aufnahme in das Grundbuch bestimmten Rechtsverhältnis (vgl. unten §§ 68ff.). Hier ist nur folgendes von allgemeiner Bedeutung hervorzuheben:

---

[1] Vgl. jedoch §§ 2ff., 23 der Entlastungsverfügung vom 1. März 1928 (JMBl S. 140, oben S. 3).

[2] Ein privatrechtlicher, der Pfändung unterliegender Anspruch gegenüber dem Grundbuchamt auf Eintragung besteht nicht (JFG **3** 299).

[3] Die Verfügungen werden regelmäßig von dem Richter nicht mit ausgeschriebenem Namen, sondern mit dem Namen in abgekürzter Form unterzeichnet.

Die Eintragung muß eine deutliche Kennzeichnung des fraglichen Rechts enthalten. Eine Bezugnahme auf die Eintragungsbewilligung ist nach § 874 BGB nur zur näheren Bezeichnung des Inhalts des Rechts zulässig (KGJ **49** 169). Bedingungen und Befristungen gehören nicht zum Inhalt des Rechts; daher ist ihre unmittelbare Einschreibung im Grundbuch erforderlich (KGJ **49** 187; **50** 188; RG **70** 249; vgl. jedoch RG **106** 112ff.).

Verweist die Eintragungsbewilligung auf eine andere öffentliche Urkunde und ist erst in dieser der Inhalt des Rechts näher dargelegt, so muß die Urkunde in der Eintragungsbewilligung unzweideutig bezeichnet und zu den Grundakten überreicht sein.

Eine Anlage ist mit der die Eintragungsbewilligungen enthaltenden Urkunde zu verbinden. Ist diese Verbindung keine körperliche, so muß die Anlage gleichfalls eine öffentliche oder öffentlich beglaubigte Urkunde und so genau bezeichnet sein, daß kein Zweifel darüber bestehen kann, welches die in Bezug genommene Urkunde ist (KGJ **48** 175).

Den vom Richter verfügten Wortlaut trägt der Grundbuchführer baldmöglichst in das Grundbuch und, falls dies noch nicht durch den Richter geschehen, auch in die Tabelle ein. Art. 6 AGGBO. Bei der rechtlichen Tragweite der Eintragungen in das Grundbuch hat der Richter besondere Veranlassung, den Grundbuchführer zu einer schleunigen Bewirkung der Eintragungen anzuhalten.

Jede Eintragung soll den Tag, an dem sie bewirkt wird, angeben (§ 45 GBO)[1]; der Tag, an dem die Eintragung verfügt oder vom Richter unterzeichnet ist, wird in das Grundbuch nicht aufgenommen. Wenn also der Amtsgerichtsrat Schmidt am 9. Januar eine Eintragung verfügt, der Obersekretär Lehmann diese Eintragung am 11. Januar bewirkt und der Amtsgerichtsrat Schmidt die Eintragung am 13. Januar unterschreibt, so ist als Tag der Eintragung der 11. Januar zu bezeichnen. Bei manchen Grundbuchämtern wird der Tag der Eintragung zunächst offen gelassen und erst bei der Vergleichung durch den Richter mit deren Datum, an dem zugleich der Richter unterschreibt, ausgefüllt.

Die Eintragungen sollen vom Richter und Grundbuchführer unterschrieben werden. § 45 GBO; Art. 6 AGGBO. Die Eintragungen in die Tabelle brauchen weder vom Richter noch vom Grundbuchführer unterschrieben zu werden.

Um etwaige Irrtümer und Unrichtigkeiten der Eintragungen im Grundbuch und in der Tabelle zu vermeiden, werden von den Grundbuchbeamten gemeinschaftlich die Eintragungen mit den ergangenen Verfügungen verglichen. Es geschieht dies regelmäßig in der Weise, daß der Grundbuchführer die Verfügung des Richters vorliest und der Richter hierbei prüft, ob das ihm vorliegende Grundbuch mit der Verfügung überein-

[1] Das Datum und die Unterschrift sind nicht derart wesentliche Erfordernisse, daß die Eintragung ohne sie ungültig wird. KGJurRundsch. **26** Rspr. 1611.

stimmt. Gleichzeitig vergleicht ein dritter Beamter die Tabelleneintragung mit der vorgelesenen Verfügung (vgl. auch oben § 24).

Sind für eine Eintragung mehrere Spalten desselben Abschnitts oder derselben Abteilung bestimmt, so gelten sämtliche Vermerke im Sinne des § 45 GBO nur als eine Eintragung. § 15 AllgVfg. Wird also z. B. in Abt. III eine Hypothek eingetragen, so werden die Spalten 1 bis 4 ausgefüllt; der Tag der Eintragung und die Unterschrift der Grundbuchbeamten braucht aber nicht etwa in allen vier Spalten eingetragen zu werden, sondern es wird nur in der den meisten Raum bietenden Spalte 4 der Vermerk der Eintragung unter Angabe des Datums und mit der Unterschrift der Grundbuchbeamten aufgenommen.

Die Eintragungen sind deutlich und ohne Abkürzungen zu schreiben; in dem Grundbuch darf nichts radiert, ausgestrichen oder sonst unleserlich gemacht werden. § 16 Abs. 1 AllgVfg. Geldbeträge sind mit Buchstaben zu schreiben. Eingetragene Vermerke oder einzelne Worte und Zahlen, die nicht gelten sollen, werden rot unterstrichen.

Sind die Voraussetzungen der Entlastungsverfügung (JMBl 1923 S. 401) gegeben, so sind die Eintragungen im Grundbuch von dem Grundbuchführer als Rechtspfleger und einem zweiten Beamten der Geschäftsstelle zu unterschreiben.

§ 60. Die Reihenfolge der Eintragungen.

Die Reihenfolge der Eintragungen ist von weittragender Bedeutung. Nach § 879 BGB bestimmt sich nämlich das Rangverhältnis unter mehreren Rechten, mit denen ein Grundstück belastet ist, nach der Reihenfolge der Eintragungen[1], wenn die Rechte in derselben Abteilung des Grundbuchs eingetragen sind[2]. Es geht also z. B. eine Hypothek von 10000 RM. einer solchen von 20000 RM., die nach ihr eingetragen ist, vor, ohne daß das Rangverhältnis der beiden Hypotheken zueinander im Grundbuch besonders bezeichnet zu werden braucht.

Der Grundbuchrichter muß, wenn in einer Abteilung des Grundbuchs bei demselben Grundstück mehrere Eintragungen zu bewirken sind, diesen Eintragungen die Reihenfolge geben, die der Zeitfolge des Eingangs der Anträge entspricht. § 46 Abs. 1 GBO. Ist also z. B. in bezug auf dasselbe Grundstück ein Antrag auf Eintragung einer Hypothek von 10000 RM. am 22. April 1928 12 Uhr 50 Min. und ein solcher auf Eintragung einer Hypothek von 30000 RM. am selben Tage 13 Uhr 20 Min. eingegangen, so verfügt der Richter die Eintragung der 10000 RM. zur nächst offenen Stelle, die der 30000 RM. aber zu der auf die 10000 RM. folgenden Stelle des Grundbuchs. Wären beide Anträge gleichzeitig

[1] Über diesen Begriff siehe KGJ **41** 224.

[2] Ob § 879 für Recht an Grundstücksrechten entsprechend anwendbar ist, ist streitig (s. KGJ **35** A 297; **39** A 248; JFG **3** 440).

eingegangen, so müßte bei der Hypothek von 10000 RM. vermerkt werden, daß die nachfolgende Hypothek von 30000 RM. gleichen Rang mit ihr hat. Nach § 46 Abs. 1 BGO ist nämlich, wenn mehrere Anträge gleichzeitig gestellt sind, im Grundbuch zu vermerken, daß die Eintragungen gleichen Rang haben. Dies betrifft aber nur den Fall, daß die gleichzeitig gestellten Eintragungsanträge auf neue Belastungen mit mehreren Rechten gerichtet sind. Handelt es sich nur um Umschreibung bereits eingetragener Rechte auf einen neuen Inhaber, so ist es für die Rangverhältnisse dieser Rechte untereinander von keiner Bedeutung, ob die Umschreibungsanträge zu verschiedenen Zeiten oder ob sie gleichzeitig gestellt werden; sie stehen rechtlich fest und bleiben in dem einen wie in dem andern Falle unverändert bestehen (KGJ **25** A 303)[1] Eine Besonderheit zeigt der Fall der Pfändung eines durch Auflassung begründeten Umschreibungsrechts (s. S. 149). Der für den Gläubiger entstehenden Sicherungshypothek geht eine vom Erwerber des Grundstücks aus Anlaß des Erwerbs bewilligte Restkaufgeldhypothek im Range vor (JFG **4** 339).

Sind in verschiedenen Abteilungen des Grundbuchs mehrere Eintragungen zu bewirken, die gleichzeitig beantragt sind, so ist zu beachten, daß nach § 879 Abs. 1 Satz 2 BGB das unter Angabe eines früheren Tages in der einen Abteilung eingetragene Recht den Vorrang vor dem in einer anderen Abteilung eingetragenen Recht hat, und daß die unter Angabe desselben Tages eingetragenen Rechte gleichen Rang haben[2]. Ist also z. B. die Eintragung eines Altenteils in Abt. II und einer Kaufgeldhypothek in Abt. III gleichzeitig beantragt, so werden die Eintragungen des Altenteils und der Hypothek unter Angabe desselben Tages ohne weitere Bemerkung über das Rangverhältnis eingetragen; denn kraft Gesetzes haben beide Eintragungen gleichen Rang. Würde etwa das Altenteil einen Tag früher als die Hypothek eingetragen, so würde das Altenteil den Vorrang vor der Hypothek haben; da das aber der Rechtslage nicht entsprechen würde, weil der Antrag auf Eintragung beider Rechte gleichzeitig eingegangen ist, so müßte bei dem Altenteil vermerkt werden, daß es mit der Hypothek gleichen Rang hat.

Sind in verschiedenen Abteilungen des Grundbuchs mehrere Eintragungen zu bewirken, die nicht gleichzeitig beantragt sind, so ist auch hier wieder der Grundsatz des § 879 Abs. 1 Satz 2 BGB zu beachten. Ist also der Antrag auf Eintragung eines Altenteils vor dem Antrag auf Eintragung einer Hypothek eingegangen und werden beide Rechte an dem-

[1] Über den Rang einzelner Teile einer Hypothek vgl. unten § 102.

[2] Der Bauhypothek nach dem Gesetz über die Sicherung der Bauforderungen vom 1. Juni 1909 (RGBl S. 49) gebührt der Vorrang vor Nießbrauchs- und Wohnungsrechten. Der Rang der Bauhypothek soll bei ihrer Eintragung ersichtlich gemacht werden (§ 32 des Ges.). Über den Rang der Baugeldhypothek siehe §§ 33ff. des Gesetzes. Zu beachten ist, daß der 2. Abschnitt des Gesetzes nur in den durch einzelstaatliche Verordnung bestimmten Gemeinden gilt.

selben Tage in das Grundbuch eingetragen, so muß bei der Hypothek vermerkt werden, daß sie dem Altenteil im Range nachsteht. Wird dagegen das Altenteil einen oder mehrere Tage früher als die Hypothek eingetragen, so bedarf es eines weiteren Zusatzes über das Rangverhältnis nicht, da das unter dem früheren Datum eingetragene Altenteil kraft Gesetzes den Vorrang vor der später eingetragenen Hypothek hat.

Die vorstehend entwickelten Grundsätze finden insoweit keine Anwendung, als ein Rangverhältnis nicht besteht, wie z. B. zwischen Abt. I oder dem Bestandsverzeichnis einerseits und der Abt. II oder III anderseits (vgl. hierzu KGJ **38** A 262)[1].

Selbstverständlich können die Rangverhältnisse von den Antragstellern von den gesetzlichen Vorschriften abweichend bestimmt werden; diese Bestimmung, die in der durch § 29 GBO vorgesehenen Form zu treffen ist, ist dann als maßgebend in das Grundbuch einzutragen[2].

Der Rang mehrerer Rechte am Grundstück oder an einem Grundstücksrecht bestimmt sich auch bei einem Verstoß gegen § 46 GBO nach dem Inhalt des Grundbuchs (KGJ **39** A 248; RG **57** 280; OLG **45** 86, OLG Hamburg). Wenn die Reihenfolge der Eintragungen nicht der Zeitfolge der Anträge entspricht, liegt eine Unrichtigkeit des Grundbuchs nur dann vor, wenn die Reihenfolge mit einer Einigung der Beteiligten über das Rangverhältnis in Widerspruch steht (KGJ **34** A 289). Dagegen richtet sich der Rang der Rechte, die außerhalb des Grundbuchs ohne Eintragung begründet sind, nach der Zeit ihrer Entstehung (KGJ **35** A 300). Werden sie mit einem nicht zutreffenden Rang eingetragen, so wird das Grundbuch unrichtig. Endlich behalten die zu Unrecht gelöschten Rechte ihren Rang vorbehaltlich eines gutgläubigen Erwerbes.

Die „öffentliche Last" des Industriebelastungsgesetzes vom 30. August 1924 (RGBl II S. 257) geht nach § 41 Abs. 3 a. a. O. allen anderen Rechten vor, so daß alle auch bereits eingetragene Hypotheken pp. kraft Gesetzes hinter die öffentliche Last zurückrücken.

§ 61. Änderung des Ranges eingetragener Rechte.

Das BGB kennt in den §§ 880, 881 zwei Formen der Rangänderung eingetragener Rechte: den Vorrangsvorbehalt des Eigentümers für ein erst zur Entstehung kommendes Recht (§ 881 BGB) und die nach-

[1] Die Pfändung des Anteils am Gesellschaftsvermögen kann nach erfolgter Kündigung durch den Pfändungsgläubiger im Grundbuch eingetragen werden. Die Eintragung hat aber keine konstitutive Wirkung und bedeutet keine zu den Rechten an Grundstücken im Rangverhältnis des § 879 BGB stehende Belastung (KG vom 3. November 1927, JurRdsch Rspr S. 1412).

[2] Wie zu verfahren ist, wenn mehrere Eintragungen beantragt werden, durch die dasselbe Recht betroffen wird, ergibt § 17 GBO, s. oben § 39.

trägliche Änderung des Rangverhältnisses unter zwei Rechten[1] (§ 880 BGB).

1. Im ersteren Falle behält sich der Eigentümer bei der Belastung des Grundstücks mit einem Rechte die Befugnis vor, ein anderes, dem Umfange nach bestimmtes Recht mit dem Rang vor jenem Recht eintragen zu lassen. Bei der Belastung muß der Vorbehalt eingetragen werden. Nach der Belastung kann sich der Eigentümer diese Befugnis nicht vorbehalten. Ein ohne Rangvorbehalt eingetragenes Recht kann aber durch Einigung und Eintragung in ein Recht mit Rangvorbehalt umgewandelt werden (KGJ **34** A 240). Es ist aber die Eintragung eines Rangvorbehaltes auch noch nach Eintragung des Rechts, das zurücktreten soll, aber nicht mehr nach Eintragung des Rechts zulässig, dem der Vorrang beigelegt ist (KGJ **39** A 193). Der Ausübung des Rangvorbehalts steht der Umstand nicht entgegen, daß das Recht, dem der Vorrang beigelegt werden soll, bereits eingetragen ist. Nötig ist auch in diesem Falle nur die Bewilligung des Eigentümers (KGJ **40** 234).

Ist das mit Vorrang vorbehaltene Recht eine Hypothek, so muß diese zu einem bestimmten Geldbetrag vorbehalten sein; ist die Hypothek verzinslich, so muß der Zinssatz angegeben werden, da sonst der Geldbetrag einer verzinslichen Hypothek unbestimmt ist. Soll die Höhe der Zinsen der vorbehaltenen Hypothek der Bestimmung des Eigentümers bei der künftigen Eintragung der Hypothek überlassen bleiben, so muß, um dem Erfordernis des bestimmten Geldbetrags der Hypothek zu genügen, der Höchstbetrag, bis zu dem die Zinsen mit Vorrang sollen eingetragen werden dürfen, angegeben werden. Es kann auch eingetragen werden eine Hypothek mit dem Vorbehalt, daß der Eigentümer befugt ist, eine andere Hypothek mit dem Range vor jener Hypothek eintragen zu lassen, daß aber der anderen — der Höhe nach bestimmten — Hypothek der Vorrang nur insoweit zustehen soll, als die Forderung, für die die andere Hypothek bestellt ist, zur Entstehung gelangt (KGJ **28** A 255). Der Rangvorbehalt erlischt, wenn er nicht auf einen bestimmten Fall beschränkt ist, nicht durch einmalige Ausübung. Es kann daher nach Löschung der zunächst eingetragenen Vorrangshypothek eine neue Vorrangshypothek eingetragen werden (KGJ **40** 234). Der Rangvorbehalt begründet eine Befugnis subjektiv-dinglicher Natur, folgt daher dem Eigentum am Grundstück und kann hiervon nicht getrennt werden (KGJ a. a. O.).

Die zur Rechtswirksamkeit erforderliche Eintragung des Vorbehalts in das Grundbuch muß bei dem Recht erfolgen, das zurücktreten soll. § 881 Abs. 1 BGB. Der bezügliche Vermerk lautet z. B.:

---

[1] Auch mit der Vormerkung zur Sicherung des Anspruchs auf Einräumung einer Hypothek kann einer Hypothek der Vorrang eingeräumt werden (KGJ **22** A 311).

Neuntausend RM. Darlehn mit sechs vom Hundert jährlich, seit dem 1. April 1928 in vierteljährlichen Teilbeträgen verzinslich und sechs Monate nach Kündigung rückzahlbar, für den Gastwirt Karl Mohr in Lobau. Vorbehalten ist der Vorrang für eine später einzutragende Hypothek von zwanzigtausend RM. nebst fünf vom Hundert Zinsen. Eingetragen am 24. März 1928.

Zur näheren Bezeichnung der Art der Belastung kann auf die Eintragungsbewilligung Bezug genommen werden (KGJ **48** 179).

Wird später die bevorrechtigte Hypothek eingetragen[1], so ist das Zurücktreten der zuerst eingetragenen Hypothek neben dieser in Spalte Veränderungen zu vermerken, z. B. in folgender Form:

Der vorbehaltene Vorrang vor dieser Hypothek ist der unter Nr. 7 eingetragenen Hypothek eingeräumt. Eingetragen am 12. Juli 1928.

2. Die nachträgliche Änderung des Rangverhältnisses (s. hierüber KGJ **53** 178) unter zwei Rechten kann grundsätzlich nur unter bereits eingetragenen oder auch nur vorgemerkten Rechten oder höchstens auch dann stattfinden, wenn dasjenige Recht, welches vorrücken soll, wenigstens gleichzeitig mit der Eintragung des Vorrangs durch Eintragung zur Entstehung kommt (KGJ **21** A 306; **22** A 131; **34** A 240; RG **69** 329f.)[2]. Jedoch kann auch bei dem Rechte, dessen Inhaber zurücktreten will, die Eintragung wegen der Rangänderung schon erfolgen, bevor die zum Vortreten im Rang bestimmte Hypothek bestellt und eingetragen ist (KGJ **21** A 281). Unzulässig ist eine Änderung des Rangverhältnisses mit der Einschränkung, daß die das zurücktretende Recht belastenden Rechte Dritter durch die Änderung nicht berührt werden sollen (KGJ **37** A 213).

Auch die Einräumung des Gleichranges zwischen zwei Posten ist zulässig (KGJ **40** 241).

Weicht die Rangeintragung von der materiell-rechtlichen Rangänderungserklärung ab, so wird das Grundbuch unrichtig (KGJ **34** A 289).

Zur Eintragung der Rangänderung in das Grundbuch bedarf es der Zustimmungserklärung des zurücktretenden Gläubigers[3] und des

---

[1] Die Eintragung darf den Umfang des Rangvorbehalts nicht überschreiten.

[2] Dem jeweiligen Rest einer Amortisationshypothek kann vor den jeweils abgetragenen Teilen einer anderen Amortisationshypothek der Vorrang eingeräumt werden (KGJ **26** A 145; **28** A 139).

[3] Zur Eintragung des Vorrangs vor den getilgten Teilen einer vorgehenden Hypothek genügt, solange eine Tilgung noch nicht erfolgt und eine Eigentümerhypothek daher noch nicht entstanden ist, nach KGJ **28** A 139 nicht schon die Bewilligung des Eigentümers als zukünftigen Eigentümerhypothekars, sondern es ist die Bewilligung durch den vorgehenden Hypothekengläubiger erforderlich, wobei dessen Hypothekenbrief vorzulegen ist. Diese Ansicht ist in KGJ **33** A 286 aufgegeben. Danach kann der Eigentümer über eine ihm künftig möglicherweise aus einer Hypothek zufallende Eigentümerhypothek nicht dadurch wirksam verfügen, daß er einer nachstehenden Hypothek den Vorrang vor der künftigen Eigentümerhypothek, z. B. vor den künftig etwa abgetragenen Teilen der vorstehenden Hypothek bewilligt. Diese Vorrangseinräumung wird auch nicht dadurch rechts-

Grundstückseigentümers, soweit das zurücktretende Recht in der dritten Abteilung des Grundbuchs eingetragen ist. Ist das zurücktretende Recht in der zweiten Abteilung eingetragen, so braucht der Eigentümer nicht zuzustimmen. § 880 Abs. 2 BGB. Dies ist auch dann unnötig, wenn es sich um die Änderung des Rangverhältnisses von Teilhypotheken handelt, und zwar auch dann, wenn die Änderung erst nach der Teilung oder erst bei einer späteren anderweitigen Teilung vereinbart wird (KGJ **34** A 300).

Die Rangänderung ist auch zulässig, wenn die beiden von ihr betroffenen Rechte demselben Berechtigten zustehen. An Stelle der Einigung des vortretenden und des zurücktretenden Berechtigten tritt in diesem Falle die einseitige Erklärung des Berechtigten gegenüber dem Grundbuchamt (KGJ **40** 241). Handelt es sich um die Änderung des Ranges zweier demselben Gläubiger zustehenden Hypotheken, so kann sie als Änderung des Inhalts der zurücktretenden Hypothek oder beider Hypotheken durch Einigung zwischen dem Gläubiger und dem Grundstückseigentümer und Eintragung in das Grundbuch bewirkt werden (KGJ **20** A 184; **37** A 323, Oberstes Landesgericht München).

Bei den in die dritte Abteilung einzutragenden Rangänderungen ist auch erforderlich, daß der zustimmende Eigentümer als solcher im Grundbuch eingetragen, § 40 GBO, und daß seine Zustimmung ausdrücklich erklärt ist. Ausdrücklich ist auch die Willenserklärung, die nach ihrer im Wege der Auslegung ermittelten Bedeutung nichts anderes bezwecken kann als die Eintragung (KGJ **21** A 281). Ob auch der vortretende Gläubiger seine Zustimmung erklären muß, ist streitig; der richtigen Ansicht nach ist dies nicht erforderlich, da die Lage des vortretenden Gläubigers nur verbessert wird (KGJ **21** A 306; **28** A 255). Ist das zurücktretende Recht, z. B. die Hypothek mit dem Recht eines Dritten, z. B. einem Nießbrauch oder Pfandrecht belastet, so muß auch die Einwilligungserklärung des Dritten beigebracht werden. § 880 Abs. 3 BGB. Die Rechte der Zwischengläubiger werden nach § 880 Abs. 5 BGB durch die Rangänderung nicht berührt; sie brauchen daher nicht zuzustimmen. Im Grundbuch ist die Rangänderung nicht nur neben dem zurücktretenden, sondern auch neben dem vortretenden Recht einzutragen. Die Unterlassung der Eintragung bei dem vortretenden Rechte beeinträchtigt indes die Rechts-

---

wirksam, daß der Gläubiger der Hypothek, aus der die Eigentümerhypothek künftig entstehen soll, seine Zustimmung erklärt, gleichviel ob der Gläubiger der vorstehenden und der Gläubiger der nachstehenden Hypothek miteinander identisch oder ob sie verschiedene Personen sind.

Zur Eintragung der Rangänderung eines Teils der Hypothek, der durch Tilgung der Forderung zur Eigentümergrundschuld geworden ist, zugunsten einer nachstehenden Hypothek auf Grund der Bewilligung des Eigentümers ist die Angabe des Betrages des getilgten Teils und die urkundliche Feststellung der Tilgung erforderlich (KGJ **33** A 286).

wirksamkeit der Rangänderung nicht, kann vielmehr nur Schadensersatzansprüche begründen (KGJ **44** 256). Der in der Spalte „Veränderungen" neben der zurücktretenden Post einzutragende Vermerk lautet z. B.:

Nr. 4. Dreißigtausend RM. Vor dieser Hypothek ist der unter Nr. 10 eingetragenen Hypothek von 20000 RM. der Vorrang eingeräumt. Eingetragen am 7. Mai 1928.
Schmidt. Lehmann.

Falls mehreren Posten der Vorrang eingeräumt wird, so behalten sie ihr bisheriges Rangverhältnis zueinander (KGJ **47** 189). Das gleiche gilt im umgekehrten Fall, d. h. wenn mehrere Posten zurücktreten (KGJ **42** 265).

Ein etwa gebildeter Brief über die zurücktretende Post muß vor der Eintragung vorgelegt werden, damit auf ihm die Rangänderung vermerkt werden kann. Auch auf dem Brief über die vortretende Post wird die Rangänderung von Amts wegen vermerkt.

Wird einer Hypothek der Vorrang vor einer Hypothek für Zinsrückstände eingeräumt, so entfällt sowohl die Eintragung im Grundbuch als die Zustimmung des Eigentümers (RG **88** 160; KGJ **42** 248).

Eine Änderung des Rangverhältnisses kann auch zwischen Rechten der zweiten und dritten Abteilung des Grundbuchs erfolgen. Nach JFG **1** 422 (OLG Braunschweig) kann die Einräumung des Vorrangs von Hypotheken vor einem früher eingetragenen Vorkaufsrechte in das Grundbuch eingetragen werden.

§ 62. Die Arten der Eintragungen. Unzulässige Eintragungen.

Der Kreis der zulässigen Eintragungen ist bestimmt umgrenzt (vgl. KGJ **20** A 91, 309; **21** A 133, 310 und unten § 76). Nur eine beschränkte Zahl dinglicher Rechte ist eintragungsfähig (Spezialitätsprinzip). Hierher gehören: Eigentum, Erbbaurecht, Grunddienstbarkeiten, Nießbrauch, beschränkte persönliche Dienstbarkeiten, Vorkaufsrecht, Reallast, Hypothek, Grundschuld, Rentenschuld, ferner Vormerkungen, Beschränkungen des Eigentums und des Verfügungsrechts des Berechtigten[1] sowie Widersprüche gegen die Richtigkeit des Grundbuchs[2].

---

[1] Eine Verpachtungsbeschränkung ist keine Verfügungsbeschränkung; sie kann aber in die Form einer beschränkten persönlichen Dienstbarkeit gekleidet werden (KGJ **51** 295). Ferner ist eine Vermögensbeschlagnahme gemäß § 290 StPO in der Fassung der Bekanntmachung vom 22. März 1924 (RGBl I S. 299) keine Beschränkung des Verfügungsrechts, sondern eine Beschränkung der Verfügungsfähigkeit des Angeschuldigten und daher der Eintragung nicht zugänglich (KGJ **29** A 238). Das gleiche gilt von dem Bestehen oder der Entziehung der elterlichen Verwaltung und Nutznießung (KGJ **49** 211).

[2] Bei Eintragung eines relativen Veräußerungsverbots (§ 135 BGB) muß die geschützte Person im Grundbuch selbst bezeichnet werden (RG **89** 158f.).

Rein persönliche Rechte, z. B. ein vereinbartes Ankaufs- oder Wiederkaufsrecht (JFG **3** 315), die Rechte aus § 1086 BGB (RG **70** 348), Miete, Pacht, Antichrese können ebensowenig wie der Besitz in das Grundbuch eingetragen werden. Auch die öffentlichen Lasten des Grundstücks, z. B. Grundsteuern, Feuerkassenbeiträge, öffentliche Lasten des Wasserrechts, die Hauszinssteuer (RG **116** 111), Landesrentenbankrente (§ 25 des Ges. vom 29. Dezember 1927, GS S. 283), Rentenbankzinsenlast (HRR 1927 S. 88, RG vom 5. November 1926) usw., sind nach Art. 11 Abs. 1 AGGBO nicht eintragungsfähig. Ein gemäß § 121 des preußischen WasserG vom Uferanlieger mit wasserpolizeilicher Genehmigung übernommene Unterhaltspflicht im Sinne des § 119 a. a. O. ist eintragungsfähig, da sie weder eine dem AblösG (s. S. 195) unterfallende Privatlast noch eine von Art. 11 AGGBO betroffene „öffentliche" (auf nicht privatrechtliche Titel beruhende gemeine) Last ist (JFG **4** 373).

Selbstverständliche Vermerke sollen in das Grundbuch nicht aufgenommen werden, um es nicht unnütz zu belasten und den Überblick über Art und Umfang der Eintragungen zu erschweren (KGJ **20** A 203; **28** A 145; JFG **3** 400). So kann z. B. bei einer Hypothek nicht vermerkt werden, daß das Grundstück auch für die Kosten der Kündigung und der die Befriedigung aus dem Grundstück bezweckenden Rechtsverfolgung haften soll (§ 1118 BGB). Das Kammergericht hält auch den Vermerk für überflüssig, daß die kraft Gesetzes auf den Eigentümer, den persönlichen Schuldner oder den Bürgen übergehenden Hypothekenteile im Range dem dem Gläubiger verbleibenden Teile nachstehen sollen (§ 1176 BGB; KGJ **21** A 165; **28** A 139; vgl. jedoch unten § 113, drittletzter Absatz).

Endlich sind auch Vermerke, die nur den klaren Inhalt bereits vorhandener Vermerke wiederholen, von der Eintragung in das Grundbuch auszuschließen.

Immerhin ist zu beachten, daß unnötige Eintragungen nicht auch inhaltlich unzulässig sind (KGJ **35** 315; **50** 146). Letztere sind solche, aus deren Inhalt[1] sich ohne weiteres ergibt, daß das Eingetragene etwas nach dem Gesetz Unzulässiges und daher rechtlich Bedeutungsloses ist (RG **88** 81; **113** 223; RG in JFG **4** 1). Ist ein Recht im Grundbuch für einen der Rechtspersönlichkeit entbehrenden Verein eingetragen, so liegt keine ihrem Inhalt nach unzulässige Eintragung vor (JFG **3** 1). Unzulässige Eintragungen genießen den Schutz des öffentlichen Glaubens nicht (RG **88** 27f.), können auch nicht nachträglich ergänzt oder geheilt werden (KGJ **44** 189; **46** 200). Sie sind nach § 54 Abs. 1 Satz 2 GBO von Amts wegen zu löschen. Für überflüssige Vermerke gilt diese Vorschrift nicht.

---

[1] Unzulässigkeit dem Inhalte nach kann auch dann gegeben sein, wenn die Eintragung in einem wesentlichen Punkt derart unklar ist, daß nicht ersehen werden werden kann, was eigentlich eingetragen ist (RG **113** 231).

§ 63. Eintragungen für mehrere gemeinschaftlich.

Die Eintragung eines gemeinschaftlichen Rechts kann nur in der Weise erfolgen, daß entweder die Anteile der Berechtigten in Bruchteilen angegeben werden oder das für die Gemeinschaft maßgebende Rechtsverhältnis — Gesellschafts- oder Miterbenverhältnis oder eheliche Gütergemeinschaft — bezeichnet wird. § 48 GBO[1].

Diese Vorschrift beruht auf der Erwägung, daß im Interesse des Grundbuchverkehrs das Grundbuch sichere Auskunft über das Rechtsverhältnis mehrerer zu einem Grundstück oder einem dinglichen Recht an einem solchen geben soll (KGJ **23** A 224). Die Vorschrift findet auf dingliche Rechte aller Art Anwendung, also z. B. auf das Eigentum, die Hypothek, Grundschuld usw.

Werden die Anteile der Berechtigten in Bruchteilen angegeben, liegt also eine Gemeinschaft nach Bruchteilen gemäß §§ 741 ff. BGB vor, so kann jeder Teilhaber über seinen Anteil an dem gemeinschaftlichen Gegenstand verfügen[2]. Nur in diesem Falle, wenn also die Größe des Anteils in einem Bruchteil aus dem Grundbuch ersichtlich ist, kann der Miteigentümer seinen Anteil an dem Grundstück auflassen oder mit einer Hypothek, Reallast oder einem sonstigen Recht belasten (KGJ **20** A 304; **21** A 110; **25** A 134; **27** A 143). Ist im Grundbuch nur eingetragen, daß ein Miteigentum zu Bruchteilen besteht, ohne daß die Größe der Bruchteile vermerkt ist, so muß zunächst, ehe über den Anteil verfügt werden kann, dessen Größe im Grundbuch eingetragen werden[3]. Denn die Vermutung für gleiche Anteile, die der § 742 BGB aufstellt, gilt für den Grundbuchverkehr nicht, weil die vom Gesetz aufgestellte Vermutung nicht einen solchen Nachweis erbringen kann, wie er als Grundlage von im Grundbuch einzutragenden Vorgängen im Interesse der Verkehrssicherheit zu fordern ist (KGJ **20** A 304; **21** A 311; **25** A 134; **27** A 143).

Sind also z. B. der Landwirt Ludwig Schüßler und der Ackerbürger Karl Heinzelmann im Grundbuch von Lobau Bd. II Bl. Nr. 58 „als Miteigentümer je zur Hälfte" eingetragen, so kann sowohl Schüßler wie Heinzelmann seine ideelle Grundstückshälfte allein und ohne die Zu-

---

[1] Die Größe der Bruchteile muß deutlich zu ersehen sein (RG **76** 413; KGJ **29** A 179). Die Angabe „zu gleichen Rechten" genügt nicht (KGJ **32** A 243).

[2] Eine solche Gemeinschaft nach bestimmten Bruchteilen liegt z. B. nicht vor, wenn eine Sicherungshypothek für die Ansprüche eingetragen wird, die mehreren Bürgen im Falle der Befriedigung des Gläubigers gegen den Schuldner zustehen (KGJ **28** A 143).

[3] Ausnahmen von diesem Grundsatz kommen vor. Soll z. B. eine Vormerkung zugunsten der Abkömmlimge der Kinder des Erblassers eingetragen werden, also für Berechtigte, die zur Zeit unbekannt sind, so kann man eine nähere Angabe des Gemeinschaftsverhältnisses gemäß § 48 BGO nicht verlangen, da wegen der Ungewißheit der Anzahl der Berechtigten deren Anteile in Bruchteilen nicht angegeben werden können (KGJ **25** A 151).

stimmung des Miteigentümers auflassen, verpfänden usw. Wird der Anteil an mehrere zu Bruchteilen aufgelassen, so entsteht nicht eine besondere Bruchteilsgemeinschaft an dem aufgelassenen Grundstückanteil, vielmehr zerfällt dieser ohne weiteres in die entsprechende Zahl von kleineren Grundstücksanteilen. Die Übertragung von $^1/_8$ Anteil an drei Erwerber läßt demnach für jeden Erwerber Miteigentum zu $^1/_{24}$ entstehen (KGJ **51** 198).

Sind mehrere Personen nur „als Miteigentümer zu Bruchteilen" eingetragen, so muß erst die Größe der Bruchteile im Grundbuch nachgetragen werden, ehe jeder über seinen Anteil selbständig verfügen kann. Jedoch können sie durch gemeinsame Anträge über das ganze Grundstück, z. B. durch Löschung einer auf diesem eingetragenen Hypothek auch ohne vorherige Feststellung der Größe der Bruchteile verfügen (KGJ **27** A 143). Damit die Größe der Bruchteile nachträglich vermerkt werden könne, genügt eine in der Form des § 29 GBO abgegebene übereinstimmende Erklärung der Eigentümer dahin, daß von vornherein das Miteigentum von ihnen zu bestimmten Quoten erworben worden sei, und daß der dem einzelnen zustehende Bruchteil ziffernmäßig zur Eintragung gebracht werden solle; es ist nicht etwa eine gegenseitige Auflassung der Bruchteile erforderlich. Nur wenn sich etwa Bedenken nach der Richtung ergeben würden, ob nicht die Bruchteile ursprünglich andere als die in der Erklärung angegebenen gewesen sind und inzwischen eine rechtsgeschäftliche Veränderung stattgefunden hat, könnte trotz der Erklärung die Ablehnung der Eintragung der Bruchteile gerechtfertigt sein (KGJ **25** A 134).

Erfolgt die Eintragung eines gemeinschaftlichen Rechts[1] in der Weise, daß das für die Gemeinschaft maßgebende Rechtsverhältnis bezeichnet wird, so bedeutet dies, daß eine Gemeinschaft zur gesamten Hand vorliegt. Eine solche Gemeinschaft kann nur beim Gesellschaftsvermögen, beim Gesamtgut der ehelichen Gütergemeinschaft und bei dem Verhältnis der Miterben in Betracht kommen. Sie kann durch Parteiwillen ohne Begründung eines dieser Rechtsverhältnisse nicht geschaffen werden (KGJ **21** A 112; **23** A 224). Sie schließt eine Verfügung über den Anteil an einzelnen, zu dem gemeinschaftlichen Vermögen gehörenden Gegenständen aus, und es können nur die Gemeinschafter zusammen über den Gegenstand im ganzen verfügen (KGJ **20** A 304). Steht also z. B. ein Grundstück im Miteigentum mehrerer Erben, die die Erbschaft noch nicht geteilt haben, so können die einzelnen Miterben einen ihrem Erbteil entsprechenden Teil des Grundstücks nicht auflassen oder belasten, vielmehr kann nur die Gesamtheit der Erben das Grundstück im ganzen auflassen oder belasten[2]. Die Eintragung einer Hypothek auf dem Anteil eines Miterben an dem zum ungeteilten Nachlaß gehörigen

[1] Zulässig ist auch eine Gesamtgläubigerhypothek (KGJ **46** 226).
[2] KGJ **20** A 89; vgl. auch § 2033 Abs. 2 BGB.

Grundstück würde unzulässig sein, und der Dritterwerber könnte sich auf seinen guten Glauben nicht berufen, da unzulässige Eintragungen den Schutz des öffentlichen Glaubens nicht genießen (RG **88** 27f.)[1]. Sind dagegen Miterben versehentlich als Miteigentümer nach Bruchteilen eingetragen und ist einer der Bruchteile mit einer Hypothek belastet worden, so besteht die Hypothek, falls sie gutgläubig erworben ist (§ 892 BGB), zu Recht (KGJ **51** 220), und zwar haftet sie weiter auf dem betreffenden Grundstücksbruchteil, auch wenn das Grundbuch durch Eintragung der Gesamthandschaft berichtigt wird. Hierzu bedarf es nicht der Zustimmung des Hypothekengläubigers. Ein zu dem Gesamtgut gehöriges Grundstück kann zugunsten eines einzelnen Gemeinschafters, z. B. eines Miterben, mit einer Hypothek belastet werden. Hierdurch wird auch der Grundsatz, daß eine Hypothek nicht für den Grundstückseigentümer selbst begründet werden kann, nicht verletzt (KGJ **26** A 130). Soll das Gesamteigentum in Bruchteile für die einzelnen Gemeinschafter zerlegt werden, so handelt es sich um eine durch Auflassung zu bewirkende Rechtsänderung (KGJ **24** A 106). Erwirbt ein Miterbe zu seinem Erbteil die übrigen Erbteile hinzu, so wird dadurch die Erbengemeinschaft aufgehoben. Er kann nunmehr über die Erbschaft oder Anteile daran nicht mehr dinglich verfügen (RG **88** 116; KGJ **46** 181 und 187).

Zu beachten ist, daß die Eintragung mehrerer als Mitberechtigter zur gesamten Hand stets das für die Gemeinschaft maßgebende Rechtsverhältnis im Grundbuch erkennen lassen muß; fehlt die Angabe dieses Rechtsverhältnisses, so ist die Eintragung unvollständig und unklar (KGJ **20** A 307). Es muß also z. B. bei solchen Eintragungen in Abt. I heißen:

Bäckermeister Karl Schönfeldt und dessen Ehefrau Marie geborene Schäfer, beide in Lobau, in ehelicher Gütergemeinschaft.

Bauer Richard Hahn in Lobau
Schneidermeister Karl Hahn in Buchhain } **in ungeteilter Erbengemeinschaft.**

Die vorstehend entwickelten Grundsätze sind auch dem Ersuchen einer Behörde gegenüber zur Anwendung zu bringen. Das Ersuchen einer Behörde, z. B. des Versteigerungsrichters oder der Auseinandersetzungsbehörde, des Inhalts, ein Recht für mehrere gemeinschaftlich einzutragen, hat sich also darüber auszusprechen, ob eine Bruchteilgemeinschaft oder eine Gemeinschaft zur gesamten Hand und in letzterem Falle, welches der vom Gesetz zugelassenen Gesamthänderverhältnisse eingetragen werden soll (KGJ **23** A 224; **26** A 103). Ebenso ist ein auf §§ 29 Abs. 3,

[1] Zulässig erscheint, daß das Pfandrecht an dem Anteil eines Miterben am ungeteilten Nachlasse auf ein Nachlaßgrundstück eingetragen wird (JFG **4** 294, OLG Braunschweig). Ebenso kann die Pfändung des Erbanteils als relative Verfügungsbeschränkung eingetragen werden (JFG **4** 297, Oberstes Landesgericht München).

26 Abs. 2 des Volksschulunterh. G. gestütztes Ersuchen der Schulaufsichtsbehörde, an Stelle der Schulgemeinde und der Kirchengemeinde den Schulverband und die Kirchengemeinde als Miteigentümer einzutragen, abzulehnen, wenn weder die Anteile der Berechtigten in Bruchteilen angegeben werden noch das für die Gemeinschaft maßgebende Rechtsverhältnis bezeichnet wird (KGJ **39** A 203).

§ 64. Benachrichtigung der Beteiligten von der Eintragung.

Jede Eintragung soll dem Antragsteller und dem eingetragenen Eigentümer, sowie allen aus dem Grundbuch ersichtlichen Personen bekanntgemacht werden, zu deren Gunsten die Eintragung erfolgt ist oder deren Recht durch sie betroffen wird, die Eintragung eines Eigentümers, ferner die Eintragung einer Beschränkung des Eigentümers durch das Recht des Nacherben oder Ernennung eines Testamentsvollstreckers sowie die Eintragung der im Art. 15 Abs. 1 AGGBO bezeichneten Eigenschaft eines Gutes auch denjenigen, für welche eine Hypothek, Grund- oder Rentenschuld, Reallast oder ein Recht an einem solchen Recht im Grundbuch eingetragen ist. § 55 GBO, Reichsgesetz vom 14. Juli 1905 (RGBl S. 707) und AV vom 7. März 1916 (JMBl S. 52).

Die Eintragung des Eigentümers ist weiterhin durch die Eigentumsveränderungsliste der Katasterbehörde, die Eintragung des Verzichts auf das Grundstückseigentum (§ 928 BGB) dem Regierungspräsidenten bekanntzumachen. § 31 AllgVfg in Verbindung mit III der AV vom 17. Mai 1923 (JMBl S. 385), AV vom 18. Februar 1911 (JMBl S. 91). Wegen der Benachrichtigung von Steuerbehörden vgl. oben § 29. Nachrichten an den Domänenfiskus sind an die betreffenden Regierungen zu richten.

Die durch die Eintragung in ihrem Rechte Betroffenen sind die Passivbeteiligten, gegen die sich die Eintragung richtet, deren Recht aufgehoben oder in seinem Bestande verändert werden soll. Ein bloß wirtschaftliches Interesse eines eingetragenen Berechtigten genügt nicht, um den Grundbuchrichter zur Benachrichtigung von einer Eintragung zu verpflichten (KGJ **29** A 155). Ein Nacherbe z. B., dessen Nacherbenschaft in Abt. II des Grundbuchs auf das Nachlaßgrundstück eingetragen ist, gehört hinsichtlich einer auf das Grundstück eingetragenen Hypothek nicht zu den zu benachrichtigenden Personen (KGJ **28** A 155).

Als solche, zu deren Gunsten eine Eintragung erfolgt, kommen grundsätzlich nur die unmittelbar Berechtigten in Betracht; mittelbar Berechtigte aber da, wo ihnen ein selbständiges Recht auf Herbeiführung der Eintragung zusteht (vgl. oben § 33 Schlußabsatz). Z. B. ist der nachfolgende Hypothekengläubiger von der Löschung voreingetragener Rechte, zu der sich der Eigentümer ihm gegenüber verpflichtet hatte, zu benachrichtigen (KGJ **31** A 346).

Hiernach sind z. B. von einem Eigentumswechsel zu benachrichtigen: der bisherige und der neue Eigentümer, das Katasteramt, das Zuwachssteueramt, das Grunderwerbsteueramt und die in der Verfügung des Richters einzeln aufzuführenden Berechtigten in Abt. II und III, letztere unter Mitteilung des Veräußerungspreises (AV vom 30. September 1911, JMBl S. 38). — Von der Eintragung einer Hypothek ist der eingetragene Eigentümer, der Antragsteller, der aber meist mit dem Eigentümer identisch sein wird, und der Gläubiger zu benachrichtigen[1]. — Die Nachricht von der Eintragung der Verpfändung einer Hypothek ergeht außer an den eingetragenen Eigentümer an den verpfändenden Hypothekengläubiger als den, dessen Recht von der Eintragung betroffen wird, und an den Pfandgläubiger als den, zu dessen Gunsten die Eintragung erfolgt.

Eintragungen, die sich auf Hypotheken, Grund- und Rentenschulden beziehen, sind außerdem noch gewissen Hypothekenbanken sowie Körperschaften oder Anstalten des öffentlichen Rechts, die sich mit der Beleihung von Hypotheken, Grundschulden oder Rentenschulden befassen, mitzuteilen. AV vom 9. September 1914 (JMBl S. 706).

Nach einigen Sondervorschriften sind von den Grundbucheintragungen endlich gewisse Behörden zu benachrichtigen. § 31 Abs. 2 AllgVfg. Hierher gehören insbesondere: die Benachrichtigung der Enteignungsbehörde von allen während des Enteignungsverfahrens an dem Grundstück eintretenden Rechtsveränderungen, die für die Vertretung des Grundstücks oder die Auszahlung der Entschädigung von Bedeutung sind. § 24 Abs. 4 Enteign.-Ges. vom 11. Juni 1874 (GS S. 221); ferner die Benachrichtigung der vorgesetzten Dienstbehörde des Schuldners von jeder Eintragung einer Zwangshypothek auf ein Pfarr- oder ein Schulhaus oder auf ein anderes zum öffentlichen Dienst oder Gebrauch bestimmtes Grundstück einer Körperschaft, Stiftung oder Anstalt des öffentlichen Rechts oder einer unter der Verwaltung einer öffentlichen Behörde stehenden Körperschaft oder Stiftung. AV vom 9. Dezember 1899 (JMBl S. 802). Bezüglich der der Steuerbehörde zu machenden Mitteilungen von gewissen Eintragungen in Abt. II und III vgl. oben § 29.

Die Bekanntmachungen erfolgen regelmäßig schriftlich unter wörtlicher Mitteilung der eingetragenen Vermerke. Einem Anwesenden kann die Bekanntmachung zu Protokoll eröffnet werden, was besonders auch dann gilt, wenn mit der Bekanntmachung der Lauf einer Frist beginnt (KGJ **22** A 16); in solchem Falle ist auf Verlangen eine Abschrift der Verfügung zu erteilen. § 16 Abs. 3 FGG; Art. 1 PrFGG.

---

[1] Die Übersendung des Hypothekenbriefes, in den der Eintragungsvermerk aufgenommen ist, ersetzt die Benachrichtigung (KGJ **49** 239; AV vom 5. November 1923, JMBl S. 712).

Das Unterlassen der Bekanntmachung gibt dem Empfangsberechtigten ein Beschwerderecht (KGJ **28** A 152), kann auch zu Schadensersatzansprüchen führen.

Die Bekanntmachung erfolgt nicht etwa nach den für die Zustellung von Amts wegen geltenden Vorschriften der ZPO, sondern durch Übersendung eines einfachen Briefes oder durch Behändigung ohne Beurkundung[1]. § 2 AV vom 1. Februar 1910 (JMBl S. 43)[2]. Einschreibesendung ist nur dann geboten, wenn der Bekanntmachung wichtige Urkunden (Vollmachten, Erbscheine, Hypothekenbriefe) beigefügt werden. In den Grundakten soll vermerkt werden, in welcher Weise, an welchem Orte, und an welchem Tage die Bekanntmachung zur Ausführung gebracht ist. § 16 Abs. 2 FGG; Art. 1 PrFGG; § 2 Abs. 3 der AV vom 1. Februar 1910.

Die Anschriften der zu benachrichtigenden Beteiligten ergeben sich aus den Akten oder dem der Tabelle vorgehefteten Wohnungsblatt (s. oben § 24). Kommt ein Benachrichtigungsschreiben mit dem Vermerk zurück, daß der Adressat nicht zu ermitteln oder verstorben sei, so verfügt der Richter nur

„zu den Akten",

da er nicht verpflichtet ist, Nachforschungen nach dem Aufenthaltsort der Beteiligten anzustellen oder deren Erben zu ermitteln.

Auf die Bekanntmachung kann seitens der Beteiligten durch eine dem Grundbuchamt gegenüber abgegebene Erklärung (mündlich oder schriftlich) verzichtet werden. § 55 letzter Satz GBO.

Hat der, dem eine Grundbucheintragung bekannt zu machen ist, das Grundbuchamt ersucht, die Bekanntmachung nicht an ihn, sondern an einen anderen ergehen zu lassen, so hat das Grundbuchamt sie nur an die von dem Berechtigten bezeichnete Person zu richten und kann die Eintragung nicht etwa nach seiner Wahl dem Berechtigten oder dem anderen mitteilen (KGJ **34** A 328).

C. Die Berichtigung des Grundbuchs.

§ 65. Überblick.

Wenn der Inhalt des Grundbuchs in Ansehung eines Rechts an einem Grundstück, eines Rechts an einem solchen Recht oder einer Verfügungsbeschränkung der im § 892 Abs. 1 BGB bezeichneten Art mit der wirklichen Rechtslage nicht im Einklang steht, so kann derjenige, dessen Recht nicht oder nicht richtig eingetragen oder durch die Eintragung einer nicht bestehenden Belastung oder Beschränkung beeinträchtigt ist, die Zustimmung zu der Berichtigung des Grundbuchs von demjenigen verlangen,

[1] Über die Bekanntmachung der eine Frist zur Behebung von Anständen gewährenden Verfügungen des Grundbuchrichters vgl. oben § 40.

[2] § 8 das. ist geändert durch die AV vom 4. Mai 1911 (JMBl S. 191).

dessen Recht durch die Berichtigung betroffen wird[1]. § 894 BGB[2]. Die Grundbuchordnung regelt für die hiernach zulässige Berichtigung des Grundbuchs das Verfahren verschieden, je nachdem die Unrichtigkeiten auf ein Versehen der Grundbuchbeamten oder auf andere Gründe zurückzuführen ist.

Die Berichtigung hat den Zweck, den Inhalt des Grundbuchs mit der wirklichen Rechtslage in Einklang zu bringen. § 894 BGB erfordert nicht einen schroffen Widerspruch zwischen dem Inhalt des Grundbuchs und der wirklichen Rechtslage; vielmehr muß als Voraussetzung seiner Anwendbarkeit ein „Nichteinklangstehen" von Grundbuch und Wirklichkeit genügen (RG **54** 85), z. B. enthält auch die Unvollständigkeit eine Unrichtigkeit des Grundbuchs (KGJ **50** 151).

Als Berichtigung sind nicht bloß Richtig- oder Klarstellungsvermerke anzusehen, z. B. daß der eingetragene Rechtsinhaber nunmehr in einem anderen Rechtsgebilde fortlebt (JFG **3** 338).

§ 66. Berichtigung des Grundbuchs im Falle eines Versehens usw. des Grundbuchrichters.

Das im Falle eines Versehens des Grundbuchrichters eintretende Berichtigungsverfahren ist ein verschiedenes, je nachdem: a) das Grundbuchamt unter Verletzung gesetzlicher Vorschriften oder unter Angabe unrichtiger Tatsachen eine Eintragung vorgenommen hat, durch die das Grundbuch unrichtig geworden ist, oder b) die Eintragung sich nach ihrem Inhalt als unzulässig erweist. § 54 GBO.

1. Ergibt sich, daß das Grundbuchamt unter Verletzung gesetzlicher Vorschriften eine Eintragung vorgenommen hat, durch die das Grundbuch unrichtig geworden ist[3 4], so ist von Amts wegen ein Widerspruch einzutragen. § 54 GBO[5]. Ein solcher Amtswiderspruch kommt auch dann in Frage, wenn er von einem Beteiligten beantragt ist; ein solcher Antrag stellt sich als bloße Anregung dar. KG in JFG **3** 267. Die Verletzung gesetzlicher Vorschriften braucht nicht notwendig auf

---

[1] Die erfolgreiche Anfechtung einer Eintragung auf Grund des Anfechtungsgesetzes bewirkt keine Unrichtigkeit des Grundbuchs (KGJ **49** 200).

[2] Es kommt vor, daß durch Gesetz angeordnet wird, Rechte, die im Grundbuch eingetragen sind, von Amtswegen zu löschen (z. B. Art. II der Vdg über einen erweiterten Staatsvorbehalt zur Aufsuchung und Gewinnung von Steinkohle und Erdöl vom 10. Oktober 1927, GS S. 189.)

[3] Die Eintragung der katholischen Kirchengemeinde als Eigentümerin eines an die katholische Kirche des Ortes aufgelassenen Grundstücks bewirkt im Geltungsbereich des ALR keine Unrichtigkeit des Grundbuchs (KGJ **40** 109).

[4] Über die Unrichtigkeiten bei Eintragungen auf Grund eines Separationsrezesses s. KGJ **38** A 255.

[5] Gegen einen eingetragenen Widerspruch ist die Eintragung eines neuen Widerspruchs unzulässig (KGJ **20** A 219; **21** A 147).

einem Verschulden des Grundbuchbeamten zu beruhen; es genügt auch eine sonstige unrichtige rechtliche Beurteilung der Sachlage. Dagegen greift § 54 nicht Platz, wenn der Grundbuchbeamte das Gesetz auf den ihm vorliegenden Tatbestand richtig angewendet hat, der Tatbestand aber unrichtig oder unvollständig ist, ohne daß dies zur Zeit der Entscheidung dem Grundbuchbeamten bekannt oder infolge Fahrlässigkeit unbekannt gewesen ist (KGJ **40** 167). Die Gesetzesverletzung muß einen Punkt betreffen, auf den sich die Prüfungspflicht des Grundbuchamts erstreckt (JFG **3** 1). Es muß ein Gesetzesverstoß des Grundbuchamts vorliegen. Gegen die auf Gesetzesverletzung beruhende Eintragungsverordnung des Beschwerdegerichts kann Abhilfe allein durch Einlegung der weiteren Beschwerde erreicht werden (JFG **3** 264; s. § 125 S. 319). Sind gesetzliche Vorschriften nicht verletzt, aber tatsächliche Unrichtigkeiten eingetragen, so ist ein Widerspruch nur auf Antrag zu vermerken. In beiden Fällen bedarf es zur Berichtigung des Grundbuchs der Bewilligung desjenigen, dessen Recht von der Berichtigung betroffen wird, nicht, wenn die Unrichtigkeit nachgewiesen wird. Dies gilt insbesondere für die Berichtigung der Eintragung oder Löschung einer Verfügungsbeschränkung. Die Eintragung eines Widerspruchs ist nur zulässig, falls die Unrichtigkeit des Grundbuchs noch zur Zeit seiner Eintragung besteht (KGJ **31** A 271; **41** 226). Die Eintragung des Nacherben kann nicht mehr nachgeholt werden, wenn der Vorerbe verstorben ist, obwohl auch dann noch der Nacherbe schutzbedürftig ist (KGJ **49** 177; **50** 160).

Hat zwischenzeitlich ein Dritter das Grundstück erworben, so muß das Nichtvorliegen eines gutgläubigen Erwerbs glaubhaft gemacht werden. Ein Nachweis in den Formen des § 29 GBO ist nicht erforderlich (KGJ **41** 225); sind der unrichtigen Eintragung andere Eintragungen nachgefolgt, so ist der Vermerk des Widerspruchs nicht mehr zulässig, wenn durch die späteren Eintragungen die Wirkung der Unwirksamkeit der gesetzverletzenden Eintragung für die Zukunft aufgehoben ist (RG **65** 98).

Der Nachweis der Unrichtigkeit hat durch öffentliche Urkunden zu erfolgen. Es genügt auch die Glaubhaftmachung der Unrichtigkeit (KGJ **47** 185). Der Nachweis oder die Glaubhaftmachung kann aber nicht dahingehen, daß die Urkunden, auf Grund deren die Eintragung erfolgt ist, falsch ausgelegt seien, so z. B. wenn der Grundbuchrichter auf Grund unrichtiger Auslegung eines Testaments eine Eintragung bewirkt hat (KGJ **26** A 80). Dagegen darf die Berichtigung des Grundbuchs durch Eintragung eines Eigentümers oder eines Erbbauberechtigten, sofern nicht der Fall des § 14 vorliegt, nur mit Zustimmung des Eigentümers oder des Erbbauberechtigten erfolgen. § 22 GBO (KGJ **25** A 98). Der § 22 GBO umfaßt alle Unrichtigkeiten, die ein Grundbuch aufweist. Eine Beschränkung auf bestimmte Arten von Unrichtigkeiten ist darin nicht enthalten. Es ist aber erforderlich, daß durch die Beseitigung der Unrichtigkeit ein eingetragenes Recht hinsichtlich seines Bestehens oder seines Umfanges oder seiner Gestaltung überhaupt betroffen werden kann. Bloße Schreibfehler, versehentliche Beschreibungen, unzutreffende Bezeichnungen und ähnliche unwesentliche Unrichtigkeiten, die nur die Form der Eintragung berühren und deren Beseitigung für den Inhalt des eingetragenen Rechts und für den Rechtserwerb von keiner Bedeutung ist, können von Amts wegen berichtigt werden, ohne daß die Voraussetzungen des § 22 a. a. O. vorzuliegen brauchen (KGJ **27** A 244).

Beispiel:

Der Kaufmann Richard Schnauß in Lobau hat am 23. Oktober 1927 sein im Grundbuch von Lobau Bd. II Bl. Nr. 35 verzeichnetes Grundstück an den Rentner Karl Wolff in Lobau aufgelassen. Der Amtsgerichtsrat Schmidt verfügt versehentlich die Eintragung Wolffs in Bd. II Bl. Nr. 53 des Grundbuchs von Lobau. Dieser wird dann auch bei Bd. II Bl. Nr. 53, dessen bisheriger Eigentümer der Bäckermeister Ulbrich ist, als Eigentümer eingetragen. Er ersieht aus der ihm zugegangenen Benachrichtigung, daß er als Eigentümer eines falschen Grundstücks eingetragen ist, und beantragt daher, ihn als Eigentümer von Lobau Bd. II Bl. Nr. 35 in das Grundbuch einzutragen. Der Amtsgerichtsrat Schmidt gibt diesen Antrag auf Grund der Auflassungsverhandlung vom 23. Oktober 1927 sofort statt und läßt Wolff als Eigentümer von Lobau Bd. II Bl. Nr. 35 in das Grundbuch eintragen. Die Eintragung Wolffs auf Lobau Bd. II Bl. Nr. 35 ist nun aber nicht die Berichtigung, die hier in Frage steht; denn auf Lobau Bd. II Bl. Nr. 35 ist etwas Falsches überhaupt nicht eingetragen worden. Das eigentliche Berichtigungsverfahren berührt daher nur Lobau Bd. II Bl. Nr. 53, wo ohne jede rechtliche Unterlage infolge eines Versehens des Grundbuchrichters als neuer Eigentümer Wolff eingetragen ist. Auf Lobau Bd. II Bl. Nr. 53 ist also sofort nach § 54 GBO von Amts wegen ein Widerspruch einzutragen.

Der Widerspruch ist nach § 14 AllgVfg in Abteilung II Spalte 1 bis 3 des Grundbuchs einzutragen. Die Eintragung ist gebührenfrei. § 59 Satz 2 PrGKG. Der bezügliche Vermerk wird lauten:

Ein Widerspruch zugunsten des Bäckermeisters Anton Ulbrich in Lobau zum Schutze seines Anspruchs auf Rückgängigmachung der auf den Rentner Karl Wolff in Lobau erfolgten Umschreibung des Eigentums des Grundstücks. Eingetragen am 15. Dezember 1927.

Zur Aufklärung des Sachverhalts kann der Grundbuchrichter die nach seinem pflichtgemäßen Ermessen erforderlichen Ermittlungen anstellen, insbesondere Zeugen vernehmen. Die Zuziehung der Parteien ist nicht erforderlich (KGJ **48** 194).

Bei der Eintragung eines Widerspruchs müssen der Name desjenigen, für den er eingetragen wird, und der zu sichernde Berichtigungsanspruch mit eingetragen werden; die Bezugnahme auf eine Urkunde, aus der der Berechtigte und der zu sichernde Anspruch erst entnommen werden sollen, ist unzulässig. Eine Eintragung, bei der gegen diese Grundsätze verstoßen ist, ist unwirksam (KGJ **23** A 133). Eine Begründung der Unrichtigkeit des Grundbuchs ist nicht erforderlich und, falls unzutreffend, für die Wirkung des Widerspruchs ohne Bedeutung (JFG **2** 291).

Durch die Eintragung des Widerspruchs ist das Versehen natürlich noch nicht beseitigt und die Berichtigung des Grundbuchs noch nicht durchgeführt. Der Widerspruch hat vielmehr den Zweck, die Beteiligten, insbesondere den Betroffenen, d. h. den wahren Eigentümer von Lobau Bd. II Bl. Nr. 53, Ulbrich, sowie den für das Versehen seines Beamten haftenden Staat und endlich auch den Beamten selbst gegen etwaige mißbräuchliche Verfügungen Wolffs zu schützen (vgl. KGJ **26** A 238f.; **40** 167). Denn dieser könnte das Grundstück Lobau Bd. II Bl. Nr. 53, als dessen Eigentümer er im Grundbuch eingetragen ist[1] weiter an A auflassen oder für B belasten, und A oder B würden das Eigentum oder das sonstige Recht an dem Grundstück erwerben, wenn sie gutgläubig wären, d. h. wenn sie nicht wüßten, daß Wolff nicht der wahre Eigentümer wäre; dies folgt aus dem öffentlichen Glauben des Grundbuchs, wonach derjenige geschützt wird, der sich auf die Richtigkeit des Grundbuchs verläßt[2]. Ist aber ein Widerspruch gegen die Eintragung Wolffs im Grundbuch vermerkt, so müssen A und B den Widerspruch gegen sich gelten lassen und auf ihre Gutgläubigkeit können sie sich nicht berufen. § 892 Abs. 1 BGB[3]. Der Widerspruch ist hiernach das vom Gesetz gegebene Mittel, die mit dem öffentlichen Glauben des Grundbuchs verknüpften Gefahren zu beseitigen, und der Dritte (in unserem Beispiel A und B) muß die wahre, nicht die durch das Grundbuch geschaffene Rechtslage gegen sich gelten lassen (KGJ **21** A 147; **23** A 133; **26** A 78; **26** A 241; **47** 182.)

Der Widerspruch führt keine Sperre des Grundbuchs ein; der Grundbuchrichter müßte daher trotz des eingegangenen Widerspruchs eine Auflassungs- oder Belastungserklärung Wolffs zugunsten des A oder B berücksichtigen; die zugunsten des A oder B vorgenommenen Eintragungen könnten dann freilich von dem, zu dessen Gunsten der Widerspruch eingetragen ist, also vorliegend von Ulbrich, nötigenfalls im Prozeßwege, wieder beseitigt werden. Das Kammergericht (KGJ **26** A 250) steht freilich auf dem Standpunkt, daß die Anträge des Buchberechtigten zurückzuweisen sind, weil der Grundbuchrichter den Mangel seiner Ver-

---

[1] Wolff ist zwar als Eigentümer von Lobau Bd. II Bl. Nr. 53 eingetragen, aber mangels jeder materiell-rechtlichen Grundlage nicht etwa wirklicher Eigentümer dieses Grundstücks geworden.

[2] Ein Widerspruch kann nicht gegen den Vermerk über die Anordnung der Zwangsversteigerung eingetragen werden, da dieser Vermerk kein Recht ist und der öffentliche Glaube des Grundbuchs sich nur auf Rechte bezieht (KGJ **26** A 78). Desgleichen ist ein Widerspruch gegen die Eintragung eines Nacherben (KGJ **34** A 238) oder gegen den Vermerk der Zugehörigkeit eines Grundstücks zu einer Bahneinheit (KGJ **40** 102) nicht gegeben.

[3] Bei dem Widerspruch kann nach KGJ **36** A 178 eingetragen werden, daß der durch ihn gesicherte Anspruch auf Berichtigung des Grundbuchs an eine andere Person abgetreten sei. Nach KGJ **47** 169 ist indes die Abtretung des Berichtigungsanspruchs nicht eintragungsfähig (hierüber s. RG **112** 260).

fügungsberechtigung kennt. Die Eintragung des Widerspruchs ist nach Ansicht des KG deshalb nicht überflüssig, weil sie für den Fall Schutz gewähre, daß später die Unrichtigkeit des Grundbuchs übersehen und deshalb eine Eintragung auf Grund einer Verfügung des nur buchmäßig Berechtigten vorgenommen werde.

Die Eintragung eines Widerspruchs hat andererseits nicht die Wirkung, daß sie das Grundbuch für solche Verfügungen öffnet, die ohne die Eintragung des Widerspruchs unzulässig sind.

Durch die Eintragung des Widerspruchs zugunsten Ulbrichs ist die Berichtigung noch nicht durchgeführt, da immer noch Wolff als Eigentümer von Lobau Bd. II Bl. Nr. 53 eingetragen ist. Es muß also noch die Eintragung des falschen Eigentümers aus dem Grundbuch entfernt und Ulbrich als Eigentümer wieder eingetragen werden. Da die Unrichtigkeit der Eigentumseintragung durch das Auflassungsprotokoll vom 23. Oktober 1927 zweifelsfrei nachgewiesen ist, so bedarf es gemäß der die Grundbuchberichtigungen wesentlich erleichternden Vorschrift des § 22 Abs. 1 GBO zur Berichtigung durch Neueintragung des wahren Eigentümers Ulbrich der sonst nach § 19 GBO erforderlichen Bewilligung desjenigen, dessen Recht von der Berichtigung betroffen wird, nicht. Wolff braucht also, obwohl er eingetragener Eigentümer ist, seine Zustimmung zur Berichtigung nicht zu geben (KGJ **25** A 98, 106)[1]. Anders würde die Sache liegen, wenn Wolff vor Eintragung des Widerspruchs das Grundstück an den gutgläubigen A aufgelassen hätte und dieser als Eigentümer eingetragen wäre. Dann könnte die Unrichtigkeit nicht mehr durch das Auflassungsprotokoll vom 23. Oktober 1927 als nachgewiesen erachtet werden. Denn bei der Frage, ob die Unrichtigkeit als nachgewiesen zu erachten ist, müssen die Wirkungen berücksichtigt werden, die der Erwerb im Glauben an die Richtigkeit des Grundbuchs hinsichtlich des im Grundbuch vermerkten Bestandes eines Grundstücks ausübt.

Es muß aber der wahre Eigentümer, Ulbrich, seine Zustimmung zur Berichtigung des Grundbuchs in der Form des § 29 GBO

[1] Es können aber in solchem Falle die Beteiligten sich auch des Formalaktes der Auflassung bedienen, um die Berichtigung des Grundbuchs durch Eintragung des Eigentümers herbeizuführen. Machen sie von dieser Befugnis Gebrauch, so genügt es, wenn das Grundbuchamt in Spalte 3 der ersten Abteilung des Grundbuchs den Tag der Auflassung und den Tag der Eintragung vermerkt. Die Angabe, daß eine Grundbuchberichtigung vorliege, kann in diesem Falle nicht verlangt werden (KGJ **34** 235).

Zulässig ist natürlich auch, daß der als Eigentümer Eingetragene die Berichtigung des Grundbuchs durch Eintragung eines Eigentümers bewilligt. Geschieht dies, so ist der Nachweis des Eigentums des Einzutragenden nicht nötig. Die Eintragung kann aber abgelehnt werden, wenn der Grundbuchrichter weiß, daß der Einzutragende nicht Eigentümer ist oder wenn er erheblichen Zweifel auf Grund tatsächlicher Unterlagen über das Eigentum des Einzutragenden hat (KGJ **39** A 172; vgl. auch KGJ **33** A 323, OLG Stuttgart).

(KGJ **26** A 249) geben, da nach § 22 Abs. 2 GBO bei der Berichtigung des Grundbuchs durch Eintragung eines Eigentümers (oder eines Erbbauberechtigten) die Zustimmung des Eigentümers (oder des Erbbauberechtigten) verlangt wird[1], und unter dem Eigentümer, dessen Zustimmung das Gesetz verlangt, nicht der eingetragene Eigentümer, sondern der noch nicht eingetragene wahre Eigentümer zu verstehen ist (KGJ **25** A 98, 106). Die Zustimmung des einzutragenden Eigentümers verlangt das Gesetz, weil niemand ohne seine ausdrückliche Zustimmung das Eigentumsrecht, das außer mit Rechten auch mit öffentlich-rechtlichen Pflichten, insbesondere in polizeilicher und steuerlicher Hinsicht verknüpft ist, erwerben soll (KG **25** A 98).

Auf Grund der formgerechten Zustimmungserklärung Ulbrichs erfolgt also dessen Wiedereintragung als Eigentümer von Lobau Bd. II Bl. Nr. 53; in Spalte 3 der Abt. I wird vermerkt:

„Bei Berichtigung des Grundbuchs eingetragen am 22. Dezember 1927."

Schließlich ist dann noch der Widerspruch zu löschen. Diese Löschung darf nicht von Amts wegen, sondern nur auf Antrag und mit Bewilligung desselben erfolgen, zu dessen Gunsten der Widerspruch eingetragen ist (KGJ **21** A 147). Mangelt es an einer Einigung der Beteiligten, so kann der Widerspruch auch nicht im Beschwerdewege, sondern nur im Prozeßwege beseitigt werden (KGJ **20** A 219; **23** A 117). In unserem Beispiel ist also Ulbrich der Antrags- und Bewilligungsberechtigte, und er wird daher nicht nur der Berichtigung zustimmen, sondern auch die Löschung des für ihn eingetragenen Widerspruchs bewilligen und beantragen[2].

Besonderes gilt für das Berichtigungsverfahren bezüglich einer eine Hypothek, eine Grundschuld oder eine Rentenschuld betreffenden Eintragung. In diesen Fällen bedarf es zur Eintragung eines Widerspruchs der Vorlegung des Briefes nicht, wenn der Widerspruch sich darauf gründet, daß die Hypothek oder die Forderung, für die sie bestellt ist, nicht bestehe oder einer Einrede unterliege, oder daß die Hypothek unrichtig eingetragen sei[3]. Jedoch findet diese Vorschrift keine Anwendung, wenn der Grundschuld- oder Rentenschuldbrief auf den Inhaber ausgestellt ist. § 54 Abs. 2 GBO[4].

[1] Ausgenommen ist der Fall des § 14 GBO.

[2] Ein Widerspruch gegen die unrechtmäßige Löschung des Widerspruchs ist unzulässig (KGJ **49** 179).

[3] Die versehentliche Eintragung eines unrichtigen Berechtigten ist Nichteintragung hinsichtlich des Rechts des Berechtigten und unrichtige Eintragung hinsichtlich des nicht bestehenden Rechts des Nichtberechtigten. Die Berichtigung des Grundbuchs ist daher nicht durch Umschreibung des Rechts auf den Berechtigten, sondern nur durch Löschung des Rechts möglich (KGJ **39** A 175).

[4] Der Grundschuldbrief ist auch dann vom Grundstückseigentümer vorzulegen, wenn zu seinen Gunsten auf Grund einer einstweiligen Verfügung bei einer Grundschuld ein Widerspruch gebucht werden soll, weil der Eigentümer den Grundschuldgläubiger durch Aufrechnung befriedigt hat (KGJ **31** A 371; OLG Rostock).

Die Eintragung des Widerspruchs gegen die Löschung einer Hypothek ist unzulässig, wenn nach der Entstehung der Unrichtigkeit des Grundbuchs das Eigentum des Grundstücks durch Rechtsgeschäft von einem Dritten erworben ist, es sei denn, daß die Kenntnis des Erwerbers von der Unrichtigkeit nachgewiesen ist oder glaubhaft gemacht würde (KGJ **31** A 271; **41** 225).

Ist eine Hypothek zu Unrecht gelöscht, so kann ihre Wiedereintragung im Wege der Berichtigung auf Antrag des Gläubigers oder des Eigentümers erfolgen, soweit nicht ein Rechtserwerb im guten Glauben an die Richtigkeit des Grundbuchs entgegensteht. Eine inzwischen auf Grund einstweiliger Verfügung eingetragene Vormerkung zur Sicherung des Anspruchs auf Einräumung einer Sicherungshypothek gemäß § 648 BGB begründet einen solchen Rechtserwerb nicht (KGJ **33** A 277).

2. Wesentlich einfacher gestaltet sich das Berichtigungsverfahren, wenn sich eine Eintragung nach ihrem Inhalt als unzulässig[1] erweist (KGJ **26** A 77; **39** A 210; **42** 175; JFG **3** 436, vgl. oben § 62[2]). In diesem Falle hat nämlich der Grundbuchrichter die unzulässige Eintragung ohne weiteres von Amts wegen zu löschen. § 54 Abs. 1 Satz 2 GBO. Die Löschung findet nicht statt, wenn die Unzulässigkeit sich nicht lediglich aus dem Inhalt des Grundbuchs, sondern erst aus Beweisen ergibt, die außerhalb des Grundbuchs liegen (RG **88** 83ff. insbes. 88); RG JFG **3** 1ff.; RG **113** 229. Dabei steht aber dem eigentlichen Eintragungsvermerk, soweit nach §§ 874, 1115 Abs. 1 BGB eine Bezugnahme zulässig ist und stattgefunden hat, der Inhalt der in Bezug genommenen Eintragungsbewilligung gleich; beide werden durch die Bezugnahme, soweit diese reicht, zu einer Einheit, die nur einheitlich gelesen und gewürdigt werden kann. RG **88** 83, 88; **113** 229. Ergibt sich die Unzulässigkeit erst aus Beweisen außerhalb des Grundbuchs, so kommt eine Berichtigung des Grundbuchs nur nach § 22 GBO in Frage (§ 67). Hat also der Amtsgerichtsrat Schmidt auf einem Grundstück ein Miet- oder Pachtrecht eingetragen, so muß er dies auch ohne Zuziehung des Berechtigten und des Grundstückseigentümers löschen, weil es nach gesetzlicher Vorschrift in das Grundbuch nicht eingetragen werden darf. Auch eine etwa ohne Bezeichnung eines Berechtigten eingetragene Last oder ein ohne Nennung der begünstigten Person eingetragenes relatives Veräußerungsverbot (KGJ **45** 255), oder die in früherer Zeit erfolgte Eintragung einer nach dem BGB nicht mehr wirksamen Verfügungsbeschränkung (KGJ **40** 227) müßte als eine ihrem Inhalt nach unzulässige Eintragung gelöscht werden. Eine nachträgliche Ergänzung ist unstatthaft (KGJ **44** 182; **46** 200). Der Vermerk über die Anordnung der Zwangsver-

[1] Über die Zulässigkeit der Eintragung der vor dem Jahre 1910 entstandenen Realschenkgewerbeberechtigungen s. KGJ **33** A 216.

[2] S. auch Anm. 3 S. 315, § 123.

steigerung kann niemals eine solche unzulässige Eintragung sein. Seine Löschung kann daher im Beschwerdewege nicht verlangt werden (KGJ **26** A 77; **39** A 210; **42** 175) vgl. S. 134 Anm. 2. Enthält ein Eintragungsvermerk entgegen § 1115 Abs. 1 BGB den Zinssatz der Forderung nicht und beschränkt er sich auch insoweit auf eine Bezugnahme auf die Eintragungsbewilligung, so enthält dieser Verstoß zwar eine inhaltliche Unzulässigkeit der Eintragung, wenn auch eine negative durch Unvollständigkeit, es wird aber nicht etwa die ganze Eintragung inhaltlich unzulässig; nur bezüglich der Zinsen tritt die Nichtigkeit dahin ein, daß für diese in Ermangelung der Eintragung die Haftung des Grundstücks nicht begründet wird. RG **113** 229.

Die Angaben eines unrichtigen Berechtigten im Grundbuch machen die Eintragung nicht an und für sich im Sinne des § 54 Abs. 1 Satz 2 GBO ihrem Inhalt nach unzulässig, sofern nur über die Persönlichkeit der Berechtigten kein Zweifel besteht. RG **113** 230. Die Unzulässigkeit kann dem Inhalt nach auch dann gegeben sein, wenn die Eintragung in einem wesentlichen Punkte derart unklar ist, daß nicht ersichtlich ist, was eigentlich eingetragen ist. RG **113** 231. Zweifel oder Undeutlichkeiten, die sich aus dem Zusammenhalt von Eintragungsvermerk und Eintragungsbewilligung ergeben, sind nur dann als die Eintragung ihrem Inhalte nach unzulässig machend anzusehen, wenn sie nicht anderweit zu beheben sind. Sind sie anderweit zu beheben, so muß es den Beteiligten überlassen bleiben, die Richtigkeit einer vermeintlichen Unrichtigkeit gemäß § 22 GBO im Prozeßweg herbeizuführen. RG **113** 231.

Die Eintragung eines dinglichen Vorkaufsrechts mit Vereinbarung eines festen Verkaufspreises ist nur hinsichtlich dieser Vereinbarung, nicht im ganzen inhaltlich unzulässig. Dagegen kann die Eintragung unrichtig sein. Dies ist dann der Fall, wenn nicht anzunehmen ist, daß die Eintragung über das Vorkaufsrecht auch ohne die Preisvereinbarung vorgenommen sein würde (KGJ **43** 223). Über die Unzulässigkeit eines Teils des Eintragungsvermerks und die Zulässigkeit einer teilweisen Löschung vgl. noch KGJ **42** 260.

Eine Eintragung der Aufwertung „unter Vorbehalt der Aufwertung auf einen höheren Betrag" ist ihrem Inhalt nach unzulässig. KG in JWBl **26** 411.

§ 67. Berichtigung des Grundbuchs in anderen Fällen.

Liegt kein Versehen der Grundbuchbeamten vor, sondern ist d u r c h d i e S c h u l d d e r B e t e i l i g t e n o d e r a u s a n d e r e n G r ü n d e n e t w a s U n r i c h t i g e s i m G r u n d b u c h eingetragen, so ist ebenfalls, wie im Falle des § 66, die Bewilligung desjenigen, dessen Recht von der Berichtigung betroffen wird, nicht erforderlich, wenn die Unrichtigkeit nachgewiesen wird. § 22 GBO[1]. Liegt also die Eintragungbewilligung vor, so ist der Nachweis der Unrichtigkeit entbehrlich (RG **73** 154; KGJ **36** A 172; **40** 153). Andererseits ist der Antrag abzulehnen, wenn der Grundbuchrichter weiß, daß die Angaben der Beteiligten nicht den Tatsachen entsprechen (KGJ **48** 184). Bloße Zweifel an der Richtigkeit der Erklärungen rechtfertigen die Ablehnung nicht (KGJ **41** 201). Ein rechtskräftiges Urteil, in dem festgestellt wird, daß eine Hypothek der einen oder anderen Prozeßpartei zusteht, hindert nicht die Feststellung des Grundbuchrichters, daß ein dritter Antragsteller der Hypothekengläubiger ist. Die Wirkung der Rechtskraft eines Urteils beschränkt sich auch im Verfahren der freiwilligen Gerichtsbarkeit auf den in §§ 325ff. ZPO bestimmten Personenkreis (KGJ **51** 6ff.). Für den Fall der Berichtigung durch Eintragung eines Eigentümers oder Erbbauberechtigten bedarf es, abgesehen vom Falle des § 14 GBO, zur Berichtigung der Zustimmung des nicht eingetragenen wahren Eigentümers oder Erbbauberechtigten. § 22 Abs. 2 GBO[2]. Der Unterschied von den oben im § 66 abgehandelten Fällen liegt nur darin, daß hier nicht, wie dort, von Amts wegen, sondern nur auf besonderen Antrag ein Widerspruch gegen die Richtigkeit des Grundbuchs gemäß § 899 BGB eingetragen werden kann. Der § 54 GBO findet keine Anwendung. Auch hier kann dem Antrag nur entsprochen werden, wenn derjenige die Eintragung des Widerspruchs bewilligt, dessen Recht durch die Berichtigung betroffen wird. Würde dieser sich weigern, in eine solche Eintragung zu willigen, so könnte die Eintragung des Widerspruchs außer im Prozeßwege auch im Wege einer einstweiligen Verfügung gemäß §§ 935ff. ZPO erreicht werden. Eine Prüfung der Zulässigkeit der einstweiligen Verfügung steht dem Grundbuchrichter nicht zu. Die Eintragung des Widerspruchs darf sich aber nicht gegen Dritte richten, die von dem Verfahren der einstweiligen Verfügung nicht betroffen worden sind (JFG **3** 421).

Beispiele:

1. Der als Eigentümer eines Grundstücks eingetragene Kaufmann Karl Erbe hat sich nach seiner Eintragung verheiratet und hat mit seiner Ehefrau die allgemeine Gütergemeinschaft vereinbart. Durch diese außerhalb des Grundbuchs eingetragene Rechtsänderung ist das Grundbuch unrichtig geworden (KGJ **20** A 188), da das Eigentum an dem Grundstück nunmehr nicht nur dem eingetragenen Ehemanne, sondern auch der Ehefrau zusteht. § 1438 BGB. Die Ehefrau kann auf Grund eines Auszuges aus dem Güterrechtsregister, der die Unrichtigkeit des Grundbuchs dartut (§ 34 GBO), ihre Eintragung als Miteigentümerin erwirken;

---

[1] Auf dem Wege des § 22 GBO kann auch die Löschung einer nicht bestehenden Vormerkung betrieben werden (KGJ **52** 162). Dies gilt — trotz § 25 GBO — auch dann, wenn die Vormerkung auf Grund einer einstweiligen Verfügung eingetragen worden ist.

[2] Keine solche Grundbuchberichtigung liegt vor, wenn die Eintragung der Überweisung eines fiskalischen Grundstücks von der einen Verwaltungsstelle auf die andere im formlosen Verfahren gemäß § 4 Abs. 2 AllgVfg erfolgt (KGJ **38** A 237).

der Bewilligung ihres Ehemannes bedarf es zu der Berichtigung nach § 22 Abs. 1 GBO nicht, obwohl sein Eigentumsrecht von der Bewilligung betroffen wird.

Ebenso liegt der Fall einer Berichtigung vor, wenn die Eheleute beantragen, ein auf dem Namen der Frau eingetragenes Grundstück als ein Gesamtgut der Fahrnisgemeinschaft einzutragen.

Erwirbt ein Ehegatte bei bestehender Fahrnisgemeinschaft ein Grundstück, so kann die Gesamtgutseigenschaft gleichzeitig mit der Eigentumsänderung im Wege der Grundbuchberichtigung auch ohne Einwilligung des Veräußeres in das Grundbuch eingetragen werden. Die Eintragung erfolgt, wenn der erwerbende Ehegatte sie mit Zustimmung des anderen Ehegatten bewilligt (KGJ **38** A 208; **47** 258). Ist der Ehemann der Erwerber und beantragt er die Eintragung der Gesamtgutseigenschaft, so ist die Mitwirkung der Ehefrau nicht erforderlich (RG **84** 326; KGJ **46** 251, Beschluß des Obersten Landesgerichts München; a. M. OLG Darmstadt KGJ **46** 256). Trotz bestehender Gütergemeinschaft ist dem Antrage der Eheleute auf Eintragung ihres Eigentums je zur Hälfte, desgleichen dem Antrage des Ehemanns, das Grundstück auf seinen Namen einzutragen, stattzugeben (RG **84** 71; KGJ **53** 131). Soll der zunächst für den Mann gebuchte Erwerb nachträglich in Berichtigung des Grundbuchs als Gesamtgut eingetragen werden, so bedarf es der Zustimmung der Frau (KGJ **40** 153; **48** 210).

Ist eine Ehefrau als Eigentümerin im Grundbuch eingetragen, an deren Vermögen der Nießbrauch und die Verwaltung des Mannes ausgeschlossen ist, so kann dieser Ausschluß der Rechte des Mannes nicht in das Grundbuch eingetragen werden, da in solchem Falle der Inhalt des Grundbuchs mit der wirklichen Rechtslage nicht in Widerspruch steht. Denn das Grundbuch gibt nur an, daß die Eigentümerin eine Ehefrau ist.

2. Ist der eingetragene Eigentümer eines Grundstücks unter Hinterlassung eines in einer öffentlichen Urkunde enthaltenen Testaments verstorben, so ist das Grundbuch unrichtig geworden, da nicht mehr der Verstorbene, sondern seine Erben die Eigentümer sind. Die Erben oder der Testamentsvollstrecker können durch Überreichung des Testaments und des Protokolls über die Eröffnung der Verfügung (§ 36 GBO) die Unrichtigkeit des Grundbuchs dartun und ihre Eintragung als Eigentümer beantragen. Zu beachten ist hierbei aber, daß der Antrag oder die Zustimmung zur Eintragung von sämtlichen Erben erklärt und in der Form des § 29 GBO abgegeben sein muß (KGJ **25** A 114). Die Erbfolge in deutsche Liegenschaften regelt sich grundsätzlich nach deutschem Recht (RG **78** 48).

3. Bei Übertragung des Vermögens einer Aktiengesellschaft auf eine andere Aktiengesellschaft gegen Aktiengewährung (Fusion) unter Ausschluß der Liquidation ist dem Grundbuchamt der Vermögensübergang durch die Handelsregistereintragung des Veräußerungsbeschlusses und der Auflösung der veräußernden Gesellschaft sowie der erfolgten Kapital-

erhöhung bei der übernehmenden Gesellschaft nachzuweisen. Dieser Nachweis muß regelmäßig genügen, kann aber je nach dem Inhalt der Registereintragungen noch der Ergänzung durch Vorlegung des Vertrags und der Generalversammlungsbeschlüsse bedürfen (KGJ **32** A 203). Rechte, die im Grundbuch für die übertragende Gesellschaft eingetragen sind, gehen kraft Gesetzes auf die übernehmende Gesellschaft über, und es hat die Umschreibung auf die letztere im Wege der Berichtigung zu erfolgen (KGJ **35** A 289).

Wenn bei einer aus zwei Gesellschaftern bestehenden offenen Handelsgesellschaft der eine Gesellschafter vereinbarungsgemäß das Geschäft mit Aktiven und Passiven übernimmt, so wird der Übernehmer ohne Auflassung Alleineigentümer der zum Vermögen der Gesellschaft gehörenden Grundstücke. RG **65** 227; **68** 410; KGJ **50** 194; es bedarf aber, wenn er die Grundstücke belasten will, der vorherigen Eintragung seines Alleineigentums. KG in JurRdsch **26** Rspr 1611.

4. Erwirbt ein Gesellschafter durch Beerbung des einzigen Mitgesellschafters das Alleineigentum an einem Geschäftsgrundstück, so kann die Buchung des Alleineigentums im Wege der Grundbuchberichtigung erfolgen (KGJ **38** A 233).

Überträgt ein Versicherungsverein auf Gegenseitigkeit sein Vermögen unter Ausschluß der Liquidation auf eine Versicherungsaktiengesellschaft, so tritt keine Gesamtrechtsnachfolge ein.

5. Ist ein eingetragener Gläubiger einer Briefhypothek ohne Hinterlassung eines Testaments verstorben, so können seine Erben unter Überreichung des die Unrichtigkeit des Grundbuchs dartuenden Erbscheins (§ 36 GBO) und des Hypothekenbriefes den Antrag auf Berichtigung dahin stellen, daß sie als Gläubiger der Hypothek eingetragen werden. Dieser Antrag braucht nicht von allen Erben gestellt zu werden und bedarf auch nicht der Form des § 29 GBO (KGJ **22** A 154), da diese erschwerenden Vorschriften nur bei Beantragung der Eintragung des Eigentums wegen der mit dem Eigentum verbundenen weittragenden öffentlichrechtlichen Pflichten Anwendung finden. Es genügt aber nicht die „Bewilligung" des Erben; es muß vielmehr der Nachweis der Erbfolge geführt werden (KGJ **44** 231).

6. Auf dem Grundstück des Zimmermeisters Klahn steht eine Buchhypothek von 10000 RM. für den Rentner Schley eingetragen. Dieser hat die 10000 RM. gezahlt erhalten und hierüber eine notariell beglaubigte Quittung ausgestellt und an Klahn ausgehändigt. Klahn möchte das Grundbuch durch Löschung der Hypothek berichtigen lassen. Nach der Regel des § 19 GBO würde er hierzu der Löschungsbewilligung Schleys oder, da dieser inzwischen verstorben ist, seiner Erben bedürfen. Der § 22 GBO erleichtert aber dem Klahn die Berichtigung. Er führt durch Vorlegung der Quittung Schleys dem Grundbuchrichter gegenüber den Nachweis, daß die Hypothek getilgt ist, und auf Grund seines in der Form des § 29 GBO gestellten Löschungsantrags erfolgt die Löschung der Hypothek im Grundbuch (KGJ **25** A 98).

7. Auf dem Grundstück des Kaufmanns Dohmes steht eine Darlehnshypothek von 10000 RM. für den Gastwirt Mohr eingetragen. Dohmes hatte die Eintragung in der Erwartung bewirkt, daß Mohr ihm das Darlehn von 10000 RM. geben würde. Da Mohr die 10000 RM. nicht zahlt, will Dohmes die Berichtigung des Grundbuchs durch Löschung der Hypothek betreiben. Am einfachsten wäre diese durchzuführen, wenn Mohr in die Löschung willigte oder in der Form des § 29 GBO anerkennen würde, daß er die 10000 RM. nicht gezahlt habe. Der Nachweis, daß die Hypothek nicht entstanden ist, wäre damit erbracht. Dagegen könnte der Nachweis, daß Mohr die Hypothek nicht erworben habe, nicht durch den Hinweis erbracht werden, daß seinerzeit der über die 10000 RM. gebildete Brief gemäß § 60 GBO dem Eigentümer Dohmes ausgehändigt sei; vielmehr könnte auch in diesem Falle der Nachweis, daß Mohr mangels Übergabe des Briefes die Hypothek nicht erworben habe, nur durch eine in der Form des § 29 GBO ausgestellte Erklärung des Mohr geführt werden, daß ihm der Brief nicht übergeben sei und ihm also das Gläubigerrecht nicht zustehe (KGJ 22 A 309). Würde Mohr sich weigern, eine solche Erklärung abzugeben, so müßte er im Prozeßwege hierzu gezwungen werden.

8. Die Pfändung einer Bauhandwerkerforderung ergreift auch die zur Erhaltung des Anspruchs auf Einräumung einer Sicherungshypothek eingetragene Vormerkung und ist im Wege der Grundbuchberichtigung im Grundbuch zu vermerken. Die Eintragung ist auch zulässig, wenn die Pfändung für eine den Betrag von 500 RM. nicht übersteigende Forderung erfolgt ist (KGJ **35** A 314).

9. Die Pfändung eines Erbanteils kann, wenn Grundstücke zum Nachlaß gehören, im Wege der Grundbuchberichtigung als Verfügungsbeschränkung gebucht werden (KGJ **31** A 263; RG **90** 232). Solche Eintragung ist auf Antrag des Pfändungsgläubigers auch zulässig, wenn das Nachlaßgrundstück der Verwaltung eines Testamentsvollstreckers unterliegt. Die Zustimmung des Testamentsvollstreckers ist nicht erforderlich. Wohl aber muß ihm der Pfändungsbeschluß zugestellt werden (RG **86** 294). Der Zustellung des Pfändungsbeschlusses an den Ehemann einer im gesetzlichen Güterstand lebenden Miterbin bedarf es nicht (RG **74** 51). Will der Gläubiger die Erben des verstorbenen Eigentümers als Grundstückseigentümer eintragen lassen, so muß er die Zustimmung sämtlicher Erben, insbesondere auch seines Schuldners, in einer dem § 29 GBO entsprechenden Form beibringen (KGJ **37** A 273).

10. Sind in einem gemäß § 927 BGB ergangenen Ausschlußurteil angemeldete Eigentumsrechte vorbehalten, so kann, wer das Ausschlußurteil erwirkt hat, erst dann als Eigentümer eingetragen werden, wenn der Vorbehalt beseitigt ist (KGJ **33** A 210).

11. Eine Unrichtigkeit des Grundbuchs im Sinne des § 22 GBO liegt auch vor, wenn einzelne auf Grund des Katasters als Bestandteile des Grundstücks verzeichnete Parzellen tatsächlich im Eigentum eines anderen als des Bucheigentümers stehen. Es ist dies die sogenannte *Parzellenverwechslung*. Die Berichtigung erfolgt in der Weise, daß die Parzellen von dem Bestandsverzeichnis des einen Grundstücks abgeschrieben und als

zu einem anderen Grundstück gehörig in das Bestandsverzeichnis des letzteren eingetragen werden. Eine Bewilligung der Abschreibung durch den eingetragenen Eigentümer des ersteren Grundstücks bedarf es nicht; sie wird durch den Nachweis der Unrichtigkeit des Grundbuchs ersetzt (KGJ **25** A 98, 106). Es bedarf in einem solchen Falle also nicht der Auflassung (KGJ **22** A 143).

In den vorstehend erörterten Berichtigungsfällen könnte vor erfolgter Berichtigung auf Antrag gemäß § 899 BGB ein Widerspruch gegen die Richtigkeit des Grundbuchs eingetragen werden; jedoch müßte derjenige, dessen Recht durch die Berichtigung betroffen wird, also z. B. im Beispiel 7 Mohr, die Eintragung des Widerspruchs bewilligen. Würde er sich weigern, so könnte die Eintragung des Widerspruchs gemäß § 899 Abs. 2 BGB auf Grund einer einstweiligen Verfügung erfolgen. Die Eintragung eines Widerspruchs ist besonders in Fällen ratsam, in denen die Besorgnis vorliegt, daß der Berechtigte über das betreffende Recht durch Veräußerung, Abtretung, Belastung u. dgl. zugunsten eines gutgläubigen Dritten verfügen wird; denn nach Eintragung des Widerspruchs kann sich der Dritte auf seinen guten Glauben nicht mehr berufen. Eine Begründung der Unrichtigkeit des Grundbuchs ist nicht erforderlich, und falls unzutreffend, für die Wirkung des Widerspruchs ohne Bedeutung (JFG **2** 291).

Über die Zulassung der Abtretung des Berichtigungsanspruchs vgl. RG **59** 293; **78** 87; KGJ **47** 173; JMBl 1922 S. 218. Die Auflassung kann die Abtretung eines dem Veräußerer zustehenden Berichtigungsanspruchs enthalten (RG **62** 322). Die Abtretung verschafft nur die Ausübung des Berichtigungsanspruchs; sie ist daher nicht eintragungsfähig; das gleiche gilt von der Pfändung des Berichtigungsanspruchs (KGJ **47** 169).

Der dingliche Berichtigungsanspruch des § 894 BGB besteht nicht ohne weiteres gegenüber dem Erwerber eines Gesamtvermögens, der in die passiven Beziehungen des Veräußerers eingetreten ist; er kann sich vielmehr auf den öffentlichen Glauben des Grundbuchs berufen (KG vom 17. Februar 1927, JW S. 1494).

12. Ist eine Hypothek oder Grundschuld für einen nicht rechtsfähigen Verein eingetragen, so ist das Grundbuch auf Antrag zu berichtigen. Dagegen liegt nicht eine ihrem Inhalt nach unzulässige Eintragung vor. Auch die Voraussetzung für die Eintragung eines Widerspruchs fehlt, wenn das Grundbuchamt bei der Eintragung der Hypothek usw. keinen Anhaltspunkt hatte, die Rechtspersönlichkeit des Vereins zu bezweifeln. RG in JFG **3** 1ff.

II. Die besonderen Vorschriften.

A. Eintragungen in die erste Abteilung.

1. Infolge einer Auflassung.

§ 68. Begriff und Inhalt der Auflassung.

Unter der Auflassung versteht man die zur Übertragung des Eigentums an einem Grundstück nach § 873 BGB erforderliche Einigung des Veräußerers und des Erwerbers. § 925 Abs. 2 BGB. Die Auflassung ist also ein dinglicher Vertrag (KGJ **22** A 146), der von dem ihm zugrunde liegenden schuldrechtlichen Vertrage, z. B. Kauf, Tausch, Schenkung u. dgl. zu unterscheiden ist. Die Nichtigkeit eines formgerecht beurkundeten Grundstücksveräußerungsvertrags ergreift nicht notwendig auch die in der nämlichen Urkunde vollzogene Auflassung (RG **99** 65; **103** 302; **104** 102, 296; **111** 246; JFG **1** 322, 374, 381). Indes kann die Gültigkeit des Erfüllungsgeschäfts nach dem Parteiwillen von der Gültigkeit des schuldrechtlichen Grundgeschäfts abhängig sein (RG **54** 340; **57** 96; **78** 44).

Die Auflassung muß bei gleichzeitiger Anwesenheit beider Teile vor dem Grundbuchrichter (g. F. gemäß § 23b der Entlastungsverfügung, JMBl 1928 S. 140, vor dem Rechtspfleger) erklärt werden. § 925 Abs. 1 BGB. Die bei anderen Verträgen zugelassene sukzessive Beurkundung der beiderseitigen Erklärungen ist also bei der Auflassung unzulässig (KGJ **22** A 146). Die Erklärungen werden vor, nicht gegenüber dem Grundbuchrichter (Rechtspfleger) abgegeben. Nicht der letztere, sondern die andere Partei nimmt die Erklärungen entgegen (KGJ **44** 217).

Wenn die auflassenden Miterben die Auflassung unter dem Vorbehalt der Genehmigung der übrigen Miterben erklärt haben, so ist die Auflassung bedingt und deshalb unwirksam (KGJ **36** A 194). Die Auflassung eines Grundstücks durch einen Teil der Miterben wird dadurch wirksam, daß die an der Auflassung nicht beteiligten Miterben sie genehmigen. § 185 BGB ist anwendbar (KGJ **53** 137 gegen RG **93** 292). Hiernach muß die Auflassung eines Nachlaßgrundstücks nicht notwendig bei gleichzeitiger Anwesenheit sämtlicher Miterben erklärt werden; es genügt, daß die einzelnen Miterben ihre Einwilligung in den Übergang des Eigentums in mehreren, zu einer gemeinschaftlichen Verfügung über das Nachlaßgrundstück sich ergänzenden Verhandlungen erklären, der Erwerber bei jeder dieser Verhandlungen gleichzeitig mit dem jeweilig erklärenden Miterben anwesend ist und die jeweilig Erschienenen die Auflassung erklären (KGJ **34** A 248, str.).

Bei Grundstücken, die im bisherigen Geltungsbereich des rheinischen Rechts[1] belegen sind, kann die Auflassung außer vor dem Grundbuchamt auch vor einem anderen preußischen Amtsgericht sowie vor einem preußischen Notar erklärt werden. Das Gesetz vom 13. Mai 1918 (GS S. 51) hat dies auf alle Grundstücke ausgedehnt, soll aber zwei Jahre nach Beendigung des Krieges außer Kraft treten. Der Zeitpunkt der Beendigung des Krieges wird durch Vdg des Staatsministeriums bestimmt. Eine solche Außerkraftsetzung ist nicht erfolgt, so daß auch jetzt noch überall in Preußen die Auflassungen vor einem Notar erfolgen können. Jeder Teil kann aber die Auflassung vor dem Grundbuchamt selbst verlangen.

Im Falle der freiwilligen Versteigerung eines Grundstücks durch ein Amtsgericht oder einen Notar ist die gleichzeitige Anwesenheit der Beteiligten entbehrlich, wenn in dem Versteigerungstermin sogleich die Auflassung erklärt wird. Art. 143 EGBGB; Art. 26 AGBGB, Vdg vom 27. Dezember 1905 (GS 1906 S. 1).

Während sonst regelmäßig eine Eintragung in das Grundbuch schon vorgenommen werden kann, wenn nur derjenige sie bewilligt, dessen Recht von ihr betroffen wird (§ 19 GBO), darf im Falle der Auflassung die Eintragung des neuen Eigentümers erst erfolgen, wenn außer dem von ihr betroffenen bisherigen Eigentümer auch der andere Teil seine Zustimmung zu der Rechtsänderung gegeben hat. § 20 GBO.

Erforderlich ist die Auflassung durch den wirklich, nicht den bloß buchmäßig Berechtigten (KGJ **26** A 250).

Beschränkungen, denen eine Person in bezug auf die Veräußerung oder den Erwerb eines Grundstücks unterliegt, muß im Falle ihrer Verlautbarung im Grundbuch ein Dritter gegen sich gelten lassen (RG **117** 287).

Für die die Auflassung darstellende Einigung genügt die Erklärung der Beteiligten, sie seien darüber einig, daß das Eigentum von dem bisher Berechtigten auf den anderen Teil übergehe[2]. Eine ausdrückliche Bewilligung der Eintragung der Rechtsänderung ist weder als Bestandteil der Einigung noch als formelle Voraussetzung der Eintragung in das Grundbuch erforderlich. Es genügt daher z. B. folgende Fassung:

> **Wir sind darüber einig, daß das Eigentum an dem im Grundbuche von Lobau Bd. VI Bl. Nr. 263 verzeichneten Grundstück auf den Erschienenen zu 2 übergehen soll. Ich, der Erschienene zu 2, beantrage die Eintragung der Eigentumsänderung in das Grundbuch.**

---

[1] Zu vgl. das Gesetz über die Zuständigkeit der rheinischen Notare vom 2. Januar 1924 und 13. Dezember 1926 (GS **24** 5; **26** 319). Das Gesetz tritt mit Ablauf des 31. Dezembers 1929 außer Kraft; indessen bleiben die Notare zur Erledigung der bis dahin bei ihnen anhängig gewordenen Sachen über den 1. Januar 1930 hinaus zuständig.

[2] Die Auflassung bedarf keiner solennen Wortform; es genügt, wenn der Wille, Eigentum zu übertragen und entgegenzunehmen, in der betr. Urkunde zum Ausdruck kommt. (JFG **4** 326, Oberst. Landesger. München.)

Die in dem amtlichen Auflassungsformular vorgesehene Einigung über die Eintragung der Rechtsänderung in das Grundbuch, also die Bewilligung und Beantragung der Eintragung ist kein Erfordernis der Auflassung. Der neben der eigentlichen Auflassung gestellte Antrag auf Eintragung ist, wie das RG **54** 378, 383 unrichtig annimmt, in der Einigung nicht notwendig enthalten (KGJ **43** 200). Er hat aber nur die Bedeutung, die Tätigkeit des Grundbuchamts im Sinne der Erklärenden in Bewegung zu setzen und bedarf daher keiner Form. Auch sind Mängel des Antrags auf die Wirksamkeit der Auflassung ohne Einfluß, sofern nicht im Einzelfall der Eintragungsantrag Bestandteil der Einigungserklärung ist (KGJ **43** 200). Andererseits genügt zur Auflassung die Erklärung des Veräußerers, daß er die Eintragung des Erwerbers als Eigentümer bewillige, in Verbindung mit der Erklärung des Erwerbers, daß er diese Eintragung beantrage, und es bedarf daneben nicht noch einer besonderen formalen Einigungserklärung (KGJ **43** 202).

Diese Grundsätze sind jetzt fast allgemein als richtig anerkannt, und die im amtlichen Formular niedergelegte gegenteilige Auffassung ist verlassen (KGJ **24** A 231; RG **54** 378).

Die Auflassung bedarf der Beurkundung gemäß §§ 168ff. FGG (KGJ **35** A 253; **51** 142) und der gehörigen Protokollierung (s. unten § 126ff.); zur Unterschrift gehört die Vollziehung des Namens unter, also räumlich nach der Erklärung (KGJ **35** A 253). Das Protokoll muß bei Vermeidung seiner Nichtigkeit vom Richter oder Notar unterschrieben werden (KGJ **23** A 117)[1].

Die Auflassung eines land- oder forstwirtschaftlichen Grundstücks sowie jede Vereinbarung, die eine Verpflichtung zur Übereignung eines solchen Grundstücks zum Gegenstand hat, bedarf, wenn das Grundstück über fünf Hektar groß ist, zu ihrer Wirksamkeit der behördlichen Genehmigung, die (bei Erhebung einer Verwaltungsgebühr von $^1/_{20}$ vH. des Grundstückswerts, s. Tarifstelle 36 des Gebührentarifs, GS 1926 S. 331) in Preußen vom Landrat, in Stadtkreisen vom Bürgermeister erteilt wird (Bekanntmachung des Bundesrats vom 15. März 1918, RGBl S. 123, pr. AusfBest. vom 16. März 1918, JMBl S. 69)[2] [3]. Diese Bekanntmachung gilt auch jetzt noch. JM 28. Februar 1928 (JMBl 121). Der Begriff „Grundstück" ist hierbei im wirtschaftlichen Sinne zu verstehen; mehrere, bisher zusammen bewirtschaftete, eine wirtschaftliche Einheit bildende Grundstücke gelten als ein Grundstück (KGJ **51** 155; **53** 139); es bedarf also bei ihnen der Ge-

---

[1] Die Aufhebung der Auflassung kann formlos erfolgen; sie muß aber dem Grundbuchrichter in der Form des § 29 GBO nachgewiesen werden (JFG **1** 288).

[2] Über Befreiung von dieser Vorschrift s. § 2 der Bekanntmachung.

[3] Die Bekanntmachung ist z. B. anwendbar, wenn der Gegenstand eines Kaufgeschäfts die sämtlichen Kuxe einer Gewerkschaft bilden, deren Vermögen nur im Eigentum an einem landwirtschaftlichen Grundstück besteht (RG **113** 163).

nehmigung, wenn sie zusammen größer als fünf Hektar sind. Der Urkundsbeamte hat die Beteiligten auf die erforderliche Genehmigung hinzuweisen; die erfolgte Belehrung ist im Verhandlungsprotokoll zu vermerken (AV vom 19. März 1921, JMBl S. 212). Die von der Genehmigungsbehörde getroffene Entscheidung über Erteilung oder Versagung der Genehmigung kann von der Genehmigungsbehörde selbst nicht nachträglich abgeändert werden[1], es sei denn, daß der Bescheid den Beteiligten noch nicht oder nicht im Wege der förmlichen Zustellung bekannt gemacht worden ist (RG **102** 1). Die Zustellung kann mit Wirkung gegenüber beiden Vertragsteilen an den Notar erfolgen, der den Vertrag beurkundet und mit dem Antrag auf Genehmigung dem Landrat eingereicht hat (RG **110** 356). Die Genehmigung[2] der Auflassung enthält auch die Genehmigung des Grundgeschäfts. Andererseits schließt die Genehmigung des Kaufvertrags nicht aus, daß die Genehmigung der noch ausstehenden Auflassung widerrufen wird (RG **106** 142). Eine ohne Genehmigung erteilte Auflassung wird durch die nachfolgende Genehmigung wirksam. (JFG **2** 329 [ebenso RG **81** 23] unter Aufhebung der entgegenstehenden Entscheidung KGJ **51** 153, 157). Ist im Grundbuch auf Grund eines nicht genehmigten Rechtsgeschäfts eine Rechtsänderung eingetragen, so kann die zuständige Behörde das Grundbuchamt um die Eintragung eines Widerspruchs ersuchen. Der Widerspruch ist durch Hinweis auf das Ersuchen der Behörde zu kennzeichnen. Er kann nicht auf Grund der Bewilligung des Berechtigten gelöscht werden, sondern nur dann, wenn die Behörde darum ersucht oder die Genehmigung inzwischen erteilt ist (JFG **1** 394).

Weitere Beschränkungen des Grundstücksverkehrs sind begründet worden durch das am 16. Februar 1923 in Kraft getretene Preußische Gesetz über den Verkehr mit Grundstücken vom 10. Februar 1923, abgeändert durch Gesetz vom 24. Mai 1923 (GS S. 25 und S. 160) nebst Ausführungsbestimmungen des Min. f. Volkswohlfahrt vom 27. Februar 1923 (mitgeteilt durch die AV vom 20. März 1923, JMBl S. 290). Dieses Gesetz ist durch das — rechtsgültige KG in JFG **3** 291 — Gesetz vom 20. Juli 1925 (GS S. 93) mit Wirkung vom 4. August 1925 außer Kraft getreten für alle Rechtsgeschäfte, die von diesem Zeitpunkte ab neu geschlossen werden. Nach dem Gesetz vom 10. Februar 1923 bedurften alle Rechtsgeschäfte, die die Veräußerung eines Grundstücks oder Grundstücksteils oder die Bestellung oder Übertragung eines Erbbaurechts oder die Bestellung eines Nießbrauchs an einem Grundstück

---

[1] Eine Einschränkung dieses Grundsatzes enthält JFG **2** 324 (s. auch JMBl 1924 S. 169).

[2] Die Genehmigung des Vertrags ist Voraussetzung für die Ausübung des Vorkaufsrechts eines gemeinnützigen Siedlungsunternehmens gemäß § 4 des Reichssiedlungsgesetzes vom 11. August 1919 (RG **106** 320; **108** 94).

oder einem Grundstücksteile zum Gegenstand hatten (z. B. auch ein bindendes Verkaufsangebot, RG **116** 107), der behördlichen Genehmigung, d. h. des Landrats und in Städten von mehr als 10000 Einwohnern des Gemeindevorstands. Das Gesetz fand keine Anwendung auf Grundstücke, die im land-, teich- oder forstwirtschaftlichen Betriebe oder gewerbsmäßig gartenwirtschaftlich genutzt werden, ferner nicht bei Moor- und Ödland und nicht bei Grundstücken, die weniger als 500 RM. Gebäudesteuernutzungswert haben oder kleiner als 100 qm sind. Der Genehmigung bedürfen auch jetzt noch alle Rechtsgeschäfte, bei denen die Rechtsänderung am 16. Februar 1923 noch nicht durch Eintragung im Grundbuche wirksam vollzogen war (s. RG **111** 239ff.; **114** 230; **117** 362; JMBl 1926 S. 377), mit Ausnahme der rechtsändernden Geschäfte, die in Erfüllung eines vor dem 1. Januar 1923 rechtswirksam abgeschlossenen Verpflichtungsgeschäfts erfolgen[1]. Vgl. dazu KG in JFG **3** 273 u. 291. Die während der Geltungsdauer des Ges vom 10. Februar 1923 vorgenommenen genehmigungspflichtigen Rechtsgeschäfte sind auch nach dem 1. Juli 1926, zu welchem Tage es außer Kraft treten sollte, noch genehmigungspflichtig. RG in JMBl **26** 377.

Ist im Grundbuch eine nichtgenehmigte Rechtsänderung eingetragen, so kann die zuständige Behörde, ungeachtet des § 54 Abs. 1 GBO, das Grundbuchamt um die Eintragung eines Widerspruchs ersuchen. Der Widerspruch ist auf Ersuchen der Behörde zu löschen. Eintragung und Löschung des Widerspruchs erfolgt gebührenfrei (AV vom 2. Dezember 1925, JMBl S. 415)[2].

Der Grundbuchrichter muß bei der Auflassung ferner den § 24 Grd.-ErwStGesetzes beachten; s. oben § 11 S. 25 und den Schlußsatz vor § 69.

Sodann muß er das Vorkaufsrecht der gemeinnützigen Siedlungsunternehmungen berücksichtigen (vgl. unten § 80).

Zu beachten ist, daß die Auflassung allein noch nicht zum Übergang des Eigentums führt, sondern daß noch die Eintragung der Rechtsänderung in das Grundbuch hinzukommen muß. § 873 BGB. Auflassung und Eintragung sind z. B. auch dann erforderlich, wenn nach Eintritt der Nacherbfolge der zum bloßen Bucheigentümer gewordene Vorerbe ein Nachlaßgrundstück erwirbt. Auch in diesem Falle genügt also nicht die Auflassung, vielmehr bedarf es einer erneuten Eintragung des Vorerben (KGJ **51** 187).

---

[1] Ist die Eintragung am 16. Februar 1923 vollzogen worden, so ist der Rechtsvorgang gleichfalls genehmigungspflichtig (JFG 3 291).

[2] Beim Zusammentreffen des Mangels der im § 313 Satz 1 BGB vorgeschriebenen Form mit dem Fehlen der behördlichen Genehmigung ist § 313 Satz 2 BGB auch dann nicht anwendbar, wenn die Erteilung der Genehmigung noch möglich ist (RG **115** 37).

Durch die Auflassung erlangt der Erwerber ein der Pfändung nach § 857 ZPO unterliegendes Recht. Die Pfändung befugt den Gläubiger[1], an Stelle des Erwerbers die Umschreibung des Grundstücks auf dessen Namen zu beantragen. Zur Wirksamkeit der Pfändung bedarf es nicht der Zustellung des Pfändungsbeschlusses an den Veräußerer als Drittschuldner. Mit der Umschreibung erlangt der Gläubiger kraft Gesetzes eine Sicherungshypothek an dem Grundstück, die auf seinen Antrag einzutragen ist (JFG **4** 339).

Zwischen Auflassung und Eintragung können, wenn der Eintragung Hindernisse entgegenstehen, von dem bisherigen Eigentümer anderweitige Verfügungen über das Grundstück getroffen werden, z. B. die Bewilligung einer Hypothek (JFG **2** 342, Oberstes Landesgericht München). Gegebenenfalls ist nach § 18 Abs. 2 GO zu verfahren (RG **55** 340). Läßt der Erwerber vor seiner Eintragung im Grundbuch das Grundstück an einen Dritten auf, so kann letzterer mit Einwilligung des Erstveräußerers eingetragen werden, ohne daß es der Eintragung des Ersterwerbers bedarf (KGJ **47** 158; **53** 144). Diese Einwilligung ist mangels besonderer für das Gegenteil sprechender Umstände in der Auflassung an den Ersterwerber und der Bewilligung seiner Eintragung als Eigentümer zu finden. Hat der Auflassungsempfänger zugunsten des Veräußerers oder auf dessen Veranlassung zugunsten anderer Personen Rechte an dem Grundstück bestellt und ihre Eintragung bewilligt und beantragt, so kann die in der Auffassung liegende Einwilligung in weitere Verfügungen über das Grundstück nur mit der Maßgabe als erteilt gelten, daß die für den Veräußerer usw. bewilligten Rechte auch bei der unmittelbaren Eintragung eines späteren Erwerbers zur Eintragung gebracht werden, und zwar mit dem Range v o r nachher bewilligten Rechten (JFG **2** 318). Die in der Auflassung enthaltene Einwilligung in weitere Verfügungen des Auflassungsempfängers ist nicht widerruflich (KGJ **53** 144). Eine nach der Auflassung von dem Veräußerer gegen den Erwerber erwirkte einstweilige Verfügung, durch die dem Erwerber verboten wird, sich das Eigentum an dem aufgelassenen Grundstück zu verschaffen, hindert die Eintragung des Eigentumsübergangs (JFG **2** 320), und zwar auch dann, wenn bei Erlaß der einstweiligen Verfügung der Antrag auf Eintragung beim Grundbuchamt bereits gestellt war (RG **117** 287 und JFG **1** 379). Dem Grundbuchamt muß die Zustellung der einstweiligen Verfügung nachgewiesen werden (RG **117** 292). In der Zustellung der ein Verbot enthaltenden einstweiligen Verfügung liegt zugleich deren Vollziehung; die Innehaltung der im Abs. 3 des § 929 ZPO vorgesehenen Frist ist daher nicht festzustellen. Dagegen bedarf es einer Prüfung, ob die Frist des Abs. 2 des § 929 ZPO gewahrt ist. Ist dies der Fall, so darf die Eintragung nicht vor-

---

[1] Auch das Verfahren gemäß § 848 ZPO steht dem Gläubiger offen.

genommen werden, anderenfalls das Grundbuch unrichtig wird (JFG **1** 383). Das Eintragungshindernis fällt fort, wenn die einstweilige Verfügung durch ein vorläufig vollstreckbares Urteil aufgehoben worden ist; die Rechtskraft des Urteils braucht nicht abgewartet zu werden (JFG **1** 386).

Streitig ist, ob die Auflassung der Eintragung vorangehen muß (vgl. KGJ **51** 144, 189, 190). Dies muß verneint werden (JFG **4** 329).

Die Auflassungserklärung eines Beteiligten kann durch rechtskräftiges, ihn zur Abgabe der betreffenden Erklärung verurteilendes Erkenntnis ersetzt werden (KGJ **21** A 297; RG **76** 409 und oben § 53).

Eine Auflassung kann wegen Scheins nichtig sein (KGJ **44** 213; RG **78** 376f.).

Nach § 24 des Grunderwerbsteuer-Gesetzes darf die Eintragung des Erwerbers in das Grundbuch erst stattfinden, wenn dem Grundbuchamt eine Bescheinigung der Steuerstelle beigebracht ist, daß die Steuer für den Eigentumsübergang gestundet oder ein der voraussichtlichen Höhe der Steuer entsprechender Betrag geleistet oder eine Steuer nicht zu erheben ist; s. oben § 11.

Der Grundstücksverkehr ist seit dem 1. Mai 1926 dadurch erschwert, daß nach dem Industriebelastungsgesetz vom 30. August 1924 (RGBl II 257) § 43 Abs. 1, Satz 4 vor der Eintragung des Eigentumswechsels (auch im Falle der Zwangsversteigerung) die Höhe der Zins- und Tilgungsbeträge, für die das Grundstück in Zukunft haftet, in das Grundbuch einzutragen ist. Nach § 1 a. a. O. ist die Last (5 Milliarden RM.) auferlegt: den Unternehmern der industriellen und gewerblichen Betriebe einschließlich der bergbaulichen, der Schiffahrtsbetriebe, der Privatbahnen, Klein- und Straßenbahnen. Ausgenommen sind Betriebe der Landwirtschaft, des Verkehrsgewerbes, soweit es sich nicht um Schiffahrtsbetriebe, Privat-, Klein- und Straßenbahnen handelt, sowie die Betriebe, die ausschließlich das Bank-, Versicherungs-, Gast-, Schank- oder Beherbungsgewerbe oder den Handel zum Gegenstand haben (§ 2). Betriebe des Reichs und der Länder, sowie Betriebe, deren Erträge ausschließlich dem Reich oder den Ländern zufließen, gelten nicht als industrielle oder gewerbliche Betriebe (§ 3). Der Grundbuchrichter muß vor der Umschreibung des Eigentums feststellen, ob und in welcher Höhe das Grundstück nach dem Industriebelastungsgesetz belastet ist. Dieser Nachweis wird durch eine Bescheinigung der Bank für deutsche Industrieobligationen geführt. § 13 der zweiten Durchführungs-Verordnung vom 5. Dezember 1924 (RGBl II 429; s. jedoch S. 157 § 71). 8. DurchfV vom 27. April 1926 (RGBl II S. 251).

Der die Veräußerung beurkundende Richter oder Notar hat folgendes zu beurkunden:

a) eine Erklärung des Veräußerers, ob er zur Industriebelastung herangezogen sei;

b) ob das Grundstück zum belasteten Betriebsvermögen gehört;

c) den Hinweis des Notars oder Richters auf die Strafbestimmungen des § 21 der 1. DurchfV.

Verneint der Veräußerer die Belastungsfragen, so bedarf es der vorbezeichneten Bescheinigung der Bank für deutsche Industrieobligationen nicht, und es kann ohne Eintragung der öffentlichen Last der Erwerber eingetragen werden, es sei denn, daß das Grundbuchamt an der Richtigkeit der Erklärungen des Veräußerers begründeten Zweifel hat.

Bejaht der Veräußerer die Belastungsfragen, so ist das Grundstück als belastet anzusehen, und es muß die Bescheinigung der Bank für Industrieobligationen zwecks Eintragung der Last beigebracht werden.

Statt der Erklärung des Veräußerers kann aber in jedem Falle der Nachweis, ob auf dem Grundstücke die öffentliche Last ruhe oder nicht, auch durch die gedachte Bescheinigung erbracht werden. KG in JFG **4** 322 ff.

Anträge auf Eintragung, Löschung, Verteilung und auf Eintragung der nachträglichen Veränderung der Höhe der öffentlichen Last des JBG bedürfen nicht der Form des § 29 GBO (str.). Eintragungen auf Grund des JBG können nicht auf Grund von Bewilligungen oder Unrichtigkeitsnachweisungen (§§ 19, 22 GBO), sondern nur auf Grund von Bescheinigungen der Bank für deutsche Industrieobligationen oder des Finanzamts erfolgen.

Die Eintragung der öffentlichen Last kann nur von den im § 41 Abs. 5 JBG bezeichneten Antragsberechtigten beantragt werden. Die öffentliche Last ist auf den industriebelasteten Grundstücken vor jeder nach dem 1. Mai 1926 erfolgenden Eintragung eines Eigentumswechsels einzutragen, auch wenn Kaufvertrag und Auflassung vor dem 1. Mai 1926 beurkundet sind. JFG **4** 322.

Bei nachträglicher Erhöhung einer eingetragenen öffentlichen Last ist der in § 2 Abs. 3 II DurchfV JBG 5. Dezember 1924 vorgeschriebene Vermerk in Abt. II Sp. Veränderung. unter gleichzeitiger Rötung des bisherigen Reichsmarkbetrages in Sp. 3 einzutragen.

Die Vorschriften über den guten Glauben (§§ 892, 893 BGB) finden zugunsten Dritter gegenüber der öffentlichen Last keine Anwendung.

Der Rechtspfleger ist, sofern die Voraussetzungen der §§ 2, 23, 24 Ziff. 1, 2 JMV vom 1. März 1928 (JMBl S. 140) vorliegen, befugt: bei Beurkundung von Kaufverträgen und Auflassungen die in § 3 der 8. DurchfV vom 27. April 1926 vorgesehenen Erklärungen des Veräußerers zu veranlassen und in das Protokoll aufzunehmen; ferner Anträge auf Eintragung eines neuen Eigentümers in das Grundbuch bis zur Entscheidung darüber, ob eine Industriebelastung in Frage kommt, zu bearbeiten.

Vgl. zu diesen Fragen Grundsätze der Grundbuch- und Aufwertungsrichter von Groß-Berlin Nr. 60 (D. Jur.Ztg. **26** 958).

Alle Eintragungen, die sich auf die öffentliche Last beziehen, sind auch der Bank für deutsche Industrieobligationen in Berlin SW 68 bekannt zu machen. § 20 DurchfV II zum JBG; JMV vom 20. August 1926 (JMBl S. 334).

§ 69. Anstände, Bedingungen und Stellvertretung bei der Auflassung.

Der Grundbuchrichter muß Auflassungserklärungen auch dann entgegennehmen, wenn auf Grund der Auflassung die Eintragung des neuen Erwerbers im Grundbuch noch nicht sofort erfolgen kann, weil noch Anstände zu beseitigen sind, z. B. eine Vollmacht nachzureichen, ein neuester Auszug aus dem Handelsregister an Stelle des vorgelegten älteren Auszugs zu beschaffen, die Genehmigung des Vormundschaftsgerichts oder von Aufsichtsbehörden beizubringen ist u. dgl. Denn Auflassungen unter solchen Rechtsbedingungen sind nicht unwirksam. Es ist dann gemäß § 18 GBO zu verfahren, also in der Regel im Anschluß an die Auflassungsverhandlung eine Frist zur Hebung des Hindernisses zu bestimmen. Dasselbe gilt auch, wenn Umstände, die vor der Auffassung liegen, erst nachher zur Kenntnis des Grundbuchrichters kommen[1]. In solchen Fällen ist der bisherige Eigentümer durch die Auflassung dinglich gebunden, so daß erst nachträglich in seiner Person eintretende Hindernisse die Eintragung nicht mehr hindern können.

Der Grundbuchrichter ist aber berechtigt, die Entgegennahme der Auflassung von dem eingetragenen Eigentümer zu verweigern, wenn sich aus dem Grundbuch oder aus den Grundakten Bedenken gegen die Rechtsgültigkeit der Eigentumseintragung ergeben. Hierbei ist aber zu beachten, daß der Auflassungsempfänger, wenn die Eigentumseintragung auf Grund einer Auflassung seitens des früheren eingetragenen Eigentümers erfolgt, mit Rücksicht auf den zu vermutenden guten Glauben an die Richtigkeit des Grundbuchs rechtswirksam Eigentum erworben hat; es darf dann also der Richter Eintragungsbewilligungen dieses Erwerbers nicht beanstanden, sei es auch, daß die Eintragung des früheren Eigentümers unter Verletzung gesetzlicher Vorschriften vorgenommen ist (KGJ **28** A 94; **48** 171; **50** 156).

Ist der Antrag auf Entgegennahme der Auflassung unter der Voraussetzung sofortiger Eintragung der in Aussicht genommenen Eigentumsveränderung gestellt, so darf das Grundbuchamt die Entgegennahme der Auflassung ablehnen, wenn der sofortigen Eintragung sachliche Hinderungsgründe entgegenstehen. Wird aber auf sofortiger Auflassung trotz der Hindernisse bestanden, so darf die Auflassung wegen der Hinder-

---

[1] Der Grundbuchrichter kann also auch trotz Entgegennahme der Auflassung die Eintragung nicht verfügen, wenn er nachträglich bemerkt, daß der Eintragung materielle, z. B. aus den Grundakten ersichtliche Bedenken gegen die Legitimation des Auflassungsgebers entgegenstehen.

nisse nicht verweigert werden; vielmehr ist alsdann über die Hindernisse nach Stellung des Eintragungsantrags durch Bescheidung des letzteren zu befinden (KGJ **50** 156).

Eine Auflassung, die unter einer wirklichen *Bedingung* oder *Zeitbestimmung* erfolgt, ist unwirksam. § 925 Abs. 2 BGB. Der Grundbuchrichter darf also z. B. eine Auflassungserklärung des Inhalts, daß E Eigentümer des Grundstücks des A werden solle, wenn er die polizeiliche Erlaubnis zum Betriebe der Gastwirtschaft auf dem Grundstück bekomme, nicht entgegennehmen. Unzulässig ist es auch, ein Haus ohne das Grundstück, auf dem es errichtet ist, oder das Grundstück ohne das darauf stehende Haus zu veräußern, da die mit dem Grund und Boden fest verbundenen Gebäude (abgesehen von den Fällen des § 95 BGB) nicht zum Gegenstand selbständigen Eigentums gemacht werden können; Auflassungserklärungen dieser Art sind also zurückzuweisen (KGJ **25** A 139).

§ 925 Abs. 2 BGB ist aber dann nicht anwendbar, wenn die zur Auflassung erforderliche behördliche Genehmigung unter einer Bedingung erteilt wird, vorausgesetzt, daß die Auflassung selbst unbedingt erfolgt ist (KGJ **44** 191).

Wegen der Auflassung durch *Vertreter* mit oder ohne Vertretungsmacht sowie durch einen Nichtberechtigten vgl. das Nähere unten §§ 137ff.

§ 70. Anwendungsgebiet der Auflassung. Abgrenzung gegen bloße Berichtigung.

Häufig entstehen Zweifel darüber, ob zur Eintragung eines neuen Eigentümers *Auflassung* erforderlich ist oder das bloße *Berichtigungsverfahren* (vgl. oben §§ 65ff.) ausreicht. Hierüber gibt das materielle Recht im einzelnen Falle Aufschluß. *Gesellschaftliche* und *erbrechtliche* Verhältnisse kommen hier besonders in Betracht.

Beispiele aus der Rechtsprechung.

I. 1. Ist eine *offene Handelsgesellschaft* als Eigentümerin eingetragen, so können, auch wenn die Gesellschaft durch den Tod eines Gesellschafters aufgelöst wird, nicht im Wege der Grundbuchberichtigung statt der Firma die Gesellschafter oder deren Rechtsnachfolger als Grundstückeigentümer eingetragen werden. Der neue Eigentümer kann nur auf Grund der *Auflassung* der letzten Inhaber oder Liquidatoren eingetragen werden (KGJ **27** A 276). Dasselbe gilt, wenn bei der Auseinandersetzung ein Gesellschafter der aufgelösten offenen Handelsgesellschaft die Hauptniederlassung mit dem dazu gehörigen Grundstück, der andere Gesellschafter die Zweigniederlassung übernimmt (KGJ **36** A 204). Dagegen ist eine Auflassung nicht erforderlich, wenn bei Auflösung einer zweigliedrigen offenen Handelsgesellschaft der eine Gesellschafter das ganze Geschäft mit Aktiven und Passiven übernimmt. Er wird auf Grund der Anteilsanwachsung

Alleineigentümer aller zum Gesellschaftsvermögen gehörigen Gegenstände (RG **65** 227; **68** 410; KGJ **50** 194). Er bedarf aber, wenn er die Grundstücke belasten will, nach § 40 Abs. 1 GBO der vorherigen Eintragung seines Alleineigentums. KG JurRdsch Rspr Nr. 1611. Auch für die Umschreibung des Eigentums an den einer offenen Handelsgesellschaft gehörigen Grundstücken auf eine aus den Gesellschaftern bestehende Gesellschaft des bürgerlichen Rechts bedarf es keiner Auflassung (KGJ **53** 261, OLG Hamburg).

2. Auflassung ist erforderlich zur Übertragung des Eigentums der Grundstücke von einer aufgelösten Gewerkschaft neuen Rechts auf den Alleininhaber der Kuxe (KGJ **25** A 129).

3. Auflassung ist erforderlich, wenn eine Versicherungsgesellschaft auf Gegenseitigkeit zur Umwandlung in eine Aktiengesellschaft aufgelöst wird und das Eigentum an den Grundstücken übergehen soll (KGJ **25** A 285). Ausnahmen von dieser Regel bestehen nur für gewisse Fälle der Veräußerung des Vermögens einer Aktiengesellschaft im ganzen und bei Umwandlung einer Aktiengesellschaft in eine Gesellschaft mit beschränkter Haftung. §§ 304 bis 306 HGB; §§ 80, 81 Ges. betr. Gesellsch. m. beschr. Haftg.

4. Im Falle der Auflösung einer Aktiengesellschaft durch Vereinigung mit einer anderen (der sogenannten Fusion) geht das Eigentum an den Grundstücken der aufgelösten Gesellschaft kraft des Titels der Gesamtnachfolge auf die übernehmende Gesellschaft ohne Auflassung über. § 306 HBG. Es ist dabei aber außer der Eintragung des die Vermögensübertragung unter Ausschluß der Liquidation betreffenden Beschlusses der Generalversammlung der aufgelösten Gesellschaft entweder die Eintragung der erfolgten Erhöhung des Kapitals der übernehmenden Gesellschaft oder das Nichtvorhandensein einer solchen Erhöhung nachzuweisen (KGJ **38** A 230). Hat die aufnehmende Gesellschaft ihren Sitz im Ausland, so ist die Auflassung erforderlich (KGJ **21** A 294).

II. 1. Die Auflassung ist erforderlich zur Übertragung des Eigentums an einem Grundstück auf einen Miterben, wenn der Erblasser in seinem Testament angeordnet hat, daß einer der Miterben das Nachlaßgrundstück zu Eigentum erhalten solle. Denn die Anordnung des Erblassers hat keine dingliche Wirkung, sondern begründet nur einen persönlichen Anspruch des übernahmeberechtigten Erben gegen die Miterben (KGJ **22** A 301; **24** A 106). Auch der Testamentsvollstrecker kann das Eigentum eines Nachlaßgrundstücks an einen Miterben nur durch Auflassung übertragen.

2. Die Überführung eines Nachlaßgrundstücks in das Vermögen einer von den Erben unter sich gebildeten offenen Handelsgesellschaft erfordert Auflassung (RG **117** 264 f; KGJ **51** 180). Dasselbe gilt von der Überführung eines zum Gesamtgut der fortgesetzten Gütergemeinschaft gehörigen Grund-

stücks in das Vermögen einer von den Teilhabern der Gütergemeinschaft gegründeten offenen Handelsgesellschaft (KGJ **45** 230).

3. Auch wenn ein auf mehrere vererbtes Grundstück für die einzelnen Erben in Bruchteile zerlegt werden soll, ist Auflassung geboten (KGJ **24** A 106; **49** 181; RG **57** 432)[1]. Desgleichen im umgekehrten Falle, wenn Miteigentümer eines Grundstücks das Eigentum nach Bruchteilen in Gesamthandseigentum verwandeln wollen, z. B. durch Einbringung des Grundstücks in eine von ihnen gegründete Gesellschaft (RG **56** 96). Dagegen bedingt die Umwandlung einer offenen Handelsgesellschaft in eine Kommanditgesellschaft keine Auflassung (KGJ **39** A 222).

4. Die rechtskräftig bestätigte Auseinandersetzung unter Miterben, gemäß deren das Nachlaßgrundstück einem der Erben überwiesen ist, macht die Auflassung nicht entbehrlich (KGJ **22** A 301).

5. Auflassung ist nötig, wenn bei fortgesetzter Gütergemeinschaft der überlebende Elternteil gegen Abfindung der Kinder das Gesamtgut und die zu ihm gehörenden Grundstücke übernimmt (KGJ **31** A 373 [OLG Hamm]; **36** A 200). Ebenso ist Auflassung (und Auseinandersetzung) nötig, wenn das Eigentum an einem Grundstück einer Witwe und ihren Kindern in fortgesetzter Gütergemeinschaft gehört und nunmehr nach dem Tode der Witwe das Grundstück auf ein zum Alleinerben berufenes Kind umgeschrieben werden soll. JFG **3** 312 (OLG München).

6. Dagegen ist die Umschreibung des Eigentums an dem zum Nachlaß gehörenden Grundstück auf den Namen eines Miterben ohne vorgängige Auflassung zulässig, wenn dem Miterben bei der Auseinandersetzung die Anteile der übrigen Miterben an dem Nachlasse übertragen sind. Denn eine solche Verfügung von Miterben über ihre Erbanteile hat dingliche Wirkung (KGJ **33** A 207; **35** A 76). Jedoch ist nunmehr eine Weiterveräußerung der Erbanteile nicht angängig (KGJ **46** 187).

7. Der Käufer des Anteils eines Erben kann ohne Auflassung im Wege des Berichtigungsverfahrens als Miteigentümer der Nachlaßgrundstücke eingetragen werden, da er infolge des Erbschaftskaufs auch in Ansehung der einzelnen Sachen an die Stelle des Verkäufers in die Erbengemeinschaft tritt und gleich den anderen Miterben ohne weiteres Miteigentümer zur gesamten Hand wird (KGJ **33** A 207).

III. Es bedarf nicht der Auflassung eines Grundstücks, das versehentlich in das Titelblatt eines anderen aufgenommen und nicht im Glauben an die Richtigkeit des Grundbuchs erworben ist; es genügt die Abschreibung zugunsten des wirklichen Eigentümers (KGJ **22** A 143).

IV. Durch Anlegung eines Begräbnisplatzes auf dem Grundstück eines Privaten seitens der Kirchengemeinde geht das Eigentum des Grund-

[1] Hierbei muß, wenn mehrere Erben minderjährig sind, jeder Minderjährige durch einen besonderen Pfleger vertreten werden (RG **67** 61).

stücks nicht von selbst auf die Kirchengemeinde über; es bedarf dazu vielmehr der Auflassung (KGJ **21** A 297).

§ 71. Auflassung sämtlicher Grundstücke eines Grundbuchblatts. Das Veräußerungsgeschäft.

Werden sämtliche Grundstücke eines Grundbuchblatts aufgelassen, so braucht in der Auflassungserklärung nur das betreffende Blatt ohne Hervorhebung der einzelnen Grundstücke angegeben zu werden[1].

Das der Auflassung zugrunde liegende Veräußerungsgeschäft, also z. B. der Kauf-, Tausch-, Schenkungs- oder Erbteilungsvertrag, kann mündlich abgeschlossen werden. Allerdings bedarf nach § 313 Satz 1 BGB ein Vertrag, durch den sich der eine Teil verpflichtet, das Eigentum an einem Grundstück zu übertragen, der gerichtlichen oder notariellen Beurkundung. Es geben also privatwirtschaftliche Kaufverträge kein Recht auf Auflassung des in ihnen verkauften Grundstücks, auch wenn die Urkunde zu den Akten eingereicht ist. Es wird aber nach § 313 Satz 2 BGB ein ohne Beobachtung dieser Form, also z. B. nur mündlich oder privatwirtschaftlich geschlossener Vertrag seinem ganzen Inhalt nach gültig, wenn die Auflassung und die Eintragung[2] in das Grundbuch erfolgen. (Siehe aber Anm. 2 S. 148). Wenn also die Beteiligten nicht befürchten, daß der eine von ihnen von dem bloß mündlich oder privatschriftlich, also in unverbindlicher Form, geschlossenen Vertrag vor der Auflassung wieder abgehen werde, und es sich um einfache und klare Verhältnisse handelt, so werden sie sich mit einem mündlichen Vertrag begnügen, um Weiterungen und vor allem auch die nicht unerheblichen Kosten einer gerichtlichen oder notariellen Vertragsbeurkundung zu vermeiden. Art. I § 4 des Gesetzes zur Linderung der Notlage der rheinischen Notare (vom 2. Januar 1924 GS S. 5), der für den früheren Geltungsbereich des rheinischen Rechts die Vorlage der nach § 313 BGB erforderlichen Urkunden anordnete, ist durch Gesetz vom 13. Dezember 1926 (GS S. 319) aufgehoben worden.

Bei Rentengutsverträgen — ebenso der Vollmachtserteilung zum Abschluß von Rentengutsverträgen (RG **101** 294) — und den im Falle der Enteignung über die freiwillige Abtretung von Grundeigentum geschlossenen Verträgen genügt die Schriftform. Art. 12 § 1 AGBGB. Eine erleichterte Form gilt auch bei Grundstücksveräußerungsgeschäften mit öffentlichen Behörden[3]. Art. 12 § 2 AGBGB. Hierzu gehören auch

---

[1] Es kann aber auch zur Bezeichnung der aufzulassenden Grundstücke auf den gleichzeitig beurkundeten schuldrechtlichen Vertrag Bezug genommen werden.

[2] Voraussetzung ist eine rechtswirksame Eintragung. Eine auch nur relativ unwirksame Eintragung kann dem nichtigen Vertrage nicht zur Rechtsgültigkeit verhelfen (RG **117** 294).

[3] Vgl. RG **72** 414. Dem Bürgermeister steht es zu, den Beurkundungsbeamten zu ernennen. Er kann sich auch selbst bestellen (RG **53** 150).

kirchliche Behörden (RG **106** 148). Für die dingliche Erklärung (Eintragungsbewilligung des § 19 GBO) entbindet Art. 12 von der Beobachtung der Form des § 29 GBO nicht (KGJ **29** A 138).

Wegen der Veräußerung eines Grundstücks, auf dem die öffentliche Last der Industriebelastung ruht, vgl. näheres oben § 68 S. 150ff. Vor der Eintragung des Eigentumswechsels ist die Höhe der Zins- und Tilgungsbeträge, für die das Grundstück haftet, in das Grundbuch einzutragen. Handelt es sich bei der Veräußerung eines zum Betriebsvermögen eines belasteten Unternehmers gehörenden Grundstücks oder gleichgestellten Rechts um einen Fall des § 49 Abs. 1 des Gesetzes vom 30. August 1924 (RGBl II S. 257) — Veräußerung oder Liquidation des Betriebsvermögens im ganzen —, so wird das dem Grundbuchamt gegenüber durch eine Bescheinigung der Bank nachgewiesen. Wird dieser Nachweis geführt, so bedarf es nicht der im § 1 der Vdg vom 27. April 1926 vorgesehenen Eintragung der öffentlichen Last. Geht das Betriebsvermögen eines belasteten Unternehmers nur zu einem Bruchteil auf einen anderen über, so wird die Höhe der öffentlichen Last, die auf Grundstücken und gleichgestellten Rechten jedes Teiles lastet, durch eine Bescheinigung der Bank nachgewiesen.

Wird, ohne daß ein Fall des § 49 Abs. 1 a. a. O. vorliegt, ein mit der öffentlichen Last belastetes Grundstück an einen zur Industriebelastung herangezogenen Unternehmer veräußert, so wird es mit der Last des Erwerbers nur belastet, wenn es von der Last des Veräußeres frei geworden ist (§§ 1ff. der Vdg vom 15. Oktober 1927, RGBl II S. 902).

Der Grundbuchrichter kommt mitunter in die Lage, vor der Auflassung zwischen den Beteiligten einen Kaufvertrag zu beurkunden. Er muß also mit dem Abschluß eines solchen wohl vertraut sein. Besonders häufig werden vor dem Grundbuchrichter in ländlichen Bezirken sogenannte Gutsüberlassungsverträge geschlossen. Die Verträge ersetzen häufig vollständig letztwillige Verfügungen des Veräußerers. Der Verkäufer nämlich verkauft regelmäßig sein Besitztum an einen (meist den ältesten) Sohn für einen Kaufpreis, der den übrigen Kindern als Erbteil überwiesen und für sie auf dem verkauften Grundstück hypothekarisch sichergestellt wird. Der Veräußerer behält sich und seiner Ehefrau an dieser Kaufgeldhypothek den lebenslänglichen Zinsgenuß vor und bedingt sich und seiner Ehefrau auch noch ein Altenteil aus, das ebenfalls auf dem Grundstück sichergestellt wird. Diese Altenteilsverträge unterstehen der Vorschrift des § 311 BGB nur, wenn nach dem Inhalt des Vertrags der Veräußerer sein Vermögen als Gesamtheit und mit diesem seine Grundstücke im ganzen oder zu einem Bruchteil dem Erwerber übertragen, nicht aber, wenn er ohne Rücksicht auf sein etwaiges sonstiges Vermögen nur die Grundstücke und deren Zubehör übereignen will (KGJ **35** A 238).

Ein solcher Kaufvertrag mit anschließender Auflassung wird etwa folgendermaßen lauten:

Eingegangen denselben, 10 Uhr 30 Minuten.

Lobau, den 6. März 1928, Amtsgericht. Schultze.

Anwesend: Amtsgerichtsrat Schultze als Richter.

Es erscheinen:

1. der Bauer Karl Gerber aus Buchhain;

2. dessen Sohn, Friedrich Gerber, ebendaher, 27 Jahre alt[1].

Die Erschienenen sind dem Richter bekannt. Sie schlossen folgenden Kaufvertrag:

§ 1.

Der Erschienene zu 1. verkauft an seinen Sohn, den Erschienenen zu 2., sein im Grundbuch von Buchhain Bd. X Bl. Nr. 143 verzeichnetes Grundstück nebst allem Zubehör für den Übernahmepreis von 30000 RM. und das im § 3 näher bezeichnete Altenteil.

§ 2.

Das Kaufgeld von 30000 RM. überweist der Verkäufer seinen drei Kindern, dem Schlosser Max Gerber in Berlin, der minderjährigen Klara und der gleichfalls minderjährigen Auguste Gerber in Buchhain zu je 10000 RM., als vorbeschiedenes Vatererbe, mit der Maßgabe, daß der Zinsgenuß ihm und seiner Ehefrau lebenslänglich zusteht. Die 30000 RM. werden dem Käufer gestundet. Er verpflichtet sich, das Kapital von heute ab mit sechs vom Hundert in halbjährigen Teilbeträgen zu verzinsen und sechs Monate nach Kündigung zu zahlen. Die Kündigung soll für die Gläubiger bei pünktlicher, d. h. innerhalb einer Woche nach dem Fälligwerden erfolgender Zinszahlung bis zum Tode des Verkäufers und dessen Ehefrau Amalie geborenen Retzbandt ausgeschlossen sein. Hypothekenbriefe sollen nicht gebildet werden. Die Teilbeträge von je 10000 RM. sollen untereinander gleichen Rang haben. Der Käufer bewilligt und beantragt die Eintragung der Hypothek mit den vorerwähnten Zins- und Zahlungsbestimmungen im Grundbuch des Pfandgrundstücks.

§ 3.

Der Käufer gewährt dem Verkäufer und dessen Ehefrau folgendes lebenslängliches Altenteil:

Freie und alleinige Benutzung der Stube rechts vom Eingang nebst Kammer und darunter liegendem Keller. Mitbenutzung der Küche sowie des Hofes; freie Feuerung und Heizung; freies standesgemäßes Begräbnis[2]. Die Altsitzer sind berechtigt, statt dieses Altenteils jährlich 500 RM. in barem Gelde, zahlbar in vierteljährlichen Teilbeträgen zu verlangen. Stirbt einer der Altbesitzer, so behält der Überlebende das Altenteil oder die an seine Stelle tretende Rente unverkürzt.

Der Jahreswert des Altenteils wird auf 500 RM. angegeben[3].

Der Höchstbetrag des Ersatzes für den Fall des Erlöschens durch Zuschlag wird auf 7500 RM. festgesetzt[4].

Der Verkäufer ist 69, seine Ehefrau 65 Jahre alt[4].

---

[1] Die Feststellung des Alters im Protokoll empfiehlt sich, da es mitunter vorkommt, daß Väter an minderjährige Söhne auflassen wollen.

[2] Naturalien sind in diesem Altenteil nicht vorgesehen, da die Altsitzer sich von den Zinsen der 30000 RM. verpflegen können.

[3] Diese Angaben sind für die Berechnung der Kosten erforderlich; über die Berechnung des Wertes des Altenteils vgl. § 20 Abs. 5 PGKG.

[4] Eine solche Bestimmung ist nach § 882 BGB zulässig und bedarf der Eintragung in das Grundbuch.

Der Käufer bewilligt und beantragt die Eintragung des Altenteils im Grundbuch des gekauften Grundstücks, und zwar mit dem Range vor der Hypothek von 30000 RM. Zur Löschung des Rechts soll der Nachweis des Todes der Berechtigten genügen.

§ 4.

Die Übergabe des Grundstücks folgt heute. Nutzungen und Lasten gehen von heute ab auf den Käufer über.

§ 5.

Die Kosten des Vertrags übernimmt der Käufer. Er bittet um eine Ausfertigung des Vertrags.

Demnächst erklärten die Erschienenen:

Wir sind darüber einig, daß das Eigentum an dem vorbezeichneten Grundstück auf den Erschienenen zu 2. übergehen soll.

Ich, der Erschienene zu 2., beantrage die Eintragung der Eigentumsveränderung in das Grundbuch und bitte, den in dem Kaufvertrag gestellten Eintragungsanträgen stattzugeben. Die Kosten übernehme ich, der Erschienene zu 2.

v. g. u.
Karl Gerber.
Friedrich Gerber.
Schultze,
Amtsgerichtsrat.

Auf diese Verhandlung setzt der Amtsgerichtsrat Schultze den Eingangsvermerk und folgende Verfügung:

V.

1. Einzutragen im Grundbuch von Buchhain Bd. XX Bl. Nr. 143.

a) Abt. I Sp. 1—3.

Bauer Friedrich Gerber in Buchhain
1 und 2.
Aufgelassen am 6. März 1928 und eingetragen am . . . März 1928.

b) Abt. II Sp. 1—3.

Nr. 3. 1 u. 2. Ein Altenteil für den Bauer Karl Gerber in Buchhain und dessen Ehefrau Amalie geb. Netzbandt ebenda, nach Maßgabe der Bewilligung vom 6. März 1928. Der Höchstbetrag des Ersatzes für den Fall des Erlöschens durch den Zuschlag ist auf 7500 RM. (i. W.)[1] festgesetzt. Zur Löschung des Rechts soll der Nachweis des Todes der Berechtigten genügen.

Eingetragen mit dem Range vor der Hypothek von 30000 RM. Abt. III Nr. 4 am ... März 1928.

c) Abt. III Sp. 1—4.

Nr. 4. 1 u. 2. 30000 (i. W.) RM. Kaufpreis als vorbeschiedenes Vatererbe mit sechs vom Hundert jährlich in halbjährlichen Teilbeträgen vom 6. März 1928 ab verzinslich, zahlbar sechs Monate nach Kündigung, die jedoch bei pünktlicher, d. h. innerhalb einer Woche nach dem Fälligwerden erfolgender Zinszahlung bis zum Tode des Bauern Karl Gerber in Buchhain und dessen Ehefrau Amalie geb. Netzband ausgeschlossen ist, zum Teilbetrage von je 10000 RM. für den Schlosser Max Gerber in Berlin, für die minder-

[1] Der Höchstbetrag muß nach § 16 Abs. 2 AllgVfg in dem Vermerke mit Buchstaben geschrieben werden.

jährige Klara Gerber in Buchhain und die minderjährige Auguste Gerber ebenda. Die Teilbeträge haben untereinander gleichen Rang. Der Zinsgenuß steht dem Karl Gerber und dessen Ehefrau lebenslänglich zu. Die Erteilung von Briefen ist ausgeschlossen.

Eingetragen mit dem Range nach dem Altenteil Abt. II Nr. 3 am ... März 1928.

2. Die frühere Eigentumseintragung ist rot zu unterstreichen.

3. Nachricht: von der Eintragung in Abt. I:

a) dem Katasteramt, Zuwachssteueramt und Finanzamt,

b) dem früheren Eigentümer,

c) dem jetzigen Eigentümer,

d) den dinglich Berechtigten unter Angabe des Veräußerungspreises;

von der Eintragung in Abt. II: dem neuen Eigentümer und den Altsitzern;

von der Eintragung in Abt. III: dem neuen Eigentümer, den Altsitzern und den drei Gläubigern.

4. Ausfertigung des Kaufvertrags an den neuen Eigentümer.

Lobau, den 6. März 1928. Schultze.

Ein anderer Kaufvertrag wird etwa folgendermaßen lauten:

Lobau, den 24. April 1928, Amtsgericht.

Es erschienen vor dem unterzeichneten Richter:

1. der Kaufmann Karl Weiß in Lobau,

2. der Rentner Arthur Conrad, ebenda.

Die Erschienenen sind dem Richter bekannt. Sie errichteten nachstehenden Kaufvertrag:

§ 1.

Der Erschienene zu 1. verkauft sein in Lobau in der Berliner Straße 6 belegenes, im Grundbuch von Lobau Bd. II Bl. Nr. 31 verzeichnetes Grundstück mit allem Zubehör an den Erschienenen zu 2. für den Preis von 50000 RM. — fünfzigtausend RM. Von diesem Kaufpreis entfallen auf das Zubehör 8000 RM.[1]

§ 2.

Das Kaufgeld wird, wie folgt, belegt:

Der Käufer hat heute, wie der Verkäufer quittierend anerkennt, 10000 RM. bar an den Käufer gezahlt.

Der Käufer übernimmt die auf dem gekauften Grundstück eingetragenen Hypotheken von zusammen 20000 RM. mit den Zinsen von heute ab an Stelle des Verkäufers als Selbstschuldner in Anrechnung auf den Kaufpreis. Verkäufer verpflichtet sich, sofort nach erfolgter Eigentumseintragung den Gläubigern die Schuldübernahme gemäß § 416 Abs. 2 BGB mitzuteilen und den Käufer von der Erteilung oder Verweigerung der Genehmigung alsbald zu benachrichtigen

---

[1] Dieser Zusatz empfiehlt sich, um auszudrücken, daß der Veräußerungspreis für das Grundstück allein nur 42000 RM. beträgt und daher nach diesem Betrage, falls nicht der gemeine Wert höher ist, die Grunderwerbsteuer zu berechnen ist (§ 11 f. des Grunderwerbsteuergesetzes vom 12. September 1919, RGBl S 1617, § 154 der Abg.Ordnung vom 13. Dezember 1919, RGBl S. 1993).

Ist das Entgelt nur in einer Summe vereinbart, so hat der beurkundende Richter die Beteiligten gemäß § 6 Nr. 4 JM u. FM vom 19. Januar 1926 (JMBl S. 17) über die Einzelwerte zu vernehmen; s. näheres oben S. 24).

Der Rest mit 20000 RM. wird dem Käufer gestundet. Dieser verpflichtet sich, das Kapital von heute ab mit jährlich sieben vom Hundert in halbjährlichen Teilen zu verzinsen und sechs Monate nach Kündigung zu zahlen. Die Kündigung soll jedoch dem Verkäufer bei pünktlicher, d. h. innerhalb einer Woche nach dem Fälligwerden erfolgender Zinszahlung nicht früher als zum 1. Januar 1934 gestattet sein. Für diese Forderung bestellt der Käufer an dem bezeichneten Grundstück Hypothek. Zugleich bewilligt und beantragt er die Eintragung der Restkaufgeldforderung nebst den angegebenen Zins- und Zahlungsbedingungen im Grundbuch des Pfandgrundstücks, sobald die Auflassung an ihn geschehen sein wird. Der Hypothekenbrief soll dem Gläubiger ausgehändigt werden.

§ 3.

Die Übergabe des Grundstücks erfolgt heute. Nutzungen und Lasten gehen vom 1. Mai 1928 ab auf den Käufer über.

Die Auflassung soll spätestens in 14 Tagen stattfinden.

§ 4.

Die Kosten und Stempel dieses Vertrages, der Auflassung und der Eintragungen im Grundbuch übernimmt der Käufer.

v. g. u.

Karl Weiß. Arthur Conrod.

Schmidt, Amtsgerichtsrat.

Wegen der Grunderwerbsteuer und der Wertzuwachssteuer vgl. oben §§ 11 und 29.

§ 72. Auflassung einzelner von mehreren auf einem Grundbuchblatt eingetragenen Grundstücken.

Es muß unterschieden werden, ob es sich um die Auflassung eines einzelnen selbständigen Grundstücks handelt, das mit anderen Grundstücken zusammen auf einem Grundbuchblatt eingetragen ist, oder ob nur ein Teil eines Grundstücks abgezweigt werden soll.

Im Grundbuch von Lobau Bd. V Bl. Nr. 112 steht im Verzeichnis der Grundstücke unter Nr. 1 „bebauter Hofraum" und unter Nr. 2 „Garten am Stadtsee" eingetragen. Der eingetragene Eigentümer von Lobau Bd. V Bl. Nr. 112, der Schlächtermeister Richard Kretschmer, will den Garten unter Nr. 2 des Verzeichnisses an den Fabrikbesitzer Edmund Buchholtz auflassen. Da der Garten als selbständiges Grundstück aufgeführt ist, so macht die Auflassung weiter keine Schwierigkeiten, insbesondere bedarf es nicht der Vorlegung eines beglaubigten Auszugs aus dem Steuerbuch nebst Karte. Letzteres wäre nur erforderlich, wenn der Garten kein selbständiges Grundstück, sondern Bestandteil des „bebauten Hofraums" wäre.

Es lautet daher die aufzunehmende Verhandlung:

Eingegangen denselben 9 Uhr 23 Minuten[1].

Schmidt.

Lobau, den 6. Juni 1928, Amtsgericht.

Es erschienen vor dem unterzeichneten Richter:

1. **der Schlächtermeister Richard Kretschmer in Lobau;**
2. **der Fabrikbesitzer Edmund Buchholtz, ebenda.**

Die Erschienenen sind dem Richter unbekannt.

[1] Dieser Vermerk wird erst nach beendeter Auflassung auf die Urkunde gesetzt.

Sie erklärten:

Wir sind darüber einig, daß das Eigentum an folgendem im Grundbuch von Lobau Bd. V Bl. Nr. 112 unter Nr. 2 des Verzeichnisses der Grundstücke verzeichneten Grundstücke:

Garten am Stadtsee, Kartenblatt 3, Parzelle Nr. 120 von 36 a 33 qm Größe und 2,43 Tlr. Reinertrag

auf den Erschienenen zu 2. übergehen soll.

Der Erschienene zu 2. erklärte:

Ich beantrage:

1. die Eigentumsänderung in das Grundbuch einzutragen,

2. das Grundstück auf ein neues Grundbuchblatt zu übertragen.

Die Kosten übernimmt der Erschienene zu 2.

Der Wert des Gegenstandes dre Auflassung beträgt 1500 RM.

v. g. u.
Richard Kretschmer.
Edmund Buchholtz.
Schmidt,
Amtsgerichtsrat.

Der Amtsgerichtsrat Schmidt erläßt sodann folgende Verfügung:

V.

1. Einzutragen im Grundbuch von Lobau Band V Blatt Nr. 112. Verzeichn. der Grundstücke, Spalte Abschr.
zur lfd. Nr. der Grundstücke, Spalte : 2
Übertragen nach Band ... Blatt Nr. ...[1] dieses Grundbuchs am ... Juni 1928.

2. In dem Verzeichn. der Grundstücke sind zu Nr. 2 die Eintragungen in den Sp. 1 bis 12 rot zu unterstreichen.

3. Einzutragen in das Grundbuch von Lobau Band ... Blatt Nr. ...[1]

A. Verzeichnis der Grundstücke.

a) Spalten 1 bis 10.

Lfde. Nummer der Grundstücke	Bisherige lfd. Nr. der Grundstücke	Gemarkung	Flurbuch: Kartenblatt (Flur) Nr.	Flurbuch: Parzelle Nr.	Grundsteuermutterrolle Art.	Gebäudesteuerrolle Nr.	Wirtschaftsart und Lage	Größe ha	Größe a	Größe qm	Grundsteuerreinertrag RM.	Grundsteuerreinertrag 1/100	Gebäudesteuernutzungswert RM.
1	2	3	4		5	6	7	8			9		10
1	—	Lobau	3	120	—[2]	—[3]	Garten am Stadtsee	—	36	33	20	43	—[3]

---

[1] Die Band- und Blattnummer füllt der Grundbuchführer bei der Eintragung aus; schloß z. B. bisher das Grundbuch von Lobau mit Bd. XXV Bl. Nr. 685, so bekommt das neu anzulegende Blatt die Nr. 686 in Bd. XXV.

[2] Der bisherigen Grundsteuermutterrollen-Artikel ist hier nicht einzutragen, da das abgezweigte Grundstück im Steuerbuch eine neue Nummer bekommt.

[3] Die Spalten 6 und 10 bleiben unausgefüllt, da auf dem Garten keine Gebäude stehen.

b) Spalte Bestand und Zuschreibungen:

1. Zur laufenden Nummer der Grundstücke:

Von Band V Blatt Nr. 112 dieses Grundbuchs hierher übertragen am ... Juni 1928.

B. Abt. I Sp. 1 bis 3.

Sp. 1. Fabrikbesitzer Edmund Buchholtz in Lobau.

Sp. 2. 1.

Sp. 3. Aufgelassen am 6. Juni 1928 und eingetragen am ... Juni 1928.

4. Bekanntmachung der Eintragungen an:

a) das Katasteramt, Zuwachssteueramt und Finanzamt,

b) den neuen Eigentümer,

c) den früheren Eigentümer.

5. Nachricht zu den Grundakten von Lobau Band ... Blatt Nr. ...

Lobau, den 6. Juni 1928. Schmidt.

Die Auflassungsverhandlung nebst Anlagen und die Verfügung kann entweder zu den Grundakten des Blattes genommen werden, auf das das Grundstück übertragen wird, oder zu denen des Blattes, von dem das Grundstück abgeschrieben wird. Vorschriften bestehen hierüber nicht. Zu den anderen Akten ist dann aber eine Nachricht zu geben, die zweckmäßig in einer beglaubigten Abschrift der Verfügung besteht, soweit diese für das betreffende Blatt von Interesse ist.

Buchholtz hätte auch in der Verhandlung den Antrag stellen können, den Garten auf das seinen sonstigen Grundbesitz verzeichnende Grundbuchblatt Lobau Bd. XIII Bl. Nr. 143 zu übertragen; er hatte auch dem Amtsgerichtsrat Schmidt gegenüber den Wunsch ausgesprochen, den Garten mit seinem übrigen Besitz auf Lobau Bd. XIII Bl. Nr. 143 vereinigt zu sehen. Der Richter hatte ihm aber auseinandergesetzt, daß daraus leicht Verwirrung entstehen könne, weil die Bd. XIII Bl. Nr. 143 verzeichneten Grundstücke mit Lasten und Hypotheken beschwert seien, während der Garten unbelastet sei. Darauf hatte Buchholtz die Übertragung des Gartens auf ein *neues* Blatt beantragt.

§ 73. Auflassung von Trennstücken. Parzellierung. Das Katastermaterial.

Die *Auflassung von Trennstücken* kommt besonders als sogenannte *Parzellierung* in der Praxis sehr häufig vor, und es müssen daher die Grundbuchbeamten mit allen dabei in Betracht kommenden Vorschriften genau vertraut sein.

Vor allem ist zu beachten, daß ein Teil eines Grundstücks von diesem nur abgeschrieben werden soll, wenn ein *beglaubigter Auszug aus dem Steuerbuch* sowie eine von der Katasterbehörde beglaubigte *Karte*[1]

[1] Für die Erteilung des Auszugs und der Karte galten gemäß § 30 Abs. 3 AllgVfg früher die AVen vom 27. Juni 1874 (JMBl S. 202), 5. Juni 1877 (JMBl S. 103), 2. Juli 1885 (JMBl S. 233) und 17. August 1888 (JMBl S. 199). Diese Bestimmungen sind jetzt durch die AV vom 18. Februar 1911 (JMBl S. 91) ersetzt.

vorgelegt wird, aus denen die Größe und die Lage des Teils ersichtlich sind. Der Teil muß im Steuerbuch unter einer besonderen Nummer verzeichnet sein, es sei denn, daß nach dem Ermessen der Katasterbehörde die deutliche Darstellung der Nummer in der Karte unausführbar ist. Der Vorlegung einer Karte bedarf es nicht, wenn bei der Abschreibung eine Änderung der Karte nicht eintritt und die Katasterbehörde bescheinigt, daß der abzuschreibende Teil von den übrigen Teilen des Grundstücks räumlich getrennt liegt oder daß die kartenmäßige und die örtliche Grenze zwischen dem abzuschreibenden Teil und den übrigen Teilen des Grundstücks übereinstimmen. § 30 Abs. 1 AllgVfg in der Fassung der AV vom 17. Mai 1923 (JMBl S. 385). Der Vorlegung des Auszugs und der Karte bedarf es nicht zu Abschreibungen, die auf Ersuchen einer Auseinandersetzungsbehörde auf Grund eines von ihr bestätigten Rezesses oder auf Ersuchen der zuständigen Behörde auf Grund eines Enteignungsbeschlusses erfolgen sollen. Art. 30 Abs. 4 AllgVfg[1]. In der Praxis kommt man aber auch in diesen Fällen ohne Auszug nicht weiter, weil man ohne ihn den auf dem Stammgrundstück nach Abschreibung des Trennstücks verbleibenden Bestand nicht richtig und vollständig eintragen kann.

Mit der Einrichtung der Katasterauszüge müssen sich die Grundbuchbeamten vertraut machen, wie sie auch die Einrichtung des Katasters überhaupt, wenigstens in den Grundzügen, kennen müssen[2]; sie müssen die Auszüge zu lesen verstehen, da sie sie sonst nicht richtig benutzen können. Die Schwierigkeiten, die sich für den Anfänger bei Parzellierungen ergeben, beruhen zum größten Teil darauf, daß die Auszüge nicht richtig verstanden werden.

Die Auszüge werden in doppelter Art erteilt; entweder stellen sie nur das abgezweigte Trennstück dar oder sie geben auf zwei gegenüberliegenden Seiten den alten Bestand des Stammgrundstücks vor eingetretener Änderung und den neuen Bestand des Stammgrundstücks nach eingetretener Veränderung unter besonderer Aufführung des abgezweigten Trennstücks an.

Der erstgedachte Auszug, der nur das abgezweigte Trennstück umfaßt, genügt in den Fällen, in denen ein Stück abgeschrieben werden soll, das schon auf dem Stammgrundstück eine besondere Parzellennummer hatte. Sind also z. B. auf dem Stammgrundstück zwei Wiesen- und zwei Weideparzellen mit den Katasterbezeichnungen Krtbl. 18 Nr. 20, 21 und 22 und 23 eingetragen und soll die eine Weideparzelle Krtbl. 18 Nr. 22 abgezweigt werden, so braucht das Katasteramt nur über diese Parzelle einen Auszug zu erteilen; der Grundbuchrichter weiß dann, daß beim Stammgrund-

[1] Diese Ausnahme findet im Siedlungsverfahren (s. S. 188, 418) keine Anwendung (JFG 4 307).

[2] Eine lehrreiche Übersicht hierüber und über die Entwicklung des Katasters geben Dernburg und Hinrichs, Preuß. Hypothekenrecht § 17 S. 166ff.

stück die Parzellen Krtbl. 18 Nr. 20, 21 und 23 verbleiben, und kann sie als Restbestand neu vortragen. Anders liegt die Sache, wenn nur ein Teil der Parzelle Nr. 22 abgezweigt werden soll. In diesem Falle genügt es nicht, wenn in dem Auszug nur die abgezweigte Teilparzelle dargestellt wird; denn der Grundbuchrichter weiß dann nicht, welcher Bestand dem Stammgrundstück verbleibt. In diesen Fällen ist daher ein Auszug beizubringen, der auch den Bestand des Stammgrundstücks vor und nach eingetretener Veränderung berücksichtigt.

Nicht selten ergibt eine Vergleichung des in dem Auszug vermerkten alten Bestandes mit der Eintragung im Grundbuch eine Verschiedenheit, und diese muß dann zunächst durch Rückfrage beim Katasteramt aufgeklärt werden, wenn sie nicht, was häufig der Fall ist, schon aus dem Auszug selbst hervorgeht. So treten namentlich bei den aus Anlaß der Abzweigung des Trennstücks stattgefundenen Neuvermessungen Veränderungen in den Größenangaben ein, weil bei früheren Vermessungen die Größe zu hoch oder zu niedrig angegeben war. Auch Abgang an Reinertrag ist nicht selten zu verzeichnen, wenn in letzter Zeit Teile des Grundstücks zu Straßen, Plätzen u. dgl. veranlagt sind.

Hat der Grundbuchrichter die Übereinstimmung des im Auszug verzeichneten alten Bestandes mit den Grundbucheintragungen festgestellt und etwaige Verschiedenheiten aufgeklärt, so kann er nunmehr aus dem auf der gegenüberliegenden Seite des Auszugs aufgeführten neuen Bestande nach eingetretener Veränderung leicht entnehmen, welches Stück abgezweigt werden soll und welcher Bestand dem Stammgrundstück verbleibt.

Die Auszüge und die daran befindlichen Karten werden jeder Verhandlung über eine Auflassung von Trennstücken zugrunde gelegt[1], und der Richter wird, um jeden Irrtum[2] zu vermeiden, die Beteiligten unter Vorlegung des Katastermaterials ausdrücklich befragen, ob das in dem Auszug aufgeführte Trennstück auch tatsächlich dasjenige ist, welches aufgelassen

[1] Es besteht kein Rechtssatz, daß vor der Auflassung eines realen Grundstücksteils dessen katastermäßige Neubezeichnung und Einreichung schon erfolgt sein müsse, obwohl dies im Regelfall zweckmäßiger ist. Die Auflassung kann rechtswirksam auch dann erklärt werden, wenn die amtliche Vermessung usw. noch nicht stattgefunden hat. Selbstverständlich müssen bei Übertragung eines Grundstücksteils dessen Grenzen so deutlich gekennzeichnet werden, daß begründete Zweifel über den Auflassungsgegenstand nicht auftauchen können (JFG 3 283).

[2] Die Wirksamkeit einer Auflassung wird aber nicht dadurch beeinträchtigt, daß die aufgelassene Parzelle im Auflassungsprotokoll mit einer Nummer bezeichnet ist, die nach den Grundsteuerbüchern einer anderen Parzelle zukommt, sofern nur in der Form des § 29 GBO nachgewiesen wird, daß sämtliche bei der Auflassung beteiligten Personen oder ihre Vertreter bei der Auflassung mit der unrichtigen Nummer die wirklich gemeinte Parzelle bezeichnen wollten und die Erklärung der übrigen Personen in diesem Sinne verstanden haben (KGJ 37 A 262).

werden soll. Besser als aus dem Auszug werden die Beteiligten sich aus der Karte über das Trennstück benehmen können; der Richter wird also auf der Karte das Stück aufsuchen und den Beteiligten zur Erklärung bezeichnen.

Bei der Abzweigung von Trennstücken muß der Richter ferner beachten, daß die Lasten des Stammgrundstücks von Amts wegen auf das abgezweigte Stück mit übertragen werden müssen[1], wenn nicht Enthaftungs- oder Entpfändungserklärungen der eingetragenen Berechtigten vorliegen (KGJ **22** A 317; **31** A 281)[2]. Diese Erklärungen unterliegen dem grundbuchrechtlichen Grundsatz der Bestimmtheit (JFG **4** 371).

Aus wirtschaftspolitischen Gründen sind Ausnahmen zugelassen. Müßte in jedem Falle die Zustimmung der Realgläubiger eingeholt werden, so würde angesichts der mit der Ermittlung des Aufenthalts und der Legitimation der Berechtigten verbundenen Kosten und dem nicht seltenen Widerstand der Gläubiger die Abtrennung von Grundstücksteilen sehr erschwert werden. Diese Erschwerung würde dem Staatsinteresse widersprechen; denn die Abtrennung begünstigt die Seßhaftmachung ländlicher Arbeiter und die Gründung von Kleinstellen und befördert die Ausführung von Wegebau- und Eisenbahnanlagen, von Flußregulierungen, Grenzberichtigungen u. dgl. Deshalb sind an Stelle der Enthaftungs- oder Entpfändungserklärungen in gewissen Fällen Unschädlichkeitszeugnisse der Auseinandersetzungsbehörden zugelassen, s. PrG vom 27. Juni 1860 (GS 384); Art. 120 EGBGB; Art. 19, 20 AGBGB; § 83 GBO; Art. 20 AGGBO. Sie werden nach dem Gesetz vom 3. Juni 1919 (GS S. 101) von dem Vorsteher des Kulturamts, bei Objekten über 1500 RM. (s. Vdg vom 19. Januar 1924 GS S. 46, Art. II, § 1) mit Genehmigung des Präsidenten des Landeskulturamts, ausgestellt. Nach Art. 20 AGGBO erstreckt sich die Wirkung eines von der zuständigen Behörde ausgestellten Unschädlichkeitszeugnisses nur auf Reallasten, Hypotheken, Grundschulden und Rentenschulden, mit denen das Grundstück belastet ist, von dem ein Teil lastenfrei abgeschrieben werden soll (KGJ **42** 199). Falls andere eingetragene Rechte, insbesondere öffentlich-rechtlicher Natur, z. B. die zu den Lasten mit öffentlich-rechtlichem Charakter gehörenden Roggenrenten an dem Grundstück bestehen, so kann der Grundbuchrichter den abveräußerten Teil des Grundstücks auf Grund des Attestes frei von

---

[1] Auch gelöschte, aber nach § 15 AwG der Aufwertung fähige Hypotheken sind auf das neue Blatt mitzuübertragen (JFG **3** 417).

[2] Wird die Last nicht mitübertragen, so gilt sie nach § 47 Abs. 2 GBO als gelöscht, und zwar auch dann, wenn die Mitübertragung aus Versehen unterblieben ist. Hierbei ist aber vorausgesetzt, daß es sich um ein Recht handelt, das durch die Löschung in seinem Bestande, insbesondere durch gutgläubigen Erwerb beeinträchtigt werden kann. Ein solches Recht ist z. B. die Rentenbankrente nicht. Ist also der Vermerk der Rentenpflichtigkeit versehentlich nicht mitübertragen, so ist die Übertragung nachträglich zu bewirken (KGJ **27** A 115). Vgl. auch Güthe, Anm. 18 zu § 47, Anm. 10 zu § 54 GBO.

solchen Rechten nicht abschreiben (KGJ **22** 317; **31** A 281). Über Unschädlichkeitsatteste der Beschlußbehörde bei der Auflösung selbständiger Gutsbezirke s. § 12 des Ges. vom 27. Dezember 1927 (GS S. 211).

Die vorerörterten Vorschriften beziehen sich nur auf die Abveräußerung von Grundstücksteilen, nicht aber auch auf die Veräußerung eines von mehreren selbständigen zu einem Realverbande gehörenden, auf demselben Blatte gebuchten Grundstücken (KGJ **44** 226).

Endlich ist in jedem einzelnen Falle darüber zu verhandeln, ob das Trennstück auf ein neues Grundbuchblatt oder auf ein bereits bestehendes übertragen werden soll. Letzteres kann nur geschehen, wenn daraus keine Verwirrung zu besorgen ist. Eine Zuschreibung zu bereits vorhandenem Grundbesitz wird daher regelmäßig nur erfolgen, wenn entweder sowohl das bereits vorhandene wie das neu hinzukommende Stück unbelastet oder wenn sie mit denselben Lasten beschwert sind.

Beispiele:

Im Grundbuch von Lobau Bd. IV Bl. Nr. 93, dessen eingetragener Eigentümer der Schuhmachermeister Albert Reusch in Lobau ist, ist in den Sp. 1 bis 10 des Verzeichnisses der Grundstücke folgendes eingetragen:

Lfde. Nummer der Grundstücke	Bisherige lfd. Nr. der Grundstücke	Gemarkung	Flurbuch: Kartenblatt (Flur) Nr.	Flurbuch: Parzelle Nr.	Grundsteuermutterrolle Art.	Gebäudesteuerrolle Nr.	Wirtschaftsart und Lage	Größe ha	a	qm	Grundsteuerreinertrag RM.	1/100	Gebäudesteuernutzungswert RM.
1	2	3	4		5	6[1]	7	8			9		10[1]
1	—	Lobau	18	20, 21 22 u. 23	13	—	Wiese und Weide am Tiefen See	—	26	33	10	13	—

Es soll jetzt die Parzelle Krtbl. 18 Nr. 22 abgezweigt und auf ein neues Grundbuchblatt übertragen werden. Belastet ist das Grundstück Lobau Bd. IV Bl. Nr. 93 nicht. Die aufzunehmende Verhandlung lautet:

Eingegangen denselben, 13 Uhr 33 Minuten[2].

1 Anlage Schmidt.

Lobau, den 31. Juli 1928, Amtsgericht.

Es erschienen vor dem unterzeichneten Richter:

1. der Schuhmachermeister Albert Reusch in Lobau,

2. der Kaufmann Walter Collin, ebenda.

Die Erschienenen sind dem Richter bekannt.

---

[1] Auf dem Grundstück stehen keine Gebäude; die Spalten 6 und 10 sind daher unausgefüllt geblieben.

[2] Dieser Vermerk wird erst nach Abschluß der Verhandlung auf diese gesetzt.

Sie überreichten einen beglaubigten Auszug aus dem Steuerbuch nebst Karte[1] und erklärten: Wir sind darüber einig, daß das Eigentum an folgendem Trennstück, das bisher zu dem im Grundbuch von Lobau Band IV Blatt Nr. 93 unter der laufenden Nummer 1 verzeichneten Grundstück gehörte:

Flurbuch Krtbl. 18 Parzelle Nr. 22, Weide am Tiefen See von 5 a 30 qm Größe und 10,13 RM Reinertrag auf den Erschienenen zu 2. übergehen soll.

Der Erschienene zu 2. erklärte:

Ich beantrage:

1. die Eigentumsänderung in das Grundbuch einzutragen,

2. das Trennstück auf ein neues Grundbuchblatt zu übertragen.

Die Kosten übernimmt der Erschienene zu 2.

Der Wert des Gegenstandes der Auflassung beträgt 600 RM.

v. g. u.

Albert Reusch. Walter Collin.

Schmidt, Amtsgerichtsrat.

Die darauf ergehende Verfügung lautet:

V.

1. Einzutragen in das Grundbuch von Lobau Band IV Bl. Nr. 93

A. Verzeichnis der Grundstücke:

a) Spalte Abschreibungen.

Zur lfde. Nr. der Grdst.: 1.

Von Nr. 1 die Parzelle Kartenblatt 18 Nr. 22 von 5 a 30 qm Größe übertragen nach Band ...[2] Blatt Nr. ...[2] dieses Grundbuchs am .... August 1928. Rest: lfd. Nr. 2.

b) Spalten 1 bis 10.

Lfde. Nummer der Grundstücke	Bisherige lfd. Nr. der Grundstücke	Gemarkung	Flurbuch: Kartenblatt (Flur) Nr.	Flurbuch: Parzelle Nr.	Grundsteuermutterrolle Art.	Gebäudesteuerrolle Nr.	Wirtschaftsart und Lage	Größe ha	Größe a	Größe qm	Grundsteuerreinertrag RM.	Grundsteuerreinertrag 1/100	Gebäudesteuernutzungswert RM.
1	2	3	4		5	6	7	8			9		10
2	Rest von 1	Lobau	18	20, 21 u. 23	13	—	Wiese und Weide am Tiefen See	—	21	3	10	02	—

2. In dem Verzeichnis der Grundstücke sind die Eintragungen zu Nr. 1 in den Sp. 1 bis 12 rot zu unterstreichen.

3. Einzutragen in das Grundbuch von Lobau Band ... Blatt Nr. ...[2]

[1] Eine Karte ist nicht unbedingt erforderlich, weil eine Änderung der bisherigen Karte nicht eintritt; anders läge die Sache, wenn die Parzelle Krtbl. Nr. 22 geteilt würde in $\frac{212}{22}$ und $\frac{213}{22}$ und wenn $\frac{212}{22}$ dem Stammgrundstück verbliebe, während $\frac{213}{22}$ abgezweigt werden sollte; dann wäre eine Karte nötig.

[2] Diese Nummern füllt der Grundbuchführer bei der Eintragung aus; der Grundbuchrichter weiß in der Regel bei seiner Verfügung nicht, welche Nummer das neu anzulegende Blatt bekommt.

A. **Verzeichnis der Grundstücke.**

a) **Spalten 1 bis 10.**

Lfde. Nummer der Grundstücke	Bisherige lfd. Nr. der Grundstücke	Gemarkung	Flurbuch: Kartenblatt (Flur)	Flurbuch: Parzelle	Grundsteuermutterrolle	Gebäudesteuerrolle	Wirtschaftsart und Lage	Größe			Grundsteuerreinertrag		Gebäudesteuernutzungswert
			Nr.	Nr.	Art.	Nr.		ha	a	qm	RM.	1/100	RM.
1	2	3	4		5[1]	6	7	8			9		10
1	—	Lobau	18	22	—	—	Weide am Tiefen See	—	5	30	—	0,41	—

b) **Spalte Bestand u. Zuschreibungen:**

Zur lfd. Nr. der Grdst.: 1. Von Band VI Blatt Nr. 93 dieses Grundbuchs hierher übertragen am ... August 1928.

B. **Abt. I Spalten 1 bis 3:**

Sp. 1. Kaufmann Walter Collin im Lobau.

Sp. 2. 1.

Sp. 3. Aufgelassen am 31. Juli 1928 und eingetragen am ... August 1928.

4. **Bekanntmachung der Eintragungen an:**
   a) **das Katasteramt, Zuwachssteueramt und Finanzamt,**
   b) **den neuen Eigentümer,**
   c) **den früheren Eigentümer.**
5. **Nachricht zu den Grundakten von Lobau Bd. .... Blatt Nr. ....**[1]

Lobau, den 31. Juli 1928.

Schm.

Wäre das Grundbuchblatt Lobau Bd. IV Bl. Nr. 93 *belastet*, z. B. in Abt. II Nr. 2 mit einem Altenteil für den Schuhmacher Adolf Reusch und dessen Ehefrau Karoline geb. Neuber, beide in Lobau, und in Abt. III Nr. 1 mit einer Hypothek von 10000 RM. für den Rentner Richard Köppen in Lobau, so müßten diese Lasten auf das abgezweigte Trennstück von Amts wegen mit übertragen werden. Es wäre dann zu verfügen:

V.

1. **Einzutragen in das Grundbuch von Lobau Band IV Bl. Nr. 93.**
   A. **Verzeichnis der Grundstücke:**
   a) **Spalte Abschreibungen.**
   wie oben;
   b) **Spalten 1 bis 10.**
   wie oben;

---

[1] Die Grundsteuermutterrollen-Artikelnummer läßt sich noch nicht eintragen. Die abgezweigte Parzelle wird vom Katasteramt nach Mitteilung der Eigentumsveränderungsliste auf einen neuen Artikel übertragen; die neue Artikelnummer wird später dem Grundbuchamt mitgeteilt und wird dann nachgetragen.

B. Abt. II Spalte Veränderungen:
Sp. 4. Zur lfd. Nr. 2.
Sp. 5. Zur Mithaft übertragen nach Band ... Blatt Nr. ... dieses Grundbuchs am ... August 1928.

C. Abt. III Spalte Veränderungen:
Sp. 5. Zur lfd. Nr. 1.
Sp. 6. 10000 RM.
Sp. 7. Zur Mithaft übertragen nach Band ... Bl. Nr. ... dieses Grundbuchs am .... August 1928.

2. Wie oben.
3. Einzutragen in das Grundstück von Lobau Band .... Blatt Nr. ...

A. Verzeichnis der Grundstücke:
a) Sp. 1 bis 10.
wie oben.
b) Sp. Bestand und Zuschreibungen.
wie oben.

B. Abt. I Sp. 1 bis 3.
wie oben.

C. Abt. II Sp. 1 bis 3.
Sp. 1. Lfd. Nr. d. Eintr. 1.
Sp. 2. Lfd. Nr. d. belast. Grdst. 1.
Sp. 3.

Ein Altenteil für den Schuhmacher Adolf Reusch und dessen Ehefrau Karoline geborene Neuber, beide in Lobau, nach näherer Maßgabe der Eintragungsbewilligung vom 23. Juli 1915 eingetragen auf Bd. IV Bl. Nr. 93 am 12. April 1916 und von dort zur Mithaft hierher übertragen am .... August 1928.

D. Abt. III Sp. 1 bis 4.
Sp. 1. Lfd. Nr. d. Eintr. 1.
Sp. 2. Lfd. Nr. der belast. Grdst. 1.
Sp. 3. 10000 RM.
Sp. 4. Folgende Hypothek:

Zehntausend RM. Darlehn mit acht vom Hundert jährlich vom 1. April 1924 ab in halbjährlichen Teilen verzinslich, rückzahlbar sechs Monate nach Kündigung, für den Rentner Richard Köppen in Lobau am 22. März 1924 bei Band IV Bl. Nr. 93 dieses Grundbuchs eingetragen und hierher zur Mithaft übertragen am .... August 1928.

4. Bekanntmachung der Eintragung im Verzeichn. der Grdst. und Abt. I an:
a) das Katasteramt, Zuwachssteueramt und Finanzamt,
b) den neuen Eigentümer,
c) den früheren Eigentümer.
5. Bekanntmachung der Eintragungen in Abt. I an die nachstehenden dinglich Berechtigten:
Schuhmacher Adolf Reuschsche Eheleute,
Rentner Richard Köppen.
6. Bekanntmachung der Eintragungen in Abt. II und III an:
a) den neuen Eigentümer,
b) den früheren Eigentümer,
c) die vorstehend bezeichneten dinglich Berechtigten.
7. Nachricht zu den Grundakten von Lobau Bd. ... Bl. Nr. ...

Lobau, den 31. Juli 1928.

Schmidt.

Die dinglich Berechtigten brauchen zur Abzweigung des Trennstücks auf ein neues Blatt ihre Genehmigung nicht zu geben, da ihre Sicherheit dadurch nicht geschmälert ist. Ihre Einwilligung wäre aber natürlich erforderlich, wenn das abgezweigte Trennstück aus der Mithaft ausscheiden sollte. Vgl. vorher S. 166.

Die Schuhmacher Adolf Reuschschen Eheleute müßten dann folgende Erklärung in der Form des § 29 GBO abgeben:

Wir entlassen wegen des für uns im Grundbuch von Lobau Bd. IV Bl. Nr. 93 in Abt. II unter Nr. 2 eingetragenen Altenteils die Parzelle Kartenblatt 18 Nr. 22 aus der Mithaft und willigen in deren lastenfreie Abschreibung vom Stammgrundstück.

Ebenso müßte der Rentner Richard Köppen folgende Entpfändungserklärung in der Form des § 29 GBO abgeben:

Ich entlasse wegen der für mich im Grundbuch von Lobau Bd. IV Bl. Nr. 93 in Abt. III unter Nr. 1 eingetragenen Hypothek von 10000 RM. die Parzelle Kartenblatt 18 Nr. 22 aus der Pfandverbindlichkeit und willige in deren pfandfreie Abschreibung vom Stammgrundstück[1].

Außerdem muß aber, um die Entpfändung bezüglich der Hypothek wirksam zu machen, der Eigentümer des Grundstücks, Albert Reusch, in der Form des § 29 GBO der Entpfändung zustimmen[2].

Da über die Hypothek ein Brief gebildet ist, so muß Köppen auch diesen Brief vorlegen, und auf ihn ist vom Grundbuchamt folgender Vermerk zu setzen:

Das Trenngrundstück Kartenblatt 18 Parzelle Nr. 22 von 5 a 30 qm Größe ist aus der Mithaft für die vorstehende Hypothek entlassen.
Amtsgericht Lobau, den 3. August 1928.
(Siegel des Amtsgerichts.)
Schmidt. Lehmann.

Sind die Enthaftungserklärungen von den dinglich Berechtigten abgegeben, so lautet die Verfügung des Richters genau so, als wenn überhaupt keine Lasten auf dem Stammgrundstück eingetragen wären. Insbesondere ist es nicht etwa erforderlich, vielmehr überflüssig, in Abt. II und III des Stammgrundstücks in Spalte Veränderungen zu den eingetragenen Rechten zu vermerken, daß die Parzelle Krtbl. 18 Nr. 22 aus der Mithaft ausgeschieden ist. Denn in Ermangelung eines besonderen Vermerks haften für die eingetragenen Rechte nur die Grundstücke des betreffenden Grundbuchblattes, und aus dem Verzeichnis der Grundstücke von Lobau Bd. IV Bd. Nr. 93 ist ersichtlich, daß jene Parzelle abgeschrieben ist. Auch gilt nach § 47 Abs. 2 GBO ein

---

[1] In der Bewilligung der pfandfreien Abschreibung des Grundstücksteils ist letzterer übereinstimmend mit dem Grundbuch zu bezeichnen (KGJ 38 A 243). Auch auf Enthaftungserklärungen ist der grundbuchrechtliche Grundsatz der Bestimmtheit anzuwenden (JFG 4 371).

[2] Vgl. im übrigen wegen der Entpfändungserklärungen unten § 107.

eingetragenes Recht, das bei der Übertragung eines Grundstücks oder eines Grundstücksteils auf ein anderes Blatt nicht mitübertragen wird, in Ansehung des Grundstücks oder des Teils als gelöscht. Dieser Punkt muß besonders hervorgehoben werden, da er in der Praxis erfahrungsgemäß oft nicht beachtet wird und dadurch das Grundbuch mit überflüssigen Vermerken versehen wird, was zu vermeiden ist. Nur insofern bedarf die Verfügung des Richters, die oben für die Abzweigung einer Parzelle bei unbelastetem Stammgrundstück angegeben ist, bei belastetem Stammgrundstück und Vorliegen von Entpfändungserklärungen einer Ergänzung, als für etwaige Hypothekenbriefe zu verfügen ist, daß auf ihnen die Entlassung aus der Mithaft vermerkt wird und die Briefe sodann den Gläubigern wieder ausgehändigt werden.

2. Eintragungen in die erste Abteilung ohne Auflassung[1].

§ 74. a) Auf Grund eines Erbscheins, Testaments oder Auszugs aus dem Handelsregister usw.

Am häufigsten kommen Eintragungen in die erste Abteilung ohne Auflassung vor, wenn es sich um eine Berichtigung des Grundbuchs in bezug auf das Eigentumsrecht handelt; vgl. hierüber oben § 67. Von besonderer Bedeutung ist dies bei erbrechtlichen, familienrechtlichen und handelsrechtlichen Verhältnissen.

Ist z. B. der eingetragene Eigentümer eines Grundstücks verstorben, so können sich die Erben[2] unter Vorlegung des Erbscheins oder eines in einer öffentlichen Urkunde enthaltenden Testaments nebst Eröffnungsprotokoll (§ 36 GBO) im Berichtigungsverfahren als Eigentümer eintragen lassen, ohne daß es einer Auflassung bedarf. Es müssen aber sämtliche Erben den Antrag auf Eintragung stellen, und zwar in der Form des § 29 GBO; privatschriftliche Form genügt nicht. Diese durch die Rechtsprechung des Kammergerichts (KGJ **25** A 113) aufgestellten Grundsätze sind besonders hervorzuheben, da die Praxis früher fast allgemein abweichend verfuhr und den privatschriftlichen Antrag auch nur eines Miterben für ausreichend erklärte. Das Kammergericht gründet seine Ansicht auf § 22 Abs. 2 GBO. Es führt aus: „Das Eigentum gewährt nicht nur Rechte, sondern auch Verpflichtungen öffentlich-rechtlicher Natur, insbesondere in steuerlicher und polizeilicher Hinsicht. Deshalb muß jeder einzelne Eigentümer seine Zustimmung geben. Die Zustimmung kann

[1] Über den wohl selten vorkommenden Fall des Verzichtes auf das Eigentum an einem Grundstück vgl. § 928 BGB, KGJ **48** 255 (OLG Karlsruhe). Die Eintragung des Verzichts ist dem Regierungspräsidenten mitzuteilen. AV vom 18. Februar 1911 (JMBl S. 94).

[2] Vorausgesetzt ist, daß alle Erben am Leben sind; Verstorbene können als Eigentümer niemals in das Grundbuch eingetragen werden (KGJ **25** A 114).

zwar durch Stellung des Eintragungsantrags, muß aber auch dann in der im § 29 GBO vorgeschriebenen Form erklärt werden."

Die in Abt. I Sp. 1 bis 3 zu bewirkende Eintragung lautet z. B.:

Sp. 1. Kaufmann Otto Jacob in Lobau, Lehrer Friedrich Jacob in Berlin } in ungeteilter Erbgemeinschaft.
Sp. 2. 1 bis 3.
Sp. 3. Auf Grund des Erbscheins[1] des Amtsgerichts in Lobau vom 23. Mai 1927 eingetragen am 20. September 1927.
Schmidt. Lehmann.

§ 75. b) Auf Grund des Ersuchens von Behörden.

In gewissen, gesetzlich geregelten Fällen sind im einzelnen näher bezeichnete Behörden zuständig, das Grundbuchamt um Eintragung eines neuen Eigentümers zu ersuchen (vgl. oben § 55 und unten §§ 165ff.). In diesen Fällen hat sich der Grundbuchrichter darauf zu beschränken, das Ersuchen in formeller Beziehung (Zuständigkeit, Siegel und Unterschrift der ersuchenden Behörde) zu prüfen; er darf aber nicht untersuchen, ob die ersuchende Behörde materiell zu dem Ersuchen befugt war. Die Verantwortung für die materielle Richtigkeit trifft allein die ersuchende Behörde. Näheres s. unten §§ 165ff.

B. Eintragungen in die zweite Abteilung.

§ 76. Übersicht. Unzulässige Eintragungen[2].

In die zweite Abteilung des Grundbuchs werden die Lasten und Beschränkungen des Eigentums eingetragen. Ausgenommen sind nur die Hypotheken, Grundschulden und Rentenschulden, für die die dritte Abteilung bestimmt ist.

Wie bereits oben im § 62 näher dargelegt, ist der Kreis der dinglichen Rechte, die in das Grundbuch eingetragen werden können, fest begrenzt. Es können daher in die zweite Abteilung nur eingetragen werden: die Grunddienstbarkeiten[3], der Nießbrauch, die beschränkten persönlichen Dienstbarkeiten, das Vorkaufsrecht[4] und die Reallasten. Nach Art. 167 EGBGB

---

[1] Ein Beispiel für eine Eintragung auf Grund eines Testaments s. oben § 19 S. 48.

[2] Zur Erhaltung der Wirksamkeit gegenüber dem öffentlichen Glauben des Grundbuchs bedürfen der Eintragung nicht die im Art. 22 AGBGB bezeichneten Rechte (gewisse gesetzliche Vorkaufsrechte, Gebrauchs- und Nutzungsrechte und Rentenbankrenten).

[3] Die lediglich auf §§ 912, 917 BGB beruhende Pflicht zur Duldung eines Überbaus oder der Benutzung eines Notwegs ist der Eintragung nicht zugänglich. Dagegen kann eine inhaltlich selbständige, auf vertragsmäßiger Regelung beruhende Duldungspflicht als Grunddienstbarkeit eingetragen werden (JFG 3 329).

[4] Ein vereinbartes Ankaufsrecht ist nicht eintragungsfähig (JFG 3 315). Unter Umständen ist es als Bewilligung einer Vormerkung zur Sicherung eines künftigen Anspruchs auf Eigentumsverschaffung anzusehen (JFG 3 318).

u. Art. 21 AGGBO sind die Landschaften in der Lage, in Verbindung mit den in Art. 21 a. a. O. bezeichneten Pfandbriefgeschäften auch andere Rechte an Grundstücken als die im BGB vorgesehenen ins Leben zu rufen, weil ihre Satzungen für das ihnen vorbehaltene Rechtsgebiet die Bedeutung eines Landesgesetzes haben (KGJ **51** 297; **53** 204). Auch im übrigen kann auf dem Gebiete der Vorbehalte für die Landesgesetzgebung der Kreis der eintragungsfähigen Rechte erweitert werden. Z. B. kann in Preußen das nach Bauernrecht (Anerbenrecht) dem aufheiratenden Ehegatten eingeräumte Mitbesitz- und Mitgenußrecht im Grundbuch eingetragen werden (KGJ **29** A 274, OLG Braunschweig). Desgleichen kann ein vor 1900 im Grundbuch eingetragenes, nach den Übergangsvorschriften fortbestehendes Recht, das zu Unrecht gelöscht worden ist, in der alten Form wieder eingetragen werden, auch wenn diese Rechtsform dem neuen Recht unbekannt ist (RG **82** 20).

Außer den namentlich bezeichneten Rechten sind in die zweite Abteilung aufzunehmen: Beschränkungen des Verfügungsrechts des Eigentümers, z. B. Pfändung und Verpfändung des Miterbenanteils (RG **90** 232; KGJ **31** A 263; **33** A 226)[1] [2], die Pfändung des Anteils am Gesellschaftsvermögen (KG vom 3. November 1927, RSpr S. 1412), das Pfandrecht an dem eingetragenen Recht des Nacherben (RG **83** 434), die Verschuldungsgrenze nach dem Gesetz vom 20. August 1906 (GS S. 389), AV vom 20. April 1908 (JMBl S. 200) und § 18 des Reichsheimstättengesetzes vom 10. Mai 1920 (RGBl S. 962), der Reichsheimstättenvermerk (AV vom 30. Dezember 1924, JMBl 1925 S. 23), die sog. Generalgarantieklausel der landwirtschaftlichen Kreditkassen (KGJ **53** 205), Vereinbarungen der Miteigentümer gemäß §§ 749 Abs. 2, 1010 Abs. 1 BGB, sodann die Vormerkungen und Widersprüche, soweit sie nicht in die dritte Abteilung gehören. Wegen Eintragung der vertragsmäßigen Feststellung[3] der Höhe einer für einen Überbau oder einen Notweg zu entrichtenden Rente sowie des Verzichts auf die Rente vgl. § 914 Abs. 2, 917 Abs. 2 BGB; § 11 Nr. 4 AllgVfg. Der Verzicht auf die Rente ist auf dem Grundbuchblatt des rentenpflichtigen Grundstücks einzutragen (JFG **4** 387).

Nach früherem preußischen Rechte konnte jedes persönliche Recht, das sich auf eine bestimmte Sache bezog, durch Eintragung in das Grundbuch dinglich werden (KGJ **20** A 91). Jetzt sind alle persönlichen Rechte, wie z. B. das Miet- und Pachtrecht (RG **54** 233), das Nutzungspfandrecht (Antichrese) (KGJ **25** A 290), das Befriedigungsrecht aus § 1086 BGB

---

[1] Bei Pfändung eines Miterbenanteils ist, falls ein Testamentsvollstrecker bestellt ist, die Zustellung des Pfändungsbeschlusses an den Testamentsvollstrecker erforderlich und genügend (RG **86** 294).

[2] Der Zustellung des Pfändungsbeschlusses an den Ehemann einer im gesetzlichen Güterstande lebenden Miterbin bedarf es nicht (RG **74** 51).

[3] Der Vertrag hat die Natur einer Grunddienstbarkeitsvereinbarung.

(RG **70** 348) usw. von der Eintragung ausgeschlossen. Desgleichen ist eine Verpachtungsbeschränkung wegen der schuldrechtlichen Natur der Verpachtung keine Verfügungsbeschränkung, daher als solche nicht eintragungsfähig; sie kann aber in die Form einer beschränkten persönlichen Dienstbarkeit gekleidet werden (KGJ **51** 295)[1].

Aus der Praxis der Gerichte sind noch folgende Fälle hervorzuheben:

1. Es kann nicht eingetragen werden, daß der Eigentümer verpflichtet ist, das Grundstück mit dem notwendigen Inventar zu versehen, die Gebäude bei einer bestimmten Gesellschaft und in bestimmter Art zu versichern sowie sie in gutem baulichen Zustand zu erhalten, ferner auf dem Grundstück zu wohnen, die Bewirtschaftung selbst zu führen usw. Solche Pflichten fallen unter keins der eintragungsfähigen dinglichen Rechte, insbesondere auch nicht unter die Reallasten (KGJ **26** A 118).

2. Der Verzicht des Grundstückseigentümers auf Schadensersatz ist nicht eintragungsfähig (KGJ **26** A 118).

3. Der bei der Veräußerung eines Grundstücks gemachte Vorbehalt, daß dem Veräußerer das Recht auf den Schatz verbleiben solle, ist nicht eintragungsfähig (KGJ **24** A 244).

4. Wenn der Eigentümer eines Grundstücks sich einer Gemeinde gegenüber verpflichtet, sich für den Fall der Entziehung der durch die festgesetzten Straßenfluchtlinien für Straßen oder Plätze bestimmten Grundfläche mit einer bestimmten Entschädigung zu begnügen, so kann ein dingliches Recht für die Gemeinde nicht eingetragen werden (KGJ **25** A 147).

5. Die Vereinbarung zweier Miteigentümer eines Grundstücks nach Bruchteilen, daß einer von ihnen die Aufhebung der Gemeinschaft durch Zwangsversteigerung nur verlangen könne, wenn das Meistgebot eine bestimmte Höhe erreiche, kann als Belastung seines Anteils in das Grundbuch eingetragen werden (KGJ **33** A 224).

6. Das Recht, den Ausbau einer Straße und die Herstellung der Kanalisation und Wasserleitung fordern zu dürfen, ist lediglich schuldrechtlicher Natur (RG **57** 334).

Öffentliche Lasten können nicht eingetragen werden. Art. 11 AGGBO (s. oben § 62). Daher sind z. B. die Deichlasten, Kommunal-, Kirchen- und Schulabgaben, Wege-, Wasser- und Uferbaulasten[2], öffentlich-rechtliche Baubeschränkungen, Hauszinssteuer (RG **116** 111) nicht eintragungsfähig; ferner sind z. B. die ortsstatutarischen, den Straßen-

---

[1] Die Bestellung eines dinglichen Rechts zum Genusse der Erzeugnisse eines über 5 ha großen land- oder forstwirtschaftlichen Grundstücks bedarf nach der Bekanntmachung des Reichskanzlers vom 15. März 1918 (RGBl S. 123) der behördlichen Genehmigung, in Preußen des Landrats, in Stadtkreisen des Bürgermeisters; vgl. die AusfBst vom 16. März 1918 (JMBl S. 69) und die Darstellung oben S. 146.

[2] Siehe wegen der öffentlichen Lasten nach § 119 WassG vom 7. April 1913 (GS 53) KG in JFG **4** 373.

anliegern der Gemeinde gegenüber auferlegten Verpflichtungen, zu den Kosten der Herstellung der Straße beizutragen, nicht eintragungsfähig. Eintragungen, die sich auf die „öffentliche Last" der Industriebelastung[1] beziehen, erfolgen kostenfrei in der 2. Abtlg. des Grundbuchs (Vdg vom 27. Januar 1925, GS S. 5). Nach dem Schiedsspruch des gemäß § 69 IndustriebelastungsG. angerufenen Schiedsgerichts vom 28. Dezember 1925 fallen unter die mit der öffentlichen Last belegten Grundstücke auch die Grundstücke, für die erst nach dem Inkrafttreten des G. (1. September 1924) die Bedingungen der Belastungen eingetreten sind (s. Bekanntmachung des Reichswirtschaftsministers vom 17. Februar 1926, RGBl II S. 148). Alle Eintragungen die sich auf die öffentliche Last der Industriebelastung beziehen, sind der Bank für deutsche Industrieobligationen Berlin **SW** 68, Feilnerstr. 5a, bekanntzumachen (s. AV vom 20. August 1926, JMBl S. 334).

§ 77. Die Grunddienstbarkeiten.

Nach § 1018 BGB kann ein Grundstück zugunsten des jeweiligen Eigentümers eines andern Grundstücks[2] in dreifacher Weise belastet werden.

1. Entweder besteht die Belastung darin, daß der jeweilige Eigentümer des berechtigten Grundstücks das belastete Grundstück in einzelnen Beziehungen benutzen darf, so z. B. zum Gehen, Fahren, Reiten Viehtreiben oder auch zu dem Zweck, dort ein den Interessen seines eigenen Besitztums dienendes Gebäude zu haben (KGJ **25** A 139). Bei derartigen Grunddienstbarkeiten kann auch die Unterhaltung einer Anlage auf dem belasteten Grundstück in Frage kommen (§§ 1021, 1022 BGB). Eine Grundstücksbenutzung liegt z. B. nicht darin, daß eine Eisenbahngesellschaft einem Anlieger den Anschluß eines Privatgleises an die Bahn gestattet (RG **58** 265). Eine lediglich auf §§ 912, 917 BGB beruhende Pflicht zur Duldung des Überbaues oder der Benutzung eines Notwegs ist der Eintragung nicht fähig, wohl aber eine inhaltlich selbständige, vertragsmäßig geregelte

---

[1] Siehe Reichsgesetz vom 30. August 1924, RGBl II S. 257 nebst DurchfVdgen vom 28. Oktober, 5. und 13. Dezember 1924, RGBl II S. 241, 427, 454, vom 10. Januar, 6. April, 27. Mai, 5. Dezember 1925, RGBl II S. 1, 156, 178, 1156, Bekanntmachung vom 26. September 1924 RGBl II S. 379, Vdg vom 27. April und vom 6. Oktober 1926 RGBl II S. 251 u. 582 sowie Vdg vom 15. Oktober 1927 RGBl II S. 902 und vom 29. Dezember 1927 (RGBl 1928 II S. 1), s. auch Güthe Bd. II S. 1871, ferner das Aufbringungsgesetz vom 30. August 1924, RGBl II S. 269, nebst DurchfVdgen vom 16. November und 4. Dezember 1925, RGBl II S. 971, 1135, sowie vom 12. Januar und 21. Dezember 1926, RGBl II S. 102, 805. Die Bank für deutsche Industrie-Obligationen ist im Verkehr mit den Grundbuchämtern von allen Gebühren, Stempeln, sonstigen Kosten und Auslagen befreit (§ 5 a. a. O. und AV vom 27. Januar 1926, JMBl S. 41).

[2] Zugunsten unselbständiger Grundstücksteile kann eine Grunddienstbarkeit nicht bestellt werden (KGJ **53** 171). Wohl kann ihre Ausübung in dieser Weise beschränkt werden.

Duldungspflicht (JFG 3 329). Das Recht, auf fremdem Grundstück ein Gebäude oder Gebäudeteil zu haben, darf aber nicht dazu führen, daß dadurch jede andere Benutzung des belasteten Grundstücks ausgeschlossen wird (KGJ **25** A 141; **39** A 215).

2. Die Last kann ferner den Inhalt haben, daß auf dem verpflichteten Grundstück gewisse Handlungen, die eine Einwirkung darauf in sich schließen, nicht vorgenommen werden dürfen[1], so z. B., daß auf dem Grundstück keine Fabrikanlage errichtet werden darf, daß infolge baupolizeilicher Vorschriften ein zu errichtender Neubau einen bestimmten Abstand von dem auf dem Grundstück des Berechtigten errichteten Bau einhalten muß (KGJ **40** 247), daß auf ihm bestimmte Gewerbe nicht betrieben werden dürfen (KGJ **24** A 241; **52** 173 u. dgl.[2] [3]. Dagegen widerstreitet dem Wesen der Dienstbarkeit eine Belastung, die eine von dem Recht zur Benutzung des Grundstücks losgelöste Beschränkung der persönlichen Freiheit des Grundstückseigentümers oder der Freiheit seines Gewerbebetriebes darstellt, z. B. auf einem Grundstück andere Biere als aus einer bestimmten Brauerei, nicht zu verschänken. Solche Verpflichtungen sind also nicht eintragungsfähig (KGJ **21** A 241; **36** A 216; **52** 177). Auch die Eintragung einer Grunddienstbarkeit des Inhalts, daß der Eigentümer des belasteten Grundstücks verpflichtet sei, die Jagd darauf ruhen zu lassen, ist unzulässig (KGJ **34** A 259 und Anm. 4 S. 184).

3. Endlich kann die Belastung auch darin bestehen, daß die Ausübung eines Rechts ausgeschlossen ist, das sich aus dem Eigentum an dem belasteten Grundstück dem anderen Grundstück gegenüber an sich ergibt; vgl. z. B. KGJ **36** A 216, **38** A 324 und unten § 79 S. 184, Anm. 3. Diese Art der Dienstbarkeit soll ein Bedürfnis des herrschenden Grundstücks, das nicht gerade auf wirtschaftlichem Gebiete zu liegen braucht, auf Kosten und mit den natürlichen Hilfsmitteln des herrschenden Grundstücks befriedigen. Dies trifft z. B. zu bei der Aufhebung von nachbarrechtlichen Beschränkungen, wenn z. B. zugunsten des jeweiligen Eigentümers eines Grundstücks ausbedungen wird, daß er auch über die durch § 906 BGB gezogenen Grenzen hinaus dem anderen Grundstück Gase, Dämpfe, Geräusche u. dgl. zuführen dürfe (KGJ **23** A 226ff.).

---

[1] Die einzelnen unter das Verbot fallenden Handlungen müssen bezeichnet werden. Unzulässig ist daher die Eintragung, daß das belastete Grundstück zu anderen Zwecken als zum Betriebe der Bierbrauerei und Landwirtschaft nicht benutzt werden darf (KGJ **53** 156).

[2] Hierbei ist zu prüfen, ob nicht die Grundsätze über die Unzulässigkeit übermäßiger Einschränkung der wirtschaftlichen Freiheit (RG **53** 154) entgegenstehen (KGJ **52** 177).

[3] Ein Tun des dienenden Eigentümers als Nebenbestandteil der zu einem Dulden oder Unterlassen verpflichtenden Dienstbarkeit ist nicht ausgeschlossen (KGJ **41** 228; vgl. auch RG **60** 87).

Dagegen ist der Verzicht des Duldungspflichtigen auf Entschädigung nicht eintragbar (KGJ **49** 195).

Es genügt, wenn die Bezeichnung des Inhalts der Dienstbarkeit so bestimmt ist, daß der Richter im Streitfalle nach verständigem Ermessen in der Lage ist, die Grenze zu ziehen (RG **117** 327).

Alle drei Arten von Belastungen als Rechte an einem fremden Grundstück zielen auf die Minderung des Rechts zur tatsächlichen Verfügung über das belastete Grundstück ab: es wird also das Grundstück selbst dinglich unterworfen (KGJ **24** 241).

Grunddienstbarkeiten anderen Inhalts, so z. B., daß der Verpflichtete unter gewissen Umständen eine bestimmte Handlung vornehmen soll, daß ein Grundstück zum Bau einer Kirche benutzt werden darf (KGJ **39** A 215) oder daß ein Grundstück von einer Belastung befreit werden soll, können nicht begründet werden (KGJ **20** A 95; **23** A 299)[1].

Da eine Grunddienstbarkeit nach § 1019 BGB nur in einer Belastung bestehen kann, die für die Benutzung des G r u n d s t ü c k s des Berechtigten Vorteil bietet[2], so sind Dienstbarkeiten, die den p e r s ö n l i c h e n Bedürfnissen des Eigentümers des berechtigten Grundstücks dienen sollen, nicht eintragsfähig. So muß z. B. die Eintragung einer Dienstbarkeit des Inhalts abgelehnt werden, daß der Eigentümer vom Nachbargrundstück Holz, Sand oder Lehm nicht nur für sich und seine Leute, sondern auch zum Verkauf entnehmen darf (KGJ **24** A 118). Auch der Zweck, einen Konkurrenzbetrieb auf dem belasteten Grundstück auszuschließen, ist meist ein rein persönlicher, dem eine Grunddienstbarkeit nicht dienen soll; doch richtet sich dies nach den Umständen des einzelnen Falles (s. hierüber KGJ **52** 173).

Kein Erfordernis einer Dienstbarkeit ist, daß die beteiligten Grundstücke b e n a c h b a r t sind. Andererseits wird bei Grundstücken, die weit voneinander entfernt liegen, ein Vorteil für das herrschende Grundstück nur ausnahmsweise festzustellen sein (KGJ **52** 173). Der Eigentümer des herrschenden Grundstücks muß ein anderer sein als der Eigentümer des dienenden Grundstücks (KGJ **20** A 294; RG **47** 292), da sonst die zur Entstehung des Rechts erforderliche dingliche Einigung unmöglich ist. Erwirbt nachträglich einer der beiden Eigentümer das andere Grundstück, so hat dies auf den Fortbestand der Dienstbarkeit keinen Einfluß. Dagegen erlischt die Dienstbarkeit durch Zuschreibung des herrschenden als Bestandteil des dienenden Grundstücks (KGJ **51** 258).

---

[1] Der Verzicht auf ein gesetzliches Vorkaufsrecht, das dem jeweiligen Eigentümer eines Grundstücks zusteht, kann nicht als Grunddienstbarkeit oder als eine sonstige Belastung auf dem Grundbuchblatt des Grundstücks des Berechtigten eingetragen werden (KGJ **25** A 142).

[2] Hiermit sind auflösende, mit der Person des Berechtigten in Verbindung stehende Bedingungen vereinbar (KGJ **44** 356, Oberstes Landesgericht München).

Die Grunddienstbarkeiten bedürfen zu ihrer Wirksamkeit der Eintragung im Grundbuch. Auch die Vereinbarungen gemäß §§ 1021, 1022 BGB sind im Grundbuch zu vermerken, falls sie dingliche Wirkung gegen Dritte gegenüber dem öffentlichen Glauben des Grundbuchs erhalten sollen. Ältere, d. h. vor dem 1. Januar 1900 oder vor dem sonstigen Zeitpunkt, zu dem das Grundbuch als angelegt anzusehen ist, enstandene Grunddienstbarkeiten bedürfen auch für die Zukunft zur Erhaltung der Wirksamkeit gegenüber dem öffentlichen Glauben des Grundbuchs nicht der Eintragung (s. RG vom 24. Januar 1927, Rspr S. 459). Die Eintragung hat aber auf Antrag des Berechtigten oder des Eigentümers des belasteten Grundstücks auf Kosten des Antragstellers zu erfolgen. Art. 187 Abs. 1 EGBGB (vgl. z. B. KGJ **51** 252).

Im Grundbuch des berechtigten Grundstücks brauchen die Grunddienstbarkeiten nicht eingetragen zu werden; sie können aber auf Antrag des Eigentümers des berechtigten Grundstücks sowie derjenigen, denen an letzterem Grundstück ein dingliches Recht zusteht, auch im Grundbuch des berechtigten Grundstücks vermerkt werden. § 8 GBO. Ein Beispiel für die Eintragung einer Grunddienstbarkeit im Grundbuch des berechtigten Grundstücks ist oben im § 18 gegeben.

Die Eintragung der Grunddienstbarkeit erfolgt in der Regel nur im Grundbuch des belasteten Grundstücks[1]. Hierzu genügt die Bewilligung des Eigentümers des belasteten Grundstücks in der Form des § 29 GBO und der privatschriftliche Antrag desselben Eigentümers oder des Eigentümers des berechtigten Grundstücks[2]. Bei der Eintragung ist das herrschende Grundstück nach dem Inhalt der Steuerbücher zu bezeichnen. Ist es anders bezeichnet, so ist die vorgeschriebene Bezeichnung gelegentlich von Amts wegen zu vermerken (KGJ **35** A 242).

Eine vor dem Grundbuchrichter aufzunehmende Verhandlung wird z. B. folgendermaßen lauten:

Amtsgericht. Lobau, den 24. April 1928.

Es erschien vor dem unterzeichneten Richter der Rentner Heinrich Claßen aus Lobau.

Der Erschienene ist dem Richter von Person bekannt.

Er erklärte:

Als eingetragener Eigentümer des im Grundbuch von Lobau Bd. III Bl. Nr. 83 verzeichneten Grundstücks bewillige und beantrage ich, im Grundbuch dieses Grundstücks folgende Grunddienstbarkeit einzutragen:

„Der jeweilige Eigentümer des Grundstücks Lobau Bd. III Bl. Nr. 84 ist ebenso wie seine Hausgenossen berechtigt, den über die Wiese, Karten-

---

[1] Dagegen ist die Unterhaltungspflicht des § 1021 Abs. 1 Satz 2 BGB im Grundbuch des herrschenden Grundstücks einzutragen, und zwar in Abt. II (KGJ **51** 246 f.).

[2] Handelt es sich um eine Heimstätte nach dem Gesetze vom 10. Mai 1920 (RGBl S. 962), so bedarf es auch der Zustimmung des Ausgebers der Heimstätte.

blatt 12 Parzelle Nr. $\frac{283}{44}$ führenden Weg von zwei Metern Breite zum Gehen und Reiten, nicht jedoch zum Fahren zu benutzen."

Den Wert des Gegenstandes der Verhandlung gebe ich auf 800 RM. an. Die Kosten übernehme ich.

v. g. u.
Heinrich Claßen.
Schmidt, Amtsgerichtsrat.

Der Richter setzt auf diese Verhandlung den Eingangsvermerk und verfügt:

1. Einzutragen in das Grundbuch von
Lobau Bd. III Bl. Nr. 83
Abt. II Sp. 1 bis 3.

Sp. 1. Nr. 3.
Sp. 2. 1 und 2.
Sp. 3. Eine Wegegerechtigkeit für den jeweiligen Eigentümer des Grundstücks Lobau Bd. III Bl. Nr. 84 unter Bezugnahme auf die Bewilligung vom 24. April 1928 eingetragen am ... April 1928.

2. Bekanntmachung:

a) an den Eigentümer von Lobau Nr. 83,
b) an den Eigentümer von Lobau Nr. 84.

L., 24. April 1928. Schm.

Zu beachten ist hierbei, daß die Bezugnahme auf die Eintragungsbewilligung genügt[1] und die Wegegerechtigkeit in dem Eintragungsvermerk nicht näher beschrieben zu werden braucht. Es ist aber in dem Vermerk der Ausdruck: „Bewilligung" zu gebrauchen; unzulässig wäre es zu sagen, daß auf die Urkunde „vom 24. April 1928" verwiesen werde (KGJ **21** A 142). § 50 GBO. Inwieweit Bezugnahmen *in der Eintragungsbewilligung* statthaft sind, ist zweifelhaft. Z. B. ist bei einer Grunddienstbarkeit die Bezugnahme auf lokale baupolizeiliche Vorschriften nicht zulässig (KGJ **46** 224).

Im Grundbuch des *berechtigten* Grundstücks, und zwar in dem „Verzeichnis der mit dem Eigentum verbundenen Rechte", wird die Wegegerechtigkeit nur auf Antrag eingetragen; vgl. oben § 18.

Sollte nur ein Teil des im Grundbuch von Lobau Bd. III Bl. Nr. 83 verzeichneten Grundstücks, z. B. nur die Wiese Krtbl. 12 Parzelle Br. $\frac{283}{44}$ mit dem Wegerecht belastet werden, so könnte dies, wenn hiervon Verwirrung nicht zu besorgen ist, auch ohne Abschreibung der Wiesenparzelle vom Stammgrundstück geschehen. § 6 GBO. Zulässig ist es aber auch, eine Grunddienstbarkeit zu bestellen, deren Ausübung sich auf einen Teil des zu belastenden Grundstücks beschränkt und dabei doch das ganze Grundstück als das belastete zu bezeichnen (KGJ **26** A 171). Dies ist bei dem vorangeführten Beispiel der Fall.

---

[1] Dagegen genügt nicht die Bezugnahme auf nicht mehr geltende Vorschriften des früheren Rechts (KGJ **26** A 271).

Wird nach der Eintragung einer Grundgerechtigkeit das belastete Grundstück geteilt[1], so werden, wenn die Ausübung der Dienstbarkeit auf einen bestimmten Teil des belasteten Grundstücks beschränkt ist, die Teile, die außerhalb des Bereichs der Ausübung liegen, von der Dienstbarkeit frei. § 1026 BGB. Steht die räumliche Beschränkung der Dienstbarkeit, wie in unserem Beispiel, fest, so werden die nicht beteiligten Parzellen, also hier alle Trennstücke außer der Wiese, bei einer Abtrennung so behandelt, als wenn sie nicht belastet wären; sie sind daher unbelastet abzuschreiben (KGJ **24** A 118). § 1026 findet keine Anwendung, wenn zwar nach den Verhältnissen zur Zeit der Teilung die Ausübung der Dienstbarkeit auf dem abgezweigten Teil ausgeschlossen ist, aber die Möglichkeit einer Änderung besteht, infolge deren die Dienstbarkeit auch auf dem abgezweigten Teil ausgeübt werden kann (KGJ **31** A 309).

§ 78. Der Nießbrauch. Die Antichrese.

Man unterscheidet den Nießbrauch an Sachen und an Forderungen. Für das Grundbuchwesen interessiert besonders der Nießbrauch an Grundstücken und an Hypotheken- und Grundschuldforderungen.

Der Nießbrauch an einem Grundstück besteht darin, daß der Berechtigte die Nutzungen des Grundstücks ziehen kann[2]. § 1030 BGB. Daneben hat der Berechtigte die Pflicht zur Bewirtschaftung des Grundstücks. Zu einer Veräußerung oder Belastung des Grundstücks ist er nicht befugt; dahingehende Anträge des Nießbrauchers hat der Grundbuchrichter ohne weiteres zurückzuweisen. Der Eigentümer bleibt vielmehr zu allen Verfügungen über das Grundstück, durch die das Recht des Nießbrauchers nicht beeinträchtigt wird, insbesondere also auch zur Veräußerung und zur Belastung allein befugt.

Der Nießbrauch ist im Gegensatz zu dem früheren Nutzungspfandrecht streng an die Person des Gläubigers geknüpft und kann daher nicht über den Tod des Gläubigers hinaus erstreckt werden[3] (KGJ **25**

[1] Unter Teilung ist die Zerlegung des Grundstücks in mehrere selbständige Grundbuchgrundstücke zu verstehen (KGJ **53** 171).

[2] Die Bestellung des Nießbrauchs an einem über 5 ha großen land- oder forstwirtschaftlichen Grundstück bedarf der behördlichen Genehmigung (Bekanntmachung des Reichskanzlers vom 15. März 1918, RGBl S. 123), die in Preußen vom Landrat, in Stadtkreisen vom Bürgermeister erteilt wird (AusfBest vom 16. März 1918, JMBl S. 69). Vgl. die Darstellung oben S. 146.

[3] Zulässig ist die Eintragung eines Nießbrauchs zwecks allmählicher Tilgung einer Hypothek mit dem Vermerk, daß der Nießbrauch bei voller Befriedigung des Gläubigers wegen der Hypothek erlösche (KGJ **34** A 263; RG **67** 378). Ob die Eintragung dieser auflösenden Bedingung durch Bezugnahme auf die Eintragungsbewilligung ersetzt werden kann, ist bestritten (s. RG **106** 112f. Verneinend KGJ **49** 187).

A 290). Steht der Nießbrauch einer juristischen Person zu, so erlischt er mit dieser, z. B. wenn eine Aktiengesellschaft durch Verschmelzung gemäß §§ 304, 306 HGB untergeht (KGJ **51** 262 s. aber auch JFG **3** 333).

War der Nießbrauch für eine Bruchteilsgemeinschaft begründet worden, und stirbt einer der Mitnießbraucher, so erlischt der ihm zustehende Bruchteil des Nießbrauchs. Der Grundstückseigentümer darf einen neuen Nießbrauchsbruchteil in Höhe des weggefallenen bestellen (KGJ **49** 192).

Der Nießbrauch richtet sich auf die Gesamtheit der Nutzungen einer Sache; einzelne Nutzungen können aber ausgenommen werden. Es ist jedoch kein Nießbrauch mehr, wenn nur einzelne Nutzungen als solche eingeräumt werden. Die bloße Erklärung, daß ein Nießbrauch bestellt werde, ist bedeutungslos, wenn der Inbegriff der eingeräumten Befugnisse mit den gesetzlichen Merkmalen des Nießbrauchs im Widerspruch steht.

Der Nießbraucher hat nach § 1047 BGB für die Dauer des Nießbrauchs die auf dem Grundstück ruhenden Lasten zu tragen, insbesondere die Hypothekenzinsen zu entrichten. Gleichwohl kann ihm der Anspruch auf Rückstände von Hypothekenzinsen übertragen werden, und zwar auch dann, wenn er sie mit Mitteln bezahlt, die aus dem Grundstücke herrühren (RG **100** 157).

Unter den Fällen des durch Rechtsgeschäft begründeten Nießbrauchs ist der häufigste und praktisch wichtigste der testamentarisch angeordnete Nießbrauch, insbesondere des überlebenden Ehegatten und die in Gutsübergabeverträgen bedungene Leibzucht.

Zur Eintragung des Nießbrauchs ist die Bewilligung des von der Eintragung Betroffenen in der Form des § 29 GBO und ein privatschriftlicher Antrag des Betroffenen oder des Berechtigten erforderlich und ausreichend[1]. Bei der Eintragung des Nießbrauchs an einem Grundstück kann auf die Eintragungsbewilligung Bezug genommen werden. § 50 GBO. Bedingungen und Befristungen bedürfen der unmittelbaren Einschreibung im Grundbuch[1] (KGJ **49** 187; **50** 188; RG **70** 249. Vgl. jedoch RG **106** 113). Die Eintragung erfolgt in den Sp. 1 bis 3 der zweiten Abteilung; der einzutragende Vermerk lautet z. B.:

Ein Nießbrauchsrecht auf die Dauer von drei Jahren für den Gastwirt Karl Krause in Lobau unter Bezugnahme auf die Bewilligung vom 23. August 1927 eingetragen am 20. September 1927.

Schmidt. Lehmann.

Die Spalte „Veränderungen" kann für den Nießbrauch nicht in Betracht kommen, da nach § 1059 BGB der Nießbrauch nicht übertragen werden, also weder veräußert noch verpfändet werden kann. Der Grundbuchrichter muß also Anträge auf Eintragung von Veränderungen beim Nießbrauch stets ablehnen. Auch die Überlassung, Verpfändung oder Pfän-

[1] Handelt es sich um eine Heimstätte nach dem Reichsgesetz vom 10. Mai 1920 (RGBl S. 962), so bedarf es auch der Zustimmung des Ausgebers der Heimstätte.

dung der Ausübung des Nießbrauchs begründet ein dingliches Recht an dem Nießbrauchsrecht nicht (KGJ **40** A 254; **48** 212, JFG **1** 411), ist daher nicht eintragungsfähig. Vgl. jedoch RG **74** 83 unter II, sowie RG **88** 101, **101** 5.

Die Verlängerung der Geltungsdauer eines zeitlich begrenzten Nießbrauchs ist keine Veränderung des Nießbrauchs, sondern eine neue Belastung des Grundstücks (KGJ **50** 188).

Die Löschung des Nießbrauchs wird in der Spalte „Löschungen" der zweiten Abteilung bewirkt. Sie erfolgt mit Bewilligung des Nießbrauchers oder nach seinem Tode auf Antrag des Eigentümers. Letzterer hat zur Begründung seines Antrags nur die Sterbeurkunde einzureichen. Sind Rückstände von Leistungen nicht ausgeschlossen, so bedarf es der Bewilligung des Rechtsnachfolgers, wenn die Löschung vor dem Ablauf eines Jahres nach dem Tode des Nießbrauchers erfolgen soll oder wenn der Rechtsnachfolger der Löschung bei dem Grundbuchamt widersprochen hat. Der Bewilligung des Rechtsnachfolgers bedarf es nicht, wenn im Grundbuch eingetragen ist, daß zur Löschung des Rechts der Nachweis des Todes des Berechtigten genügen soll. § 23 GBO.

Stand der Nießbrauch einer juristischen Person zu und ist diese erloschen, so muß ein urkundlicher Nachweis des Erlöschens erforderlich und ausreichend sein, da die Löschungsbewilligung unmöglich ist.

Der Nießbrauch an Forderungen findet sich im Grundbuchverkehr besonders häufig bei Hypotheken und Grundschulden; vgl. Näheres unten § 99.

An den in der zweiten Abteilung des Grundbuchs eingetragenen Rechten wird ein Nießbrauch wohl kaum bestellt.

Nicht selten besteht ein Vermögensnießbrauch gemäß § 1085 BGB. Alsdann ist das Befriedigungsrecht der Gläubiger des Bestellers aus § 1086 BGB einer Eintragung im Grundbuch weder bedürftig noch fähig. Es handelt sich um eine Legalobligation, die auch gegenüber dem öffentlichen Glauben des Grundbuchs Bestand hat (RG **70** 348).

Zu unterscheiden von dem Nießbrauch ist die auf Gesetz beruhende Nutznießung des Ehemannes und Vaters an dem Vermögen seiner Ehefrau und seiner Kinder; diese Nutznießung kann in das Grundbuch nicht eingetragen werden.

Die Antichrese, d. h. die Abrede zwischen Hypothekengläubiger und -schuldner, daß ersterer zum Zweck allmählicher Tilgung seiner Forderung zur Nutzung des Grundstücks des letzteren befugt sein soll, hat nur schuldrechtliche Wirkungen. Wird daher, um das wirtschaftliche Ergebnis der Antichrese zu erreichen, eine Hypothek und ein Nießbrauch an einem Grundstück für den Gläubiger bestellt, dann darf der einzutragende Nießbrauch nicht mit den charakteristischen Merkmalen des Nutzungspfandrechts ausgestattet werden, die dem Wesen des Nießbrauchs zuwiderlaufen. Es darf also namentlich nicht ein Nießbrauch ohne Rücksicht auf die Lebensdauer des Gläubigers bestellt werden; denn der Nießbrauch des BGB erlischt mit dem Tode des Gläubigers (KGJ **25** A 290). — Dagegen ist die unter dem alten Recht eingetragene Antichrese mit ihrem sich aus den bisherigen Gesetzen ergebenden Inhalt und Rang bestehen geblieben (RG **47** 56).

§ 79. Die beschränkten persönlichen Dienstbarkeiten, insbesondere Altenteile und Wohnungsrechte.

Die beschränkten persönlichen Dienstbarkeiten gewähren dem Berechtigten nicht, wie der Nießbrauch, die sämtlichen, sondern nur bestimmte, im Einzelfall näher bezeichnete Nutzungen des Grundstücks. § 1090 BGB[1]. Über den Begriff der beschränkten persönlichen Dienstbarkeiten s. RG vom 24. November 1927, HRR 28 Nr. 319. Von den Grunddienstbarkeiten unterscheiden sie sich dadurch, daß sie nicht, wie jene, dem jeweiligen Eigentümer eines anderen Grundstücks, sondern einer bestimmten Person[2] zugute kommen (KGJ **24** A 241; **26** A 274)[3] [4]. Auch

[1] Die Berechtigung zur Vornahme einer einmaligen Handlung auf einem Grundstück ist nicht ein Recht, es in einer einzelnen Beziehung zu benutzen, im Sinne der §§ 1018, 1090 BGB. Daher ist die einer Stadtgemeinde gewährte Berechtigung, bei Freilegung einer Straße des Bebauungsplans Gebäude, die in das Straßenland hineinragen, zu beseitigen, keine beschränkte persönliche Dienstbarkeit und nicht eintragungsfähig (KGJ **26** A 274).

[2] Die Eintragung von Baubeschränkungen zugunsten einer preußischen Polizeibehörde ist inhaltlich unzulässig, wenn nicht etwa die Aufführung der Behörde als berechtigt bloß eine falsche Bezeichnung für den Fiskus oder die Stadtgemeinde ist (KGJ **39** A 210).

[3] Das Recht, daß die Evangelischen bestimmter politischer Gemeinden an einem der evangelischen Kirchengemeinde gehörigen Begräbnisplatz allein benutzungsberechtigt und unterhaltspflichtig sind, ist kein dingliches Recht, insbesondere keine beschränkte persönliche Dienstbarkeit; es kann also nicht in das Grundbuch eingetragen werden (KGJ **26** A 109). Zulässig ist eine beschränkte persönliche Dienstbarkeit des Inhalts, daß der Eigentümer eines Mühlengrundstücks die Entnahme des Mühlwassers zugunsten einer Meliorationsgenossenschaft zu dulden habe (KGJ **35** A 270).

Eine beschränkte persönliche Dienstbarkeit kann den Inhalt haben, daß eine Landarbeiterwohnung auf die Dauer von 50 Jahren nur von deutschstämmigen Landarbeiterfamilien bewohnt werden darf (RG **117** 323, Beschluß des RG bei JFG **4** 8, ferner RG **111** 384 = JFG **3** 5; KGHRR **28** Nr. 612), daß auf dem Grundstück nur Familien des Arbeiterstandes wohnen dürfen, daß Kostgänger nicht gehalten werden dürfen, daß keine Schankwirtschaft auf dem Grundstück betrieben werden und daß der Berechtigte das Grundstück zum Zwecke der Besichtigung betreten darf (KGJ **36** A 216; **38** A 324, OLG Darmstadt), daß das Grundstück nicht anders als zum Betrieb eines erstklassigen Hotels verwendet werden darf (JFG **4** 378).

Die Ausbeute von Bodenbestandteilen kann Gegenstand einer beschränkten persönlichen Dienstbarkeit sein (KGJ **33** A 233).

Das Abholzungsrecht aus einem Kaufe von Holz auf dem Stamm ist nicht eintragungsfähig (RG **60** 317).

[4] Das Jagdrecht kann im Rechtsgebiet der preußischen Jagdordnung vom 15. Juli 1907 nicht den Inhalt einer beschränkten persönlichen Dienstbarkeit bilden (JFG **2** A 332).

der Staat kann als Berechtigter auftreten. Einer Beschränkung des Eigentums in dem Umfange, daß alle sich als Benutzung darstellenden Handlungen, mit Ausnahme einer einzigen, nicht vorgenommen werden dürfen, steht an sich nichts entgegen (JFG **4** 378).

Es genügt, wenn die Bezeichnung des Inhalts der Dienstbarkeit so bestimmt ist, daß der Richter im Streitfalle nach verständigem Ermessen in der Lage ist, die Grenze zu ziehen (RG **117** 327).

Die Benutzung des Grundstücks muß in der Regel für den Berechtigten einen wirtschaftlichen Vorteil ergeben. Z. B. kann der Verkäufer einer in ein fremdes Grundstück einzubauenden Maschine den verabredeten Eigentumsvorbehalt nicht durch Eintragung einer Dienstbarkeit sichern lassen (KGJ **35** A 368, OLG Karlsruhe). Der Vorteil kann darin bestehen, daß durch die gleichzeitig mit einem dinglichen Wiederkaufsrecht an einem Rentengut bestellte Dienstbarkeit die Erhaltung des belasteten Grundstücks in einem für den Berechtigten im Falle des Wiederkaufs geeigneten Zustande gesichert werden soll (KGJ **45** 227). Der Vorteil kann für eine Gemeinde die Erhöhung ihrer Steuereinnahmen und des Wohlstandes ihrer Einwohner sein, ebenso Annehmlichkeiten für das Publikum und Erhaltung eines bestimmten Charakters einer Gegend (JFG **4** 378). Der Vorteil braucht nicht auf privatrechtlichem Gebiete zu liegen (Entsch des RG bei JFG **3** 5 gegen RG **61** 338; s. ferner KGJ **42** 246; **45** 228); vielmehr können durch die Dienstbarkeit auch staatliche Zwecke verfolgt werden (s. Anm. 3 Abs. 2 S. 184).

Die Bestellung einer beschränkten persönlichen Dienstbarkeit für eine juristische Person wird in der Weise für zulässig erachtet, daß die aus der Dienstbarkeit fließenden Vorteile anderen Personen z. B. den Mitgliedern der Gemeinde, den Angestellten einer Aktiengesellschaft zugute kommen (RG **61** 342; KGJ **53** 158). Auf die beschränkte persönliche Dienstbarkeit findet auch § 1061 BGB (Erlöschen durch Tod des Berechtigten) Anwendung (s. oben S. 181). Die Dienstbarkeit kann auch einer öffentlich-rechtlichen Person zustehen. Über die Frage, ob deren staatsrechtliche Änderung das Erlöschen der Dienstbarkeit i. S. der §§ 1090, 1061 BGB zur Folge hat, s. JFG **3** 333.

Die wichtigsten beschränkten persönlichen Dienstbarkeiten sind die mit der Überlassung eines Grundstücks in Verbindung stehenden L e i b - g e d i n g s -, L e i b z u c h t s -, A l t e n t e i l s - oder A u s z u g s r e c h t e. Sie enthalten allerdings nicht selten auch Reallasten (vgl. unten § 81).

Bei der Bestimmung des Inhalts solcher Rechte, die der Grundbuchrichter in den von ihm aufzunehmenden G u t s ü b e r l a s s u n g s v e r t r ä g e n zu bewirken hat, kann bei der Wichtigkeit der Angelegenheit nicht sorgfältig genug vorgegangen werden. Der Richter wird hierbei besonders den Art. 15 AGBGB zu beachten haben, der ihm wichtige Fingerzeige gibt, welche Gesichtspunkte bei der Beurkundung solcher A l t e n t e i l s - v e r t r ä g e besonders zu beachten sind. Hervorzuheben bleibt folgendes:

Der Käufer muß im Interesse des Altsitzers die Eintragung des Altenteils im Grundbuch des gekauften Grundstücks mit dem Rang unmittelbar hinter den zur Zeit der Überlassung bestehenden Belastungen bewilligen und beantragen; der Richter muß also darauf achten, daß das Altenteil den Vorrang vor etwa sonst im Anschluß an den Verkauf erfolgenden Eintragungen, insbesondere also vor etwaigen Restkaufgeldern erhält. Die Verpflichtung, im Falle des vom Gutsübernehmer verschuldeten Fortzugs des Altsitzers, diesem an Stelle der Altenteilsleistungen eine Geldabfindung zu zahlen, kann nur durch Eintragung einer Hypothek dinglich gesichert werden (KGJ **53** 166). Ist ein Altenteil für mehrere Berechtigte, insbesondere für Ehegatten vereinbart, so wird durch Befragung der Vertragschließenden genau zu ermitteln sein, ob nach dem Tode des einen zum Altenteil berechtigten Elternteils dem Überlebenden nur die unteilbaren Leistungen, wie Wohnung, Feuerung, Beleuchtung usw. vollständig, alle übrigen Leistungen aber, z. B. Ansprüche auf Naturalien, auf ein Taschengeld usw. nur zur Hälfte gewährt werden sollen, oder ob Abweichendes beabsichtigt wird; vgl. hierzu §§ 1 und 10 des Art. 15 AGBGB. Vgl. auch das oben § 71 angeführte Beispiel. Die Frage, ob eine einmalige Leistung z. B. Ausrichtung des Begräbnisses des Altsitzers oder die Ausstattung seiner unverheirateten Kinder Inhalt des Altenteils sein kann, ist streitig. Das KG bejaht sie (JFG **1** 442).

Hervorzuheben ist ferner das W o h n u n g s r e c h t. Dies ist eine Belastung des Grundstücks, also das dingliche Recht, kraft dessen der Berechtigte ein Gebäude oder einen Teil eines Gebäudes unter Ausschluß des Eigentümers als Wohnung benutzen darf. Hierbei kann der Eigentümer des dienenden Grundstücks nicht etwa zu Leistungen, insbesondere zur Instandhaltung des Gebäudes verpflichtet werden. Andererseits kann gemäß §§ 1090, 1021 BGB die Verpflichtung, eine Wasserzufluß- und Abflußanlage zu unterhalten, dem Eigentümer auferlegt werden (JFG **1** 409). Das Wohnungsrecht erzeugt nicht gegenseitige Rechte und Verbindlichkeiten; es ist nur Grundstücksbelastung, mit der zufällig, aber nicht notwendig die persönliche Pflicht des Berechtigten zur Zahlung eines Zinses verknüpft sein kann. Soll ohne Vereinbarung einer beschränkten persönlichen Dienstbarkeit durch die Eintragung nur ein schuldrechtliches Miet- oder Pachtverhältnis gesichert werden, so ist die Eintragung unzulässig (RG **54** 233; KGJ **24** A 121; **53** 160).

Die Benutzung des Gebäudes zu anderen als Wohnungszwecken, z. B. als Geschäfts- oder Arbeitsräume kann den Inhalt eines Wohnungsrechts nicht ausmachen. Andererseits ist es nicht ausgeschlossen, daß die in der Hauptsache zum Wohnen benutzten Räume daneben auch anderen Zwecken dienstbar gemacht werden können (KGJ **53** 158).

Die beschränkten persönlichen Dienstbarkeiten werden erst dadurch wirksam, daß sie in das Grundbuch e i n g e t r a g e n werden.

Die Eintragung der beschränkten persönlichen Dienstbarkeiten erfolgt nach den allgemeinen Regeln auf Grund der Eintragungsbewilligung des Eigentümers in der Form des § 29 BGO und eines formlosen Antrages des Beschwerten oder des Berechtigten[1,2]. Bei der in der zweiten Abteilung zu bewirkenden Eintragung bedarf es nicht der Bezeichnung der einzelnen Rechte, z. B. des Wohnungsrechts, der Naturalleistungen, des Taschengeldes usw.; es kann vielmehr auf die — regelmäßig im Gutsüberlassungsvertrage enthaltene — Eintragungsbewilligung Bezug genommen werden. § 50 GBO. Hierdurch wird einer Überfüllung des Grundbuchs vorgebeugt.

Der einzutragende Vermerk lautet also z. B.:

Ein Altenteil nach Maßgabe der Eintragungsbewilligung vom 6. März 1928 für den Altsitzer Christian Collin und dessen Ehefrau Amalie, geb. Dahm, beide in Buchhain, eingetragen am 23. März 1928.

Schmidt. Lehmann.

Die Spalte „Veränderungen" kann für Altenteile usw. nicht in Betracht kommen, da diese Rechte ihrer Natur nach weder abgetreten noch verpfändet werden können. Ein zum Teil aus beschränkten persönlichen Dienstbarkeiten bestehendes Ausgedinge ist auch hinsichtlich der anderen dazu gehörenden Rechte, selbst wenn diese an sich übertragbar sind, unübertragbar, falls das Ausgedinge nach dem Willen der Beteiligten eine rechtliche Einheit insoweit bildet, als die sämtlichen Ausgedingerechte dasselbe rechtliche Schicksal haben sollen (KGJ **40** 250).

Ob eine Bestimmung über die Überlassung der Ausübung der Dienstbarkeit eintragungsfähig ist, erscheint zweifelhaft (KGJ **53** 160).

Eine beschränkte persönliche Dienstbarkeit kann nicht auf dem Wege des § 877 BGB (Änderung des Inhalts) in eine Grunddienstbarkeit umgewandelt werden (JFG 1 144).

Die Löschung der beschränkten persönlichen Dienstbarkeiten kann nach dem Tode der Altsitzer unter Vorlegung der Sterbeurkunde von dem Grundstückseigentümer auf privatschriftlichen Antrag erfolgen, wenn seit dem Tode mindestens ein Jahr verflossen ist. Ist der Berechtigte für tot erklärt, so beginnt die einjährige Frist mit dem Erlaß des die Todeserklärung aussprechenden Urteils. Ist das Jahr noch nicht abgelaufen und sind

---

[1] Handelt es sich um eine Heimstätte nach dem Gesetze vom 10. Mai 1920 (RGBl S. 962), so bedarf es auch der Zustimmung des Ausgebers der Heimstätte.

[2] Nach der Bekanntmachung des Reichskanzlers vom 15. März 1918 (RGBl S. 123) bedarf die Bestellung eines dinglichen Rechts zum Genusse der Erzeugnisse eines über 5 ha großen land- oder forstwirtschaftlichen Grundstücks der behördlichen Genehmigung, die in Preußen vom Landrat, in Stadtkreisen vom Bürgermeister erteilt wird (AusfBest vom 16. März 1918, JMBl S. 69). Vgl. die Darstellung oben S. 146.

Rückstände von Leistungen nicht ausgeschlossen[1], oder hat der Rechtsnachfolger (der sich als solcher auszuweisen hat) der Löschung beim Grundbuchamt widersprochen[2], so kann die Löschung nur mit Bewilligung des Rechtsnachfolgers erfolgen. Die Bewilligung des Rechtsnachfolgers ist nicht erforderlich, wenn im Grundbuch eingetragen ist, daß zur Löschung des Rechts der Nachweis des Todes des Berechtigten genügen soll. § 23 GBO. Es wird daher häufig in den Gutsüberlassungsvertrag die Bestimmung mit aufgenommen, daß zur Löschung des Altenteils der Nachweis des Todes des Berechtigten genügen soll. Die Bestimmung muß aber stets in das Grundbuch eingetragen werden und kann nicht durch Bezugnahme auf die Eintragungsbewilligung ersetzt werden; vgl. das Beispiel oben im § 71[3].

Ist die Löschung vor Ablauf des Jahres nicht ohne weiteres zulässig, so pflegt man in der Praxis etwa früher beabsichtigten Löschungsanträgen dadurch zu begegnen, daß man die Eigentümer unter Hinweis auf die gesetzlichen Vorschriften veranlaßt, die Anträge bis zum Ablauf des Jahres zurückzustellen; regelmäßig ist es für die Eigentümer von keiner großen Bedeutung, daß die Löschung erst einige Zeit später erfolgt.

§ 80. Das Vorkaufsrecht.

Für die vorliegende Darstellung kommt nur das dingliche Vorkaufsrecht in Betracht[4]. Es besteht in einer Belastung des Grundstücks derart, daß derjenige, zu dessen Gunsten die Belastung erfolgt, dem Eigen-

---

[1] Rückstände sind regelmäßig ausgeschlossen beim Wohnungsrecht und Nießbrauchrecht. Dagegen können sie besonders bei Altenteilen, zu denen Naturalleistungen, Taschengeld usw. gehören, vorkommen.

[2] Es wird dann in Spalte Veränderungen neben dem Recht, gegen dessen Löschung Einspruch erhoben ist, von Amts wegen ein Widerspruch eingetragen. Der Vermerk wird lauten:

Der Ackerbürger Karl Collin in Buchhain hat der Löschung widersprochen. Eingetragen am 22. März 1928.

[3] Alles das gilt auch dann, wenn das Altenteil infolge eines vor dem 1. Januar 1900 oder vor der nach diesem Zeitpunkt erfolgten Anlegung des Grundbuchs eingetretenen Endtermins erloschen ist (KGJ **44** 248).

[4] Ein dingliches Wiederkaufsrecht kennt das BGB nicht (s. auch JFG **4** 349). Eine solche Eintragung wäre unzulässig. Jedoch finden sich landes- und reichsrechtliche Ausnahmen, z. B. Art. 29 AGBGB (Rentengüter; s. JFG **1** 424), §§ 19 ff. des Gesetzes über das Enteignungsrecht von Gemeinden bei Aufhebung oder Ermäßigung von Rayonbeschränkungen vom 27. April 1920 (RGBl S. 697).

Ferner kann im Wege einer Vormerkung (vgl. unten § 83) der Zweck des Wiederkaufsrechts mittelbar erreicht werden (JFG **4** 351), wobei die Vormerkung für den jeweiligen Eigentümer eines Grundstücks eingetragen werden kann (KGJ **36** A 212, JFG **3** 321).

Ein dingliches Wiederkaufsrecht ist nach § 20 des Reichssiedelungsgesetzes vom 11. August 1919 (RGBl S. 1429) vorgesehen und als Belastung im Grundbuch einzutragen. Gegenstand des Wiederkaufsrechts ist die von dem gemeinnützigen Siedlungsunternehmen begründete Ansiedlerstelle. Im Falle der sogenannten Adjazentensiedlung umfaßt das Wiederkaufsrecht die gesamte durch Zukauf vertümer gegenüber zum Vorkaufe berechtigt ist. Der schuldrechtliche Vertrag über die Bestellung des Vorkaufsrechts bedarf der Form des § 313 BGB (RG **72** 385; **110** 333)[1].

Das dingliche Vorkaufsrecht hat nicht etwa die Bedeutung, daß nunmehr das Grundbuch gesperrt wäre und der Eigentümer das Grundstück nicht veräußern oder anderweit belasten könnte. Es kann vielmehr das Grundstück auch ohne Zustimmung des Vorkaufsberechtigten beliebig weiter belastet und auch aufgelassen werden. Die anderweitigen Belastungen, z. B. Hypotheken, bleiben auch dem Vorkaufsberechtigten gegenüber, der von dem Vorkaufsrecht Gebrauch macht, bestehen; natürlich vermindern sie den Kaufpreis, den der Berechtigte zu entrichten hat.

Die Bedeutung des Rechts beruht darin, daß der Vorkaufsberechtigte nicht nur den unmittelbar Verpflichteten, sondern auch einen dritten Erwerber des Grundstücks und dessen etwaigen Rechtsnachfolger zur Übertragung des Eigentums an ihn nötigenfalls im Prozeßwege anhalten kann. § 1098 Abs. 2 BGB drückt dies dahin aus: „Dritten gegenüber hat das Vorkaufsrecht die Wirkung einer Vormerkung zur Sicherung des durch die Ausübung des Rechts entstehenden Anspruchs auf Übertragung des Eigentums." Der Grundbuchrichter wird daher bei der Auflassung eines mit einem Vorkaufsrecht belasteten Grundstücks die Beteiligten über die Rechtswirkungen des Vorkaufsrechts zu belehren haben. Zu beachten ist aber, daß das Vorkaufsrecht nach § 514 BGB regelmäßig nicht vererblich ist; ist also der eingetragene Berechtigte verstorben, so ist das Vorkaufsrecht erledigt. Nicht selten ist freilich das Vorkaufsrecht zugunsten des jeweiligen Eigentümers eines bestimmten Grundstücks bestellt; in diesem Falle wird natürlich das Vorkaufsrecht mit dem Grundstück vererbt.

Hervorzuheben ist noch, daß das Vorkaufsrecht nur dann eintritt, wenn es sich um einen Kauf handelt; ein Tausch berechtigt nicht zur Ausübung des Vorkaufsrechts. Auch muß der Vertrag mit dem Dritten fest abgeschlossen sein. Erklärt dann der Berechtigte dem Verpflichteten gegenüber, daß er sein Vorkaufsrecht ausübe, so kommt der Kauf zwischen dem Berechtigten und dem Verpflichteten unter den Bedingungen zustande, die der Verpflichtete mit dem Dritten vereinbart hat. § 505 BGB.

---

größerte Ansiedlerstelle (Gutachten des KG vom 30. September 1920, JMBl S. 594; RG **108** 228; **110** 337).

Das für das Kulturamt begründete Wiederkaufsrecht ist vom Kulturamtsvorsteher an die Kreissiedlungsgesellschaft oder die provinzielle Landgesellschaft, gegebenenfalls an den Kreis oder an die Gemeinde, abzutreten; für diese ist das Wiederkaufsrecht im Grundbuch einzutragen. Die vorbezeichnete Abtretung bedarf nach Ansicht des KG a. a. O. (JMBl 1920 S. 594) keiner besonderen Beurkundung; da das Kulturamt eine öffentliche Behörde ist, wird die Beurkundung durch die in gehöriger Form (Art. 9 AGGBO) abgegebene Erklärung des Kulturamtsvorstehers ersetzt.

[1] Ein vereinbartes Ankaufsrecht ist nicht eintragungsfähig (JFG **3** 315).

Ein Vorkaufsrecht mit der Vorausbestimmung eines festen Vorkaufspreises (ein sogen. limitiertes Vorkaufsrecht) kann als dingliches Recht nicht bestellt werden (RG **104** 122; KGJ **29** A 171; **43** 223). Die Umdeutung eines solchen Vorkaufsrechts in die Vereinbarung eines durch die Bestellung einer Auflassungsvormerkung zu sichernden schuldrechtlichen Vorkaufsrechts ist grundsätzlich wohl angängig, aber dann z. B. unzulässig, wenn die maßgebliche Vereinbarung das Recht dem jeweiligen Eigentümer einer Parzelle einräumt (JFG **4** 347).

Diese Grundsätze muß der Grundbuchrichter kennen, um die Beteiligten über die Bedeutung des Vorkaufsrechts aufklären zu können.

Die Eintragung des Vorkaufsrechts erfolgt in der zweiten Abteilung des Grundbuchs auf Grund der Bewilligung des Eigentümers. In dem Eintragungsvermerk kann zur näheren Bezeichnung des Inhalts des Rechts auf die Eintragungsbewilligung Bezug genommen werden. § 874 BGB.

Der Vermerk lautet z. B.:

Ein Vorkaufsrecht für den Kaufmann David Salman in Lobau unter Bezugnahme auf die Eintragungsbewilligung vom 22. August 1927 eingetragen am 27. August 1927.

Schmidt. Lehmann.

oder:

Ein Vorkaufsrecht für den jeweiligen Eigentümer des im Grundbuch von Lobau Bd. II Bl. Nr. 60 verzeichneten Grundstücks unter Bezugnahme auf die Eintragungsbewilligung vom 5. Mai 1928, eingetragen am 10. Mai 1928.

Schmidt. Lehmann.

Ein zweites Vorkaufsrecht gleichen Inhalts im Range nach dem bereits eingetragenen kann für denselben Berechtigten nicht eingetragen werden (KGJ **51** 273).

Eine Übertragung oder Verpfändung des Vorkaufsrechts ist regelmäßig nicht zulässig. § 514 BGB. Die Spalte „Veränderungen" wird also bei Vorkaufsrechten kaum benutzt werden.

Die Löschung des Vorkaufsrechts kann regelmäßig auf den bloßen Nachweis des Todes des Berechtigten (durch Vorlegung der Sterbeurkunde) erfolgen, da Rückstände von Leistungen ausgeschlossen sind. § 23 GBO. Ausnahmen treten nur in dem Falle ein, daß das Vorkaufsrecht zugunsten des jeweiligen Eigentümers eines anderen Grundstücks bestellt ist.

Zulässig ist die Belastung eines ganzen Grundstücks mit einem auf einzelne Trennstücke beschränkten Vorkaufsrecht. § 6 GBO kommt nur in Frage, wenn die Belastung auf die einzelnen Trennstücke beschränkt wird.

Neben dem vertraglichen sind gesetzliche Vorkaufsrechte zu beachten, z. B. das gesetzliche Vorkaufsrecht des § 57 Abs. 2 und 3 des Enteign. Ges.

vom 11. Juni 1874. Es steht dem jeweiligen Eigentümer des Restgrundstücks zu; es ist gemäß Art. 109 EGBGB aufrechterhalten und bedarf zur Erhaltung der Wirksamkeit gegenüber dem öffentlichen Glauben des Grundbuchs der Eintragung nicht. Art. 22 Nr. 1 AGBGB, KGJ **25** A 142[1]. Sodann ist hinzuweisen auf das Vorkaufsrecht des Ausgebers einer Heimstätte gemäß § 11 des Reichsheimstättengesetzes vom 10. Mai 1920 (RGBl S. 962); s. unten § 173 Nr. 2. Ferner bedarf der Erwähnung das durch das Reichssiedlungsgesetz vom 11. August 1919 (RGBl S. 1429) begründete Vorkaufsrecht.

Das Reichssiedlungsgesetz, ergänzt und abgeändert durch die Gesetze vom 7. Juni und 18. August 1923 (RGBl I S. 364 und 805) nebst Ausführungsbestimmungen des Reichsarbeitsministers vom 26. September 1919 (ZBl für d. Dt. Reich S. 1143), das AG vom 15. Dezember 1919 (GS 1920, S. 31)[2] nebst den Ausführungsanweisungen des Landwirtschaftsministers vom 27. Dezember 1919, 29. Januar, 3. Februar, 7. Februar und 13. Februar 1920 (Ministerialblatt der Landwirtschaftsverwaltung 1920, S. 11, 45, 48, 51 und 85) regeln die Beschaffung von landwirtschaftlichem Siedlungsland zum Zwecke der ländlichen Ansiedlung, der dichteren Besiedlung des platten Landes, der Mehrung, Förderung und angemessenen Vergrößerung der landwirtschaftlichen Kleinbetriebe. Das Reichssiedlungsgesetz[3] verpflichtet die Länder, gemeinnützige Siedlungsunternehmen zu begründen zur Schaffung neuer Ansiedlungen und zur Hebung bestehender Kleinbetriebe[4]. Der Geschäftsbezirk des Siedlungsunternehmens (Ansiedlungsbezirk) wird durch die Landeszentralbehörde bestimmt. Nach § 4 des Reichsgesetzes hat das Unternehmen ein Vorkaufsrecht auf die in seinem

[1] Über die Einführung eines gesetzlichen Vorkaufsrechts durch Landesrecht s. RG **112** 67ff. und 72ff.

[2] S. auch Gesetz vom 1. März 1923 (GS S. 49).

[3] Die Beamtensiedlungsverordnung vom 11. Februar 1924 (RGBl I S. 53) gibt dem Reiche ferner die Möglichkeit, Beamten, die auf Grund der Personalabbauverordnung in den dauernden Ruhestand versetzt worden sind, den Erwerb und die Bebauung von Grundeigentum zu garten- und landwirtschaftlicher Siedlung zu erleichtern. Dem Erwerbe von Grundeigentum steht der Erwerb eines Erbbaurechts gleich. Dasselbe gilt für andere Beamte, Angestellte und Arbeiter, die auf Grund des Personalabbaus aus dem Dienste ausscheiden. § 16 der Verordnung gibt entsprechende Ermächtigungen für Länder und Gemeinden (Gemeindeverbände); siehe hierzu das Pr. Ges. vom 27. März 1924 (GS S. 195) nebst Ausf. Best. vom 1. April und Erlaß vom 18. Juni 1925 (MinBl f. Volkswohlfahrt S. 132 und 254).

Auch die Versorgungsgesetze in der Fassung vom 31. Juli und 19. September 1925 (RGBl I S. 165 und S. 349) enthalten Bestimmungen zur Förderung der Ansiedlung (s. § 72ff. des erstgenannten, §§ 13, 38 und 52 des letztgenannten Gesetzes).

[4] Die bei einem Siedlungsgrundstück eingetragenen Beschränkungen des § 35 des Pr. Ausf. Ges. erlöschen durch den Zuschlag im Zwangsversteigerungsverfahren auch dann nicht, wenn sie außerhalb des geringsten Gebots stehen. Das Vollstreckungsgericht ist daher nicht zuständig, um ihre Löschung zu ersuchen (JFG **4** 364).

Bezirk belegenen landwirtschaftlichen Grundstücke im Umfange von 25 ha aufwärts oder auf Teile von solchen Grundstücken. Der Begriff Grundstück ist hierbei im wirtschaftlichen Sinne zu verstehen und trifft jeden einheitlich bewirtschafteten landwirtschaftlichen Grundbesitz. Nicht der Umstand ist entscheidend, wie das Grundstück im Grundbuch eingetragen ist, sondern allein die wirtschaftliche Zusammengehörigkeit. Ferner berechtigt nicht die Tatsache, daß dem Veräußerer eines unter 25 ha betragenden Grundstücks größere Ländereien gehören, sondern erst die Feststellung, daß das veräußerte Grundstück im wirtschaftlichen Sinne Teil eines über 25 ha großen Grundstücks ist, zu der Annahme, daß das gesetzliche Vorkaufsrecht des Siedlungsunternehmens besteht. Etwa beizubringende Nachweise bedürfen nicht der in § 29 GBO bestimmten Form (KGJ **53** 161). Gemeinnützige Siedlungsunternehmen sind auch die Kulturämter für ihren Amtsbezirk. Zur Ausübung des Vorkaufsrechts ist indes nach der dritten Ausführunganweisung vom 7. Februar 1920 allein die provinzielle Siedlungsgesellschaft berechtigt. Das Vorkaufsrecht hat keine rückwirkende Kraft (RG **105** 359), im übrigen aber den Vorrang vor allen anderen eingetragenen und gesetzlichen Vorkaufsrechten; es bedarf der Eintragung in das Grundbuch nicht. Es besteht auch gegenüber anderen Verträgen, die auf die Veräußerung des Grundstücks gegen Entgelt gerichtet sind, ferner gegenüber der Veräußerung im Wege der Zwangsvollstreckung und der freihändigen Veräußerung durch den Konkursverwalter. Es kann auch gegenüber einem Tausch geltend gemacht werden (JFG **1** 417). Nicht anwendbar ist es z. B., wenn eine G. m. b. H., deren Vermögen nur aus dem betreffenden Grundstück besteht, ihre sämtlichen Geschäftsanteile an einen anderen abtritt (RG **104** 42). Bei Landerwerb des gemeinnützigen Siedlungsunternehmens zu *Siedlungszwecken* steht dem Landlieferungsverbande das Vorkaufsrecht nicht zu (RG vom 13. Oktober 1927, Rspr S. 1437).

Die Ausübung des Vorkaufsrechts ist ausgeschlossen, wenn der Erwerber eine Körperschaft des öffentlichen Rechts oder der Ehegatte des Veräußerers oder eine Person ist, die mit dem Veräußerer in grader Linie oder bis zum dritten Grade der Seitenlinie verwandt oder bis zum zweiten Grade verschwägert ist.

Auf das Vorkaufsrecht sind die §§ 505 bis 509, 510 Abs. 1, 1098 Abs. 2, 1099 bis 1102 BGB anwendbar[1 2]. Die Frist zur Ausübung des Vorkaufsrechts beträgt 3 Wochen (bei Objekten über 200 ha 6 Wochen) seit dem Empfang der Mitteilung des Eigentümers oder des Dritten oder des Grund-

[1] Soweit landwirtschaftlich genutzte Grundstücke (einschl. Staatsdomänen) von einer gemeinnützigen Siedlungsgesellschaft übernommen werden, haben die Pächter in gewissen Fällen z. B. für ein bei der Verteilung etwa übrig bleibendes Restgut ein Vorkaufsrecht (§ 6 Abs. 3). Dieses Vorkaufsrecht ist aber kein dingliches, sondern ein rein schuldrechtliches (RG **104** 324; **110** 415).

[2] Bezüglich der Übertragbarkeit des dem gemeinnützigen Siedlungsunternehmen zustehenden Vorkaufsrechts s. RG vom 5. März 1924 JW 1927 S. 439.

buchamts von dem Inhalt des geschlossenen Vertrages. Wenn der Kaufvertrag nach der Bekanntmachung über den Verkehr mit landwirtschaftlichen Grundstücken vom 15. März 1918 der behördlichen Genehmigung bedarf, so ist die Ausübung des Vorkaufsrechtes erst nach Erteilung der behördlichen Genehmigung des Kaufvertrages zulässig (RG **106** 320; **108** 94; KGJ **53** 165). Die Frist zur Ausübung des Vorkaufsrechts beginnt dann erst mit der Mitteilung des geschlossenen Vertrages und dessen behördlicher Genehmigung. Telefonische Mitteilung der behördlichen Genehmigung genügt (KGJ **53** 161).

Durch Ausübung des Vorkaufsrechts erlöschen die eingetragenen Vorkaufsrechte und Vormerkungen, die ein Recht auf Auflassungen erhalten sollen. Die durch die Ausübung des Vorkaufsrechts gewonnenen Ansprüche, insbesondere das Recht auf Auflassung, sind abtretbar (RG **108** 113). Das Grundbuchamt hat die Eintragung des Eigentumsübergangs solange auszusetzen, bis ihm die Nichtausübung des Vorkaufsrechts nachgewiesen wird. Es hat auf Antrag des Verpflichteten oder des Dritten dem Vorkaufsberechtigten über den Inhalt des Vertrages Mitteilung zu machen (AV vom 12. April 1919, JMBl S. 260). Bei Ausübung des Vorkaufsrechts ist der etwa gestellte Antrag auf Grundbucheintragung des dritten Erwerbers abzulehnen (KGJ **53** 161).

Die Eigentümer großer Güter werden zu Landlieferungsverbänden, die rechtsfähig sind und durch den Vorsitzenden des Vorstandes vertreten werden, zusammengeschlossen (vgl. § 14 des AG vom 15. Dezember 1919, GS 1920, S. 31). Diese haben an Stelle des Siedlungsunternehmens das Vorkaufsrecht auf alle großen Güter ihres Bezirks; sie können es dem Siedlungsunternehmen übertragen.

Die §§ 20, 21 des Reichsgesetzes sehen ein Wiederkaufsrecht vor:

a) zugunsten des Siedlungsunternehmens für die von ihm begründete Ansiedlerstelle, wenn der Ansiedler sie ganz oder teilweise veräußert oder aufgibt oder wenn er sie nicht dauernd bewohnt oder bewirtschaftet (s. Anm. 4 S. 188):

b) zugunsten des früheren Eigentümers, wenn das Siedlungsunternehmen das erworbene Grundstück nicht innerhalb von 10 Jahren für Siedlungszwecke verwendet hat.

Das Wiederkaufsrecht ist als Belastung des Grundstücks im Grundbuch einzutragen.

Für die Durchführung des Reichssiedlungsgesetzes ist Gebühren-, Stempel- und Steuerfreiheit vorgesehen. Vgl. hierzu die Verordnung vom 6. September 1922 (RGBl S. 737) und die durch die AV vom 18. Dezember 1920 (JMBl S. 737) mitgeteilte Ausführungsanweisung VI des Landwirtschaftsministers IB, Ib 9969 vom 13. Oktober 1920 und KGJ **53** 270.

Zur Förderung der Ansiedlungen — und zwar im wesentlichen für die aus den abgetretenen Gebieten vertriebenen deutschen Ansiedler — sehen pr. Gesetze, z. B. das Pr. Gesetz vom 2. September 1924 (GS S. 603) Staatsbürgschaften vor für die Verzinsung und Tilgung von Darlehen, die von anderer Seite an gemeinnützige Siedlungsunternehmen gewährt und durch Eintragung einer Hypothek auf die Ansiedlerstelle sichergestellt werden.

§ 81. Die Reallasten.

Unter Reallasten versteht man wiederkehrende Leistungen, die aus dem belasteten Grundstück an den Berechtigten zu entrichten sind. § 1105 BGB. Z. B. ist das Recht, von einem anderen Ausbau einer Straße und die Herstellung der Kanalisation und Wasserleitung fordern zu dürfen, als Reallast nicht eintragungsfähig, weil nicht wiederkehrende Leistungen in Frage sind (RG **57** 334). Die einzelnen aus der Reallast als Ganzem fließenden Leistungen brauchen nicht jedesmal einander gleichwertig zu sein; ebenso ist die regelmäßige Wiederkehr der Einzelleistungen nicht notwendig (KGJ **22** A 305; **51** 268)[1].

Innerhalb dieses für den Reallastbegriff gezogenen Rahmens entscheidet die Landesgesetzgebung über die Zulässigkeit und die Beschränkung sowie über das Maß und den Inhalt der Reallasten. Art. 115 EGBGB[2,3].

Die Reallasten können auch zugunsten des jeweiligen Eigentümers eines anderen Grundstücks bestellt werden. § 1105 Abs. 2 BGB. Wird das Grundstück des Berechtigten geteilt[4], so kann dieser bestimmen, daß das Recht nur mit einem der Teile verbunden sein soll. Die Bestimmung hat dem Grundbuchamt gegenüber zu erfolgen und bedarf der Eintragung in das Grundbuch; die Vorschriften der §§ 876, 878 BGB finden entsprechende Anwendung. Veräußert der Berechtigte einen Teil des Grundstücks, ohne eine solche Bestimmung zu treffen, so bleibt das Recht mit dem Teil verbunden, den er behält. § 1109 BGB.

Die einzelnen wiederkehrenden Leistungen können einen sehr verschiedenen Inhalt haben; sie können z. B. in jährlichen Abgaben in Geld (Renten) oder Naturalien (Korn, Stroh, Heu usw.), sogenannten Zehnten

---

[1] Die Eintragung einer ausschließlichen Bierbezugslast verstößt gegen § 10 der Gewerbeordnung, ist daher nichtig (RG **59** 109).

[2] Wird für die Bestellung des Erbbaurechts ein Entgelt in wiederkehrenden Leistungen (Erbbauzins) ausbedungen, so finden die Vorschriften des BGB über die Reallasten entsprechende Anwendung. Die zugunsten der Landesgesetze bestehenden Vorbehalte über Reallasten finden keine Anwendung (§ 9 der Verordnung über das Erbbaurecht vom 15. Januar 1919, RGBl S. 72).

[3] Siehe z. B. Pr. Landesrentenbankgesetz vom 29. Dezember 1927 (GS S. 283). Nach § 22 daselbst finden auf die Landesrentenbankrenten die für Reallasten geltenden reichsgesetzlichen Vorschriften Anwendung.

[4] Unter Teilung ist die Zerlegung des Grundstücks in mehrere selbständige Grundbuchgrundstücke zu verstehen (KGJ **53** 171).

oder auch in Dienstleistungen bestehen; auch ist eine Verbindung dieser Leistungsart zulässig (KGJ **22** A 303). Es handelt sich aber dabei stets nur um privatrechtliche Lasten (KGJ **31** A 281). Gewährt die Reallast den Genuß der Erzeugnisse eines über 5 ha großen land- oder forstwirtschaftlichen Grundstücks, so bedarf ihre Begründung der behördlichen Genehmigung, die in Preußen vom Landrat, in Stadtkreisen vom Bürgermeister erteilt wird (Bekanntmachung des Reichskanzlers vom 15. März 1918, RGBl S. 123, AusfBest vom 16. März 1918, JMBl S. 69).

Ein land- oder forstwirtschaftlich genutztes Grundstück, das von einer zuständigen Kreditanstalt beliehen werden darf, kann über die nach der Verfassung der Anstalt zulässige Beleihungsgrenze hinaus nicht mit festen Geldrenten belastet werden, wenn diese Beschränkung (Verschuldungsgrenze) im Grundbuch eingetragen ist (siehe § 84).

Mit Ausnahme fester Geldrenten dürfen beständige Reallasten[1] nicht mehr begründet werden. Bei zerrütteter Währung ist als feste Geldrente eine wiederkehrende Geldleistung anzusehen, deren einzelne Beträge sich nach dem jeweiligen Preise einer als wertbeständig geltenden Ware, insbesondere Getreide, bestimmen (JFG **1** 432). Über den Begriff der beständigen, d. h. zeitlich nicht begrenzten Reallast siehe KGJ **37** A 269; **38** A 269; **47** 223; **51** 269; JFG **1** 433; **4** 315. Eine ohne zeitliche Begrenzung bestellte Reallast ist auch dann eine beständige, wenn ihre Ablösbarkeit vereinbart ist (KGJ **38** A 269).

Die Begründung einer Reallast auf Zeit ist nach dem für Preußen in Betracht kommenden Ablösungsgesetz vom 2. März 1850 (GS S. 77) und Art. 30 AGBGB nicht ausgeschlossen. Eine gültige Reallast liegt vor, wenn die jährliche Geldrente der Verzinsung und Tilgung eines dem Grundstückseigentümer gegebenen Kapitals dient (KGJ **21** A 312).

Steht nur eine einmalige Leistung in Frage, so kann von einer Reallast keine Rede sein (KGJ **20** A 96), es sei denn, daß innerhalb eines Gesamtbereichs wiederkehrender Leistungen nur einzelne, dem Bereich innerlich angehörende Leistungen einmalig sind (JFG **1** 442).

Die Rentenschuld des BGB (vgl. unten § 112) ist im Gegensatz zu den Renten keine Reallast.

Die Reallasten konnten früher in Preußen rechtswirksam auch ohne Eintragung im Grundbuch begründet und übertragen werden; nur um Wirksamkeit gegen Dritte zu erlangen, mußten die auf einem privatrechtlichen Titel beruhenden Reallasten eingetragen werden. § 12 Pr EigentErwerbsGes. Nach § 873 BGB bedarf es zur Begründung, Übertragung oder Belastung einer Reallast stets ihrer Eintragung im Grund-

[1] Hierunter fallen nur privatrechtliche Lasten (JFG **4** 373 und oben § 62 S. 124.

buch[1]. Bei der Eintragung muß der wesentliche Inhalt der Last angegeben werden (KGJ **51** 272); dagegen kann im Interesse der Entlastung des Grundbuchs zur näheren Bezeichnung des Inhalts der Reallasten auf die Eintragungsbewilligung Bezug genommen werden. § 874 BGB. Die Eintragungsbewilligung muß Aufschluß über das Recht selbst, seine Individualität und seinen Inhalt geben (KGJ **22** A 303). Dies geht aber nicht so weit, daß etwa auch die ziffernmäßige Angabe des Jahreswertes der einzelnen Leistungen verlangt werden kann. Es muß nur nach dem Grundsatz der Spezialität der grundbuchmäßigen Belastung der Inhalt der Reallast in der Eintragungsbewilligung so weit individualisiert werden, daß die in Betracht kommende Höchstleistung in einen Geldbetrag umgewandelt werden kann (KGJ **22** A 305; **51** 272). Eintragungsfähig ist daher die Goldwertklausel (JFG **1** 435). Eine Geldrentenreallast, bei der als die wiederkehrenden Leistungen die nach bestimmtem Zinsfuß erfolgende Verzinsung der zukünftigen vom Berechtigten zu tragenden einmaligen öffentlichen Lasten des Grundstücks bezeichnet ist, kann wegen Unbestimmtheit ihres Inhalts nicht eingetragen werden.

Die in das Grundbuch einzutragenden Geldbeträge sind in den Vermerken über die Eintragung des Rechts mit Buchstaben zu schreiben. § 16 Abs. 2 AllgVfg.

Von der Eintragung der Veränderungen und Löschungen gilt im allgemeinen das oben im § 80 Gesagte. Jedoch ist zu beachten, daß die subjektiv-persönliche Reallast grundsätzlich veräußert und belastet werden kann, es sei denn, daß der Anspruch auf die einzelne Leistung nicht übertragbar ist (§§ 1111, 1107 BGB). Ferner wird man annehmen müssen, daß die subjektiv-dingliche Reallast vererblich ist.

Nach Art. 113 EGBGB sich die landesgesetzlichen Vorschriften über die Ablösung von Reallasten, insbesondere auch soweit sich die Bestimmungen auf die Berichtigung des Grundbuchs beziehen, in Kraft geblieben (s. unten § 169). Das grundbuchliche Verfahren bei der Ablösung besteht hiernach in der Hauptsache darin, daß diejenigen eingetragenen Reallasten, an deren Stelle die Ablösungsrenten getreten sind, im Grundbuch kostenfrei gelöscht werden und dort in der zweiten Abteilung vermerkt wird, daß das Grundstück der Rentenbank rentenpflichtig ist[2]. Diese Löschung der Reallasten erfolgt auf Ersuchen der Auseinandersetzungsbehörde, sobald die Übernahme der Rente von der Direktion der Rentenbank und die Abfindung der Berechtigten erfolgt sind. Das Ersuchen braucht nur auf die Löschung gerichtet zu werden; wegen der Eintragung des Rentenvermerks

[1] Handelt es sich um eine Heimstätte nach dem Gesetze vom 10. Mai 1920 (RGBl S. 962), so bedarf die Bestellung der Reallast auch der Zustimmung des Ausgebers der Heimstätte.

[2] Die Vorschrift, daß die Rentenpflichtigkeit im Grundbuch vermerkt werden soll, hat nur instruktionellen Charakter (KGJ **27** A 115).

hat der Grundbuchrichter das Erforderliche von Amts wegen zu veranlassen. Die Löschung kann nicht von der vorgängigen Eintragung des Eigentümers des mit der Reallast beschwerten Grundstücks abhängig gemacht werden; dasselbe gilt auch für den Ersatzvermerk der Rentenpflichtigkeit. § 40 GBO findet hier also keine Anwendung (KGJ **24** A 124). § 83 GBO; Art. 12 Abs. 1 AGGBO; §§ 18, 30 Ges. vom 2. März 1850 (GS S. 112). Die an den Staat zu entrichtenden Ablösungsrenten bedürfen nach Art. 114 EGBGB, § 18 Ges. vom 2. März 1850 und Art. 22 Nr. 3 AGBGB zur Erhaltung der Wirksamkeit gegenüber dem öffentlichen Glauben des Grundbuchs der Eintragung nicht (KGJ **27** A 115). Sie sind aber stets eintragungsfähig.

Wegen der Löschung des Vermerks der Rentenpflicht vgl. AV vom 15. Dezember 1865 und 17. Mai 1866 (JMBl 65, S. 286; 66, S. 146).

§ 82. Die Beschränkung des Verfügungsrechts des Eigentümers.

Nicht alle Beschränkungen des Verfügungsrechts des Eigentümers sind eintragungsfähig. So sind z. B. der Eintragung entzogen die Beschränkungen in tatsächlicher Beziehung (KGJ **20** A 96). Auch eine Vereinbarung, durch die sich der Eigentümer eines Grundstücks des Rechts begibt, das Grundstück zu veräußern oder zu belasten, ist nach § 137 BGB Dritten gegenüber nichtig und daher nicht eintragungsfähig (KGJ **20** A 292; **21** A 133); es kann also z. B. nicht eingetragen werden, daß ein Grundstück ohne Genehmigung eines Dritten weder veräußert noch belastet werden darf. Nach § 1136 BGB ist eine Vereinbarung, durch die sich der Eigentümer dem Hypothekengläubiger gegenüber verpflichtet, das Grundstück nicht zu veräußern oder nicht zu belasten, nichtig und daher nicht eintragungsfähig. Eine solche Vereinbarung liegt aber nicht schon dann vor, wenn sie mit einer Person getroffen ist, die zugleich Gläubiger ist oder werden soll; die Verpflichtung muß vielmehr mit besonderer Beziehung auf das Gläubigerrecht dergestalt eingegangen sein, daß das Gläubigerrecht als solches eine über das gesetzlich bestimmte Maß hinausgehende Verstärkung durch die Verpflichtung erhalten soll (KGJ **39** A 159). Unzulässig ist auch die Eintragung einer Verfügungsbeschränkung des Inhalts, daß kein Miteigentümer eines Grundstücks ohne Genehmigung des andern seinen Anteil veräußern oder belasten dürfe. Auch kann nicht eingetragen werden, daß das Grundstück nach einem Pachtvertrage bis zu einem bestimmten Zeitpunkt nur an den Pächter verkauft werden darf.

Die der Eintragung zugänglichen Beschränkungen des Verfügungsrechts des Eigentümers hindern diesen in gewisser Weise in einer rechtlichen Verfügung über das Grundstück (KGJ **20** A 96). Der Umfang und die Art der Beschränkungen ist im einzelnen verschieden; vgl. hierüber unten §§ 165 ff.[1]. Zu diesen Verfügungsbeschränkungen gehören insbesondere: die Fideikommißeigenschaft eines Grundstücks (§ 172), das Recht eines Nacherben oder eines Testamentsvollstreckers (§§ 163, 164), die Anordnung der Zwangsversteigerung und der Zwangsverwaltung eines Grundstücks (§ 167), der Erlaß des Veräußerungsverbots und die Eröffnung des Konkursverfahrens über das Vermögen eines Grundstückseigentümers (§ 168), die Einleitung des Enteignungsverfahrens über ein Grundstück (§ 169), das durch einstweilige Verfügung erlassene gerichtliche Veräußerungsverbot (JFG **4** 418). Auch die Vormerkung zur Erhaltung des Rechts auf Auflassung gehört hierher (§ 83). (KGJ **20** A 80). Beim Zusammentreffen mehrerer relativer Verfügungsbeschränkungen ist aus dem Rangverhältnisse zu entscheiden, welche die stärkere ist (JFG **4** 337). Zulässig ist ferner die Eintragung eines Pfandrechts an dem Anteil eines Miterben auf ein zum ungeteilten Nachlaß gehörendes Grundstück (RG **90** 232; KGJ **33** A 226); in diesem Falle sind die Verfügungen des Pfandschuldners über seinen Erbanteil soweit gültig, als sie die Rechte des Gläubigers nicht beeinträchtigen. JFG **4** 297 (OLG München). Desgleichen ist eintragungsfähig das Pfandrecht an dem eingetragenen Recht des Nacherben (RG **83** 434).

Nach § 72 des Reichsversorgungsgesetzes in der Fassung vom 22. Dezember 1927 (RGBl I S. 515) können Personen, die auf Grund dieses Gesetzes Anspruch auf Versorgungsgebührnisse haben, zum Erwerb oder zur wirtschaftlichen Stärkung eigenen Grundbesitzes durch Zahlung eines Kapitals abgefunden werden. Zur Sicherung der bestimmungsgemäßen Verwendung des Kapitals kann angeordnet werden, daß die Weiterveräußerung und Belastung des auf Grund der Abfindung erworbenen Grundstücks[2] innerhalb einer Frist von nicht über 5 Jahren nur mit Genehmigung der zuständigen Behörde zulässig ist. Diese Anordnung wird mit der Eintragung im Grundbuch wirksam (KG vom 22. März 1927, JW S. 2531). Die Eintragung erfolgt auf Ersuchen der zuständigen Behörde, d. h. des Hauptversorgungsamts (§ 77 a. a. O.). Den rechtsgeschäftlichen Verfügungen sind die im Wege der Zwangsvollstreckung oder Arrestvollziehung erfolgenden gleichzustellen (KG vom 20. Januar 1927, Rspr S. 412). Die Eintragung der Verfügungsbeschränkung bewirkt eine Sperre des Grundbuchs; nicht genehmigte Eintragungen machen das Grundbuch unrichtig. Die vorgenannte Frist beginnt zu laufen, sobald erstens die Abfindungssumme gezahlt und zweitens das Grundstück erworben, also der Abgefundene als Eigentümer in das Grundbuch eingetragen ist. Maßgebend ist der Eintritt des zeitlich letzten der beiden Ereignisse (KGJ **53** 147). Ein gleiches Ver-

[1] Wegen der Fortwirkung von Verfügungsbeschränkungen des früheren Rechts vgl. KGJ **21** A 136.

[2] Die Anordnung kann auch dann erfolgen, wenn das Grundstück von dem Verfügungsberechtigten und seiner Frau zu Bruchteilen erworben ist (JFG **4** 368).

äußerungs- und Belastungsverbot lassen zu die §§ 38, 48 des Wehrmachtversorgungsgesetzes in der Fassung vom 19. September 1925 (RGBl I S. 349), die eine Kapitalabfindung für ruhegehaltsberechtigte Offiziere vorsehen (vgl. die §§ 1, 6 des praktisch bedeutungslos gewordenen Kapitalabfindungsgesetzes vom 3. Juli 1916[1], RGBl S. 680, RG **105** 72; KGJ **52** 126). Schriftstücke in solchen Angelegenheiten sind nicht an das RArbM, sondern an die Hauptversorgungsämter zu richten. JM 16. Januar 1923 und 25. Mai 1926 (JMBl **23** 36; **26** 208).

Die Beschränkungen des Verfügungsrechts werden in den Spalten 1 bis 3 der zweiten Abteilung des Grundbuchs eingetragen. § 11 Nr. 2 AllgVfg.

Die Eintragung eines Veräußerungsverbots zugunsten einer bestimmten Person ist inhaltlich unzulässig, wenn die begünstigte Person in der Eintragung nicht genannt ist (KGJ **45** 255). Die nachträgliche Zufügung des Berechtigten kann als Neueintragung angesehen werden (KGJ **46** 200).

Einschränkungen der Verfügungsfähigkeit, z. B. Entmündigung, sind der Eintragung nicht zugänglich. Auch die Vermögensbeschlagnahme gemäß § 284 f. StPO in der Fassung der Bekanntmachung vom 22. März 1924 (RGBl I S. 299) beschränkt nicht das Verfügungsrecht, sondern die Verfügungsfähigkeit des Angeschuldigten (KGJ **29** A 238), ist daher nicht eintragungsfähig.

Durch ein im Wege der einstweiligen Verfügung gegen den Eigentümer erlassenes Verbot, zum Nachteil seines Gläubigers über das Grundstück zu verfügen, wird der Eigentümer regelmäßig nicht gehindert, zu der von einem Hypothekengläubiger erklärten Aufhebung der Hypothek seine Zustimmung zu geben. JFG **4** 418.

§ 83. Die Vormerkungen, insbesondere die der zweiten Abteilung.

Alle Rechtsverhältnisse, die einen privatrechtlichen[2] Anspruch auf Eintragung, Änderung oder Löschung eines Rechts an einem Grundstück oder an einem das Grundstück belastenden Recht gewähren, können durch Vormerkung gesichert werden. § 883 Abs. 1 BGB. Dies gilt auch dann, wenn durch die Vormerkung eine Wirkung erzeugt wird, die einer Verfügungsbeschränkung im Sinne des § 137 BGB gleichkommt (KGJ **40** 123). Es genügt, daß der zu sichernde Anspruch nach Grund und Betrag in der Eintragung zweifelsfrei gekennzeichnet wird (KGJ **51** 251; JFG **4** 409).

[1] Schriftstücke, die Eintragungen auf Grund des Gesetzes vom 3. Juli 1916 betreffen, sind nicht an das RAM, sondern an das zuständige Hauptversorgungsamt (im Zweifel dasjenige, in dessen Bezirk das Grundbuchamt liegt) zu senden (AV vom 25. Mai 1926, JMBl S. 208).

[2] Der Anspruch auf Pfändung einer Buchhypothek kann nicht durch Vormerkung gesichert werden (RG **56** 9).

Die Vormerkung bezweckt die Sicherung eines persönlichen Anspruchs[1] auf eine endgültige Eintragung mit dem Range der Vormerkung (KGJ **21** A 286). Es soll solchen Ansprüchen schuldrechtlicher Natur durch Eintragung der Vormerkung Sicherung mit dinglicher Wirksamkeit gegen Dritte gewährt werden (KGJ **25** A 166). Es muß sich aber bei den Vormerkungen stets um einen Anspruch auf ein Recht an einem Grundstück oder an einem das Grundstück belastenden Recht handeln; nicht jedes Forderungsrecht kann daher durch eine Vormerkung dingliche Sicherheit erlangen, sondern nur ein solches auf Einräumung eines gesetzlich anerkannten dinglichen Rechts (KGJ **21** A 286)[2]. Es kann also vorgemerkt nur werden, was eingetragen werden darf)[3] (JFG **1** 430). Z. B. kann eine Vormerkung zur Sicherung des Anspruchs auf Auflassung aus einem Ankaufsrecht (JFG **3** 318) oder einem Wiederkaufsrecht eingetragen werden (KGJ **36** A 212; **39** A 198; JFG **3** 321). Vgl. oben § 80 Anm. 4, S. 188. Eine solche Vormerkung steht mit den Rechten an dem Grundstück in einem Rangverhältnis; es ist daher betreffs ihrer eine Rangänderung möglich (KGJ **39** A 198; RG **55** 270).

Vormerkungsfähig kann gemäß § 883 BGB auch der aus einer bindenden Offerte entstehende Anspruch auf Einräumung eines Rechts an einem Grundstück sein (KGJ **37** A 280). Unzulässig ist die Eintragung einer Vormerkung des Inhalts, daß bei dem Verkauf eines von zwei demselben Eigentümer gehörigen Grundstücken eine Grunddienstbarkeit des einen Grundstücks gegenüber dem anderen Grundstück auf den Blättern beider Grundstücke eingetragen werden soll (KGJ **40** 126).

Nach dem Gesagten erhält der Anspruch durch die Vormerkung nur Sicherung, nicht Erfüllung. Die Vormerkung ist keine Verfügungsbeschränkung im Sinne der §§ 878, 892 BGB (RG **113** 403). Sie ist ferner kein bedingtes dingliches Recht (RG **116** 239), sondern nur ein Grundbuchvermerk, der vom Gesetze mit einzelnen dinglichen Wirkungen ausgestattet ist. RG **118** 233. Zu diesen Wirkungen gehört die Sicherungs- und die Rangwirkuug (KGJ **25** A 170; **32** A 214; **43** 125; **51** 195). Die letztgenannte Entscheidung wendet auf die Auflassungsvormerkung auch § 58 ZPO an und stellt sie insoweit einem dinglichen Recht am Grundstück gleich. Auch der Schutz des guten Glaubens ist für die bewilligte Vormerkung anwendbar (JFG **4** 339 und RG vom 19. Oktober 1927, Rspr S. 1418; RG **118** 234).

---

[1] Zur Sicherung der künftigen Ansprüche eines durch letztwillige Verfügung Bedachten kann vor dem Erbfalle eine Vormerkung nicht eingetragen werden (KGJ **48** 189).

[2] Daher kann z. B. der auf dem Anfechtungsgesetz beruhende Anfechtungsanspruch nicht durch eine Vormerkung gesichert werden (RG **60** 423).

[3] Gegen eine im Grundbuch eingetragene Vormerkung kann ein Widerspruch nicht eingetragen werden (KGJ **21** A 286).

Eine Verfügung[1], die nach der Eintragung der Vormerkung über das Grundstück oder das Recht am Grundstück getroffen wird, ist insoweit unwirksam, als sie den gesicherten Anspruch vereiteln oder beeinträchtigen würde (KGJ **20** A 78; **21** A 175). Ist der Anspruch auf Einräumung eines Rechts gerichtet, so wird außerdem für das einzuräumende Recht die Stelle in der Reihenfolge der Eintragungen, die die Vormerkung einnimmt, offengehalten, so daß das Recht, wenn es entsteht, den Rang der Vormerkung erhält. Wird die Vormerkung, wenn auch zu Unrecht, gelöscht, so gehen ihre Wirkungen unter. Das Grundbuch wird also nicht unrichtig, kann daher nicht berichtigt werden (KGJ **43** 209; **50** 173).

Der Eigentümer oder der sonst Berechtigte werden durch die zugunsten eines Dritten eingetragene Vormerkung in ihrer *Verfügung* über das Grundstück oder das Recht, z. B. durch Auflassung oder Belastung, *nicht gehindert*, und der Grundbuchrichter darf daher die Vormerkung nicht etwa in der Weise berücksichtigen, daß er weitere Eintragungen bei dem Grundstück oder Recht ablehnt und daher das Grundstück tatsächlich außer Verkehr setzt. So hindert z. B. eine Vormerkung zur Sicherung des Anspruchs auf Auflassung nicht die weitere Belastung. Die bezüglichen Verfügungen sind nicht als nichtig, sondern nur als relativ unwirksam zu bezeichnen, und zwar gegenüber dem aus der Vormerkung Berechtigten. Der Grundbuchrichter hat also trotz der Vormerkung die beantragten Eintragungen auszuführen und den Beteiligten zu überlassen, widerstreitende Rechte im ordentlichen Rechtswege auszutragen. Nur darf er ein Recht, dessen Abtretung oder Belastung durch die Vormerkung gesichert ist, ohne Bewilligung des Vorgemerkten nicht löschen[2]. Zur Löschung von Belastungen (z. B. einer Hypothek, die nach Eintragung der Auflassungsvormerkung von dem früheren Eigentümer vorgenommen sind, bedarf es nach erfolgter Eigentumsumschreibung auf dem Vormerkungsberechtigten der Zustimmung der Dritterwerber (z. B. des Hypothekengläubigers), KG vom 13. Oktober 1927, Rspr S. 1416.

Die *Eintragung* einer Vormerkung erfolgt auf Grund der in die Form des § 29 GBO zu kleidenden *Bewilligung*[3] desjenigen, dessen Grundstück oder dessen Recht von der Vormerkung betroffen wird oder —

---

[1] Über den Begriff der Verfügung s. RG **113** 403. Ist auf Grund einer Auflassung der Eintragungsantrag gestellt und wird vor Eintragung des Erwerbers eine Vormerkung eingetragen, so geht diese dem später eingetragenen Eigentumsrecht vor (RG **113** 407).

[2] Ebensowenig steht ein im Grundbuch eingetragenes Veräußerungsverbot dem Antrage auf Umschreibung des von dem Verbot betroffenen Rechts entgegen. Denn im Hinblick auf die §§ 888 Abs. 2, 892 Abs. 1 Satz 2 BGB kann ein Dritter ein auch gegenüber der geschützten Person wirksames Recht nicht erwerben (KGJ **44** 179).

[3] Dabei muß der durch die Vormerkung zu sichernde Anspruch nach Gegenstand und Grund bezeichnet werden (KGJ **37** A 280).

bei streitigen Rechtsverhältnissen — auf Grund einer einstweiligen Verfügung. § 885 BGB. Ersterenfalls findet § 878 BGB Anwendung (JFG **4** 336). Eine auf Grund einstweiliger Verfügung eingetragene Vormerkung hindert nicht die Eintragung einer gleichen Vormerkung auf Grund einer Bewilligung (KG vom 3. März 1927, Rspr S. 589).

Zur Erlassung der einstweiligen Verfügung braucht nur der Anspruch, nicht aber eine Gefährdung des zu sichernden Anspruchs glaubhaft gemacht zu werden. § 885 Abs. 1 BGB. Nicht nur der, zu dessen Gunsten die Eintragung der Vormerkung erfolgen soll, sondern auch das Gericht selbst ist behufs Beschleunigung der Sache befugt, das Grundbuchamt um die Eintragung zu ersuchen. § 13 GBO; § 941 ZPO. Im Falle der Ablehnung des Ersuchens hat die Partei neben dem ersuchenden Gericht das Beschwerderecht (KGJ **21** A 96; **41** 220).

Der Grundbuchrichter hat die auf Grund einer einstweiligen Verfügung gestellten Anträge oder Ersuchen nicht nur nach Maßgabe des Grundbuchs, sondern auch nach den allgemeinen Vorschriften über die Zwangsvollstreckung in Grundstücke zu prüfen (KGJ **21** A 96). Jedoch braucht dem Grundbuchrichter die Zustellung der einstweiligen Verfügung nicht nachgewiesen zu werden; er hat nur zu prüfen, ob die für die Vollziehung der einstweiligen Verfügung festgesetzte Frist von einem Monat noch nicht abgelaufen ist. § 929 ZPO. Ist die einstweilige Verfügung nicht innerhalb einer Woche nach der Vollziehung zugestellt (§ 929 Abs. 3 ZPO), so ist die eingetragene Vormerkung unwirksam. Hierdurch entsteht eine Unrichtigkeit des Grundbuchs und es hat derjenige, dessen Recht durch die Eintragung der Vormerkung beeinträchtigt wird, einen Berichtigungsanspruch (KGJ **52** 162).

Die Eintragung der Vormerkungen erfolgt in die zweite oder dritte Abteilung des Grundbuchs. In den Spalten 1 bis 3 der zweiten Abteilung werden die Vormerkungen eingetragen, die den Anspruch auf Auflassung oder auf die Einräumung eines in diese Abteilung gehörenden Rechts sichern sollen. § 14 AllgVfg. Wegen der in die dritte Abteilung einzutragenden Vormerkungen vgl. unten § 120. Eine Vormerkung kann nur für eine bestimmte Person, nicht für den jeweiligen Inhaber eines Rechts eingetragen werden (KGJ **31** A 324).

Beispiele:

1. Will A bis zur Zahlung des Kaufpreises für sein an B verkauftes Grundstück Eigentümer bleiben, so gelangt für B eine Vormerkung zur Erhaltung des Rechts auf Auflassung auf Grund einer entsprechenden Bewilligung des A im Kaufvertrage zur Eintragung im Grundbuch. A könnte auch sofort an B auflassen und für sich eine Vormerkung zur Erhaltung seines Rechts auf Rückauflassung eintragen lassen. Eine solche Vormerkung ist auch zulässig, wenn für den Kaufpreis eine Hypothek an dem Grundstück bestellt wird.

Betrifft die Veräußerung nur einen Grundstücksteil, so muß die Vormerkung den Grundstücksteil so genau bezeichnen, daß jeder, der Eigentum oder ein dingliches Recht an dem betroffenen Grundstück erwirbt, sehen kann, um wieviel es sich verkleinert, wenn der Vormerkungsberechtigte von seinem Recht zum Erwerbe Gebrauch macht (KGJ **29** A 135). Ein beglaubigter Auszug aus dem Steuerbuch und eine von dem Katasterbeamten beglaubigte Karte braucht jedoch nicht vorgelegt zu werden (KGJ **20** A 77). Kommt der Anteil eines Miteigentümers in Frage, so ist die Eintragung der Vormerkung davon abhängig, daß die Anteile der Miteigentümer in Bruchteilen im Grundbuch eingetragen sind (KGJ **29** A 236).

2. Hat der Eigentümer eines Grundstücks sich der Gemeinde gegenüber verpflichtet, sich für den Fall der Entziehung der durch die festgesetzten Straßenfluchtlinien für Straßen oder Plätze bestimmten Grundfläche mit einer bestimmten Entschädigung zu begnügen, so kann die Eintragung einer Vormerkung zur Sicherung des Anspruchs auf Übertragung des Eigentums an der Fläche erfolgen (KGJ **25** A 147).

Das Verfahren bei der Eintragung der Vormerkung zeigt folgendes:

Beispiel.

Am 25. April 1928 geht folgendes Schreiben beim Amtsgericht Lobau ein:

Ich beantrage auf Grund der beigefügten einstweiligen Verfügung des Landgerichts in Felsheim vom 22. April 1928 die darin angeordnete Eintragung einer Vormerkung zur Erhaltung meines Rechts auf Auflassung des im Grundbuch von Lobau Bd. II Bl. Nr. 107 verzeichneten Grundstücks vorzunehmen.

Lobau, den 24. April 1928. Karl Lustig, Kaufmann.

Dem nach § 30 GBO privatschriftlich gestellten Antrage ist eine Ausfertigung der einstweiligen Verfügung beigefügt. Lustig könnte natürlich den Antrag auch durch seinen zum Prozeßbevollmächtigten bestellten Rechtsanwalt stellen lassen.

Der Amtsgerichtsrat Schmidt stellt fest, daß die einstweilige Verfügung gegen den Kaufmann Max Schwarz in Lobau gerichtet und daß dieser eingetragener Eigentümer des im Antrage bezeichneten Grundstücks ist; da auch die Frist von einem Monat seit Erlaß der einstweiligen Verfügung (§ 929 Abs. 2 ZPO) noch nicht verstrichen ist, so kann die Vormerkung eingetragen werden.

Es wird daher verfügt:

1. Einzutragen in das Grundbuch von Lobau Bd. II Bl. Nr. 107 Abt. II Sp. 1 bis 3.

Sp. 1. 7.
Sp. 2. 1 bis 3.
Sp. 3. Eine Vormerkung zur Erhaltung des Rechts des Kaufmanns Karl Lustig in Lobau auf Auflassung unter Bezugnahme auf die einstweilige Verfügung des Landgerichts in Felsheim vom 22. April 1928, eingetragen am . . . April 1928.

2. Bekanntmachung an den Eigentümer und Lustig.

3. Einstw. Verf. z. d. A.

Lobau, 26. April 1928. Schm.

Wäre nicht der Kaufmann Schwarz, sondern dessen verstorbener Vater als der Eigentümer des gedachten Grundstücks eingetragen, so könnte die Eintragung der Vormerkung nur erfolgen, wenn der Kaufmann Schwarz der alleinige Erbe seines Vaters geworden und zuvor als Eigentümer in das Grundbuch eingetragen würde. Gemäß §§ 14 GBO, 792 ZPO (vgl. oben § 34) könnte Lustig die Eintragung des Kaufmanns Schwarz betreiben.

Der durch Vormerkung gesicherte Anspruch auf Einräumung eines Rechts kann abgetreten und der Zessionar als Vormerkungsberechtigter in das Grundbuch eingetragen werden. Dies kann z. B. in dem Falle vorkommen, daß der Käufer eines Grundstücks, für den der Anspruch auf Auflassung vorgemerkt ist, seine Rechte aus dem Kaufvertrage abtritt. Die Vormerkung ist ein Nebenrecht im Sinne des § 401 BGB (RG **52** 11; **83** 438; KGJ **43** 209).

Die Löschung der Vormerkung erfolgt auf Bewilligung des Berechtigten (§ 19 GBO) in der Form des § 29 GBO[1]. Die Zustimmung des Eigentümers ist nicht erforderlich. Durch ein rechtskräftiges, den Berechtigten zur Löschungsbewilligung verurteilendes Erkenntnis wird gemäß § 894 ZPO die Bewilligung ersetzt.

Zur Löschung einer auf Grund einer einstweiligen Verfügung eingetragenen Vormerkung bedarf es der Bewilligung des Berechtigten nicht, wenn die einstweilige Verfügung durch eine vollstreckbare Entscheidung aufgehoben ist. § 25 GBO. Denn die Löschung erfolgt als Akt der Vollstreckung der die einstweilige Verfügung aufhebenden Entscheidung (KGJ **22** A 136), die eine Unrichtigkeit des Grundbuchs verursacht hat (KGJ **41** 223). Die Rechtskraft des Urteils braucht nicht abgewartet zu werden (JFG **1** 386). Der Antrag auf Löschung kann in privatschriftlicher Form von dem Berechtigten oder von dem Eigentümer gestellt werden. Es ist aber bei dem Löschungsantrage zu prüfen, ob die Zwangsvollstreckung aus dem die einstweilige Verfügung beseitigenden Titel zulässig ist. Soll also z. B. die auf Grund der einstweiligen Verfügung eingetragene Vormerkung, die einen zum eingebrachten Gut einer Ehefrau gehörigen Anspruch sichern soll, auf Grund einer die Verfügung aufhebenden Entscheidung gelöscht werden, so muß diese Entscheidung auch dem Manne gegenüber ergangen sein (KGJ **22** A 136).

Wird eine Vormerkung zu Unrecht gelöscht, so gehen ihre Wirkungen unter; das Grundbuch wird also nicht unrichtig, kann daher nicht berichtigt werden (KGJ **43** 209; **50** 173)[2].

C. Eintragungen in die dritte Abteilung.

§ 84. Übersicht.

In die dritte Abteilung des Grundbuchs werden die Hypotheken, Grundschulden und Rentenschulden aufgenommen. Diese drei Arten

[1] Die Löschung der Vormerkung kann auch auf dem Wege des § 22 GBO (Nachweis der Unrichtigkeit des Grundbuchs) verfolgt werden (KGJ **52** 162; vgl. hierzu S. 202).

[2] Bezüglich der Vormerkung aus § 18 Abs. 2 GBO gilt dies nicht (KGJ **53** 112).

der Belastung eines Grundstücks stimmen ihrem Inhalt nach darin überein, daß an den Berechtigten eine bestimmte Geldsumme aus dem Grundstück, d. h. aus dem im Wege der Zwangsvollstreckung zu erzielenden Ertrag oder Erlös des Grundstücks zu zahlen ist. Während jedoch bei der Hypothek und der Grundschuld der Berechtigte, wenn die Voraussetzungen für die Geltendmachung seines Rechts gegeben sind, eine einmalige Kapitalzahlung verlangen kann, hat er bei der Rentenschuld grundsätzlich nur auf eine in regelmäßig wiederkehrenden Terminen zahlbare Geldrente Anspruch. Hypothek und Grundschuld unterscheiden sich im wesentlichen dadurch, daß bei der Hypothek das dingliche Recht des Gläubigers auf Befriedigung aus dem Grundstück der Regel nach von dem Bestande einer persönlichen Forderung des Gläubigers abhängt, während bei der Grundschuld eine solche Abhängigkeit ausgeschlossen ist.

Über die eingetragenen oder vorgemerkten und gelöschten Hypotheken, Grundschulden und Rentenschulden haben die Amtsgerichte jährlich Nachweisungen aufzustellen und dem Statistischen Landesamt bis zum 1. Juli jeden Jahres unmittelbar ohne Anschreiben zu übersenden (vgl. hierüber AV vom 12. August 1912, JMBl S. 294f.).

Land- oder forstwirtschaftlich genutzte Grundstücke, die von einer zuständigen Kreditanstalt beliehen werden dürfen, können über die nach der Verfassung der Anstalt zulässige Beleihungsgrenze hinaus nicht belastet werden, wenn diese Beschränkung (Verschuldungsgrenze) im Grundbuch eingetragen ist. Die Eintragung erfolgt in Spalte 1 bis 3 der zweiten Abteilung des Grundbuchblattes mit den Worten: „Verschuldungsgrenze nach dem Gesetze vom 20. August 1906." Sie ist ferner in der Aufschrift nachrichtlich zu vermerken. Die Verschuldungsgrenze gilt auch für die Eintragung von Zwangshypotheken. Im einzelnen siehe Gesetz vom 20. August 1906 (GS S. 389), Verordnung vom 23. Mai 1908 (GS S. 65), 16. Juni 1909 (GS S. 492), 5. Mai 1913 (GS S. 274) sowie die AV vom 22. April 1908 (JMBl S. 200), 10. August 1909 (JMBl S. 296), 16. August 1913 (JMBl S. 315) und 28. Mai 1914 (JMBl S. 546). Die Eintragung einer Verschuldungsgrenze ist ferner vorgesehen im § 18 des Reichsheimstättengesetzes vom 10. Mai 1920 (RGBl S. 962).

Auf den dem Industriebelastungsgesetz vom 30. August 1924 (RGBl II S. 257) unterliegenden Grundstücken wird nicht eine Hypothek, sondern eine „öffentliche Last" in Abt. II eingetragen; s. oben S. 176; wegen des Ranges dieser Last siehe oben S. 119.

§ 85. Die am 1. Januar 1900 bestehenden Hypotheken und Grundschulden.

Die am 1. Januar 1900 in Preußen bestehenden Hypotheken sind, soweit für sie ein Hypothekenbrief nach älterem Recht gebildet war, zu Briefhypotheken des BGB, und soweit ein Brief nicht gebildet war, zu Buchhypotheken des BGB geworden. Die nach älterem Recht gebildeten Hypothekenbriefe gelten als Hypothekenbriefe im Sinne der Reichsgesetze. Diejenigen älteren Hypotheken, bei denen der Betrag der Forderung nicht bestimmt ist, also die Kautionshypotheken alten Rechts, gelten als Sicherungshypotheken gemäß § 1190 Abs. 1 BGB. Die zu dem angegebenen Zeitpunkt bestehenden Grundschulden werden als Grundschulden im Sinne des BGB und eine über die Grundschuld erteilte Urkunde als Grundschuldbrief angesehen. Art. 192, 193 EGBGB, §§ 1, 2 Art. 33 AGBGB.

Alle Veränderungen, die bei den vor dem 1. Januar 1900 oder vor Anlegung des Grundbuchs bestehenden Hypotheken oder Grundschulden eintreten, sind nach den Vorschriften des BGB zu behandeln.

Wegen der vor dem 1. Januar 1900 entstandenen Eigentümerhypotheken vgl. unten § 113.

§ 86. Begriff der Hypothek (vgl. KGJ **41** 232).

Unter Hypothek[1] versteht man die Belastung eines Grundstücks in der Weise, daß an denjenigen, zu dessen Gunsten die Belastung erfolgt, eine bestimmte Geldsumme zur Befriedigung wegen einer ihm zustehenden Forderung aus dem Grundstück zu zahlen ist. § 1113 BGB. Der Zweck der Hypothek wird durch eine Belastung völlig erreicht; für eine zweite Belastung zu dem gleichen Zwecke bleibt kein Raum. Zulässig ist die Bestellung von Einzelhypotheken auf verschiedenen Grundstücken für verschiedene Teilbeträge einer und derselben Forderung (RG **113** 223; KGJ **51** 288). Die Hypothek kann nur zur Sicherung für eine Geldforderung, nicht aber auch für eine Forderung, die alternativ auf Geld oder auf etwas anderes gerichtet ist, bestellt werden, und das Wesen der hypothekarischen Belastung besteht darin, daß aus dem Grundstück eine bestimmte Geldsumme, nicht aber Geld oder andere Gegenstände gezahlt werden sollen (KGJ **25** A 150). Der Bestand der Hypothek ist nicht von dem Bestehen der Forderung abhängig; das Bestehen der Forderung ist vielmehr nur für die Legitimation des Gläubigers von Bedeutung.

---

[1] Aktiengesellschaften und Kommanditgesellschaften auf Aktien, bei denen der Gegenstand des Unternehmens in der hypothekarischen Beleihung von Grundstücken und der Ausgabe von Schuldverschreibungen auf Grund der erworbenen Hypotheken besteht (Hypothekenbanken), unterliegen einer weitgehenden staatlichen Aufsicht nach dem Hypothekengesetz vom 13. Juli 1899 (RGBl S. 375), abgeändert durch Gesetz vom 14. Juli 1923 (RGBl I S. 635), G. vom 26. Januar 1926 (RGBl I S. 97) und Gesetz vom 21. Dezember 1927 (RGBl I S. 491). Offenen Handelsgesellschaften, Kommanditgesellschaften, Gesellschaften mit beschränkter Haftung, eingetragenen Genossenschaften und einzelnen Personen ist der Betrieb eines Unternehmens der bezeichneten Art untersagt. Den Hypotheken stehen die Grundschulden gleich (§ 40 des Ges.). Im übrigen s. Güthe, Anm. 9ff. zu Art. 21 AGGBO.

Jedoch ist zu beachten, daß nur die Belastung als solche von der Forderung unabhängig ist, daß dagegen eine Hypothek ohne Forderung nicht entsteht und nicht besteht. Wenn die Forderung nicht entsteht oder erlischt, so ist das dem Eigentümer verbleibende dingliche Recht keine Hypothek, sondern eine Grundschuld. Es genügt aber regelmäßig die bloße Angabe eines Schuldverhältnisses, zu dessen Sicherung die Hypothek dienen soll. Nur wenn der Grundbuchrichter aus den Angaben des Antragstellers oder aus sonstigen ihm bekannten Tatsachen die Unmöglichkeit der Entstehung der Forderung ersieht, ist der Eintragungsantrag abzulehnen (KGJ **40** 258).

Bedingte Hypotheken sind zulässig; es muß aber die Bedingung mit eingetragen werden. Hiervon verschieden sind Hypotheken für bedingte oder künftige Forderungen[1], die durch § 1113 Abs. 2 BGB ausdrücklich für zulässig erklärt sind. Indes steht eine Hypothek für eine künftige Forderung bis zur Entstehung der Forderung dem Eigentümer zu (RG **51** 43). Zulässig ist, daß ein Teil der Nebenforderungen auf Zinsen und andere Nebenleistungen bedingt ist, sofern nur die Zahl und die Höhe der bei Eintritt der Bedingungen zu zahlenden Geldsummen bestimmt sind. Die Abreden, daß der Zinsfuß sich für die Vierteljahre, für die die Zinsen nicht am Fälligkeitstermine gezahlt werden, um ein Prozent erhöhe und daß dem Gläubiger, wenn das Kapital vor dem Zeitpunkt fällig wird, zu dem es regelmäßig unkündbar sein soll, vom Tage der früheren Fälligkeit bis zu jenem Zeitpunkt eine nach Prozenten des Kapitals bemessene Entschädigung für jedes angefangene Jahr zu zahlen sei, begründen zwar bedingte, aber nicht unbestimmte Forderungen und sind deshalb eintragungsfähig (KGJ **36** A 233).

§ 87. Gegenstand der Belastung.

Gegenstand der Belastung sind nur Grundstücke und das Erbbaurecht; in Preußen auch noch die selbständigen Gerechtigkeiten, die selbständigen Kohlenabbaugerechtigkeiten, das Bergwerkseigentum und die unbeweglichen Kuxe. Art. 37ff. AGBGB. Die Revenuenhypothek des preußischen Rechts, wonach die Früchte eines Grundstücks den Gegenstand der Belastung bildeten[2], ist nicht mehr zu-

[1] Die Forderung kann nicht der künftige Erbanspruch, wohl aber der durch einen Schenkungsvertrag unter Lebenden begründete Anspruch gegen den künftigen Erblasser auf Zahlung einer bestimmten Summe sein, selbst wenn dieser Anspruch bei Lebzeiten des Schenkers zinslos und erst mit dessen Tode fällig ist, vorausgesetzt, daß das Schenkungsversprechen nicht unter der Bedingung erteilt ist, daß der Beschenkte den Schenker überlebt (KGJ **40** 258).

[2] Über die Löschung dieser Beschränkung des Rechts bei der Zwangsauflösung von Familienfideikommissen s. § 23 Abs. 4 der ZwAV vom 19. November 1920 (GS S. 463).

lässig; die bisher eingetragenen Revenuenhypotheken bleiben aber bestehen. Art. 192 Abs. 2, 195 Abs. 1 EGBGB[1].

Ein ideeller Bruchteil eines Grundstücks kann mit einer Hypothek nur belastet werden, wenn er in dem Anteil eines Miteigentümers besteht. § 1114 BGB. Über die Größe dieses Anteils muß nach § 48 GBO das Grundbuch Auskunft geben. Hiernach ist z. B. zulässig, daß A, der zusammen mit B als Eigentümer je der ideellen Hälfte eines Grundstücks eingetragen ist, seine ideelle Hälfte mit einer Hypothek belastet. Bei der Eintragung der Hypothek im Grundbuch ist dann natürlich zum Ausdruck zu bringen, daß nur die ideelle Hälfte des A verhaftet ist. Es kann dies entweder dadurch geschehen, daß in Spalte 2 (lfd. Nr. der belasteten Grundstücke) neben der Nummer vermerkt wird:

.... **zur ideellen Hälfte des A.**

oder daß in Spalte 4 gesagt wird:

... **eingetragen auf der ideellen Hälfte des A am ....**

Dagegen ist die Belastung eines ideellen Bruchteils in allen anderen Fällen unzulässig. Es kann also z. B. nicht der Alleineigentümer eines Grundstücks einen ideeellen Teil, etwa die Hälfte des Grundstücks, mit einer Hypothek belasten; die der Vorschrift zuwider eingetragene Belastung würde nichtig sein (KGJ **23** A 230; **26** A 288; **27** A 121[2]. Der Alleineigentümer eines Grundstücks kann auch für die Forderung, für die eine Hypothek an einem Bruchteil des Grundstücks eingetragen ist, nicht eine zweite Hypothek an den übrigen Bruchteilen eintragen lassen (KGJ **26** A 286; **32** A 231; vgl. jedoch unten Abs. 5). Ebensowenig kann der Eigentümer eines ideellen Teils eines Grundstücks einen Teil seines Anteils belasten. Auch hat der Eigentümer eines Bruchteils, der zu seinem bisherigen Anteil einen weiteren Bruchteil hinzuerwirbt, nicht etwa von jetzt an zwei besondere Anteile, sondern einen einheitlichen Anteil von der Größe der beiden bisherigen Bruchteile; er kann also nur noch seinen ganzen Anteil, nicht einen der Größe eines der beiden bisherigen Bruchteile entsprechenden Bruchteil mit einer Hypothek belasten (KGJ **53** 263, Oberstes Landesgericht München). Wird er durch den Erwerb des Bruchteils Alleineigentümer des Grundstücks[3], so kann er nicht mit dem hinzuerworbenen Teil

---

[1] Im Gebiete des ehemaligen Herzogtums Nassau ist das Verbot, Grundstücke, deren Gebäude nicht bei der nassauischen Brandversicherungsanstalt in Wiesbaden versichert sind, mit Hypotheken zu belasten, auch unter der Herrschaft des BGB noch in Geltung (KGJ **32** A 220).

[2] Eine Ausnahme macht RG **94** 154 für das Zwangsversteigerungsverfahren, indem Ersatzhypotheken gemäß §§ 50, 125, 128 ZwVG auf Mieteigentumsanteilen eingetragen werden können, die durch Zuschlag an denselben Ersteher zu dessen Alleineigentum wiedervereinigt sind.

[3] Die durch den Alleineigentümer erfolgende Erstreckung der auf einem Bruchteil stehenden Hypothek auf das ganze Grundstück ist zulässig (RG **68** 79). Es

allein eine Hypothek für die Kaufpreisforderung bestellen (KGJ **30** A 219). Hierbei ist auch für die Frage der Zulässigkeit der hypothekarischen Bruchteilbelastung von keiner Erheblichkeit, ob die Bruchteile bei ihrer Vereinigung in einer Hand in völlig gleichem Rechtszustande sich befinden, oder ob ihre Rechtsverhältnisse, namentlich ihre Belastungen und Rechtsbeschränkungen, voneinander verschieden sind und ob sie deshalb trotz ihrer Vereinigung eine gewisse Sonderexistenz beibehalten (KGJ **27** A 119).

Sind Miterben versehentlich als Miteigentümer nach Bruchteilen eingetragen und ist einer der Bruchteile mit einer Hypothek belastet worden, so besteht die Hypothek zu Recht, falls dem Erwerber die Erbengemeinschaft nicht bekannt war (§ 892 BGB, KGJ **51** 220). Im übrigen aber kann ein Miterbe ein zum Nachlaß gehöriges Grundstück, bei dem er und die übrigen Erben als Eigentümer in ungetrennter Erbengemeinschaft eingetragen sind, zu dem seinem Anteil an der Erbschaft entsprechenden Teil nicht verpfänden oder mit einer Vormerkung zur Sicherung der Eintragung einer Hypothek belasten (RG **88** 21; KGJ **20** A 85; **28** A 111). Dagegen nimmt OLG Braunschweig (JFG **4** 294) an, daß das Pfandrecht an dem Anteil eines Miterben am ungeteilten Nachlasse auf ein Nachlaßgrundstück eingetragen werden könne. Auch kann nicht auf den Anteil eines Gesellschafters an dem zum Vermögen einer offenen Handelsgesellschaft gehörigen und auf deren Namen gebuchten Grundstück eine Hypothek eingetragen werden (KGJ **24** A 126). Derartige Eintragungen sind unzulässig und von Amts wegen zu löschen; dritte Erwerber können sich hierbei nicht auf den öffentlichen Glauben des Grundbuchs berufen (RG **88** 27 f.).

Ein realer Bruchteil eines Grundstücks kann von dem Alleineigentümer belastet werden; jedoch ist er zu diesem Zwecke gemäß § 6 BGO im Interesse der Übersichtlichkeit des Grundbuchs von dem Grundstück abzuschreiben und als selbständiges Grundstück einzutragen. Der abzuschreibende Teil braucht aber nicht unter allen Umständen auf ein anderes Grundbuchblatt übertragen zu werden; es kann vielmehr für ihn und den übrigen Bestand des Grundstücks auf dem bisherigen Blatt ein gemeinschaftliches Grundbuchblatt gebildet werden, wenn hieraus keine Verwirrung zu besorgen ist (KGJ **21** A 116). Diese Grundsätze gelten nicht nur, wenn es sich um eine neue Belastung eines Grundstückteils, sondern auch, wenn es sich um dessen Entlassung aus der Pfandhaft wegen eines auf dem ganzen Grundstück haftenden Rechts handelt (KGJ **21** A 112).

Vgl. im übrigen auch § 63 dieser Darstellung.

---

ist dabei unerheblich, ob auf dem Grundstück hinter der Bruchteilhypothek weitere Rechte eingetragen sind und ob diese Zwischenberechtigten der zu erstreckenden Hypothek in Ansehung des von ihr bisher nicht ergriffenen Grundstücksanteils den Vorrang eingeräumt haben (KGJ **36** A 237).

Der Gegenstand der Belastung ist in der Eintragungsbewilligung gemäß § 28 GBO übereinstimmend mit dem Grundbuch oder durch die Hinweisung auf das Grundbuchblatt zu bezeichnen[1].

§ 88. Begründung der Hypothek infolge Rechtsgeschäfts.

Die Hypothek kann nur durch Eintragung der ihr zugrunde liegenden Forderung in das Grundbuch entstehen. Die Forderung muß genau, insbesondere auch durch Angabe des Schuldverhältnisses, aus dem sie entstanden ist, bezeichnet werden. Dem Grundbuchrichter liegt es nicht ob, das rechtswirksame Bestehen der Forderung zu prüfen; er hat sich, abgesehen von dem Fall, daß die Nichtigkeit der Forderung auch die dingliche Einigung ergreift, auf die Feststellung zu beschränken, ob die zu sichernde Forderung bezeichnet ist. Die Bezeichnung des Schuldverhältnisses braucht nicht mit einem juristisch-technischen Ausdruck, wie Kaufgeld, Darlehn u. dgl. zu erfolgen, es genügt vielmehr, wenn sich aus dem Inhalte der Bewilligung das Schuldverhältnis, jedoch mit genügender Sicherheit, ergibt. Die Bewilligung muß sich jedoch in klaren, ein Mißverständnis ausschließenden Worten auch über die Art des Schuldverhältnisses auslassen (KGJ **21** A 139; **22** A 307; **25** A 173; **26** A 278). Wenn aber der Grundstückseigentümer schriftlich bekannt hat, aus einer Schuldübernahme dem Gläubiger eine bestimmte Summe zu verschulden, und wenn er demnächst für diese Schuld Hypothek bestellt, so kann die Eintragung nicht wegen ungenügender Bezeichnung der Forderung abgelehnt werden; denn die Forderung ist die aus dem Schuldanerkenntnis entspringende (KGJ **22** A 307; **26** A 278). Es genügt hiernach z. B., wenn gesagt wird: „Ich bekenne, dem A 2000 RM. zu verschulden"; es ist dies ein abstraktes Schuldversprechen im Sinne des § 780 BGB, das eine geeignete Grundlage einer Hypothek bildet (KGJ **27** A 128).

In der Praxis wird man jedoch nicht selten Bedenken tragen, solche abstrakten Erklärungen ohne Beanstandung hinzunehmen; denn in der Regel wird in solchen Fällen kein abstraktes Schuldversprechen beabsichtigt, sondern der konkrete Schuldgrund, wie Darlehn, Kauf, Schadenersatzpflicht usw. nur versehentlich nicht mit aufgenommen sein.

Die außer der Eintragung in das Grundbuch zur Entstehung der Hypothek erforderliche dingliche Einigung des Eigentümers und des Gläubigers über die Eintragung (KGJ **27** A 138) kann dieser vorgehen oder nachfolgen (RG **89** 32)[2]. Sie erfolgt meist in der Weise, daß der Eigen-

[1] § 28 GBO enthält trotz des Wortes „ist" nur eine Ordnungsvorschrift. — Die in einem Vergleiche übernommene Verpflichtung, eine Forderung „auf sein Grundvermögen" eintragen zu lassen, enthält keine dem § 28 GBO genügende Grundstücksbezeichnung; auf Grund eines solchen Vergleichs kann daher eine Eintragung nicht erfolgen.

[2] Über nachträgliche Begründung und Valutierung einer anfänglich nichtigen Hypothek s. RG **106** 136. Eine Hypothek kann wegen Verstoßes gegen § 138 BGB (Wucher) nichtig sein (RG **57** 95; **75** 76).

tümer dem Gläubiger nach der Eintragung den Hypothekenbrief oder die Benachrichtigung von der Eintragung vom Grundbuchamt aushändigen läßt und daß der Gläubiger diese Urkunden ohne Widerspruch annimmt. Dem Grundbuchamt braucht die Einigung nicht nachgewiesen zu werden; ihm gegenüber genügt zur Eintragung der Hypothek die Bewilligung des Eigentümers (KGJ **20** A 97) und der Antrag des Gläubigers oder des Eigentümers. Vgl. oben § 44. Handelt es sich um die Belastung einer Heimstätte gemäß RGesetz vom 10. Mai 1920 (RGBl S. 962), so bedarf es ferner der Zustimmung des Ausgebers der Heimstätte (§ 17 das.).

In der Regel verbindet der Eigentümer die Bewilligung mit dem Antrage auf Eintragung der Hypothek und läßt die Schuldurkunde über die der Hypothek zugrunde liegende Forderung der Hypothekenbestellung vorangehen. Der Eintragung fähig ist auch die Abrede, daß der Gläubiger nicht befugt sein soll, die Forderung abzutreten (KGJ **29** A 243).

Die Eintragungsbewilligung muß zum mindesten alles enthalten, was in das Grundbuch aufzunehmen ist, also den Gläubiger, den Geldbetrag der Forderung, den Zinssatz und den Geldbetrag etwaiger Nebenleistungen; außerdem muß sie sich auch über die Verzinsungs- und Zahlungsbedingungen auslassen.

Beispiel:

Lobau, den 24. April 1928, Amtsgericht.

Es erschien vor dem unterzeichneten Richter:

Der Tischlermeister Karl Goetsch aus Lobau.

Der Erschienene ist dem Richter von Person bekannt.

Er erklärte:

Ich bekenne, von dem Rentier Ludwig Kretschmer in Lobau 10000 RM. — zehntausend RM. — als Darlehn empfangen zu haben. Dieses Kapital soll vom 1. April 1928 ab mit jährlich sechs vom Hundert in halbjährlichen Teilen verzinst werden. Die Rückzahlung soll sechs Monate nach Kündigung erfolgen, die Kündigung aber dem Gläubiger, wenn die Zinsen innerhalb einer Woche nach der Fälligkeit gezahlt werden, nicht früher als zum 1. April 1934 gestattet sein.

Für diese Forderung bestelle ich an dem im Grundbuch von Lobau Bd. III Bl. Nr. 86 verzeichneten Grundstück Hypothek. Zugleich bewillige und beantrage ich die Eintragung der Hypothek in das Grundbuch. Der Hypothekenbrief soll dem Gläubiger ausgehändigt werden. Die Kosten übernehme ich.

v. g. u.

Karl Goetsch.

Schmidt, Amtsgerichtsrat.

§ 89. Inhalt der Eintragung wegen der Hypothek[1].

Bei der Eintragung einer Hypothek müssen nach § 1115 BGB der Gläubiger, der Geldbetrag der Forderung[2] und, wenn die

[1] Vgl. gutachtliche Äußerung des I. Ziv. Senats des Kammergerichts v. 8. Oktober 1914 über die Gültigkeit von Hypothekeneintragungen (JMBl 1914 S. 772).

[2] Der Geldbetrag ist in dem Vermerk über die Eintragung des Rechtes mit Buchstaben zu schreiben. § 16 Abs. 2 AllgVfg.

Forderung verzinslich ist, der Zinssatz, wenn andere Nebenleistungen zu entrichten sind, ihr Geldbetrag im Grundbuch angegeben werden. Im übrigen kann, um einer Überlastung des Grundbuchs vorzubeugen, zur Bezeichnung der Forderung auf die Eintragsbewilligung Bezug genommen werden.

Beispiel:

V.

1. Einzutragen in das Grundbuch vom Lobau Bd. III Bl. Nr. 86 Abt. III Sp. 1 bis 4.

Nr. 5.

1 und 2.

10000 (i. W.)[1] RM. Darlehn, mit sechs vom Hundert jährlich, vom 1. April 1928 ab in halbjährlichen Teilen verzinslich, rückzahlbar sechs Monate nach Kündigung, die dem Gläubiger, wenn die Zinsen innerhalb einer Woche nach dem Fälligwerden gezahlt werden, nicht früher als zum 1. April 1934 gestattet ist, für den Rentner Ludwig Kretschmer in Lobau. Eingetragen am ... April 1928.

2. Ein Hypothekenbrief zu erteilen[2], mit einer Ausfertigung der Schuldurkunde verbinden und an Kretschmer auszuhändigen.

3. Nachricht an den Eigentümer.

Lobau, 24 April 1928. Schm.

Die Bezugnahme ist besonders in den Fällen angebracht, in denen über die Art der Verzinsung oder die Zahlungsbedingungen weitläufige Bestimmungen getroffen sind, durch deren Aufnahme in das Grundbuch dessen Übersichtlichkeit beeinträchtigt werden würde.

Eine solche Eintragung wird z. B. lauten:

10000 RM. — zehntausend RM. — Darlehn, vom 1. April 1928 ab mit sechs vom Hundert jährlich in halbjährlichen Teilbeträgen verzinslich, für den Rentner Paul Zabel in Lobau. Wegen der Rückzahlungsbedingungen wird auf die Eintragungsbewilligung[3] vom 23. März 1928 Bezug genommen. Eingetragen am 24. April 1928.

Schmidt. Lehmann.

---

[1] Der Geldbetrag ist in dem Vermerk über die Eintragung des Rechtes mit Buchstaben zu schreiben. § 16 Abs. 2 AllgVfg.

[2] Die Aushändigung des Hypothekenbriefes kann von der Zahlung der Gerichtskosten und Stempel abhängig gemacht werden. § 6 Abs. 2 PrGKG.

[3] Bei der Eintragung ist der Ausdruck „Bewilligung" zu gebrauchen; es genügt nicht, daß „auf die Urkunde vom .... verwiesen" wird (KGJ **21** A 142). Andererseits kann in der Eintragungsbewilligung auf andere den Formvorschriften des § 29 GBO entsprechende Urkunden oder auf solche Urkunden, die durch körperliche Verbindung gemäß § 176 Abs. 2 FGG zu Anlagen gemacht worden sind, verwiesen werden (KGJ **48** 175). Über den Fall, daß in der Eintragungsbewilligung auf Rechtsvorschriften verwiesen wird, s. KGJ **26** A 271; **46** 221; **51** 252. Bei Bestellung einer Beihilfehypothek für ein Reichs- und Gemeindedarlehn (Beihilfedahrlehn), das auf Grund der Bestimmungen des Reichsrats über die Gewährung von Darlehn zur Schaffung neuer Wohnungen vom 10. Januar 1920 (Reichszentralblatt S. 56) in Verb. mit den Ausführungsbestimmungen des Reichsarbeitsministers vom 22. Januar 1920 (Reichszentralblatt S. 60) gewährt wird, ist die Verweisung auf diese Grundsätze, die lediglich Verwaltungsvorschriften sind, keinesfalls zulässig (KGJ **53** 206).

Der Schuldgrund, wie Darlehn, Kaufgeld, Schadenersatz u. dgl. wird regelmäßig kurz miteingetragen, obwohl die Eintragung nicht unbedingt erforderlich ist und durch Bezugnahme auf die Eintragungsbewilligung ersetzt werden kann, vgl. hierüber gutachtliche Äußerung des Kammergerichts vom 8. Oktober 1914 (JMBl S. 772). In der Eintragung ist auch die Person des Schuldners oder der Gesamtschuldner (KGJ **46** 221) erkennbar zu machen, und zwar entweder durch unmittelbare Eintragung oder durch Bezugnahme auf die Eintragungsbewilligung (KGJ **35** A 279). Dies kann dann unterbleiben, wenn der persönliche Schuldner mit dem eingetragenen Eigentümer identisch ist (KGJ **47** 198, abweichend von der vorbezeichneten Entsch. im 35. Bande).

Ferner können durch Bezugnahme auf die Bewilligung ersetzt werden: Der Anfangstag der Verzinsung, die Zinstermine und die Zahlungsbedingungen. Als eine Modifikation der Zahlungsbedingungen ist der Verzicht des Eigentümers auf seine Befugnis aus § 1160 Abs. 2 BGB anzusehen; er ist zulässig und eintragungsfähig (RG **57** 342).

Wegen der Eintragung des Vermerks, daß die Zwangsvollstreckung gegen den jeweiligen Eigentümer des Grundstücks zulässig sein soll, vgl. unten § 95.

Die Kosten der Kündigung und der die Befriedigung aus dem Grundstücke bezweckenden Rechtsverfolgung sind nicht eintragsbedürftig, da sich die Haftung des Grundstücks hierfür aus dem Gesetz ergibt. Sie sind aber auch nicht eintragungsfähig, weil sie in unzulässiger Weise das Grundbuch unnötig belasten.

§ 90. Der Gläubiger der Hypothek.

Die Art der Bezeichnung des Gläubigers bestimmt sich nach der darüber von der Landesjustizverwaltung getroffenen Anordnung. Die Preuß. AusführgsVfg stellt für die Bezeichnung bestimmte Mindesterfordernisse auf, von denen das Grundbuchamt z. B. hinsichtlich der den Beteiligten möglichen Angabe des Vornamens des Gläubigers auch dann nicht abgehen darf, wenn es sie im Einzelfalle zur Feststellung der Identität nicht für erforderlich erachtet (KGJ **39** A 232).

Der Gläubiger kann eine physische[1] oder juristische Person sein. Der Grundbuchrichter hat nicht zu prüfen, ob die als Gläubiger bezeichnete physische Person wirklich lebt oder die juristische Person rechtlich besteht (KGJ **38** A 333, OLG Jena)[2]. Soll also z. B. eine Hypothek für eine

---

[1] Über die Eintragung des Vornamens vgl. auch oben § 19.

[2] Ist eine nicht vorhandene Person als Gläubiger eingetragen, so findet eine Löschung der Hypothek im Wege der Grundbuchberichtigung von Amts wegen nicht statt, es sei denn, daß sich die Eintragung — z. B. wenn die Gläubigerbezeichnung selbst ohne weiteres den Mangel der Rechtspersönlichkeit erkennen läßt — ihrem Inhalt nach als unzulässig erweist (KGJ **38** A 333, OLG Jena).

offene Handelsgesellschaft oder Aktiengesellschaft eingetragen werden, so kann der Grundbuchrichter regelmäßig nicht zum Nachweis der Existenz einen Auszug aus dem Handelsregister verlangen, es sei denn etwa, daß er bestimmten Grund zu der Annahme hat, es solle seine Mitwirkung zu einer unredlichen Handlung mißbraucht werden (KGJ **24** A 83; **25** A 114).

Bei einer offenen Handelsgesellschaft oder Kommanditgesellschaft braucht außer der Firma und dem Sitze der Gesellschaft nicht auch noch der Gesellschaftscharakter in das Grundbuch eingetragen zu werden (KGJ **39** A 218).

Ob die Eintragung einer Hypothek für eine Aktiengesellschaft unter der Firma einer Zweigniederlassung der Gesellschaft zulässig ist, ist streitig. Das RG hat die Frage bejaht (RG **62** 7). Zweifellos ist es zulässig, bei der Bezeichnung des Berechtigten neben der Eintragung der Firma des Hauptgeschäfts die zusätzliche Benennung der Zweigniederlassung einzufügen; z. B. die zu X domizilierende Aktiengesellschaft in Firma Bank für Handel und Industrie, Zweigniederlassung in Berlin (KGJ **28** A 81). Soll eine durch den Betrieb der Zweigniederlassung begründete Hypothek in das Grundbuch eingetragen werden, so ist, wenn die Beteiligten es beantragen, nach KGJ **32** A 199 die Aktiengesellschaft mit der von der Hauptfirma abweichenden Firma der Zweigniederlassung als Berechtigte einzutragen; das KG hält es für zulässig, daß gegebenenfalls im Beschwerdewege die Berichtigung der Eintragung der Hauptfirma durch Eintragung der Firma der Zweigniederlassung verlangt werde.

Der Richter soll nicht Personen als Gläubiger eintragen, die seiner zuverlässigen Kenntnis nach bereits verstorben sind oder deren Rechtsfähigkeit nach der gewählten Bezeichnung zweifelhaft oder gar ausgeschlossen ist. So kann ein Verein, der nicht rechtsfähig oder dessen Rechtsfähigkeit nicht hervorgehoben ist, nicht eingetragen werden (KGJ **24** A 83; **25** A 114), wohl aber die künftige Deszendenz (KGJ **29** A 153; RG **61** 365; **65** 277).

Ein Einzelkaufmann kann nur unter seinem bürgerlichen Namen, nicht unter seiner Firma, als Gläubiger eingetragen werden, da der Grundsatz der Publizität des Grundbuchs unbedingte Klarheit hinsichtlich der Persönlichkeit verlangt (§ 4 AllgVfg; KGJ **26** A 135; RG **72** 38). Eine ordnungswidrige Eintragung auf die Firma eines Einzelkaufmanns ist aber wirksam, wenn durch sie der Berechtigte so bestimmt bezeichnet ist, daß über seine Person kein Zweifel besteht (KGJ **38** A 229). Der Einzelkaufmann kann aber über eine auf seinen Familiennamen eingetragene Hypothek unter seiner Firma verfügen und insbesondere eine die Hypothek betreffende Eintragungsbewilligung mit seiner Firma in öffentlich beglaubigter Form unterzeichnen (KGJ **37** A 226).

Der Eigentümer kann sich selbst nur bei einer Grundschuld als Gläubiger eintragen lassen. Jedoch darf für den Teilhaber einer Gemeinschaft zur gesamten Hand auch eine Hypothek auf dem Gesamtgrundstück eingetragen werden (KGJ **26** A 130).

In der Regel ist der Gläubigername mit einzutragen (KGJ **28** A 115). Dabei ist derjenige einzutragen, der in der Eintragungsbewilligung als Gläubiger angegeben ist. Falls dieser stirbt, bevor die Hypothek auf Grund der Bewilligung eingetragen ist, bedarf es zur Eintragung der Hypothek auf seine Erben einer auf diese lautenden neuen Eintragungsbewilligung (KGJ **36** A 226).

Die „Erben" eines Verstorbenen können unter diesem Sammelnamen als Gläubiger nur eingetragen werden, wenn sie noch nicht festgestellt sind und daher ihre namentliche Einzelbezeichnung nicht möglich ist. Es muß aber der Kreis der Berechtigten genügend bestimmt und ein zur Verfügung über das Recht befugtes Organ vorhanden sein (KGJ **34** A 276). Stehen die Erben der Person nach fest, so sind sie mit Namen als die Berechtigten einzutragen (KGJ **28** A 115).

Nicht ausgeschlossen ist die Eintragung einer Hypothek für eine Nachlaßmasse; vgl. das Beispiel in KGJ **34** 276.

Dagegen ist es nicht zulässig, die Hypothek für den Nachlaßpfleger als solchen einzutragen (KGJ **36** A 226). Auch ist die Bestimmung in der Eintragsbewilligung, daß die Hypothek mit dem Tode des Gläubigers auf eine andere Person übergehen soll, wegen Unklarheit des einzutragenden Rechtsverhältnisses nicht eintragungsfähig (KGJ **38** A 271); vgl. jedoch RG **76** 90f., das die Abrede als Resolutivbedingung zuläßt.

Über die Eintragung eines Nacherben oder Testamentsvollstreckers neben dem Gläubiger vgl. unten §§ 163, 164.

Der Zustellungsbevollmächtigte eines Gläubigers kann nicht in das Grundbuch eingetragen werden.

Über die Eintragung einer Hypothek für mehrere Gläubiger gemeinschaftlich vgl. § 46 GBO und oben § 63. Nicht zulässig ist es, zwei auf verschiedenen Rechtsgeschäften beruhende Hypotheken für zwei verschiedene Gläubiger unter einer Nummer in das Grundbuch einzutragen (KGJ **20** A 101). Unzulässig ist es auch, eine Hypothek auf den Namen einer in allgemeiner Gütergemeinschaft lebenden Ehefrau mit dem Vermerke einzutragen, daß die Hypothek zum Vorbehaltsgut der Frau gehöre. Dagegen kann die Eintragung der Hypothek für mehrere, aber zur Sicherung einer einheitlichen Forderung in der Weise erfolgen, daß den einzelnen Gläubigern bestimmte Bruchteile an der Hypothek zustehen (KGJ **31** A 313). Jedoch wird durch die Angabe, daß eine Hypothek mehreren, „zu gleichen Rechten" zustehen soll, dem Erfordernisse des § 48 GBO bezüglich der Bezeichnung der unter den Mitberechtigten bestehenden Gemeinschaft nicht genügt (KGJ **32** 243). Zulässig ist aber auch eine Gesamtgläubigerhypothek (KGJ **46** 226).

Bei der Sicherungshypothek für die Forderung aus einer Schuldverschreibung auf den Inhaber, aus einem Wechsel oder einem anderen indossablen Papier und bei der Grundschuld mit Grundschuldbrief auf den Inhaber wird der Gläubiger nicht eingetragen. §§ 1187ff., 1195 BGB und unten § 117.

§ 91. Der Geldbetrag der Forderung.

Der Geldbetrag der der Hypothek zugrunde liegenden Forderung muß stets in das Grundbuch eingetragen werden; die Eintragung kann nicht durch die Bezugnahme auf die Eintragungsbewilligung ersetzt werden.

Der Geldbetrag der Forderung ist, falls nicht die Form der wertbeständigen Hypothek gewählt wird, in einer bestimmten Summe nach Reichswährung anzugeben; vgl. § 28 GBO. Die hierfür maßgebende Rechnungseinheit ist nach § 1 des Münzgesetzes vom 30. August 1924 (RGBl II Bl S. 254) die Reichsmark. Wird schlechthin die Eintragung eines Rechts von X „Mark" bewilligt, so hat das Grundbuchamt regelmäßig davon auszugehen, daß „Reichsmark" gemeint sind (KG vom 29. September 1927, Rspr S. 1373). In einer ausländischen oder in einer nicht mehr bestehenden inländischen Währung sind Eintragungen unzulässig (JFG **3** 340), siehe jedoch unten § 122. Deshalb kann jetzt nicht mehr eine Hypothek mit einem Papiermarkbetrag eingetragen werden. JFG **3** 340 (OLG München); **4** 35. Die Erweiterung einer Hypothek durch nachträgliche Erhöhung des eingetragenen Kapitalbetrages ist nicht zulässig (KGJ **40** 282).

Die Bestimmung, daß der Schuldner Goldmark zu entrichten hat, kann aufgefaßt werden als

a) Gattungsschuld, d. h. Zahlung in Goldstücken (sogen. Geldsortenschuld),

b) eine den Nennbetrag der Forderung unberührt lassende Zahlungsbestimmung (gewöhnliche Goldklausel oder Goldmünzklausel; siehe RG **50** 145; KGJ **20** A 194).

Nach der Bundesratsverordnung vom 28. September 1914 (RGBl 417) sind die vor dem 31. Juli 1914 getroffenen Goldklauseln unverbindlich. Eine nach dieser Zeit vereinbarte Goldklausel ist jedoch zulässig (RG **108** 146, 179; KGJ **48** 218; JFG **1** 449; **2** 11 und §§ 1ff. des Münzgesetzes vom 30. August 1924 (RGBl II S. 254).

Die nachträgliche Eintragung der Goldklausel erfordert die Zustimmung der im Range gleich- oder nachstehend Berechtigten (KGJ **48** 218; JFG **2** 11 [Beschluß des Reichsgerichts]). Die Goldklausel kann keinen anderen

Rang als die Hypothek selbst erhalten (KGJ **48** 218). Bestritten ist, ob die Goldklausel durch bloße Bezugnahme auf die Eintragungsbewilligung eingetragen werden dürfe. Das Reichsgericht bejaht die Frage, während das Kammergericht ausdrückliche Eintragung der Klausel verlangt (RG **50** 145; KGJ **20** A 194).

c) Eine dem jeweiligen Werte der Goldmark entsprechende und demgemäß der Höhe nach schwankende Forderung (Goldwertklausel). Diese Goldwertklausel ist bei Hypotheken-, Grund- und Rentenschulden (anders bei Reallasten) nicht eintragungsfähig (RG **101** 141; **103** 387; **104** 352; **108** 146; **109** 176; KGJ **20** A 194; **21** A 322; **25** A 155; **48** 218). Über die Eintragung von Feingoldhypotheken als Goldmarkhypotheken siehe die Verordnung vom 17. April 1924 (RGBl I S. 415) unten § 122.

Die Vorschrift, daß die einzutragende Summe bestimmt sein muß, bezieht sich nur auf die Hauptsumme, nicht auf die Zinsen.

Zinsen als solche können, wenn sie nicht als Nebenleistungen zu einem Kapital auftreten, nicht Gegenstand der Sicherung einer Verkehrshypothek sein (KGJ **26** A 290).

§ 92. Der Zinssatz der Forderung. Die Strafprozente. Der Anfangstag der Verzinsung.

Der die Höhe der Zinsen bestimmende Zinssatz der Forderung muß stets in das Grundbuch eingetragen werden; eine Bezugnahme auf die Eintragungsbewilligung genügt nicht. Jedoch kann für die Zinsen ein Minimal- und Maximalprozentsatz unter Verweisung auf die Eintragungsbewilligung eingetragen werden, so namentlich bei Festsetzung von Zinszuschlägen für gewisse Fälle (KGJ **22** A 122); ist aber ein solcher Maximalprozentsatz nicht eingetragen, so müssen die sogenannten Strafprozente, d. h. das Versprechen, den Geldbetrag der Forderung für den Fall nicht pünktlicher Zinszahlung mit einem höheren Zinssatz (z. B. 8 vH. statt 6 vH.) zu verzinsen, als eine den Zinssatz betreffende Beredung in das Grundbuch eingetragen werden, und eine Bezugnahme auf die Eintragungsbewilligung genügt nicht (KGJ **20** A 198). Die Zinsvergütung kann auch in einer bestimmten, fortdauernd in gewissen Zeitabschnitten zu entrichtenden Geldsumme festgesetzt werden; z. B. 2000 RM. jährlich, zahlbar in gleichen Raten am ersten Tage jedes Kalendervierteljahres nachträglich mit je 500 RM. Diese Zinsvergütung wird durch Aufnahme der Vergütungssumme in den Eintragungsvermerk eingetragen; der Angabe eines Zinssatzes (in Prozenten des Kapitals) im Eintragungsvermerke bedarf es hierbei nicht (KGJ **28** A 118). Der jeweilige Bankdiskont oder der jeweilige Lombardzinssatz der Reichsbank dürfen als Zinssatz bei der Eintragung nicht angegeben werden (KGJ **32** A 307 [OLG Oldenburg]; **34** A 279; JFG **4** 404).

Zinseszinsen, die sich gemäß § 248 Abs. 2 BGB nur Kreditanstalten versprechen lassen dürfen, sind nicht als eine Erweiterung des Zinssatzes, sondern als Nebenleistungen anzusehen. Vgl. § 93. Bei ihrer Eintragung ins Grundbuch wird regelmäßig für sie ein bestimmter Geldbetrag anzugeben sein. Es genügt aber zur Wahrung des Bestimmtheitsgrundsatzes die Angabe der Umstände, aus denen sich der Umfang der Belastung berechnen läßt (JFG **1** 464 unter Aufgabe der abweichenden Meinung bei KGJ **20** A 198).

Der Anfangstag der Verzinsung braucht nicht in das Grundbuch eingetragen zu werden; die Bezugnahme auf die Eintragungsbewilligung genügt. In manchen Fällen, z. B. bei Kautionen oder bei der für den Eigentümer eingetragenen Grundschuld, kann ein bestimmter Anfangstag der Verzinsung nicht angegeben werden (KGJ **24** A 127).

Die Zinsen sind je nach der Vereinbarung meist vierteljährlich oder halbjährlich, mitunter auch jährlich, zu entrichten.

Soll das Kapital unverzinslich sein, so braucht dies weder in der Eintragungsbewilligung noch im Grundbuch vermerkt zu werden, da mangels eines bezüglichen Vermerks die Unverzinslichkeit des Kapitals anzunehmen ist. Nicht selten freilich beruht die Unterlassung der Angabe der Verzinsung auf einem Versehen, das in Zweifelsfällen durch Rückfragen festzustellen ist.

Mehrere Hypotheken können zwar nicht zu einer einheitlichen Hypothek vereinigt werden; es kann aber im Grundbuch zu mehreren Hypotheken die einheitliche Verzinsung und Tilgung eingetragen werden (KGJ **33** A 330 [Oberstes Landesgericht München]).

§ 93. Nebenleistungen außer den Zinsen.

Etwaige noch neben den Zinsen dem Gläubiger zu gewährende Nebenleistungen, so z. B. Vertragsstrafen für unpünktliche Zinszahlung, sowie für vorzeitige Rückzahlung eines Darlehns (KGJ **27** A 122), Beiträge zu Verwaltungskosten usw. müssen mit ihrem Geldbetrage in das Grundbuch eingetragen werden (KGJ **20** A 204). Die Bezugnahme auf die Eintragungsbewilligung ist insoweit unzulässig (KGJ **49** 211). Läßt sich der Geldbetrag angeben, so kann jede Art anderer Nebenleistungen als Zinsen in die Eintragung aufgenommen werden, z. B. Verpachtungsbeschränkungen (KGJ **51** 297 f.). Zur Angabe des Geldbetrags genügt es, daß der Höchstbetrag der Haftung des Grundstücks aus dem Eintragungsvermerk erkennbar ist (KGJ **33** A 250; **42** 259; **49** 211). Auch ist die Angabe einer Zahl von Währungseinheiten entbehrlich, wenn nur die Umstände angegeben werden, aus denen sich eine solche Zahl berechnen läßt (KGJ **42** 259; JFG **1** 464).

Nebenleistungen einer Hypothek sind Leistungen, die zu der Hauptforderung in einem Abhängigkeitsverhältnis stehen. Dahin gehören nicht

Vertragsstrafen, die für den Fall festgesetzt sind, daß der Grundstückseigentümer persönliche, im Interesse des Hypothekengläubigers übernommene Verpflichtungen nicht erfüllt. Nebenleistungen müssen entweder summenmäßig oder in ihren Rechnungsfaktoren feststehen. Hierunter sind deshalb nicht Vertragsstrafen für eine unbestimmte Anzahl von Fällen zu rechnen (KGJ **32** A 247).

Werden Nebenleistungen nachträglich vereinbart, so sind sie nicht in der Hauptspalte als besondere Hypotheken oder Sicherungshypotheken, sondern bei der Hypothek in Spalte „Veränderungen" einzutragen, auch wenn sie den folgenden Hypotheken im Range nachstehen; im letzteren Falle ist dieses Rangverhältnis bei der Eintragung in Spalte „Veränderungen" und bei den nachfolgenden Hypotheken mitzuvermerken (KGJ **33** A 250).

Durch die Zulässigkeit der Eintragung solcher Nebenleistungen wird die Eintragung von besonderen Sicherungshypotheken für sie vermieden und die Darlehnshypothek auf sie erstreckt (KGJ **20** A 204; **23** A 250). Über die Nebenleistungshypothek als auflösend bedingte Eigentümergrundschuld, die Umwandlung der alten in eine neue Nebenleistung, die Zulässigkeit einer auf die Nebenleistungshypothek beschränkten Löschungsvormerkung nach § 1179 BGB vgl. RG **51** 43; **75** 250; KGJ **45** 282; **49** 214, 220.

Oft wird zur Vereinfachung ein Höchstbetrag angegeben, bis zu dem das Grundstück für die Nebenleistungen haften soll.

Die als Zuschläge zu den Hypothekenzinsen vereinbarten regelmäßigen Amortisationsbeiträge gehören nicht zu den Nebenleistungen im Sinne des § 1115 BGB; vgl. KGJ **24** A 246; RG **54** 88; **91** 299; **104** 72 sowie unten § 97.

Wegen der für die Darlehne der Kreditanstalten geltenden besonderen Vorschriften vgl. unten § 96.

§ 94. Die Zahlungsbedingungen.

Die Zahlungsbedingungen, d. h. die Verabredungen über den Ort, die Art und insbesondere über die Zeit der Zahlung des Kapitals brauchen in das Grundbuch nicht eingetragen zu werden; es genügt, daß ihretwegen auf die Eintragungsbewilligung Bezug genommen wird[1].

Über den Zahlungsort finden sich in den Eintragungsbewilligungen häufig Vermerke, wie „zahlbar am jedesmaligen Wohnort des Gläubigers und dessen Rechtsnachfolger innerhalb des Deutschen Reiches" u. dgl. Ist über den Zahlungsort nichts bestimmt, so hat nach § 270 BGB der Eigentümer die Summe auf seine Gefahr und Kosten dem Gläubiger

[1] Da der Eigentümer nach § 1137 BGB gegen die Hypothek die dem persönlichen Schuldner gegen die Forderung zustehenden Einreden geltendmachen kann, so kann er entsprechende Vervollständigung der Eintragung verlangen (z. B. Kündigungsbeschränkungen, KGJ **53** 175).

an dessen Wohnsitz zu übermitteln. Erhöhen sich aber infolge einer nach der Entstehung der Hypothekenforderung eintretenden Änderung des Wohnsitzes des Gläubigers die Kosten oder die Gefahr der Übermittlung, so hat der Gläubiger die Mehrkosten oder die Gefahr zu tragen. Bei der Grundschuld sind die Zahlungen, soweit nicht etwas anderes bestimmt ist, an dem Orte zu bewirken, an dem das Grundbuchamt seinen Sitz hat. § 1195 BGB. Wegen der Zahlungen der Rentenschuld (§ 1199 BGB) s. § 1200 BGB.

Die Zahlungszeit wird meist in der Weise bestimmt, daß das Kapital eine gewisse Zeit, meist 3 oder 6 Monate nach Kündigung, zu zahlen ist. Häufig wird die Kündigung für den Fall pünktlicher Zinszahlung für den Gläubiger für eine Reihe von Jahren ausgeschlossen. Für die Rückzahlung kann natürlich auch ein bestimmter Termin ohne Kündigungsfrist festgesetzt werden.

Nach Art. 32 § 1 AGBGB kann bei Hypotheken, Grundschulden und Rentenschulden das Kündigungsrecht des Eigentümers[1] nur so weit ausgeschlossen werden, daß der Eigentümer nach 20 Jahren unter Einhaltung einer sechsmonatigen Frist kündigen kann. Die nicht seltenen Bestimmungen, wonach die Kündigung einer Hypothek für die Lebensdauer des Gläubigers oder Eigentümers ausgeschlossen sein soll, sind nicht eintragungsfähig; wo sie noch vorkommen, sind sie dahin auszulegen, daß der Eigentümer nach 20 Jahren die Hypothek mit sechsmonatiger Frist kündigen kann. Die zur Zeit des Inkrafttretens des Bürgerlichen Gesetzbuchs bestehenden Hypotheken und Grundschulden, die bisher seitens des Schuldners unkündbar oder erst nach einer längeren als einer zwanzigjährigen Frist kündbar waren, können nach Art. 32 § 2 AGBGB nach dem Ablauf von 20 Jahren seit dem 1. Januar 1900 unter Einhaltung einer sechsmonatigen Frist gekündigt werden. Eine Hypothek, bei der beiderseits die Kündigung ausgeschlossen ist, ist hiernach nicht eintragungsfähig. Dagegen kann das Kündigungsrecht des Gläubigers auf beliebig lange Zeit ausgeschlossen werden.

Den vereinbarten Tilgungsbedingungen durch die Eintragung oder durch Aufnahme in die Eintragungsbewilligung, auf die in der Eintragung Bezug genommen werden kann, dingliche Wirkung zu schaffen, steht den Beteiligten allgemein insoweit frei, als damit nicht eine zwingende sachenrechtliche Vorschrift des Gesetzes kollidiert. So ist z. B. die Klausel, daß der Gläubiger beim Fälligwerden der Forderung auf Verlangen des Eigentümers verpflichtet sein soll, gegen Empfang des Betrages, für den

---

[1] Für den persönlichen Schuldner, der nicht zugleich Eigentümer des Pfandgrundstücks ist, bleiben die vertragsmäßigen Bestimmungen maßgebend, wenn durch sie auch die Kündbarkeit ganz oder für einen längeren als 20jährigen Zeitraum ausgeschlossen ist; nur der Grundbesitz soll von erschwerenden Belastungen befreit sein.

das Grundstück haftet, die Hypothek an einen von dem Eigentümer zu benennenden Dritten abzutreten, mit den Vorschriften über die Eigentümerhypothek nicht vereinbar und daher nicht eintragungsfähig (KGJ **20** A 308). Dagegen ist der Vorbehalt des Schuldners, daß der Hypothekengläubiger seine Befriedigung zunächst aus dem belasteten Grundstück zu suchen habe, eintragungsfähig (KGJ **33** A 243).

§ 95. Die Unterwerfung unter die sofortige Zwangsvollstreckung.

Der Eigentümer des Grundstücks kann sich in einer nach § 794 Nr. 5 ZPO aufgenommenen Urkunde[1] in Ansehung einer Hypothek, Grundschuld oder Rentenschuld der sofortigen Zwangsvollstreckung in der Weise unterwerfen, daß die Zwangsvollstreckung aus der Urkunde gegen den jeweiligen Eigentümer des Grundstücks zulässig sein soll. Zur Wirksamkeit gegen den Sondernachfolger des Grundstückseigentümers muß die Unterwerfung in das Grundbuch eingetragen werden; eine Bezugnahme auf die Eintragsbewilligung genügt nicht[2]. § 800 Abs. 1 ZPO; vgl. KGJ **45** 260. Auf diese Weise kann jeder Erwerber des Grundstücks aus dem Grundbuch selbst die für ihn bedeutungsvolle Abmachung ersehen. Die Unterwerfungsklausel braucht aber nicht mit ihrem vollständigen Inhalt und unter Wiedergabe der einzelnen Forderungen und Nebenforderungen, auf die sie sich erstreckt, und der Voraussetzungen, unter denen die sofortige Zwangsvollstreckung statthaft sein soll, in das Grundbuch aufgenommen zu werden. Es kann vielmehr zur näheren Bezeichnung des Inhalts der Klausel auf die Eintragungsbewilligung Bezug genommen werden (KGJ **28** A 262). Das Grundbuchamt verletzt auch das Gesetz nicht, wenn es die Klausel nicht genau mit den Worten der Probeeintragung im Formular A der JMVfg vom 20. November 1899 einträgt, sofern nur der Eintragungsvermerk inhaltlich mit der Probeeintragung übereinstimmt (KGJ **32** A 236). Handelt es sich um ein Grundstück einer Ehefrau, so bedarf der Ehemann zu der Eintragung der Klausel nicht der Zustimmung der Ehefrau, da die Unterwerfung unter die sofortige Zwangsvollstreckung nicht als eine Verfügung über das Grundstück zu erachten ist (KGJ **47** 260).

Die Klausel ist dahin zu fassen (vgl. KGJ **23** A 232):

> **Der Eigentümer hat sich der sofortigen Zwangsvollstreckung in der Weise unterworfen, daß sie gegen den jeweiligen Eigentümer zulässig sein soll.**

oder:

> **Wegen der Hypothek ist die sofortige Zwangsvollstreckung gegen den jeweiligen Eigentümer des Grundstücks zulässig.**

---

[1] Das Grundbuchamt kann die Beurkundung der Unterwerfungsklausel nicht vornehmen (JFG **4** 271).

[2] Bei einer Vormerkung zur Sicherung des Anspruchs auf Eintragung der Hypothek gilt dies nicht (JFG **4** 407).

Dagegen genügt nicht eine Eintragung dahin:

Die sofortige Zwangsvollstreckung ist zulässig (KGJ 23 A 232).

Die Rechtsnatur der Unterwerfungsklausel (inhaltliche Verstärkung des Hypothekenrechts? lediglich prozessuales Recht?) ist zweifelhaft (s. JFG **4** 409).

Die nachträgliche Eintragung der Unterwerfung unter die sofortige Zwangsvollstreckung bedarf keines Nachweises der Zustimmung des Hypothekengläubigers. Bei einer Erhöhung des Umfangs der hypothekarischen Belastung durch höheren Zinssatz und Nebenleistungen bedarf es im Falle der Erstreckung der Unterwerfungsklausel auf diese der erneuten Aufnahme einer Unterwerfungsurkunde und der Eintragung des Unterwerfungsvermerks aus dieser in das Grundbuch (KGJ **45** 260). Auch jede sonstige Änderung der Leistungspflicht des Schuldners durch eine neue vollstreckbare Urkunde, insbesondere auch die bloße Änderung der Fälligkeitsbestimmungen, erfordert die erneute Eintragung der Unterwerfungsklausel (KGJ **52** 190).

Die Klausel ändert den Inhalt des Rechts nicht und erweitert den Umfang der Belastung nicht. Bei nachträglicher Eintragung der Klausel ist daher die Zustimmung der gleich- und nachstehenden Berechtigten nicht erforderlich. OLG **45** 99 (KG).

Die Klausel ist nicht zulässig bei einer Kautionshypothek (vgl. unten § 116).

§ 96. Die Hypotheken der Kreditanstalten.

Eine Reihe von besonderen Vorschriften gelten für die Darlehnshypotheken derjenigen Kreditanstalten, deren Satzung von der zuständigen Behörde öffentlich bekannt gemacht ist[1]. Es genügt, wenn der Teil der Satzungen öffentlich bekannt gemacht ist, der die einzutragenden Nebenleistungen betrifft; die Bekanntmachung des Gesamtinhalts der Satzung ist nicht erforderlich (KGJ 21 A 143).

Kreditanstalten sind solche Unternehmen, die auf den Großbetrieb gerichtet sind und den Abschluß von Kreditgeschäften bezwecken. Zu diesen Anstalten gehören besonders die landschaftlichen und ritterschaftlichen Kreditinstitute, sowie die provinzial-(kommunal-)ständischen öffentlichen Grundkreditanstalten. Art. 21 Abs. 2 AGGBO[2]. Die satzungsmäßigen Vorschriften dieser Anstalten über die Aufnahme, Eintragung oder Löschung der Pfandbriefsdarlehen, sowie über die Umschreibung eingetragener Forderungen in Pfandbriefsdarlehen und die Umwandlung der Pfandbriefe sind auch nach Inkrafttreten des BGB gültig geblieben. Art. 21

[1] Siehe die Aufzählung bei Güthe Anm. 6 zu Art. 21 AGBO.

[2] Über die Posener Landschaft s. das Schutzgesetz vom 1. März 1922 (RGBl S. 228) und die Ausf. Bestimmungen des Landwirtschaftsministers vom 4. August 1922 (JMBl S. 376) und vom 5. April 1924 (JMBl S. 211).

AGGBO (KGJ **24** A 138). Das materielle Recht des BGB gilt nur insoweit, als nicht die Satzungen Abweichendes bestimmen; jedoch müssen die das reichsrechtliche Liegenschaftsrecht beherrschenden allgemeinen Grundsätze beachtet werden (JFG **2** 366 unter Beschränkung der bei KGJ **35** A 274 und **53** 203 ausgesprochenen weitergehenden Ansicht). Daher ist z. B. der Antrag auf Eintragung einer Hypothek, der keine Geldforderung, sondern eine solche auf Lieferung von Goldpfandbriefen zugrunde gelegt ist, abzulehnen.

Nach den Satzungen dieser Anstalten muß der Schuldner neben den Zinsen und Kosten noch mehrere andere Nebenleistungen entrichten, z. B. Zinsen für rückständig gebliebene, von der Anstalt vorgeschossene Hypothekenzinsen, Vertragsstrafen (Strafprozente)[1], für unpünktliche Zinszahlung usw. (KGJ **24** A 130; **47** 202). Während bei sonstigen Hypotheken der Geldbetrag solcher Nebenleistungen außer dem Zinssatz im Grundbuch angegeben werden muß, ist dies nach § 1115 Abs. 2 BGB bei diesen Hypotheken der Kreditanstalten nicht erforderlich; es genügt vielmehr zur Bezeichnung der außer den Zinsen satzungsgemäß zu entrichtenden Nebenleistungen die Bezugnahme auf die Satzung (KGJ **20** A 199; **47** 202); es braucht aber nicht vermerkt zu werden, daß die Bezugnahme „wegen der Nebenleistungen" erfolge (KGJ **40** 261). Dagegen reicht die Bezugnahme auf die Eintragungsbewilligung nicht aus. Diese Nebenleistungen können aber durch Bezugnahme auf die Satzung nur unter der Voraussetzung bezeichnet werden, daß sie in der Satzung selbst und nicht erst in der Schuldurkunde aus Anlaß der Zahlung geregelt sind; sonst kann die Eintragung der Nebenleistungen nur unter Angabe des Geldbetrags oder gemäß § 1190 BGB als Sicherungshypothek erfolgen (KGJ **22** A 167). Auf Antrag müssen in dem Eintragungsvermerk die Satzung nach dem Datum und die außer den Zinsen zu entrichtenden Nebenleistungen nach den Paragraphen der Satzung bezeichnet werden (KGJ **23** A 143). Das Grundbuchamt ist an die Fassung des Eintragungsvermerks, die von den Beteiligten hinsichtlich der Bezugnahme auf die Eintragungsbewilligung beantragt ist, bei der Eintragung der Hypothek nicht gebunden. Vielmehr hat es die nach seiner Ansicht für den Eintragungsvermerk erforderlichen Momente in ihn aufzunehmen, bezüglich der übrigen Momente aber nach seinem Ermessen zu bestimmen, ob sie ebenfalls in den Vermerk aufzunehmen oder durch Bezugnahme auf die Eintragungsbewilligung bzw. auf die Satzung der Kreditanstalt einzutragen sind (KGJ **32** A 252).

---

[1] Solche Vertragsstrafen sind, auch wenn sie in Prozenten des Hypothekenkapitals festgesetzt sind, nicht Zinsen der Hypothek, sondern andere Nebenleistungen im Sinne des § 1115 Abs. 2 BGB, die, wenn sie in der Satzung der die Hypothek innehabenden Kreditanstalt normiert sind, durch Bezugnahme auf die Satzung nicht aufgenommen werden können (KGJ **32** A 252).

Durch die Bezugnahme auf die Satzung erwächst dem Grundbuch der Vorteil, daß es nicht mit verwickelten und weitläufigen Bestimmungen überlastet und seine Übersichtlichkeit nicht gefährdet wird. Auch wird auf diese Weise die Eintragung von besonderen Sicherungshypotheken für die Nebenleistungen vermieden. Der Dritte kann jederzeit durch Einsicht der Satzung genau bemessen, wie hoch das Grundstück belastet ist (KGJ 22 A 167)[1]. Die Eintragung einer solchen Hypothek lautet z. B.:

20000 — zwanzigtausend — RM. Darlehn mit acht vom Hundert jährlich verzinslich für das ... Kreditinstitut unter Bezugnahme auf die Satzung dieses Instituts vom ... eingetragen am ...

Bei den übrigen Kreditanstalten, deren Satzungen nicht von der zuständigen Behörde öffentlich bekannt gemacht sind, können solche Nebenleistungen im Grundbuch nur eingetragen werden, wenn ein bestimmter Geldbetrag für sie angegeben ist. Es genügt aber zur Wahrung des Bestimmtheitsgrundsatzes die Angabe der Umstände, aus denen sich der Umfang der Belastung berechnen läßt (JFG **1** 464 unter Aufgabe der abweichenden Meinung bei KGJ **20** A 198). Dieser Geldbetrag ist bei einem in Pfandbriefen gegebenen Darlehn, das nach Wahl des Schuldners in Pfandbriefen oder in barem, nach dem Nennwerte der Pfandbriefe zu berechnenden Gelde zurückzugewähren ist, der bezeichnete Nennwert (KGJ **36** A 229).

Das sog. Zuschußdarlehn, das der Darlehnsnehmer zur Ausgleichung der Differenz zwischen dem unter Pari stehenden Kurse der Pfandbriefe und dem Nominalbetrage der letzteren in bar erhält, ist ein selbständiges, von der Pfandbriefschuld unabhängiges Darlehn, das besonders einzutragen ist; im Interesse der Klarheit und Übersichtlichkeit des Grundbuchs kann es als Nebenleistung bei einem Pfandbriefdarlehn nicht eingetragen werden. Dagegen ist es zulässig, Jahreszahlungen zwecks Tilgung eines nicht eingetragenen Zuschußdarlehns als Nebenleistungen des Pfandbriefdarlehns, insbesondere in Prozenten des letzteren, festzusetzen. Die Eintragung dieser Nebenleistungen erfolgt dann durch ihre Aufnahme in den Eintragungsvermerk über das Pfandbriefdarlehn unter Angabe des Geldbetrags (KGJ **33** A 244).

§ 97. Die Amortisationsbeiträge[2].

Die als Zuschläge zu den Hypothekenzinsen vereinbarten regelmäßigen Amortisationsbeiträge des Eigentümers gehören nicht zu den Neben-

---

[1] In den zu bildenden Hypothekenbrief braucht der Inhalt der Satzung nicht aufgenommen zu werden. § 57 Abs. 2 Nr. 3 GBO.

[2] Vgl. über die schwierige und vielumstrittene Lehre der Amortisationshypotheken Güthe S. 1700, Bd. II.

leistungen des § 1115 BGB, sondern sind Rückzahlungsbedingungen (RG **54** 88; **91** 299; **104** 72; KGJ **24** A 246; **26** A 145; **33** A 244). Die Zuschläge sind nicht neben dem Kapital, sondern als Kapitalteile zu dessen allmählicher Tilgung zu entrichten. Ihre Eintragung kann daher durch Bezugnahme auf die Eintragungsbewilligung ersetzt werden (RG **54** 88; KGJ **24** A 246; **26** A 145; **33** A 244). Durch die Zahlung der Amortisationsbeiträge wird die Forderung zu dem betreffenden Teil sofort getilgt. Entgegenstehende Abreden entbehren der dinglichen Wirkung und sind der Verlautbarung im Grundbuch nicht zugänglich (RG **104** 68; KGJ **53** 184f.). Jedoch sind gemäß dem Vorbehalt des Art. 167 AGBGB in Geltung geblieben die Reglements der zur Zeit des Inkrafttretens des BGB bestehenden landschaftlichen oder ritterschaftlichen Kreditanstalten (siehe § 96). In diesen Satzungen ist in der Regel bestimmt, daß die Abträge nicht sofort zur Tilgung der Schuld, sondern zunächst nur zur Ansammlung eines Guthabens des Schuldners, des sog. Amortisationsfonds, dienen. Mit diesem Fonds erfolgt erst später die Tilgung der Schuld durch Aufrechnung (KGJ **20** A 206; **26** A 145; RG **64** 211; s. auch RG bei JFG **3** 25), und erst dann, also meist erst nach Zahlung aller Abträge, entsteht die Eigentümerhypothek. Der Anspruch auf den Fonds folgt dem Eigentum am Grundstück (RG **74** 401). In den Fällen, in denen die Abträge satzungsgemäß sofort zur Tilgung der Schuld dienen, erwirbt der Eigentümer sofort mit Abtrag einen entsprechenden Teil der Hypothek (KGJ **26** A 145).

Sofern die Amortisationsbeiträge nicht die hypothekarisch gesicherte Forderung zu dem entsprechenden Teil vernichten, kann, wenn an die Stelle eines Teils der durch eine solche Hypothek gesicherten Forderung eine andere Forderung in entsprechender Höhe gesetzt wird, der Wechsel der Forderung unmittelbar eingetragen werden, auch wenn nach der Eintragungsbewilligung die frühere Forderung zur entsprechenden Höhe durch den Tilgungsfonds gedeckt ist; die Umwandlung in eine Grundschuld findet nicht statt (KGJ **23** A 143).

§ 98. Die Brief- und Buchhypothek.

Die regelmäßige Form der Hypothek ist die sogenannte Briefhypothek, über die vom Grundbuchamt ein Hypothekenbrief ausgestellt wird. Ist die Erteilung des Briefes nicht ausdrücklich ausgeschlossen, so wird stets ein Brief erteilt. § 1116 BGB. Hierbei muß der Richter außer dem Entwurf des Grundbuchführers auch die Ausfertigung des Hypothekenbriefes selbst prüfen (RG **77** 423). Die Erteilung des Briefes wird in das Grundbuch nicht eingetragen. Die Briefhypothek entsteht mit der Eintragung in das Grundbuch, der Gläubiger erwirbt sie aber nach § 1117 BGB erst, wenn ihm der Brief von dem Eigentümer des Grundstücks übergeben wird[1] oder wenn zwischen Eigentümer und Gläubiger vereinbart ist, daß der Gläubiger berechtigt sein soll, sich den Brief vom Grundbuchamt aushändigen zu lassen.

Bis zur Übergabe des Briefes steht in Ermangelung einer solchen Vereinbarung die Briefhypothek dem Eigentümer zu; das Grundbuchamt hat daher auch den Brief stets dem Eigentümer auszuhändigen, wenn nicht etwa dieser — oder bei mehreren Eigentümern sämtliche Miteigentümer (RG **52** 360) — die Übergabe des Briefes an den Gläubiger in der Form des § 29 GBO vorgeschrieben hat. § 60 Abs. 1 GBO[2]. Der Gläubiger kann alsdann die Aushändigung des Briefes formlos beantragen (KGJ **30** A 272). Die Bestimmung des Eigentümers ist kein widerruflicher Antrag, sondern eine unwiderrufliche Bewilligung (KGJ **38** A 283). Der Eigentümer wird sich nicht selten den Brief aushändigen lassen, wenn ihm die Valuta noch nicht gezahlt ist; er läßt sich dann vom Gläubiger Zug um Zug gegen Übergabe des Briefes den Gegenwert geben.

Ein nach § 62 GBO dem Grundbuchamt eingereichter Hypothekenbrief ist dem, der ihn im eigenen Namen überreicht hat, und falls dies in fremdem Namen geschehen ist, dem zurückzugeben, in dessen Namen er überreicht ist. Dem Verlangen des hiernach Empfangsberechtigten auf Rückgabe des Briefes an einen anderen ist stattzugeben, sofern nicht besondere Gründe entgegenstehen. Die öffentliche Beglaubigung solchen Verlangens kann nicht gefordert werden (KGJ **31** A 341).

Haben Eigentümer und Gläubiger vereinbart, daß der Gläubiger sich den Brief unmittelbar vom Grundbuchamt aushändigen lassen kann, so tritt nach § 1117 Abs. 2 BGB der Erwerb der Hypothek schon vor der Aushändigung des Briefes ein, und zwar mit ihrer Eintragung, während das Eigentum am Briefe mit dessen Herstellung zur Entstehung kommt (KGJ **25** A 153). Diese Vereinbarung braucht, um zur unmittelbaren Aushändigung des Briefes an den Gläubiger zu führen, dem Grundbuchamt nicht nachgewiesen zu werden; es genügt vielmehr nach dem allgemeinen Grundsatz des § 19 GBO, daß der Betroffene, also der Eigentümer, die Aushändigung bewilligt. — Die Einwilligung des Eigentümers ist aber selbst dann erforderlich, wenn der Gläubiger auf Grund eines den Eigentümer zur Eintragung einer Hypothek verurteilenden Erkenntnisses die Eintragung der Hypothek verlangt (KGJ **21** A 171).

---

[1] Der etwa in Berichtigungsfällen zu erbringende Nachweis, daß der Brief dem Gläubiger nicht übergeben sei, wird nicht durch die einseitige Erklärung des Eigentümers geführt. Auch der Umstand, daß der letztere sich zur Zeit im Besitze des Briefes befindet, schließt die Möglichkeit nicht aus, daß der Brief dem Gläubiger übergeben und somit das Recht aus der Hypothek in dessen Person entstanden ist (KGJ **22** A 309).

[2] Im Falle der nachträglichen Erteilung ist der Brief stets dem Gläubiger auszuhändigen. § 60 Abs. 1 GBO.

Der Hypothekengläubiger hat einen privatrechtlichen Anspruch auf Herausgabe des neu hergestellten Briefes gegen den Justizfiskus, wenn eine Vereinbarung nach § 1117 Abs. 2 BGB zwischen ihm und dem Eigentümer getroffen ist und der Eigentümer die Aushändigung des Briefes an den Gläubiger nach § 60 Abs. 2 GBO bestimmt hat. Wird dieser Anspruch von einem Dritten gepfändet und verweigert das Grundbuchamt dem Dritten die Herausgabe des Briefes, so ist hiergegen nicht die Beschwerde nach §§ 71 ff. a. a. O., sondern nur die Klage gegen den Justizfiskus zulässig (KGJ **40** 322).

Ist der Brief in Verletzung des § 60 GBO versehentlich einem anderen als dem Empfangsberechtigten ausgehändigt, so kann ihn das Grundbuchamt von dem Empfänger zurückfordern und die Rückgabe gemäß Art. 15 ff. PrFGG erzwingen (KGJ **38** A 283).

Der Notar, der dem Grundbuchamt die für eine Eintragung erforderlichen, auch die Anträge vollständig enthaltenden Urkunden lediglich überreicht, gilt nicht ohne weiteres als ermächtigt, die Hypothekenbriefe an Stelle der Beteiligten in Empfang zu nehmen. Vgl. auch oben § 35 und KGJ **23** A 163.

Gemäß § 6 PrGKG kann die Aushändigung des Hypothekenbriefes von vorheriger Zahlung der Kosten und Stempelabgaben abhängig gemacht werden.

Ist die Erteilung eines Briefes ausgeschlossen, so wird die Hypothek als Buchhypothek bezeichnet, und die Ausschließung der Erteilung des Briefes bedarf der Eintragung in das Grundbuch. Zur Ausschließung der Brieferteilung ist aber außer der Eintragung auch die Einigung des Gläubigers und des Eigentümers gemäß § 1116 Abs. 2 BGB erforderlich. Der Grundbuchrichter kann freilich nicht den Nachweis der Einigung, sondern gemäß § 19 GBO (vgl. auch oben § 44) nur verlangen, daß der Eigentümer, dessen Recht von der Eintragung der Buchhypothek betroffen wird, die Ausschließung in der Form des § 29 GBO bewilligt; die Bewilligung des einzutragenden Gläubigers ist nicht erforderlich[1].

Die Buchhypothek erwirbt der Gläubiger stets mit ihrer Begründung durch Eintragung im Grundbuch. Dagegen, daß die Hingabe des der Hypothek etwa zugrunde liegenden Darlehns unterbleibt, ist der Eigentümer des Grundstücks durch § 1139 BGB geschützt.

Die Buchhypothek wird in ländlichen Bezirken, in denen sie als dauernde Kapitalsanlage gilt und daher selten weiterbegeben wird, vor der Briefhypothek bevorzugt. Der Eigentümer spart hierbei die Kosten der Erteilung des Briefes, und der Gläubiger wird der oft lästigen Aufbewahrung des Briefes überhoben, auch gegen die mit seinem Verlust verbundenen Weitläufigkeiten gesichert. Die Begebbarkeit der Buchhypothek ist aller-

[1] KGJ **20** A 97. Anderes gilt im Falle der nachträglichen Briefausschließung; vgl. unten § 106.

dings gegenüber der Briefhypothek erschwert; denn während letztere durch Abtretungserklärung verbunden mit Übergabe des Briefes übertragen werden kann, ohne daß die Abtretung im Grundbuch vermerkt zu werden braucht, kann die Buchhypothek wirksam nur dadurch abgetreten werden, daß die Abtretung in das Grundbuch eingetragen wird.

§ 99. Nießbrauch an Hypotheken.

Häufig werden Hypotheken in der Weise bestellt, daß einer dritten Person[1] für eine bestimmte Zeit, meist lebenslänglich, der Zinsgenuß an ihnen zustehen soll. Ein solches Nießbrauchsrecht muß, um rechtswirksam zu sein, in das Grundbuch eingetragen werden, wenn eine Buchhypothek in Frage steht. Bei Briefhypotheken genügt zur Entstehung des Nießbrauchs schriftliche Erklärung über die Bestellung des Nießbrauchs und Übergabe des Briefes. Ist die Hypothek verzinslich, so kann der Schuldner das Kapital nur an den Nießbraucher und den Gläubiger gemeinschaftlich zahlen, und der Nießbraucher und Gläubiger können nur gemeinschaftlich kündigen. § 1077 BGB. Der Grundbuchrichter muß sorgfältig beachten, daß die Verfügungen des Gläubigers, soweit sie die Rechte des Nießbrauchers beeinträchtigen, dessen Zustimmung bedürfen.

Zinserhöhungen und Kapitalsabtretungen verschlechtern die Lage des Nießbrauchers nicht; hierzu braucht also der Gläubiger die Einwilligung des Nießbrauchers nicht. Soll aber die dem Nießbrauch unterliegende Hypothek sonst geändert oder aufgehoben werden, so muß die Zustimmung des Nießbrauchers in der Form des § 29 GBO vorliegen.

Andererseits darf auch der Nießbrauch gemäß § 27 Abs. 2 GBO nicht auf einseitigen Antrag des Nießbrauchers gelöscht werden; vielmehr muß auch der Gläubiger zustimmen, da der Nießbrauch mit der Hypothek in derselben Person zusammentreffen kann und dann nicht als erloschen gilt, wenn der Gläubiger ein rechtliches Interesse am Fortbestehen des Nießbrauchs hat.

Wird eine Hypothek mit den Zinsen von einem bestimmten Tage ab an einen neuen Gläubiger mit der Maßgabe abgetreten, daß das Zinsrecht vom gleichen Tage ab einem Dritten auf dessen Lebenszeit zustehen soll, so kann darin die Bestellung eines Nießbrauchs an der Hypothek für den Dritten enthalten sein. Vom Zeitpunkt der Beendigung des Nießbrauchs ab steht alsdann das Zinsrecht ohne weiteres dem neuen Hypothekengläubiger oder dessen Rechtsnachfolgern zu (KGJ **40** 275).

Unzulässig ist die Abtretung des Nießbrauchrechts. §§ 1063ff. BGB; vgl. auch oben § 78 S. 181f.

---

[1] Unzulässig ist die Bestellung des Nießbrauchs für den Hypothekengläubiger selbst (KGJ **51** 291).

D. Veränderungen der Hypotheken.

§ 100. Die Abtretung der Briefhypotheken.

Zur Abtretung einer Briefhypothek ist Erteilung der Abtretungserklärung in schriftlicher Form und Übergabe des Hypothekenbriefes erforderlich und ausreichend. § 1154 Abs. 1 Satz 1 BGB[1 2]. Die Übergabe eines Urteils, das den Brief für kraftlos erklärt, genügt nicht (KGJ **45** 294). Die Urkunde über Abtretung einer Briefhypothek beweist also nicht die Zeit des Übergangs der Hypothek, da sie nicht klarstellt, wann die Übergabe des Hypothekenbriefes erfolgt ist (KGJ **25** A 163). Die Übergabe kann gemäß § 1117 Abs. 2 BGB durch die Ermächtigung des Zessionars, sich den Brief vom Grundbuchamt aushändigen zu lassen, ersetzt werden. In diesem Falle erwirbt der Zessionar die Hypothek in dem Zeitpunkt, in dem der Brief dem Grundbuchamt zur Eintragung der Abtretung eingereicht wird, nicht erst in dem Zeitpunkt der Eintragung (KGJ **35** A 287). Die Abtretung braucht also nicht in das Grundbuch eingetragen zu werden; jedoch ersetzt die Eintragung die schriftliche Form der Abtretungserklärung. § 1154 Abs. 2 BGB.

Ist der Rechtserwerb infolge des Fehlens der Briefübergabe noch nicht vollendet, so kann doch in der Aushändigung der Abtretungserklärung an den Zessionar die Einwilligung des Abtretenden zu Verfügungen des Zessionars über die Hypothek erblickt werden, zumal dann, wenn der Abtretende den Brief selbst nicht besitzt (KGJ **41** 236). Das Verfügungsrecht des Zessionars ist auch übertragbar.

Wegen des Vorbehalts hinsichtlich des Abtretungsgegenstandes s. oben § 37.

Soll die Eintragung der abgetretenen Hypothek in das Grundbuch erfolgen, so muß die Abtretungserklärung in der Form des § 29 GBO abgegeben und außerdem der Brief zwecks Vermerks der Eintragung der Abtretung dem Grundbuchamt vorgelegt werden (KGJ **51** 276). Die Übergabe des Briefes braucht nicht nachgewiesen zu werden. Vgl. auch KGJ **32** A 287. Der Vorlegung des Briefes an das Grundbuchamt steht es gleich, wenn in den Fällen der §§ 1162, 1170, 1171 BGB auf Grund des Ausschlußurteils die Erteilung eines neuen Briefes beantragt wird § 42 Abs. 2 GBO[3]. Dagegen ist eine Eintragungsbewilligung des abtretenden Gläubigers nicht erforderlich; es genügt eine Abtretungserklä-

---

[1] Dies gilt auch dann, wenn Hypotheken, die zu einem vom Stifter im Stiftungsgeschäft einer Stiftung zugesicherten Vermögen gehören, auf diese übergehen sollen; der Übergang vollzieht sich also nicht schon mit der Genehmigung der Stiftung (KGJ **35** A 217).

[2] Über Blankoabtretungen s. RG **81** 257, ferner RG vom 29. Oktober 1927, HRR 1928 Nr. 124 und RG vom 3. März 1927 (Rspr S. 590).

[3] Das zivilprozessuale Antragsrecht des Antragstellers im Aufgebotsverfahren ist vom Grundbuchamt nicht nachzuprüfen (KGJ **45** 294).

rung. § 26 Abs. 1 GBO. Andererseits genügt eine bloße Eintragungsbewilligung, auf Grund deren die Umschreibung auf einen neuen Gläubiger erfolgen soll, nicht; sie muß vielmehr den dinglichen Rechtsakt angeben, der die Umschreibung rechtfertigt (KGJ **40** 268). Sollen die Zinsen auf den neuen Gläubiger übergehen, was die Regel bilden wird, so muß dies aus der Abtretungserklärung deutlich erhellen. Das Grundbuchamt kann eine zweifelsfreie Erklärung darüber verlangen, ob das Zinsrecht mit der Forderung abgetreten oder — was zulässig ist — für den bisherigen Gläubiger vorbehalten bleiben soll (KGJ **40** 273).

Beispiel:

Lobau, den 6. März 1928,
Amtsgericht.

Eingegangen am 6. März 1928.
14 Uhr 20 Min.
1 Anlage. Schmidt.

Es erschien vor dem unterzeichneten Richter der
Malermeister Ferdinand Eggert in Lobau.

Der Erschienene ist dem Richter bekannt.

Er überreichte einen Hypothekenbrief vom 2. Dezember 1924 und erklärte:

Im Grundbuch von Lobau Bd. V Bl. Nr. 186 ist in Abteilung III unter Nr. 4 eine Hypothek von 30000 RM. zu acht vom Hundert jährlich verzinslich für mich eingetragen. Diese Hypothekenforderung trete ich mit den Zinsen seit dem 1. April 1928 an den Kaufmann Karl Behrendt in Berlin W, Steglitzer Str. 22, ab und beantrage:

die Abtretung in das Grundbuch einzutragen und den überreichten Hypothekenbrief dem neuen Gläubiger auszuhändigen.

Die Kosten übernehme ich[1].

v. g. u.
Ferdinand Eggert.
Schmidt, Amtsgerichtsrat.

Darauf ergeht folgende Verfügung:

1. Einzutragen in das Grundbuch von
Lobau, Bd. V Bl. Nr. 186
Abt. III Sp. 5 bis 7.

Nr. 4. 30000 RM. Dreißigtausend RM. abgetreten mit den Zinsen seit dem 1. April 1928 an den Kaufmann Barl Behrendt in Berlin. Eingetragen am ... März 1928.

2. Die Umschreibung auf dem Briefe zu vermerken; dieser an Behrendt auszuhändigen.

3. Bekanntmachung an:
a) den Eigentümer,
b) den bisherigen Gläubiger.

Lobau, den 6. März 1928. Schm.

---

[1] Häufig übernimmt bei Abtretungen der Grundstückseigentümer die Kosten, nämlich regelmäßig in den Fällen, in denen der bisherige Gläubiger die von ihm gekündigte Hypothek auf Anweisung des Eigentümers an einen Dritten abtritt, der dem bisherigen Gläubiger die an sich vom Eigentümer zu zahlende Summe entrichtet.

Auch bedingte Abtretungen sind zulässig (KGJ **49** 207).

Wirksam erteilt ist die Erklärung der Abtretung einer Hypothek im Falle des Todes des Abtretenden nur dann, wenn sie bei dessen Lebzeiten dem neuen Gläubiger zugegangen ist. Dieser muß daher den Zeitpunkt der Übergabe der Abtretungserklärung nachweisen. Dagegen braucht er den Zeitpunkt der Übergabe des Hypothekenbriefes nicht nachzuweisen (KGJ **44** 175; **51** 276).

Hat eine mehrfache Übertragung der Hypothek stattgefunden, so kann der neue Gläubiger die Eintragung nur beanspruchen, wenn er außer dem Hypothekenbrief eine zusammenhängende, auf einen eingetragenen Gläubiger zurückführende Reihe von öffentlich beglaubigten Abtretungserklärungen vorlegt; der öffentlich beglaubigten Abtretungserklärung steht gleich ein gerichtlicher Überweisungsbeschluß und das öffentlich beglaubigte Anerkenntnis einer kraft Gesetzes erfolgten Übertragung der Forderung. § 40 Abs. 2 GBO.

Ist also z. B. A als Gläubiger einer Briefhypothek im Grundbuch eingetragen und hat A an B, B an C und C an D die Hypothek abgetreten, so kann D seine Eintragung im Grundbuch nur erwirken, wenn er außer dem Hypothekenbrief öffentlich beglaubigte Abtretungserklärungen des A an B, des B an C und des C an ihn vorlegt. Ist die Reihe der Abtretungserklärungen auch nur an einer Stelle unterbrochen, so ist die Eintragung des letzten Erwerbers nicht zulässig. Vgl. das Beispiel oben § 57. Dagegen ist es unschädlich, wenn der Vormann des letzten Erwerbers sich nicht auf eine „Reihe" öffentlich beglaubigter Abtretungserklärungen, sondern nur auf einzige Erklärung stützt und diese äußerlich einwandfreie Erklärung vom Notar gefälscht ist (RG **85** 58; **88** 262).

Die Eintragung der Abtretung in das Grundbuch („die Umschreibung") ist für den neuen Gläubiger besonders in dem Falle von Bedeutung, daß er die Hypothek als dauernde Kapitalanlage behalten will. Denn die Eintragung erleichtert ihm die Geltendmachung seines Rechts im Streitfalle (§ 1160 BGB), überhebt ihn der Gefahr, daß der bisherige — eingetragene — Gläubiger sich weiter als Gläubiger hinstellt und die Zinsen erhebt, und hat zur Folge, daß er vom Eigentumswechsel, Einleitung der Zwangsversteigerung, Zwangsverwaltung usw. vom Grundbuchamt Nachricht erhält.

Über Umschreibung der Hypotheken auf den Ersteher nach vorausgegangener öffentlicher Versteigerung vgl. KGJ **31** A 315; **33** A 267; **40** 285.

§ 101. Die Abtretung der Buchhypotheken.

Die Abtretung der Buchhypotheken wird erst wirksam, wenn die Abtretung in das Grundbuch eingetragen wird. Eine schriftliche, selbst öffentlich beglaubigte Abtretungserklärung kann die Eintragung nicht ersetzen; auch bildet sie keine genügende Unterlage für die Eintragung. Vielmehr bedarf es gemäß §§ 19, 26 GBO einer Eintragungsbewilligung.

In der Verhandlung über die Abtretung einer Buchhypothek ist daher zu sagen:

Ich trete diese Hypothekenforderung nebst den Zinsen seit dem 1. April 1926 an den ..... ab und bewillige und beantrage:
die Abtretung in das Grundbuch einzutragen[1] [2]
usw.

Der auf die Bewilligung des eingetragenen Hypothekengläubigers gestützte Antrag, eine Buchhypothek auf einen neuen Gläubiger umzuschreiben, darf nicht deshalb abgelehnt werden, weil der Hypothekengläubiger früher die Löschung der Hypothek bewilligt hat (KGJ **38** A 273).

Wird eine Nachlaßhypothek an einen Miterben übertragen, so ist nur die Eintragungsbewilligung der übrigen Miterben, nicht auch die des erwerbenden Miterben erforderlich (KGJ **51** 281); auch bedarf es nicht seiner Zustimmung.

Tritt der als Buchhypothekar im Grundbuch eingetragene Gläubiger die Hypothek in der Form des § 29 GBO einem anderen ab und bewilligt er ihre Umschreibung im Grundbuch auf den neuen Gläubiger, so ist, wenn nicht etwas anderes erhellt oder nachgewiesen wird, in diesen Erklärungen auch die Einwilligung zu Verfügungen des neuen Gläubigers enthalten, die er vor der Umschreibung der Hypothek auf seinen Namen vornimmt (RG **54** 369). Tritt also A in der gedachten Weise die Buchhypothek an B ab und überträgt B, ohne sich zuvor als neuer Gläubiger im Grundbuch eintragen zu lassen, die Hypothek weiter an C, so ist diese Übertragung gültig, obwohl die Abtretung von A an B erst durch Eintragung des B wirksam wird. Hieraus folgt natürlich noch nicht, daß C sich nun auch unmittelbar als Gläubiger eintragen lassen könne, vielmehr muß erst B als solcher eingetragen werden, ehe C zur Eintragung kommen kann; vgl. oben §§ 56, 57.

§ 102. Teilabtretungen.

Wird ein Teil einer Hypothek abgetreten und ist nichts weiter darüber bestimmt, welchen Rang die Teilhypotheken untereinander haben sollen, so haben sie gleichen Rang. Wird bei der Teilung dem einen Teil, z. B. dem bei dem bisherigen Gläubiger zurückbleibenden, der Vorrang vor dem abgetretenen eingeräumt, so ist hierzu trotz § 880 Abs. 2 BGB die Zu-

[1] Das amtliche Formular, Grdb.S Nr. 29, das nur den Antrag, nicht die Bewilligung enthält, ist ungenau gefaßt. Wenn auch der Antrag in der Regel die Bewilligung in sich schließt, so ist es besser, die Bewilligung ausdrücklich hervorzuheben.

[2] Eine klare Angabe und die Eintragung des Zinsübergangsdatums ist erforderlich (KGJ **29** A 184, 185; **40** 273), es sei denn, daß eine Rechtsnachfolge in eine ganze, rechtlich einheitliche Vermögensmasse eingetreten ist (KGJ **50** 194).

stimmung des Eigentümers nicht erforderlich. § 1151 BGB (KGJ **21** A 281). Dies gilt auch bei einer Änderung des Rangverhältnisses nach erfolgter Teilung (JFG **4** 427). Soll aber außer dem Rangverhältnis der Inhalt einer Teilhypothek z. B. die Art der Zinszahlung, die Kündigungsfrist usw. geändert werden, so muß der Eigentümer natürlich zustimmen. Eine Teilabtretung liegt auch dann vor, wenn der Abtretende sich den Zinsgenuß vorbehält; die Zinshypothek steht dann selbständig neben der Haupthypothek (RG **86** 218; KGJ **40** 273; **51** 290). Letzteres ist auch dann der Fall, wenn nur das Zinsrecht abgetreten wird[1]. Abgesehen von den Fällen der §§ 1158, 1159 BGB vollzieht sich die Übertragung des Zinsrechts in denselben Formen wie die Abtretung des Hypothekenrechts. Die Abtretung von Zinsrückständen und eine hinsichtlich ihrer vereinbarte Rangänderung ist nicht eintragungsfähig (KGJ **42** 248); vgl. auch RG **88** 160.

Bei einer Teilung der Forderung kann, sofern es sich um eine Briefhypothek handelt, für jeden Teil ein Teilhypothekenbrief hergestellt werden. § 1152 BGB. Ein Zwang, Teilbriefe herstellen zu lassen, besteht aber nicht (KGJ **21** A 330)[2]. Zur Bildung von Teilbriefen ist die Zustimmung des Eigentümers nicht erforderlich. Der Teilbrief tritt für den Teil, auf den er sich bezieht, an die Stelle des bisherigen Briefes. Der ursprüngliche Brief gilt also nur noch in Höhe des Restes, und der Teilhypothekengläubiger kann ohne Zustimmung des ursprünglichen Gläubigers lediglich auf Grund einer Vereinbarung mit dem Eigentümer den Teilbrief aus dem Verkehr ziehen. Die Bildung von Teilbriefen kommt besonders in den Fällen vor, in denen die ursprünglich einem Gläubiger allein zustehende Forderung zu Teilbeträgen auf mehrere Gläubiger übergeht, wie bei Teilabtretungen, Teilverpfändungen und bei der Erbfolge; Teilbriefe können aber auch dann gebildet werden, wenn kraft Gesetzes oder infolge rechtsgeschäftlicher Verfügung die Forderung in der Weise in Teile zerfällt, daß diese im Verhältnis zueinander durch ihre rechtlichen Beziehungen oder durch Art oder Umfang der damit verbundenen Rechte sich als gesondert darstellen, z. B. wenn für einzelne Teilbeträge einer Forderung hinsichtlich des Zinsfußes, des Ranges oder der Fälligkeit besondere Bestimmungen festgesetzt werden. Wenn aber bei einer Teilung der Forderung zugleich das Pfandgrundstück in der Weise zerlegt wird, daß die einzelnen Teile der Forderung nur auf je einem Teil des Grund-

---

[1] Das Zinsrecht kann auch an den Nießbraucher des Grundstücks abgetreten werden, und zwar auch dann, wenn dieser die Zinsforderung mit Mitteln bezahlt hat, die aus dem Grundstück herrühren. § 1047 BGB steht nicht entgegen (RG **100** 157).

[2] Über die Bildung der Teilbriefe vgl. unten § 121. Ist ein Teilbrief nicht gebildet, so behält der über die Stammhypothek gebildete Hypothekenbrief auch für die abgetretenen Teile Geltung (KGJ **44** 281).

stücks hypothekarisch gesichert bleiben, so kann ein Teilhypothekenbrief nicht gebildet werden. Denn durch die Teilung des Grundstücks werden die einzelnen Teile selbständige Grundstücke, und sind daher die Hypotheken für die einzelnen Teilbeträge der Forderung nicht Teile derselben Hypothek, sondern voneinander in ihrer Existenz völlig gesonderte Einzelhypotheken, für die je ein neuer Brief zu bilden ist (KGJ **27** A 151).

Beispiel:

Lobau, den 24. April 1928. Amtsgericht.

Eingegangen den 24. April 1928. 9 Uhr 30 Minuten. Anlage. Schmidt.

Es erschien vor dem unterzeichneten Richter der Bäckermeister Karl Ulbrich in Lobau.

Der Erschienene ist dem Richter bekannt.

Er überreichte einen Hypothekenbrief vom 22. März 1924 und erklärte: Im Grundbuche von Lobau Bd. I Bl. Nr. 23 ist in Abteilung III unter Nr. 10 eine Hypothek von 20000 RM. zu acht vom Hundert jährlich verzinslich für mich eingetragen.

Von dieser Hypothekenforderung trete ich den Betrag von 7500 RM. — siebentausendfünfhundert — mit dem Range nach dem Reste und mit den auf sechs vom Hundert herabgesetzten Zinsen seit dem 1. April 1928 an den Rentner Karl Wolff in Lobau ab und beantrage:

die Teilabtretung und das Rangverhältnis in das Grundbuch einzutragen, den zu bildenden Teilhypothekenbrief an Wolff auszuhändigen und den Stammbrief mir zurückzugeben.

Die Kosten übernehme ich.

v. g. u.
Karl Ulbrich.
Schmidt, Amtsgerichtsrat.

Darauf ergeht folgende Verfügung:

1. Einzutragen in das Grundbuch von Lobau
Bd. I Bl. Nr. 23
Abt. III Sp. Veränderungen

Nr. 10. 7500 RM. (i. W.)[1] abgetreten mit dem Range nach dem Reste und mit den auf sechs vom Hundert herabgesetzten Zinsen seit dem 1. April 1928 an den Rentner Karl Wolff in Lobau. Eingetragen am ... April 1928[2].

2. Auf dem bisherigen Briefe ist die Teilumschreibung, das Rangverhältnis, die Höhe der Restforderung und die Bildung des Teilbriefes zu vermerken, der Brief sodann an Ulbrich auszuhändigen.

3. Über den Teilbetrag von 7500 RM. ist ein Teilbrief herzustellen[3] und an Wolff auszuhändigen.

4. Bekanntmachung an den Eigentümer.

L., 22. April 1928. Schm.

Gelangt ohne Mitwirkung des Gläubigers ein Teil seiner Hypothek in dritte Hand, so verbleibt der dem Gläubiger noch zustehenden Teil-

[1] Der abgetretene Teilbetrag muß nach § 16 Abs. 2 AllgVfg mit Buchstaben geschrieben werden.

[2] Die Herstellung des Teilbriefs wird in das Grundbuch nicht eingetragen.

[3] KGJ **21** A 165.

hypothek der Vorrang vor dem abgezweigten Teil. Wenn § 1176 BGB für solche Fälle bestimmt, daß die dem Eigentümer oder dem persönlichen Schuldner zufallende Teilhypothek nicht zum Nachteil der dem Gläubiger verbleibenden Resthypothek geltend gemacht werden könne, so hat hiermit namentlich ausgedrückt werden sollen, daß dem Gläubiger in Ansehung seiner Teilhypothek der Vorrang zustehe. Die Eintragung eines solchen auf dem Gesetze beruhenden Rangverhältnisses ist überflüssig und daher unzulässig (KGJ **25** A 303). Wenn aber die Umschreibung des getilgten Hypothekenanteils auf den Eigentümer oder den zahlenden Schuldner oder einen Dritten erfolgt, so muß zugleich die Rangänderung eingetragen werden. Einer ausdrücklichen Erwähnung der Rangveränderung in dem Antrag auf Umschreibung bedarf es nicht, da sie sich aus der dem Grundbuchrichter nachzuweisenden Tilgung des Teilbetrages durch den Eigentümer oder Schuldner von selbst ergibt[1].

§ 103. Verpfändung der Hypotheken.

1. Zur Verpfändung einer Briefhypothek ist eine schriftliche Verpfändungserklärung und Übergabe des Hypothekenbriefes erforderlich. Der Pfandgläubiger kann verlangen, daß der Hypothekengläubiger die Verpfändungserklärung auf seine Kosten beglaubigen läßt. §§ 1274, 1154 BGB. Diese Beglaubigung gemäß § 29 BGO ist erforderlich, wenn die Verpfändung in das Grundbuch eingetragen werden soll. Dagegen bedarf es zur Eintragung der Vorlegung einer Eintragungsbewilligung nicht. Der Hypothekenbrief muß aber dem Grundbuchamt vorgelegt werden, damit die Verpfändung auf ihm vermerkt werden kann. §§ 26 Abs. 2, 42, 62 GBO[2]. Dieser Vermerk braucht eine nähere Bezeichnung des Inhalts des Pfandrechts nicht zu enthalten (KGJ **33** A 262). Der Vorlegung des Briefes steht es gleich, wenn in den Fällen der §§ 1162, 1170, 1171 BGB auf Grund des Ausschlußurteils die Erteilung eines neuen Briefes beantragt wird. § 42 Abs. 2 GBO[3]. Bei der Eintragung der Verpfändung ist auch die durch das Pfandrecht zu sichernde Forderung im Eintragungsvermerk selbst anzugeben. Im übrigen kann zur näheren Bezeichnung des Inhalts des Pfandrechts auf die Eintragungsbewilligung Bezug genommen werden (KGJ **33** A 262).

Beispiel:

Lobau, den 23. August 1928.
Amtsgericht.

Eingegangen am 23. August 1928.
14 Uhr 30 Minuten.
s. Anlage. Schmidt.

Es erschien vor dem unterzeichneten Richter:
der Rentner Karl Lange in Lobau.

---

[1] Über die Bildung des Teilbriefes vgl. unten § 121.
[2] Wegen des im § 40 Abs. 2 GBO besprochenen Falles gilt für Verpfändungen dasselbe wie für Abtretungen.
[3] Siehe Anm. 2 S. 249.

Der Erschienene ist dem Richter von Person bekannt.

Er überreichte einen Hypothekenbrief vom 20. Januar 1924 und erklärte: Im Grundbuch von Lobau Bd. IV Bl. Nr. 147 ist in Abt. III unter Nr. 17 eine Hypothek von 15000 RM. zu acht vom Hundert jährlich verzinslich für mich eingetragen.

Diese Hypothekenforderung verpfände ich mit den Zinsen[1] vom 1. Oktober 1928 ab dem Kaufmann Kurt Ritter in Berlin N, Stralsunder Straße 33, für eine diesem gegen mich zustehende Darlehnsforderung in gleicher Höhe[2] nebst acht vom Hundert Zinsen seit dem 1. Oktober 1928 und beantrage:

die Verpfändung in das Grundbuch einzutragen und den überreichten Hypothekenbrief an Ritter auszuhändigen.

Die Kosten übernehme ich. v. g. u.

Karl Lange.

Schmidt,

Amtsgerichtsrat.

Darauf wird verfügt:

1. Einzutragen in das Grundbuch von

Lobau Bd. IV Bl. Nr. 147

Abt. III Sp. Veränderungen (5 bis 7)

Nr. 17. 15000 RM. Diese fünfzehntausend RMark sind verpfändet mit den Zinsen seit dem 1. Oktober 1928 an den Kaufmann Kurt Ritter in Berlin für eine von diesem gegen Rentner Lange zustehende Darlehnsforderung in gleicher Höhe nebst acht vom Hundert Zinsen seit dem 1. Oktober 1928. Eingetragen am .... August 1928.

2. Die Verpfändung ist auf dem Briefe zu vermerken; dieser ist sodann an Ritter auszuhändigen.

3. Bekanntmachung an:

a) den Eigentümer,

b) den Gläubiger.

L., 23. August 1928. Schm.

2. Zur Verpfändung einer Buchhypothek ist die Einigung des Hypothekengläubigers mit dem Pfandgläubiger und die Eintragung der Verpfändung in das Grundbuch erforderlich. §§ 1274, 1154 Abs. 3 BGB. Der Grundbuchrichter kann aber nicht den Nachweis der Einigung, sondern nur die Eintragungsbewilligung des Hypothekengläubigers als des von der Eintragung Betroffenen (§ 19 GBO) in der Form des § 29 GBO fordern (KGJ **22** A 171)[3]; eine Verpfändungserklärung, wie bei der Briefhypothek, genügt nicht. Die Angabe, ob und von welchem Zeitpunkt ab die Zinsen mitverpfändet sind, ist — anders als bei der Briefhypothek —

---

[1] Die Angabe über die Mitverpfändung der Zinsen ist erforderlich (KGJ **46** 240; **53** 187).

[2] Die durch ein Pfandrecht an der Hypothek gesicherte Forderung braucht übrigens nicht notwendig mit einem bestimmten Geldbetrag oder mit einem Höchstgeldbetrag angegeben und eingetragen zu werden; dies gilt auch dann, wenn eine solche Angabe möglich ist. Doch muß die Forderung bestimmbar sein (KGJ **44** 269).

[3] Über Verpfändungen von Hypotheken für die Forderung aus der Schuldverschreibung auf den Inhaber oder einem andern indossablen Papiere vgl. §§ 1185, 1187 BGB, § 44 GBO.

nicht erforderlich (KGJ **53** 188 und KG vom 29. September 1927 Rspr S. 1292).

Das Pfandrecht an einer Hypothek wird dadurch aufgehoben, daß der Pfandgläubiger gegenüber dem Verpfänder seinen Verzicht auf das Pfandrecht erklärt; der Löschung im Grundbuch bedarf es zur Aufhebung nicht. §§ 1255, 1273 Abs. 2 BGB. Jedoch empfiehlt sich die Löschung zum Schutze gegen den gutgläubigen Erwerber (§ 892 BGB). Soll das Pfandrecht im Grundbuch gelöscht werden, so ist hierzu außer der Löschungsbewilligung des Pfandgläubigers die Zustimmung des Hypothekengläubigers erforderlich, da nach § 1256 BGB das Pfandrecht unter Umständen nicht als erloschen gilt, wenn es mit dem Gläubigerrecht in einer Person zusammentrifft. Jedoch ist für die Löschung, die zur Berichtigung des Grundbuchs erfolgen soll, die Zustimmung des Pfandgläubigers und des Hypothekengläubigers nicht erforderlich, wenn die Unrichtigkeit (z. B. durch Vorlegung einer Verzichtserklärung des Pfandgläubigers) nachgewiesen wird. § 27 Abs. 2 GBO; vgl. auch oben § 67. Die Löschung des Pfandrechts ist vom Grundbuchamt auf dem Hypothekenbriefe zu vermerken.

Das Pfandrecht an der Hypothek kann bedingt oder befristet sein (KGJ **44** 269).

§ 104. Pfändung und Überweisung der Hypotheken.

Die Pfändung der Hypothekenforderungen erfolgt auf Antrag des Gläubigers auf Grund vorzulegender, gegen den Hypothekengläubiger gerichteter, vollstreckbarer Schuldtitel außerhalb des Grundbuchs durch das Vollstreckungsgericht gemäß §§ 704ff., 794ff., 830 ZPO. Soll die Pfändung in das Grundbuch eingetragen werden, so muß der Gläubiger bei dem Grundbuchamt unter Überreichung des Beschlusses des Vollstreckungsgerichts einen dahingehenden Antrag, der in privatschriftlicher Form genügt, stellen. Der Pfändungsbeschluß ersetzt die nach § 19 GBO erforderliche Eintragungsbewilligung (KGJ **22** A 771)[1]. Eine Vorpfändung ist nach § 845 ZPO nur wirksam, wenn innerhalb von 3 Wochen die Pfändung durchgeführt, bei einem Buchrecht also die Eintragung im Grundbuch vorgenommen wird. JFG **3** 439 (KG). Die dreiwöchige Frist läuft von der Zustellung an den Grundstückseigentümer.

Der Prozeßbevollmächtigte des Gläubigers gilt auf Grund seiner Prozeßvollmacht zur Stellung des Antrags beim Grundbuchamt ohne Beibringung einer besonderen Vollmacht für legitimiert.

Der Grundbuchrichter hat zu prüfen, ob der Pfändungsbeschluß dem Drittschuldner, das heißt dem Eigentümer des Grundstücks, ordnungs-

[1] Das an einer Forderung gemäß § 829 ZPO erworbene Pfändungspfandrecht ergreift ohne weiteres die nach der Pfändung für die Forderung eingetragene Hypothek (JFG **4** 413).

mäßig zugestellt und ob der Schuldner als Gläubiger der gepfändeten Hypothek im Grundbuch eingetragen ist. § 40 Abs. 1 GBO (KGJ **22** A 171). Trifft dies zu, so hat der Grundbuchrichter die Eintragung zu bewirken, ohne zur Nachprüfung der Rechtmäßigkeit des Pfändungsbeschlusses befugt zu sein.

Ist eine Briefhypothek gepfändet, so muß, wenn die Pfändung eingetragen werden soll, der Brief mit vorgelegt werden, damit auf ihm die Eintragung vermerkt werden kann[1] [2]. Doch ist zu beachten, daß die Eintragung zur Wirksamkeit der Pfändung einer Briefhypothek nicht erforderlich ist, vielmehr die Übergabe des Briefes an den Gläubiger[3] in Verbindung mit dem Pfändungsbeschluß die Pfändung wirksam macht; vgl. KGJ **35** A 299; **44** 277. Die Eintragung dient also nur der Berichtigung des Grundbuchs. Dagegen wird die Pfändung der Buchhypothek erst wirksam, wenn sie in das Grundbuch eingetragen ist[4]. § 830 Abs. 1 ZPO. Dies gilt auch bei Eigentümerhypotheken oder -grundschulden (RG **56** 13; KGJ **41** 244). Die Eintragung der Pfändung einer „angeblichen" Eigentümergrundschuld ist inhaltlich unzulässig, begründet demnach kein Pfandrecht und kann nicht die Grundlage eines gutgläubigen Erwerbs bilden. Das Grundbuchamt muß sich Gewißheit verschaffen, daß die Eigentümergrundschuld demjenigen zusteht, gegen den sich der Pfändungsbeschluß richtet (JFG **1** 498).

Beantragen mehrere Pfändungsgläubiger nacheinander die Eintragung der Pfändung einer Briefhypothek, so hat das Grundbuchamt, wenn ihm nicht urkundlich nachgewiesen wird, in welcher Zeitfolge die Pfändungspfandrechte außerhalb des Grundbuchs entstanden sind, die Eintragungen in derjenigen Reihenfolge zu bewirken, die der Zeitfolge des Eingangs der Anträge entspricht (KGJ **35** A 297). Die Grundbucheintragung gibt dann den mehreren Pfandrechten untereinander den Rang. KGJ **39** A 248; JFG **3** 441.

Die Pfändung einer Briefhypothek, die sich auf einen nicht bestimmten Teilbetrag bezieht, kann nicht in das Grundbuch eingetragen werden; denn die Teilpfändung setzt die Zulässigkeit der Bildung eines Teilhypo-

---

[1] Die Vollziehung des Arrestbefehls in eine Briefhypothek ist nur dann statthaft, wenn innerhalb der Frist des § 929 Abs. 2 ZPO (ein Monat!) nicht nur der Pfändungsbeschluß erlassen, sondern auch die Übergabe des Hypothekenbriefes erfolgt ist (KGJ **41** 241).

[2] Der Vorlegung des Briefes steht es gleich, wenn in den Fällen der §§ 1162, 1170, 1171 BGB auf Grund des Ausschlußurteils die Erteilung eines neuen Briefes beantragt wird. § 42 Abs. 2 GBO s. Anm. 2 S. 249.

[3] Diese Übergabe des Briefes an den Gläubiger ist auch dann erforderlich, wenn der Gläubiger eine Gerichtskasse ist und der Brief sich bei dem Grundbuchamt oder einer Verwahrungsstelle desselben Landes befindet (KGJ **44** 276).

[4] Der Anspruch auf Pfändung kann nicht durch Vormerkung gesichert werden (RG **56** 14).

thekenbriefes voraus, und der Teilbrief muß den Teilbetrag der Hypothek, auf den er sich bezieht, bezeichnen (KGJ **24** A 132).

Die Pfändung einer Eigentümerhypothek oder Eigentümergrundschuld (vgl. unten § 113) kann nur eingetragen werden, wenn die Entstehung des Rechts urkundlich nachgewiesen, also dargetan ist, daß die Forderung nicht entstanden oder erloschen ist (KGJ **22** A 171; **28** A 137; **29** A 188; **33** A 275; **41** 244). Die Pfändung einer in Zukunft möglicherweise entstehenden Eigentümerhypothek kann nicht im Grundbuch eingetragen werden (RG **56** 9, 184; **61** 376; **70** 278; **72** 276; **75** 250; **84** 80; KGJ **45** 268).

Durch die Pfändung und den Erwerb des Pfandrechts an der Hypothekenforderung erwirbt der Gläubiger nur eine Sicherheit, aber keine Befriedigung. Will er eine solche erlangen, so muß er sich die Hypothek durch Beschluß des Vollstreckungsberichts überweisen lassen, und zwar entweder zur Einziehung oder an Zahlungs Statt.

Die Überweisung zur Einziehung berechtigt den Gläubiger, die Hypothekenforderung an Stelle des Schuldners und ohne dessen Mitwirkung, ja selbst gegen dessen Widerspruch vom Grundstückseigentümer einzuziehen und ohne Mitwirkung des Vollstreckungsschuldners über die eingezogene Forderung zu quittieren. In anderer Weise, etwa durch Abtretung, darf aber der pfändende Gläubiger nicht über die Forderung verfügen. Er darf auch nicht die Löschung der Hypothek bewilligen. Quittiert er, so ist zur Löschung die Bewilligung desjenigen, auf den die Hypothek infolge der Zahlung übergegangen ist, nicht aber die Bewilligung des eingetragenen Hypothekengläubigers als solchen erforderlich (KGJ **34** A 309)[1]. Die Forderung bleibt für den Vollstreckungsschuldner bis zur Einziehung bestehen; ein Gläubigerwechsel findet nicht statt (KGJ **26** A 300; **28** A 137). Die Überweisung zur Einziehung kann daher im Grundbuche neben der Pfändung nicht eingetragen werden, weil sie eine Änderung des für den Gläubiger auf Grund der Pfändung bereits eingetragenen Rechts nicht enthält (KGJ **33** A 274)[2] [3]. Insbesondere kann die Um-

[1] Die bloße Löschungsbewilligung reicht auch dann nicht aus, wenn eine Hypothek für den Eigentümer des damit belasteten Grundstücks gepfändet und ihm zur Einziehung überwiesen wird. Zur Vornahme der von dem Eigentümer (Pfandgläubiger) ohne Bewilligung des Hypothekengläubigers beantragten Löschung der Hypothek bedarf es einer Erklärung des Eigentümers (Pfandgläubigers), daß er für die der Hypothek zugrunde liegende Forderung im Wege der Verrechnung befriedigt worden sei (KGJ **52** 204).

[2] Über die Umschreibung der gemäß § 844 ZPO auf Anordnung des Vollstreckungsgerichts öffentlich versteigerten Briefhypothek auf den Ersteher vgl. KGJ **28** A 126.

[3] Die Voraussetzungen des § 851 Abs. 2 ZPO liegen nicht vor, wenn nicht nur die Abtretung der Forderung durch Vereinbarung mit dem Schuldner ausgeschlossen, sondern auch weiter mit ihm vereinbart ist, daß die Forderung im Falle der Abtretung erlöschen solle (KGJ **40** 232).

schreibung der gepfändeten Hypothek auf den Namen des Gläubigers nicht erfolgen (KGJ **28** A 137).

Die Überweisung an Zahlungs Statt wirkt als Befriedigung und ersetzt die Abtretungserklärung des Schuldners. § 836 ZPO. Die überwiesene Hypothekenforderung geht auf den Gläubiger über. Die Eintragung der Überweisung an Zahlungs Statt in das Grundbuch unterliegt denselben Vorschriften wie die Eintragung der Abtretung. Sie ist also nur bei Buchhypotheken zur Wirksamkeit der Überweisung erforderlich, während sie bei Briefhypotheken durch den Beschluß des Vollstreckungsgerichts und die Aushändigung des Hypothekenbriefes ersetzt wird. Die Zustellung des Überweisungsbeschlusses braucht nach § 837 ZPO zum Zwecke der Eintragung dem Grundbuchrichter nicht nachgewiesen zu werden. Die gleichzeitige Eintragung der Pfändung und Überweisung an Zahlungs Statt ist zulässig. Wird also auf Grund eines die Pfändung und Überweisung an Zahlungs Statt zusammenfassenden Beschlusses eine Eintragung beantragt, so ist dies dahin aufzufassen, daß Pfändung und Überweisung an Zahlungs Statt zugleich eingetragen werden sollen (KGJ **28** A 136).

Ist nur ein Teil einer Hypothekenforderung gepfändet und dem Gläubiger an Zahlungs Statt überwiesen, so darf einem Antrag auf Eintragung des Vorzugsrechts des überwiesenen Teils vor dem dem Schuldner verbleibenden Reste nur stattgegeben werden, wenn das Vorzugsrecht im Überweisungsbeschluß zum Ausdruck gelangt ist[1].

Die Pfändung kann sich auch auf die Zinsen der Hypothek beschränken (RG **78** 78).

Beispiel für Pfändung einer Briefhypothek:

Bei dem Amtsgericht in Lobau geht am 27. März 1928 folgender Antrag ein:

Berlin, den 26. März 1928.

Ich überreiche:

1. **Beschluß des Amtsgerichts in Lobau vom 2. März 1928 betreffend Pfändung und Überweisung zur Einziehung einer im Grundbuche von Lobau Bd. III Bl. Nr. 112 in Abteilung III unter Nr. 8 für den Rentner Karl Wolff in Lobau eingetragenen Darlehnshypothek von 6000 RM. für den durch mich vertretenen Kaufmann Karl Doering in Berlin N, Chausseestr. 82,**
2. **die an die Beschlußausfertigung zu 1. angehängte Urkunde über Zustellung des Beschlusses an den Drittschuldner, den Bäckermeister Friedrich Eichmann in Lobau,**
3. **den Hypothekenbrief über die gepfändeten 6000 RM.**

und beantrage:

die Pfändung der Hypothekenforderung von 6000 RM. nebst den Zinsen seit dem 1. Januar 1928 wegen der meinem Auftraggeber gegen den Rentner Wolff zustehenden Forderung von 7000 RM. nebst vier vom Hundert Zinsen seit dem 1. April 1926 im Grundbuche des Pfandgrund-

---

[1] Die Frage ist bestritten.

stücks einzutragen. Den Hypothekenbrief bitte ich meinem Machtgeber auszuhändigen. Meine Legitimation zur Stellung des Antrags ergibt sich aus dem überreichten Beschlusse.

Dr. **Davidsohn,**
Rechtsanwalt.

Der Amtsgerichtsrat Schmidt versieht das Schreiben mit dem Eingangsvermerk und stellt fest, daß der Beschluß dem Drittschuldner Eichmann ordnungsmäßig zugestellt und daß der Schuldner als Gläubiger der gepfändeten Hypothek im Grundbuch eingetragen ist. Er verfügt daher:

1. **Einzutragen im Grundbuche von Lobau Bd. III Bl. Nr. 122 Abt. III Sp. Veränderungen.**
   Nr. 8 6000 RM. Diese Hypothek ist nebst den Zinsen vom 1. Januar 1928 ab für den Kaufmann Karl Doering in Berlin wegen einer Forderung von 7000 RM. nebst vier vom Hundert Zinsen seit dem 1. April 1926 gepfändet. Eingetragen am .... März 1928.
2. **Die Eintragung der Pfändung ist auf dem Hypothekenbrief zu vermerken; dieser ist sodann an Doering auszuhändigen.**
3. **Bekanntmachung an:**
   a) **den Eigentümer,**
   b) **den Gläubiger.**

Lobau, 28. März 1928. **Schm.**

Im Falle der Zwangsversteigerung des Grundstücks erstreckt sich die Pfändung der Hypothek auch auf den Erlösanspruch. Andererseits muß nach dem Zuschlage die Pfändung des Erlösanspruchs den Formen der Forderungspfändung genügen; § 830 ZPO kommt alsdann nicht mehr zur Anwendung (RG **70** 278; **75** 313).

Bezüglich der Hypothekenvorpfändung s. JFG **3** 439, § 845 ZPO. Sie ist nur wirksam, wenn innerhalb von 3 Wochen die Pfändung der Hypothek durchgeführt, bei einem Buchrecht also die Eintragung im Grundbuch vorgenommen wird.

§ 105. Änderung der Zins- und Zahlungsbestimmungen.

Veränderungen, die bei den Hypotheken eintreten, werden in der Spalte Veränderungen (Nr. 5—7) eingetragen.

Zur Eintragung der Änderung der Zins- und Zahlungsbestimmungen, die besonders häufig bei Abtretungen von Hypotheken vorkommen, ist in der Form des § 29 GBO die Zustimmung des Eigentümers[1] und des Gläubigers sowie dessen nachzuweisen, dem ein Recht an der Hypothek, z. B. ein Nießbrauchs- oder Pfandrecht, zusteht. Denn durch solche Änderungen werden sowohl der Grundstückseigentümer wie der Gläubiger und der sonst an der Hypothek Berechtigte berührt, und sie alle sind als die von der Eintragung Betroffenen im Sinne des § 19 GBO zu erachten. Die Zustimmung des an der Hypothek Berechtigten, z. B. des Nießbrauchers oder Pfandgläubigers, ist nicht erforderlich, wenn die

[1] Die Zustimmung des für ein herrenloses Grundstück bestellten Pflegers genügt nicht (KGJ **49** 282, OLG Karlsruhe).

Veränderung das betreffende Recht nicht beeinträchtigt, was z. B. der Fall ist, wenn der Zinsfuß erhöht wird. Bei den die Briefhypotheken betreffenden Veränderungen ist der Brief vorzulegen, damit auf ihm die Veränderung vermerkt werden kann. §§ 42, 62 GBO[1] [2]. Wird hierbei wegen des Umfangs der Änderungen auf den Inhalt der hierüber ausgestellten Urkunde Bezug genommen, so ist die Urkunde mit dem Hypothekenbrief zu verbinden (KGJ **30** A 276). Der Grundbuchrichter muß bei Prüfung der Eintragungsanträge die bezüglichen Eintragungsvermerke in den Spalten 3 und 7 genau durchlesen, um zu ermitteln, ob die Hypothek mit Rechten beschwert ist, deren Inhaber ihre Zustimmung zu der Veränderung geben müssen, ob es sich um eine Brief- oder Buchhypothek handelt, ob noch andere Grundstücke mitverpfändet sind, auf deren Blätter dann ebenfalls die Veränderungen einzutragen wären u. dgl.

Auch zur Eintragung einer Zinsherabsetzung bedarf es stets der Zustimmung des Eigentümers (RG **72** 362) s. Anm. 3 S. 251.

Hat der bisherige Hypothekengläubiger die Hypothek abgetreten und die Umschreibung sowie die Aushändigung des Hypothekenbriefes an den Zessionar bewilligt, so kann die vom Grundstückseigentümer verlangte Eintragung einer Änderung der Verzinsungs- und Zahlungsbedingungen auch im Falle der Schlechterstellung des Gläubigers erfolgen, wenn der Zessionar bei Stellung des Umschreibungsantrags die Eintragung der Änderungen bewilligt und die Aushändigung des Hypothekenbriefes beantragt (KGJ **32** A 239).

Der Grundbuchrichter muß ferner noch beachten, daß zur Eintragung der Veränderungen die Zustimmung der gleich- oder nachstehenden Berechtigten in den Abt. II und III des Grundbuchs verlangt werden muß, wenn durch die Veränderung das Grundstück erheblicher belastet, also die Lage der gedachten Berechtigten verschlechtert wird. Es darf daher z. B. eine Veränderung des Inhalts, daß außer den bisherigen Zinsen noch sonstige Nebenleistungen zu entrichten sind, nur eingetragen werden, wenn die gleich- oder nachstehenden Berechtigten einwilligen. Dagegen ist diese Zustimmung nicht erforderlich, wenn die Veränderung keine Erweiterung der Grundstücksbelastung enthält, z. B. wenn an Stelle der als Zuschläge zu den Zinsen zu entrichtenden Tilgungsbeiträge und Verwaltungskosten wirkliche Zinsen dergestalt gesetzt werden sollen, daß der Zinssatz die Höhe der bisher zu entrichtenden Nebenleistungen nicht übersteigt (KGJ **24**

[1] In allen Fällen, in denen das Grundbuchamt einen Brief von dem Besitzer eingefordert hat, um einen Vermerk darauf zu setzen, muß es den Brief regelmäßig auch dem Besitzer zurückgeben. Die über den Besitz an dem Brief etwa entstandenen Streitigkeiten sind nicht vom Grundbuchamte zu entscheiden (KGJ **25** A 322).

[2] Der Vorlegung des Briefes steht es gleich, wenn in den Fällen der §§ 1162, 1170, 1171 BGB auf Grund des Ausschlußurteils die Erteilung eines neuen Briefes beantragt wird (§ 42 Abs. 2 GBO). Siehe Anm. 2 S. 249.

A 130)[1] oder wenn die Bedingungen für den Verfall von Strafzinsen verschärft und erweitert worden sind (KGJ **52** 197, abweichend von KGJ **26** A 290).

Ist die Forderung unverzinslich oder ist der Zinssatz niedriger als fünf vom Hundert, so kann die Hypothek ohne Zustimmung der im Range gleich- oder nachstehenden Berechtigten dahin erweitert werden, daß das Grundstück für Zinsen bis zu fünf vom Hundert haftet. § 1119 Abs. 1 BGB). Diese neue Zinsverpflichtung wird im allgemeinen nur auf Zinsen vom Tage der Eintragung der Zinsverpflichtung ab bezogen werden. Jedoch ist die Erweiterung auch dahin zulässig, daß das Grundstück für Zinsen vom Zeitpunkt der Verpflichtung zur Zahlung der Zinsen oder vom Zeitpunkt der Eintragungsbewilligung ab bis zu fünf vom Hundert haftet und daß diese Erweiterung den Rang der ursprünglichen Hypothek hat (KGJ **37** A 295 gegen KGJ **21** A 160; **25** A 175; vgl. auch RG **60** 243). Eine Erhöhung der Zinsen über fünf vom Hundert hinaus kann ohne Zustimmung der im Range gleich- oder nachstehenden Berechtigten nur in der Weise eingetragen werden, daß die Eintragung des sechsten und ferneren Prozentes zwar mit in der Veränderungsspalte (Sp. 5 bis 7), aber unter ausdrücklicher Hervorhebung des Ranges hinter den nach der Hypothek eingetragenen Posten erfolgen muß (KGJ **26** A 142, 290)[2]. Auch zu einer bloßen Änderung der Zahlungszeit und des Zahlungsortes ist die Zustimmung der im Range gleich- oder nachstehenden Berechtigten nicht erforderlich. § 1119 Abs. 1 BGB.

Beispiel:

Eingegangen denselben, 10 Uhr 50 Minuten.
Anlage. Schmidt.

Amtsgericht. Lobau, den 13. März 1928.

Es erschienen vor dem unterzeichneten Richter:

1. der Kaufmann Paul Kramer in Lobau,
2. der Rentner Karl Ritter, ebenda,
3. der Ackerbürger Siegfried Richter, ebenda.

Die Erschienenen sind dem Richter von Person bekannt.

Der Erschienene zu 1. überreichte einen Hypothekenbrief vom 22. Juni 1924 über 15000 RM. und erklärte:

Im Grundbuche von Lobau Bd. IV Bl. Nr. 130 steht in Abteilung III unter Nr. 9 eine Hypothek von 15000 RM. mit acht vom Hundert jährlich verzinslich für mich eingetragen. Diese Hypothek trete ich nebst den Zinsen seit dem 1. März 1928 an den Erschienenen zu 2. ab.

Darauf erklärten die Erschienenen zu 2. und 3.:

Ich, der Erschienene zu 2., als neuer Gläubiger der vorbezeichneten Hypothek von 15000 RM. und ich, der Erschienene zu 3., als Eigentümer

---

[1] Die Erhöhung der Zinsen in dieser Weise kann also nur im Falle eines Ausgleichs unter rechtlich einander gleichgestellten Nebenleistungen in Frage kommen, nicht aber auch für den Fall, daß das Kapital entsprechend herabgesetzt wird (RG vom 20. Oktober 1927, Ring, S. V S. 15).

[2] Ein besonderer Hypothekenbrief ist bezüglich der über fünf vom Hundert hinausgehenden Zinsen nicht zu bilden.

des Pfandgrundstücks, vereinbaren hinsichtlich der abgetretenen Hypothekenforderung folgende Änderungen:

Das Kapital ist vom 1. März 1928 ab mit sechs vom Hundert jährlich in halbjährlichen Teilbeträgen zu verzinsen und nicht wie bisher sechs Monate, sondern schon drei Monate nach Kündigung zu zahlen.

Wir bewilligen und beantragen, die Abtretung und die veränderten Zins- und Zahlungsbestimmungen in das Grundbuch einzutragen.

Die Kosten übernehme ich, der Erschienene zu 3.

v. g. u.

Paul Kramer Karl Ritter. Siegfried Richter.

Schmidt,

Amtsgerichtsrat.

Die darauf ergehende Verfügung lautet:

1. **Einzutragen in das Grundbuch von Lobau Bd. IV Bl. Nr. 130 Abt. III Sp. 5 bis 7.**

   Nr. 9. 15000 RM. Fünfzehntausend RM. abgetreten mit den auf sechs vom Hundert ermäßigten Zinsen seit dem 1. März 1928 an den Rentner Karl Ritter in Lobau. Wegen der neu vereinbarten Zins- und Zahlungsbestimmungen wird im übrigen auf die Eintragsbewilligung vom 1. März 1928 Bezug genommen. Eingetragen am ... März 1928.
2. **Die Umschreibung und die neu vereinbarten Zins- und Zahlungsbestimmungen sind auf dem Hypothekenbriefe zu vermerken; dieser ist sodann dem neuen Gläubiger auszuhändigen.**
3. **Bekanntmachung an:**
   a) **den bisherigen Gläubiger,**
   b) **den Eigentümer.**

Lobau, 13. März 1928. Schm.

§ 106. Die Umwandlung der Hypotheken und der ihnen zugrunde liegenden Forderungen.

Zur Eintragung der Umwandlung einer Buchhypothek in eine Briefhypothek oder einer Briefhypothek in eine Buchhypothek muß dem Grundbuchrichter die Zustimmung des Gläubigers (KGJ **20** A 97)[1] und des Eigentümers (KGJ **21** A 117) sowie dessen nachgewiesen werden, dem an der Hypothek ein Recht, z. B. ein Nießbrauchs- oder Pfandrecht, zusteht. § 1116 BGB. Die Einwilligung der gleich- oder nachstehenden Berechtigten ist nicht erforderlich. Wird die Briefhypothek zur Buchhypothek, so ist der Brief einzureichen[2] und gemäß § 69 GBO unbrauchbar zu machen; eine mit dem bisherigen Briefe verbundene Schuldurkunde ist abzutrennen und dem Gläubiger zurückzugeben. Wird die Buchhypothek in eine Briefhypothek umgewandelt, so ist der zu bildende Hypothekenbrief dem Gläubiger auszuhändigen. § 60 Abs. 1 GBO. Der übereinstimmende Antrag des Eigentümers und Gläubigers auf nachträgliche Bildung eines

[1] Die Zustimmung des Gläubigers ist selbst dann erforderlich, wenn ihm der Brief vom Eigentümer noch nicht eingehändigt ist (KGJ **20** A 100).

[2] In den Fällen der §§ 1162, 1170, 1171 BGB genügt die Vorlegung des Ausschlußurteils. § 42 Abs. 2 Satz 2 GBO.

Hypothekenbriefes enthält den Antrag und die Bewilligung, die Aufhebung der Ausschließung der Erteilung des Briefes in das Grundbuch einzutragen (KGJ **28** A 151).

Die in Spalte Veränderungen (Sp. 5 bis 7) einzutragenden Vermerke lauten z. B.:

Nr. 6. 17000 RM. Die Ausschließung der Erteilung eines Briefes ist aufgehoben. Eingetragen am 7. Mai 1928.

Nr. 4. 13000 RM. Die Erteilung eines Briefes ist nachträglich ausgeschlossen. Eingetragen am 8. Mai 1928.

Nach § 1180 BGB kann an Stelle der Hypothekenforderung eine andere Forderung desselben oder eines anderen Gläubigers (ohne Erhöhung des Kapitalbetrags) gesetzt werden; persönlicher Schuldner der anderen Forderung kann ein beliebiger Dritter sein[1]. Durch diese Möglichkeit wird vermieden, daß im Falle des Verzichts des Gläubigers auf die Hypothek die Umwandlung der Eigentümergrundschuld in eine Hypothek erfolgen muß. § 1180 BGB ist anwendbar bei Hypotheken aller Art, auch bei Höchstbetragshypotheken (s. Güthe S. 1841 Nr. 6)[2]. Voraussetzung ist, daß die Forderung, die durch eine andere ersetzt werden soll, noch besteht. An Stelle einer erloschenen, z. B. einer getilgten Darlehnsforderung, kann eine andere nicht gesetzt werden; in diesem Falle ist vielmehr die durch Zahlung der Forderung entstandene Grundschuld gemäß § 1198 BGB zu behandeln (s. unten § 111). Wegen der Ersetzung der RMHypothek durch die Feingoldhypothek s. Güthe S. 1788 Z. 1 u. 2 und S. 1863 Nr. 8.

Materiellrechtlich verlangt der Ersatz der Hypothekenforderung durch eine andere Forderung die Einigung des Grundstückseigentümers und des bisherigen Gläubigers, bei Eintritt eines neuen Gläubigers, dessen Einigung mit dem Eigentümer und die Zustimmung des bisherigen Gläubigers. Formellrechtlich dagegen genügt die Bewilligung der Eintragung durch den Eigentümer und dem bisherigen Gläubiger in der Form des § 29 GBO; die Zustimmung des neuen Gläubigers ist entbehrlich, da er nur gewinnender Teil ist (Güthe Anm. 43 zu § 19 S. 413). Bei einer Briefhypothek ist der Brief einzureichen, damit auf ihm die Eintragung der Rechtsänderung vermerkt werden kann. Die alte Schuldurkunde ist abzutrennen und dem Eigentümer zurückzugeben; die neue Schuldurkunde ist mit dem Briefe zu verbinden. § 65 Abs. 2 GBO[3].

---

[1] Über die Bedeutung des Rechtsvorgangs bei Eintritt eines neuen Gläubigers s. KGJ **42** 270. § 1154 BGB ist nicht anwendbar, vielmehr kommen die §§ 1117 und 1163 BGB in Betracht (Güthe S. 1787).

[2] Auf Grund dieser Vorschrift ist es zulässig, daß der Eigentümer während des Bestehens einer Sicherungshypothek im Sinne des § 1190 BGB mit Zustimmung des eingetragenen Gläubigers einen zweiten Gläubiger mit der Bestimmung eintragen läßt, daß ihm die Sicherungshypothek nur für den Anteil haften soll, den der erste Gläubiger an ihr nicht verbraucht (KGJ **22** A 160, a. M. RG **75** 245).

[3] Es kann auch die Erteilung eines neuen Briefes beantragt werden.

Soll also z. B. an die Stelle einer durch Briefhypothek gesicherten Darlehnsforderung des A eine Restkaufgeldforderung des B treten, so muß dem Grundbuchrichter zur Eintragung dieser Umwandlung die Bewilligungserklärung des A und des Grundstückseigentümers in der Form des § 29 GBO beigebracht und der Hypothekenbrief eingereicht werden. Der in Spalte Veränderungen (Sp. 5 bis 7) einzutragende Vermerk wird etwa lauten:

Nr. 4. 75000 RM. An die Stelle nebenstehender Darlehnsforderung des Kaufmanns Karl Lustig in Berlin ist eine vom 1. April 1928 ab mit sechs vom Hundert jährlich verzinsliche und drei Monate nach Kündigung zahlbare Restkaufgeldforderung des Kaufmanns David Strauß in Lobau gesetzt. Eingetragen am 10. Mai 1928.

Schmidt. **Lehmann.**

Der Zustimmung der gleich- und nachstehenden Berechtigten bedarf es in der Regel nicht, es sei denn, daß eine Verschärfung der Belastung eintritt.

Über die Umwandlung von Hypotheken in Grundschulden und von Grundschulden in Hypotheken vgl. unten § 111. Über Umwandlung wertbeständiger Hypotheken s. § 122 Nr. 2 a. E.

§ 107. Änderung der Pfandhaft, insbesondere Entpfändungen.

Läßt der Eigentümer ein Grundstück einem anderen Grundstück im Grundbuch zuschreiben, so wird es zum Bestandteil dieses anderen, und es erstrecken sich die an dem Stammgrundstück bestehenden Hypotheken usw. von Rechts wegen auf das zugeschriebene Grundstück. Jedoch gehen Rechte, mit denen das zugeschriebene Grundstück belastet ist, diesen Hypotheken im Range vor. §§ 890 Abs. 2, 1131 BGB[1].

Das zugeschriebene Grundstück kann auch nach seiner Zuschreibung besonders belastet werden; soll es aber mit einem anderen Rechte als Dienstbarkeiten oder Reallasten, insbesondere also mit Hypotheken oder Grundschulden beschwert werden, so muß es nach § 6 GBO zuvor wieder als selbständiges Grundstück entweder auf dem bisherigen oder auf einem neuen Grundbuchblatt eingetragen werden (KGJ **21** A 112; **30** A 178; **31** A 236).

Diese Grundsätze gelten nicht, wenn nur formell mehrere Grundstücke desselben Eigentümers unter mehreren Nummern auf einem gemeinschaftlichen Blatte vereinigt werden, ohne daß das eine Grundstück zum Bestandteil des anderen wird. In diesem Falle behält jedes Grundstück seine Selbständigkeit, und die Hypotheken auf den mehreren Grundstücken werden durch die Vereinigung der Grundstücke auf einem Blatte nicht berührt.

[1] Bei einer Vereinigung mehrerer Grundstücke nach Abs. 1 des § 890 BGB tritt eine Änderung der Pfandhaft nicht ein.

Über die nachträgliche Mitverpfändung eines zweiten Grundstücks, sowie über das nachträgliche Ausscheiden eines ursprünglich mitverpfändeten Grundstücks aus der Pfandverbindlichkeit vgl. unten § 119.

Eine Verminderung der Pfandhaft tritt auch ein, wenn ein Teil des verhafteten Grundstücks aus der Pfandverbindlichkeit entlassen wird. Diese Pfandentlassungen, sogenannte Entpfändungen, spielen in der Praxis eine große Rolle. Denn in den zahllosen Fällen, in denen Teile eines Grundstücks veräußert und aufgelassen werden sollen, ohne daß die auf dem Stammgrundstück eingetragenen Hypotheken usw. auf die abzuzweigenden Trennstücke mitübergehen sollen, müssen Entpfändungserklärungen der Gläubiger beschafft werden. Da aber rechtlich die Entpfändung einzelner Grundstücksteile nichts anderes ist als die Aufhebung der Hypothek bezüglich dieser Teile, die für die Forderung nicht weiter haften sollen, so muß auch zu dieser Löschung der Hypothek auf den abzuzweigenden Trennstücken, obwohl die Entstehung einer Eigentümerhypothek ausgeschlossen ist, gemäß § 27 Abs. 1 GBO der Grundstückseigentümer in der Form des § 29 GBO zustimmen. (KGJ **23** A 149, **24** A 135; **25** A 315)[1]. Dieser Punkt bedarf besonderer Hervorhebung. Bei einer Briefhypothek muß außerdem der Brief vorgelegt werden, damit auf ihm die Entpfändung vermerkt werden kann.

Beispiele über Entpfändungen finden sich oben § 73, S. 171.

Die Verpflichtung zur Entpfändung von Grundstücksteilen, die der Hypothekengläubiger dem Eigentümer gegenüber übernimmt, ist nicht eintragungsfähig; nur eine Vormerkung zur Sicherung des Anspruchs auf ihre Erfüllung kann eingetragen werden (KGJ **33** A 258).

§ 108. Eintragung von Widersprüchen bei Hypotheken.

Die Eintragung eines Widerspruchs gegen die Richtigkeit des Grundbuchs (vgl. oben §§ 65ff.) erfolgt, wenn der Inhalt des Grundbuchs in Ansehung eines Rechts an dem Grundstück, eines Rechts an einem solchen Rechte oder einer Verfügungsbeschränkung zugunsten einer bestimmten Person mit der wirklichen Rechtslage nicht im Einklang steht. § 894, 899 BGB. Sie geschieht auf Grund einer Bewilligung desjenigen, dessen Recht durch die Berichtigung des Grundbuchs betroffen wird[2].

---

[1] Den Entpfändungen bezüglich der Eintragungen in der zweiten Abteilung des Grundbuchs braucht der Eigentümer nicht zuzustimmen.

[2] Ist die Eintragung eines Widerspruchs gegen die Löschung einer Hypothek durch einstweilige Verfügung des Prozeßgerichts angeordnet, so hat das Grundbuchamt die sachliche Zuständigkeit der Anordnung nicht nachzuprüfen. Ist die Anordnung auf die Rangänderung der durch die Löschung vorgerückten Nachrechte erstreckt, so kann insoweit der Widerspruch nur eingetragen werden, wenn das Verfahren der einstweiligen Verfügung außer gegen den Grundstückseigentümer auch gegen die vorgerückten Gläubiger gerichtet war. JFG **3** 421 (OLG Karlsruhe).

Zur Eintragung eines Widerspruchs bedarf es bei der Briefhypothek der Vorlegung des Briefes; in den im § 62 Abs. 2 GBO genannten Fällen hat das Grundbuchamt den Besitzer des Briefes hierzu anzuhalten (vgl. KGJ **26** A 15; **38** A 291; Schlegelberger Bd. I S. 383 vor Anm. 4). Die Vorlegung kann durch Ordnungsstrafen erzwungen werden, falls eine schuldhafte Unterlassung der Vorlage anzunehmen ist (JFG **4** 439). § 33 FGG; Art. 15 bis 17 PrFGG. Der Vorlegung des Briefes bedarf es zur Eintragung eines Widerspruchs nur dann nicht, wenn die Eintragung durch eine einstweilige Verfügung angeordnet ist und der Widerspruch sich darauf gründet, daß die Hypothek oder die Forderung, für die sie bestellt ist, nicht bestehe oder einer Einrede unterliege, oder daß die Hypothek unrichtig eingetragen ist. Ist aber der Grundschuld- oder Rentenschuldbrief auf den Inhaber ausgestellt, so muß er stets vorgelegt werden. §§ 42 Abs. 1, 44, 54 Abs. 2 GBO. In solchen Fällen, wo der Brief nicht vorgelegt zu werden braucht, hat das Grundbuchamt den Besitzer des Briefes nötigenfalls unter Verhängung von Ordnungsstrafen (s. oben) zur Vorlegung anzuhalten, um nachträglich den Widerspruch auf dem Brief zu vermerken. § 62 Abs. 2 GBO.

Bei der Buchhypothek für ein Darlehn (nicht auch bei der Briefhypothek) ist ein besonderer Widerspruch zu erwähnen, der sich darauf gründet, daß die Hingabe des Darlehns unterblieben sei. Zur Eintragung eines solchen Widerspruchs genügt der vom Eigentümer in privatschriftlicher Form gestellte Antrag, sofern er vor dem Ablauf eines Monats nach der Eintragung der Hypothek gestellt wird. Wird der Widerspruch innerhalb des Monats eingetragen, so hat die Eintragung die gleiche Wirkung, wie wenn der Widerspruch zugleich mit der Hypothek eingetragen worden wäre; er wirkt also gegen alle, die während dieses Monats die Hypothek oder ein Recht an ihr erworben haben. § 1139 BGB. Die in Spalte Veränderungen zu bewirkende Eintragung lautet etwa:

Nr. 10. 15000 RM. Ein Widerspruchrecht für den Grundstückseigentümer Karl Strauß in Lobau. Eingetragen am 22. April 1928.

Löschung der Hypothek.

§ 109. Löschung einer ganzen Hypothek.

Zur Löschung einer Hypothek ist die Löschungsbewilligung des Gläubigers sowie die Zustimmung des Grundstückseigentümers in der Form des § 29 GBO (KGJ **24** A 83) erforderlich. §§ 1183 BGB, §§ 19, 27 GBO. Als Gläubiger gilt der, dem die Hypothek materiell zusteht. Es ist dies vermutlich der eingetragene Gläubiger, bei nachgewiesener Abtretung der Zessionar, und bei nachgewiesener Zahlung der Schuld durch den Eigentümer an den Zedenten und dadurch bewirkter Befreiung des Eigentümers von der Schuld ist es der Eigentümer (KGJ **35** A 302).

Die beiden Erklärungen des Gläubigers und des Eigentümers werden nicht als Bestandteile eines Vertrags, sondern als einseitige Rechtsgeschäfte behandelt, die sich selbständig gegenüberstehen (KGJ **24** A 216).

Die Zustimmung des Eigentümers ist stets, also auch dann erforderlich, wenn die Entstehung einer Eigentümerhypothek ausgeschlossen ist (KGJ **24** A 135). In der Regel freilich hat der Eigentümer in seiner Eigenschaft zwar nicht als wirklicher, aber als möglicher Eigentümerhypothekar zuzustimmen. Daß er auch als Eigentümer eingetragen sei, verlangt das Gesetz nicht (KGJ **23** A 235). Die Zustimmung des Eigentümers kann auch durch Stellung des Löschungsantrags erklärt werden[1]. Ist die Hypothek auf dem Grundstück mehrerer Miteigentümer eingetragen, so müssen alle Miteigentümer ihre Zustimmung zur Löschung erklären (KGJ **20** A 209). Bei gütergemeinschaftlichen Eheleuten, die als Eigentümer eingetragen sind, braucht nur der Ehemann seine Zustimmung zur Löschung zu geben (KGJ **22** A 134, 140). Durch ein im Wege der einstweiligen Verfügung gegen den Eigentümer erlassenes Verbot, zum Nachteile seines Gläubigers über das Grundstück zu verfügen, wird der Eigentümer regelmäßig nicht gehindert, zu der von dem Hypothekengläubiger erklärten Aufhebung der Hypothek seine Zustimmung zu geben (JFG **4** 418).

Ist die Hypothek mit dem Recht eines Dritten belastet, z. B. mit einem Nießbrauch oder Pfandrecht, so ist auch die Zustimmung des Dritten in der Form des § 29 GBO erforderlich.

Auch ist bei einer Briefhypothek der Brief vorzulegen[2]. Auf ihm ist die Löschung zu vermerken, der Vermerk über die erste Eintragung des Rechtes zu durchstreichen und der Brief sodann mit Einschnitten zu versehen. Die mit dem Briefe verbundene Schuldurkunde ist abzutrennen und ebenso wie der unbrauchbar gemachte Brief dem Eigentümer zurückzugeben. Aus besonderen Gründen kann der unbrauchbar gemachte Brief auch bei den Grundakten zurückgehalten werden. § 69 GBO. § 42 AllgVfg.

Mit der Eintragung der Löschung im Grundbuch geht die Hypothek unter.

Mit der Löschungsbewilligung pflegt der Gläubiger regelmäßig eine Quittung über die erfolgte Zahlung des Kapitals nebst Zinsen zu ver-

---

[1] Darüber, ob zur Löschung eines für eine Landschaft eingetragenen Pfandbriefdarlehns die Zustimmung des Eigentümers erforderlich ist und ob diese Zustimmung nicht durch das Ersuchen der Landschaft um Löschung ersetzt wird, vgl. KGJ **21** A 177.

[2] Der Vorlegung des Briefes steht in den Fällen der §§ 1162, 1170, 1171 BGB die Vorlegung des Ausschlußurteils gleich. § 42 Abs. 2 GBO. Der zur Vorlegung des Briefes Verpflichtete kann vom Grundbuchamt nicht gezwungen werden, das Aufgebot des Briefes zu beantragen (JFG **4** 439). Über die Löschung einer Hypothek im Falle eines gemäß § 1170 BGB ergehenden Ausschlußurteils vgl. KGJ **34** A 301. Der Vorlegung des Briefes oder eines Ausschlußurteils bedarf es dann nicht, wenn der Brief durch ein Versehen des Grundbuchamts schon vorher unbrauchbar gemacht war (KGJ **48** 226).

binden (s. auch S. 465 II). In dieser Quittung ist stets der Zeitpunkt der Zahlung und die Person des Zahlers anzugeben, weil zur Löschung einer Hypothek die Zustimmung desjenigen Eigentümers notwendig ist, zu dessen Eigentumszeit die Befriedigung erfolgt ist. Die Person des Zahlers ist auch deshalb wichtig, weil, wenn dies nicht der Eigentümer, sondern ein Dritter ist, auch dieser der Löschung zustimmen muß, da möglicherweise die Hypothek infolge der Zahlung auf ihn übergegangen ist[1]. Enthält die Quittung keine Angabe des Zahlenden, so ist damit nur nachgewiesen, daß der eingetragene Gläubiger nicht mehr der wirklich Berechtigte ist. Die mit einer solchen Quittung verbundene Löschungsbewilligung des eingetragenen Gläubigers genügt daher zur Begründung des Löschungsantrags nicht (KGJ **40** 294; vgl. KGJ **26** A 149). Die Quittung muß auch, wenn von dem, auf den die Hypothek infolge der Zahlung übergegangen ist, über die Hypothek, z. B. durch Löschungsbewilligung verfügt werden und auf Grund dieser Verfügung und der Quittung eine Eintragung in das Grundbuch erfolgen soll, die Bezeichnung des belasteten Grundstücks übereinstimmend mit dem Grundbuch oder durch Hinweisung auf das Grundbuchblatt enthalten (KGJ **34** A 304).

Beispiel:

Eingegangen denselben, 10 Uhr 30 Minuten.

1 Anlage. Schmidt.

Amtsgericht. Lobau, den 6. März 1928.

Es erschienen vor dem unterzeichneten Richter:

1. der Gastwirt Hermann Krause,

2. der Kaufmann Max Rosenberg,

beide in Lobau.

Die Erschienenen sind dem Richter bekannt.

Der Erschienene zu 1. überreichte einen Hypothekenbrief vom 22. März 1926 und erklärte:

Im Grundbuch von Lobau Bd. II Bl. Nr. 35, sind 13000 RM. für mich in der dritten Abteilung unter Nr. 10 als Hypothek eingetragen.

Der eingetragene Eigentümer, nämlich der Erschienene zu 2., hat diese 13000 RM. — dreizehntausend RM. — nebst den Zinsen bis zum 1. April 1928 heute an mich gezahlt[2]. Ich bewillige die Löschung der Hypothek im Grundbuche.

Der Erschienene zu 2. erklärte:

Ich beantrage als eingetragener Eigentümer die bezeichnete Hypothek im Grundbuche zu löschen.

---

[1] Ist der eingetragene Gläubiger nicht der materiell Berechtigte, so genügt seine Quittung nicht, um den mit einer gutgläubigen Zahlung eintretenden Übergang der Hypothek auf den zahlenden Grundstückseigentümer grundbuchmäßig darzutun. Dem Grundbuchrichter muß vielmehr noch der gute Glaube des Zahlenden an die Berechtigung des eingetragenen Gläubigers nachgewiesen werden (KGJ **40** 265).

[2] Es empfiehlt sich im Interesse der Beteiligten, der Kostenersparnis wegen diese Quittung in Fällen, wo sie nicht erforderlich ist, also z. B. wenn sich die Löschung an die Bewilligung anschließt, fortzulassen.

Der Gläubiger und der Schuldner erklärten:

Wir beantragen den vernichteten Hypothekenbrief und die Schuldurkunde dem Erschienenen zu 2. auszuhändigen[1].

Die Kosten übernehme ich, der Erschienene zu 2.

v. g. u.

Hermann Krause. Max Rosenberg.

Schmidt, Amtsgerichtsrat.

Darauf wird verfügt:

1. **Einzutragen in das Grundbuch von Lobau Bd. II Blatt Nr. 35 Abt. III Spa. 9 bis 11.**
   Nr. 10. 13000 RM. gelöscht am ... März 1928.
2. **Die Eintragungen zu Nr. 10 sind rot zu unterstreichen.**
3. **Der Hypothekenbrief ist unbrauchbar zu machen und nebst der abzutrennenden Schuldurkunde dem Eigentümer Rosenberg auszuhändigen.**
4. **Bekanntmachung an:**
   a) **den Eigentümer,**
   b) **den bisherigen Gläubiger.**

Lobau, 6. März 1928. Schmidt.

Nach § 22 Abs. 1 GBO bedarf es zur Löschung einer Hypothek der Bewilligung des Hypothekengläubigers dann nicht, wenn dem Grundbuchrichter nachgewiesen wird, daß die Hypothek zur Zeit der Löschung nicht besteht.

§ 110. Löschung eines Teils einer Hypothek.

Zur Löschung eines Teils einer Hypothek bedarf es außer der in der Form des § 29 GBO abzugebenden Zustimmungserklärungen des Gläubigers, des Eigentümers[2] [3] und eines etwa berechtigten Dritten der Vorlegung des Hypothekenbriefes. Auf dem Brief ist der Betrag, für den das Recht noch besteht, neben der in der Überschrift enthaltenen Angabe des Rechtes durch den Vermerk ersichtlich zu machen:

Noch gültig auf ...

§ 39 AllgVfg. Tritt das teilweise Erlöschen einer Hypothek im Zwangsversteigerungsverfahren durch den Zuschlag ein, so liegt der Nochgültig-

---

[1] Es ist angenommen, daß der Eigentümer persönlicher Schuldner ist und Zahlung geleistet hat. Wird nur die Hypothek aufgehoben, bleibt aber die Forderung bestehen, so wird meist die Aushändigung der Schuldurkunde an den Gläubiger beantragt werden. Bezahlt ein persönlicher Schuldner, der nicht Eigentümer ist, die Forderung, so wird regelmäßig die Aushändigung der Schuldurkunde an diesen beantragt werden.

[2] Verzichtet der Gläubiger auf einen Teil der Hypothek, so kann dieser mit Rücksicht auf § 1168 BGB und § 27 GBO ebenfalls nur mit Zustimmung des Eigentümers gelöscht werden.

[3] Die Herabsetzung des Zinsfußes einer verzinslichen Hypothek ist als teilweise Aufhebung der Hypothek anzusehen. Denn die Zinsen nehmen als Nebenleistungen an allen Rechten des Kapitals teil und bilden einen Teil der hypothekarischen Belastung des Grundstücks. Es muß deshalb der Eigentümer auch bei der Herabsetzung des Zinsfußes zustimmen (RG 72 362).

keitsvermerk nicht dem Grundbuchrichter, sondern dem Vollstreckungsrichter ob, der nach § 127 Abs. 1, Satz 2 ZwVG zu vermerken hat, in welcher Höhe das Recht erloschen ist (KGJ **51** 308).

Im Grundbuch ist in Spalte Löschungen der gelöschte Teilbetrag in Zahlen und Buchstaben zu vermerken. § 16 Abs. 2 AllgVfg. In Spalte 3 der Abt. III ist bei der betreffenden Eintragung der gelöschte Teil von dem Betrage abzuschreiben; die Spalte 3 lautet dann z. B.:

$$\begin{array}{r} 15000 \\ -\,12000 \\ \hline 3000 \end{array}$$

Die aufzunehmende Verhandlung lautet z. B.:

Eingegangen am 9. Sept. 1927, 10 Uhr 20 Min.
1 Anlage. Schmidt.

Amtsgericht. Lobau, den 9. September 1927.

Es erschienen vor dem unterzeichneten Richter:
1. der Schuhmachermeister Friedrich Reusch,
2. der Ackerbürger Karl Krasemann,
beide in Lobau.

Die Erschienenen sind dem Richter bekannt.

Der Erschienene zu 1. überreichte einen Hypothekenbrief vom 9. Jan. 1924 und erklärte:

Im Grundbuche von Lobau Bd. XX Bl. Nr. 587 sind 15000 RM. — fünfzehntausend RM. — für mich in der dritten Abteilung unter Nr. 5 als Hypothek eingetragen. Der eingetragene Eigentümer, nämlich der Erschienene zu 2., hat von diesen 15000 RM. den Teilbetrag von 12000 RM. — zwölftausend RM. — heute nebst den Zinsen bis zum 1. September 1927 an mich bezahlt.

Ich bewillige die Löschung der bezahlten Teilhypothek im Grundbuche.

Der Erschienene zu 2. erklärte:

Ich beantrage als eingetragener Eigentümer, den bezeichneten Teilbetrag im Grundbuche zu löschen.

Die Erschienenen erklärten:

Der berichtigte Hypothekenbrief soll dem Erschienenen zu 1. wieder ausgehändigt werden.

Die Kosten übernimmt der Erschienene zu 2.

v. g. u.

Friedrich Reusch. Karl Krasemann.
Schmidt, Amtsgerichtsrat.

Die darauf ergehende Verfügung lautet:

1. Einzutragen in das Grundbuch von Lobau Bd. XX Bl. Nr. 587 Abteilung III, Sp. 9 bis 11:
Nr. 5. 12000 RM. — zwölftausend RM.[1] — gelöscht am ... September 1927.
2. Der gelöschte Teil ist in Sp. 3 abzuschreiben.
3. Der Hypothekenbrief ist zu berichtigen und dem Gläubiger auszuhändigen.
4. Bekanntmachung an den Eigentümer.

Lobau, den 9. September 1927. Schmidt.

[1] Bei der Löschung eines Teilbetrags ist nach § 16 Abs. 2 AllgVfg der zur Löschung kommende Geldbetrag auch mit Buchstaben zu schreiben; bei der Löschung des ganzen Betrags ist die Summe nur in Zahlen einzutragen.

§ 111. Die Grundschulden[1].

Eine Grundschuld liegt vor, wenn ein Grundstück in der Weise belastet wird, daß an denjenigen, zu dessen Gunsten die Belastung erfolgt, eine bestimmte Geldsumme aus dem Grundstück zu zahlen ist. Die Grundschuld unterscheidet sich von der Hypothek im wesentlichen dadurch, daß bei der Hypothek dem dinglichen Rechte des Gläubigers auf Befriedigung aus dem Grundstück regelmäßig eine persönliche Forderung zugrunde liegt, während dies bei der Grundschuld niemals der Fall ist.

Die Grundschuld wird durch Einigung des Berechtigten und des Eigentümers und durch Eintragung in das Grundbuch begründet. § 873 Abs. 1 BGB. Dem Grundbuchrichter braucht aber nur die Bewilligung des Eigentümers als des von der Eintragung Betroffenen in der Form des § 29 GBO beigebracht zu werden; liegt diese Bewilligung vor, so kann der Antrag von dem Eigentümer oder dem Gläubiger in privatschriftlicher Form gestellt werden. Die Belastung einer Heimstätte gemäß dem Reichsgesetz vom 10. Mai 1920 (RGBl S. 962) erfordert ferner die Zustimmung des Ausgebers der Heimstätte (§ 17 das.). Die Grundschuldsumme kann verzinslich und auch mit andern Nebenleistungen verbunden sein. § 1191 Abs. 2 BGB. Die Zinsquittungsscheine der früheren preußischen Grundschuld sind jetzt nicht mehr zulässig. Hat der Eigentümer beantragt, auf sein Grundstück eine verzinsliche Grundschuld für seine Frau einzutragen und den Grundschuldbrief ihm zuzustellen, so kann ein Bedenken gegen die Eintragung nicht daraus hergeleitet werden, daß eine Belastung des Grundstücks mit dem Zinsrecht infolge des ehemännlichen Nutznießungsrechts des Eigentümers nicht vorliege (**KGJ 37 A 293**); vgl. unten § 161 S. 386 Anm. 1.

Bei der Eintragung der Grundschuld müssen der Gläubiger, die Geldsumme, der Zinssatz bei Verzinslichkeit und der Geldbetrag etwaiger Nebenleistungen im Grundbuch angegeben werden. §§ 1192 Abs. 1, 1195 BGB.

Im übrigen kann auf die Eintragungsbewilligung Bezug genommen werden. Die Verhandlung über Bestellung einer Grundschuld lautet z. B.:

---

[1] Aktiengesellschaften und Kommanditgesellschaften auf Aktien, bei denen der Gegenstand des Unternehmens in der hypothekarischen Beleihung von Grundstücken und der Ausgabe von Schuldverschreibungen auf Grund der erworbenen Hypotheken besteht (Hypothekenbanken), unterliegen einer weitgehenden staatlichen Aufsicht nach dem Hypothekenbankgesetz vom 13. Juli 1899 (RGBl S. 375), abgeändert durch Gesetz vom 14. Juli 1923 (RGBl I S. 635), Gesetz vom 26. Januar 1926 (RGBl I S. 97) und Gesetz vom 21. Dezember 1927 (RGBl I S. 491). Offene Handelsgesellschaften, Kommanditgesellschaften, Gesellschaften mit beschränkter Haftung, eingetragene Genossenschaften und einzelnen Personen ist der Betrieb eines Unternehmens der bezeichneten Art untersagt. Den Hypotheken stehen die Grundschulden gleich (§ 30 des Ges.). Im übrigen siehe die Ausführungen bei Güthe Anm. 9ff. zu Art. 21 AGGBO.

Amtsgericht. **Eingegangen am 23. Oktober 1927,**
10 Uhr 25 Min.
Schmidt.

Lobau, den 23. Okt. 1927.

Es erschien vor dem unterzeichneten Richter der Kaufmann Richard Jakoby in Lobau.

Der Erschienene ist dem Richter bekannt.

Er erklärte:

Ich bewillige und beantrage, daß für den Rentner Ludwig Ehrenbaum in Berlin W, Steglitzer Str. 12, eine Grundschuld von 30000 RM. — dreißigtausend RM. — mit sechs vom Hundert jährlich vom 1. Oktober 1927 ab in halbjährlichen Teilen verzinslich, zahlbar sechs Monate nach Kündigung, auf dem mir gehörigen, im Grundbuche von Lobau Bd. II Bl. Nr. 22 verzeichneten Grundstück eingetragen werde.

Der Grundschuldbrief soll dem Gläubiger ausgehändigt werden.

Die Kosten übernehme ich.

v. g. u.
Richard Jakoby.
Schmidt,
Amtsgerichtsrat.

Darauf ergeht folgende Verfügung:

1. **Einzutragen im Grundbuche von Lobau Bd. II Bl. Nr. 22 Abt. III Sp. 1 bis 4.**
   Nr. 7.
   1. und 2.
   30000 RM. — dreißigtausend RM. — Grundschuld mit sechs vom Hundert jährlich, vom 1. Oktober 1927 ab in halbjährlichen Teilen verzinslich, zahlbar sechs Monate nach Kündigung, für den Rentner Ludwig Ehrenbaum in Berlin. Eingetragen am ... Oktober 1927.
2. **Ein Grundschuldbrief ist zu erteilen und dem Gläubiger auszuhändigen.**
3. **Bekanntmachung an den Eigentümer.**

Lobau, den 23. Oktober 1927. **Schmidt.**

Auf die Grundschuld finden die Vorschriften über die Hypothek entsprechende Anwendung, soweit sich nicht daraus etwas anderes ergibt, daß die Grundschuld eine Forderung nicht voraussetzt. § 1192 Abs. 1 BGB. § 1163 BGB ist nicht anwendbar (RG **78** 60)[1]. Hervorzuheben ist folgendes:

Auch bei der Grundschuld kann die Erteilung des Briefes ausgeschlossen werden; die §§ 1116, 1117 BGB kommen zur Anwendung. Auch bei der Grundschuld ist ohne Zustimmung der im Range gleich- und nachstehenden Berechtigten eine Erweiterung dahin zulässig, daß

[1] Eine nicht valutierte Grundschuld wird nicht Eigentümergrundschuld. Dem Eigentümer steht vielmehr eine Einrede zu, die der Eintragung ins Grundbuch fähig ist. Zur Eintragung eines auf diese Einrede gestützten Widerspruchs auf Grund einer einstweiligen Verfügung bedarf es nicht der Vorlage des Briefes (§ 42 Abs. 1 Satz 2 GBO). Die nachträgliche Vorlegung des Briefes kann vom Grundbuchamt erzwungen werden (KGJ **53** 219; § 62 Abs. 2 GBO).

das Grundstück für Zinsen bis zu fünf vom Hundert haftet; ebenso ist zu einer Änderung der Zahlungszeit und des Zahlungsortes die Zustimmung dieser Berechtigten nicht erforderlich. § 1119 BGB.

Wird die Grundschuld geteilt, so ist zur Änderung des Rangverhältnisses der Teilgrundschulden untereinander die Zustimmung des Eigentümers nicht erforderlich. Im Fall einer Teilung der Grundschuld kann, sofern nicht die Erteilung des Grundschuldbriefes ausgeschlossen ist, für jeden Teil ein Teilgrundschuldbrief hergestellt werden; die Zustimmung des Eigentümers des Grundstücks ist nicht erforderlich. §§ 1151, 1152 BGB.

Über die Abtretung, Verpfändung und Pfändung der Grundschulden gelten dieselben Vorschriften wie für die Abtretung der Hypotheken, und es treten hier wie dort dieselben Unterschiede bei Abtretung von Grundschulden mit Brief und bei solchen ohne Brief ein. §§ 1154, 1155 BGB; vgl. oben §§ 100ff. Über Blankoabtretungen s. Anm. 2 S. 229.

Das Kapital der Grundschuld wird in Ermangelung abweichender Bestimmung nach einer beiden Teilen freistehenden sechsmonatigen Kündigung fällig. § 1193 BGB. Die Zahlung des Kapitals sowie der Zinsen und anderen Nebenleistungen hat, soweit nicht ein anderes bestimmt ist, an dem Orte zu erfolgen, an dem das Grundbuchamt seinen Sitz hat. § 1194 BGB. Ist nichts darüber angegeben, wann die Zinsen zu entrichten sind, so wird man jährliche Zahlungstermine annehmen müssen[1]. Der Eigentümer erwirbt durch Befriedigung des Grundschuldgläubigers die Grundschuld (KGJ **35** A 327). Das gleiche gilt, wenn der Gläubiger gemäß § 1168 BGB auf die Grundschuld verzichtet (JFG **4** 433).

Abweichend von der Briefhypothek kann eine Grundschuld nach § 1195 BGB auch in der Weise bestellt werden, daß der Grundschuldbrief auf den Inhaber ausgestellt wird; es kann dann auch die Eintragung unmittelbar für den Briefinhaber erfolgen. Für den jeweiligen Gläubiger kann dann gemäß § 1189 BGB ein Vertreter mit der Befugnis bestellt werden, ihn mit Wirkung für und gegen jeden späteren Gläubiger bei der Geltendmachung der Hypothek zu vertreten; zur Bestellung des Vertreters ist die Eintragung in das Grundbuch erforderlich. Die Eintragung kann z. B. lauten:

100000 RM. — hunderttausend RM. — Grundschuld mit sechs vom Hundert jährlich verzinslich, zerlegt in 1000 Teilbeträge über je 100 RM. unter Bildung von Teilgrundschuldbriefen auf den Inhaber mit dem Bemerken, daß zum Vertreter der Inhaber der Grundschuldbriefe der Kaufmann Richard Wolff in Berlin bestellt ist und wegen der Zinszahlungstermine und der Zahlungsbedingungen auf die Eintragungsbewilligung vom 22. Oktober 1927 Bezug genommen wird, eingetragen am 12. November 1927.

---

[1] Motive III, 789.

Ist die Grundschuld für den Inhaber des Briefes eingetragen, so bedarf es zur Eintragung von Veränderungen der Vorlegung des Briefes beim Grundbuchamte nur dann nicht, wenn der Eintragungsantrag durch die Bewilligung[1] eines nach § 1189 BGB bestellten Vertreters begründet wird. § 43 Satz 2 GBO. Dem Vertreter kann bei der Bestellung auch die Befugnis zur Ernennung eines Nachfolgers verliehen werden (KGJ **51** 304; vgl. S. 279/280). Hervorzuheben ist, daß auf die Grundschuldbriefe auf den Inhaber die Vorschriften über Schuldverschreibungen auf den Inhaber entsprechende Anwendung finden. § 1195 Satz 2 BGB. Es dürfen daher die Grundschuldbriefe auf den Inhaber gemäß § 795 BGB nur mit staatlicher[2], dem Grundbuchrichter vor der Eintragung der Grundschuld auf den Inhaber nachzuweisenden Genehmigung in den Verkehr gebracht werden (RG **59** 381; KGJ **20** A 105). — Die Übertragung solcher Grundschulden erfolgt durch einfache Übergabe des Briefes. Zu dem Briefe können Zins- und Erneuerungsscheine ausgegeben werden. Soll die Umschreibung auf den Namen eines Gläubigers im Grundbuch erfolgen, so müssen die Einwilligungserklärungen des Eigentümers und des Briefinhabers in der Form des § 29 GBO beigebracht und der Brief vorgelegt werden.

Eine Grundschuld kann auch für den Eigentümer bestellt werden. § 1196 BGB. Es genügt zu diesem Zwecke, daß der Eigentümer in der Form des § 29 GBO die Bestellung der Grundschuld für sich bewilligt; gleichzeitig mit der Bewilligung wird er den zur Eintragung erforderlichen — in privatschriftlicher Form ausreichenden — Antrag beim Grundbuchamte stellen. Der Eigentümer kann auf diese Weise den ganzen Grundstückswert durch Schaffung solcher Grundschulden erschöpfen und dann zunächst die minder sicheren unterzubringen versuchen, die besseren aber zur gelegentlichen Benutzung zurücklegen[3]. Die Grundschuld des Eigentümers kann mit oder ohne Brief begründet werden.

Die aufzunehmende Verhandlung würde etwa so lauten:

Amtsgericht. **Eingegangen am 10. Juni 1927,**
13 Uhr 25 Minuten.
Schmidt.

Lobau, den 10. Juni 1927.

Es erschien vor dem unterzeichneten Richter der Kaufmann Karl Rosenberg in Lobau.

Der Erschienene ist dem Richter bekannt.

Er erklärte:

Ich bewillige und beantrage, daß im Grundbuche des mir gehörigen Grundstücks Lobau Bd. VII Bl. Nr. 343 eine Grundschuld von 10000 RM. — zehntausend RM. — für mich eingetragen werde.

[1] Unter Umständen genügt die Zustimmung (KGJ **50** 198).

[2] Vgl. Art. 8 Vdg vom 16. November 1899 (GS S. 562). Hiernach geben die zuständigen Minister auf Grund der Ermächtigung des Staatsministeriums (Art. 81, 82 der preußischen Verfassung vom 30. November 1920) die Genehmigung.

[3] Motive III, 792.

Das Kapital soll mit sechs vom Hundert jährlich verzinst und drei Monate nach Kündigung gezahlt werden. Die Erteilung eines Briefes soll ausgeschlossen sein. Die Kosten übernehme ich. v. g. u.

Karl Rosenberg.

Schmidt, Amtsgerichtsrat.

Die darauf ergehende Verfügung lautet:

1. Einzutragen in das Grundbuch von Lobau Bd. VII Blatt Nr. 343 Abt. III Sp. 1 bis 4.

Nr. 12. 2 u. 3. 10000 RM. (i. W.) Grundschuld mit sechs vom Hundert jährlich verzinslich und drei Monate nach Kündigung zahlbar für den Kaufmann Karl Rosenberg in Lobau. Die Erteilung eines Briefes ist ausgeschlossen.

Eingetragen am ... Juni 1927.

2. Bekanntmachung an den Eigentümer.

Lobau, 10. Juni 1927. Schm.

Eine Hypothek kann in eine Grundschuld, eine Grundschuld kann in eine Hypothek umgewandelt werden. Die Zustimmung der im Range gleich- oder nachstehenden Berechtigten ist nicht erforderlich. § 1198 BGB. Es genügt vielmehr nach materiellem Rechte die Einigung zwischen dem Eigentümer und dem Gläubiger und die Eintragung im Grundbuche. § 877, 873 BGB[1]. Steht die Hypothek oder Grundschuld dem Eigentümer zu, so ist die einseitige Erklärung des Eigentümers ausreichend.

Dem Grundbuchrichter braucht zur Eintragung der Umwandlung nur die Bewilligung des Eigentümers und Gläubigers, im letzterwähnten Falle nur die des Eigentümers in der Form des § 29 GBO beigebracht zu werden. Bei Umwandlung einer verzinslichen Eigentümergrundschuld in eine Sicherungshypothek für eine unverzinsliche Forderung muß die Erklärung des Eigentümers erkennen lassen, ob ihm das Zinsrecht verbleibt; verneinendenfalls ist es zu löschen, falls es nicht auf den Erwerber übergehen soll (KGJ **51** 285). Der Antrag auf Eintragung der Umwandlung kann nach §§ 13, 30 GBO vom Eigentümer oder Gläubiger privatschriftlich gestellt werden. Die von dem Eigentümer bewilligte Eintragung, daß eine ihm zustehende Hypothek kraft Gesetzes in eine Grundschuld verwandelt sei, darf nicht von dem Nachweise des Erlöschens der Forderung abhängig gemacht werden (KGJ **36** A 256). Bei Umwandlung einer Briefhypothek oder Briefgrundschuld muß nach § 42 GBO der Brief zur Vermerkung der neuen Eintragung[2] vorgelegt werden; auch muß bei der Umwandlung

[1] Wird zwischen dem Hypothekengläubiger und dem Ersteher des belasteten Grundstücks gemäß § 91 Abs. 2 ZwVG vereinbart, daß die aus dem Bargebot zur Hebung kommende Hypothek bestehen bleiben soll, so verwandelt sich die Hypothek nicht in eine Grundschuld; vielmehr tritt der Ersteher an Stelle des bisherigen Schuldners in die der Hypothek zugrunde liegende Schuld ein (KGJ **30** A 222).

[2] Es kann auch die Erteilung eines neuen Briefes, z. B. wenn der alte unübersichtlich geworden ist, beantragt werden. §§ 68, 69 GBO. Der alte Brief ist gegebenenfalls unbrauchbar zu machen (§ 42 AllgVfg).

in eine Grundschuld die Eintragung der Rechtsänderung auf dem bisherigen Briefe vermerkt und eine mit dem Briefe verbundene Schuldurkunde abgetrennt werden. § 65 GBO.

Bei der Umwandlung einer Briefgrundschuld in eine Briefhypothek muß die etwa vorhandene Schuldurkunde mit dem bisherigen Briefe verbunden werden. § 70 GBO. Wird eine Briefhypothek in eine Buchgrundschuld oder eine Briefgrundschuld in eine Buchhypothek umgewandelt, so ist der Brief nach § 42 AllgVfg unbrauchbar zu machen und mit der abzutrennenden Schuldurkunde zurückzugeben. § 69 GBO.

Bei der Umwandlung können die bisherigen Bestimmungen über Verzinslichkeit, Kündigung usw. unberührt bleiben; sie können aber auch gemäß § 1119 BGB ohne Zustimmung der im Range gleich- oder nachstehenden Berechtigten geändert werden.

Beispiel:

Lobau, Amtsgericht.

Eingegangen am 24. April 1828, 11 Uhr 23 Min.

1 Anlage. Schmidt.

Es erschienen vor dem unterzeichneten Richter:

1. der Bäckermeister Karl Usadel,

2. der Rentner August Schley,

3. der Schankwirt Karl Sperling.

sämtlich in Lobau.

Die Erschienenen sind dem Richter von Person bekannt.

Der Erschienene zu 2. überreichte einen Grundschuldbrief vom 23. März 1926 und erklärte:

Im Grundbuche von Lobau Bd. III Bl. Nr. 82 ist in Abt. III unter Nr. 4 eine Grundschuld von 10000 RM. zu sechs vom Hundert jährlich verzinslich für mich eingetragen. Diese Grundschuld trete ich mit den Zinsen seit dem 1. April 1928 an den Erschienenen zu 3. ab und bewillige und beantrage, die Abtretung in das Grundbuch einzutragen und den überreichten Grundschuldbrief dem Erschienenen zu 3. auszuhändigen.

Der Erschienene zu 1. erklärte:

Ich bekenne, von dem Erschienenen zu 3. 10000 RM. — zehntausend RM. — als Darlehn empfangen zu haben. Dieses Kapital soll vom 1. April 1928 ab mit jährlich sechs vom Hundert in halbjährlichen Teilen verzinst werden. Die Rückzahlung soll sechs Monate nach Kündigung erfolgen.

Für diese Forderung bestelle ich an dem im Grundbuche von Lobau Bd. III Bl. Nr. 82 verzeichneten Grundstücke Hypothek und wandele zu diesem Zwecke die soeben an den Erschienenen zu 3. abgetretene Grundschuld in eine Hypothek für die Darlehnsforderung um. Ich bewillige und beantrage die Eintragung der Umwandlung in das Grundbuch und die Aushändigung des an Stelle des bisherigen Grundschuldbriefes zu bildenden Hypothekenbriefes an den neuen Gläubiger.

Der Erschienene zu 3. erklärte:

Ich bin mit den vorstehenden Erklärungen des Erschienenen zu 1. einverstanden und bewillige ebenfalls die vom Erschienenen zu 1. beantragten Eintragungen im Grundbuche.

Die Kosten übernimmt der Erschienene zu 1.

v. g. u.

Karl Usadel. August Schley. Karl Sperling.

Schmidt,

Amtsgerichtsrat.

Darauf ergeht folgende Verfügung:

1. Einzutragen in das Grundbuch von Lobau Bd. III Bl. Nr. 82 Abt. III Sp. 5 bis 7.

Nr. 4. 10000 RM. Zehntausend RM. mit den Zinsen seit dem 1. April 1928 abgetreten an den Schankwirt Karl Sperling in Lobau und umgewandelt in eine Hypothek für eine vom 1. April 1928 an jährlich mit sechs vom Hundert in halbjährlichen Teilen verzinsliche, sechs Monate nach der Kündigung rückzahlbare Darlehnsforderung. Eingetragen am . . . April 1928.

2. Der Grundschuldbrief ist in einen Hypothekenbrief umzuwandeln, mit dem eingetragenen Vermerke zu versehen, mit einer Ausfertigung der Schuldurkunde vom 24. April 1928 zu verbinden und dem neuen Gläubiger auszuhändigen.

3. Bekanntmachung an:

a) den Eigentümer,

b) den bisherigen Gläubiger.

Lobau, 24. April 1928. Schm.

Über Umwandlung wertbeständiger Rechte s. unten § 122 S. 311.

§ 112. Die Rentenschulden.

Eine Rentenschuld[1] liegt vor, wenn eine Grundschuld in der Weise bestellt wird, daß in regelmäßig wiederkehrenden Terminen eine bestimmte Geldsumme aus dem Grundstücke zu zahlen ist. § 1199 BGB. Die Bestellung kann bedingt oder befristet sein (JFG 1 500).

Keine Rentenschuld liegt vor, wenn die als Rente bezeichnete wiederkehrende Geldleistung zu einem Teil bestimmt ist, die Ablösungssumme zu vermindern, wenn sie also gleichzeitig Beitrag zur Kapitalstilgung ist. Es liegt dann vielmehr eine allmählich zu tilgende verzinsliche Grundschuld vor (KGJ **20** A 212). Unzulässig ist die Eintragung einer Rentenschuld zugunsten des jeweiligen Eigentümers eines anderen Grundstücks, vielmehr ist die Rentenschuld stets subjektiv-persönlich.

Bei der Bestellung der Rentenschuld muß der Betrag bestimmt werden, durch dessen Zahlung die Rentenschuld abgelöst werden kann. Die Ablösungssumme muß im Grundbuch und in dem etwa gebildeten Rentenschuldbrief angegeben werden. § 1199 BGB.

Das Recht zur Ablösung steht nur dem Eigentümer zu, der es erst nach einer in Ermangelung anderweiter Bestimmung auf sechs Monate bemessenen Kündigungsfrist ausüben kann. Eine Beschränkung der Kündigungsfrist ist nur so weit zulässig, daß der Eigentümer nach zwanzig Jahren

[1] Verschieden von der Rentenschuld ist die in die zweite Abteilung des Grundbuchs gehörende Reallast; vgl. oben § 81.

unter Einhaltung der sechsmonatigen Frist kündigen kann. Dem Gläubiger kann das Recht, die Ablösung zu verlangen, nicht eingeräumt werden. §§ 1201, 1202 BGB, Art. 32 AGBGB. In dieser absoluten Unkündbarkeit seitens des Gläubigers liegt die wesentlichste Bedeutung der Rentenschuld (KGJ **20** A 212). Andererseits hat das Kammergericht entschieden (JFG 1 500), daß eine Bestellung der Rentenschuld auf Zeit (Lebenszeit des Berechtigten) zulässig ist.

Die nachträgliche Erhöhung der Ablösungssumme einer Rentenschuld ist unzulässig; die Erhöhung darf daher nicht in das Grundbuch eingetragen werden (KGJ **40** 342).

Zur Eintragung der Rentenschuld genügt die Bewilligung des Eigentümers in der Form des § 29 GBO und ein privatschriftlicher Antrag[1].

Beispiel:

Lobau, Amtsgericht.

Eingegangen am 9. Januar 1928,
11 Uhr 20 Minuten.
Schmidt.

Lobau, den 9. Januar 1928.

Es erschien vor dem unterzeichneten Richter:
Der Kaufmann Albert Dohms in Lobau.
Der Erschienene ist dem Richter von Person bekannt.
Er erklärte:

Ich bewillige und beantrage, daß für den Agenten Karl Aßmus in Berlin NW, Dorotheenstr. 77, eine Rentenschuld von jährlich 300 RM. — dreihundert RM. — vom 1. Januar 1928 ab jährlich, in halbjährlichen Teilen am 1. Januar und 1. Juli fällig und mit 6000 RM. — sechstausend RM. — ablösbar, auf dem im Grundbuche von Lobau Bd. XX Bl. Nr. 482 verzeichneten Grundstück eingetragen werde.

Der Rentenschuldbrief soll an Aßmus ausgehändigt werden[2].

Die Kosten übernehme ich.

v. g. u.
Albert Dohms.
Schmidt,
Amtsgerichtsrat.

Darauf wird verfügt:

1. **Einzutragen in das Grundbuch von Lobau Bd. XX Bl. Nr. 482 Abt. III Sp. 1 bis 4.**

   Nr. 4. 1 bis 3. 6000. Dreihundert RM. vom 1. Januar 1928 ab jährlich in halbjährlichen Teilen am 1. Januar und 1. Juli fällige Rentenschuld, mit 6000 (i. W.) RM. ablösbar, für den Agenten Karl Aßmus in Berlin. Eingetragen am ... Januar 1928.
2. **Ein Rentenschuldbrief ist zu erteilen und dem Gläubiger auszuhändigen.**
3. **Bekanntmachung an den Eigentümer.**

Lobau, 9. Januar 1928. **Schm.**

Die Übertragung usw. der Rentenschuld erfolgt nach den Vorschriften der §§ 1154, 1155 BGB. Ist der Rentenschuldbrief auf den In-

[1] Die Belastung einer Heimstätte nach dem Gesetz vom 10. Mai 1920 (RGBl S. 962) erfordert ferner die Zustimmung des Ausgebers der Heimstätte (§ 17 das.).
[2] Die Erteilung eines Rentenschuldbriefes kann auch ausgeschlossen werden.

haber ausgestellt, so kommen die Vorschriften über Schuldverschreibungen auf den Inhaber zur Anwendung. § 1195 BGB.

Eine Rentenschuld kann in eine Grundschuld, eine Grundschuld in eine Rentenschuld umgewandelt werden. Die Zustimmung der im Range gleich- oder nachstehenden Berechtigten ist nicht erforderlich. § 1203 BGB. Über Umwandlung wertbeständiger Rechte s. § 122 Nr. 2 a. E.

§ 113. Die Eigentümerhypothek.

Von einer Eigentümerhypothek spricht man, wenn die Hypothek mit dem Eigentum an dem Pfandgrundstück in derselben Person zusammentrifft[1]. Die Rücksicht auf den Realkredit erfordert, daß in solchen Fällen der Eigentümer dieselbe Sicherheit mit demselben Rangrechte, das die bisherige Hypothek hatte, zur Befriedigung eines weiteren Kreditbedürfnisses an einen neuen Gläubiger vergeben kann. Es mußte deshalb dem Eigentümer die Möglichkeit gewährt werden, über die Hypothek zugunsten eines Dritten zu verfügen (Motive III S. 203ff.)[2] [3].

Hiernach erwirbt der Eigentümer die Hypothek:

1. wenn der Gläubiger auf die Hypothek verzichtet (§ 1168 BGB). Dieser Verzicht ist dem Grundbuchamt oder dem Eigentümer gegenüber zu erklären und bedarf der Eintragung in das Grundbuch. Durch eine bloße Eintragungsbewilligung wird der Verzicht dem Grundbuchrichter nicht genügend nachgewiesen (KGJ **32** A 257). Wird nicht auf die Hypothek verzichtet, sondern nur die durch die Hypothek gesicherte Forderung erlassen, so genügt zur Verwandlung der Hypothek in eine Eigentümergrundschuld nicht die einseitige Erlaßerklärung des Gläubigers, sondern es muß der Schuldner seine Zustimmung geben (KGJ **32** A 261). Der Verzicht auf eine Hypothekenvormerkung begründet keine Eigentümerhypothek (RG **65** 260).

[1] Auch die Sicherungshypothek kann Gegenstand der Eigentümerhypothek sein; vgl. unten § 114ff. Dagegen kann eine Vormerkung zur Sicherung des Anspruchs auf Einräumung einer Hypothek oder einer Sicherungshypothek nicht zur Eigentümerhypothek werden (KGJ **25** A 170; RG **65** 260).

[2] Eine Ausnahme enthält § 1178 BGB. Danach erlischt die Hypothek für Rückstände von Zinsen und anderen Nebenleistungen sowie für Kosten, die dem Gläubiger zu erstatten sind, im Falle der Vereinigung der Belastung mit dem Eigentum in einer Person. Diese Vorschrift bezieht sich aber nicht auf künftige Nebenleistungen und Kosten. Die Hypothek für diese allein als Teile der Hypothekenforderung kann sich in eine Eigentümerhypothek verwandeln, wenn die Voraussetzungen hierfür bezüglich ihrer besonders gegeben sind. Im § 1178 BGB sind unter „Kosten, die dem Gläubiger zu erstatten sind" nur die im § 1118 BGB genannten Kosten zu verstehen, für die das Grundstück kraft der Hypothek auch ohne besondere Eintragung haftet (KGJ **32** A 261).

[3] Die durch die Amortisationsbeiträge getilgten Teile der Hypothek sind der Eigentümerhypothek nicht entzogen, da die Beiträge nicht zu den Nebenleistungen im Sinne des § 1115 BGB gehören (§ 1178 BGB); s. oben § 97.

Ferner entsteht eine solche nicht, wenn der Gläubiger im Zwangsversteigerungsverfahren nach erfolgtem Zuschlage auf seine Befriedigung aus dem Versteigerungserlöse verzichtet (RG **55** 260);

2. wenn die Forderung, z. B. durch Befriedigung des Gläubigers seitens des Eigentümers[1] [2] oder Beerbung des Gläubigers durch den Grundstückseigentümer[3] erlischt (§ 1163 BGB). — Über den Fall, daß einer von mehreren Miteigentümern den Hypothekenbetrag zahlt, vgl. KGJ **41** 245 —;

3. wenn die Forderung, für die die Hypothek bestellt ist, nicht zur Entstehung gelangt ist, z. B. weil der Gläubiger den Gegenwert nicht gegeben hat[4] (§ 1163 BGB)[5];

4. wenn und solange bei einer Briefhypothek der Brief dem Gläubiger vom Eigentümer nicht übergeben ist; jedoch steht der Übergabe des Briefes die Vereinbarung gleich, daß der Gläubiger berechtigt sein soll, sich den Brief vom Grundbuchamt aushändigen zu lassen. § 1117 BGB[6];

5. durch Erlassung des Ausschlußurteils gemäß § 1170 BGB, es sei denn, daß darin angemeldete Rechte vorbehalten sind (RG **67** 95; KGJ **30** A 269).

In allen Fällen ist zur Entstehung einer Eigentümerhypothek erforderlich, daß die Hypothekbestellung rechtswirksam erfolgt, insbesondere die dingliche Einigung zustande gekommen (vgl. RG **57** 95; **75** 76; **106** 139) und die Eintragungsbewilligung rechtsgültig erklärt ist; z. B. kann eine Hypothek, die infolge Betruges angefochten ist, nicht Gegenstand einer

---

[1] Befriedigt der Käufer eines Grundstücks einen Hypothekengläubiger in der Zwischenzeit von der vor dem Grundbuchamt durch den Verkäufer erteilten Auflassung bis zu seiner Eigentumseintragung, so erwirbt nicht der Verkäufer die Hypothek als Eigentümerhypothek, sondern der Käufer erlangt sie im Augenblick der Eintragung seines Eigentums (KGJ 28 A 122).

[2] Das Erlöschen kann auch vertraglich an den Zeitpunkt des Todes des Gläubigers geknüpft werden. So kann z. B. bei der Bestellung der Hypothek zwischen Eigentümer und Gläubiger vereinbart werden, daß die Hypothek oder die ihr zugrunde liegende Forderung mit dem Tode des Gläubigers erlöschen und nach seinem Tode die Löschung auf Antrag des Eigentümers ohne Zustimmung des Rechtsnachfolgers des Gläubigers erfolgen oder die Hypothek als Eigentümergrundschuld auf den Eigentümer umgeschrieben werden solle (KGJ **39** A 238).

[3] Da durch Anordnung der Nachlaßverwaltung die Forderung wieder auflebt (§ 1976 BGB), so ist die Hypothek, falls sie gelöscht war, auf Antrag im Wege der Berichtigung des Grundbuchs wieder einzutragen (KGJ **53** 266, OLG Dresden).

[4] RG **51** 43. In diesem Falle ist — im Gegensatz zum Fall unter Nr. 2 des Textes (RG **55** 220) — derjenige der Erwerber der Hypothek, der zur Zeit der Eintragung der Hypothek der Eigentümer des Grundücks war, nicht derjenige, der es ist, wenn das Nichtentstandensein der Forderung festgestellt wird.

Dies gilt auch in Ansehung der Zwangs- und Arresthypothek (RG **78** 398).

[5] Für diese Eigentümergrundschuld kommt der Schutz des öffentlichen Glaubens des Grundbuchs nicht in Frage.

[6] Über einen weiteren Fall der Eigentümerhypothek vgl. § 868 ZPO.

Eigentümerhypothek sein (KGJ **27** A 128; RG **70** 356), desgleichen nicht eine für eine nicht zur Entstehung gelangte G. m. b. H. eingetragene Hypothek (JFG **2** 340, Oberstes Landesgericht München).

In der Praxis ist der Fall zu 2., also der Erwerb der Eigentümerhypothek infolge Erlöschens der Forderung, der weitaus wichtigste[1]. Wohl zu beachten ist hierbei, daß die Forderung nur erlischt, wenn der Grundstückseigentümer, nicht auch, wenn ein anderer sie getilgt hat. Es muß daher der Gläubiger, in der mit seiner Löschungsbewilligung verbundenen Quittung ausdrücklich erklären, daß er von dem Grundstückseigentümer Zahlung erhalten habe. Sagt er dagegen darin nur allgemein, daß die Hypothek bezahlt sei und die Löschung bewilligt werde, so ist nicht der Beweis erbracht, daß die Hypothek Eigentümerhypothek geworden ist. Denn es könnte auch Zahlung durch einen Dritten erfolgt sein, der dann kraft Gesetzes die Forderung und damit die Hypothek erworben hätte. Bei solcher mangelhaften Quittung kann der Eigentümer nur durch Löschung[2], nicht aber durch Abtretung, Umwandlung u. dgl. über die Hypothek verfügen (KGJ **23** A 236; **26** A 149; **28** A 138; **33** A 331 [OLG Jena]). Befriedigt der persönliche Schuldner, der nicht Grundstückseigentümer ist, den Gläubiger, so kommt es darauf an, ob er von dem Eigentümer oder einem Rechtsvorgänger des Eigentümers Ersatz verlangen kann oder nicht. Letzterenfalls erwirbt der Eigentümer die Hypothek. Ersterenfalls dagegen geht sie auf den Schuldner über, und zwar in Höhe des Ersatzanspruchs (§ 1164 BGB). Hierbei ist der Vollstreckungsschuldner als Rechtsvorgänger des Erstehers anzusehen (RG **89** 77).

In den Fällen der Eigentümerhypothek zu 1. bis 5. verwandelt sich die Hypothek, da sie von einer Forderung nicht mehr abhängt, in eine Grundschuld[3]. Es ist also die Bezeichnung „Eigentümerhypothek" irreführend, und es würde besser der Ausdruck „Eigentümergrundschuld" gebraucht. Hat z. B. der Gläubiger in der Form des § 29 GBO auf eine ihm zustehende Buchhypothek verzichtet, so kann der Eigentümer die Hypo-

---

[1] Der Eigentümer erwirbt die Hypothek erst mit dem Erlöschen der Forderung; bis dahin steht die Hypothek ausschließlich dem Gläubiger zu. Das Nebeneinanderbestehen zweier Hypothekenrechte, nämlich die zutage liegende Hypothek des Gläubigers und daneben eine zur Zeit latente Hypothek des Grundstückseigentümers, ist ausgeschlossen (KGJ **28** A 141).

[2] Der Grundbuchrichter braucht hierbei nicht von Amts wegen zu prüfen, ob ein Dritter durch Bezahlung der Hypothek diese kraft Gesetzes erworben hat. Ersieht er letzteres aus der Quittung, so darf er es freilich nicht unberücksichtigt lassen, sondern hat zur Löschung auch die Zustimmung des neuen, nicht eingetragenen Hypothekengläubigers zu erfordern (KGJ **36** A 150).

[3] Auch die Hypothek, die für den Ersteher eines zwangsweise versteigerten Grundstücks eingetragen und von ihm mit dem entsprechenden Teil des bar zu zahlenden Kaufgeldes verrechnet ist, verwandelt sich in eine Grundschuld des Eigentümers; sie ist daher nur als solche oder als Hypothek nach Ersatz der erloschenen Forderung durch eine neue abtretungsfähig (KGJ **22** A 313).

thek in eine Grundschuld für sich umschreiben lassen. Der in Spalte Veränderungen einzutragende Vermerk wird etwa lauten:

Diese Hypothek ist infolge des Verzichts des Gläubigers vom 27. Januar 1928 als Grundschuld für den Kaufmann Paul Springborn in Lobau umgeschrieben am 30. Januar 1928.

Auch in dem besondere praktische Bedeutung beanspruchenden Falle zu 2. erlischt die Forderung durch die Zahlung seitens des Grundstückseigentümers endgültig und lebt nicht etwa bei einer Verfügung über die Eigentümergrundschuld wieder auf; vielmehr bleibt nur das dingliche Recht erhalten, und zwar als Grundschuld, nicht als Hypothek (KGJ **20** A 282; **25** A 299[1]). Eine Ausnahme tritt nur dann ein, wenn der Eigentümer durch die Befriedigung des Gläubigers außer dem dinglichen Recht auch die Forderung erwirbt, was besonders dann geschieht, wenn der Eigentümer nicht der persönliche Schuldner ist[2]. In diesem Falle verwandelt sich die Hypothek nicht in eine Grundschuld, sondern die bisherige Verbindung zwischen der Forderung und der Hypothek bleibt bestehen, wenn auch die Forderung einstweilen ruht und die Rechte des Eigentümers, solange die Vereinigung besteht, nach den für die Grundschuld des Eigentümers geltenden Vorschriften bestimmt werden. § 1177 Abs. 2 BGB. Wird daher die Vereinigung gelöst und überträgt der Eigentümer die Forderung mit der Hypothek an einen Dritten, so liegt nunmehr wieder eine regelmäßige Hypothek vor.

Gehört das belastete Grundstück zu einem ungeteilten Nachlaß und befriedigt ein Miterbe im eigenen Namen den Hypothekengläubiger, so wird die Hypothek zur Eigentümergrundschuld der Erbengemeinschaft. Der Tatbestand der Befriedigung des Gläubigers durch den Eigentümer liegt nicht vor. War der Erblasser der persönliche Schuldner, so geht die Forderung mit der Hypothek auf den zahlenden Miterben über, soweit er von den übrigen Miterben Ausgleichung verlangen kann; im übrigen entsteht auch in diesem Fall eine Eigentümergrundschuld der Miterbengemeinschaft (KGJ **50** 206). Bezahlt der Vorerbe eine Hypothek am Nachlaßgrundstück mit eigenen Mitteln, so gehört die Eigentümergrundschuld nicht zum Nachlasse, sondern steht dem Vorerben zu (KGJ **50** 210).

---

[1] Der Eigentümer ist berechtigt, gegen den eingetragenen Hypothekengläubiger auf Löschung der Hypothek zu klagen. Dieses Recht hat derjenige nicht, der lediglich die Pfändung und Überweisung des dem Eigentümer zustehenden Löschungsanspruchs erwirkt hat (RG **101** 233ff.).

[2] Zu beachten ist jedoch, daß in dem Falle, wenn der Eigentümer die Hypothek in Anrechnung auf den Kaufpreis übernommen hat, ohne persönlicher Schuldner gewesen zu sein, die Erlöschung der Forderung bei Befriedigung des Gläubigers durch den Eigentümer möglicherweise doch eintritt, nämlich dann, wenn die Zahlung nachweisbar stattgefunden hat zur Erfüllung der persönlichen Verbindlichkeit, den Schuldner zu befreien (KGJ **27** A 278). Das Reichsgericht meint sogar, daß eine derartige Absicht, die Schuld zu tilgen, im Zweifel anzunehmen ist (RG **80** 317).

Umgekehrt erwirbt der Eigentümer, der eine Nachlaßhypothek an den Vorerben ohne Zustimmung des Nacherben zahlt, keine Eigentümergrundschuld (KGJ **50** 217).

Will der Eigentümer über die ihm — regelmäßig als Grundschuld — angefallene Hypothek verfügen[1] [2], sei es, daß er das ihm zugefallene Recht, so wie es ist, löschen lassen[3] oder auf einen Dritten übertragen, oder sei es, daß er es vor dieser Übertragung unter Umwandlung in eine Hypothek abtreten will, so braucht er sich nicht zuvor als Gläubiger in das Grundbuch eintragen zu lassen[4]. Die Vorschrift des § 40 Abs. 1 GBO findet also keine Anwendung (JFG 1 487). Auch wenn der Eigentümer noch nicht als solcher eingetragen ist, braucht er sich in diesem Falle nicht vor der Verfügung über das ihm zugefallene Recht als Eigentümer eintragen zu lassen.

Sobald jedoch der Eigentümer sein Grundstück veräußert oder sonstwie das Eigentum verliert, untersteht er wieder dem § 40 Abs. 1 GBO (KGJ **36** A 258; **41** 248; gegen **28** A 136).

Ferner ist § 40 Abs. 1 zu beachten, wenn nicht der Eigentümer allein, sondern noch andere Personen die Hypothek erworben haben (z. B. in den Fällen der §§ 1172, 1175 BGB) oder einer von mehreren Miteigentümern die Hypothek allein erwirbt (KGJ **41** 248). Weiterhin verlangt das Kammergericht, wenn der Erbe des eingetragenen Eigentümers das ihm zugefallene Recht nicht einfach abtreten, sondern zugleich noch in eine Hypothek umwandeln will, die vorherige Eintragung des Abtretenden sowohl in seiner Eigenschaft als Eigentümers wie auch als Grundschuldgläubigers (KGJ **25** A 303). Will also A als Erbe des eingetragenen Eigentümers die ihm durch Befriedigung des Hypothekengläubigers B als Eigentümergrundschuld zugefallene Hypothek unter Umwandlung in eine Hypothek an C abtreten, so muß er sich zuvor nach Ansicht des Kammergerichts nicht allein als Grundstückseigentümer, sondern auch als Grundschuldgläubiger auf Grund des § 40 Abs. 1 GBO eintragen lassen[5].

[1] Zweifelhaft ist aber, ob der Eigentümer in den Fällen zu 3. und 4. (Nichtentstehung der Hypothek, Nichtübergabe des Briefes an den Gläubiger) ohne Zustimmung des bereits im Grundbuch eingetragenen Gläubigers über die Hypothek verfügen kann.

[2] Zur Verfügung über eine Eigentümerhypothek ist, wenn bei der Hypothek eine Vormerkung auf Löschung im Falle der Vereinigung der Hypothek mit dem Eigentum in einer Person eingetragen ist, die Bewilligung des Vormerkungsberechtigten nicht erforderlich (KGJ **33** A 293).

[3] Die Eintragung eines Verzichts auf die Eigentümergrundschuld im Sinne des § 1168 BGB ist unzulässig (JFG **4** 433).

[4] Dasselbe gilt im Falle der Pfändung der Rechte des Eigentümerhypothekars. Vgl. auch oben § 57 Nr. 4 und die dort zitierten Entscheidungen. Im übrigen erfolgt die Pfändung der Eigentümerhypothek bzw. Grundschuld nach den allgemeinen Vorschriften (vgl. oben § 104; KGJ **41** 244).

[5] Dies gilt hiernach nicht für den Fall, daß zunächst die Abtretung und dann erst die Umwandlung der Grundschuld beabsichtigt und erklärt ist (KGJ **41** 239).

Der Ansicht des Kammergerichts, die zu einer Belastung des Grundbuchs mit überflüssigen Vermerken führt, kann nicht beigetreten werden. Denn auch dann handelt es sich um die Eintragung einer Übertragung einer Hypothek oder Grundschuld im Sinne des § 41 GBO, wenn die Übertragung nach vorheriger Änderung des Rechtes erfolgt. Auch in diesem Falle scheidet das Recht vollständig aus dem Vermögen des Übertragenden aus, so daß es keinen erkennbaren Zweck hat, denjenigen als Gläubiger in das Grundbuch einzutragen, der sofort wieder aus dem Kreise der dinglich Berechtigten ausscheidet. (Ebenso KGJ **36** A 240f.)

Mit der Abtretung einer Eigentümergrundschuld ist häufig eine **Umwandlung in eine neue Hypothek** nach § 1198 BGB verbunden[1]. Hierbei muß eine neue Forderung eines Dritten zugrunde liegen; in Ansehung der Verzinslichkeit, des Zinssatzes, der Zahlungszeit und der sonstigen Zahlungsbedingungen bleiben die für die frühere Forderung getroffenen Bestimmungen maßgebend, solange nicht der Eigentümer mit dem neuen Gläubiger Abweichendes vereinbart. § 1177 Abs. 1 BGB. Der Eigentümer kann aber nicht die Grundschuld in eine ihm selbst zustehende Hypothek umwandeln; denn dieser Hypothek würde die Voraussetzung des Bestehens einer Forderung fehlen, da niemand gegen sich selbst eine Forderung begründen kann (KGJ **25** A 299). Es muß also mindestens gleichzeitig das dingliche Recht an den neuen Gläubiger abgetreten werden. Materiellrechtlich ist also die Einigung des Eigentümers und des neuen Gläubigers nötig; formellrechtlich bedarf es aber der Bewilligung des neuen Gläubigers nicht. Es genügt vielmehr zur Eintragung der Rechtsänderung die Bewilligung des Eigentümers, daß er die als Grundschuld auf ihn übergegangene Hypothek an einen Dritten abtrete und sie zugleich in eine Hypothek für die anzugebende Forderung dieses Dritten umwandle (KGJ **39** A 240).

Die Grundschuld kann bei der Abtretung an einen Dritten auch zugleich in eine Sicherungshypothek zur Sicherung für Forderungen des Dritten umgewandelt werden (KGJ **25** A 166).

Beispiel:

Lobau,
Amtsgericht.

Eingegangen am 19. August 1928.
10 Uhr 10 Minuten.
1 Anlage. Schmidt.
Lobau, den 19. August 1928.

Es erschien vor dem unterzeichneten Richter:
Der Schmiedemeister Karl Lehmann in Lobau.
Der Erschienene ist dem Richter von Person bekannt.

---

[1] Beantragt der Eigentümer, die auf ihn übergegangene Hypothek auf einen anderen umzuschreiben, so muß er angeben, ob er die Hypothek als Hypothek oder als Grundschuld erworben hat und ob demgemäß eine Forderungsauswechslung (§ 1190 BGB) oder eine Umwandlung (§ 1198 BGB) stattfinden soll (KGJ **45** 283).

Er überreichte einen Hypothekenbrief vom 22. März 1924 und erklärte: Im Grundbuche von Lobau Bd. VI Bl. Nr. 180 bin ich als Eigentümer des dort verzeichneten Grundstücks eingetragen. In Abt. III Nr. 4 steht dort eine Darlehnshypothek von 12000 RM., zu acht vom Hundert jährlich verzinslich, für den Rentner Paul Schumacher in Berlin eingetragen. Diese Hypothek ist unter Verwandlung in eine Grundschuld dadurch auf mich übergegangen, daß ich als persönlicher Schuldner aus dem Darlehn den Gläubiger durch Zahlung befriedigt habe, wie die anbei überreichte löschungsfähige Quittung ergibt.

Ich trete diese Grundschuld mit den Zinsen seit dem 1. Juli 1928 an den Kaufmann Richard Michaelis in Berlin S, Prinzenstr. 50, ab. Ich bekenne, von ihm 12000 RM. — zwölftausend RM. — als Darlehn empfangen zu haben; dieses Kapital soll vom 1. Juli 1928 ab mit jährlich acht vom Hundert in halbjährlichen Teilen verzinst werden. Die Rückzahlung soll drei Monate nach Kündigung erfolgen[1].

Die abgetretene Grundschuld wandele ich in eine Hypothek für diese Darlehnsforderung um und bewillige und beantrage:

Die Abtretung und Umwandlung in das Grundbuch einzutragen und den Hypothekenbrief[2] dem neuen Gläubiger, die bisherige Schuldurkunde aber mir auszuhändigen.

Die Kosten übernehme ich.

v. g. u.
Karl Lehmann.
Schmidt,
Amtsgerichtsrat.

Die überreichte löschungsfähige Quittung des Rentiers Paul Schumacher, die der Unterschrift nach notariell beglaubigt ist, lautet:

Berlin, den 1. Juli 1925.

Im Grundbuche von Lobau Bd. VI Bl. Nr. 180 steht in Abt. III Nr. 4 eine Darlehnshypothek von 12000 RM. zu acht vom Hundert jährlich verzinslich für mich eingetragen. Ich habe diese 12000 RM. nebst Zinsen bis heute von dem Grundstückseigentümer, Schmiedemeister Karl Lehmann in Lobau, am 6. Juni 1925 gezahlt erhalten und willige in die Löschung der Hypothek nebst Zinsen im Grundbuche.

Paul Schumacher.

Lehmann hat also schon im Jahre 1925 Zahlung geleistet und die ihm damals ausgestellte löschungsfähige Quittung sowie den ihm übergebenen Hypothekenbrief bis zum Jahre 1928 aufbewahrt, wo er wieder 12000 RM. gebraucht und sich diese Summe durch Abtretung der auf ihn mit ihrem Rangrecht übergegangenen Post leicht beschaffen kann. Fällt die Quittungsleistung und Annahme eines neuen Gläubigers zeitlich zusammen, so wird regelmäßig der bisherige Gläubiger auf Anweisung des Eigentümers die Hypothek an den neuen Gläubiger abtreten[3].

---

[1] Bei diesem Beispiel wird angenommen, daß dieselben Zins- und Zahlungsbestimmungen auch bei der abgetretenen Grundschuld gelten.

[2] Es könnte auch an Stelle des bisherigen Briefes die Erteilung eines neuen Briefes beantragt werden. § 65 GBO.

[3] Eine solche Abtretung kann der Eigentümer nur im Falle einer besonderen Vereinbarung verlangen. Das Grundbuchamt darf dafür die Hypothek auch dann nicht auf einen Dritten umschreiben, wenn ein Gläubiger des Eigentümers

Auf den Antrag Lehmanns ergeht die folgende Verfügung:

1. **Einzutragen in das Grundbuch von Lobau Bd. VI Bl. Nr. 180 Abt. III Sp. 5 bis 7.**

   Nr. 4. 12000 (i. W.) RM. abgetreten mit den Zinsen seit dem 1. Juli 1928 an den Kaufmann Richard Michaëlis in Berlin unter Umwandlung der zunächst als Grundschuld auf den Eigentümer übergegangenen Hypothek in eine Hypothek für eine Forderung aus einem Darlehn mit denselben Zins- und Zahlungsbestimmungen. Eingetragen am ... August 1928.

2. **Auf dem bisherigen Hypothekenbrief ist die Umschreibung und Umwandlung zu vermerken; die alte Schuldurkunde ist abzutrennen[1], eine zu fertigende Ausfertigung der Verhandlung vom 19. August 1928 ist mit dem Hypothekenbrief zu verbinden; der Hypothekenbrief ist sodann dem Michaëlis, die alte Schuldurkunde dem Eigentümer auszuhändigen.**

3. **Bekanntmachung an:**
   a) **den Eigentümer,**
   b) **den früheren Gläubiger.**

Lobau, den 19. August 1928. Schm.

Die Verfügung des Eigentümers über eine ihm anfallende Hypothek kann dadurch ausgeschlossen werden, daß er sich einem anderen, z. B. dem Hypothekengläubiger selbst (RG **52** 5), einem nachstehenden Hypothekar oder einem solchen gegenüber, der eine Nachhypothek erst erwerben will, verpflichtet, die Hypothek löschen zu lassen, wenn und soweit sie sich mit dem Eigentum in einer Person vereinigt. Zur Sicherung dieses Anspruchs auf Löschung, durch den man sich im voraus den besseren Rang sichert, kann eine Vormerkung in das Grundbuch eingetragen werden (KGJ **21** A 175; **25** A 166; vgl. auch unten § 120).

Ist dem Eigentümer nur ein Teil einer Hypothek zugefallen, so kann er nach § 1176 BGB über diesen Teil nicht zum Nachteil der dem Gläubiger verbleibenden Resthypothek verfügen. Geht also beim Grundbuchamt ein Antrag des Eigentümers auf Umschreibung der auf ihn übergegangenen Teilpost auf einen neuen Gläubiger ein, so muß der Richter von Amts wegen im Grundbuch eintragen lassen, daß dem dem alten Gläubiger verbleibenden Restbetrage der Hypothek der Vorrang vor dem abgetretenen Teil zusteht. Das Kammergericht nimmt dagegen an, daß eine solche Eintragung des Vorrangs überflüssig und daher unzulässig sei, weil nach § 1176 BGB bei teilweiser Tilgung einer Hypothek dem Gläubiger bezüglich des nicht getilgten Teiles vor dem zur Eigentümerhypothek gewordenen getilgten Teil kraft Gesetzes das Vorzugsrecht zu-

---

den angeblichen Anspruch des Eigentümers auf Erteilung der Abtretungserklärung hat pfänden und sich zur Einziehung überweisen lassen und der Hypothekengläubiger auf Grund des Pfändungs- und Überweisungsbeschlusses die Eigentümerhypothek an den Dritten, insbesondere den Pfändungsgläubiger, selbst abtritt (KGJ **39** A 230).

[1] § 65 GBO.

steht, ohne daß es einer durch Eintragung zu sichernden Vereinbarung des Gläubigers und Schuldners bedürfe (KGJ **28** A 139). Den Interessen des Verkehrs dürfte es aber dienlicher sein, das Rangverhältnis im Grundbuch und auf den Briefen zum Ausdruck zu bringen, weil die Beteiligten in den seltensten Fällen die zur klaren Erkenntnis der Rechtslage erforderlichen Kenntnisse besitzen werden.

Die Eintragung eines Verzichts auf die Eigentümergrundschuld ist unzulässig. Dies gilt auch, wenn auf die aufgewertete Eigentümergrundschuld verzichtet wird. JFG **4** 433.

Eine unter der Herrschaft der preußischen Grundbuchgesetze vom 5. Mai 1872 entstandene Eigentümerhypothek hat sich nicht in eine Grundschuld gemäß § 1177 Abs. 1 BGB[1], sondern in eine Eigentümerhypothek des BGB verwandelt, da nach früherem Recht dem Eigentümer, auch wenn er zugleich der persönliche Schuldner war, die Forderung zustand. In diesen Fällen kann also der Eigentümer die Forderung mit der Hypothek abtreten (KGJ **21** A 160).

Wegen der besonderen Vorschriften für die Gesamthypotheken vgl. §§ 1172 bis 1174 BGB und unten § 119 a. E.

Die Sicherungshypothek.

§ 114. Übersicht.

Eine Sicherungshypothek liegt vor, wenn eine Hypothek in der Weise bestellt wird, daß das Recht des Gläubigers aus der Hypothek sich nur nach der Forderung bestimmt und sich der Gläubiger zum Beweise der Forderung nicht auf die Eintragung berufen kann. § 1184 Abs. 1 BGB. Die Sicherungshypothek unterscheidet sich also von einer sonstigen Hypothek dadurch, daß bei der ersteren der Eigentümer Einreden aus der Forderung gegenüber jedem Gläubiger, auch gegenüber dem gutgläubigen Erwerber, geltend machen kann, während bei der letzteren solche Einreden wegen des öffentlichen Glaubens des Grundbuchs unzulässig sind (KGJ **25** A 170). Die Sicherungshypothek ist die Hypothek des gemeinen (römischen) Rechts, die Verkehrshypothek verdankt ihre Ausbildung der neueren Grundbuch- und Hypothekengesetzgebung.

Die Sicherungshypothek ist hiernach kein Verkehrsgegenstand, da jeder dritte Erwerber Gefahr läuft, daß sein erworbenes Forderungsrecht durch Einreden des Eigentümers beeinträchtigt oder beseitigt wird.

Man unterscheidet drei Arten der Sicherungshypothek:

1. Die Sicherungshypothek im engeren Sinne, bei der eine Hypothek zu einem festen Betrage für eine bestimmte Forderung eingetragen wird.

---

[1] Dies nahm ursprünglich das KG an (KGJ **20** A 282).

2. Die Höchstbetrags- oder Kautionshypothek, bei der nur ein Höchstbetrag für eine ihrem Betrage nach zunächst unbestimmte Forderung eingetragen wird.

3. Die Inhaber- oder Orderhypothek, bei der die Hypothek für die Forderung aus einer Schuldverschreibung auf den Inhaber oder aus einem Orderpapier bestellt wird, die Person des Gläubigers also ungewiß ist.

Dazu kommt dann noch die Hypothek, die kraft Gesetzes nur als Sicherungshypothek entstehen und bestehen kann. Hierher gehört die zur Vollstreckung einer Forderung und zur Vollziehung des Arrestes in ein Grundstück sowie die im Zwangsversteigerungsverfahren auf Ersuchen des Vollstreckungsgerichts zur Eintragung kommende Hypothek; vgl. auch die Bauhypothek, § 648 BGB und Abschnitt 2 des Reichsgesetzes über die Sicherung der Bauforderungen vom 1. Juni 1909 (RGBl S. 449).

Ferner gibt es Fälle, wo eine Sicherungshypothek kraft Gesetzes entsteht und eine Berichtigung des Grundbuchs erforderlich wird. Z. B. § 848 ZPO und JFG **4** 339 (Sicherungshypothek des Gläubigers, der das aus der Auflassung sich ergebende Umschreibungsrecht gepfändet und die Eintragung des Erwerbers veranlaßt hat). Der nach Pfändung des Anspruchs auf Eigentumsübertragung gemäß § 848 Abs. 2 ZPO bestellte Sequester ist zur Stellung des Antrags auf Eintragung des Eigentums des Pfändungsschuldners auch dann befugt, wenn der Veräußerer das Grundstück nicht an den Sequester, sondern schon vor Pfändung an den Schuldner selbst aufgelassen hat, von letzterem aber ein Antrag auf Eintragung nicht gestellt ist (JFG **3** 297).

§ 115. Die Sicherungshypothek im engeren Sinne.

Der Eigentümer eines Grundstücks kann mit seinem Gläubiger vereinbaren, daß für die ihrem Grunde und Betrage nach bestimmte Forderung, z. B. für eine drei Monate nach Kündigung zahlbare, mit sechs vom Hundert in halbjährlichen Teilen verzinsliche Darlehnsforderung von 15000 RM. nicht eine regelmäßige Hypothek, sondern eine Sicherungshypothek auf dem Grundstück des Schuldners eingetragen wird. Er will sich auf diese Weise alle auf die Darlehnsforderung bezüglichen Einwendungen, z. B. daß ein Teil der Valuta nicht gezahlt oder daß ein Teil bereits getilgt sei, auch gegenüber jedem gutgläubigen Erwerber der Hypothek vorbehalten.

Zur Eintragung einer solchen Hypothek ist nur erforderlich, daß der Eigentümer die Eintragungsbewilligung in der Form des § 29 GBO erklärt; hinzukommen muß dann noch der Antrag gemäß § 13 GBO.

Die Forderung ist im Grundbuch in derselben Weise wie bei der Verkehrshypothek einzutragen, also durch Angabe des Geldbetrages, des Zinssatzes, der Nebenleistungen ihrem Geldbetrage nach, der Person des Gläubigers und bezüglich der sonstigen Punkte durch Bezugnahme auf die Eintragungsbewilligung (KGJ **23** A 237). Jedoch ist nach § 1184 Abs. 2 BGB die Sicherungshypothek als solche im Grundbuch zu bezeichnen, damit jeder sofort erkennen kann, daß es sich nicht um eine verkehrsfähige Hypothek handelt; dagegen bedarf es der Eintragung der Ausschließung des Hypothekenbriefes nicht, weil sich aus der Bezeichnung der Hypothek als Sicherungshypothek gemäß § 1185 Abs. 1 BGB ohne weiteres ergibt, daß ein Brief nicht gebildet ist.

Beispiel:

Lobau, den 6. März 1928.
Amtsgericht.

Eingegangen denselben,
14 Uhr 30 Minuten.
Schmidt.

Es erschien vor dem unterzeichneten Richter:
der Fabrikbesitzer Paul Lindstedt in Lobau.
Der Erschienene ist dem Richter von Person bekannt.
Er erklärte:

Ich bekenne, dem Kaufmann Karl Hamburger in Berlin W, Potsdamer Str. 23, 15000 RM. — fünfzehntausend RM. — als Darlehn zu verschulden. Dieses Kapital soll vom 1. April 1928 ab mit sechs vom Hundert jährlich in halbjährlichen Teilen verzinst und drei Monate nach Kündigung zurückgezahlt werden.

Für diese Forderung bestelle ich an meinem, im Grundbuche von Lobau Bd. I Bl. Nr. 6 verzeichneten Grundstück eine Sicherungshypothek. Zugleich bewillige und beantrage ich die Eintragung der Sicherungshypothek im Grundbuche.

Die Kosten übernehme ich.

v. g. u.
Paul Lindstedt.
Schmidt,
Amtsgerichtsrat.

Darauf wird verfügt:

1. Einzutragen in das Grundbuch von Lobau Bd. I Bl. Nr. 6 Abt. III Sp. 1 bis 4.
   Sp. 1. 4.
   Sp. 2. 1 und 2.
   Sp. 3. 15000.
   Sp. 4. Sicherungshypothek für eine mit sechs vom Hundert jährlich verzinsliche Darlehnsforderung von fünfzehntausend RM. für den Kaufmann Karl Hamburger in Berlin. Wegen der Zins- und Rückzahlungsbedingungen wird im übrigen auf die Eintragungsbewilligung vom 6. März 1928 Bezug genommen. Eingetragen am ... März 1928.
2. Bekanntmachung an:
   a) den Eigentümer,
   b) den Gläubiger.

Lobau, 6. März 1928. Schmidt.

Die Abtretung einer Sicherungshypothek erfolgt wie die einer Buchhypothek (Bewilligung des bisherigen Gläubigers und Eintragung des neuen Gläubigers im Grundbuch). §§ 1153, 1154 Abs. 3 BGB finden

Anwendung. Auch die Vorschriften über die Eigentümerhypothek gelten für die Sicherungshypothek[1].

Eine Sicherungshypothek kann in eine Verkehrshypothek, eine Verkehrshypothek kann in eine Sicherungshypothek umgewandelt werden. Die Zustimmung der im Range gleich- oder nachstehenden Berechtigten ist nicht erforderlich. § 1186 BGB. Eine Sicherungshypothek kann auch in eine Grundschuld oder Rentenschuld umgewandelt werden.

Zur Eintragung der Umwandlung im Grundbuch genügt es, daß der Eigentümer und der Gläubiger ihre Zustimmung in der Form des § 29 GBO erklärt haben (KGJ **21** A 158). Der Zustimmung des vom Eigentümer verschiedenen persönlichen Schuldners bedarf es zur Umwandlung der Sicherungshypothek nicht. Bei der Umwandlung kann an die Stelle der bisherigen Forderung eine andere Forderung gesetzt werden. Bei der Umwandlung der Sicherungshypothek in eine Briefhypothek muß natürlich ein Brief gebildet und dem Gläubiger ausgehändigt werden. Wird eine Briefhypothek in eine Sicherungshypothek umgewandelt, so muß der Brief unbrauchbar gemacht und die Schuldurkunde abgetrennt und zurückgegeben werden. § 65 GBO.

§ 116. Die Höchstbetrags- oder Kautionshypothek.

Wird eine Sicherungshypothek in der Weise bestellt, daß nur der Höchstbetrag, bis zu dem das Grundstück haften soll, bestimmt, im übrigen die Feststellung der Forderung vorbehalten wird, so liegt eine sogenannte Höchstbetrags- (Ultimat-, Maximal-Kautions-) Hypothek vor. § 1190 Abs. 1 BGB. Auf mehreren Grundstücken kann sie nur als Gesamthöchstbetragshypothek eingetragen werden (KGJ **49** 222). Die Eintragung mehrerer selbständiger Höchstbetragshypotheken für denselben Forderungskreis (KGJ a. a. O.; siehe auch KGJ **53** 210) erscheint bedenklich, weil sie geeignet ist, Verwirrung zu stiften. Ist aber entgegen diesem Bedenken ein Eintrag einmal geschehen, so ist er dann nicht inhaltlich unzulässig, wenn die spätere Hypothek lediglich dazu bestimmt ist, denjenigen Betrag der schließlich festzustellenden Gesamtforderung zu decken, der den Höchstbetrag der früheren Hypothek übersteigt (s. RG **118** 162, sowie JFG **1** 492 und **4** 422). Durch die Höchstbetragshypothek wird das Grundstück sogleich durch Eintragung zum vollen eingetragenen Höchstbetrage unbedingt belastet; die Höchstbetragshypothek ist nicht etwa als eine bedingte Hypothek anzusehen, deren Entstehung davon abhängt, daß dem Gläubiger Forderungen gegen den Eigentümer erwachsen. Ungewißheit besteht vielmehr nur darüber, ob oder zu welchem Betrage die Hypothek dem Gläubiger oder dem Eigentümer gebührt. Hiernach muß stets der Höchstbetrag, bis zu

---

[1] KGJ **21** A 155; vgl. § 868, 932 Abs. 2 ZPO. Eine Vormerkung zur Sicherung des Anspruchs auf Einräumung einer Sicherungshypothek kann nicht zur Eigentümerhypothek werden (KGJ **25** A 170).

dem das Grundstück für die Forderung haften soll, im Grundbuch eingetragen werden; dieser Höchstbetrag schließt nicht nur das später festzustellende Kapital der Forderung, sondern auch die etwa von ihm zu entrichtenden Zinsen in sich. § 1190 Abs. 2 BGB. Für rückständige Zinsen der Forderung haftet die Sicherungshypothek also nur dann, wenn durch ihre Hinzurechnung zu der Forderung die Maximalgrenze der Hypothek nicht überschritten wird (KGJ **21** A 150). Die Verzinslichkeit und der Zinssatz der einer Höchstbetragshypothek zugrunde liegenden Forderung sind nicht eintragungsfähig (KGJ **39** A 256). Die Eintragung einer Sicherungshypothek zum Höchstbetrage einer bestimmten Summe und laufender Zinsen ist nur bezüglich der Zinsen ihrem Inhalte nach unzulässig, im übrigen gültig (KGJ **31** A 331). Die Feststellung des Betrages der Forderung bleibt einer späteren Zeit vorbehalten; hierdurch unterscheidet sich die Höchstbetragshypothek von der Sicherungshypothek im engeren Sinne, bei der der Forderungsbetrag von vornherein feststeht (vgl. oben § 115)[1].

Der Vorbehalt kann sich aber nicht nur auf den Betrag der Forderung, sondern auf alle ihre Merkmale mit Ausnahme des Höchstbetrags und der Person des Gläubigers, also auch auf die Person des Schuldners und den Schuldgrund beziehen (KGJ **35** A 284).

Für die Höchstbetragshypothek gelten im übrigen dieselben Vorschriften wie für die Sicherungshypothek im engeren Sinne. Zur Eintragung genügt außer dem Antrage gemäß § 13 GBO die Eintragungsbewilligung des Eigentümers in der Form des § 29 GBO. Die Erteilung eines Hypothekenbriefes ist auch hier kraft Gesetzes ausgeschlossen. Die Höchstbetragshypothek gilt als Sicherungshypothek, auch wenn sie im Grundbuch nicht als solche bezeichnet ist. Jedoch ist es unzulässig, bei der Höchstbetragshypothek den Vermerk einzutragen, daß sich der Eigentümer in Ansehung der Hypothek der sofortigen Zwangsvollstreckung unterworfen habe und die Zwangsvollstreckung gegen den jeweiligen Eigentümer zulässig sein soll; denn eine sofortige Zwangsvollstreckung wegen zukünftiger, ungewisser und der Höhe nach unbestimmter Ansprüche ist unzulässig (KGJ **28** A 150).

Die Höchstbetragshypothek kommt z. B. vor, wenn für die aus der Amtsführung eines Vormundes oder eines Beamten etwa entstehenden Forderungen eine Hypothek auf dem Grundstück des Vormundes oder des Beamten eingetragen werden soll.

Besonders häufig aber dient sie dazu, die aus einer laufenden Geschäftsverbindung zwischen dem Eigentümer[2] eines Grundstücks und

[1] Es kann aber auch für eine unter den Beteiligten nach Grund und Betrag bereits feststehende Forderung eine Hypothek in der Weise bestellt werden, daß im Grundbuch nur der Höchstbetrag, bis zu dem das Grundstück haften soll, nicht aber die Forderung als feststehend bezeichnet wird (KGJ **34** A 320).

[2] Auch zwischen dem Eigentümer und dessen allgemeinen Rechtsnachfolgern oder dessen Nachfolgern im Eigentum des Grundstücks (KGJ **44** 362, Oberstes Landesgericht München).

einem anderen entstehenden Forderungen des letzteren gegen jenen bis zu einem fest bestimmten Höchstbetrage zu sichern. Hierbei können die Beteiligten den Kreis der in die Haftsumme fallenden Forderungen dergestalt umgrenzen, daß die Hypothek nur zur Befriedigung der aus einem bestimmten Rechtsverhältnis, einer bestimmten Geschäftsverbindung sich ergebenden Forderungen dienen soll; dann muß das die Grundlage der Forderung bildende Rechtsverhältnis jedenfalls mittelbar durch Bezugnahme auf die Eintragungsbewilligung in das Grundbuch eingetragen werden. Ist aber die Höchstbetragshypothek für alle Ansprüche bestellt, die irgendwann und aus irgendwelchem Grunde dem Gläubiger gegen den Schuldner erwachsen sind oder erwachsen werden, so daß innerhalb des eingetragenen Höchstbetrags der Gläubiger jede Forderung gegen den Schuldner geltend machen kann, so ist auch die Bezugnahme auf die Eintragungsbewilligung mangels einer angegebenen Forderung nicht erforderlich (KGJ **23** A 237). Dasselbe gilt hinsichtlich des Schuldners, falls dessen Feststellung vorbehalten ist. Ist aber, was die Regel bilden wird, der persönliche Schuldner bestimmt, so muß er durch unmittelbare Eintragung oder durch Bezugnahme auf die Eintragungsbewilligung erkennbar gemacht werden (KGJ **35** A 279). Dies kann dann unterbleiben, wenn der eingetragene Eigentümer der persönliche Schuldner ist (KGJ **47** 198, abweichend von der oben erwähnten Entsch. im 35. Bande).

Beispiel:

Lobau, den 25. April 1928. Amtsgericht.

Eingegangen am 25. April 1928. 10 Uhr 27 Minuten. Schmidt.

Es erschien vor dem unterzeichneten Richter:
der Kaufmann Karl Rosenberg aus Lobau.
Der Erschienene ist dem Richter von Person bekannt.
Er erklärte:

Ich stehe mit dem Mühlenbesitzer Friedrich Scherz in Lobau dergestalt in Geschäftsverbindung, daß dieser an mich das in seiner Mühle hergestellte Mehl zum Weiterverkauf veräußert.

Wegen aller für Scherz aus dieser Geschäftsverbindung gegen mich bereits entstandenen oder künftig entstehenden Ansprüche bestelle ich bis zu einem Höchstbetrage von 20000 RM. — zwanzigtausend RM. — an meinem im Grundbuch von Lobau Bd. XXI Bl. Nr. 536 eingetragenen Grundstücke Hypothek und bewillige und beantrage die Eintragung dieser Höchstbetragshypothek im Grundbuche.

Die Kosten übernehme ich.

v. g. u.
Karl Rosenberg.
Schmidt,
Amtsgerichtsrat.

Darauf wird verfügt:

1. **Einzutragen im Grundbuche von Lobau Bd. XXI Bl. Nr. 536 Abt. III Sp. 1 bis 4.**
   Sp. 1. Nr. 6.
   Sp. 3. 1 bis 3.
   Sp. 3. 20000.

Sp. 4. Sicherungshypothek zum Höchstbetrage von zwanzigtausend RM. für den Mühlenbesitzer Friedrich Scherz in Lobau unter Bezugnahme auf die Eintragungsbewilligung vom 25. April 1928. Eingetragen am ... April 1928.

2. **Bekanntmachung an:**
   a) **den Eigentümer,**
   b) **den Gläubiger.**

Lobau, 25. April 1928. **Schmidt.**

Das zugrunde liegende Rechtsverhältnis braucht nicht eingetragen zu werden; es genügt die Bezugnahme auf die Eintragungsbewilligung. Diese fehlt zwar in der Probeeintragung des amtlichen Formulars. Die Probeeintragung gibt aber ein Beispiel der Unbestimmtheit der Forderung im weitesten Sinne (vgl. oben), trifft also im vorstehenden Beispiel nicht zu (KGJ **23** A 237).

Die Vorschrift des § 1163 Abs. 1 BGB findet auch auf Höchstbetragshypotheken Anwendung.

Das Reichsgericht nimmt neuerdings entgegen früheren Entscheidungen (RG **51** 115; **56** 322) an, daß die Höchstbetragshypothek von vornherein, soweit die Forderung noch nicht entstanden ist, Eigentümergrundschuld werde, die indes vorläufig einer Eintragung im Grundbuch nicht fähig und nicht zugänglich sei (RG **61** 374; **75** 249; **78** 409; **84** 80; **97** 223). Dieser Ansicht ist auch das KG beigetreten (KGJ **45** 290; **49** 225 gegen KGJ **28** A 269; **30** A 243; **35** A 317). Auch wenn der Eigentümer während der Dauer des Vertragsverhältnisses eine Zahlung leistet, kann er den Unterschied zwischen Kautionssumme und Forderungsbetrag nicht als Eigentümergrundschuld verwerten. Erst dann, wenn bei der endgültigen Abrechnung die Forderung weniger beträgt als die eingetragene Summe, kann der Eigentümer über das Mehr als endgültige Eigentümergrundschuld grundbuchmäßig verfügen.

Hat zwischenzeitlich ein Eigentumswechsel stattgefunden, so fällt die Eigentümerhypothek demjenigen zu, welcher zur Zeit der Entstehung der Höchstbetragshypothek Eigentümer des Grundstücks war (RG **51** 398; **55** 217). Zur Löschung der Hypothek ist daher seine Zustimmung erforderlich (JFG **2** 441, OLG Dresden).

Die einseitige Erklärung des Gläubigers, es sei für ihn aus dem gesicherten Rechtsverhältnis nur eine Forderung von bestimmter Höhe entstanden, genügt nicht, um darzutun, daß der überschießende Teil der Sicherungshypothek eine endgültige Eigentümergrundschuld darstellt. Vielmehr kann die Feststellung der Forderung, für die eine Sicherungshypothek haftet, nur durch Vertrag zwischen Gläubiger und Schuldner oder durch Urteil erfolgen (KGJ **35** A 317). Bei der Umschreibung der Sicherungshypothek auf den Eigentümer ist kein Grundschuldbrief zu erteilen (KGJ **34** A 340 OLG Dresden).

Die Höchstbetragshypothek kann gleichzeitig zur Sicherung mehrerer Gläubiger so bestellt werden, daß sie nur dann und insoweit für die Forderungen aus dem an die zweite Stelle gesetzten Schuldverhältnis in Betracht kommt, wenn und insoweit die endgültig festgestellten Forderungen des an die erste Stelle gesetzten Gläubigers hinter dem Höchstbetrage der Sicherungshypothek zurückbleiben (KGJ **22** A 160; a. M. Eccius D. Jur.Ztg. 1902 S. 62 und RG **75** 247). Auch während des Bestehens der Höchstbetragshypothek kann der Eigentümer mit Zustimmung des eingetragenen Gläubigers einen zweiten Gläubiger mit der Bestimmung eintragen lassen, daß ihm die Sicherungshypothek nur für den Anteil haften soll, den der erste Gläubiger an ihr nicht verbraucht[1]. Ein Grundstück kann auch zugunsten desselben Gläubigers mit mehreren Höchstbetragshypotheken in der Weise belastet werden, daß durch jede der nachgehenden Hypotheken immer nur der Forderungsteil bis zum Höchstbetrage der einzelnen Hypothek gesichert wird, der den durch die vorgehende Hypothek gesicherten Teil übersteigt. JFG **4** 422; RGJW **28** 501 (OLG Dresden).

Ferner kann eine Forderungsauswechslung gemäß § 1180 BGB stattfinden (KGJ **45** 286; **49** 224; RG **60** 239).

Dagegen ist die Bestellung der Hypothek für mehrere Forderungen gegen verschiedene, nicht in einer Verpflichtungsgemeinschaft stehende Schuldner unzulässig (RG **75** 245; **118** 354; KGJ **45** 289; **46** 229; **47** 201; JFG **2** 439, OLG Dresden)[2]. Wohl aber ist für statthaft zu erachten die Bestellung der Hypothek für Forderungen aus dem Kreditverhältnis zwischen dem Gläubiger einerseits und dem Eigentümer des Grundstücks sowie dessen allgemeinem Rechtsnachfolger oder dessen Nachfolger im Eigentum des Grundstücks andererseits (KGJ **44** 362, Oberstes Landesgericht München).

Die Erweiterung der Hypothek durch nachträgliche Erhöhung des eingetragenen Höchstbetrags ist nicht angängig (KGJ **40** 282). Als eine Erweiterung gilt aber nicht die Umwandlung der Höchstbetragshypothek in eine verzinsliche Verkehrshypothek oder Grundschuld von gleicher Höhe (RG **60** 243; KGJ **40** 321). Über die Umwandlung in eine Gläubigergrundschuld s. KG vom 23. Dezember 1926, Rspr 1927 S. 264.

Die vor dem 1. Januar 1900 eingetragenen Kautionshypotheken sind zu Höchstbetragshypotheken im Sinne des § 1190 BGB ge-

---

[1] Ist das Vermögen einer Aktiengesellschaft gemäß § 306 HGB auf eine andere Aktiengesellschaft übergegangen, so kann bei einer für die erstere eingetragenen Höchstbetragshypothek zusätzlich vermerkt werden, daß die Hypothek auch für die Forderungen der übernehmenden Gesellschaft aus deren Fortsetzung der Geschäftsverbindung mit dem Schuldner hafte (KGJ **28** A 145).

[2] Auch die Bezeichnung des Schuldners ausschließlich nach der von ihm geführten Firma ist nicht angängig (KG vom 9. Dezember 1926, Rspr 1927 S. 203).

worden. Art. 192 EGBGB (RG **49** 162; **52** 411; KGJ **25** A 173)[1]. Nur dann ist dies nicht der Fall, wenn zu der Zeit, zu der das Grundbuch als angelegt anzusehen ist, ausgeschlossen ist, daß aus dem Verhältnis, für das die Kautionshypothek eingetragen war, eine Forderung zur Entstehung kommen kann, z. B. wenn die zugrunde liegende Geschäftsverbindung abgebrochen ist, ohne daß es zur Begründung eines Schuldverhältnisses gekommen ist (KGJ **21** A 150).

Die Übertragung der Höchstbetragshypothek und ihre Umschreibung im Grundbuch folgt keinen besonderen Regeln. Die Forderung kann schon vor ziffermäßiger Feststellung mit der Hypothek ganz oder zum Teil abgetreten und auf den neuen Gläubiger umgeschrieben werden (KGJ **24** A 253). Insbesondere ist die Teilung der ganzen Hypothek gemäß § 1151 BGB zulässig, wenn zwar die Forderung noch nicht zum vollen Betrage entstanden, die Forderung aber verzinslich ist und durch die Zinsen der volle Betrag erreicht werden kann. (KGJ **51** 340, OLG Dresden.)

Die durch eine Höchstbetragshypothek gesicherte Forderung kann auch nach den für die Übertragung von Forderungen geltenden allgemeinen Vorschriften, also nach den §§ 398ff. BGB, übertragen werden; in diesem Falle ist aber der Übergang der Hypothek ausgeschlossen. § 1190 Abs. 4 BGB.[2] Der Gläubiger kann aber auch die Forderung mit der Hypothek in der Form des § 1154 Abs. 3 BGB (Eintragungsbewilligung und Eintragung im Grundbuch) übertragen, jedoch mit der Wirkung, daß er für den Fall der Feststellung eines die abgetretene Summe übersteigenden Betrags der Forderung die Hypothek insoweit verliert, als dieser Betrag die Grenze der eingetragenen Haftungssumme überschreitet (KGJ **24** A 253). Dagegen kann ebenso wie die Verkehrshypothek auch die Sicherungs-

[1] Eine nach früherem preußischen Grundbuchrecht eingetragene Kautionshypothek über Kosten und andere Nebenansprüche einer Hypothekenforderung ist mit dem Inkrafttreten des BGB zur Höchstbetragshypothek geworden, auf die die Vorschriften über Verwandlung einer Hypothek in eine Eigentümerhypothek Anwendung finden (KGJ **32** A 261).

[2] Diese Ausnahme beruht auf der Erwägung, daß die unbeschränkte Anwendung der in den §§ 1153, 1154 BGB für die Übertragung einer Hypothek gegebenen Vorschriften auf den Fall, in dem eine einzelne Forderung aus dem durch die Höchstbetragshypothek gesicherten Verhältnisse während der Dauer desselben übertragen wird, nicht angemessen sein würde, weil sie zu einer Minderung der Sicherheit für das Schlußguthaben des Gläubigers aus dem Rechtsverhältnis führen müßte. Motive zum I. Entw. BGB III, 768. Erklären Gläubiger und Eigentümer, daß die dem Gläubiger bis zu einem bestimmten Tage aus dem Kreditverkehr erwachsenen Forderungen nach den allgemeinen Vorschriften ohne die Hypothek an einen Dritten abgetreten seien und bewilligen und beantragen die Erklärenden die Eintragung, daß die Sicherungshypothek künftig nicht mehr für die Forderungen des Gläubigers, sondern wiederum für die an den Dritten abgetretenen Forderungen hafte, so darf das Grundbuchamt die Eintragung nicht von der Beibringung der Urkunde über die Abtretung der Forderungen an den Dritten abhängig machen (KGJ **32** A 269).

hypothek gemäß § 1153 Abs. 2 BGB grundsätzlich nicht ohne die durch sie gesicherte Forderung übertragen werden. Ist eine Forderung noch nicht entstanden, besteht aber das gesicherte Rechtsverhältnis und können aus diesen Forderungen entstehen, so kann der Gläubiger an sich die Höchstbetragshypothek auch allein übertragen; es geschieht dann die Übertragung unter dem Vorbehalt der demnächstigen Entstehung der Forderung (KGJ **28** A 269).

Vor der Feststellung der Forderung kann der Gläubiger die Sicherungshypothek in voller Höhe auch dann auf einen Dritten übertragen, wenn die bisher aus dem gesicherten Rechtsverhältnis entstandene Forderung den eingetragenen Höchstbetrag der Hypothek nicht erreicht (KGJ **35** A 317).

Soll die Höchstbetragshypothek in eine Verkehrshypothek[1] gemäß § 1186 BGB umgewandelt werden, so bedarf es der Feststellung (Erklärung) des Grundstückseigentümers, daß dem Hypothekengläubiger eine bestimmte Forderung zusteht. Dies gilt besonders, wenn die Umwandlung in voller Höhe erfolgen und außerdem Zinsen eingetragen werden sollen[2]. Auch können die Zinsen, die bisher gemäß § 1190 Abs. 2 BGB in den Höchstbetrag eingerechnet waren, ohne Zustimmung der im Range gleich- oder nachstehenden Berechtigten nur vom Eintragungstage an eingetragen werden (KGJ **25** A 173; **40** 231; **45** 286).

Die bis zum Tage der Eintragung der Umwandlung fälligen Zinsen dürfen auch dann nicht neben dem Kapitalbetrag eingetragen werden, wenn die im Range gleich- oder nachstehenden Berechtigten zustimmen (KGJ **31** A 337; **44** 298). Die Sicherungshypothek kann in eine gewöhnliche Hypothek nicht nur für die festgestellte, sondern auch für eine andere Forderung des Gläubigers umgewandelt werden. Diese andere Forderung ist bestimmt zu bezeichnen; die Vorlegung einer Schuldurkunde ist nicht erforderlich (KGJ **31** A 337; **45** 286).

Ist der Geschäftsverkehr, zu dessen Sicherung die Höchstbetragshypothek bestellt ist, beendet und das Schlußguthaben festgestellt, so ist die bisher unbestimmte Forderung zu einer bestimmten geworden. Soweit das Schlußguthaben den eingetragenen Höchstbetrag nicht erreicht, unterliegt die Höchstbetragshypothek der freien Verfügung des Eigentümers. Über den eingetragenen Höchstbetrag hinaus haftet das Grundstück auch für gesetzliche Zinsen nicht (KGJ **35** A 317).

---

[1] Bei Umwandlung der Höchstbetragshypothek in eine Grundschuld kann die Feststellung der Forderung unterbleiben, wenn Gläubiger und Eigentümer sie bewilligen und nach Bestellung der Hypothek ein Wechsel im Eigentum nicht eingetreten ist. Liegt ein Wechsel im Eigentum vor, so bedarf es zur Umwandlung der Zustimmung des Bestellers. KG 30. Dezember 1926 Rspr **27** 264 = DNotV **27** 461.

[2] Über die Zulässigkeit dieser Umwandlung vgl. RG **60** 243.

Ist eine Sicherungshypothek für eine auf Lebenszeit des Gläubigers beschränkte Forderung eingetragen, so kann, selbst wenn Rückstände nicht ausgeschlossen sind, die Hypothek nach Ablauf eines Jahres seit dem Tode des Gläubigers ohne Bewilligung seiner Erben auf Antrag des Grundstückseigentümers gelöscht werden (KGJ **34** A 312).

§ 117. Die Inhaber- und Orderhypothek.

Die Forderungen aus Inhaber- oder Orderpapieren widerstreben ihrer auf leichte Übertragbarkeit gerichteten Natur nach der Verbindung mit Hypotheken. Bei der Schuldverschreibung auf den Inhaber ist der jeweilige Besitzer des Papiers zur Geltendmachung der Forderung legitimiert. § 793 BGB. Die Rechte aus Orderpapieren gehen durch Indossament und Übergabe des indossierten Papiers auf den Erwerber über. § 364 HGB; Art. 9 ff. WO. Durch die Verbindung mit der nicht leicht begebbaren Hypothek scheint die Umlauffähigkeit solcher Papiere gestört zu werden. Da sich aber das Bedürfnis nach hypothekarischer Sicherung jener Forderungen, besonders bei der Großindustrie und den Großgrundbesitzern, herausgestellt hat und in diesen Betrieben große, in gleichwertige Teilschuldverschreibungen zerlegte Kapitalien zu angemessenem Zinssatze häufig nur bei hypothekarischer Sicherung zu erlangen sind, so ist in den §§ 1187 bis 1189 BGB die Inhaber- und Orderhypothek in das Gesetz aufgenommen und in einer Weise geregelt, die die leichte Begebbarkeit ermöglicht.

Zur Bestellung der Inhaberhypothek genügt die Eintragungsbewilligung des Eigentümers in der Form des § 29 GBO und ein Antrag gemäß § 13 GBO sowie die Eintragung in das Grundbuch. Der Grundbuchrichter darf aber die Inhaberhypothek nicht eher eintragen, als bis ihm die staatliche Genehmigung (§ 795 Abs. 1 BGB) in der Form des § 29 Satz 2 GBO nachgewiesen ist (vgl. RG **59** 381). Dagegen brauchen die Schuldverschreibungen auf den Inhaber dem Richter nicht vorgelegt zu werden. Dies gilt aber nur bei der ersten Eintragung der Hypothek. Sollen später Veränderungen eingetragen werden, so soll die Eintragung nur erfolgen, wenn die Urkunden vorgelegt werden; die Eintragung ist auf den Urkunden zu vermerken. § 44 Abs. 1 GBO.

Bei der Eintragung der Inhaberhypothek braucht der Gläubiger in das Grundbuch nicht eingetragen zu werden. Die Inhaberhypothek ist stets eine Sicherungshypothek (oben § 114), auch wenn sie als solche im Grundbuch nicht bezeichnet ist. Die Erteilung eines Hypothekenbriefes ist also kraft Gesetzes ausgeschlossen. Ist die Forderung in Teilschuldverschreibungen auf den Inhaber zerlegt, so genügt es bei der Eintragung der Hypothek, wenn der Gesamtbetrag unter Angabe der Anzahl, des Betrags und der Bezeichnung der Teile eingetragen wird. § 51 Abs. 1 GBO. Wird für einen realen Teil der Anleihe eine Sicherungshypothek bestellt, so müssen aus der Eintragung die Teilschuldverschreibungen hervorgehen, die durch die Hypothek gesichert werden. Eine hiergegen verstoßende Eintragung ist unzulässig (KG **53** 210; JFG **3** 424, 429, OL Dresden). Soll, was zulässig ist (KGJ **30** A 284; **35** A 279, **40** 314), eine Höchstbetragshypothek eingetragen werden, so findet § 51 GBO keine Anwendung (JFG **4** 425 und KG vom 28. April 1927, Rspr S. 782).

Bei Bestellung der Inhaberhypothek kann ein Vertreter (Treuhänder) für die jeweiligen Gläubiger mit der Befugnis im Grundbuch eingetragen werden, mit Wirkung für und gegen jeden späteren Gläubiger bestimmte Verfügungen über die Hypothek zu treffen und den Gläubiger bei der Geltendmachung der Hypothek zu vertreten. § 1189 BGB. Dem Vertreter kann auch die Befugnis zur Ernennung eines Nachfolgers verliehen werden. (KGJ **51** 304). Ohne weiteres hat er diese Befugnis nicht (KGJ **45** 282). Erfolgt eine Eintragung bei der Hypothek auf Grund der Bewilligung des Vertreters[1], so braucht das Inhaberpapier nicht zur Vermerkung der Eintragung vorgelegt zu werden. § 44 Abs. 2 GBO. Der bestellte Treuhänder muß in das Grundbuch eingetragen werden. § 1189 Abs. 1 BGB. Über den Umfang der Pflichten dieses Grundbuchvertreters s. RG **117** 369. Neben dem Treuhänder ist auch der Gläubiger, falls nicht etwa dem Treuhänder die ausschließliche Vertretungsmacht eingeräumt ist, zur grundbuchmäßigen Verfügung über die Hypothek befugt; er muß aber nach § 44 Abs. 1 GBO die Urkunden zur Vermerkung der Eintragung vorlegen.

Die Eintragung einer Inhaberhypothek lautet z. B.:

100000 RM. — einhunderttausend RM. — Sicherungshypothek für 100 mit 6 vom Hundert jährlich verzinsliche Schuldverschreibungen auf den Inhaber über je 1000 RM. Wegen der Zinszahlungs- und Rückzahlungsbedingungen wird auf die Eintragungsbewilligung vom 12. März 1928 Bezug genommen. Zum Vertreter der Gläubiger ist der Kaufmann Karl Hamburger in Breslau bestellt. Eingetragen am 24. April 1928.
Schmidt. Lehmann.

Die Übertragung der Inhaberhypothekenforderung erfolgt einfach durch Übergabe der Inhaberschuldverschreibung; die sonst bei Übertragung von Hypotheken geltende Vorschrift des § 1154 Abs. 3 BGB findet keine Anwendung.

Die Orderhypothek wird für eine Forderung aus einem Wechsel oder einem anderen Papier, das durch Indossament übertragen werden kann, bestellt; es kommen hauptsächlich die von einem Kaufmann ausgestellten, an Order lautenden Verpflichtungsscheine in Betracht. Die Orderhypothek folgt im allgemeinen denselben Vorschriften wie die Inhaberhypothek. Bei der Eintragung muß der „erste Nehmer oder der durch Indossament legitimierte Inhaber des Papiers" als Gläubiger eingetragen

[1] Unter Umständen genügt seine Zustimmung (KGJ **50** 198).

werden. Es genügt nicht, wenn nur der erste Nehmer des Papiers als Gläubiger eingetragen wird (KGJ **22** D 28; **35** B 29).

Bei der Eintragung einer Hypothek für indossable kaufmännische Teilschuldverschreibungen genügt es, wenn der Gesamtbetrag der Hypothek unter Angabe der Anzahl, des Betrages und der Bezeichnung der Teile eingetragen wird. Aus der Eintragung müssen die Schuldverschreibungen hervorgehen, die durch die Hypothek gesichert werden. Sonst ist die Eintragung inhaltlich unzulässig. JFG **3** 424; s. auch JFG **3** 429 u. 436 (OLG Dresden u. Oberst. LG München).

Die Übertragung der Forderung, für die die Orderhypothek besteht, bedarf ebenso wie bei der Inhaberhypothek nicht der Einigung der Beteiligten und der Eintragung in das Grundbuch, sondern durch Übergabe des mit Indossament versehenen Papiers geht das Recht über. Wer das gehörig indossierte Papier erwirbt, erwirbt nach § 1153 Abs. 1 BGB damit auch die Hypothek. Der legitimierte Inhaber des Papiers ist zugleich als Gläubiger bezüglich der Hypothek ausgewiesen. § 44 Abs. 1 GBO. Eine Eintragung des Übergangs der Hypothek auf einen neuen Gläubiger findet nicht statt.

Die Bildung von Eigentümergrundschulden erfolgt wegen des Wertpapiercharakters der Schuldverschreibung oder des Orderpapiers nur, wenn das einmal beigegebene Papier vernichtet oder für kraftlos erklärt wird; in den übrigen Fällen entstehen nur Eigentümerhypotheken. Hierbei ist § 1179 BGB anwendbar, und es genügt zur Eintragung der Vormerkung entgegen dem Wortlaut des § 44 Abs. 2 GBO statt der Bewilligung die Zustimmung des nach § 1189 BGB bestellten Vertreters (KGJ **50** 198), so daß sich die Vorlage des Wertpapiers erübrigt.

§ 118. Die Zwangs- und Arresthypothek.

Die Zwangshypothek entsteht entweder durch Zwangsvollstreckung (Zwangshypothek im engeren Sinne) oder durch Vollziehung des dinglichen Arrestes (Arresthypothek). Das an einer Forderung erworbene Pfändungspfandrecht ergreift ohne weiteres die nach der Pfändung eingetragene Hypothek. JFG **4** 413.

Der Gläubiger, der einen vollstreckbaren Schuldtitel erlangt hat, kann sich wegen seiner Forderung aus dem Grundstück seines Schuldners gemäß § 866 ZPO unter anderem dadurch Befriedigung zu verschaffen suchen, daß er für seine Forderung eine Sicherungshypothek auf dem Grundstück seines Schuldners eintragen läßt[1]. Während der Dauer des Konkurses oder der Geschäftsaufsicht über den Schuldner ist die Eintragung zugunsten eines von dem Verfahren betroffenen Gläubigers unstatthaft.

[1] Wegen der Zwangshypothek am Bergwerke einer altrechtlichen Gewerkschaft s. KGJ **52** 208.

Dies ist von Amts wegen zu beachten. Erfolgt die Eintragung gleichwohl, so ist die Hypothek nichtig; es entsteht keine Eigentümergrundschuld (KGJ **50** 223). Eine Beschlagnahme des Grundstücks gemäß den Vorschriften des Zwangsversteigerungsgesetzes macht die Eintragung der Zwangshypothek gegenüber demjenigen unwirksam, zu dessen Gunsten die Beschlagnahme erfolgt ist, und zwar auch dann, wenn der Eintragungsantrag bereits vor der Beschlagnahme gestellt war (RG **84** 279 bis 281).

Soll eine Zwangshypothek eingetragen werden, so hat der Grundbuchrichter zu prüfen, ob die Zwangsvollstreckung statthaft ist (KGJ **53** 191; vgl. Anm. 3 S. 283); er hat also folgendes zu beachten:

1. Es muß der die Zwangshypothek beantragende Gläubiger gegen den Grundstückseigentümer einen zur Zwangsvollstreckung geeigneten Titel erlangt haben. Zu diesen Titeln gehören z. B. rechtskräftige oder vorläufig vollstreckbare Urteile der Gerichte, Vergleiche gemäß § 794 Nr. 1 ZPO, Kostenfestsetzungsbeschlüsse, Vollstreckungsbefehle, vollstreckbare Urkunden nach § 794 Nr. 5 ZPO u. a. Dem Grundbuchamt muß eine mit der Vollstreckungsklausel versehene Ausfertigung des Schuldtitels eingereicht werden[1].

2. Der an sich gemäß Nr. 1 zur Eintragung der Zwangshypothek geeignete Schuldtitel muß den Betrag von 500 RM. übersteigen. § 866 Abs. 3 ZPO[2]. Hierdurch soll die Zwangseintragung unerheblicher Forderungsbeträge tunlichst verhindert werden. Dabei handelt es sich nicht um die Eintragung einer wertbeständigen Hypothek im Sinne des § 14 Bekanntm. vom 13. Mai 1924 (RGBl I 552); es greift also bei Reichsmarkhypotheken nicht die im § 14 a. a. O. zugelassene Ausnahme von § 866 Abs. 3 ZPO Platz. JFG **3** 443. Es dürfen nur die in einem und demselben Schuldtitel für einen einzigen Gläubiger festgestellten mehrfachen Forderungen (Hauptforderungen im Sinne des § 4 ZPO) zur Erreichung des eintragungsfähigen Mindestbetrages von mehr als 500 RM. zusammengerechnet werden; eine Zusammenrechnung von Forderungen aus mehreren Schuldtiteln zur Ermöglichung der

---

[1] Wegen der Ansprüche aus der Industriebelastung findet die Zwangsvollstreckung auf Antrag der Bank für Deutsche Industrieobligationen statt; der Antrag ersetzt den vollstreckbaren Titel (§ 46 des Gesetzes vom 30. August 1924, RGBl II S. 257; § 1 der 7. Durchführungs-Vdg vom 5. Dezember 1925, RGBl II S. 1156).

[2] Die Zwangsvollstreckung durch Eintragung einer Sicherungshypothek auf Grund eines Urteils, durch das ein Schuldner zur Zahlung einer Geldsumme verurteilt ist und eines Urteils, durch das der Eigentümer eines Grundstücks auf Grund des Anfecht. G. zur Duldung der Zwangsvollstreckung wegen jener Geldschuld in das Grundstück verurteilt ist, richtet sich gegen den Eigentümer des Grundstücks, nicht gegen den Schuldner als dessen früheren Eigentümer. Die Hypothek kann eingetragen werden, wenn die Geldforderung an den Schuldner nach § 4 ZPO 500 RM. übersteigt. Es genügt in dieser Hinsicht nicht, daß der Wert des Gegenstandes des Anfechtungsprozesses infolge der Ausdehnung der Duldungspflicht auf Zinsen und Kosten mehr als 500 RM. beträgt (KGJ **37** A 303).

Zwangseintragung ist also unzulässig (KGJ **20** A 111; RG **48** 242; **84** 272). Dasselbe gilt, wenn die den Gegenstand des vollstreckbaren Schuldtitels bildenden Forderungen verschiedenen Gläubigern zustehen und nur zusammen den Betrag von 500 RM. übersteigen[1]. Ebenso können die in einem Kostenfestsetzungsbeschlusse festgesetzten Kosten für sich allein, auch wenn die urteilsmäßige Hauptforderung durch Zwangseintragung bereits gesichert ist oder gesichert werden konnte, nur dann als Zwangshypothek eingetragen werden, wenn die festgesetzte Kostensumme 500 RM. übersteigt (RG **61** 423; KGJ **20** A 113; **21** A 121). Dasselbe gilt auch für die Zwangseintragung von Grundsteuerforderungen. Ist auf Grund eines Schuldtitels ein Teilbetrag von über 500 RM. eingetragen worden, so darf der Gläubiger den Restbetrag desselben Schuldtitels dann nicht zur Eintragung bringen, wenn dieser den Betrag von 500 RM. nicht übersteigt (KGJ **40** 301).

3. Die allgemeinen Voraussetzungen der Zwangsvollstreckung müssen vorliegen. Es müssen also gemäß §§ 750ff. ZPO insbesondere die Personen, für und gegen welche die Vollstreckung stattfinden soll, in dem Urteil oder in der diesem beigefügten Vollstreckungsklausel namentlich bezeichnet sein; ferner muß der Schuldtitel dem Schuldner zugestellt[2], der im Schuldtitel für den Beginn der Vollstreckung etwa bestimmte Kalendertag abgelaufen sein[3]. Die Eintragung der Sicherungshypothek ist daher nur wegen bereits fälliger Forderungen zulässig (KGJ **52** 125). Wegen der künftig fällig werdenden Beträge kann nur die Eintragung einer Arresthypothek (vgl. unten) erwirkt werden (KGJ **26** A 297). Es muß ferner auch die dem Gläubiger etwa obliegende Sicherheit geleistet sein[4]. Alles dies muß dem Grundbuchrichter durch Urkunden nachgewiesen werden. Auch ist zu beachten, daß die Vollstreckung aus Kostenfestsetzungsbeschlüssen, die nicht auf das Urteil

---

[1] Werden dem Grundbuchamt gleichzeitig zwei Schuldtitel vorgelegt, deren einer sich auf die mehr als 500 RM. betragende Hauptforderung und deren anderer sich auf die weniger als 500 RM. betragende Kostennebenforderung bezieht, so kann die Zwangssicherungshypothek für beide Beträge zusammen eingetragen werden (KGJ **32** A 309, OLG Hamburg).

[2] Nachweis der Zustellung von Anwalt zu Anwalt gemäß § 198 ZPO muß dem Grundbuchrichter genügen. Die vor der Zustellung des vollstreckbaren Titels erfolgte Eintragung einer Zwangssicherungshypothek ist unwirksam. Der Mangel wird jedoch durch die nachträgliche Zustellung der Titels geheilt. Die Heilung ist nur gegenüber denjenigen Personen ausgeschlossen, die inzwischen ein Recht am Grundstück erworben haben (KGJ **34** A 323).

[3] Eine unter Verletzung des § 751 ZPO oder sonstiger zwingender Vorschriften der ZPO eingetragene Zwangshypothek ist nichtig (KGJ **43** 243; **49** 236; **52** 125).

[4] Eine ohne die erforderliche Sicherheitsleistung eingetragene Zwangshypothek ist nichtig, kann auch durch Nachholung der Sicherheitsleistung nicht wirksam werden (KGJ **53** 193).

gesetzt sind, und vollstreckbaren Urkunden (§ 794 Nr. 5 ZPO) nur beginnen darf, wenn der Schuldtitel mindestens eine Woche vorher zugestellt ist. § 698 ZPO. Nicht zu prüfen hat dagegen der Grundbuchrichter, ob die Vollstreckungsklausel zu Recht erteilt ist. — Hat sich der Eigentümer in einer nach § 794 Nr. 5 ZPO aufgenommenen Urkunde in Ansehung einer Hypothek, Grundschuld oder Rentenschuld der sofortigen Zwangsvollstreckung in der Weise unterworfen, daß die Zwangsvollstreckung aus der Urkunde gegen den jeweiligen Eigentümer des Grundstücks zulässig sein soll (s. oben § 95), so bedarf es bei der Zwangsvollstreckung gegen einen späteren, im Grundbuch eingetragenen Eigentümer nicht der Zustellung der den Erwerb des Eigentums nachweisenden öffentlichen oder öffentlich beglaubigten Urkunde. § 800 Abs. 2 ZPO. Ist ferner dem Rechtsnachfolger des Gläubigers eine vollstreckbare Ausfertigung erteilt, so ist die Zustellung der die Rechtsnachfolge nachweisenden öffentlichen oder öffentlich beglaubigten Urkunde nicht erforderlich, wenn der Rechtsnachfolger im Grundbuch eingetragen ist. § 799 ZPO.

Beim Fehlen einer prozeßrechtlichen Voraussetzung für eine Zwangseintragung, z. B. der für den Beginn der Zwangsvollstreckung geforderten namentlichen Bezeichnung desjenigen, gegen den die Zwangsvollstreckung stattfinden soll, ist für eine Zwischenverfügung gemäß § 18 GBO (s. oben § 40) kein Raum, vielmehr sofortige Zurückweisung des Eintragungsantrages gerechtfertigt. JurRdsch **26** 1476 (KG).

4. Die Eintragung muß nach den Vorschriften der Grundbuchordnung zulässig sein (KGJ **26** A 244). Ist also z. B. der im Schuldtitel bezeichnete Schuldner zwar Eigentümer des Grundstücks, aber nicht als solcher eingetragen, so muß gemäß § 40 Abs. 1 GBO die Eintragung abgelehnt werden. Der Gläubiger kann aber gemäß § 14 GBO (vgl. oben § 34) die Berichtigung des Grundbuchs durch Eintragung des Schuldners als Eigentümers bewirken und daraufhin die Zwangshypothek eintragen lassen[1]. Steht das Grundstück im Miteigentum zweier Eigentümer, so muß ein gegen beide gerichteter Vollstreckungsbefehl vorhanden sein (JFG **3** 391). Eine Zwangshypothek kann auch an einem zu einer Vorerbschaft gehörenden Grundstück eingetragen werden; es muß aber zuvor der Vorerbe als Eigentümer und das Recht der Nacherben eingetragen werden. Vgl. KGJ **27** A 133. — Die Eintragung einer Zwangshypothek ist ferner auf Grund eines gegen den Erblasser oder Nachlaßpfleger vollstreckbaren Titels zulässig, wenn der Erblasser (nicht der Erbe) als Eigentümer

---

[1] Ist der Antrag auf Eintragung des Eigentumswechsels durch Zwischenverfügung des Grundbuchamts beanstandet und vor Erledigung dieser Verfügung auf Grund eines gegen den Erwerber gerichteten Titels von einem Dritten die Eintragung einer Zwangshypothek beantragt, so kann wegen des dem letzteren Antrag entgegenstehenden Hindernisses des fehlenden Eigentums des Vollstreckungsschuldners Zwischenverfügung erlassen werden (JFG **2** 448).

eingetragen ist. Dasselbe gilt, wenn der Antrag auf einen gegen den Testamentsvollstrecker vollstreckbaren Titel gegründet wird, sofern der Titel gegen den Erben wirksam ist. § 41 GBO. Die vollstreckbare Ausfertigung muß aber nach § 750 ZPO gegen den Erben gerichtet sein.

5. In den Bruchteil eines Grundstücks ist die Zwangsvollstreckung nach § 864 Abs. 2 ZPO nur zulässig, wenn der Bruchteil in dem Anteil eines Miteigentümers besteht oder wenn sich der Anspruch des Gläubigers auf ein Recht gründet, mit dem der Bruchteil als solcher belastet ist. Auf dem Anteil eines Miterben an einem Nachlaßgrundstück kann eine Zwangshypothek nicht eingetragen werden; vgl. § 859 Abs. 2 ZPO und oben § 87 (KGJ **20** A 85). Ebensowenig kann eine Zwangshypothek auf dem Bruchteil eines im Alleineigentum stehenden Grundstücks eingetragen werden (KGJ **23** A 230); vgl. oben § 87.

Der Antrag auf Eintragung der Zwangshypothek kann privatschriftlich unter Beifügung der Unterlagen, insbesondere des vollstreckbaren Titels und der Zustellungsurkunde, gestellt werden. Ein Bevollmächtigter braucht sich nach § 30 GBO nur durch eine privatschriftliche Vollmacht auszuweisen. Der Prozeßbevollmächtigte des Gläubigers kann den Antrag auf Grund seiner Prozeßvollmacht stellen. Ist der vollstreckbare Titel im amtsgerichtlichen Verfahren ergangen, so genügt es, wenn der Prozeßbevollmächtigte in dem Titel als solcher bezeichnet ist; die Vorlegung der Vollmacht erübrigt sich, da im Amtsgerichtsprozeß die Bevollmächtigung von Amts wegen geprüft wird. Der Gläubiger kann die Eintragung einer Sicherungshypothek auch in Höhe eines geringeren als des in dem vollstreckbaren Schuldtitel angegebenen Betrags beantragen. Für einen solchen Antrag sowie für die Vollmacht zur Stellung eines solchen Antrags ist die Beobachtung der Formvorschriften des § 29 GBO nicht erforderlich (KGJ **37** A 299; **41** 248; RG **71** 315). Der Prozeß- und der Vollstreckungsrichter sind nicht antragsberechtigt.

Die Zwangshypothek wird gemäß § 866 ZPO stets als Sicherungshypothek in das Grundbuch eingetragen; die Erteilung eines Hypothekenbriefes ist also ausgeschlossen. Der Gläubiger kann nicht verlangen, daß statt einer Sicherungshypothek eine Vormerkung zur Sicherung des Anspruchs auf Einräumung einer Sicherungshypothek eingetragen wird (RG **56** 15; KGJ **21** A 324). Bei der Eintragung ist zu vermerken, daß sie im Wege der Zwangsvollstreckung erfolgt (KGJ **49** 228)[1]. — Die Kosten des Eintragungsantrags des Prozeßbevollmächtigten des Gläubigers sind nicht eintragungsfähig, da das Grundstück schon kraft Gesetzes (§ 867 Abs. 1 Satz 3 ZPO) für diese Kosten haftet; vgl. auch oben § 62. Der Grundbuch-

[1] Wird auf Grund eines vollstreckbaren Titels in das Grundbuch eingetragen, daß eine „Judikatforderung" vorgemerkt wurde, so kann hierin die Eintragung einer Zwangssicherungshypothek gefunden werden (KGJ **34** A 323).

richter kann daher die Eintragung der Kosten, obwohl sie nicht ihrem Inhalt nach unzulässig ist, als unnötig ablehnen (KGJ **35** A 325). Dagegen bedürfen andere Kosten, z. B. die Kosten einer früheren fruchtlosen Zwangsvollstreckung der besonderen Eintragung (KGJ **30** A 246). Wird diese abgelehnt, so steht dem Gläubiger hiergegen die Beschwerde nach § 71 GBO zu; der Schuldner kann gegen diese Kosteneintragung nur nach Maßgabe des § 71 Abs. 2 und § 54 GBO vorgehen. Zinsen, die als Nebenforderungen zuerkannt sind, dürfen nur als Nebenforderungen eingetragen werden. Eine Kapitalisierung der Zinsen kann nur durch Vereinbarung zwischen Gläubiger und Schuldner erfolgen; denn sie bewirkt eine Umwandlung der Zinsenforderung (KGJ **50** 155). Die Eintragung der Zwangshypothek ist auf dem vollstreckbaren Titel zu vermerken; der Titel ist sodann dem Gläubiger zurückzugeben. § 867 Abs. 1 ZPO. Soll die Forderung auf mehrere Grundstücke des Schuldners eingetragen werden, so ist ihr Betrag auf die einzelnen Grundstücke zu verteilen; die Größe der Teile bestimmt der Gläubiger durch formlosen Antrag (RG **71** 312 gegen KGJ **33** A 301). § 867 Abs. 2 ZPO. Eine Gesamthypothek ist also bei Zwangshypotheken ausgeschlossen. Auf diese Teilbeträge findet die Vorschrift, daß die Zwangshypothek nur für eine 500 RM. übersteigende Forderung eingetragen werden dürfe, keine Anwendung; hier entscheidet lediglich der Gesamtbetrag der Forderung, nicht der einzelne Teilbetrag (RG **84** 276). Eine unter Verletzung des § 867 Abs. 2 ZPO eingetragene Gesamthypothek ist inhaltlich unzulässig und daher von Amts wegen zu löschen (KGJ **40** 310; **49** 232).

Die Eintragung von Sicherungshypotheken aus einem gegen mehrere grundbesitzende Gesamtschuldner ergangenen Urteil ist so zu gestalten, daß auf dem Gesamtgrundbesitz jedes einzelnen Gesamtschuldners die Gesamtschuldsumme, in der vom Gläubiger angegebenen Weise auf die Einzelgrundstücke verteilt, einzutragen und hierbei die Gesamthaft der verschiedenen Grundstücksmassen (Gesamtgrundbesitze) zu vermerken ist (KGJ 21 A 326; **22** A 173).

Die Eintragung einer Zwangshypothek wird dadurch nicht ausgeschlossen, daß für die betreffende Forderung bereits eine Vertragssicherungshypothek auf einem anderen Grundstück besteht. Es muß dann nur gemäß § 49 GBO die Mitbelastung auf jedem Grundstück von Amts wegen erkennbar gemacht werden (KGJ **48** 262, Oberstes Landesgericht München, gegen KGJ **44** 285). Dagegen ist fraglich, ob das Bestehen einer Verkehrshypothek die Eintragung der Zwangshypothek für dieselbe Forderung zuläßt. Während das Kammergericht sich dagegen ausgesprochen hatte (KGJ **44** 285; vgl. auch **48** 265), hat das Reichsgericht die Frage bejaht (RG **98** 106), und zwar mit dem Hinzufügen, daß die Zwangshypothek in voller Höhe eingetragen werden kann, § 867 Abs. 2 ZPO also nicht anwendbar ist, gleichwohl aber eine Gesamthypothek nicht entsteht. Die Begründung des Reichsgerichts ist nicht überzeugend.

Wird durch eine vollstreckbare Entscheidung die zu **vollstreckende Entscheidung** oder ihre vorläufige Vollstreckbarkeit **aufgehoben** oder die Zwangsvollstreckung für unzulässig erklärt oder deren Einstellung angeordnet, so erwirbt der Eigentümer des Grundstücks (d. h. der zur Zeit des Erwerbes der Hypothek der Eigentümer ist, KGJ **38** A 276; RG **78** 403) die Hypothek (hierüber s. JFG **3** 449). Das gleiche gilt, wenn durch eine gerichtliche Entscheidung die **einstweilige Einstellung** der Vollstreckung und **zugleich die Aufhebung** der erfolgten Vollstreckungsmaßregeln angeordnet wird oder wenn die zur Abwendung der Vollstreckung nachgelassene Sicherheitsleistung oder Hinterlegung erfolgt. § 868 ZPO. Der Eigentümer kann in diesen Fällen die Zwangshypothek auf seinen Namen umschreiben lassen oder auch an einen Dritten abtreten. § 868 findet auch auf die Arresthypothek Anwendung (§ 932 Abs. 2 ZPO).

Beispiel:

Am 25. April 1928 geht folgender Antrag beim Amtsgericht in Lobau ein:

Berlin, den 22. April 1928.

Als Prozeßbevollmächtigter des Gläubigers beantrage ich, unter Überreichung der vollstreckbaren und dem Schuldner nach der beigefügten Zustellungsurkunde zugestellten Ausfertigung des Urteils des Landgerichts in Felsheim vom 30. Mai 1927 wegen der in dem Urteil festgestellten Forderung von 2500 RM. nebst 4 vH. Zinsen seit dem 23. August 1926 und wegen 100,60 RM. Gebühren, Schreibgebühren und Auslagen des Unterzeichneten für diesen Antrag, auf dem Grundstück des Schuldners, eingetragen im Grundbuch von Lobau Bd. II Bl. Nr. 67, eine Sicherungshypothek für den Gläubiger einzutragen.

Meine Bevollmächtigung ergibt sich aus der beigefügten Prozeßvollmacht.

Max Danziger,
Rechtsanwalt.

Der Amtsgerichtsrat Schmidt versieht den Antrag mit dem Eingangsvermerk und stellt aus der Tabelle fest, daß der in dem Schuldtitel bezeichnete Schuldner als Eigentümer von Lobau Bd. II Bl. Nr. 67 eingetragen ist. Da ferner auch der Schuldtitel mit der Vollstreckungsklausel versehen und ordnungsmäßig zugestellt ist, auch die Schuldsumme 500 RM. übersteigt, so verfügt er:

1. **Einzutragen in das Grundbuch von Lobau Bd. II Bl. Nr. 67 Abt. III Sp. 1 bis 4.**
   Sp. 1. 24.
   Sp. 2. 1 bis 3.
   Sp. 3 u. 4. 2500 (i. W.) RM. Sicherungshypothek nebst vier vom Hundert Zinsen seit dem 23. August 1926 aus dem vollstreckbaren Urteil des Landgerichts in Felsheim vom 30. Mai 1927 für den Kaufmann Karl Schlesinger in Berlin. Eingetragen am ... April 1928.
2. **Die Eintragung der Hypothek ist auf dem Schuldtitel zu vermerken. Der Schuldtitel ist sodann dem Rechtsanwalt Danziger zurückzugeben.**
3. **Begl. Abschrift des Schuldtitels mit Vollstreckungsklausel und Zustellungsurkunde z. d. A.**

4. Bekanntmachung an:
a) den Eigentümer,
b) den Gläubiger,
c) den R.-A. Danziger mit dem Bemerken, daß dem weitergehenden Antrage auf Eintragung von 100,60 RM. Gebühren, Schreibgebühren und Auslagen nicht stattgegeben werden konnte, weil das Grundstück gemäß § 1118 BGB auch ohne Eintragung für die Kosten haftet. Die Eintragung der Kosten würde das Grundbuch unnötig belasten und ist daher unzulässig.

Lobau, 5. April 1928. Schmidt.

Häufig werden Zwangshypotheken im Wege des Verwaltungszwangsverfahrens[1] (Vdg vom 15. November 1899, GS S. 545, in der Fassung der Vdg vom 18. März 1904, GS S. 36, vom 16. Mai 1923, GS S. 271, 12. April und 28. November 1924, GS S. 209, 741, 31. Oktober 1925, GS S. 153, 16. März 1926, GS S. 103 und Art. 4 der Vdg vom 9. Dezember 1927, GS S. 204) auf Antrag (nicht Ersuchen, KGJ **33** A 301) der Gerichtskassen zur Beitreibung der Gerichtskosten in das Grundbuch eingetragen. Ist der Antrag der Gerichtskasse ordnungsmäßig mit Siegel und Unterschrift versehen, so muß der Grundbuchrichter ihm stattgeben und darf nicht die Vollstreckbarkeit der Kostenforderung, die Zustellung des Titels über die Kostenforderung und die Zulässigkeit der Vollstreckung nachprüfen. Dem Antrag ist eine beglaubigte Abschrift der Kostenrechnung beizufügen. Kassenordnung vom 28. März 1907 (JMBl S. 125) § 40, in der Fassung der AV vom 13. März 1924 (JMBl S. 118). Diese Kostenrechnung und nicht der von der Gerichtskasse gestellte Antrag auf Eintragung einer Sicherungshypothek ist der Schuldtitel im Sinne des § 866 Abs. 3 ZPO (KGJ **25** A 176; **33** A 301). Das Fehlen dieser Rechnung ist aber kein Grund zur Zurückweisung des Eintragungsantrags. Ist aber die Beifügung nicht erfolgt, so müssen die in dem Antrag enthaltenen Kostenforderungen im einzelnen gemäß den Kostenrechnungen aufgeführt werden. Der Antrag ist dann gleichzeitig ein Ersatz für die Kostenrechnungen in ihrer Eigenschaft als Schuldtitel. Eine Kostenforderung, die ohne Nebenkosten die für die Zuständigkeit der Amtsgerichte in Zivilprozessen festgesetzte Wertgrenze (jetzt 500 RM., § 23 GVG) nicht übersteigt, darf nicht eingetragen werden. § 866 Abs. 3 ZVO. § 40 Nr. 1 Kass.-Ordg. in der Fassung der AV vom 13. März 1924 (JMBl S. 118). Eine Zusammenrechnung von mehreren Kostenrechnungen unter 500 RM. zur Erzielung einer Summe von mehr als 500 RM. ist unzulässig, und zwar auch dann, wenn die Rechnungen über die Kosten verschiedener Instanzen desselben Prozesses lauten (KGJ **33** A 301); es dürfen vielmehr nur die in einer Kostenrechnung festgestellten mehreren Kostenansätze zur Erreichung des Mindestbetrages zusammengerechnet werden (KGJ **25** A 176). Wird vom

[1] Dies ist bei der Eintragung ersichtlich zu machen (KGJ **49** 228).

Beamten der Geschäftsstelle an Stelle mehrerer Einzelrechnungen gemäß § 12 Z. 8 Kass.-Ordg. eine Gesamtkostenrechnung aufgestellt, so bildet diese den Schuldtitel im Sinne des § 866 Abs. 3 ZPO. Die Beträge der in einer Kostenrechnung vereinigten Kosten- oder Stempelforderungen des preußischen Fiskus und des Reichsfiskus dürfen nicht zu dem Zwecke zusammengefaßt werden, um dadurch eine den Betrag von 500 RM. übersteigende Forderung zu schaffen. Dies gilt auch dann, wenn sowohl der preußische wie auch der Reichsfiskus durch die gleiche Gerichtskasse vertreten wird (KGJ **40** 301)[1]. Sollen mehrere Grundstücke des Schuldners mit der Sicherungshypothek belastet werden, so sind die einzutragenden Teilbeträge bestimmt zu bezeichnen. Die Bezeichnung bedarf nicht der öffentlich beglaubigten Form (RG **71** 312 gegen KGJ **33** A 304).

Gerichtskostenforderungen, die noch auf (Steuer-) Goldmark lauten, also in einer für die Eintragung als wertbeständige Hypothek nicht zugelassenen Art bestimmt sind, sind durch Höchstbetragshypotheken zu sichern. Höchstbetrag ist die in Reichsmark auszudrückende Geldsumme, die sich aus der letzten vor dem Eingang des Eintragungsantrags veröffentlichten amtlichen Feststellung ergibt; vgl. § 14 Satz 2 der Bek. zur Entlastung der Gerichte vom 13. Mai 1924 (RGBl I S. 552).

Über die Frage, was als Schuldtitel für die Beitreibung von Berufsgenossenschaftsbeiträgen und von Vorschüssen auf solche Beiträge gilt, vgl. KGJ **39** A 258 und 261. Eintragungen in diesem Falle erfolgen gebührenfrei (§ 115 RVO, AV vom 27. November 1893, JMBl S. 342).

Ist der Schuldner nicht Eigentümer eines Grundstücks, hat er aber einen Anspruch gegen den eingetragenen Eigentümer auf Auflassung, so kann der Gläubiger den Anspruch des Schuldners pfänden lassen. Der eingetragene Eigentümer hat dann das Grundstück an einen vom Amtsgericht der belegenen Sache zu bestellenden Sequester als Vertreter des Schuldners aufzulassen. Als Eigentümer ist der Schuldner einzutragen JFG **1** 380, OLG Rostock). Der Sequester ist zur Stellung des Antrags auf Eintragung des Eigentums des Pfändungsschuldners auch dann befugt, wenn der Veräußerer das Grundstück nicht an den Sequester als Vertreter des Schuldners, sondern schon vor der Pfändung an den Schuldner selbst aufgelassen hat, von letzterem aber ein Antrag auf Eintragung nicht gestellt ist. JFG **3** 297 (KG). Mit dem Übergange des Eigentums auf den Schuldner erlangt der Gläubiger eine Sicherungshypothek für seine Forderung. Der Sequester hat die Eintragung der Sicherungshypothek zu bewilligen. § 848 ZPO s. oben S. 270 vor § 115.

---

[1] Erfolgt die Eintragung der Kostenforderung für die Kasse des Reichsgerichts, so ist in dem Antrage die preußische Gerichtskasse, der die Vertretung obliegt, zu erwähnen. § 2 Abs. 7 der Dienstanweisung vom 31. März 1922 (JMBl S. 189); § 40 Ziff. 2 KassOrdg. in der Fassung d. AV vom 17. Mai 1922 (JMBl 186).

Die Pfändung des durch die Auflassung eines Grundstücks an den Erwerber entstandenen Rechts befugt den Gläubiger, an Stelle des Erwerbers die Umschreibung des Grundstücks auf dessen Namen zu beantragen. Zur Wirksamkeit der Pfändung bedarf es nicht der Zustellung des Pfändungsbeschlusses an den Veräußerer als Drittschuldner. Mit der Umschreibung erlangt der Gläubiger kraft Gesetzes eine Sicherungshypothek an dem Grundstücke; das Grundbuch ist auf seinen Antrag durch Eintragung der Hypothek zu berichtigen. Der Sicherungshypothek geht eine vom Erwerber aus Anlaß des Erwerbes bewilligte Restkaufgeldhypothek im Range vor. JFG **4** 340.

Die Arresthypothek wird zur Vollziehung des Arrestes in ein Grundstück eingetragen[1]. Sie ist eine Sicherungshypothek für die dem Arreste zugrunde liegende Forderung. Der Geldbetrag, durch dessen Hinterlegung die Vollziehung des Arrestes gehemmt und der Schuldner zu dem Antrag auf Aufhebung des vollzogenen Arrestes berechtigt ist, ist als der Höchstbetrag zu bezeichnen, für den das Grundstück haftet. § 932 Abs. 1 ZPO. Den Antrag auf Eintragung der Arresthypothek hat der Gläubiger (nicht etwa das Arrest- oder Vollstreckungsgericht) oder sein Bevollmächtigter beim Grundbuchamt unter Überreichung einer Ausfertigung des den Arrest anordnenden Urteils oder Beschlusses zu stellen. Die Stellung des Antrags auf Eintragung einer Arresthypothek gilt nur dann als Vollziehung des Arrestbefehls, wenn der Eintragung kein Hindernis entgegensteht; anderenfalls gilt der Arrestbefehl erst mit der Hebung des Hindernisses als vollzogen (KGJ **31** A 331). In dem Antrage (nicht schon in dem Arrestbefehl) muß das Grundstück, auf das die Hypothek eingetragen werden soll, angegeben werden. Bei der Eintragung auf mehrere Grundstücke erfolgt eine Verteilung der Forderung nach Bestimmung des Gläubigers. §§ 932 Abs. 2, 867 Abs. 2 ZPO. Die Zustellung des Arrestbefehls an den Schuldner braucht nicht nachgewiesen zu werden, da die Vollziehung des Arrestes schon vor Zustellung des Befehls an den Schuldner zulässig ist. § 929 Abs. 3 ZPO. Da aber nach § 929 Abs. 2 ZPO die Vollziehung des Arrestbefehls unstatthaft ist, wenn seit dem Tage, an dem der Befehl verkündet oder der Partei, auf deren Gesuch er erging, zugestellt ist, ein Monat verstrichen ist, so hat der Grundbuchrichter den Tag der Verkündung des Arresturteils oder die Zustellung des Arrestbeschlusses an den Gläubiger zu prüfen[2]. Die Forderung, die dem Arreste zugrunde liegt, muß 500 RM. übersteigen (KGJ **20** A 115). Im übrigen finden die für die Zwangshypothek gegebenen Vorschriften auch bei der Arresthypothek Anwendung[3]; so ist

[1] Die Arrestvollziehung in einer Heimstätte ist unzulässig (JFG **3** 447).

[2] Für Arrestbefehle der Reichsfinanzämter auf Grund des § 351 der Reichsabgabenordnung vom 13. Dezember 1919 (RGBl S. 1993) besteht keine Vollziehungsfrist. § 929 ZPO findet nicht Anwendung (KGJ **53** 119).

[3] S. Anm. 4 S. 283.

z. B. auch die Eintragung der Arresthypothek auf dem Arrestbefehl zu vermerken.

Der in Spalte 3 und 4 Abt. III einzutragende Vermerk kann z. B. lauten:

3000 RM. Sicherungshypothek zum Höchstbetrage von dreitausend RM. auf Grund des Arrestbefehls des Landgerichts in Felsheim vom 9. März 1928 eingetragen am 15. März 1928.

Eine Arresthypothek kann in eine Zwangssicherungshypothek (§ 866 ZPO) umgewandelt werden. Die Umwandlung vollzieht sich nach rechtskräftiger Verurteilung des Schuldners nicht kraft Gesetzes, vielmehr bedarf es der Vorlegung eines die Eintragungsbewilligung des Eigentümers ersetzenden vollstreckbaren Schuldtitels und eines unbeglaubigten Antrags des Gläubigers (KGJ **40** 314).

Bei Aufhebung des Arrestbefehls fällt die Arresthypothek dem Eigentümer des Grundstücks zu. Hat ein Wechsel im Eigentum stattgefunden, so erwirbt der zur Zeit der Aufhebung des Arrestbefehls vorhandene Eigentümer die Hypothek. Das gleiche gilt, wenn der Tatbestand des § 1163 Satz 2 BGB vorliegt, während im Falle des § 1163 Satz 1 BGB der frühere Eigentümer Inhaber der Hypothek wird (§ 932 Abs. 2, 868 ZPO, RG **78** 398, KGJ **38** A 276).

Nur kurz sei noch hingewiesen auf die wertbeständigen Schuldtitel gemäß der Bekanntmachung zur Entlastung der Gerichte in der Fassung vom 13. Mai 1924 (RGBl I S. 552) und der Verordnung vom 27. Juni 1924 (RGBl I S. 660; s. JFG **3** 443). Sie haben praktisch wohl keine Bedeutung mehr.

§ 119. Die Gesamthypothek.

Von einer Gesamthypothek spricht man, wenn für eine Forderung eine Hypothek an mehreren Grundstücken besteht und jedes Grundstück für die ganze Forderung haftet. § 1132 Abs. 1 BGB. Eine Gesamthypothek liegt auch dann vor, wenn mehrere Bruchteile eines Grundstücks, die verschiedenen Personen zustehen, Gegenstand der Belastung sind. Ferner verwandelt sich eine Einzelhypothek in eine Gesamthypothek, wenn der Alleineigentümer des Grundstücks Bruchteile des letzteren veräußert (KGJ **30** A 258). Die Eintragung zweier selbständiger Einzelhypotheken für dieselbe Forderung ist unzulässig (KGJ **35** A 310; **53** 124; RG **70** 245). Eine Gesamthypothek kann zwar auf dem einen Grundstück einen weiteren Umfang als auf dem anderen Grundstück haben. Sie muß dagegen ihrem Inhalte nach einheitlich gestaltet sein. Die Kündigungsbedingungen müssen daher für alle Grundstücke die gleichen sein (KGJ **40** 299). Eine Gesamthypothek kann nicht in der Weise eingetragen werden, daß das eine mithaftende Grundstück mit einer Verkehrshypothek, das andere mit einer Sicherungshypothek (KGJ **22** A 164) oder das eine mit einer Buch-, das andere Grundstück mit einer Briefhypothek (RG **77** 175) belastet wird. Die Bewilligung, daß eine bereits eingetragene Buchhypothek auf einem weiteren Grundstück eingetragen werde, braucht nicht die Ausschließung der Erteilung des Hypothekenbriefes zu enthalten. Eine Gesamthypothek kann nicht mit der Maßgabe eingetragen werden, daß der Gläubiger seine Befriedigung aus dem einen Grundstück nur insoweit suchen dürfe, als sie aus dem anderen Grundstück nicht zu erlangen ist (KGJ **35** A 310). Die Eintragung einer Zwangshypothek wird dadurch nicht ausgeschlossen, daß für die betreffende Forderung bereits eine Vertragshypothek auf einem anderen Grundstück besteht[1].

Eine Belastung mehrerer Grundstücke mit Einzelhypotheken wegen derselben Forderung ist dem Gesetz unbekannt, und zwar ohne Unterschied, ob sie ausschließlich auf Grund einer Einigung oder ausschließlich im Wege der Zwangsvollstreckung oder zum Teil auf dem einen, zum Teil auf dem anderen Wege erfolgt ist (vgl. jedoch RG **98** 106). Mehrere Hypotheken können nicht zu einer einheitlichen Hypothek vereinigt werden (KGJ **33** A 330, Oberstes Landesgericht München). Zulässig ist die Bestellung von Einzelhypotheken auf verschiedenen Grundstücken für verschiedene Teilbeträge einer und derselben Forderung (RG **113** 233; KGJ **51** 288).

Eine Gesamthypothek kann nicht von dem Hypothekengläubiger dahin vervielfältigt werden, daß er dem Hypothekenrecht an dem einen und dem Recht an dem anderen belasteten Grundstück einen verschiedenen Inhalt gibt. Unzulässig ist auch, daß von einer Gesamthypothek die Hypothekenforderung lediglich mit dem Hypothekenrecht an dem *einen* der mehreren verhafteten Grundstücke im Wege der Zwangsvollstreckung durch Pfändungsbeschluß und Eintragung gepfändet wird (KGJ **33** A 297).

Bei *Eintragung einer Gesamthypothek* ist auf dem Blatte jedes Grundstücks die Mitbelastung der übrigen von Amts wegen erkennbar zu machen. § 49 GBO. Die Unterlassung des Vermerks der Mithaft kann weittragende Folgen haben; denn es bestehen dann nach dem Grundbuch mehrere formell selbständige Hypotheken, die in der Hand gutgläubiger Erwerber auch materielle Selbständigkeit erlangen können.

Beispiel:

Bewilligt und beantragt der Eigentümer der drei Grundstücke Lobau Bd. XII Bl. Nr. 136, XV Bl. Nr. 180 und XXII Bl. Nr. 343 die Eintragung einer Darlehnsgesamthypothek von 10000 RM. auf die drei Grundstücke, so lautet die Verfügung:

---

[1] KGJ **25** A 294; RG **98** 106; a. M. KGJ **44** 285, wo angenommen wird, daß die Verbindung einer Vertrags- und einer Zwangshypothek zu einer Gesamthypothek unzulässig ist, gleichviel ob die Vertragshypothek eine Verkehrs- oder eine Sicherungshypothek ist. (Vgl. oben § 118, S. 286.)

1. **Einzutragen in das Grundbuch von Lobau:**
   a) **Bd. XII Bl. Nr. 136,**
   b) **Bd. XV Bl. Nr. 180,**
   c) **Bd. XXII Bl. Nr. 343.**

Abt. III Sp. 1 bis 4.

Sp. 1. 12 bzw. 4 bzw. 7.

Sp. 2. 1 bis 3 bzw. 2 bzw. 1.

Sp. 3 u. 4. 10000 (i. W.) RM. Darlehn, mit sechs vom Hundert jährlich vom 1. Juli 1927 ab in halbjährlichen Teilen verzinslich, rückzahlbar drei Monate nach Kündigung, für den Kaufmann Karl Reiche in Lobau.

Die Grundstücke.
bei a: Bd. XV Bl. Nr. 180 und Bd. XXII Bl. Nr. 343,
bei b: Bd. XII Bl. Nr. 136 und Bd. XXII Bl. Nr. 343,
bei c: Bd. XII Bl. Nr. 136 und Bd. XV Bl. Nr. 180,
haften mit. Eingetragen am ... Juli 1927.

2. **Gesamthypothekenbrief zu bilden, mit einer Ausfertigung der Schuldurkunde zu verbinden und an den Gläubiger zu senden.**
3. **Bekanntmachung an den Eigentümer.**
4. **Nachricht wegen der Mithaft zu den Grundakten von Bd. XV Bl. Nr. 180 und Bd. XXII Bl. Nr. 343[1].**

Lobau, 11. Juli 1927. Schmidt.

Der Schlußvermerk zu 1. kann auch auf allen Grundbuchblättern gleichmäßig lauten:

Eingetragen bei Bd. XII Bl. Nr. 136, Bd. XV Bl. Nr. 180 und Bd. XXII Bl. Nr. 343 des Grundbuchs von Lobau am ... Juli 1927.

Wird mit einem an einem Grundstück bestehenden Recht nachträglich noch ein anderes Grundstück belastet, so ist ebenfalls die Mitbelastung auf dem Blatte jedes Grundstücks erkennbar zu machen. § 49 GBO.

Ist ein Brief gebildet, so ist, sofern nicht die Erteilung eines neuen Briefes über die Gesamthypothek beantragt wird, die Mitbelastung auf dem bisherigen Briefe zu vermerken und zugleich der Inhalt des Briefes in Ansehung des anderen Grundstücks nach § 57 GBO zu ergänzen. § 63 GBO.

Ist also z. B. eine Darlehnsbriefhypothek von 20000 RM. auf Lobau Bd. I Bl. Nr. 6 eingetragen und verpfändet der Eigentümer das ihm ebenfalls gehörige Grundstück Lobau Bd. II Bl. Nr. 62 nachträglich auch noch für dieselbe Darlehnforderung, so wird verfügt:

1. **Einzutragen in das Grundbuch von Lobau**
   a) **Bd. I Bl. Nr. 6,**

Abt. III Spalte Veränderungen (5 bis 7):

Nr. 12. 20000 RM. Das Grundstück Lobau Bd. II Bl. Nr. 62 haftet mit. Eingetragen am .... September 1927.

   b) **Bd. II Bl. Nr. 62,**
   Abt. III Sp. 1 bis 4.

---

[1] Die Verfügung ergeht bei den Grundakten von Lobau Bd. XII Nr. 136; hier bleiben auch die Eintragungsunterlagen.

Sp. 1. 6.
Sp. 2. 1 bis 5.
Sp. 3 u. 4. 20000 (i. W.) RM. Darlehn, mit sechs vom Hundert vom 1. Oktober 1927 ab in jährlichen Teilen verzinslich, rückzahlbar drei Monate nach Kündigung, für den Bäckermeister Karl Scheffler in Lobau. Das Grundstück Lobau Bd. I Bl. Nr. 6 haftet mit. Eingetragen am ... September 1927.

2. Die Mitbelastung ist auf dem bisherigen Hypothekenbrief zu vermerken und der Inhalt des Briefes in Ansehung des Grundstücks Lobau Bd. II Bl. Nr. 62 gemäß § 57 GBO zu ergänzen[1]; der Brief ist sodann dem Gläubiger auszuhändigen.
3. Bekanntmachung an den Eigentümer.
4. Nachricht zu den Grundakten von Lobau Bd. II Bl. Nr. 62.

Lobau, 22. September 1927. Schmidt.

Ähnlich ist zu verfahren, wenn im Falle der Übertragung eines Grundstücksteils auf ein anderes Grundbuchblatt ein eingetragenes Recht mitübertragen wird. § 49 GBO. Dies kommt oft bei den sogenannten Parzellierungen vor, bei denen von dem Stammgrundstück ein Teil abgeschrieben und als selbständiges Grundstück auf ein neues Grundbuchblatt übertragen wird; vgl. oben § 73.

Der Gläubiger der Gesamthypothek ist nach § 1132 Abs. 2 BGB berechtigt, den Betrag der Forderung auf die einzelnen Grundstücke in der Weise zu verteilen, daß jedes Grundstück nur für den zugeteilten Betrag haftet. RG **113** 233. Es genügt, daß er zu diesem Zwecke dem Grundbuchamt eine bezügliche Erklärung in der Form des § 29 GBO[2] einreicht. Der Eigentümer kann dieser Verteilung nicht widersprechen, er braucht also seine Zustimmung hierzu nicht zu geben; er braucht auch der Löschung von Teilbeträgen auf den einzelnen Grundstücken, die eine Folge der Verteilung ist, nicht zuzustimmen (RG **70** 91; KGJ **37** A 307)[3]. Auf diese Weise wird die Gesamthypothek in Einzelhypotheken umgewandelt. RG **113** 233. Die Mithaft der einzelnen Grundstücke muß natürlich in diesem Falle auch ohne besonderen Antrag gelöscht werden. Der über die Gesamthypothek etwa gebildete Brief ist vorzulegen; er wird unbrauchbar gemacht und statt dessen über jeden Teilbetrag ein neuer Brief gebildet. § 64 GBO.

Der Gläubiger kann die Gesamthypothek auf nur einem der belasteten Grundstücke aufheben (JFG **4** 409); er kann auch die Entlassung der mithaftenden Grundstücke nur in Höhe eines bestimmten Betrages aussprechen, so daß die ursprüngliche Gesamthypothek teilweise Einzelhypothek wird oder daß die Zahl der gesamthaftenden Grundstücke sich vermindert, wie dies z. B. eintritt, wenn von den für eine Hypothek von 10000 RM.

---

[1] Es könnte auch die Erteilung eines neuen Briefes über die Gesamthypothek beantragt werden. § 63 GBO.

[2] Vgl. jedoch RG **71** 312.

[3] Erforderlich ist natürlich stets die Zustimmung eines etwa an der Gesamthypothek als Pfandgläubiger, Nießbraucher usw. Berechtigten.

haftenden drei Grundstücken a, b und c, zwei (b und c) in Höhe von 5000 RM. entpfändet werden; es ist dann eine Gesamthypothek von 5000 RM. auf a, b und c und eine Einzelhypothek von 5000 RM. auf a vorhanden. Ebenso würden, wenn der Gläubiger einer auf drei Grundstücken eingetragenen Gesamthypothek bezüglich eines Grundstücks den Zinssatz ermäßigte, für die Zinsen in dem früheren Umfange nur noch zwei Grundstücke haften (KGJ **21** A 168).

Der Gläubiger darf aber nicht die Forderungen vervielfältigen; er darf also nicht etwa die Forderung an dem einen Grundstück abtreten und an dem anderen zurückbehalten (KGJ **21** A 168). Die eine Vervielfältigung eines Gesamtrechts bedeutende, auf dem Blatte nur eines Grundstücks bewirkte Eintragung einer Rechtsänderung ist inhaltlich unzulässig, und es ist weder eine spätere Nachholung der fehlenden Eintragungen noch eine Heilung der Unzulässigkeit durch einen späteren Rechtsakt möglich (KGJ **44** 182ff.).

Über den Fall, daß die mehreren, zur Mitbelastung bestimmten Grundstücke in den Bezirken verschiedener Grundbuchrichter desselben Gerichts oder verschiedener Gerichte liegen, vgl. oben § 6.

Unzulässig ist eine Gesamthypothek bei Zwangshypotheken; vgl. oben § 118.

Mehrere Pfandrechte an einer Gesamthypothek müssen auf dem einen Grundstück denselben Rang haben wie auf dem anderen Grundstück. Andernfalls sind die Eintragungen nach ihrem Inhalt unzulässig und von Amts wegen zu löschen (KGJ **39** A 248).

Soweit eine Mitbelastung erlischt, ist dies von Amts wegen zu vermerken. Entläßt also z. B. der Gläubiger einer auf den Grundstücken Lobau Bd. I Bl. Nr. 3 und Bd. XX Bl. Nr. 493 haftenden Gesamthypothek von 20000 RM. das letztgedachte Grundstück aus der Mithaft (KGJ **21** A 169; **45** 251), so ist zu verfügen:

1. **Einzutragen in das Grundbuch von Lobau.**
   a) **Bd. I Bl. Nr. 3.**
   Abt. III Sp. 5 bis 7.
   Nr. 10. 20000 RM. Die Mithaft des Grundstücks Lobau Bd. XX Bl. Nr. 493 ist erloschen. Eingetragen am ... Juni 1928.
   b) **Bd. XX Bl. Nr. 493.**
   Abt. III Sp. Löschung.
   Nr. 4. 20000 RM. Hier gelöscht am ... Juni 1928.
2. **usw.**

Kraft Gesetzes erlischt die Mithaft in den Fällen der §§ 1173, 1174 Abs. 1, 1181 Abs. 2 BGB. Mit Rücksicht auf §§ 1173 Abs. 2 und 1182 BGB kann dann, wenn der Eigentümer eines der belasteten Grundstücke den Gläubiger befriedigt oder dessen Befriedigung aus einem der Grundstücke im Wege der Zwangsvollstreckung erfolgt, das Erlöschen der Mithaft der anderen Grundstücke nur dann eingetragen werden, wenn feststeht, daß jenem Eigentümer gegen Eigentümer der anderen Grundstücke keine Ersatzansprüche zustehen (KGJ **24** A 255; **42** 274)[1]. Wird eins der belasteten Grundstücke in der Zwangsversteigerung dem Hypothekengläubiger zugeschlagen, so liegt der Tatbestand des § 1173 Abs. 1 Satz 2 nicht vor (KGJ **51** 299). Die Gesamthypothek bleibt vielmehr bestehen (vgl. auch RG **77** 149 für den Fall des rechtsgeschäftlichen Erwerbs eines der belasteten Grundstücke durch den Gläubiger).

Sind in den Fällen der §§ 1173, 1174, 1182 Ersatzansprüche begründet, so erwirbt der Berechtigte die Hypothek an dem Grundstück des ersatzpflichtigen Eigentümers als Hypothek für seine Ersatzforderung (RG **81** 71)[2]. Ob ihm daneben noch gemäß § 1143 BGB die ursprüngliche Hypothekenforderung zusteht, ist zweifelhaft (vgl. KGJ **42** 274). Verzichtet der Gläubiger auf die Gesamthypothek an einem der belasteten Grundstücke, so bedarf es zu der entsprechenden Löschung der Hypothek nicht der Zustimmung des Grundeigentümers. Der Gläubiger einer Nachhypothek ist berechtigt, diese Löschung zu beantragen (KGJ **47** 207).

§ 120. Die Vormerkungen der dritten Abteilung.

Über die Vormerkungen ist das in § 83 Gesagte zu vergleichen. Hier ist über die in die dritte Abteilung einzutragenden Vormerkungen noch folgendes zu bemerken:

Vormerkungen können auch eingetragen werden, um den Anspruch auf Belastung des Grundstücks mit einer Hypothek, Grundschuld, Rentenschuld, Sicherungshypothek[3], ferner den Anspruch auf Abtretung, Verpfändung, auf Änderung der Zins- und Zahlungsbestimmungen und des Ranges, auf Entpfändung eines Grundstücksteils unter gewissen Voraussetzungen, sowie auf Löschung einer Hypothek usw. zu sichern (RG **52** 3; KGJ **23** A 152; **25** A 170). Mit der Vormerkung zur Sicherung des Anspruchs auf Einräumung einer Hypothek kann einer Hypothek der Vorrang

[1] Betrifft bei einer Gesamthypothek das gemäß § 1170 BGB ergehende Ausschlußurteil nur eines oder einige der belasteten Grundstücke, so erlischt die Hypothek an diesen Grundstücken (KGJ **34** A 301). § 1175 Abs. 2 BGB.

[2] § 1173 BGB ist auch dann anwendbar, wenn der Alleineigentümer des Grundstücks Bruchteile des letzteren veräußert und einer der nunmehrigen Miteigentümer demnächst die das Grundstück belastende Hypothek mit eigenen Mitteln im eigenen Namen ausbezahlt. Er erwirbt dann auf seinem Eigentumsanteil Eigentümergrundschuld und zugleich die Hypothek auf dem Anteil des anderen Miteigentümers. Regelmäßig wird ein Ersatzanspruch gemäß § 1173 Abs. 2 anzunehmen sein (JFG **1** 482).

[3] Ist in einem Vertrag über die Bebauung mehrerer selbständiger Grundstücke die Vergütung einheitlich für die gesamten Bauarbeiten vereinbart, so kann der Unternehmer die Einräumung einer Gesamtsicherungshypothek an den bebauten Grundstücken verlangen. Die Eintragung einer Vormerkung zur Sicherung dieses Anspruchs kann im Wege der einstweiligen Verfügung bei den sämtlichen bebauten Grundstücken angeordnet werden (KGJ **36** A 259).

eingeräumt werden (KGJ **22** A 311). Erfolgt solche Vormerkung mit der Maßgabe, daß die sofortige Zwangsvollstreckung aus der Urkunde gegen den jeweiligen Grundstückseigentümer zulässig sein soll, so braucht die Unterwerfungsklausel nicht wie bei der endgültigen Eintragung (s. oben § 95) in den Eintragungsvermerk selbst aufgenommen zu werden. Es genügt vielmehr Bezugnahme auf die Bewilligung. JFG **4** 407.

Die Eintragung einer Vormerkung zur Sicherung des Vorrangs einer Hypothek vor einer künftigen Eigentümergrundschuld ist unzulässig (RG **84** 78; a. M. Oberstes Landesgericht München, KGJ **46** 262). Dagegen ist vormerkungsfähig die Verpflichtung des Eigentümers „einem anderen" gegenüber, die Hypothek löschen zu lassen, wenn sie sich mit dem Eigentum in einer Person vereinigt; die Vormerkung dient dann zur Sicherung des Anspruchs auf Löschung. § 1179 BGB. Unter dem „anderen" des § 1179 BGB ist auch der Hypothekengläubiger, für den die Verpflichtung erst in Zukunft Interesse erlangen kann, zu verstehen (RG **52** 5); diese Vormerkung ist also nicht nur zugunsten eines nachfolgenden Hypothekengläubigers, sondern auch zugunsten dessen zulässig, der ein nachstehendes Recht, insbesondere eine Nachhypothek erst erwerben will. § 1179 enthält eine Ausnahme von der allgemeinen Vorschrift des § 883 BGB, aus der zu entnehmen ist, daß von der Vormerkung ein gegenwärtiges eingetragenes Recht betroffen sein muß (RG **72** 277). Eine Ausdehnung der Ausnahmevorschrift auf andere Fälle ist unzulässig (KGJ **45** 268). Die Vormerkung des § 1179 BGB soll dem Hypothekengläubiger das Vorrücken seiner Post durch eine den Ausschluß der Eigentümerhypothek betreffende Vereinbarung sichern. Sie kann nicht auch eine Verpflichtung sichern, die Hypothek löschen zu lassen, wenn sie außer dem Eigentümer einem Dritten zufalle. Sie kann auch nur bei einer schon gebuchten Hypothek, nicht aber für den Fall eingetragen werden, daß eine Hypothek mit gleichem oder besserem Range wie die Post, zu deren Gunsten die Vormerkung bewilligt ist, künftig einmal entstehen sollte (KGJ **23** A 154). Zur Eintragung dieser Vormerkung ist die Bewilligung des Hypothekengläubigers nicht erforderlich; es genügt vielmehr die Bewilligung und der Antrag des Grundstückseigentümers (KGJ **26** A 161).

Der Vermerk lautet z. B.: „Der Eigentümer ist verpflichtet, nebenstehende Rechte löschen zu lassen, wenn und soweit sie sich mit dem Eigentum in einer Person vereinigen. Vorgemerkt für den Gläubiger der Post Abt. III lfd. Nr. . . . am . . .".

Weiterhin ist zu erwähnen der Bauvermerk nach § 11 des Gesetzes über die Sicherung der Bauforderungen vom 1. Juni 1909 (RGBl S. 449), der auf Ersuchen der Baupolizeibehörde (§ 16) einzutragen ist und die Wirkung einer Vormerkung zur Sicherung des Anspruchs der Baugläubiger auf Eintragung einer Bauhypothek hat.

Eine Vormerkung ist auch zulässig zur Sicherung des Anspruchs eines Hypothekengläubigers auf Bestellung der Hypothek im Falle ihrer Vereinigung mit dem Eigentum als Sicherungshypothek für alle Ansprüche, die demselben Gläubiger außer der Forderung, für die Hypothek bestellt ist, erwachsen werden (KGJ **25** A 166)[1].

Zur Sicherung des Anspruchs des Eigentümers gegen einen Hypothekengläubiger auf Einräumung des Vorranges für eine künftige Hypothek kann eine Vormerkung auch dann eingetragen werden, wenn die Bestimmung des Betrags der künftigen Hypothek dem Ermessen eines Sachverständigen überlassen ist (KGJ **31** A 321).

Dagegen ist nicht zulässig die Eintragung einer Vormerkung zur Sicherung des Anspruchs auf Eintragung der Pfändung und Überweisung einer Hypothek und darf auch nicht auf Ersuchen des Gerichts erfolgen, das die Eintragung solcher Vormerkung durch einstweilige Verfügung angeordnet hat (KGJ **33** A 272).

In der Bewilligung der Eintragung einer Vormerkung muß außer dem Inhalt des zu sichernden Anspruchs auch sein Grund näher angegeben sein (KGJ **32** A 213).

Die Vormerkungen werden in den Spalten 1 bis 4 der Abt. III, und zwar Spalte 3 (Halbspalte), eingetragen, wenn die Sicherung des Anspruchs auf Eintragung einer Hypothek usw., und in den Spalten 5 bis 7, wenn die Sicherung des Anspruchs auf Abtretung, Verpfändung, Löschung usw. der Hypothek usw. vorgemerkt werden soll. § 14 AllgVfg. Die Halbspalte 3 bleibt bei den erstgedachten Eintragungen für die künftige endgültige Eintragung frei. Hat seit Eintragung einer Vormerkung ein Eigentumswechsel stattgefunden, so ist zur Umschreibung der Vormerkung in eine endgültige Hypothek die Bewilligung des persönlich verpflichteten Schuldners, gegen den die Vormerkung gerichtet war, und nach § 888 BGB, § 19 GBO die Zustimmung des derzeitigen Eigentümers erforderlich (RG **53** 28). Der Schuldgrund braucht bei der Eintragung der Vormerkung nicht angegeben zu werden. Besondere Urkunden werden über die in den Spalten 1 bis 4 einzutragenden Vormerkungen nicht gebildet. Soll bei einer Briefhypothek eine Vormerkung in den Spalten 5 bis 7 eingetragen werden, so muß nach § 42 GBO der Brief vorgelegt werden; auf dem Briefe wird nach § 62 GBO die Eintragung der Vormerkung vermerkt (KGJ **21** A 175, 286; **27** A 82). Der Brief ist auch dann vorzulegen, wenn bei der Hypothek eine Vormerkung zur Sicherung eines

[1] Die zur Sicherung des Anspruchs auf Einräumung einer Sicherungshypothek im Grundbuch eingetragene Vormerkung kann nur auf Grund der Bewilligung des Eigentümers oder eines diesen zur Abgabe der Bewilligung verurteilenden rechtskräftigen Urteils, nicht aber auf Grund eines den Eigentümer zur Zahlung der Schuld verurteilenden Titels, in eine Sicherungshypothek umgeschrieben werden (KGJ **36** A 253).

Anspruchs des Hypothekengläubigers auf eine Verbesserung seines Rechtes, z. B. auf eine Zinserhöhung, eingetragen werden soll (KGJ **44** 250). Der Brief ist ferner vorzulegen, wenn es sich um die Eintragung des durch eine einstweilige Verfügung angeordneten Widerspruchs, der sich gegen die Übertragung einer Briefhypothek richtet, handelt (KGJ **38** A 294). Die Vorschrift des § 42 GBO ist aber eine bloße Ordnungsvorschrift. Erfolgt also die Eintragung ohne Vorlegung des Briefes, so ist sie materiell wirksam, wenn das Gläubigerrecht im Zeitpunkt der Eintragung wirklich bestand (KGJ **27** A 82). Die nachträgliche Vorlegung des Briefes kann nicht erzwungen werden (KGJ **38** A 294).

Beispiel[1]:

Der Maurermeister Friedrich Köppen in Lobau hat durch seinen Bevollmächtigten, Rechtsanwalt Koch, gegen den Rentner Paul Wolff, als den eingetragenen Eigentümer des Grundstücks Lobau Bd. IV Bl. Nr. 404, auf Grund der §§ 648, 885 BGB wegen seiner Baugeldforderungen in Höhe von 68500 RM. nebst 4 vH. Zinsen seit dem 1. Oktober 1927 eine einstweilige Verfügung des Landgerichts in Felsheim des Inhalts bewirkt, daß die Eintragung einer Vormerkung zur Erhaltung des Anspruchs auf Eintragung einer Sicherungshypothek in Höhe von 68500 RM. im Grundbuch von Lobau Bd. IV Bl. Nr. 404 angeordnet wird. Auf Grund dieser einstweiligen Verfügung beantragt der Rechtsanwalt Koch[2] in privatschriftlicher Form die angeordnete Eintragung bei dem Amtsgericht in Lobau.

Der Amtsgerichtsrat Schmidt stellt fest, daß Wolff Eigentümer des bezeichneten Grundstücks ist, und, da er die Rechtmäßigkeit der einstweiligen Verfügung nicht nachzuprüfen hat, sich auch sonst keine Bedenken ergeben, so verfügt er:

1. Einzutragen in das Grundbuch von Lobau Bd. IV Bl. Nr. 404 Abt. III Sp. 1 bis 4.

Sp. 1. 27.

Sp. 2. 1 und 2.

Sp. 3 und (Halbspalte) 4. 68500 RM. Vormerkung zur Sicherung des Anspruchs auf Einräumung einer Sicherungshypothek im Betrage von achtundsechzigtausendfünfhundert RM. nebst 4 vH. Zinsen seit dem 1. Oktober 1927 für den Maurermeister Friedrich Köppen in Lobau unter Bezugnahme auf die einstweilige Verfügung des Landgerichts in Felsheim vom 23. Januar 1928 eingetragen am ... 1928.

2. Bekanntmachung an:

a) den Eigentümer,

b) den Gläubiger.

3. Einstw. Vfg. z. d. A.

Lobau, 29. Januar 1928. Schmidt.

Die künftige endgültige Eintragung in der zweiten Hälfte der Spalte 3, die nach Art und Umfang dem vorgemerkten Anspruch entsprechen muß, würde, indem die linke Halbspalte rot unterstrichen wird, etwa lauten:

---

[1] Das Beispiel setzt voraus, daß nicht in Lobau der 2. Abschnitt des Gesetzes über die Sicherung der Bauforderungen vom 1. Juni 1909 (RGBl S. 449) im Wege der Vdg (§ 9) eingeführt worden ist.

[2] An Stelle des Gläubigers konnte nach § 941 ZPO auch das Landgericht in Felsheim das Grundbuchamt um die Eintragung ersuchen.

Umgeschrieben in eine Sicherungshypothek für eine Baugeldforderung von achtundsechzigtausendfünfhundert RM. nebst 4 vom Hundert Zinsen seit dem 1. Oktober 1927 für den Maurermeister Friedrich Köppen in Lobau unter Bezugnahme auf das rechtskräftige Urteil[1] des Landgerichts in Felsheim vom 22. Oktober 1928 eingetragen am ... November 1928.

Zweifelhaft ist, ob der Grundbuchrichter dem Antrage auch hätte stattgeben müssen, wenn der Anspruch Köppens nur 500 RM. oder weniger betragen hätte. Da eine unfreiwillige, im Wege der Zwangsvollstreckung aus der einstweiligen Verfügung herbeizuführende Eintragung erstrebt wird, so könnte man gemäß § 866 Abs. 3 ZPO die Vormerkung in diesem Falle für unzulässig halten. § 866 Abs. 3 ZPO ist aber auf das Gebiet der Zwangsvollstreckung wegen Geldforderungen zu beschränken und nicht auf Vollstreckung von Schuldtiteln anwendbar, die eine Individualleistung, z. B. den Anspruch auf Einräumung einer Sicherungshypothek, sichern wollen; es ist sonach einem Ersuchen auch stattzugeben, wenn die Vormerkung eine hinter 500 RM. zurückbleibende Forderung zum Gegenstand hat (KGJ 21 A 96).

§ 121. Der Hypotheken-, der Grundschuld- und der Rentenschuldbrief.

Die Briefe werden vom Grundbuchamt erteilt[2] [3]. Sie sind am Kopfe mit dem Preußischen Adler und einer Überschrift zu versehen, die die Bezeichnung „Preußischer Hypothekenbrief", „Preußischer Grundschuldbrief" oder „Preußischer Rentenschuldbrief" enthält. Dahinter wird die Hypothek usw. nach dem Grundbuch, den Nummern des Bandes und Blattes, der Eintragungsnummer und dem Geldbetrag aufgeführt.

Der Eingang eines Hypothekenbriefes lautet also z. B.:

(Adler.)
Preußischer Hypothekenbrief
über
die im Grundbuch von Lobau
Bd. II Bl. Nr. 23 Abteilung III Nr. 3
eingetragenen 10000 RM.

---

[1] Dies Urteil würde auf Erteilung der Umschreibungsbewilligung lauten (KGJ **36** A 253).

[2] Über die Weitergeltung älterer Briefe vgl. oben § 85.

[3] Der Richter muß außer dem Entwurf des Grundbuchführers auch die Ausfertigung des Hypothekenbriefes selbst prüfen (RG **77** 423).

Liegen die Voraussetzungen zu §§ 2ff., 23a, 24 der Entlastungsverfügung (JMBl 1928 S. 140) vor, so sind die Briefe sowie die nachträglich auf sie gesetzten Vermerke von dem Rechtspfleger und einem zweiten Bureaubeamten oder hierzu vom Behördenvorstand ermächtigten Kanzleibeamten oder Angestellten (s. oben S. 3) zu unterschreiben.

Es folgen sodann:

a) Der Inhalt der Eintragung[1]. Hier wird unter Anführung der Eintragungsnummer der ganze unverkürzte Inhalt der die Hypothek usw. betreffenden Eintragungen vermerkt. Hierbei muß auch ein ausdrücklicher Vermerk über den Vorrang aufgenommen werden, mit dem etwa das Recht vor einem früher eingetragenen Recht eingetragen ist, obwohl dieses in dem Briefe nicht aufgeführt wird (KGJ **35** A 294; **45** 291; s. unter d). Soweit zur Ergänzung einer Eintragung auf eine Urkunde Bezug genommen ist, wird auch der Inhalt dieser Urkunde mitgeteilt; ist aber die Urkunde über die Forderung mit dem Briefe verbunden, so wird der Inhalt der Urkunde in den Brief nicht aufgenommen.

Beispiel:

Inhalt der Eintragung:

Nr. 3. 10000 (zehntausend) RM. Darlehn, mit sechs vom Hundert jährlich vom 1. April 1928 ab in halbjährlichen Teilen verzinslich und sechs Monate nach Kündigung rückzahlbar, für den Gastwirt Karl Krause in Lobau eingetragen am 3. Mai 1928.

b) Die Bezeichnung des belasteten Grundstücks nach dem Inhalt des Grundbuchs, also insbesondere die Angabe der Beschaffenheit des Grundstücks (Wohnhaus, Bauerngut usw.), seine Katasterbezeichnung, Größe, Grundsteuerreinertrag, Gebäudesteuernutzungswert nebst den Nummern der Grundsteuermutterrolle und der Gebäudesteuerrolle, endlich auch die letzten im Grundbuch vermerkten Erwerbspreise, falls der Erwerb nicht zehn Jahre zurückliegt, sowie die etwa eingetragenen Schätzungs- oder Versicherungssummen mit Angabe des Jahres.

Beispiel:

Belastetes Grundstück.

1. **Das im Bestandsverzeichnis unter Nr. 1 verzeichnete, in Lobau belegene Wohnhaus mit Hofraum, Kartenblatt 2 Parzelle $\frac{152}{67}$ von 6 a 17 qm mit 360 RM Gebäudesteuernutzungswert; Grundsteuermutterrolle Art. 63, Gebäudesteuerrolle Nr. 61.**
   Feuerversicherungssumme im Jahre 1924: 25000 RM.
2. **Der im Bestandsverzeichnis unter Nr. 3 verzeichnete, am großen Lobausee belegene Acker Kartenblatt 3 Parzelle 47 von 10 ha 18 a 20 qm mit 80 RM. Grundsteuerreinertrag; Grundsteuermutterrolle Art. 65.**

c) Die Bezeichnung des eingetragenen Eigentümers.

Beispiel:

Eigentümer.

Ackerbürger Paul Rückert in Lobau.

d) Die kurze Bezeichnung der Eintragungen, die der Hypothek usw. im Range vorgehen oder gleichstehen, unter Angabe des

[1] Die Übersendung des Hypothekenbriefs, in dem der Eintragungsvermerk aufgenommen ist, ersetzt die Benachrichtigung gemäß § 55 GBO (KGJ **48** 239, AV vom 5. November 1923, JMBl S. 712).

Zinssatzes, wenn dieser fünf vom Hundert übersteigt[1]. Zu den Eintragungen gehören auch Verfügungsbeschränkungen, die das Eigentum betreffen, z. B. Konkursvermerk, Enteignungsvermerk, Nacherbfolge (KGJ **38** A 299). Sind keine vorgehenden oder gleichstehenden Eintragungen vorhanden, so muß dies ausdrücklich hervorgehoben werden; es genügt nicht, daß der Brief über solche Eintragungen nichts enthält. Der Gläubiger soll sicher sein, daß das Grundbuchamt wirklich ein Negativzeugnis habe erteilen wollen (KGJ **21** A 173 und Anlage B zur AllgVfg). Jedoch kann eine Bescheinigung, durch die ein Hypothekenbrief dahin ergänzt werden soll, daß keine Eintragung in der zweiten Abteilung der verbrieften Post im Range vorgehe oder gleichstehe, insoweit nicht gefordert werden, als eine solche Eintragung nur bei einem Versehen des Grundbuchrichters denkbar wäre (KGJ **23** A 162).

Beispiel:

Vorhergehende oder gleichstehende Eintragungen:

Abteilung II: Nr. 1 ein Altenteil } im Range
Nr. 2 ein Wegerecht } vorgehend.
Abteilung III: keine.

e) Am Schluß des Briefes ist außer dem Orte der Ausstellung auch das Datum des Tages, an dem der bei den Akten befindliche Entwurf des Briefes vom Grundbuchrichter bzw. Rechtspfleger genehmigt ist, anzugeben (KGJ **23** A 162). Es folgt dann die Bezeichnung: „Amtsgericht" (nicht Grundbuchamt, KGJ **53** 222) und die Unterschrift der beiden Grundbuchbeamten[2]. Endlich ist der Brief mit dem Siegel[3] des Gerichts — Stempel genügt nicht — zu versehen.

Beispiel:

Lobau, den 20. September 1928.
Amtsgericht.
(Siegel.) Schmidt. Lehmann.
Justizinspektor als Rechtspfleger.

---

[1] Ob in dem Brief über eine auf einem Bruchteil des Grundstücks haftende Hypothek als im Range vorgehend oder gleichstehend nur die Belastungen aufzuführen sind, die auf dem belasteten Anteil ruhen, ist streitig. Jedenfalls sind die früher eingetragenen, nur auf einem anderen Anteil ruhenden Belastungen dann nicht aufzuführen, wenn dazwischen keine Belastungen eingetragen sind, die auf beiden oder allen Anteilen lasten (KGJ **52** 213, unter Einschränkung der Entscheidung KGJ **26** A 304, und die dort S. 217f. bezeichnete Literatur).

[2] Vgl. jedoch Anm. 3 Abs. 2 S. 300.

[3] Der Unterschied zwischen Siegel und Stempel ist der, daß das erstere in einen mit dem Papier verbundenen Stoff (Siegellack, Oblate), der letztere dagegen unmittelbar mittels Farbstoffs oder unmittelbar mittels Presse auf oder in das Papier abgedruckt wird (vgl. AV vom 24. Januar 1900, 6. April 1900 und KGJ **20** A 14, JMBl 1900 S. 45, 297, 404f.; s. auch Schlegelberger Bd. II S. 1028f.). Das Schwarzdrucksiegel ist auch dann nur als Stempel anzusehen, wenn es sich auf einem mittels einer Oblate auf der Urkunde befestigten Papierstück befindet (KGJ **20** A 14; **43** 23).

Vgl. zu vorstehenden Bemerkungen die §§ 56, 57 GBO, Art. 7 AGGBO, §§ 37, 38 AllgVfg und die Anlage B der AllgVfg, ferner § 12 der Entlastungsverfügung (JMBl 1928 S. 140).

Der in den Hypothekenbrief aufzunehmende Auszug ist auf Antrag zu ergänzen, wenn sich der Inhalt des Grundbuchs ändert. § 57 Abs. 3 GBO. Hierher gehören z. B. spätere Löschungen vor- oder gleichstehender Rechte, Eintragung eines neuen Eigentümers oder eine spätere Zurückführung des Bestandsverzeichnisses auf das Steuerbuch usw.

Spätere Eintragungen, die bei der Hypothek usw. selbst erfolgen, z. B. Abtretungen, Verpfändungen, Pfändungen, Pfandentlassungen einzelner Trennstücke, Widersprüche, Vormerkung zur Sicherung des Anspruchs auf Löschung, der Konkursvermerk usw. (vgl. KGJ **21** A 147, 175; **22** A 129), sind vom Grundbuchamt von Amts wegen zur Verhütung von Täuschungen im Verkehr und, um Grundbuch und Brief in Einklang zu bringen, auf dem Briefe zu vermerken[1]. Der Vermerk ist mit der Unterschrift der beiden Grundbuchbeamten[2] sowie dem Ort und Datum und dem Siegel des Gerichts zu versehen § 62 Abs. 1 GBO, Art. 7 AGGBO[3]. Auch das durch einstweilige Verfügung ergangene Verbot, über die Hypothek zu verfügen, kann nur bei Vorlage des Briefes eingetragen werden (KGJ **49** 285, Oberstes Landesgericht München). Der auf den Brief zu setzende Vermerk über die Eintragung der Verpfändung braucht eine nähere Bezeichnung des Inhalts des Pfandrechts nicht zu enthalten (KGJ **33** A 262).

Der Vorlegung des Briefes bedarf es auch dann, wenn bei der Hypothek eine Eintragung vorgenommen werden soll, durch die die Rechtsstellung der Hypothek verbessert wird, wie z. B. bei einer Vorrechtseinräumung (KGJ **44** 256). Dagegen bedarf es der Vorlegung nicht, wenn es sich um Eintragungen handelt, die die dingliche Rechtslage nicht

---

[1] Ist ein mit einer Hypothek belastetes Grundstück auf einen Vorerben als Eigentümer umgeschrieben und dabei gemäß § 52 GBO das Recht des Nacherben in Abt. II des Grundbuchs vermerkt, und wird demnächst eine Erweiterung der Hypothek durch Erhöhung des Zinssatzes eingetragen, so ist bei dem nach § 62 GBO zu bewirkenden Vermerk der letzteren Eintragung auf dem Hypothekenbrief zugleich die kurze Bezeichnung der das Recht des Nacherben betreffenden Eintragung als der nachträglichen Hypothekenerweiterung im Range vorgehend auf dem Brief nachzutragen. Wird ein gemeinschaftlicher Hypothekenbrief über mehrere in dieser Rechtslage befindliche Hypotheken erteilt, so ist der Vermerk in dem im Briefe selbst enthaltenen Auszuge aus dem Grundbuch aufzunehmen (KGJ **38** A 299).

[2] Vgl. jedoch Anm. 3 S. 300.

[3] Die bei der Übertragung eines Grundstücksteils auf ein anderes Grundbuchblatt unter Mitübertragung einer eingetragenen Briefhypothek zwecks Erkennbarmachung der Mitbelastung zu bewirkenden Vermerke sind keine Eintragungen im Sinne des § 42 Abs. 1 Satz 1 und § 62 Abs. 1 GBO. Die Abschreibung des Grundstücksteils unter Mitübertragung der Hypothek kann deshalb erfolgen, ohne daß der Hypothekenbrief vorgelegt wird (KGJ **34** A 292).

ändern, sondern nur eine Tatsache kundgeben (KGJ **34** A 292; **36** A 222; **44** 257). Ebensowenig ist die Vorlegung nötig, wenn eine Briefhypothek mit einem Rangvorbehalt eingetragen ist und nunmehr das vorbehaltene Recht in das Grundbuch eingetragen werden soll (KGJ **36** A 222).

Ist über die Forderung, für die eine Hypothek besteht, eine Urkunde ausgestellt, so soll diese Urkunde in Urschrift oder Ausfertigung mit dem Hypothekenbrief durch Schnur und Siegel verbunden werden. § 58 Abs. 1 GBO, § 41 AllgVfg. Hierdurch soll verhindert werden, daß mißbräuchlicherweise über die Hypothek und über die verbriefte Forderung besondere Verfügungen getroffen werden (KGJ **25** A 319). Der Grundbuchrichter ist daher berechtigt und verpflichtet, die Vorlegung einer Schuldurkunde, deren Ausstellung ihm bekannt ist, zu verlangen, bevor dem Antrag auf Erteilung eines Hypothekenbriefes stattgegeben wird. Sollen nachträgliche Abänderungen z. B. hinsichtlich der Verzinsungs-, Kündigungs- und Rückzahlungsbedingungen eingetragen werden, so ist die Verbindung der Abänderungsurkunde mit dem Brief nicht vorgeschrieben, aber zulässig (KGJ **53** 224 unter Einschränkung der Entscheidung KGJ **30** A 276).

Erstreckt sich der Inhalt der Schuldurkunde auch auf andere Angelegenheiten, so genügt es, wenn ein öffentlich beglaubigter Auszug aus der Urkunde mit dem Hypothekenbrief verbunden wird. § 58 Abs. 1 GBO. Doch soll dies nur geschehen, wenn besondere Zweckmäßigkeitsgründe für dieses Verfahren sprechen (KGJ **37** A 311). In solchen Fällen hat der Richter zu verfügen, welche Teile der Schuldurkunde in den Auszug aufzunehmen sind; in dem Ausfertigungsvermerk ist zu bezeugen, daß weitere die Schuld betreffende Bestimmungen in der Urkunde über die Forderung nicht enthalten sind.

Zum Nachweise dafür, daß eine Schuldurkunde nicht ausgestellt ist, genügt eine darauf gerichtete Erklärung des Eigentümers in der Form des § 29 GBO. § 58 Abs. 3 GBO. Steht die materielle Unrichtigkeit dieser Erklärung fest, so kann das Grundbuchamt ungeachtet ihrer bis zur Vorlegung der Schuldurkunde die Erteilung des Briefes ablehnen.

Andere Schriftstücke als die Schuldurkunde, z. B. Abtretungserklärungen, auf Grund deren die Hypothek umgeschrieben ist, Verpfändungserklärungen (KGJ **33** A 262), Vollmachten usw., werden mit dem Brief nicht verbunden; sie werden vielmehr in Urschrift oder beglaubigter Abschrift bei den Grundakten aufbewahrt (KGJ **25** A 319).

In den Fällen des § 62 Abs. 2 GBO (z. B. im Falle der Berichtigung unrichtiger Eintragungen) hat das Grundbuchamt den Besitzer des Briefes zur Vorlegung anzuhalten; es kann die Vorlegung gemäß Art. 15 PrFGG durch Ordnungsstrafen erzwingen. Ob jemand gegenwärtiger Besitzer ist, hat das Grundbuchamt zu ermitteln und festzustellen. Eine Pflicht der zur Vorlegung aufgeforderten Person, die den Brief früher besessen hat, jetzt aber nicht mehr zu besitzen behauptet, den Besitzverlust glaubhaft zu machen, besteht nicht (KGJ **38** A 291).

Über eine Gesamthypothek soll nur ein Brief erteilt werden, wenn die belasteten Grundstücke in demselben Grundbuchamtsbezirk liegen. In diesem Falle werden der Gesamthypothekenbrief sowie die nachträglich darauf gesetzten Vermerke nur von einem Richter und von einem Grundbuchführer unterschrieben. Liegen aber die belasteten Grundstücke in den Bezirken verschiedener Grundbuchämter, so soll jedes Amt für die Grundstücke seines Bezirks einen besonderen Brief erteilen; die Briefe sind miteinander durch Schnur und Siegel zu verbinden. § 59 GBO, § 41 AllgVfg; vgl. auch über die Bildung der Gesamthypothekenbriefe oben § 119.

Ein Beispiel für einen Brief über eine Gesamthypothek enthält die Anlage D der AllgVfg (s. auch AV vom 9. Februar 1927, JMBl S. 35).

Ein Teilhypothekenbrief[1], zu dessen Bildung nach § 1152 BGB die Zustimmung des Grundstückseigentümers nicht erforderlich ist, kann außer von dem Grundbuchamt auch von einem anderen Amtsgericht oder einem Notar hergestellt werden. Er muß die Bezeichnung als „Teilhypothekenbrief", eine beglaubigte Abschrift der Angaben des bisherigen Briefes über den Geldbetrag der Hypothek und das belastete Grundstück enthalten, den Teilbetrag bezeichnen, auf den er sich bezieht, sowie mit Unterschrift und Siegel versehen sein. Er soll ferner eine beglaubigte Abschrift der sonstigen Angaben des bisherigen Briefes und der auf diesem befindlichen Vermerke enthalten. Auch soll auf ihm angegeben werden, daß die Herstellung des Teilbriefes auf dem bisherigen Briefe vermerkt ist. Eine mit dem bisherigen Briefe verbundene Schuldurkunde soll in beglaubigter Abschrift mit dem Teilhypothekenbrief durch Schnur und Siegel verbunden werden; die Abschrift ist nicht etwa in den Teilbrief aufzunehmen (KGJ **22** A 176). Die Urkunde über die nachträgliche Teilung der Briefhypothek ist mit dem Teilbrief nicht zu verbinden. § 61 Abs. 2 GBO. § 1152 BGB findet auf den Fall, in dem eine Forderung auf eine Bruchteilsgemeinschaft übergeht, mindestens entsprechende Anwendung (KGJ **39** A 268).

Auf dem bisherigen Briefe soll die Herstellung des Teilhypothekenbriefes sowie der Betrag vermerkt werden, auf den sich der Brief noch bezieht; es wird also neben der in der Überschrift enthaltenen Angabe des Rechts vermerkt:

Noch gültig auf ...

§ 61 GBO; § 39 Abs. 2 AllgVfg. Dieser auf den nach § 83 preuß. GBO 5. Mai 1872 gebildeten Hypothekenbriefen etwa nicht vorhandene Nochgültigkeitsvermerk ist nachzuholen, sobald ein solcher Teilbrief dem Grundbuchamt vorgelegt wird (KGJ **40** 328).

---

[1] Vgl. wegen Bildung der Teilhypothekenbriefe auch oben § 102, S. 232ff.

Ein Beispiel für einen Teilhypothekenbrief enthält die Anlage C der AllgVfg (s. auch AV vom 9. Februar 1927, JMBl S. 35).

Stehen einem Gläubiger mehrere Hypotheken zu, die gleichen Rang haben oder im Range unmittelbar aufeinander folgen, so ist ihm auf seinen Antrag mit Zustimmung des Eigentümers über die mehreren Hypotheken ein Hypothekenbrief in der Weise zu erteilen, daß der Brief die sämtlichen Hypotheken umfaßt. § 66 GBO. Im Grundbuch, und zwar in Spalte Veränderungen, ist die Erteilung des neuen gemeinschaftlichen Briefes gemäß § 68 Abs. 3 GBO zu vermerken. Der Vermerk wird etwa lauten:

1. 5000 2. 10000 3. 3000	**Über diese Hypotheken ist der Gläubigerin ein gemeinschaftlicher Brief erteilt. Eingetragen am 23. Oktober 1927.**

Ein solcher gemeinschaftlicher Hypothekenbrief kann nicht gebildet werden, wenn sich unter den mehreren Hypotheken eine Teilhypothek befindet (KGJ **20** A 103). Jedoch steht der Bildung eines solchen Briefes nichts entgegen, wenn zwar eine der Hypotheken früher geteilt worden ist, die bezüglichen Teilhypotheken aber sämtlich in der Hand des Antragstellers vereinigt sind. Auch ist ein gemeinschaftlicher Brief zulässig, wenn der über die Teilhypothek zu bildende Brief kein Teilhypothekenbrief, sondern ein Stammbrief ist (KGJ **39** A 271). Das Muster eines gemeinschaftlichen Briefes enthält die Anlage E der AllgVfg. Ein gemeinschaftlicher Brief kann über mehrere Hypotheken, die unter sich gleichen Rang haben, nicht erteilt werden, wenn ein in Abt. II eingetragenes Recht im Range zwischen diesen Hypotheken steht (KGJ **39** A 276).

Einem Antrage des Berechtigten auf Erteilung eines neuen Briefes, z. B. weil der alte schadhaft geworden oder verlorengegangen ist, ist stattzugeben, wenn der bisherige Brief oder in den Fällen der §§ 1162, 1170 und 1171 BGB das Ausschlußurteil vorgelegt wird. § 67 GBO. Wird ein neuer Brief erteilt, so hat er die Angabe zu enthalten, daß er an die Stelle des bisherigen Briefes tritt. Vermerke, die nach den §§ 1140, 1145 und 1157 BGB für das Rechtsverhältnis zwischen dem Eigentümer und dem Gläubiger in Betracht kommen, z. B. über Unrichtigkeit des Grundbuchs in bezug auf den Eigentümer, die Größenangaben usw., sind auf den neuen Brief zu übertragen. Die Erteilung des neuen Briefes ist im Grundbuch zu vermerken. § 68 GBO. Der bisherige Brief ist unbrauchbar zu machen; eine mit dem bisherigen Briefe verbundene Schuldurkunde ist abzutrennen und, sofern sie nicht mit dem neuen Briefe zu verbinden ist, zurückzugeben. § 69 GBO[1].

[1] Hat der nicht im Grundbuch eingetragene Sonderrechtsnachfolger des eingetragenen Grundschuldgläubigers im Aufgebotsverfahren die Kraftloserklärung des abhanden gekommenen Grundschuldbriefs erwirkt, so kann ihm ein neuer Brief auf seinen Namen statt auf den des eingetragenen Gläubigers nur erteilt werden, wenn er zugleich die Berichtigung des Grundbuchs herbeiführt (KGJ **34** A 343).

Wegen Unbrauchbarmachung der Briefe im Falle der Löschung einer Hypothek vgl. § 109.

Die vorstehenden Vorschriften finden auf den Grundschuld- und Rentenschuldbrief entsprechende Anwendung. Eine Schuldurkunde kommt für diese Briefe nicht in Betracht. Ist eine für den Inhaber des Briefes eingetragene Grundschuld oder Rentenschuld in Teile zerlegt, so ist über jeden Teil ein besonderer Brief herzustellen. § 70 Abs. 1 und 2 GBO. Wenn eine Briefhypothek sich zum Teil in eine Eigentümergrundschuld verwandelt hat, so ist, wenn die besondere Verbriefung des Teils beantragt wird, ein Teilgrundschuldbrief und nicht ein selbständiger Grundschuldbrief herzustellen (KGJ **40** 339). Der Rentenschuldbrief muß auch die Ablösungssumme angeben; in der Überschrift ist nur der Betrag der einzelnen Jahresleistung, nicht der Betrag der Ablösungssumme anzugeben. § 70 Abs. 1 GBO; § 38 Abs. 4 AllgVfg.

Beispiele für Grundschuld- und Rentenschuldbriefe enthalten die Anlagen F und G der AllgVfg (s. auch AV vom 9. Februar 1927 JMBl S. 35).

Verlorengegangene oder vernichtete Briefe können nach § 1162 BGB im Wege des Aufgebotsverfahrens für kraftlos erklärt werden[1]. Das Verfahren richtet sich nach den §§ 1003 ff. ZPO. Ferner werden die Briefe dann kraftlos, wenn die unbekannten Gläubiger in den Fällen der §§ 1170, 1171 BGB. im Wege des Aufgebotsverfahrens mit ihren Rechten ausgeschlossen werden.

§ 122. Hypotheken in ausländischer Währung, wertbeständige Hypotheken, Schweizer Goldhypothek.

1. Die Eintragung von Hypotheken in ausländischer Währung beruht auf der Vdg vom 13. Februar 1920 (RGBl S. 231). Wird für eine Forderung, die in ausländischer Währung zu zahlen ist, eine Hypothek eingetragen, so kann mit Einverständnis der Landeszentralbehörde (in Preußen des Handelsministers), die jedoch nur ausnahmsweise in der Regel nur zur Beschaffung von Rohstoffen im Ausland erteilt wird (vgl. AV vom 22. Januar 1924, JMBl S. 29), der Geldbetrag der Forderung und etwaiger Nebenleistungen oder der Höchstbetrag, bis zu dem das Grundstück haften soll, in ausländischer Währung angegeben werden. Entsprechendes gilt für die Umwandlung der Währung einer eingetragenen Hypothek in eine ausländische, oder für die Eintragung einer Grundschuld in ausländischer Währung. Die Umwandlung oder Änderung der eingetragenen Währung bedarf der Zustimmung der im Range gleich- oder nachstehenden Berechtigten (§ 1 a. a. O.). Die Einwilligung der Landeszentralbehörde ist im Grundbuch zu vermerken. Auch zu einer Änderung des Inhalts der in aus-

---

[1] Ein solches Verfahren kann durch Ordnungsstrafen nicht erzwungen werden. JFG **4** 439.

ländischer Währung eingetragenen Hypothek ist die Einwilligung der Landeszentralbehörde erforderlich (§ 3 a. a. O.). Gläubiger, die im Ausland wohnen, müssen bei Hypotheken in ausländischer Währung einen im Inlande wohnenden Zustellungsbevollmächtigten ernennen. Nach dem 31. Dezember 1928 dürfen neue Eintragungen auf Grund des § 1 der Verordnung nicht mehr vorgenommen werden; vgl. Ges. vom 18. Dezember 1925 (RGBl I S. 469).

2. Gesetz über wertbeständige Hypotheken vom 23. Juni 1923 (RGBl I S. 407). Eine Hypothek kann in der Weise bestellt werden, daß die Höhe der aus dem Grundstück zu zahlenden Geldsumme durch den amtlich festgestellten oder festgesetzten Preis einer bestimmten Menge von Roggen, Weizen oder Feingold bestimmt wird. Die Reichsregierung kann mit Zustimmung des Reichsrats auch den in gleicher Weise festgestellten oder festgesetzten Preis einer bestimmten Menge von Kohle, Kali oder anderen Waren oder von Leistungen als Maßstab zulassen (wertbeständige Hypothek). Die Höhe der Geldsumme kann auch in der Weise bestimmt werden, daß falls der als Maßstab gewählte Preis einer Ware oder Leistung den Preis einer anderen Ware oder anderen Leistung nicht erreicht oder überschreitet, dieser letztere Preis maßgebend sein soll.

Die Entwicklung der Währungsverhältnisse infolge der Inflation hatte zu dieser Form der Belastung geführt, die den Gläubiger gegen die Entwertung seiner Forderung schützte, indem die aus dem Grundstück zu zahlende Geldsumme nicht in einem festen Betrage, sondern wertbeständig, also in wechselnder Summe, bestimmt wird.

Diese wertbeständigen Hypotheken haben jetzt nach der Stabilisierung der Währung ihre Bedeutung verloren. Nur die Feingoldhypothek wird auch heute noch zur Unterlage des Realkredits sehr viel gewählt.

Bei der Eintragung im Grundbuch ist der Geldbetrag durch Art und Menge der Ware oder Leistungen zu bezeichnen, deren Preis als Maßstab gewählt ist. Im übrigen ist die wertbeständige Hypothek der gewöhnlichen Hypothek gleichgestellt, und es gibt auch bei ihr Brief- und Buchhypotheken.

Die Bestimmungen sind auch auf Grund- und Rentenschulden anwendbar. Im übrigen siehe JFG 2 347 und die Durchführungsverordnungen vom 29. Juni[1], 5. Oktober, 2. und 6. November 1923 (RGBl I S. 482, 933, 1075, 1082) sowie vom 17. April 1924 (RGBl I S. 415). Nach der letztgenannten Verordnung können Feingoldhypotheken als Goldmarkhypotheken eingetragen werden[2]. Dabei entspricht eine Goldmark dem

[1] S. auch AV vom 22. August 1923 (JMBl S. 612).

[2] Nicht eintragungsfähig ist eine RM.-Hypothek mit dem Zusatz, daß für jede RM. der Gegenwert von 1/2790 kg Feingold zu entrichten ist. Zulässig ist dagegen die Bestimmung, daß bei einer in Goldmark festgesetzten Hypothek an Stelle der Goldmark Reichsmark tritt, falls die Umrechnung der Goldmark in RM. weniger als den in Goldmark ausgedrückten Nennbetrag ergibt. Die Eintragung könnte

Preise von 1/2790 **kg** Feingold. Den Beteiligten steht das Wahlrecht zu, ob sie die Hypothek als Feingold- oder als Goldmarkhypothek eintragen lassen wollen (JFG **4** 401). Bei einer Goldmarkhypothek darf nicht nachträglich eine Bestimmung folgenden Inhalts eingetragen werden: Der Mindestbetrag des zurückzuzahlenden Kapitals muß dem heutigen Preise für Feingold entsprechen (KG vom 27. Oktober 1927, HRR S. 1435).

Beispiel:

Amtsgericht. **Lobau, den 1. Juni 1928.**

Es erschien vor dem unterzeichneten Richter:
der Tischlermeister Karl Goetsch aus Lobau,
dem Richter von Person bekannt.

Er erklärte:

Aus dem Kaufvertrage vom 20. Mai 1928, den ich hiermit überreiche, schulde ich an Restkaufgeld dem Rentner Ludwig Kretschmer in Lobau 18000 RM. — achtzehntausend RM. Diese Restkaufgeldforderung ist laut der überreichten Urkunde in ein mit 6 vom Hundert ab 1. Juni 1928 verzinsliches Darlehn über den Preis von 3000 Zentner Roggen umgewandelt worden usw. Die Zinsen sind vierteljährlich im voraus am Kalendervierteljahrsersten zu entrichten. Jeder Teil kann das Kapital unter Einhaltung einer Kündigungfrist von sechs Monaten kündigen. Die Kündigung ist erstmalig zum 1. Oktober 1938 zulässig. Kapital und Zinsen sind in Reichsmark zu entrichten. Bei der Berechnung von Kapital und Zinsen ist der Durchschnittspreis zugrunde zu legen, der sich aus der amtlichen Notierung für märkischen Roggen an der Berliner Börse für den am Fälligkeitstage vorhergehenden Börsentag ergibt. Hat eine Notierung nicht stattgefunden, so ist der vom Deutschen Landwirtschaftsrat für den genannten Tag festzustellende Preis maßgebend. Übersteigt der hiernach ermittelte Preis eines Zentners Roggen 6 Goldmark Preis = 6/2790 kg Feingold, so ist für den Zentner Roggen nicht mehr als 6 Goldmark zu entrichten. Für die Ermittlung des Feingoldpreises ist der vor dem Fälligkeitstage letztmalig amtlich festgestellte Preis maßgebend.

Ich verpfände zur Sicherheit der Forderung das im Grundbuch von Lobau Bd. III Bl. Nr. 86 verzeichnete Grundstück und bewillige und beantrage die Eintragung der wertbeständigen Hypothek in das Grundbuch.

v. g. u.

Karl Goetsch.

Schmidt, Amtsgerichtsrat.

---

z. B. lauten: 11000 GM., mindestens 11000 RM. (JFG **4** 398; s. jedoch KG vom 2. Februar 1928 HRR Nr. 741). Die Eintragung einer Dollar-Goldmarkhypothek d. h. einer Hypothek, deren Forderung auf die Währung Goldmark geht, während der Dollar nur Umrechnungsmaßstab ist, ist inhaltlich unzulässig. Der Dollar ist nach der 3. DurchfV vom 2. November 1923 (RGBl I S. 1075) als Maßstab nur zugelassen für Anleihen, für deren Verzinsung und Rückzahlung das Reich oder ein Land die Bürgschaft übernommen hat (KG vom 30. Juni 1927, Rspr S. 1290). Soweit bis 1. Januar 1928 derartige Dollarhypotheken oder Dollargoldmarkhypotheken (Grund- oder Rentenschulden) bereits eingetragen worden sind, bleibt nach § 1 des 2. Gesetzes über wertbeständige Hypotheken vom 2. Februar 1928 (RGBl I S. 11) die Eintragung wirksam.

Darauf verfügt der Richter:

V.

1. **Einzutragen in das Grundbuch von Lobau Bd. III Bl. Nr. 86, Bd. III Sp. 1 bis 4.**

   Sp. 1. Nr. 3.

   Sp. 2. Nr. 1.

   Preis von dreitausend Zentner Roggen Darlehn mit 6 vH. verzinslich für den Rentner Ludwig Kretschmer in Lobau. Übersteigt der Preis eines Zentners Roggen an den für die Berechnung maßgebenden Tagen 6 Goldmark = 6/2790 kg Feingold, so beträgt die Hypothek nicht mehr als 6 Goldmark für einen Zentner Roggen.

   Unter Bezugnahme auf die Eintragungsbewilligung vom 1. Juni 1928 eingetragen am ... Juni 1928.
2. **Ein Hypothekenbrief zu erteilen, mit der Schuldurkunde zu verbinden und Goetsch auszuhändigen.**
3. **Nachricht an den Gläubiger.**

Lobau, 1. Juni 1928. Schm.

Im Falle einer teilweisen Löschung, z. B. wenn Kretschmer bekennt, wegen seiner Forderung in Höhe von 6000 GM. = 1000 Zentner Roggen befriedigt zu sein, und die Löschung dieses Teilbetrages bewilligt, verfügt der Richter auf Antrag des Eigentümers Goetsch:

V.

1. **Einzutragen in das Grundbuch von Lobau Bd. III Bl. Nr. 86, Abt. III Sp. 9 bis 11.**

   Nr. 1. Preis von 1000 — eintausend — Zentner Roggen gelöscht am ...
2. **Der gelöschte Teil ist in Sp. 3 abzuschreiben.**
3. **Der Hypothekenbrief ist zu berichtigen und dem Gläubiger zurückzugeben.**
4. **Bekanntmachung an den Eigentümer.**

Lobau, 6. Februar 1930. Schm.

Die Eintragung von Feingoldhypotheken als Goldmarkhypotheken (s. hierüber JFG 2 353) kann z. B. in folgender Form erfolgen:

18000 — achtzehntausend — Goldmark = $\frac{18000}{2790}$ kg Feingold mit 6% verzinslich usw. oder 18000 GM (1 GM = 1/2790 kg Feingold.) Für die Berechnung des Betrages ist der letzte vor dem Fälligkeitstage[1] amtlich bekanntgemachte Londoner Goldpreis maßgebend. Unter Bezugnahme auf die Bewilligung vom ... eingetragen am ...

Häufig sind Feingoldhypotheken bei Sicherungshypotheken; die Fassungen lauten z. B.:

„Sicherungshypothek zum Höchstbetrage des Preises von ... Gramm Feingold für alle Forderungen aus dem Geschäftsverkehr mit ... Unter Bezugnahme auf die Bewilligung vom ... für ... eingetragen am ...“

---

[1] Als Stichtag behufs Umrechnung in die deutsche Währung kann neben dem Fälligkeitstage für den Fall unpünktlicher Zahlung noch der Zahlungstag bestimmt werden (JFG 2 350).

oder:

„Sicherungshypothek zum Höchstbetrage des Preises von ... Gramm Feingold für alle Forderungen aus dem Geschäftsverkehr mit ..., soweit sie den Betrag des Preises von ... Gramm Feingold, für den die Hypothek Nr. ... haftet, übersteigen. Unter Bezugnahme auf die Bewilligung vom ... eingetragen am ..."

Wird eine Hypothek in Reichsmark eingetragen, so ist ein Zusatz, daß für jede Reichsmark der Gegenwert von 1/2790 **kg** Feingold zu entrichten sei, nicht zulässig[1]. Dagegen ist zulässig die Bestimmung, daß bei einer in Goldmark festgesetzten Hypothek für den Fall, daß die Umrechnung der Goldmark in Reichsmark weniger als den in Goldmark ausgedrückten Nennbetrag ergibt, an Stelle der Goldmark Reichsmark trete. JFG **4** 399 (KG). Wegen der Goldmünzklausel s. oben § 91. Wertbeständige Hypotheken kommen nach der Festigung der Währung fast nur noch in der Form von Feingoldhypotheken vor. Diese werden von vielen Kreditgebern auch jetzt noch den Reichsmarkhypotheken vorgezogen. Nicht zulässig sind Rentenmarkhypotheken, da die Rentenmark keine neue Reichswährung ist, auf die die Hypotheken gestellt werden dürfen.

Zulässig ist die Umwandlung einer wertbeständigen Hypothek in eine wertbeständige Grundschuld oder Rentenschuld und umgekehrt. Ferner wird man zulassen müssen, die Umwandlung einer wertbeständigen Hypothek (Grund- oder Rentenschuld) in eine solche mit anderem Maßstabe (z. B. Roggenhypothek in Feingoldhypothek), wobei allerdings die Zustimmung der gleich- oder nachstehenden Berechtigten erforderlich ist[2]. Dagegen ist die Umwandlung einer wertbeständigen Last in eine Hypothek-, Grund- oder Rentenschuld des BGB und umgekehrt abzulehnen, da der Austausch einer unbestimmten mit einer bestimmten Belastung den Grundsätzen des Grundbuchrechts widerstrebt (a. A. Güthe S. 1863 Nr. 8). Über Unzulässigkeit der Umwandlung einer RM.-Hypothek in eine Feingoldhypothek s. KG vom 10. Februar 1927, Rsp S. 398, JW S. 1021).

3. Die Schweizer Goldhypothek beruht auf dem Abkommen vom 6. Dezember 1920 zwischen dem Deutschen Reiche und der Schweizer Eidgenossenschaft (Hauptabkommen, RGBl S. 2032), dem Zusatzabkommen vom 25. März 1923 und dem Reichsgesetz vom 23. Juni 1923 (RGBl II S. 284)[3]. Schweizerische Goldhypotheken sind auch solche, die ursprünglich für einen deutschen Gläubiger entstanden, dann durch Abtretung vor dem 31. Juli 1914 auf einen Schweizer übergegangen sind. RG in JW **26** 2841 Nr. 5.

Für den Gläubiger der Goldhypothek wird eine Grundschuld in Schwei-

[1] S. Anm. 2 S. 308. Für Forderungen und Schuldverschreibungen, die auf RM. mit Feingoldklausel lauten, kann keine Goldmarksicherungshypothek (wohl Goldmarkhöchstbetragshypothek) bestellt werden (KG vom 28. April 1927, HRR S. 782).

[2] Über Erlaß von Gerichtsgebühren aus Anlaß der Umwandlung von Roggenhypotheken in Goldmarkhypotheken s. AV vom 13. März 1928 (JMBl S. 163).

[3] Die Bestimmungen bleiben auch gegenüber dem Industriebelastungsgesetze unberührt. (§ 41 Abs. 3 des Reichsges. vom 30. August 1924, RGBl II S. 257.)

zer Franken eingetragen (Gläubigergrundschuld). Diese ist eine Briefgrundschuld die jedoch bereits mit der Eintragung entsteht. Auch für den Eigentümer wird eine unverzinsliche Grundschuld eingetragen, und zwar als Buchgrundschuld; ihre Umwandlung in eine Hypothek ist unzulässig, auch kann sie nicht vom Eigentum am Grundstück getrennt noch verpfändet werden. Diese Verfügungsbeschränkungen sind im Grundbuch zu vermerken. Näheres siehe Artikel 6 bis 12, 17 des Zusatzabkommens. Die für den Eigentümer eingetragene Frankengrundschuld wird, sofern gemäß Art. 10 des Zusatzabkommens Reallasten, Hypotheken, Grundschulden und Rentenschulden zu löschen sind oder hinter der Frankengrundschuld zurücktreten müssen, von einem durch die Reichsregierung zu bestimmenden Treuhänder (die Reichskredit-Aktiengesellschaft zu Berlin) verwaltet. In diesem Falle ist nur der Treuhänder zur Verfügung über die Grundschuld berechtigt. Die Beschränkung des § 181 BGB findet auf ihn keine Anwendung; unentgeltliche Verfügungen sind jedoch unwirksam. Bei der Eintragung der Eigentümergrundschuld ist das Recht des Treuhänders von Amts wegen miteinzutragen[1]. In der Bekanntmachung, die gemäß § 55 GBO an den Treuhänder zu erfolgen hat, sind die nach Art. 10 des Zusatzabkommens zu löschenden oder in ihrem Range zu verändernden Reallasten usw. zu bezeichnen. Soweit der Treuhänder den Gläubiger einer dieser Lasten befriedigt, ist er berechtigt, mit Wirkung für den Grundstückseigentümer die Zustimmung zur Löschung der Last zu erteilen. Hierbei bedarf es nicht der Vorlegung des über das Recht erteilten Briefes; dieser wird mit der Löschung kraftlos und ist vom Grundbuchamt einzuziehen. Das Amt des Treuhänders erlischt, sobald die der ehemaligen Goldhypothek im Range nachstehenden, der Frankengrundschuld des Gläubigers im Range vorgehenden Reallasten, Hypotheken, Grund- und Rentenschulden im Grundbuch gelöscht sind oder der Vorrang der Frankengrundschuld vor jenen Rechten im Grundbuche eingetragen ist. Alsdann ist der Treuhändervermerk von Amts wegen zu löschen. Die Löschung hat auch dann zu erfolgen, wenn der Treuhänder es (formlos) beantragt, und der Gläubiger der Frankengrundschuld sowie der Grundstückseigentümer (formlos!) zustimmen. Die Löschung erfolgt kostenfrei. Die vom Treuhänder dem Grundbuchamt gegenüber abzugebenden Erklärungen bedürfen nicht der im § 29 GBO vorgeschriebenen Form. Im übrigen siehe die Ausführungsverordnungen vom 25. Juni und 9. November 1923 (RGBl II S. 291 und 410), vom 9. Februar und 30. Juni 1924 (RGBl II S. 40 und 145), vom 21. Januar 1925 (RGBl II S. 16) sowie vom 6. Februar 1926 (RGBl II S. 128), ferner die AV des pr. Finanzministers vom 5. Februar 1924 (JMBl S. 59).

[1] Soweit auf Grund der Vorschriften des AwG ein der ehemaligen Goldhypothek im Range nachstehendes, der Gläubigergrundschuld im Range vorgehendes Recht im Grundbuch wieder eingetragen wird, ist das Recht des Treuhänders bei der Eigentümergrundschuld von Amts wegen einzutragen.

Vierter Abschnitt.

Die Beschwerde in Grundbuchsachen.

§ 123. Die Zulässigkeit der Beschwerde.

Gegen die Entscheidungen[1] des Grundbuchamts findet das Rechtsmittel der Beschwerde statt. § 71 Abs. 1 GBO[2].

Beschwerdeberechtigt ist nicht jeder; die Beschwerde ist nicht als Popularbeschwerde zugelassen, sondern nur den durch eine Anordnung des Grundbuchrichters in ihren Rechten beeinträchtigten Personen und Behörden so weit gegeben, als sie zur Vertretung der Beteiligten berufen oder für Ersuchen an die Grundbuchämter um Vornahme von Grundbuchakten zuständig sind (vgl. KGJ **30** A 202.) Legt ein Notar[3], der den Eintragungsantrag nicht gestellt hat, gegen die Ablehnung der Eintragung Beschwerde ein, so ist diese nur dann zulässig, wenn ihm von einem Beteiligten Vollmacht erteilt ist. Die Bevollmächtigung, die keiner besonderen Form bedarf, kann jedoch nicht in der Instanz der weiteren Beschwerde nachgewiesen werden (KGJ **32** A 287). (Über das Beschwerderecht des Notars vgl. auch oben § 35 S. 75/76). Aufsichtsinstanzen können zwar darauf hinwirken, daß Beschwerde eingelegt wird, aber in der Regel nicht selbständig Beschwerde erheben (KGJ **20** A 13); eine Ausnahme gilt insbesondere, wenn die Behörde befugt ist, gemäß § 39 GBO um die Eintragung zu ersuchen, oder wenn es sich um von ihr wahrzunehmende privatrechtliche Belange handelt; deshalb ist z. B. die bei der Siedelungsenteignung nach Landesgesetz zuständige Enteignungsbehörde (s. unten § 169) in bezug auf die landesrechtlich vorgeschriebene Grundbucheintragung beschwerdeberechtigt. (JFG **3** 268). Entscheidungen eines Grundbuchamts können von einem anderen, aus § 49, 59 GBO beteiligten Grundbuchamte nicht mit Sachbeschwerde angefochten werden (KGJ **52** 102). Andererseits muß die Beschwerde nicht nur dem Antragsteller, gegen den die Entscheidung unmittelbar ergangen ist, sondern jedem Beteiligten gewährt werden, der durch die ergangene Entscheidung in seinem Rechte betroffen wird und deshalb an deren Beseitigung ein rechtliches Interesse hat (KGJ **21**

---

[1] Die Erteilung des Hypothekenbriefes ist eine Entscheidung im Sinne des § 71 GBO (KGJ **52** 213; Oberstes LG München vom 30. April 1927, JW S. 2527).

[2] Wird die Änderung einer Entscheidung der Verfügung des Grundbuchführers in den Angelegenheiten, die ihm auf Grund der AV vom 28. Mai 1923 (JMBl S. 401) übertragen worden sind, verlangt, so soll der Rechtspfleger die Sache dem Grundbuchrichter vorlegen. Die Beschwerde findet in den Fällen, in denen sie zulässig ist, erst gegen die Entscheidung des Richters statt (§ 2 des Ges. vom 14. Dezember 1920, GS 1921, S. 75).

[3] Der Notar kann eine Beschwerde im eigenen Namen nicht um deswillen einlegen, weil er wegen Beanstandung einer von ihm aufgenommenen Urkunde mit einem Schadenersatzanspruch rechnen muß (KGJ **35** A 199).

A 96; **25** A 88, 93; **33** A 305; **47** 210, 264); z. B. fehlt im Falle der Gewährung der Grundbucheinsicht oder Erteilung des Grundbuchauszugs dem Eigentümer die Beschwerdeberechtigung (KGJ **48** 252, OLG Karlsruhe). Der Antragsberechtigte hat das Beschwerderecht ohne Rücksicht darauf, ob er den abgelehnten Antrag gestellt hat oder nicht (KGJ **44** 177), ferner steht dem Vollstreckungsgericht gegen Entscheidungen des Grundbuchamts, wodurch das Ersuchen beanstandet oder nicht dem Gesetz gemäß erledigt wird, die Beschwerde zu (KGJ **52** 154), und im Falle des § 941 ZPO kann neben dem um eine Eintragung ersuchenden Prozeßrichter auch die Partei selbst Beschwerde einlegen (KGJ **21** A 96). Ob das Grundbuchamt auf Antrag oder Ersuchen oder von Amts wegen tätig geworden ist, ist für die Beschwerdeberechtigung belanglos (KGJ **50** 127).

Einem Hypothekengläubiger steht gegen die auf Antrag des Eigentümers vom Grundbuchamt durch Zusammenschreibung bewirkte Vereinigung des mit der Hypothek belasteten Grundstücks mit einem anderen Grundstück die Beschwerde nicht zu (KGJ **31** A 239). Wohl aber ist der Gläubiger einer Gesamthypothek berechtigt, über die Ablehnung des Antrags des Grundeigentümers auf Zuschreibung des einen mit der Gesamthypothek belasteten Grundstücks zu dem anderen als dessen Bestandteil Beschwerde zu führen (KGJ **30** A 178).

Das beeinträchtigte Recht, dessen Anerkennung im Beschwerdewege erstrebt wird, kann dem Gebiete des öffentlichen Rechts angehören (KGJ **25** A 88).

Die Beschwerde ist auch dann gegeben, wenn das Recht, das beeinträchtigt sein soll, erst nach Erlaß der Entscheidung entstanden ist (KGJ **33** A 305).

Die sachliche Beschwerde (und auch die weitere Beschwerde) nur wegen der Kosten einer gerichtlichen Entscheidung ist, falls die Hauptsache erledigt ist, mit der Begründung zulässig, daß die Entscheidung unrichtig sei (KGJ **52** 1; **53** 167; JFG **1** 299)[1]. Rechtsmittel aus dem preußischen Gerichtskostengesetz stehen dabei nicht in Frage. Auch ist es für die Zulässigkeit des Rechtsmittels ohne Bedeutung, ob die Partei den zur Hauptsache in der Vorinstanz gestellten Antrag nicht aufrechterhalten kann oder will (KGJ **22** A 3; RG **62** 142).

Zu den Entscheidungen des Grundbuchamts, gegen die das Rechtsmittel der Beschwerde gegeben ist, gehören auch Zwischenverfügungen im Sinne des § 18 GBO (KGJ **20** A 125; **45** 204; **52** 111). Sie können mit der Beschwerde auch nur hinsichtlich eines oder einzelner der von dem Grundbuchrichter erhobenen Anstände angefochten werden (KGJ **43** 139). Durch endgültige Zurückweisung des gestellten Antrags wird die Zwischenverfügung gegenstandslos und damit die Beschwerde hiergegen unzulässig (KGJ **51** 276 gegen KGJ **43** 141).

[1] Hiermit steht KGJ **47** 275 nicht in Widerspruch.

Auch die Entschließung des Grundbuchamts, einen angekündigten, aber noch nicht gestellten Eintragungsantrag gegebenenfalls abzulehnen, stellt eine beschwerdefähige Entscheidung dar (KGJ **38** A 255; **44** 204).

Wenn sich ein Beteiligter zwecks Herbeiführung einer Eintragung, aber vor Stellung des Eintragungsantrags an das Grundbuchamt wendet, so sind drei Fälle zu unterscheiden:

a) Verlangt der Beteiligte nur eine Auskunft über etwaige, dem Antrag entgegenstehende Bedenken und erteilt das Grundbuchamt die Auskunft, so ist die Beschwerde unzulässig (KGJ **37** A 218; **48** 171).

b) Verlangt der Beteiligte die Ansetzung eines Termins und lehnt das Grundbuchamt diesen Antrag mit der Begründung ab, daß eine Verpflichtung zur Terminsansetzung nicht bestehe, so ist die Beschwerde, wenn zulässig, unbegründet.

c) Verlangt der Beteiligte die Terminsansetzung mit der Ankündigung, daß er in dem Termin einen bestimmten Eintragungsantrag stellen werde, so kann das Grundbuchamt den Antrag mit der gleichen Begründung wie im zweiten Falle ablehnen. Begründet es aber die Ablehnung damit, daß es dem angekündigten Eintragungsantrag nicht stattgeben könne, so ist die Beschwerde zulässig (KGJ **38** A 257; **39** A 278; **45** 222; **48** 171).

Gegen eine Eintragung (KGJ **38** A 255; **44** 204)[1] [2] — zu der auch Löschungen zu rechnen sind (KGJ **48** 184) — ist aber die Beschwerde nicht zulässig. § 71 Abs. 2 GBO. Eine unzulässige Beschwerde gegen eine Eintragung liegt auch dann vor, wenn die Ergänzung einer unvollständigen Eintragung verlangt (KGJ **42** 256), ferner wenn zunächst gegen die Eintragung eine Vorstellung und nunmehr formell (KGJ **26** A 290; RG **55** 404) gegen die Ablehnung der Vorstellung Beschwerde erhoben wird.

Dagegen ist die Beschwerde gegeben, wenn die Eintragung ihrem Inhalt nach allgemein ausgeschlossen ist (KGJ **20** A 98; **23** A 133)[3], und wenn es

[1] Die Vormerkung über die Einleitung des Enteignungsverfahrens ist keine Eintragung im Sinne des § 71 Abs. 2 GBO (KGJ **35** A 261).

[2] Der Vermerk, durch den der Erbanteil eines Miterben auf einen anderen Miterben oder einen Dritten umgeschrieben wird, ist eine derartige Eintragung (KGJ **40** 167). Auch eine Zusammenschreibung mehrerer Grundstücke zwecks Vereinigung oder Zuschreibung (§ 5 GBO) ist eine Eintragung, gegen die weder Beschwerde noch, wenn auf Beschwerde das Landgericht die Zusammenschreibung angeordnet hat, weitere Beschwerde zulässig ist; es kann vielmehr nur die Eintragung eines Widerspruchs verlangt werden, sofern die Voraussetzungen des § 54 Abs. 1 Satz 1 GBO vorliegen (KGJ **31** A 229).

Dagegen kann der Eigentümer eines Rittergutes gegen die wegen Abverkaufs von Gutsteilen erfolgte Löschung der Rittergutseigenschaft im Grundbuch Beschwerde einlegen. Denn es handelt sich nicht um eine Eintragung im Sinne des § 71 Abs. 2 GBO (KGJ **31** A 231).

[3] Auch wenn die Beschwerde gegen eine Eintragung lediglich die Eintragung eines Amtswiderspruchs verlangt, muß das Beschwerdegericht die Löschung anordnen, wenn die Eintragung inhaltlich unzulässig ist (KGJ v. 6. X. 27, Rspr S. 1373 gegen KGJ **31** A 331, 337).

sich um Eintragungen handelt, auf die sich der öffentliche Glaube des Grundbuchs nicht erstreckt (KGJ **42** 203; JFG **2** 298, Oberstes Landesgericht München). Daher ist z. B. zulässig die Beschwerde gegen Eintragung der Rangbefugnis des § 7 AwG, ferner die Beschwerde gegen die Eintragung eines Widerspruchs (RG **117** 346; Ring **1926** S. 13, OLG Dresden; KGJ **26** A 238; JFG **3** 268)[1] sowie einer Vormerkung (KGJ **27** A 82; **31** A 324); auch ist nicht unzulässig eine weitere Beschwerde gegen den eine Eintragung anordnenden Beschluß des Landgerichts, selbst wenn die Eintragung bereits erfolgt ist (vgl. unten § 125 Abs. 2). Dagegen ist die Beschwerde gegen die Eintragung einer Aufwertung nur mit dem beschränkten Ziele aus § 71 Abs. 2 Satz 2 GBO zulässig, da die Buchung der Aufwertung unter dem öffentlichen Glauben des Grundbuchs steht. Ring **26** Sonderheft 13/14 = JMBl **26** S. 244.

Streitig ist, ob gegen die vom Grundbuchrichter getroffene Anordnung einer Eintragung vor deren Vollziehung Beschwerde gegeben ist. Für den Fall, daß eine Amtslöschung nach § 54 GBO in Frage kommt, hat dies das KG wegen der besonders einschneidenden Wirkung der Löschung bejaht (KGJ **49** 146). Im allgemeinen dürfte die Frage zu verneinen sein, da die Anordnung der Eintragung ein Internum des Gerichts ist.

Die formelle Zusammenschreibung mehrerer Grundstücke auf ein gemeinschaftliches Blatt ist, da sie keine materiellrechtlichen Folgen hat, keine der Beschwerde unzugängliche Entscheidung; vielmehr kann auch im Beschwerdewege geltend gemacht werden, daß statt der formellen Zusammenschreibung eine Zuschreibung des einen Grundstücks als Bestandteil des anderen habe erfolgen müssen (KGJ **23** A 221). Vgl. ferner KGJ **50** 127.

Wenn auch die Beschwerde gegen eine Eintragung nicht zugelassen ist, so kann doch im Wege der Beschwerde verlangt werden, daß das Grundbuchamt angewiesen wird, nach § 54 GBO einen Widerspruch einzutragen oder eine Löschung vorzunehmen. § 71 Abs. 2 GBO (KGJ **39** A 283; **52** 140; **53** 176). Ein solches Verlangen ist in dem Antrage auf Beseitigung der Eintragung als das Mindere für mitenthalten anzusehen (KGJ **25** A 106; **27** A 138; **53** 176).

Die Beschwerde gegen die Zurückweisung eines Antrags auf Berichtigung des Grundbuchs ist unzulässig, es sei denn, daß sie sich nicht sowohl gegen die Eintragung als vielmehr gegen deren Weiterbestehen richtet, also die ursprüngliche Richtigkeit des Grundbuchs unangetastet läßt und sich nur darauf gründet, daß das Grundbuch durch spätere, außerhalb des Grundbuchs vollzogene Rechtsvorgänge unrichtig geworden sei (KGJ **39** A 283; **50** 139, **51** 143). Das Reichsgericht (RG **55** 404; **88** 90) scheint sogar

[1] Seine frühere gegenteilige Ansicht (KGJ **20** A 277; **21** A 147) hat das KG aufgegeben. Auch gegen die Eintragung der im Aufwertungsgesetz vom 16. Juli 1925 (RGBl I S. 117) vorgesehenen Widersprüche ist Beschwerde zulässig. Ring 1926 S. 50, Nr. 21.)

die Beschwerde schon dann zulassen zu wollen, wenn sich die Behauptung der ursprünglichen Unrichtigkeit der Eintragung auf neu beigebrachte Tatsachen oder Urkunden stützt. Dies hat das KG jedoch bisher abgelehnt (vgl. JFG **1** 367).

Die Beschwerde ist stets zulässig, wenn sie sich nicht gegen den Inhalt, sondern gegen die Fassung des Eintragungsvermerks richtet (KGJ **37** A 213; **47** 201; **49** 229).

Eine Beschwerde kann sich nur auf Entscheidungen des Grundbuchrichters in bestimmten Einzelfällen beziehen; die übergeordneten Instanzen können dem Grundbuchrichter nicht allgemeine Anweisungen erteilen, wie er in künftigen Fällen zu verfahren habe (KGJ **28** A 153). Die Rechtsbeschwerde ist ferner nur gegen *sachliche* Verfügungen des Grundbuchrichters am Platze. Steht die Art des Geschäftsbetriebes des Grundbuchamts in Rede, so ist in Preußen nach § 85 AGGBO die Beschwerde im Dienstaufsichtswege gegeben. Z. B. findet die Sachbeschwerde dann statt, wenn das Grundbuchamt die Entgegennahme einer Auflassung mit der Begründung ablehnt, daß diese — da nur zum Schein vorgenommen — ungültig sein würde (KGJ **44** 213). Dagegen würde die Aufsichtsbeschwerde gegeben sein, wenn z. B. der Richter die Beurkundung ablehnt, weil er anderweit in Anspruch genommen sein will.

Gegen die Entscheidung des Grundbuchamts ist stets nur die *Beschwerde nach der GBO* zulässig. Dies gilt z. B. auch dann, wenn das eine gerichtliche Urkunde als Grundbuchamt verwahrende Amtsgericht gemäß § 797 Abs. 1 und 3 ZPO über die Erteilung einer vollstreckbaren Ausfertigung der Urkunde eine Entscheidung trifft (KGJ **46** 18)[1]; auch wo es sich um die Eintragung einer Sicherungshypothek im Wege der Zwangsvollstreckung gemäß § 866 ZPO handelt, ist nicht etwa die sofortige Beschwerde nach der ZPO gegeben. Denn der Grundbuchrichter wird dadurch, daß er die Eintragung im Grundbuch vornimmt, nicht zum Vollstreckungsrichter im Sinne des § 764 ZPO (KGJ **24** A 127; **27** A 138). Die Aufnahme von Beschwerden gegen Entscheidungen des Grundbuchamts kann nicht von Beamten des einfacheren Bureaudienstes wahrgenommen werden (II der AV vom 1. Februar 1928, JMBl S. 44).

§ 124. 2. Das Beschwerdeverfahren.

Über die Beschwerde entscheidet eine Zivilkammer des Landgerichts, in dessen Bezirk das Grundbuchamt seinen Sitz hat. §§ 72, 81 Abs. 1 GBO.

Die Beschwerde kann bei dem *Grundbuchamt oder bei dem Beschwerdegericht eingelegt* werden, also nicht, wie nach der ZPO

[1] Dagegen wird über *Einwendungen* gegen die Zulässigkeit der Vollstreckungsklausel nach den Vorschriften der ZPO entschieden und ist gegen die Entscheidung das Rechtsmittel der sofortigen Beschwerde (§ 795, 732, 793, 797 Abs. 3 ZPO) gegeben (KGJ **48** 4).

(§ 569), grundsätzlich nur bei der Behörde, von der die angefochtene Entscheidung erlassen ist. An eine Frist ist sie nicht gebunden. Die Einlegung erfolgt durch Einreichung einer Beschwerdeschrift oder durch Erklärung zum Protokoll des Grundbuchamts, also entweder des Grundbuchrichters bzw. Rechtspflegers oder des Grundbuchführers (RG **110** 314, s. auch JFG **1** 25), oder des Urkundsbeamten der Geschäftsstelle des Beschwerdegerichts. § 73 GBO. Sie kann auch telegraphisch erfolgen. Die aufgegebene Urschrift des Telegramms muß die eigenhändige Namensunterschrift des Beschwerdeführers oder seines Vertreters enthalten. In der Telegrammausfertigung muß sich unter dem Text ein Name befinden, der sich als die Unterschrift des Unterzeichners der Beschwerde darstellt; die bloße Bezeichnung einer beschwerdeführenden Behörde unter der Depesche ohne den Namen des für sie handelnden zuständigen Beamten genügt nicht (KGJ **35** A 4). Diese Ansicht des KG erscheint formalistisch; u. E. muß genügen, daß die dem Telegramm zugrunde liegende Verfügung von dem zuständigen Beamten gezeichnet ist. Nach KGJ **50** 9 bedarf die Beschwerdeschrift einer Behörde zu ihrer Wirkung der Unterschrift ihres berufenen Vertreters. Liegt diese vor, so genügt es, wenn die Reinschrift von einem Bureaubeamten mit dem Ausfertigungs- oder Beglaubigungsvermerk versehen ist. Bei Einlegung von Beschwerden zu Protokoll des Grundbuchamts ist eine Unterzeichnung durch die Beteiligten nicht erforderlich. Jedoch kann die Ablehnung der Unterschrift nach der Sachlage ergeben, daß eine Erklärung der Beteiligten nicht vorliegt (KGJ **49** 144).

Erachtet schon das Grundbuchamt die Beschwerde für begründet, so hat es ihr abzuhelfen. § 75 GBO. Anderenfalls legt es die Beschwerde mit den Grundakten dem Beschwerdegericht vor. Letzteres kann vor der Entscheidung durch eine einstweilige Anordnung dem Grundbuchamt aufgeben, eine Vormerkung oder einen Widerspruch einzutragen[1]. Die Vormerkung oder der Widerspruch wird von Amts wegen gelöscht, wenn die Beschwerde zurückgenommen oder zurückgewiesen ist. § 76 GBO.

Die Beschwerde kann auf neue Tatsachen und Beweise gestützt werden. § 74 GBO. Das Beschwerdegericht kann eine vollständige Nachprüfung in tatsächlicher und rechtlicher Beziehung vornehmen. Falls ein vor Erlaß der Entscheidung eintretendes Ereignis den Mangel des Antrags, wenn auch ohne Rückwirkung beseitigt, so muß dies vom Beschwerdegericht beachtet werden (JFG **1** 304). Die Entscheidung des Beschwerdegerichts kann dem

---

[1] Der Löschung eines solchen Widerspruchs und der Neueintragung eines solchen Widerspruchs auf Grund der schließlichen Entscheidung des Beschwerdegerichts bedarf es nicht, wenn der Widerspruch, dessen Eintragung das Beschwerdegericht in seiner schließlichen Entscheidung für geboten erachtet, den gleichen Inhalt hat wie der auf Grund der einstweiligen Anordnung bereits eingetragene Widerspruch (KGJ **38** A 276).

Antrag nur unbeschadet der nach seinem Eingange wirksam eingetragenen Rechte zum Erfolge verhelfen (JFG 1 309). So ist die Beschwerde u. U. gegenstandslos, wenn inzwischen das Eigentum gewechselt hat. OLG 45 93 (OLG Jena). Über die unterschiedliche Wirkung der auf neue Tatsachen oder Beweise gestützten von der ohne neues Vorbringen eingelegten Beschwerde siehe KGJ 52 122ff.

Wird gegen die einen Enteignungsantrag beanstandende Zwischenverfügung des Grundbuchamts mit dem Antrage Beschwerde eingelegt, das Grundbuchamt zur Vornahme der Eintragung anzuweisen, so ist das Beschwerdegericht auf die Berücksichtigung des vom Grundbuchamt erhobenen Bedenkens nicht beschränkt, sondern berechtigt, den Beschwerdeantrag aus anderen Gründen abzulehnen (KGJ 35 A 202). Bedingte Entscheidungen des Beschwerdegerichts sind nicht zulässig, jedoch der weiteren Beschwerde zugänglich. Will das Beschwerdegericht an die Stelle einer Zwischenverfügung des Grundbuchamts seinerseits eine sachliche Zwischenverfügung aus § 18 GBO setzen, so ist das durch einen abschließenden Beschluß auszusprechen, der gleichzeitig die Entscheidung des Grundbuchamts aufhebt und die Zwischenverfügung enthält. Die Erledigung der Zwischenverfügung erfolgt beim Grundbuchamt (KG vom 9. Dezember 1926 Rspr 1927 S. 218).

Die Entscheidung des Beschwerdegerichts ist mit Tatbestand[1] und Gründen zu versehen und dem Beschwerdeführer mitzuteilen. § 77 GBO.

§ 125. 3. Die weitere Beschwerde.

Gegen die Entscheidung des Beschwerdegerichts ist das Rechtsmittel der weiteren Beschwerde zulässig, wenn die Entscheidung auf einer Verletzung des Gesetzes beruht[1]. Die §§ 550, 551, 561, 563 ZPO finden entsprechende Anwendung. § 78 GBO. Rein tatsächliche Erwägungen sind also der Nachprüfung des Gerichts der weiteren Beschwerde jedenfalls insoweit entzogen, als sie von einem Rechtsirrtum nicht beeinflußt gewesen sind.

Der Beschluß eines Landgerichts, durch den das Grundbuchamt auf erhobene Beschwerde angewiesen ist, von seinen Bedenken gegen eine bei ihm beantragte Eintragung Abstand zu nehmen, kann mit der weiteren Beschwerde auch dann angefochten werden, wenn das Grundbuchamt auf Grund des Beschlusses die beantragte Eintragung im Grundbuch bewirkt hat. (RG 70 234, KGJ 38 A 276.) Desgleichen führt RG 110 68 aus, daß mit der weiteren Beschwerde die Beseitigung einer nach ihrem Inhalt unzulässigen Eintragung und in allen übrigen Fällen die Eintragung eines Widerspruchs verlangt werden kann, wenn das Grundbuch durch eine unter

---

[1] Für das Gericht der weiteren Beschwerde sind die vom Landgericht festgestellten Tatsachen maßgebend, und deshalb muß der landgerichtliche Beschluß den Sachverhalt, auf den er seine Rechtsausführungen aufbaut, angeben (KGJ 48 1; 53 142).

Verletzung gesetzlicher Vorschriften auf Anordnung des Landgerichts vorgenommenen Eintragung unrichtig geworden ist (s. auch JFG **3** 264). Der gegenteilige Standpunkt von KGJ **36** A 149 ist aufgegeben.

Hat das Landgericht ein unzulässige Beschwerde, unter Verkennung der Unzulässigkeit, aus sachlichen Gründen zurückgewiesen, so ist die weitere Beschwerde wegen der Unzulässigkeit der ersten Beschwerde zurückzuweisen; es ist aber nicht unter Aufhebung der angefochtenen Entscheidung die erste Beschwerde als unzulässig zu verwerfen. JFG **3** 262 (KG) gegen KGJ **37** A218.

Über die weitere Beschwerde entscheidet in Preußen ein Zivilsenat des Kammergerichts. Hängt die Entscheidung nach der Auffassung des Kammergerichts von der Auslegung eines in seinem Bezirk nicht geltenden Gesetzes ab, so kann es die weitere Beschwerde demjenigen Oberlandesgericht zur Entscheidung überweisen, zu dessen Bezirk das Landgericht gehört, das die angefochtene Entscheidung erlassen hat. Der Überweisungsbeschluß ist dem Beschwerdeführer bekanntzumachen. §§ 79, 102 GBO, Art. 7 und 8 PFGG.

Will das Kammergericht bei der Auslegung einer das Grundbuchrecht betreffenden reichsgesetzlichen Vorschrift von der auf weitere Beschwerde ergangenen Entscheidung[1] eines anderen — in der Regel außerpreußischen — Oberlandesgerichts, falls aber über die Rechtsfrage bereits eine Entscheidung des Reichsgerichts ergangen ist, von dieser abweichen[2], so hat es die weitere Beschwerde unter Begründung seiner Rechtsauffassung dem Reichsgericht vorzulegen. Der Beschluß über die Vorlegung ist dem Beschwerdegericht vorzulegen. Er ist dem Beschwerdeführer mitzuteilen. In solchen Fällen entscheidet über die weitere Beschwerde das Reichsgericht, gegebenenfalls unter Einholung einer Plenarentscheidung. §§ 79 Abs. 2 und 3, 81 Abs. 2 GBO, § 136 GVG. Hierbei ist es belanglos, ob es die strittige Frage für wesentlich zur Entscheidung erachtet (RG **108** 358 gegen RG **76** 171).

Die weitere Beschwerde kann bei dem Grundbuchamt, dem Landgericht oder dem Kammergericht eingelegt werden. Erfolgt die Einlegung durch Einreichung einer Beschwerdeschrift, so muß diese von einem Rechtsanwalt unterzeichnet sein. Der Zuziehung eines Rechtsanwalts bedarf es nicht, wenn die Beschwerde von einer Behörde[3] [4] oder von dem

[1] Dies gilt auch dann, wenn diese Entscheidung im Aufwertungsverfahren ergangen ist (RG **117** 346).

[2] Für die Frage der Abweichung kommt es darauf an, ob über den nämlichen Rechtssatz entschieden worden ist und entschieden werden soll und ob diese Entscheidungen unmittelbar eine Abweichung voneinander ergeben (RG **102** 26; JFG **1** 21; s. auch Schlegelberger, Bd. I Anm. 12 S. 348).

[3] Als solche Behörde ist z. B. auch die Schlesische Generallandschaftsdirektion angesehen (KGJ **25** A 93), dgl. das Berliner Pfandbriefamt (KGJ **29** A 112), ferner der Vorstand der Bank der Ostpreußischen Landschaft (KGJ **53** 204).

[4] Die Zuziehung eines Anwalts ist auch dann entbehrlich, wenn die Behörde als Bevollmächtigte einer Privatperson auftritt (KGJ **46** 176).

Notar eingelegt wird, der nach § 15 GBO den Eintragungsantrag gestellt hat. § 80 GBO. Es genügt aber nicht, daß der Notar die zur Eintragung erforderliche Erklärung beurkundet oder beglaubigt hat, sondern er muß den Eintragungsantrag gestellt haben. Die weitere Beschwerde kann auch zu Protokoll des Grundbuchamts (Grundbuchrichters oder Grundbuchführers) oder der Geschäftsstelle des übergeordneten Land- oder Oberlandesgerichts (Kammergerichts) eingelegt werden; Geschäftsstellen anderer Gerichte sind nicht zuständig. Ebensowenig kann die weitere Beschwerde zu Protokoll eines Richters (ausgenommen des Grundbuchrichters) eingelegt werden (KGJ **20** A 145; RG **110** 311; a. A. JFG **1** 25, Oberstes Landesgericht München). Die die weitere Beschwerde aufnehmenden Beamten dürfen sich nicht etwa damit begnügen, einen vom Beschwerdeführer überreichten Schriftsatz nur mit der protokollarischen Eingangs- und Schlußformel zu versehen (KGJ **22** A 102; RG **104** 426 f.). Auch ein auf Diktat des Beschwerdeführers niedergeschriebenes Protokoll ist eine unwirksame Beurkundung (JFG **1** 23).

Das Grundbuchamt und das Landgericht sind nicht befugt, der weiteren Beschwerde abzuhelfen. § 80 Abs. 2 GBO[1]. Im übrigen finden die Vorschriften über die Beschwerde entsprechende Anwendung. § 80 Abs. 3 GBO. Es kann also insbesondere auch das Kammergericht vor der Entscheidung durch eine einstweilige Anordnung dem Grundbuchamt aufgeben, eine Vormerkung oder einen Widerspruch einzutragen.

Das KG kann seine Entscheidung nicht ändern, wenn es sie nachträglich für unrichtig hält (KGJ **31** A 352, OLG Hamburg). Dies gilt aber nicht, wenn die Entscheidung noch nicht durch Zustellung usw. einem der Beteiligten verkündet worden war.

Fünfter Abschnitt.

Die beurkundende Tätigkeit des Grundbuchamts.

§ 126. Überblick.

Der Grundbuchrichter muß bei der Beurkundung von Erklärungen der Beteiligten wissen, in welchen Fällen er von der Mitwirkung kraft Gesetzes ausgeschlossen ist. Er muß ferner, wie jeder andere Urkundsbeamte, eine Reihe von Vorschriften über die Form und Fassung der Protokolle im allgemeinen und in besonderen Fällen, insbesondere bei der Verhandlung mit Blinden, Tauben, Stummen, Schreibensunkundigen

[1] Das Beschwerdegericht kann seine Entscheidung auch dann nicht nachträglich abändern, wenn eine Beschwerde nicht eingelegt ist (KGJ **46** 3).

und den der deutschen Sprache nicht mächtigen, beobachten. Auch muß er die Identität der Beteiligten feststellen, ihre etwaige Geschäftsunfähigkeit beachten und die Vertretungsbefugnis der als Bevollmächtigte auftretenden Personen prüfen.

Er darf die Anberaumung eines Termins zur Entgegennahme von Erklärungen nicht deshalb ablehnen, weil er eine Eintragung auf diese hin für unzulässig hält (KGJ **35** A 258).

Die nachstehend abgehandelten Vorschriften gelten im wesentlichen auch für die beurkundende Tätigkeit der Amtsgerichte überhaupt und der Notare[1] [2]. Über die Amtsstellung der preußischen Notare s. Art. 77ff. PrFGG und Schlegelberger Bd. II S. 1140ff. Bezüglich der rheinischen Notare s. Anm. 2 S. 99.

§ 127. Ausschluß des Grundbuchrichters von der Beurkundung.

Die Fälle, in denen der Grundbuchrichter ebenso wie der etwa erforderliche Zeuge oder Protokollführer bei der Beurkundung nicht mitwirken darf, enthalten die §§ 170 bis 173 FGG[3]. Es gehören hierher z. B. die Fälle, in denen der Richter, Protokollführer oder Zeuge entweder selbst bei dem zu beurkundenden Rechtsgeschäft beteiligt ist oder zu den Beteiligten in einem nahen Verwandschafts- oder Schwägerschaftsverhältnis steht, oder bei denen in der Urkunde zugunsten des Richters usw. oder naher Verwandter eine Verfügung getroffen, z. B. eine Hypothek für ihn an dem Grundstücke des Erklärenden bestellt werden soll. Die zu beurkundende Verfügung darf vom Richter nicht nur dann nicht aufgenommen werden, wenn sie eine Freigebigkeit für ihn in sich schließt, sondern auch dann nicht, wenn er aus der getroffenen Verfügung ein Recht herleiten kann; so darf z. B. der Richter eine Vollmacht auf sich selbst nicht aufnehmen (str. vgl. KGJ **24** A 7; **36** A 194; **38** A 190; Schlegelberger Bd. II S. 974 Anm. 4 Abs. 2.

---

[1] Über die Gebühren für Aufnahme gerichtlicher Urkunden siehe I. Teil Abschnitt 2 des PrGKG.

[2] Das Protokoll über eine Erklärung, die der im § 29 GBO vorgeschriebenen Form bedarf und vor dem Grundbuchamt abgegeben wird (vgl. Art. 5 AGGBO) kann auch von dem Grundbuchführer als Rechtspfleger aufgenommen werden, falls die Voraussetzungen der §§ 2ff., 23b der Entlastungsverfügung (JMBl 1928 S. 140) gegeben sind.

[3] § 170 FGG ist eng auszulegen. Die Auflassung an eine Stadtgemeinde, die hierfür durch einen vom Stadtrat bevollmächtigten städtischen Beamten vertreten wird, kann von einem Notar beurkundet werden, der selbst Mitglied des Stadtrats ist (JFG **3** 281). Ebenso kann ein gemäß Art. 12 § 2 PrAGBGB bestellter Urkundsbeamter bei einer Beurkundung mitwirken, wenn sein Stellvertreter im öffentlichen Amt bei den zu beurkundendem Rechtsgeschäft beteiligt ist; denn der Stellvertreter leitet seine Befugnis zum Handeln nicht von dem Vertretenen, sondern unmittelbar aus dem Amt her. RG **113** 273.

Der etwa zugezogene Protokollführer oder Zeuge darf zu dem Richter nicht in nahem Verwandschafts- oder Schwägerschaftsverhältnis stehen; der zugezogene Zeuge darf nicht minderjährig sein[1], muß die bürgerlichen Ehrenrechte besitzen und darf nach den Strafgesetzen nicht zur Ablegung eines eidlichen Zeugnisses unfähig sein, auch nicht im Dienste des Richters als Hausangestellter oder Gehilfe stehen. Auch müssen die Zeugen schreiben können sowie die deutsche Sprache beherrschen und dürfen nicht blind oder taub sein (Motive **5** 269). Frauen können als Zeugen zugezogen werden.

Vorstehende Vorschriften gelten nur insoweit, als die beurkundende Tätigkeit des Grundbuchrichters in Frage kommt. Soweit seine übrige Tätigkeit, insbesondere die Anordnung von Eintragungen in das Grundbuch in Betracht kommt, findet das oben in § 2 Gesagte Anwendung.

§ 128. Die Fassung der Urkundsprotokolle im allgemeinen.

Die über die Erklärungen der Beteiligten aufzunehmenden Protokolle müssen deutlich und ohne Abkürzungen geschrieben werden; es soll in ihnen nichts radiert oder sonst unleserlich gemacht werden. Zusätze sollen am Schlusse oder am Rande beigefügt und im letzteren Falle von den mitwirkenden Personen besonders unterzeichnet werden. In entsprechender Weise sollen auch andere Änderungen beurkundet werden. Auf Änderungen geringfügiger Art finden diese Vorschriften keine Anwendung. Art. 64 PrFGG.

Jedes Protokoll muß enthalten (§ 176 FGG):

a) den Ort und Tag der Verhandlung[2];

b) die Bezeichnung der Beteiligten, d. h. derjenigen, deren Erklärungen beurkundet werden sollen, § 168 Satz 2 FGG, und der bei der Verhandlung mitwirkenden Personen[3];

c) die Erklärungen der Beteiligten;

d) Vorlesung des Protokolls, Genehmigung und Unterschrift der Beteiligten (s. Schlegelberger Bd. II S. 1002ff.);

[1] Wohl aber der zugezogene Protokollführer.

[2] Über die Ortsbezeichnung verhält sich KGJ **39** A 69, über die Angabe des Tages KGJ **41** 86; ferner Schlegelberger Bd. II S. 987 und 988.

[3] Der Vorschrift wird nicht dadurch genügt, daß die Beteiligten und Mitwirkenden lediglich unterschreiben; vielmehr muß ihre Bezeichnung im Protokoll enthalten sein (KGJ **23** A 168; **41** 81; RG **50** 16). Die Art der Bezeichnung, wie sie im Protokoll gewählt ist, ist beweiskräftig. Ist daher z. B. in einem notariellen Protokoll die im Grundbuch als Ehefrau eingetragene Eigentümerin als Witwe bezeichnet, so darf der Grundbuchrichter zum Nachweis ihrer Verfügungsbefugnis nicht daneben noch eine Sterbeurkunde ihres Mannes verlangen (KGJ **44** 208).

Die Beteiligten können mit Beiständen erscheinen, die von der Urkundsperson nicht zurückgewiesen werden dürfen. Art. 1 PrFGG; § 13 FGG. Im Protokoll brauchen diese Beistände aber nicht vermerkt zu werden.

e) den Vermerk, daß die Vorlesung, die Genehmigung und das Unterschreiben erfolgt ist.

§ 177 FGG.

Zu a) Der Teil des Protokolls, in dem sich die Angaben über Ort und Tag der Verhandlung befinden, ist mit vorzulesen (RG **50** 215).

Zu b) Auch der instrumentierende Richter gehört zu den bei der Verhandlung mitwirkenden Personen, und es genügt daher nicht, wenn er seinen Namen und Amtscharakter an den Schluß des Protokolls setzt. Es reicht also z. B. nicht aus folgende Protokollfassung:

Lobau, den 9. Januar 1928.

Es erschienen heute an Gerichtsstelle:

1. usw.

Sie erklärten:

usw.

v. g. u.

Schmidt, Amtsgerichtsrat.

sondern der Protokolleingang muß gefaßt werden:

Amtsgericht. Lobau, den 9. Januar 1928.

Es erschienen heute vor dem unterzeichneten Richter, Amtsgerichtsrat Schmidt.

1. usw.

Der gerügte Mangel des Protokolls könnte auch nicht dadurch beseitigt werden, daß links neben der Verhandlung vermerkt würde:

Gegenwärtig: Amtsgerichtsrat Schmidt als Richter.

Dagegen genügt es, daß eine im Protokoll enthaltene Bezeichnung des instrumentierenden Beamten durch Bezugnahme auf die nachfolgende Unterschrift präzisiert wird. So erscheint ausreichend die Fassung:

Es erschienen vor dem unterzeichneten Richter:

1. usw.

weil sie durch die in Bezug genommene Namensunterschrift unter dem Protokoll dem Gesetz entsprechend vervollständigt werden kann (KGJ **23** A 168 und Schlegelberger Bd. II S. 991 Anm. 9, S. 992 Anm. 10).

Über die Folgen der Unrichtigkeit oder Unvollständigkeit der Angaben zu a) und b) s. RG **109** 368.

Zu c) Da keine Form der Erklärung vorgeschrieben ist, können die Beteiligten sich auch zu dem Inhalt einer von ihnen überreichten oder ihnen vorgelegten Urkunde bekennen.

Zu d) Zu unterschreiben ist außer mit dem Zunamen auch mit dem Vornamen; jedoch genügt der als Rufname bestimmte Vorname. Der Vertreter eines Beteiligten muß mit seinem Namen unterzeichnen, Frauen müssen mit dem Familiennamen ihres Mannes unterschreiben[1]; die Beifügung des Geburtsnamens ist nicht erforderlich (KGJ **41** 150), aber

[1] Bezüglich adeliger Namen s. Anm. 1 S. 46.

wünschenswert. Ist handelsrechtlich der Gebrauch einer Firma vorgeschrieben, so können auch die gerichtlichen Urkunden mit der Firma statt mit dem bürgerlichen Namen der die Firma vertretenden Person unterzeichnet werden (KGJ **21** 104; **33** 156; **37** 226; **41** 175). Der Vertreter von Handelsgesellschaften muß sich seines bürgerlichen Namens bedienen. Ohne Unterschrift ist die Verhandlung nichtig (KGJ **23** A 117; **35** A 253).

Zu e) Dieser Vermerk kann durch die Schriftzeichen: „v. g. u." ausgedrückt werden (KGJ **25** A 53; RG **53** 150). Der Vermerk „beglaubigt" genügt dagegen nicht (RG **79** 366). Es braucht nicht vermerkt zu werden, daß die Beteiligten „eigenhändig" unterschrieben haben (KGJ **20** A 128).

Die bei der Beurkundung mitwirkenden Personen müssen bei der Vorlesung, Genehmigung und Unterzeichnung der Urkunde zugegen sein. § 174 FGG. Während der ganzen Verhandlung ist ihre Anwesenheit nicht erforderlich, wenn auch zweckmäßig. Vorzulesen ist das Protokoll den Beteiligten und den mitwirkenden Personen (Zeugen, Beamten der Geschäftsstelle usw.), genehmigt muß es werden von den Beteiligten, unterschreiben müssen es die Beteiligten und die mitwirkenden Personen (KGJ **23** A 19).

Der Richter braucht das Protokoll nicht selbst zu schreiben; er kann es vielmehr auch von einem Referendar oder Beamten der Geschäftsstelle schreiben lassen; unterschreiben muß er es natürlich stets selbst.

§ 129. Die Anlagen des Protokolls.

Die Beteiligten können in ihrer zu Protokoll gegebenen Erklärung auf eine Schrift Bezug nehmen und diese dem Protokoll als Anlage[1] mit überreichen. § 176 Abs. 2 FGG. Die Schrift bildet dann einen Teil des Protokolls und muß daher auch mit diesem vorgelesen werden, und aus dem Protokoll muß hervorgehen, daß dies geschehen ist (KGJ **22** A 209; RG **54** 195; **61** 145; **71** 318; **72** 415; **96** 181). Der besonderen Unterzeichnung der Anlage durch die Beteiligten bedarf es nicht. Auch einer Unterzeichnung der in der eingereichten Schrift sich findenden Änderungen bedarf es nicht, wenn aus dem Protokoll hervorgeht, daß die Änderungen genehmigt worden sind. Art. 64 Abs. 3 PrFGG.

§ 130. Feststellung der Identität der Beteiligten.

Jedes Protokoll soll eine Angabe darüber enthalten, ob der Richter die Beteiligten kennt, oder, wenn dies nicht der Fall ist, auf welche Weise

[1] Über diesen Begriff vgl. Schlegelberger Anm. 16 zu § 176 FGG Bd. II S. 996. Reine Vollmachtsurkunden sind keine Protokollanlagen. Sie werden durch den Ausfertigungsvermerk nicht gedeckt, sind vielmehr, falls sie der Ausfertigung in Abschrift beigefügt werden, zu beglaubigen (KGJ **45** 12; vgl. auch RG **72** 413). Desgleichen können Karten und Zeichnungen nicht als Anlage dienen; auch der öffentlichen Beglaubigung sind sie nicht fähig (KGJ **22** A 209; **50** 131).

er sich Gewißheit über ihre Persönlichkeit verschafft hat. § 176 Abs. 3 FGG. Die Unterlassung einer solchen Angabe zieht die Ungültigkeit der Beurkundung nicht nach sich, da es sich nur um eine Ordnungsvorschrift handelt (KGJ **20** A 177; **21** A 188). Der Grundbuchrichter kann aber bei mangelhaften Vermerken über die Persönlichkeit der Beteiligten in gerichtlichen oder notariellen Urkunden diese als geeignete Grundlagen einer Eintragung beanstanden und die Eintragung deshalb ablehnen, da er zur Wahrung der buchmäßigen Rechte die Legitimation der Bewilligenden zu prüfen hat (KGJ **20** A 177; **23** A 5).

Der Urkundsbeamte hat zu ermessen, in welcher Weise er sich darüber vergewissern will, daß die Beteiligten auch wirklich diejenigen sind, für die sie sich ausgeben. Eine völlige Sicherheit über die Identität der betreffenden Personen läßt sich häufig nicht erzielen. Die sicherste Art der Feststellung der Persönlichkeit der Erschienenen ist die durch den sogenannten Erkennungszeugen. Dieser ist eine der Urkundsperson bekannte und glaubwürdige Persönlichkeit, die den Erschienenen als den bezeichnet, für den er sich ausgibt. Der Vermerk im Protokoll lautet z. B.:

Die Persönlichkeit des Erschienenen wurde durch den persönlich bekannten Gerichtswachtmeister Richard Sprenger von hier festgestellt.

Der Richter braucht im allgemeinen den Erkennungszeugen über die Grundlage seiner Kenntnis von der betreffenden Persönlichkeit nicht zu befragen (RG **81** 157).

Der Erkennungszeuge braucht den Vermerk über Anerkennung des Erschienenen nicht zu unterschreiben (KGJ **21** A 188). Immerhin empfiehlt es sich im Interesse des beurkundenden Beamten, den Anerkennungsvermerk durch den Identitätszeugen unterschreiben zu lassen. Der Erkennungszeuge kann sich alsbald nach der Feststellung der Persönlichkeit des Erschienenen entfernen; er braucht bei der Verlesung, Genehmigung und Unterzeichnung der Urkunde nicht anwesend zu sein (KGJ **21** A 188).

Ist eine Vorstellung der Beteiligten durch einen solchen Zeugen nicht möglich, so müssen sich die Erschienenen durch Urkunden ausweisen, die auf ihren Namen lauten und von öffentlichen, insbesondere staatlichen, kommunalen, kirchlichen usw. Behörden unter Siegel und Unterschrift ausgestellt sind.

So genügen z. B. Militärpässe, Steuerzettel, Radfahrkarten, Jagdscheine und ähnliche Legitimationskarten. Solche Urkunden bieten gegenüber den von Privatpersonen ausgestellten Schriftstücken eine größere Gewähr, da die ausstellenden Behörden ebenfalls die Identität zu prüfen pflegen.

Es genügt aber nicht die Bezeichnung der Beweismittel nach Kategorien (Erkennungszeugen, Urkunden); vielmehr müssen die konkreten Beweismittel angegeben werden (KGJ **31** A 245). Jedoch darf das Grundbuchamt, wenn ein Beteiligter in der Urkunde in zweifelsfreier Weise als erschienen aufgeführt ist, die Urkunde als geeignete Grundlage einer Eintragung nicht deshalb beanstanden, weil das Protokoll keine Angabe darüber enthält, ob der Richter oder Notar den Beteiligten kennt oder in welcher Weise er sich Gewißheit über dessen Persönlichkeit verschafft hat (KGJ **36** A 151). Die abweichende Ansicht bei KGJ **20** A 177; **23** A 5 ist aufgegeben.

Kann sich die Urkundsperson die Gewißheit über die Persönlichkeit der Beteiligten nicht verschaffen und wird trotzdem von den Erschienenen die Aufnahme der Verhandlung verlangt, so hat sie zwar die Verhandlung aufzunehmen, aber dabei den Sachverhalt und dasjenige, was etwa zur Feststellung der Persönlichkeit beigebracht ist, in dem Protokoll zu vermerken. § 176 Abs. 3 FGG. Eine etwa beantragte Eintragung in das Grundbuch darf in solchen Fällen nicht eher bewirkt werden, als bis die Identität nachträglich nachgewiesen ist.

Fehlt die Angabe der Identitätsfeststellung im Protokoll, so kann dieser Mangel nicht etwa dadurch beseitigt werden, daß der Urkundsbeamte nachträglich eine einseitige Bescheinigung ausstellt über die Mittel, durch die er sich Gewißheit über die Person eines ihm bis dahin unbekannten Beteiligten verschafft hat. Eine solche Bescheinigung kann als genügende Grundlage der von dem Grundbuchrichter vorzunehmenden Prüfung der Identität der Beteiligten nicht anerkannt werden, da auch die Identitätsfeststellung den Beteiligten gemäß § 177 GFG mit vorgelesen, von ihnen genehmigt und unterschrieben werden muß (KGJ **23** A 5).

§ 131. Geschäftsfähigkeit der Beteiligten. Ablehnung von Beurkundungen ungültigen und strafbaren Inhalts.

Einer ausdrücklichen Feststellung im Protokoll, daß die Beteiligten die zu dem beurkundeten Rechtsgeschäft erforderliche Geschäftsfähigkeit oder Einsicht besitzen, bedarf es nicht. Es ist also nicht erforderlich, im Eingange der Protokolle zu sagen: „Es erschienen geschäftsfähig usw."

Nur für den Fall, daß während oder nach der Beurkundung vor Abgabe der Unterschrift (RG **85** 337) begründete Zweifel darüber entstehen, ob ein Beteiligter die erforderliche Geschäftsfähigkeit[1] oder Einsicht besitzt, oder ob das zu beurkundende Geschäft überhaupt gültig ist, sollen die Zweifel den Beteiligten mitgeteilt und der Inhalt der Mitteilung sowie die von den Beteiligten darauf abgegebenen Erklärungen in dem Protokoll festgestellt werden. Art. 40 Abs. 1 PrFGG. Die Eintragung im Grundbuch kann stets erst erfolgen, wenn die Zweifel beseitigt sind, also z. B. eine fehlende Vollmacht nachgereicht ist. Die Tatsache, daß eine notarielle Urkunde Feststellungen in bezug auf Zweifel über die Geschäfts-

[1] Hiermit ist die Verfügungsfähigkeit nicht zu verwechseln (KGJ **44** 208).

fähigkeit eines Beteiligten nicht enthält, verpflichtet das Grundbuchamt nicht, eigene begründete Zweifel hierüber fallen zu lassen (KGJ **35** A 199).

Ist das Geschäft zweifellos ungültig, so ist die Beurkundung abzulehnen. So wird z. B. die Beurkundung der Auflassungserklärung eines Geschäftsunfähigen, etwa eines wegen Geisteskrankheit Entmündigten zu verweigern sein. Art. 40 Abs. 2 PrFGG. Ein Geschäft, das durch Genehmigung wirksam werden kann, ist nicht offenbar ungültig (RG **101** 156).

Verstößt der Inhalt eines Geschäfts gegen ein Strafgesetz, liegt ihm also z. B. offensichtlich auf der einen Seite betrügerische oder wucherische Absicht zugrunde, oder will etwa der in Vermögensverfall geratene Eigentümer in der Absicht, die Befriedigung eines Gläubigers zu vereiteln, sein Grundstück noch schnell veräußern, ehe die Zwangsversteigerung eingeleitet ist (§ 288 StGB), so ist ebenfalls die Beurkundung abzulehnen.

§ 132. Beurkundungen der Erklärungen Blinder.

Ist ein bei einer Verhandlung Beteiligter nach der Überzeugung der Urkundsperson blind, so ist die Zuziehung eines Urkundsbeamten der Geschäftsstelle oder zweier Zeugen zu der Verhandlung erforderlich. § 169 FGG. Die Überzeugung des Urkundsbeamten ist allein entscheidend; die Beurkundung ist also auch in den Fällen gültig, in denen sich die Überzeugung als irrig erweist.

Beispiel:

Amtsgericht. **Lobau, den 20. September 1927.**

Es erschien vor dem unterzeichneten Richter der Arbeiter Karl Henning aus Buchhain.

Der Erschienene ist dem Richter von Person bekannt.

Er ist nach der Überzeugung des Richters blind.

Es wurde deshalb der persönlich bekannte Justizobersekretär Friedrich Lehmann von hier zu der Verhandlung hinzugezogen.

Der Arbeiter Karl Henning erklärte:

usw.

Es folgt die Erklärung des Henning;
zum Schluß heißt es:

v. g. u.
Karl Henning.
Friedrich Lehmann.
Schultze, Amtsgerichtsrat.

§ 133. Beurkundung der Erklärungen Tauber und Stummer.

1. Ist ein bei einer Verhandlung Beteiligter nach der Überzeugung des Urkundsbeamten taub, so ist die Zuziehung eines Urkundsbeamten der Geschäftsstelle oder zweier Zeugen erforderlich. Ist ein tauber Beteiligter nicht imstande, Geschriebenes zu lesen, so soll außerdem eine Vertrauensperson zugezogen werden, die sich mit ihm zu verständigen ver-

mag. In dem Protokoll soll festgestellt werden, daß der Beteiligte nach der Überzeugung der Urkundsperson die Vertrauensperson verstanden hat. Das Protokoll soll auch von der Vertrauensperson genehmigt und unterschrieben werden; daß dies geschehen, braucht im Protokoll nicht ausdrücklich festgestellt zu werden. Die Vertrauensperson kann auch der Urkundsbeamte der Geschäftsstelle oder ein zugezogener Zeuge oder einer der Beteiligten sein. § 169 GGF; Art. 41 Abs. 2 PrFGG.

Kann der taube Beteiligte Geschriebenes lesen, so ist die Zuziehung einer Vertrauensperson nicht erforderlich; es genügt dann die Zuziehung eines Urkundsbeamten der Geschäftsstelle oder zweier Zeugen. Jedoch soll dann dem Tauben das Protokoll auch ohne sein Verlangen zur Durchsicht vorgelegt, und in dem Protokoll soll festgestellt werden, daß dies geschehen ist. Art. 41 Abs. 1 PrFGG.

Ist im erstgedachten Falle eine Vertrauensperson, die sich mit dem Tauben verständigen kann, nicht zu beschaffen, so ist die Beurkundung abzulehnen und den Beteiligten die Erwirkung der Bestellung eines Pflegers für den Tauben zu überlassen.

Beispiel:

Amtsgericht. Lobau, den 6. März 1928.

Es erschien vor dem unterzeichneten Richter der Bauer Heinrich Feldau aus Seedorf. Die Persönlichkeit des Erschienenen wurde durch den persönlich bekannten Gemeindevorsteher Karl Bergemann aus Seedorf festgestellt.

Feldau ist nach der Überzeugung des Richters taub und nach seiner glaubhaften Angabe nicht imstande, Geschriebenes zu lesen. Er kann aber seinen Namen schreiben.

Es wurde daher der persönlich bekannte Justizobersekretär Friedrich Lehmann von hier und als Vertrauensperson der Gemeindevorsteher Karl Bergemann, der sich mit dem Tauben verständigen kann, zu der Verhandlung zugezogen.

Der erschienene Feldau erklärte sodann:

— **usw.** (es folgt dann die Erklärung). —

Das vorstehende Protokoll wurde darauf vorgelesen und von Lehmann und Bergemann genehmigt.

Bergemann verständigte darauf den Feldau über den Inhalt des Protokolls, und Feldau hatte nach der Überzeugung des Richters den Bergemann und somit auch den Inhalt des Protokolls verstanden.

Feldau genehmigte darauf ebenfalls den Inhalt des Protokolls.

Das Protokoll wurde darauf, wie folgt, unterschrieben:

Heinrich Feldau. Karl Bergemann. Friedrich Lehmann.

Schultze, Amtsgerichtsrat.

Hätte Feldau Geschriebenes lesen können, so wäre die Zuziehung der Vertrauensperson nicht nötig gewesen; es hätte ihm dann aber das Protokoll auch ohne sein Verlangen zur Durchsicht vorgelegt und dies im Protokoll vermerkt werden müssen.

Statt Bergemanns hätte auch der Justizobersekretär Lehmann als Vertrauensperson zugezogen werden können, vorausgesetzt, daß er sich mit Feldau hätte verständigen können.

2. Ist ein Beteiligter nach der Überzeugung der Urkundsperson stumm oder sonst am Sprechen verhindert, so müssen ebenfalls ein Urkundsbeamter der Geschäftsstelle oder zwei Zeugen zugezogen werden.

Wenn aber nach der Überzeugung der Urkundsperson eine schriftliche Verständigung mit dem Stummen oder sonst am Sprechen Verhinderten nicht möglich ist, so muß bei der Beurkundung ein vereideter Dolmetscher[1] zugezogen werden, auf dessen Vereidigung nicht verzichtet werden kann. Im Protokoll muß festgestellt werden, daß die Urkundsperson die Überzeugung gewonnen hat, daß der Beteiligte am Sprechen verhindert und eine schriftliche Verständigung mit ihm nicht möglich ist. Das Protokoll muß von dem Dolmetscher genehmigt und unterschrieben werden. Jedoch bedarf es in diesem Falle der Zuziehung eines Zeugen oder eines Urkundsbeamten der Geschäftsstelle nicht. § 178 FGG.

Beispiel:

Amtsgericht. Lobau, den 10. Juni 1928.

Es erschien vor dem unterzeichneten Richter der Invalide Paul Garbrecht aus Lobau.

Der Erschienene ist dem Richter von Person bekannt.

Der Richter hat die Überzeugung gewonnen, daß der Erschienene stumm und eine schriftliche Verständigung mit ihm nicht möglich ist. Es wurde deshalb als Dolmetscher der persönlich bekannte Taubstummenlehrer Karl Ruge aus Lobau zu der Verhandlung zugezogen und vorschriftsmäßig vereidigt.

Durch Vermittlung des Dolmetschers wurde folgende Erklärung von Garbrecht abgegeben:

usw.

Das Protokoll wurde vorgelesen, von Garbrecht und von dem Dolmetscher genehmigt und, wie folgt, unterschrieben:

Paul Garbrecht. Karl Ruge.

Schmidt, Amtsgerichtsrat.

Wäre eine schriftliche Verständigung mit Garbrecht möglich gewesen, so hätten an Stelle des Dolmetschers ein Urkundsbeamter der Geschäftsstelle oder zwei Zeugen zugezogen werden können.

§ 134. Beurkundung der Erklärungen Schreibensunkundiger.

Erklärt ein Beteiligter, daß er nicht schreiben könne, so muß diese Erklärung im Protokoll festgestellt werden. Bei der Vorlesung und der Genehmigung, nicht auch bei der sonstigen Verhandlung, muß die Urkundsperson einen Zeugen zuziehen. Ist aber der Beteiligte nach der Überzeugung der Urkundsperson taub, blind, stumm oder sonst am Sprechen verhindert, und sind deshalb ein Urkundsbeamter der Geschäftsstelle oder

[1] S. Anm. 1 S. 331.

zwei Zeugen zugezogen, so braucht nicht noch ein weiterer Zeuge zugezogen zu werden. Das gleiche gilt, wenn in anderen Fällen, z. B. weil der Richter es gemäß Art. 2 Abs. 2 PrFGG angeordnet hat, ein Urkundsbeamter der Geschäftsstelle bei der Verhandlung mitwirkt. Das Protokoll muß von dem Zeugen unterschrieben werden. § 177 Abs. 2 und 3 FGG.

Beispiel:

Amtsgericht. Lobau, den 23. Oktober 1928.

Es erschien vor dem unterzeichneten Richter:

Der Arbeiter Wilhelm Krause aus Buchhain.

Die Persönlichkeit des Erschienenen wurde durch einen auf seinen Namen lautenden Steuerzettel festgestellt.

Er erklärte:

usw.

Sodann erklärte der Erschienene, daß er nicht schreiben könne. Es wurde deshalb der persönlich bekannte Justizobersekretär Friedrich Lehmann von hier als Zeuge zugezogen. v. g. u.

Friedrich Lehmann.

Schultze, Amtsgerichtsrat.

Zu beachten ist, daß eine Fassung: „Krause ist schreibensunfähig" unzulässig ist und die Beurkundung nichtig macht. Krause muß seine Unfähigkeit erklären, und diese Erklärung ist zu protokollieren (KGJ **20** A 130; **26** A 42; RG **56** 366; **69** 79). Krause braucht kein Handzeichen, etwa drei Kreuze, an die Stelle seines Namens zu setzen; es genügt, daß der zugezogene Zeuge, Justizobersekretär Lehmann, unterschreibt.

§ 135. Beurkundungen der Erklärungen der der deutschen Sprache nicht Mächtigen.

Erklärt ein Beteiligter, daß er der deutschen Sprache nicht mächtig sei, so muß bei der Beurkundung ein vereideter Dolmetscher zugezogen werden. § 179 FGG. Die Erklärung des Beteiligten ist allein maßgebend. Ist daher auch die Urkundsperson überzeugt, daß der Beteiligte entgegen seiner Erklärung die deutsche Sprache beherrscht, so muß er dennoch einen Dolmetscher zuziehen. Eine mitwirkende Person kann nicht gleichzeitig als Dolmetscher tätig sein.

Unterbleibt die Zuziehung des Dolmetschers, so ist deshalb die Beurkundung nicht unwirksam. § 179 Abs. 5 FGG. Dies gilt aber nur, wenn die Urkundsperson annimmt, daß der Beteiligte die deutsche Sprache beherrscht; anderenfalls muß er bei Vermeidung der Nichtigkeit der Beurkundung einen Dolmetscher zuziehen und die sonstigen Vorschriften des § 179 FGG beachten (KGJ **21** A 12).

Zu der Verhandlung ist ein vereideter Dolmetscher zuzuziehen[1]. Die Art der Vereidigung braucht im Protokoll nicht angegeben zu werden.

[1] Über das Dolmetscherwesen s. Schlegelberger Bd. I S. 165, Anm. 9ff. und Bd. II S. 1016 Anm. 4 sowie §§ 191, 192 GVG; s. ferner Dolmetscherordnung vom 15. Februar 1928 (JMBl 100).

Es ist auch gleich, ob der Dolmetscher im allgemeinen vereidigt ist oder ob er für den besonderen Fall vereidigt wird (KGJ **21** A 7). Zu prüfen ist, ob der vom Dolmetscher geleistete allgemeine Eid sich auch auf die Übertragung bei der in Frage stehenden Beurkundungsart mitbezieht, da die Beurkundung nichtig ist, wenn dies nicht der Fall ist (KGJ **21** A 12). Der im allgemeinen vereidigte Dolmetscher wird nur die Richtigkeit seiner Übertragung unter Berufung auf den ein für allemal geleisteten Eid zu versichern haben. Die Vereidigung des Dolmetschers ist nicht erforderlich, wenn die Beteiligten darauf verzichten. § 179 FGG. Die Beeidigung des Dolmetschers braucht in dem Protokoll nicht notwendig festgestellt zu werden, wenngleich die Feststellung empfehlenswert ist. Dasselbe gilt für den Verzicht auf die Beeidigung (Schlegelberger Bd. II Anm. 4 Abs. 3 S. 1016). Versteht die Urkundsperson die fremde Sprache, so braucht ein Dolmetscher nicht zugezogen zu werden. Das stets in deutscher Sprache aufzunehmende Protokoll ist in deutscher Sprache vorzulesen und muß dem der deutschen Sprache nicht mächtigen Beteiligten durch den Dolmetscher oder, wenn ein solcher nicht zugezogen worden ist, durch die Urkundsperson in der fremden Sprache vorgetragen werden[1] und die Feststellung enthalten, daß dies geschehen ist. Auch muß im Protokoll festgestellt werden, daß der Beteiligte erklärt habe, der deutschen Sprache nicht mächtig zu sein.

Die Vorschrift des § 179 Abs. 3 FGG, wonach im Protokoll festgestellt werden soll, daß der Beteiligte der deutschen Sprache nicht mächtig sei, ist unter Umständen nicht ausführbar; denn wenn die Urkundsperson davon überzeugt ist, daß der Beteiligte Deutsch versteht, kann sie nicht in das Protokoll aufnehmen, daß er kein Deutsch versteht[2]. Die Vorschrift ist dahin aufzufassen, daß die Erklärung des Beteiligten, er sei der deutschen Sprache nicht mächtig, festzustellen ist.

Der Dolmetscher muß das Protokoll unterschreiben.

Ist das Protokoll in deutscher Sprache den Beteiligten und den Mitwirkenden, z. B. dem Dolmetscher, nicht vorgelesen, so ist die Beurkundung nichtig, auch wenn die Betreffenden anderweit, z. B. durch Selbstlesen, von dem Protokollinhalt Kenntnis genommen haben (KGJ **22** A 19). Sind alle Beteiligten der deutschen Sprache nicht mächtig, versteht aber die Urkundsperson die fremde Sprache und zieht deshalb keinen Dolmetscher zu, so braucht das Protokoll nur in der fremden Sprache vorgelesen zu werden (KGJ **22** A 19).

Beispiel:

Amtsgericht. **Lobau, den 9. Januar 1928.**

Es erschien heute vor dem unterzeichneten Richter:

der Büdner Ignatz Kowalski aus Buchhain.

Der Erschienene ist dem Richter von Person bekannt.

[1] Die Feststellung, daß ein Dolmetscher zugezogen ist, reicht nicht aus (KGJ **39** A 75).

[2] Schlegelberger Anm. 6 zu § 179 FGG Bd. II S. 1017.

Er erklärte, daß er der deutschen Sprache nicht mächtig sei, sondern nur die polnische Sprache beherrsche. Es wurde deshalb der persönlich bekannte Kaufmann Richard Schwarz aus Lobau als Dolmetscher der polnischen Sprache zugezogen und beeidet.

Kowalski erklärte darauf: usw.

Das vorstehende Protokoll ist in deutscher Sprache vorgelesen, dem Büdner Kowalski durch den Dolmetscher mündlich in die polnische Sprache übersetzt, von den Beteiligten genehmigt und von ihm, sowie dem Dolmetscher, wie folgt, unterschrieben:

Ignatz Kowalski. Richard Schwarz.

Schultze, Amtsgerichtsrat.

Ist zu einer Beurkundung die Zuziehung eines Dolmetschers und eines Schreibzeugen notwendig, so kann nicht eine Person gleichzeitig als Dolmetscher und als Schreibzeuge mitwirken; ist dies dennoch geschehen, so ist die Beurkundung nichtig (KGJ **43** 26).

§ 136. Urschriften, Ausfertigungen und beglaubigte Abschriften der Protokolle.

Die Urschrift des vom Grundbuchrichter aufgenommenen Protokolls bleibt in der Verwahrung des Gerichts (oder Notars), Art. 42 PrFGG, und wird regelmäßig zu den über das betreffende Grundstück gehörenden Grundakten genommen.

Von diesen Urschriften können Ausfertigungen oder beglaubigte Abschriften erteilt werden.

Eine Ausfertigung des Protokolls kann stets nur von dem Gericht (oder Notar) erteilt werden, in dessen Verwahrung sich die Urschrift befindet. Art. 43 PrFGG. Die Ausfertigungen werden von dem Urkundsbeamten der Geschäftsstelle unterschrieben und mit dem Gerichtssiegel[1] versehen. § 182 FGG.

In der Ausfertigung und auf der Urschrift soll vermerkt werden, wem und an welchem Tage und Orte die Ausfertigung erteilt ist. Art. 46 PrFGG.

Die als Teil des Protokolls anzusehenden Anlagen müssen mit ausgefertigt werden. Andere Anlagen, z. B. Vollmachten eines Vertreters, werden bei der Ausfertigung nicht berücksichtigt; sie sind aber auf Antrag der Ausfertigung in beglaubigter Abschrift beizufügen. Art. 48 PrFGG.

Die Ausfertigung lautet z. B.:

Ausfertigung:

— es folgt darauf die Urschrift im Wortlaut und es heißt dann zum Schluß:

Die vorstehende Ausfertigung wird dem Bauer Heinrich Feldau in Seedorf erteilt.

Lobau, den 10. März 1928. Lehmann,
(Gerichtssiegel.) Justizbüroassistent als Urkundsbeamter der Geschäftsstelle des Amtsgerichts[2].

[1] Stempel genügt nicht (KGJ **20** A 17); vgl. oben § 121 S. 302 und Schlegelberger Bd. II S. 1028ff.

[2] Siehe AV vom 4. Februar 1928 (JMBl S. 92).

Links neben die Unterschrift des Justizbureauassistenten wird das Gerichtssiegel gesetzt; auf der Urschrift des Protokolls vom 6. März 1928 vermerkt Lehmann, daß er am 10. März 1928 an Feldau eine Ausfertigung erteilt hat.

Die beglaubigten Abschriften der gerichtlichen Urkunden haben folgende Fassung:

Beglaubigte Abschrift.

Es folgt die Urschrift im Wortlaut; darunter wird folgender Vermerk gesetzt:

Die vorstehende Abschrift stimmt mit der als Hauptschrift überreichten Urschrift überein.

Lobau, den 10. März 1928.

(Gerichtssiegel oder Stempel.)

Lehmann,
Justizbüroassistent als Urkundsbeamter der Geschäftsstelle des Amtsgerichts.

Beglaubigte Abschriften aus dem Grundbuch sind dagegen außer von dem Grundbuchführer auch von dem Richter bzw. Rechtspfleger zu unterschreiben. Art. 7 Abs. 2 AGGBO und oben § 25.

Anträgen auf Erteilung von Ausfertigungen und beglaubigten Abschriften darf der Grundbuchführer nicht nach eigenem Ermessen stattgeben, sondern er hat solche Anträge dem Richter zur Entscheidung vorzulegen[1]. Dieser hat dabei zu beachten, daß, sofern nicht in der Urkunde oder durch eine besondere Erklärung gegenüber dem Gericht etwas Abweichendes bestimmt ist, eine Ausfertigung oder Abschrift des Protokolls nur verlangen können: diejenigen Personen, die das Rechtsgeschäft im eigenen Namen vorgenommen haben oder in deren Namen das beurkundete Rechtsgeschäft von anderen vorgenommen ist, sowie die Rechtsnachfolger dieser Personen.

Ist einer Person oder derem Rechtsnachfolger oder Rechtsvorgänger schon eine Ausfertigung erteilt, so soll die Erteilung einer weiteren Ausfertigung verweigert werden, wenn ihr rechtliche Bedenken entgegenstehen (Art. 49 Abs. 3 PrFGG); so darf z. B. der Bevollmächtigte eine zweite Ausfertigung der unter seiner Mitwirkung errichteten Vollmacht nur mit Zustimmung des Machtgebers erhalten.

Über die auszugsweise Ausfertigung vgl. Art. 47 PrFGG und Schlegelberger Bd. II S. 1040.

---

[1] Der Rechtspfleger, der vom Landgerichtspräsidenten hierzu ermächtigt ist, kann auf Anträge betreffend Erteilung von Abschriften selbständig Verfügung treffen (§§ 2ff., 23e, 25 der Entlastungsverfügung, JMBl 1928 S. 140).

Sechster Abschnitt.

Vertretung der Beteiligten im Grundbuchverfahren.

I. Die Bevollmächtigung.

§ 137. Form und Inhalt der Vollmacht. Sonder- und Generalvollmacht. Vollmacht über den Tod des Machtgebers hinaus.

Die Beteiligten können sich bei allen ihren zu beurkundenden Erklärungen, insbesondere auch vor dem Grundbuchamt bei Auflassungen und sonstigen zur Eintragung in das Grundbuch erforderlichen Anträgen und Bewilligungen, eines Bevollmächtigten bedienen. Die Wirksamkeit der Erklärungen des Bevollmächtigten wird nicht dadurch beeinträchtigt daß der Vertreter in der Geschäftsfähigkeit beschränkt ist. § 165 BGB. Mithin können auch junge Leute unter 21 Jahren als Bevollmächtigte im Grundbuchverkehr auftreten (KGJ **35** A 223). Der Bevollmächtigte muß sich über die ihm erteilte Ermächtigung durch eine Vollmacht ausweisen. Diese Vollmacht muß in der Regel die Form des § 29 GBO aufweisen. Es muß also wenigstens die Unterschrift des Machtgebers gerichtlich oder notariell beglaubigt sein; dagegen ist die gerichtliche oder notarielle Beurkundung der Vollmacht selbst zu Auflassungen und zur Bewilligung sonstiger Eintragungen im Grundbuch nicht erforderlich (KGJ **22** A 296)[1]. Unter Umständen bedarf die Ermächtigung zum Selbstkontrahieren in einer Vollmacht zum Verkauf eines Grundstücks der Form des § 313 BGB, z. B. wenn sich dahinter ein Kaufgeschäft zwischen dem Bevollmächtigten und dem Machtgeber verbirgt (RG vom 12. November 1927, HRR 1928 Nr. 304). Ist die Vollmacht zu notariellem Protokoll erklärt[2], so ist die Vollmachtsurkunde die Ausfertigung dieses Protokolls (KGJ **33** A 149). Es genügt aber eine bloß privatschriftliche Form der Vollmacht, wenn der Bevollmächtigte einen Eintragungsantrag stellt, ohne daß dieser Antrag zugleich eine zu der Eintragung erforderliche Erklärung ersetzen soll. § 30 GBO, vgl. auch oben § 36. Die Vollmacht kann auch zu Protokoll des Urkundsbeamten der Geschäftsstelle erklärt werden; der Machtgeber muß dann aber das Protokoll unterschreiben.

---

[1] Ist in einem privatschriftlichen Vertrage, durch den der eine Teil sich verpflichtet, das Eigentum an einem Grundstück zu übertragen, eine Auflassungsvollmacht erteilt und sind die Unterschriften unter dem Vertrag öffentlich beglaubigt, so ist regelmäßig anzunehmen, daß die Vertragschließenden auch bei Kenntnis der Formvorschrift des § 313 Satz 1 BGB die Vollmacht erteilen wollten (KGJ **35** A 238).

[2] Auf sich selbst kann der Notar eine Vollmacht nicht beurkunden (KGJ **38** A 190); vgl. oben § 127.

Will z. B. der alleinige Erbe eines im Grundbuch eingetragenen Hypothekengläubigers sich durch einen Bevollmächtigten X auf Grund eines Erbscheins an Stelle seines Erblassers im Grundbuch als Gläubiger eintragen lassen, so genügt es, wenn er eine privatschriftliche Vollmacht ausstellt, in der er den X bevollmächtigt, den Antrag auf Eintragung seines, des Machtgebers, Gläubigerrechts im Grundbuch zu erwirken. X brauchte dann nur unter Überreichung des Erbscheins und der privatschriftlichen Vollmacht den privatschriftlichen Antrag auf Eintragung seines Machtgebers als neuen Gläubigers der Hypothek zu stellen. Ebenso bedarf auch z. B. die Vollmacht keiner Beglaubigung, die zur Erwirkung der Eintragung einer Zwangssicherungshypothek auf Grund eines gerichtlichen Urteils ermächtigt. In diesen Fällen sind die materiellen Eintragungsunterlagen der Erbschein und die vollstreckbare Urteilsausfertigung, während der Antrag nur die Tätigkeit des Grundbuchamts veranlaßt. Der Grundbuchrichter kann sich aber in allen Fällen mit einer nur privatschriftlichen Vollmacht begnügen und selbst von jedem besonderen Beweise für das Vollmachtsverhältnis absehen. Dies gilt auch für Anträge eines Notars außerhalb des Bereichs seiner gesetzlichen Vertretungsmacht (s. oben § 35). (KGJ **33** A 65.)

Ist die Vollmacht Bestandteil eines Vertrages, so zerstört die Nichtigkeit des Vertrages nicht immer die Wirksamkeit der Vollmacht (RG **97** 273; **103** 302; **104** 299; **114** 351; KGJ **35** A 238; JFG **1** 326). Auch die Auflassungvollmacht, die in einem wegen unrichtiger Angabe des Kaufpreises nichtigen Grundstückskaufvertrage erteilt ist, wird von der Nichtigkeit des Vertrages nicht mitergriffen.

Die Vollmacht muß regelmäßig gestempelt werden. Nach Abs. 7b der T. St. 19 des preußischen Stempelgesetzes sind — in Erweiterung des § 31 GBO — befreit: Auflassungsvollmachten, wenn das der Einigung zugrunde liegende Rechtsgeschäft von einem Notar oder einer Behörde beurkundet und die Vollmacht in der Urkunde erteilt ist. In gerichtlichen oder notariellen Kaufangeboten beurkundete Auflassungsvollmachten sind stempelpflichtig (Erl des FM, mitgeteilt im JMBl 1926 S. 58).

Der Umfang der Vollmacht, die eng auszulegen ist, bestimmt sich stets nach ihrem Wortlaut, und eine sorgfältige Prüfung der vorgelegten Vollmachten nach Echtheit, Form und Inhalt ist eine wichtige Aufgabe des Richters. Diese Prüfungspflicht des Richters erübrigt sich nicht dadurch, daß der Notar, der die für die Eintragung erforderliche Erklärung des Vertreters aufgenommen oder beglaubigt hat, diesen für genügend ausgewiesen erachtet (KGJ **23** A 120). Nach preußischem Recht ist der Notar zur öffentlichen Beurkundung der Form und des Inhalts der Vollmacht nicht befugt (KGJ **43** 154); vgl. § 139 Abs. 2). Vielmehr hat das Grundbuchamt auf Grund der Urschrift oder einer beglaubigten Abschrift der Vollmachtsurkunde selbst zu prüfen, ob die Vollmacht den Bevollmächtigten zu der abgegebenen Erklärung ermächtigt (KGJ **38** A 321, OLG Hamburg.

Eine sogenannte Generalvollmacht[1] ermächtigt den Bevollmächtigten zur Vornahme aller vermögensrechtlichen Angelegenheiten für den Machtgeber; sie lautet z. B.:

Ich bevollmächtige den ..., mich in allen mein Vermögen betreffenden Rechtsangelegenheiten zu vertreten.

Lobau, den ... Unterschrift.

Darüber, ob und inwieweit ein Vormund Vollmacht erteilen kann, siehe JFG **1** 313. Ob der Ehemann seiner Ehefrau zur Verwaltung des eingebrachten Gutes Generalvollmacht erteilen kann, ist zweifelhaft, aber nicht unbedingt zu verneinen. Gegebenenfalls kann die Ehefrau zu ihren Verfügungen über das eingebrachte Gut namens des Ehemannes selbst die nach §§ 1395 ff. BGB erforderlichen Zustimmungserklärungen abgeben (KGJ **51** 205).

In der Generalvollmacht brauchen nicht etwa die einzelnen Arten von Geschäften, zu deren Vornahme der Bevollmächtigte befugt sein soll, besonders hervorgehoben zu werden, da es jetzt Geschäfte, zu denen Sondervollmacht erforderlich ist, von einzelnen hier nicht interessierenden Ausnahmen abgesehen, nicht mehr gibt. Die auch jetzt noch oft in Generalvollmachten sich findenden Vermerke, wie: „insbesondere soll er befugt sein, Grundstücke für mich zu veräußern, zu erwerben, zu belasten usw." sind also überflüssig.

Eine Sondervollmacht ermächtigt nur zur Vornahme des darin bezeichneten Rechtsgeschäfts; eine Vollmacht des Inhalts z. B., daß A ein Grundstück im Namen des Machtgebers an B auflassen solle, ermächtigt den A nicht etwa, das Grundstück an den Rechtsnachfolger des B (KGJ **51** A 202) oder gar an einen beliebigen Dritten aufzulassen oder sonstwie von der Vollmacht abzuweichen.

Der Grundbuchrichter hat nicht nur die Erteilung der Vollmacht, sondern auch beim Vorliegen besonderer Umstände weiter zu prüfen, ob die Vollmacht nicht etwa gemäß §§ 168, 169 BGB erloschen oder widerrufen ist (KGJ **35** A 237; **37** A 221; **53** 129; JFG **1** 318 und insbesondere 327 ff.). Einen Nachweis für die Vertretungsvollmacht des in einem Prozeßvergleich bezeichneten Prozeßbevollmächtigten kann das Grundbuchamt nicht verlangen (JFG **1** 333).

[1] Eine juristische Person kann durch ihren Vorstand einem anderen Generalvollmacht zur Wahrnehmung aller Rechtsangelegenheiten erteilen. Auch einem Mitgliede des mehrgliedrigen Vorstandes kann von den übrigen Vorstandsmitgliedern eine solche Generalvollmacht erteilt werden. Die Vertretungsmacht dieses bevollmächtigten Vorstandsmitgliedes ist unabhängig von dem Wechsel der anderen Vorstandsmitglieder. Sie besteht, auch wenn das eine oder das andere der letzteren Mitglieder aus dem Vorstand ausscheidet, bis der zeitige Vorstand die Vollmacht widerruft (KGJ **32** A 187, JFG **3** 272, s. auch S. 379 § 157). Die von dem Geschäftsführer einer GmbH. für die Gesellschaft erteilte Generalvollmacht ist in der Regel nicht unwirksam. JFG **3** 272; **a. M.** RG **86** 265; KGJ **48** 130.

Eine Erklärung, durch die eine zur Stellung des Eintragungsantrags erteilte Vollmacht widerrufen wird, bedarf dem Grundbuchrichter gegenüber stets der Form des § 29 GBO, also selbst in den Fällen, in denen die Vollmacht selbst nur privatschriftlich erteilt werden konnte. § 32 GBO. Der Verzicht auf den Widerruf einer Generalvollmacht ist unzulässig (KGJ **47** 150).

Ergibt sich aus der Vollmacht, daß sie über den Tod des Machtgebers hinaus, also auch für seine Erben, gelten soll, so setzt sie den Bevollmächtigten in den Stand, nach dem Tode des Machtgebers im Namen von dessen Erben zu handeln (RG **114** 351), ohne daß nachgewiesen zu werden braucht, ob das der Erteilung der Vollmacht zugrunde liegende Rechtsverhältnis durch den Tod des Machtgebers nicht erloschen und welcher Art überhaupt dieses Rechtsverhältnis sei (KGJ **32** A 197; **37** A 231; **41** 168)[1]. Zur Eintragung des Eigentumsüberganges auf Grund der durch den Bevollmächtigten bewilligten Auflassung bedarf es weder des Nachweises der Erbfolge noch beim Vorhandensein minderjähriger Miterben der vormundschaftsgerichtlichen Genehmigung (RG **88** 345; KGJ **50** 156 gegen KGJ **41** 166). Der Bevollmächtigte ist auch, wenn der Machtgeber in seinem Testament eine Nacherbfolge angeordnet hat, schon vor dem Eintritt der Nacherbfolge zur Vertretung des Nacherben insoweit berechtigt, als letzterer selbst vor Eintritt der Nacherbfolge in seiner Eigenschaft als Nacherbe handeln kann. Der Bevollmächtigte kann im Namen des Vorerben und des Nacherben mit einer den Nacherbfall überdauernden Wirksamkeit verfügen (KGJ **36** A 166; **43** 159). Dies gilt aber nicht, wenn der Bevollmächtigte der alleinige Vorerbe des Machtgebers ist (KGJ **43** 158). Ferner kann der Vorerbe nicht für die Zeit nach seinem, des Vorerben, Tode, also mit Wirkung für den Nacherben, Vollmacht erteilen (KGJ **50** 161), es sei denn, daß der Vollmacht ein dem Nacherben gegenüber wirksames Rechtsverhältnis zugrundeliegt (RG vom 17. November 1927, HRR **28** Nr. 130). Der Vertreter einer Korporation ist auch noch nach deren Auflösung zur Vornahme der Abwicklungsgeschäfte, insbesondere auch zur Auflassung befugt (KGJ **31** A 306).

§ 138. Vollmacht zur Vornahme von Rechtsgeschäften mit sich selbst. Vertretung zweier Beteiligter durch denselben Bevollmächtigten. Substitutionsbefugnis des Bevollmächtigten.

Im allgemeinen kann ein Vertreter im Namen des Vertretenen mit sich selbst im eigenen Namen ein Rechtsgeschäft nur vornehmen,

---

[1] Die Erteilung einer für die Erben, wenn auch nur auf Zeit unwiderruflichen, den Gesamtnachlaß umfassenden, unbeschränkten Vollmacht ist nichtig. Unter Umständen beschränkt sich die Nichtigkeit auf den Ausschluß des Widerrufs (JFG **1** 321).

wenn es ausschließlich in der Erfüllung einer Verbindlichkeit (KGJ **26** A 100) besteht. § 181 BGB[1].

Eine Ausnahme von dieser Regel gilt für den Fall, daß der Machtgeber dem Vertreter ausdrücklich gestattet, mit sich im eigenen Namen ein Rechtsgeschäft vorzunehmen. Legt also z. B. A eine Vollmacht folgenden Inhalts vor:

Ich bevollmächtige den A . . ., mein im Grundstück von Lobau Bd. I Bl. Nr. 17 eingetragenes Grundstück an sich selbst aufzulassen.
Lobau, den 22. August 1928. Unterschrift
(notariell beglaubigt)

so kann A das Grundstück auf Grund der Vollmacht an sich selbst auflassen. In einem solchen Falle besonderer Gestattung liegt die sonst beim Abschlusse eines Rechtsgeschäfts mit sich selbst befürchtete Gefahr eines Widerstreites der Interessen und der Schädigung des einen oder des anderen Teiles nicht vor (KGJ **21** A 292). Beantragt der den Käufer zur Auflassung des Grundstücks auch in Teilen an sich selbst oder Dritte bevollmächtigende Verkäufer im Kaufvertrage die hypothekarische Eintragung des Kaufgeldes, so ist dieser Antrag dahin auszulegen, daß im Falle der Auflassung eines Teilstücks die Kaufgeldhypothek zunächst nur auf das Teilstück eingetragen werden soll (JFG **1** 443).

Die Vorschrift des § 181 BGB bezieht sich nur auf zweiseitige und solche einseitige empfangsbedürftige Rechtsgeschäfte, bei denen der Vertreter selbst der Empfänger der Erklärung oder dessen Vertreter ist. Es kann also z. B. der Antrag auf Eintragung einer Hypothek — der eine einseitige nicht empfangsbedürftige Erklärung ist — von demjenigen als Bevollmächtigten des Eigentümers abgegeben werden, der zugleich Vertreter des Gläubigers ist. Wenn bei einer Verfügung eines Nichtberechtigten dieser als gesetzlicher Vertreter des berechtigten Minderjährigen dem Vertragsgegner die erforderliche Zustimmung erteilt, so ist dies ebenso als Vornahme eines Rechtsgeschäfts mit sich selbst zu erachten, wie wenn er die Zustimmung sich selbst gegenüber erklärt (JFG **2** 283 gegen RG **76** 89). Ebensowenig kann der die Löschung der Hypothek bewilligende Gläubiger als Vertreter des Grundstückseigentümers für diesen der Löschung zustimmen, obgleich er hierbei das Rechtsgeschäft nicht mit sich selbst, sondern dem Grundbuchamt gegenüber vornimmt (JFG **2** 288 unter Aufgabe der bei KGJ **39** A 235 vertretenen gegenteiligen Auffassung). Bestritten ist, ob der Vertreter eine Eintragung zu seinen Gunsten bewilligen kann (verneinend KGJ **41** 172; **47** 147; bejahend anscheinend RG **89** 367).

Nach JFG **1** 377 kann der Geschäftsführer einer G. m. b. H., dessen Grundstück mit einer für die G. m. b. H. eingetragenen Hypothek belastet ist, deren Löschung nicht namens der Gesellschaft bewilligen.

[1] Auf den Testamentsvollstrecker findet § 181 keine Anwendung, da er nicht Vertreter der Erben ist (vgl. hierzu § 164).

Auch die Vertretung zweier Beteiligten durch denselben Bevollmächtigten ist zulässig, wenn beide Teile den gleichen Vertreter bestellt haben. So geschieht es z. B. nicht selten, daß in notariellen Grundstückskaufverträgen der Käufer und der Verkäufer eine und dieselbe Person zur Auflassung des Grundstücks vom Verkäufer an den Käufer bevollmächtigen (JFG **4** 328).

Der Bevollmächtigte kann nicht seinerseits wieder einer anderen Person Untervollmacht erteilen, wenn ihm dies nicht ausdrücklich gestattet ist. § 664 BGB. Ist ihm dies gestattet und hat er eine Untervollmacht erteilt, so bestimmt sich die Frage, ob sie zugleich mit dem Erlöschen der Hauptvollmacht erlischt, sowohl nach dem Umfange der Hauptvollmacht wie auch der Untervollmacht. Ist die Hauptvollmacht zeitlich begrenzt erteilt, so ist der Bevollmächtigte im Zweifel nicht ermächtigt, eine zeitlich unbegrenzte Untervollmacht zu erteilen (KGJ **37** A 239). In der Erteilung der Substitutionsbefugnis ist regelmäßig die Erlaubnis zum Geschäftsabschlusse mit sich selbst nicht als mitenthalten anzusehen.

Jedoch kann der Unterbevollmächtigte im Namen des Vollmachtgebers mit dem Bevollmächtigten ein Rechtsgeschäft vornehmen (KGJ **30** A 158).

Zulässig ist es endlich, einer von einem Dritten zu bestimmenden Person oder dem Inhaber der Vollmachtsurkunde Vollmacht zu erteilen. Dagegen beweist eine öffentlich beglaubigte Urkunde, in der die Erteilung einer Vollmacht erklärt, der zu Bevollmächtigende aber zur Zeit der Beglaubigung noch nicht bezeichnet ist (Blankovollmacht), die Vollmachtserklärung für den Grundbuchverkehr auch dann nicht, wenn die Bezeichnung des zu Bevollmächtigenden nach der Beglaubigung in der Urkunde nachgeholt ist (KGJ **35** A 227).

§ 139. Vorlegung der Vollmachtsurkunde; Bezugnahme auf andere Akten wegen der Vollmacht.

Die Vollmachten sind bei der Aufnahme der Beurkundung vorzulegen; sie sind zu den Akten zu nehmen, auf Verlangen aber nach Zurückbehaltung einer beglaubigten Abschrift dem Bevollmächtigten zurückzugeben. Es muß nachgewiesen werden, daß der Vertreter in demjenigen Zeitpunkt Vertretungsmacht hatte, in dem er die Bewilligung dem Grundbuchamt oder dem sonstigen Empfangsberechtigten gegenüber abgegeben hat (KGJ **37** A 221). Wird die Vollmachtsurkunde vorgelegt, so bedarf es nicht noch des Nachweises, daß die Vollmacht nicht widerrufen oder sonst erloschen oder für kraftlos erklärt sei, sofern nicht dem Grundbuchamt bestimmte Tatsachen für das Erlöschen der Vollmacht bekannt geworden sind (KGJ **33** A 149; **53** 129). Vgl. S. 337 letzter Abs.

Der Besitz der Vollmachtsurkunde — nicht auch ihre Form und ihr Inhalt — kann durch ein notarielles Zeugnis darüber, daß dem Notar die Urschrift der notariell beglaubigten Vollmachtsurkunde bei der Beglaubigung der Abtretungsurkunde oder der sonst in Frage kommenden Beurkundung vorgelegen habe, gemäß Art. 31 Abs. 1 Satz 2 PrFGG bewiesen werden (KGJ **23** A 120; **25** A 120, **33** A 149; **37** A 221; **38** A 321 [OLG Hamburg]; **43** 155).

Befindet sich die Vollmacht bereits bei anderen Akten desselben Gerichts, die von der Vernichtung ausgeschlossen sind, z. B. bei anderen Grundakten oder Testamentsakten, so genügt es, in dem Beurkundungsprotokoll auf diese Akten hinzuweisen; ein solcher Hinweis erspart dem Bevollmächtigten, der die Vollmacht anderweit gebraucht, Weiterungen und Kosten. Zu beachten bleibt aber, daß die Bezugnahme auf eine bei den Akten befindliche bloße beglaubigte Abschrift der Vollmacht oder die Überreichung einer solchen Abschrift nicht genügt; denn nur das Vorhandensein der Vollmachtsurkunde selbst oder einer Ausfertigung bietet eine Gewähr dafür, daß der Beteiligte auch wirklich der Bevollmächtigte ist und die Vertretungsmacht im Zeitpunkt der Rechtshandlung wirklich noch bestand (KGJ **20** A 288; **23** A 120; **43** 156). Jedoch kann der Inhalt der Vollmacht dem Grundbuchamt durch Vorlegung einer beglaubigten Abschrift der Vollmachtsurkunde nachgewiesen werden (KGJ **37** A 221).

§ 140. Vertreter ohne Vollmacht und ohne Vertretungsmacht.

Kann ein Bevollmächtigter bei Aufnahme einer Beurkundung eine Vollmacht nicht vorlegen und auch nicht die Vorlegung durch Bezugnahme auf eine bei anderen Akten befindliche Vollmacht ersetzen, so kann dennoch die Erklärung des Bevollmächtigten beurkundet werden, und sie wird wirksam, wenn nachträglich die Vollmacht beigebracht wird. Der Grundbuchrichter, der auf Grund der von einem Bevollmächtigten abgegebenen Erklärungen Eintragungen in das Grundbuch verfügen soll, muß aber den Nachweis verlangen, nicht nur daß der Bevollmächtigte zur Zeit der nachträglichen Einreichung der Vollmacht beim Grundbuchamt bevollmächtigt gewesen ist, sondern daß er schon zur Zeit der betreffenden Erklärung die Vertretungsmacht gehabt hat, da, abgesehen von dem Fall einer nachträglichen Genehmigung, nur unter dieser Voraussetzung die Erklärung für den Vertretenen wirksam ist (KGJ **35** A 231)[1].

Gibt jemand für und im Namen eines anderen eine Erklärung, z. B. eine Auflassungserklärung ab, ohne hierzu Vollmacht zu haben,

[1] Soll eine Vollmacht gemäß § 167 BGB durch Erklärung gegenüber dem zu Bevollmächtigenden erteilt sein, so bedarf nur die Erklärung selbst des Beweises durch die im § 29 Satz 1 GBO bezeichneten formellen Mittel. Der Beweis dafür, daß die Erklärung gegenüber dem zu Bevollmächtigenden abgegeben und ihm zugegangen ist, kann durch Beweismittel jeder Art geführt werden, bei deren Würdigung auch allgemeine Erfahrungssätze zu berücksichtigen sind (KGJ **35** A 231).

so wird diese Erklärung gültig, wenn der Vertretene nachträglich seine Genehmigung erteilt (§ 177 BGB): die Eintragung des Eigentumsüberganges würde erfolgen können, wenn diese Genehmigung in der Form des § 29 GBO erklärt würde (KGJ **22** A 146). Diese Genehmigung kann aber nur dem Vertreter oder dem anderen Teile, nicht dem Gericht gegenüber wirksam erklärt werden (KGJ **34** A 253).

Dasselbe gilt auch, wenn ein Nichtberechtigter im eigenen Namen und nicht im Namen des Berechtigten die Erklärung abgibt, also z. B. die Auflassung erteilt. Auch in diesem Falle würde die Auflassung durch die Genehmigung des eingetragenen Eigentümers in der Form des § 29 GBO derart gültig werden, daß die Eintragung des Eigentumsüberganges erfolgen könnte (KGJ **23** A 136).

II. Die gesetzliche Vertretung.

A. Die gesetzliche Vertretung natürlicher Personen.

§ 141. Die elterliche Gewalt. Die Genehmigung des Vormundschaftsgerichts und des Beistandes.

I. Minderjährige eheliche Kinder werden von dem Vater kraft der elterlichen Gewalt gemäß §§ 1627, 1630 BGB vertreten[1]. Ein durch nachfolgende Ehe oder durch eine Verfügung der Staatsgewalt für ehelich erklärtes Kind steht dem ehelichen Kinde gleich und wird wie dieses durch den Vater vertreten. §§ 1719, 1736 BGB. In Ausnahmefällen tritt an Stelle des Vaters ein Pfleger. §§ 1628, 1630, 1795 BGB (vgl. KGJ **21** A 59). So steht dem Vater die Vertretung des Kindes insoweit nicht zu, als nach § 1795 BGB ein Vormund von der Vertretung des Mündels ausgeschlossen ist. § 1630 Abs. 2 BGB. Dies ist z. B. der Fall bei einem Rechtsgeschäft, das die Aufhebung der zur Sicherung einer Forderung des Mündels gegen den Vormund bestellten Hypothek zum Gegenstand hat. § 1795 Nr. 2 BGB. Die Vertretungsmacht des Vaters ist daher auch für das Erfüllungsgeschäft ausgeschlossen, und es kann an ihn rechtsgültig nicht gezahlt werden, wenn die Zahlung den Verlust der Hypothek herbeiführt (KGJ **23** A 245; **24** A 17). Dagegen ist der Vater eines Miterben an der Entgegennahme der Auflassung für ihn nicht deshalb rechtlich verhindert, weil dem Vater der Nießbrauch an dem Erbteil vermacht ist und nach der Anordnung des Erblassers bei der Auflassung zugleich der Nießbrauch auf das Grundstück eingetragen werden soll (KGJ **31** A 239).

[1] Der Vater kann nicht in Vertretung des Kindes Schenkungen machen (§ 1641 BGB). Z. B. kann der Rangrücktritt mit der Hypothek eines Minderjährigen eine unter § 1641 fallende Schenkung sein (RG vom 4. November 1926, HRR 1927 S. 78).

Die Mutter kann für den Vater auftreten, wenn der Vater an der Ausübung der elterlichen Gewalt tatsächlich verhindert ist, oder wenn seine elterliche Gewalt ruht. § 1685 BGB. Der Grundbuchrichter wird in solchen Fällen eine Bescheinigung des Vormundschaftsrichters über das Vorliegen solcher Tatsachen verlangen müssen.

Nach der Scheidung der Ehe behält der Vater selbst dann das alleinige Recht zur Vertretung des Kindes, wenn er für allein schuldig erklärt ist.

Ein an Kindes Statt angenommenes Kind wird durch den Annehmenden, nicht mehr durch den bisherigen gesetzlichen Vertreter vertreten. §§ 1760, 1761 BGB. Der Annehmende wird sich dem Grundbuchrichter gegenüber durch Vorlegung des vom zuständigen Amtsgericht bestätigten Adoptionsvertrages zu legitimieren haben.

Die vom Vater oder vom Adoptivvater für sein Kind abgegebenen Erklärungen werden in gewissen Fällen erst gültig durch die Genehmigung des Vormundschaftsgerichts. § 1643 BGB[1]. Diese Genehmigung muß regelmäßig vorher erteilt werden; dies gilt insbesondere bei einseitigen Rechtsgeschäften, z. B. der Belastung eines Grundstücks des Kindes mit einer Hypothek; die Erklärung wird auch nicht dadurch wirksam, daß die Genehmigung des Vormundschaftsgerichts nachträglich erteilt wird; jedoch braucht die Genehmigung nicht schon vor Vornahme der betreffenden Erklärung, sondern nur vor dem Zeitpunkt erteilt zu werden, in dem die Erklärung dem Grundbuchamt zugeht (KGJ **24** A 216; vgl. unten § 161). Handelt es sich aber um den Abschluß eines Vertrages für das Kind, so genügt die nachträgliche Genehmigung.

Die Genehmigung muß ferner aber auch dem Vater wie bei Bevormundeten dem Vormunde gegenüber erklärt werden, § 1828 BGB. Der Vormundschaftsrichter muß also die Genehmigung dem Vater mündlich oder schriftlich mitteilen, und ob dies geschehen ist, muß der Grundbuchrichter nachprüfen (KGJ **34** A 49). Soweit es sich um Verträge handelt, muß er weiter noch feststellen, ob die Genehmigung durch den Vater wie sonst durch den Vormund dem anderen Teile gemäß § 1829 BGB mitgeteilt ist (KGJ **34** A 49; **38** A 62)[2]. Es kann vereinbart werden, daß der Vertrag schon mit der dem gesetzlichen Vertreter gegenüber durch

---

[1] Bei rechtskräftiger Verurteilung des Kindes darf die Genehmigung des Vormundschaftsgerichts nicht verlangt werden (KGJ **45** 264).

[2] Sind bei einem Vertrage, den ein Notar oder Vormund ohne die erforderliche Genehmigung des Vormundschaftsgerichtes geschlossen hat, auf der anderen Seite mehrere Personen beteiligt, so ist die Frage, ob einer von diesen mehreren allein den Vater oder Vormund mit der im § 1829 Abs. 2 BGB bezeichneten Wirkung zur Mitteilung über die Genehmigung auffordern kann, nach dem unter den mehreren bestehenden Rechtsverhältnisse zu beurteilen. Wenn dieses Verhältnis nicht erhellt, so darf das Grundbuchamt mit der Möglichkeit rechnen, daß nur alle auf der anderen Seite Beteiligten die Aufforderung wirksam erlassen können (KGJ **36** A 160).

das Vormundschaftsgericht bewirkten Erklärung der Genehmigung wirksam wird. In diesem Falle kann das Grundbuchamt nicht den Nachweis der Mitteilung der Genehmigung an den anderen Teil durch den gesetzlichen Vertreter verlangen (JFG 1 349, Oberstes Landesgericht München). Das Oberste Landesgericht München (JFG 1 351) hält es ferner für zulässig, daß dieselbe Person vom gesetzlichen Vertreter zur Entgegennahme der Entscheidung des Vormundschaftsgerichts und zu deren Mitteilung an den Vertragsgegner sowie vom letzteren zur Entgegennahme der Mitteilung bevollmächtigt wird. In diesem Falle genügt der unter die Genehmigungserklärung gesetzte formgerechte Vermerk des Bevollmächtigten: „Kenntnis genommen". Dieser Standpunkt des Obersten Landesgerichts München dürfte erheblichen Bedenken unterliegen, da er fast einen Verzicht auf die Mitteilung bedeutet und das Schutzbedürfnis des Minderjährigen vernachlässigt.

Der Genehmigung des Vormundschaftsgerichts bedarf der Vater insbesondere, wenn er über ein Grundstück seines Kindes oder ein in Abteilung II eingetragenes Recht des Kindes an einem Grundstück in irgendeiner Weise verfügen[1] will. §§ 1643 Abs. 1, 1821 BGB. Die Genehmigung ist auch dann nötig, wenn die minderjährigen Kinder zusammen mit anderen Personen Miteigentümer des Grundstücks in ungeteilter Erbengemeinschaft sind, und wenn die Verfügung zwecks Erfüllung einer rechtlich erzwingbaren Verpflichtung zu deren Vornahme bewirkt werden soll (KGJ **38** A 219)[2]. Ein genehmigungspflichtiger Fall liegt andererseits nicht vor, wenn bei der Liquidation einer offenen Handelsgesellschaft, an der ein Minderjähriger beteiligt ist, über Grundstücke des Gesellschaftsvermögens verfügt wird (RG **54** 278).

a) Der Vater kann also das Grundstück nicht ohne Genehmigung des Vormundschaftsgerichts verkaufen, vertauschen, verschenken, auflassen oder mit einer Hypothek oder einem sonstigen Rechte belasten[3, 4]. Will er z. B. ein Grundstück seiner Kinder verkaufen, so muß er entweder zu dem von ihm als gesetzlichen Vertreter seiner Kinder mit dem Käufer geschlossenen gerichtlichen oder notariellen Kaufvertrag oder zu der Auflassung die Genehmigung des Vor-

[1] Als Verfügung in diesem Sinne gilt auch die bloße Berichtigungsbewilligung (KGJ **42** 215).

[2] Bei rechtskräftiger Verurteilung des Kindes darf die Genehmigung des Vormundschaftsgerichts nicht verlangt werden (KGJ **45** 264).

[3] Bei Entgegennahme der Auflassung eines dem Kinde vermachten Grundstücks kann der Vater den vom Erblasser einem Dritten zugewandten Nießbrauch an dem Grundstück ohne Genehmigung des Vormundschaftsgerichts bestellen (KGJ **49** 245, OLG Colmar).

[4] Als eine Verfügung über das Grundstück dürfte wohl auch die Abtretung einer dem Kinde zustehenden Eigentümerhypothek oder -grundschuld zu erachten sein.

mundschaftsgerichts einholen. In der Regel ist der Verlauf der Sache der, daß der Vater den Kaufvertrag im Namen seiner Kinder mit dem Käufer notariell abschließt und sodann eine Ausfertigung des Vertrages dem zuständigen Vormundschaftsgericht zur Erteilung der Genehmigung einreicht. Das Vormundschaftsgericht ermittelt dann durch Einsichtnahme der eventuell einzufordernden Grundakten, durch Besprechungen mit dem Vater und Verwandten der Kinder, durch Erfordern behördlicher oder auch nur von Sachverständigen hergestellter Taxen über den Wert des zu verkaufenden Grundstücks u. a., ob der Verkauf für die Kinder vorteilhaft ist. Ist dies der Fall, so genehmigt es den Vertrag und macht dem Vater von der Genehmigung Mitteilung[1]. Der Vater setzt den Käufer von der Genehmigung in Kenntnis und reicht den Kaufvertrag mit der vormundschaftsrichterlichen Genehmigungserklärung dem Grundbuchrichter bei der Auflassung ein. Einer besonderen vormundschaftsrichterlichen Genehmigung der Auflassungserklärung des Vaters bedarf es regelmäßig nicht, da in den meisten Fällen die Genehmigung des obligatorischen Rechtsgeschäfts zugleich die Genehmigung des dinglichen Rechtsgeschäfts in sich schließt; jedoch hat das Grundbuchamt in jedem einzelnen Falle durch Auslegung zu ermitteln, ob die Genehmigung auch für die auf Grund des Vertrages erfolgte Auflassung wirksam ist (KGJ **24** A 238). Hat also z. B. das Vormundschaftsgericht einen Erbvergleich genehmigt, durch den das Kind verpflichtet wird, das Eigentum an einem Nachlaßgrundstück auf einen Miterben zu übertragen, so bedarf es regelmäßig einer besonderen Genehmigung zur Auflassung nicht (KGJ **20** A 237; **24** A 238).

b) Der Vater bedarf nach KGJ **21** A 19 auch ferner der Genehmigung des Vormundschaftsgerichts, wenn er sein Kind der sofortigen Zwangsvollstreckung wegen einer auf dem Grundstück des Kindes haftenden Hypothek unterwerfen will. Dagegen nimmt KGJ **32** A 280 an, daß die Unterwerfung des Kindes unter die sofortige Zwangsvollstreckung weder eine Verfügung über das Grundstück noch die Eingehung der Verpflichtung zu einer solchen Verfügung enthält und deshalb als solche der vormundschaftgerichtlichen Genehmigung nicht bedarf. Es ist also auf Grund einer vom Vater namens des seiner elterlichen Gewalt unterworfenen Kindes ausgestellten vollstreckbaren Urkunde auf Antrag des Gläubigers eine Sicherungshypothek auf das Grundstück des Kindes einzutragen (KGJ **32** A 280); vgl. unten § 161 III b Abs. 2 S. 387.

Der Bevollmächtigte des Vaters bedarf natürlich in demselben Umfange wie der Vater selbst, der Genehmigung des Vormundschaftsgerichts.

---

[1] Die Genehmigung kann bedingt erteilt werden; die Bedingung muß vor der Auflassung erfüllt sein (KGJ **53** 143). Der in KGJ **44** 191 ausgesprochene Grundsatz, daß jede behördliche Genehmigung im Grundbuchverfahren nur verwertbar ist, wenn sie unbedingt erklärt ist, beschränkt sich auf solche Fälle, in denen die Genehmigung eine grundbuchrechtliche Bewilligung oder Zustimmung enthält.

Der Vater kann dagegen alle übrigen in bezug auf das Grundbuch erforderlichen Geschäfte seines Kindes ohne Genehmigung des Vormundschaftsgerichts vornehmen. Hierzu gehören z. B.:

a) Der entgeltliche oder unentgeltliche Erwerb von Grundstücken für das Kind, und zwar soweit der obligatorische Vertrag (Kauf, Tausch, Schenkung) wie auch die Auflassung in Frage kommt. § 1643 Abs. 1 BGB[1] [2]. Der Vater bedarf der Genehmigung des Vormundschaftsgerichts auch dann nicht, wenn er in dem Kauf- oder Tauschvertrag im Namen seines Kindes für den Verkäufer eine Hypothek für den Kaufpreis bestellt; dasselbe gilt für den Antrag auf Eintragung einer Restkaufgeldhypothek auf dem für das Kind erworbenen Grundstück (KGJ **21** A 316; RG **108** 364; **110** 175; a. A. KGJ **32** A 232). Die Genehmigung des Vormundschaftsgerichts ist auch in dem Falle nicht erforderlich, daß nach dem Vertrage die auf dem Grundstück haftenden Hypotheken in Anrechnung auf den Kaufpreis übernommen werden sollen (RG **110** 176; a. A. KGJ **27** A 290 [Oberstes Landesgericht München] und KGJ **28** A 6). Beim Erwerbe von Grundstücken ist hiernach der Vater freier gestellt als der Vormund, der nach § 1821 Abs. 1 Nr. BGB auch in diesem Falle der Genehmigung des Vormundschaftsgerichts bedarf.

b) Der Vater kann ferner auch ohne Genehmigung des Vormundschaftsgerichts Hypotheken, Grund- und Rentenschulden seines Kindes entgeltlich abtreten, verpfänden, zur Löschung bringen, bezüglich ihrer neue Zins- und Zahlungsbestimmungen mit dem Grundstückseigentümer vereinbaren, Entpfändungserklärungen abgeben und Vorrechtseinräumungen erklären (§ 1821 Abs. 2 BGB). Ist mit der Abtretung einer Hypothek die Übernahme einer Verbindlichkeit verbunden, so bedarf das Rechtsgeschäft nach § 1822 Nr. 10 BGB der Genehmigung des Vormundschaftsgerichts (RG **63** 78; **76** 93).

c) Ebenso kann der Vater für sein Kind ohne weiteres Hypotheken usw. entgeltlich oder unentgeltlich erwerben, ferner auch für die Kinder eine verzinsliche Hypothek an seinem Grundstück bestellen und eintragen lassen (KGJ **52** 186 unter Aufgabe der gegenteiligen Meinung bei KGJ **45** 257).

II. Minderjährige eheliche Kinder werden von der Mutter kraft der elterlichen Gewalt vertreten, wenn der Vater gestorben oder für tot erklärt ist, oder wenn der Vater die elterliche Gewalt verwirkt hat und die Ehe aufgelöst ist. § 1684 BGB. Auch sonst übt in gewissen

---

[1] KGJ **24** A 103; **51** 174. Der Umstand, daß die Entgegennahme der Auflassung gleichzeitig eine Verfügung über die auf Eigentumsübertragung gerichtete Forderung bedeutet (§ 1821 Abs. 1 Nr. 2 BGB), steht nicht entgegen.

[2] Ist der Vater selbst der Veräußerer, so ist die Zuziehung und Einwilligung eines Pflegers erforderlich, und zwar auch dann, wenn die Auflassung an ein über sieben Jahr altes Kind schenkungsweise erfolgt und das Grundstück unbelastet ist (KGJ **45** 238).

Fällen die Mutter an Stelle des Vaters die elterliche Gewalt aus; vgl. § 1685 BGB.

In Ausnahmefällen tritt an die Stelle der Mutter ein Pfleger. §§ 1628, 1630, 1785 BGB. So ist z. B. die Mutter, die mit ihrem Grundstück für das Vatererbe der Kinder Hypothek bestellt und dasselbe später veräußert hat, durch § 1795 BGB sowohl von der Empfangnahme der Zahlung für die Kinder wie von der Erteilung der Löschungsbewilligung ausgeschlossen.

Die Mutter bedarf der Genehmigung des Vormundschaftsgerichts in denselben Fällen wie der Vater. Ist der Mutter ein Beistand (§§ 1687 ff. BGB) bestellt, so muß sie dessen Genehmigung einholen, wenn sie für ihre Kinder ein Grundstück oder ein Recht an einem Grundstück gegen Entgelt erwerben will. Dagegen ist die Genehmigung des Vormundschaftsgerichts nicht erforderlich. §§ 1690, 1686 BGB (KGJ **38** 26 f.). Der Beistand kann die Genehmigung nur der Mutter gegenüber erklären. § 1690 Abs. 1 Satz 3, § 1828 BGB. Die Genehmigung des Beistandes wird, soweit sie von ihm nicht zu erlangen ist, durch die Genehmigung des Vormundschaftsgerichts ersetzt. § 1690 Abs. 2 BGB.

Die Mutter bedarf der Genehmigung des Beistandes (nicht des Vormundschaftsgerichts) auch dann, wenn sie eine Hypothek usw. ihres Kindes abtreten, verpfänden oder zur Löschung bringen will, überhaupt in allen Fällen, in denen ein Vormund die Genehmigung des Vormundschaftsgerichts oder Gegenvormundes einholen muß. §§ 1686, 1690 BGB. Die Genehmigung des Beistandes ist nicht erforderlich bei Rechtsgeschäften, die die Mutter schon nach den Vorschriften über die elterliche Gewalt nur mit Genehmigung des Vormundschaftsgerichts vornehmen kann. Eine andere Stellung hat der Beistand, wenn ihm die Verwaltung des Kindesvermögens gemäß § 1693 BGB vom Vormundschaftsgericht übertragen ist; er hat dann die Rechte und Pflichten eines Pflegers, § 1693 BGB, so daß er unter Ausschluß der Mutter gesetzlicher Vertreter des Kindes ist und z. B. beim Erwerbe eines Grundstücks der Genehmigung des Vormundschaftsgerichts bedarf (KGJ **38** A 26 f.). Dem Grundbuchrichter gegenüber legitimiert sich der Beistand durch Vorlegung seiner Bestallung.

Der Grundbuchrichter hat zu beachten, daß eine allgemeine tatsächliche Vermutung weder für die uneingeschränkte elterliche Gewalt der Mutter noch für die Bestellung eines Beistandes spricht. Er muß nach verständigem Ermessen entscheiden, ob Grund zu der Annahme vorliegt, daß ein Beistand bestellt sei oder nicht; nur wenn nach den Umständen des Falles zu Zweifeln Anlaß besteht, wird er den Nachweis fordern, daß die elterliche Gewalt der Mutter nicht durch Bestellung eines Beistandes eingeschränkt sei; er kann hierbei auch Auskünfte von den Beteiligten oder von dem zuständigen Vormundschaftsrichter einziehen. Er kann also nicht in jedem Falle vom Antragsteller den urkundlichen Nachweis fordern, daß kein Beistand bestellt sei (KGJ **31** A 370, [OLG Rostock]). Ist der Mutter dagegen z. B. in einem Testament ihres Ehemannes als Vorerbin eine freiere Stellung nur solange eingeräumt, als sie sich nicht wieder verheiratet, so kann der Grundbuchrichter den Beweis der Nichtwiederverheiratung durch eine Bescheinigung der Polizeibehörde verlangen (KGJ **25** A 311).

Die Mutter kann ihre Kinder natürlich nicht vertreten, wenn sie selbst noch minderjährig ist; in diesem Falle vertritt die Kinder ein besonders zu bestellender Vormund. § 1696 BGB. Hat sich die Mutter wieder verheiratet, so hat sie nach § 1697 BGB die elterliche Gewalt verloren, so daß ebenfalls wieder ein besonderer Vormund zur Vertretung der Kinder berufen ist. Häufig wird die Mutter zur Vormünderin ihrer Kinder bestellt; diese vertritt sie dann nicht auf Grund der elterlichen Gewalt, sondern als Vormünderin. Es kommen dann für sie die unten im § 142 abgehandelten Vorschriften zur Anwendung.

§ 142. Die Vormundschaft und Pflegschaft. Die Genehmigung des Vormundschaftsgerichts und des Gegenvormundes.

I. Minderjährige uneheliche Kinder, minderjährige eheliche Kinder, die nicht unter elterlicher Gewalt stehen, z. B. weil beide Eltern tot sind, und entmündigte Volljährige werden durch ihren Vormund vertreten. Dieser muß sich dem Grundbuchrichter gegenüber durch Vorlegung seiner Bestallung ausweisen. § 1793 BGB. In gewissen Fällen ist der Vormund wegen des mitwirkenden eigenen Interesses von der Vertretung ausgeschlossen; vgl. § 1795 BGB.

Der Vormund bedarf der Genehmigung des Vormundschaftsgerichts (§§ 1821 ff. BGB) u. a.:

1. Zur Verfügung über ein Grundstück oder über ein Recht an einem Grundstück.

2. Zur Verfügung über eine Forderung, die auf Übertragung des Eigentums an einem Grundstück oder auf Begründung oder Übertragung eines Rechts an einem Grundstück oder auf Befreiung eines Grundstücks von einem solchen Recht gerichtet ist.

3. Zum entgeltlichen Erwerbe eines Grundstücks oder eines Rechts an einem Grundstück.

Bei Hypotheken, Grund- und Rentenschulden ist die Genehmigung des Vormundschaftsgerichts nicht erforderlich, wenn ein Gegenvormund vorhanden ist und die Genehmigung erteilt.

4. Zu Verfügungen über das Vermögen des Mündels im ganzen oder über eine dem Mündel angefallene Erbschaft oder seinen künftigen Pflichtteil sowie über den Anteil des Mündels an einer Erbschaft.

5. Zum entgeltlichen Erwerbe oder zur Veräußerung eines Erwerbsgeschäfts, sowie zu einem Gesellschaftsvertrag, der zum Betrieb eines Erwerbsgeschäfts eingegangen wird.

6. Zur Aufnahme von Geld auf den Kredit des Mündels.

7. Zur Übernahme einer fremden Verbindlichkeit.

8. Zur Erteilung einer Prokura.

9. Zu einem Vergleich oder Schiedsvertrage, falls das Objekt 300 RM. übersteigt.

10. Zur Aufhebung oder Minderung der für eine Forderung des Mündels bestehenden Sicherheit.

Schriftlichkeit ist zu einer wirksamen Genehmigung im Sinne des § 1822 nicht unbedingt erforderlich; es genügt, wenn der Vormundschaftsrichter die Genehmigung dem Vormund gegenüber mündlich ausgesprochen hat (RG vom 29. Oktober 1926, Rspr 1927 S. 79).

Ist das Mündel volljährig geworden, so tritt bei einem Vertrage, den der Vormund ohne die erforderliche Genehmigung geschlossen hat, gemäß § 1829 Abs. 3 BGB die Genehmigung des Mündels an die Stelle der vormundschaftsgerichtlichen Genehmigung. Sie muß in der Form des § 29 GBO nachgewiesen werden. Der Umstand, daß ein Amtsgericht als ein vom Vormundschaftsgericht ersuchtes Gericht über die Erklärung des volljährig gewordenen Mündels eine Urkunde aufnimmt, entzieht dieser nicht die Eigenschaft einer der Form des § 29 GBO entsprechenden öffentlichen Urkunde (JFG **4** 272).

Nach dem Gesagten bedarf der Vormund der Genehmigung des Vormundschaftsgerichts[1] insbesondere stets, wenn er ein Grundstück seines Mündels veräußern oder belasten will[2] oder wenn er ein Grundstück für sein Mündel gegen Entgelt erwerben will. § 1821 BGB[3]. Wegen der Frage, ob die Genehmigung zu dem obligatorischen Rechtsgeschäft und zu der Auflassung erforderlich ist, vgl. oben § 141 unter a. Zur Abtretung, Verpfändung Veränderung der Zins- und Zahlungsbedingungen von Hypotheken usw. eines Mündels bedarf der Vormund der Genehmigung des Gegenvormundes und, wenn ein solcher nicht bestellt ist, des Vormundschaftsgerichts (KGJ **24** A 20). § 1812 BGB[4]. Sind die Briefe über die Hypo-

---

[1] S. Anm. 1 S. 345.

[2] Bei Entgegennahme der Auflassung eines dem Minderjährigen vermachten Grundstücks kann er den vom Erblasser einem Dritten zugewandten Nießbrauch an dem Grundstück ohne Genehmigung des Vormundschaftsgerichts bestellen (KGJ **49** 245, OLG Colmar).

[3] Ist er selbst der Veräußerer, so bedarf es der Zuziehung und Einwilligung eines Pflegers, und zwar selbst dann, wenn die Auflassung an das über sieben Jahre alte Mündel schenkungsweise erfolgt und das Grundstück unbelastet ist (KGJ **45** 238).

[4] Vgl. die Ausnahmbestimmungen bei Beträgen von 300 RM und darunter im § 1813 Nr. 2 BGB.

theken- usw. Forderungen hinterlegt, so bedarf der Vormund zur Verfügung über die Hypotheken usw. stets der Genehmigung des Vormundschaftsgerichts. § 1819 BGB. Zu Vorrechtseinräumungen, Entpfändungen, Löschungsbewilligungen und Umwandlungen bezüglich der Hypothek usw. des Mündels ist die Genehmigung des Vormundschaftsgerichts erforderlich. § 1822 Nr. 13 BGB (KGJ **24** A 216). Dagegen nimmt KGJ **27** A 169 an, daß § 1822 Nr. 13 BGB nur auf solche Rechtsgeschäfte Anwendung findet, durch die lediglich eine Sicherheit für eine Forderung aufgehoben oder gemindert oder die Verpflichtung dazu begründet wird, die Forderung selbst aber unberührt bleibt; es soll also die vormundschaftsrichterliche Genehmigung z. B. erforderlich sein, wenn ausschließlich das Hypothekenrecht aufgegeben oder einem anderen Rechte der Vorrang eingeräumt wird. Wenn aber der Vormund in anderer Weise über eine Hypothek des Mündels verfügt, erfolgt also Tilgung, Quittungsleistung, Löschungsbewilligung gleichzeitig oder Zug um Zug oder ist die durch die Hypothek gesicherte Forderung schon getilgt und wird die Löschung der Hypothek nachträglich bewilligt, so bedarf der Vormund, wie KGJ **27** A 169 darlegt, nach § 1812 BGB der Genehmigung des Gegenvormundes, und nur dann, wenn ein solcher nicht vorhanden ist, derjenigen des Vormundschaftsgerichts. Vgl. auch KGJ **50** 220. Zur Bewilligung der Löschung einer verzinslichen Hypothekenforderung, an der dem Mündel ein Nießbrauchsrecht eingeräumt ist, bedarf der Vormund nicht der Genehmigung des Vormundschaftsgerichts (KGJ **40** 163). Zur Übertragung einer Eigentümergrundschuld eines Mündels unter Umwandlung in eine Darlehnshypothek bedarf es gemäß § 1822 Nr. 8 BGB (Aufnahmen von Geld auf den Kredit des Mündels!) der Genehmigung des Vormundschaftsgerichts. Zur Bewilligung der Löschung einer Reallast und eines Wohnungsrechts namens der Erben des eingetragenen Berechtigten bedarf der Vormund nach § 1821 Nr. 1 BGB, Art. 210 EGBGB der Genehmigung des Vormundschaftsgerichts (KGJ **27** A 169).

Wegen des Zeitpunkts der Genehmigung des Vormundschaftsgerichts und der Bekanntmachung der Genehmigungserklärung an den Vormund gilt das oben im § 141 Gesagte auch hier.

Der Bevollmächtigte des Vormundes bedarf natürlich in demselben Umfange wie der Vormund selbst, der Genehmigung des Vormundschaftsgerichts (KGJ **27** A 169). Für die Erteilung der Vollmacht ist die Genehmigung des Vormundschaftsgerichts nicht erforderlich, wohl aber zur Erteilung einer Prokura. Die rechtsgültig erteilte Vollmacht endigt nicht ohne weiteres mit der Volljährigkeit des Mündels (JFG **1** 313). Ob der Vormund eine unwiderrufliche Vollmacht oder eine Generalvollmacht erteilen kann, ist zweifelhaft.

II. In den Fällen der §§ 1909 bis 1914 BGB kann ein Pfleger als gesetzlicher Vertreter für seine Pflegebefohlenen auftreten. Auch er weist sich dem Grundbuchrichter gegenüber durch seine Bestallung aus. In dieser müssen seine Befugnisse im einzelnen dargelegt sein. Der Pfleger bedarf in denselben Fällen der Genehmigung des Vormundschaftsgerichts wie der Vormund.

Ist ein Vormund oder Pfleger rechtskräftig zur Abgabe einer Auflassungserklärung oder Löschungsbewilligung verurteilt worden, so erfolgt die Eigentumsumschreibung auf den Antrag des obsiegenden Klägers. Von dem Nachweise der Genehmigung des Vormundschaftsgerichts darf das Grundbuchamt die Eigentumsumschreibung nicht abhängig machen (KGJ **31** 293; **45** 264).

III. Auch zur Ausstellung einer bloßen Berichtigungsbewilligung hinsichtlich derjenigen Rechte des Mündels, über die der Vormund (Pfleger) ohne Genehmigung des Vormundschaftsgerichts (Gegenvormundes) nicht verfügen darf, ist die Genehmigung des Vormundschaftsgerichts (Gegenvormundes) erforderlich (KGJ **42** 215).

B. Die gesetzliche Vertretung juristischer Personen. Genehmigung von Aufsichtsbehörden.

Vorbemerkung.

Der Grundbuchrichter muß wissen, durch welche Organe die juristischen Personen bei den auf das Grundbuch bezüglichen Erklärungen und Anträgen vertreten werden, und in welchen Fällen noch die Genehmigung von Aufsichtsbehörden[1] hinzukommen muß, um die Erklärungen dieser Organe rechtswirksam zu machen. Im folgenden sind daher die einschlägigen Bestimmungen für eine Reihe der wichtigsten im Grundbuchverkehr besonders oft beteiligten juristischen Personen mitgeteilt. Für die vor ihm abgegebenen mündlichen Erklärungen (z. B. Auflassungen) von Vertretern von Behörden kann das Grundbuchamt den Nachweis verlangen, daß die Erklärenden in amtlicher Eigenschaft handeln (KGJ **33 A** 190).

§ 143. Der deutsche Reichsfiskus und der preußische Staatsfiskus[2].

I. Der deutsche Reichsfiskus wird vom Reichskanzler oder den obersten Reichsbehörden oder den von ihnen bestimmten Behörden vertreten. Zum Erwerb und zur Veräußerung von Grundstücken ist die Genehmigung der zuständigen Zentralbehörde erforderlich. Über die Ver-

[1] Solche Genehmigungen sind im Grundbuchverfahren nur dann verwertbar, wenn sie unbedingt erklärt sind. Eine Ausnahme gilt, wenn die Genehmigung von der Vornahme anderer von dem gleichen Grundbuchamt vorzunehmenden Eintragungen abhängig gemacht wird (KGJ **44** 191).

[2] S. AV vom 9. Februar 1927 über die Vertretung des R.- und L.-Fiskus (JMBl S. 31) und AV v. 22. II. 27 über die Vertretung des Reichsfiskus im Geschäftsbereich der Reichsfinanzverwaltung (JMBl S. 50).

tretung des Reichs durch die Präsidenten der Landesfinanzämter bei der Durchführung der Wohnungsfürsorgemaßnahmen für die Beamten und Bediensteten der Hoheitsverwaltung des Reichs s. Erlaß des RAM und des RMdF vom 13. März 1926, mitgeteilt im JMBl **1926** S. 137); s. auch RME 16. Jan. 28 (RMBl 61). Die Vertretung des Reichs bei Durchführung der Fürsorgemaßnahmen aus Mitteln des Wohnungsfürsorgefonds für die Reichsbeamten und -bediensteten der Wehrmacht ist der Heeres- und Marineleitung sowie den Wehrkreisverwaltungsämtern und Marineintendanturen übertragen (Erlaß des ReichsWM und RFM vom 11. Juni 1927, RMBl S. 193).

In Angelegenheiten der Auseinandersetzung auf Grund des Gesetzes über Rückgabe der für Besatzungszwecke in Anspruch genommenen Grundstücke vom 12. Juli 1926 (RGBl I S. 408 f.) wird der Reichsfiskus durch den Präsidenten der Reichsvermögensverwaltung für die besetzten rheinischen Gebiete vertreten (Art. 2 der Vdg vom 8. Juli 1927, RGBl I S. 175).

II. Beim Preußischen Staatsfiskus gilt Besonderes für den Erwerb von Grundstücken für den Fiskus[1] und für die Veräußerung von Staatsgrundstücken[2].

a) Bei dem Erwerbe von Grundstücken wird der Fiskus durch den betreffenden Fachminister vertreten; die den Ministern unterstellten Behörden und Beamten bedürfen hierzu meist der Genehmigung der Minister; vgl. z. B. für die Justizverwaltung AV vom 1. April 1874 (JMBl S. 101). Durch den Erlaß vom 30. März 1886 (JMBl S. 96) ist den Ministern die Ermächtigung erteilt, die Befugnis zum Erwerb unbeweglicher Sachen für den Staat auf die ihnen unterstellten Behörden zu übertragen, so daß letztere ohne besondere Genehmigung des Fachministers bezügliche Verträge abschließen und die Auflassungserklärung entgegennehmen können. Von dieser Ermächtigung hat der Minister der öffentlichen Arbeiten Gebrauch gemacht. Es können daher z. B. Oberpräsidenten selbständig ohne ministerielle Genehmigung Grundstücke erwerben. Bek. vom 5. und 11. Mai 1886 (JMBl S. 139); Bek. vom 6. und 17. November 1900 (JMBl S. 637).

---

[1] Wird zur Abwendung der Untersuchungshaft (§§ 117 ff. StPO) ein Grundstücksrecht für den Staat (Justizverwaltung) im Grundbuch eingetragen, so steht die Vertretung des Justizfiskus bei Verfügungen über dieses Recht dem Oberstaatsanwalt bei demjenigen Landgericht zu, in dessen Bezirk das Strafverfahren anhängig geworden ist. Ist das Strafverfahren in erster Instanz bei einem Oberlandesgericht anhängig geworden, so steht die Vertretung des Fiskus dem Generalstaatsanwalt bei dem Oberlandesgericht zu. (AV vom 18. Juli und 3. Dezember 1925, JMBl S. 269 und 417 sowie GV des JM und MdJ vom 4. Oktober 1926, JMBl S. 366).

[2] Da der Preuß. Fiskus trotz der verschiedenen Geschäftsbereiche nur eine juristische Person ist, so bedarf es bei Übergang eines Grundstücks von einem Geschäftsbereich zum anderen, z. B. vom Justizfiskus auf den Domänenfiskus, keiner Auflassung (KGJ **10** 311). Die verschiedenen Verwaltungsstellen des Fiskus besitzen keine gesonderte Rechtspersönlichkeit (Rspr 1927 S. 1217).

Ebenso hat der MJ von der Ermächtigung Gebrauch gemacht; es können daher die Ober- und Regierungspräsidenten und der Polizeipräsident in Berlin für die staatliche Polizeiverwaltung einschließlich Landjägerei selbständig Grundstücke erwerben. MJ 7. April 25 (JMBl S. 175).

b) Bei der Veräußerung von Staatsgrundstücken ist zwischen Domänen und anderen Staatsgrundstücken zu unterscheiden.

1. Bei den Domänen[1] (ALR II, 14 §§ 11, 12) wird der Fiskus durch die Regierungen vertreten. Die Regierungen bedürfen zu jeder Veräußerung und Verpfändung von Domänen der Genehmigung des Landwirtschaftsministers. Bei kleineren Objekten (s. Erl. vom 19. August 1904, JMBl S. 298 und AV des Landwirtschaftsministers vom 4. November 1904, JMBl S. 296) bedarf es der besonderen Genehmigung des Ministers nicht, jedoch muß die Regierung dem Grundbuchrichter nachweisen, daß es sich um einen Fall handelt, in dem die Genehmigung nicht erforderlich ist (KGJ 8 149). Der Landwirtschaftsminister bedarf zur Veräußerung von Domänen- und Forstgrundstücken der Genehmigung des Staatsministeriums nur, wenn der Jahresertrag des Grundstücks 300 RM. übersteigt (KG im JMBl 1900, S. 55).

Handelt es sich um Abtretung von Domänen an eine andere Staatsverwaltung, so darf der Grundbuchrichter den Eigentumsübergang (Auflassung ist in diesem Fall nicht erforderlich [RG **21** 57]) nicht eintragen, bevor ihm die ministerielle Genehmigung der Veräußerung nachgewiesen ist. Bei Ablösungen von Domänenrenten und dergleichen bedarf es regelmäßig keiner Genehmigung des Ministers. Die Ablösungsurkunden werden von der Regierung ausgestellt.

2. Bei anderen Staatsgrundstücken ist zur Veräußerung regelmäßig die Genehmigung des Staatsministeriums erforderlich; in manchen Fällen genügt auch die Genehmigung der Zentralbehörde. Im Bereich des Ministeriums für Wissenschaft, Kunst und Volksbildung sind der Finanzminister und der Fachminister ermächtigt zur Veräußerung fiskalischer Grundstücke, sofern sie die Größe von 1250 qm nicht erreichen, sowie — ohne Unterschied ihrer Größe — zur Veräußerung der entbehrlichen Grundstücke, die bei neuen Grunderwerbungen über den unmittelbaren Bedarf hinaus angekauft worden sind (Erl. vom 14. November 1913, ZentrBl der Unterrichtsverwaltung S. 816).

Die Vorschriften über die Genehmigung der Zentralbehörden oder des Staatsministeriums haben nur interne Bedeutung (KGJ **42** 194 und KG vom 1. März 1928, HRR Nr. 740). Der Grundbuchrichter hat daher nur zu prüfen, ob die für den Fiskus auftretende Behörde nach allgemeinen Grundsätzen zur Vertretung befugt ist. Die vertretende Behörde trägt die Verantwortung für die Beschaffung der etwa erforderlichen Genehmigung

[1] Vgl. Güthe S. 1744, Bd. II.

allein. (Güthe Bd. II S. 1795). Über die Vertretung der Preuß. Staatsbank (Seehandlung) und die Genehmigung des FM zum Erwerbe, zur Belastung und zur Veräußerung von Grundstücken s. § 3, Abs. 6, §§ 4—6 Beschl. d. Pr. Staatsm. 11. März 1926 (GS S. 123).

§ 144. Die Provinzen.

Die Provinzen des Preußischen Staates sind juristische Personen und können daher Vermögen besitzen. Nach der für die Provinz Ostpreußen, Grenzmark Posen-Westpreußen (s. Ges. vom 21. Juli 1922, GS S. 171), Brandenburg[1], Pommern, Ober- und Niederschlesien (vgl. Ges. vom 14. Oktober 1919, GS S. 169 vom 25. Juli 1923, GS S. 354, und vom 28. Oktober 1926, GS S. 292) und Sachsen geltenden Provinzialordnung vom 29. Juni 1875 (GS S. 335) und 22. März 1881 (GS S. 233) vertritt der Landesdirektor oder Landeshauptmann den Provinzialverband in allen Grundbuchangelegenheiten. Urkunden, nach denen der Provinzialverband Verpflichtungen übernimmt (vgl. KGJ **17** 52 und 107)[2], müssen unter Anführung des betreffenden Beschlusses des Provinziallantags oder des Provinzialausschusses von dem Landesdirektor oder Landeshauptmann und von zwei Mitgliedern des Provinzialausschusses unterschrieben und mit dem Amtssiegel des Landesdirektors (Landeshauptmanns) versehen sein (KGJ **40** 223). In den Fällen, in denen es der Genehmigung der Staatsaufsichtsbehörde bedarf, ist diese der Ausfertigung in beglaubigter Form beizufügen. Über die Verwendung des Kapitalvermögens, über die Aufnahme von Anleihen sowie über die Veräußerung von Grundstücken und Immobiliarrechten beschließt der Provinziallandtag; jedoch kann durch Provinzialstatut dem Provinzialausschusse für einzelne Verwaltungszweige und Anstalten die Befugnis zur Veräußerung von Grundstücken niederen Wertes beigelegt werden. Beschlüsse des Provinziallandtags über die Aufnahme von Anleihen, durch die der Provinzialverband mit einem Schuldenbestande belastet oder der bereits vorhandene Schuldenbestand vergrößert werden würde, bedürfen der Bestätigung des Ministers des Innern. §§ 90, 91, 37, 38, 119 a. a. O. Dieselben Vorschriften gelten für Westfalen[3], die Rheinprovinz[3] und Schleswig-Hol-

---

[1] Die Stadtgemeinde Berlin bildet für sich einen von der Provinz Brandenburg abgesonderten Kommunalverband und Verwaltungsbezirk (Ges. vom 27. April und 7. Oktober 1920, GS S. 123, 435).

[2] Eine Auflassung ist keine verpflichtende Erklärung. Daher darf der Landesdirektor (Landeshauptmann) die Auflassung eines veräußerten Provinzialgrundstücks namens des Provinzialverbandes ohne den Nachweis der Genehmigung des Provinziallandtags oder des Provinzialausschusses und ohne Anführung des Genehmigungsbeschlusses vornehmen. Anderes gilt für den Kaufvertrag (KGJ **40** 223).

[3] Über den Siedlungsverband Ruhrkohlenbezirk s. Gesetz vom 5. Mai 1920 (GS S. 286).

stein nach den Gesetzen vom 1. August 1886 (GS S. 254), abgeändert durch Gesetz vom 6. Oktober 1911 (GS S. 209), 1. Juni 1887 (GS S. 249) und 27. Mai 1888 (GS S. 191). Auch in Hessen-Nassau gelten ähnliche Bestimmungen; nur gibt es hier nach dem Gesetze vom 8. Juni 1885 (DS S. 242) außer dem die ganzen Provinzen umfassenden Provinzialverbande noch zwei den Regierungsbezirken Kassel und Wiesbaden entsprechende Bezirksverbände, die ebenso wie der Provinzialverband durch den Landeshauptmann vertreten werden. Verpflichtende Urkunden sind unter Anführung des Beschlusses des Kommunallandtages oder Landesausschusses von dem Landesdirektor und zwei Mitgliedern des Landesausschusses zu unterschreiben und mit dem Siegel des Landesdirektors zu versehen.

In der Provinz Hannover tritt nach dem Gesetze vom 7. Mai 1884 (GS S. 237) an die Stelle des Landesdirektors das aus dem Landesdirektor und zwei Schatzräten bestehende Landesdirektorium. Hier vertritt also das Landesdirektorium den Provinzialverband vor dem Grundbuchrichter, und Urkunden, nach denen der Verband Verpflichtungen übernimmt, müssen vom Landesdirektorium und von zwei Mitgliedern des Provinzialausschusses unterschrieben und mit dem Amtssiegel des Landesdirektoriums versehen sein. §§ 90, 91 a. a. O. Im übrigen gelten hier die gleichen Vorschriften wie für die übrigen Provinzen.

Über die Vertretung des Landeskommunalverbandes in Hohenzollern vgl. Hohenzollernsche Amts- und Landesordnung vom 2. April 1873 in der Fassung der Bekanntmachung vom 9. Oktober 1900 (GS 1900 S. 324), geändert durch Gesetz vom 16. Juli 1919 (GS S. 135), insbes. die §§ 55, 61, 64, 69, 73, 74, 80.

§ 145. Die Kreise.

Die Kreise sind ebenfalls juristische Personen und können daher Vermögen, z. B. Grundstücke, Hypotheken und dergleichen besitzen.

Nach der Kreisordnung für die Provinzen Ostpreußen, Grenzmark Posen-Westpreußen, Brandenburg, Pommern, Oberschlesien, Niederschlesien und Sachsen vom 13. Dezember 1872 (GS S. 661), mit Änderung vom 19. März 1881 (GS S. 180), vertritt der Landrat den Kreis nach außen, verhandelt in dessen Namen mit Behörden und zeichnet alle Schriftstücke (s. Rspr der OLG **1925** S. 155). Urkunden über Rechtsgeschäfte die den Kreis gegen Dritte verbinden sollen, ebenso Vollmachten, müssen unter Anführung des betreffenden Beschlusses des Kreistags oder Kreisausschusses von dem Landrat und zwei Mitgliedern des Kreisausschusses oder der mit der Angelegenheit betrauten besonderen Kommission unterschrieben und mit dem Siegel des Landrats versehen sein. § 137 a. a. O. (s. RG **115** 313). Zur Verfügung über das dem Kreise gehörige Grund- und Kapitalvermögen und zur Aufnahme von Anleihen bedarf es des Beschlusses des Kreistags, §§ 115, 116, 124 a. a. O. Die Bestimmung des

§ 176 a. a. O., wonach Beschlüsse des Kreistags betr. Veräußerungen von Grundstücken und Immobiliarrechten des Kreises der Bestätigung des Bezirksausschusses (§§ 28ff. des Landesverwges. vom 30. Juli 1883, GS S. 195) bedürfen, ist durch Art. 4 Nr. 3 des Kriegsgesetzes zur Vereinfachung der Verwaltung vom 13. Mai 1918 (GS S. 52) beseitigt[1]. (Vgl. Vdg vom 29. Dezember 1921, GS 1922 S. 10, Ges. vom 26. Oktober 1924 GS S. 669 und vom 10. November 1925, GS S. 157.)

In den Kreisen, die nur aus einer Stadt bestehen (Stadtkreise), kommen lediglich die Vorschriften der Städteordnung zur Anwendung. § 169 a. a. O.

Zum Erwerbe oder zur Belastung von Grundstücken bedarf es keiner weiteren Genehmigung.

Die gleichen Vorschriften gelten nach den Kreisordnungen für die Provinzen Schleswig-Holstein[2], Hannover, Westfalen, Hessen-Nassau und die Rheinprovinz nach dem Ges. vom 26. Mai 1888 (GS S. 139), 6. Mai 1884 (GS S. 181), 31. Juli 1886 (GS S. 217), 7. Juni 1885 (GS S. 193) 30. Mai 1887 (GS S. 209)[3].

Selbständige Unterabteilungen der Kreise sind im Gebiete der Kreisordnung von 1872 die Amtsbezirke, die durch den Amtsvorsteher vertreten werden (§ 55 das.). Das gleiche gilt für Schleswig-Holstein.

§ 146. Die Stadtgemeinden. Die Sparkassen.

Nach § 56 Nr. 8 der Städteordnung für die sieben östlichen Provinzen[4] vom 30. Mai 1853 (GS S. 261) vertritt der Magistrat die Stadtgemeinde nach außen, verhandelt in ihrem Namen mit Behörden und Privatpersonen und vollzieht die Gemeindeurkunden in der Urschrift.

Der Magistrat kann einzelne seiner Obliegenheiten auch einem andern durch Erteilung einer Vollmacht für den einzelnen Fall oder durch allgemeine Ermächtigung für alle Angelegenheiten einer bestimmten Art übertragen, z. B. für die Entgegennahme von Auflassungen für die Stadtgemeinde oder für die Stellung von Eintragungsanträgen (RG **89** 433; KGJ **5** 117; **33** A 190). Die Auflassung an eine Stadtgemeinde, die hierbei durch einen vom Stadtrat bevollmächtigter städtischen Beamten vertreten wird, kann von einem Notar beurkundet werden, der selbst Mitglied des Stadtrats ist (JFG **3** 281, Oberstes Landesgericht München).

---

[1] Über die Weitergeltung dieses Gesetzes s. Gesetz vom 3. Januar 1928 (GS S. 1).

[2] Bezüglich der Insel Helgoland gelten die besonderen Bestimmungen des Gesetzes vom 21. Juli 1921 (GS S. 169).

[3] Wegen der Vertretung der Kreise in Hohenzollern, vgl. Hohenz. Amts- u. Landes-O. vom 2. April 1873 mit Änderung vom 9. Oktober 1900 (GS S. 324) und vom 7. Oktober 1925 (GS S. 132).

[4] Mit Ausschluß Neuvorpommerns, wo das Gesetz vom 31. Mai 1853 (GS S. 291) gilt.

Die Ausfertigungen der Urkunden werden im Namen der Stadtgemeinde von dem Bürgermeister oder seinem Stellvertreter (dem Beigeordneten) gültig unterzeichnet[1]; werden in ihnen Verpflichtungen der Stadtgemeinde übernommen, so muß noch die Unterschrift eines Magistratsmitgliedes hinzukommen. In Fällen, wo die Genehmigung der Aufsichtsbehörde erforderlich ist, muß sie in beglaubigter Form der Ausfertigung der Urkunde beigefügt werden. Sind nach § 59 a. a. O. besondere Deputationen gebildet, so ist eine Urkunde, die von dem Vorsitzenden und einem Deputationsmitgliede unterschrieben ist, als der Form des § 56 Nr. 8 für Verpflichtungserklärungen genügend anzusehen. Eine Anweisung des Magistrats, daß der Vorsitzende der Deputation diese allein zu vertreten und für sie Erklärungen abzugeben habe, ist unbeachtlich (RG **89** 433). Noch weniger ist eine entsprechende Beauftragung eines Magistrats zulässig (KGJ **47** 135). Über die zwingende Natur der Formvorschriften vgl. noch RG **64** 408; **67** 269; **68** 407; **73** 205; **82** 8.

Die Genehmigung des Bezirksausschusses ist u. a. erforderlich: zur Veräußerung von Grundstücken[2] und solchen Gerechtsamen, die jenen gesetzlich gleichstehen. § 50 Nr. 1 a. a. O. und § 16 des Zuständigkeitsgesetzes vom 1. August 1883 (GS S. 237). Die freiwillige Veräußerung von Grundstücken und Gerechtsamen darf nur im Wege der Lizitation auf Grund einer Taxe unter Genehmigung der Stadtverordnetenversammlung stattfinden; der Bezirksausschuß kann jedoch auch den Verkauf aus freier Hand sowie einen Tausch gestatten. Für den Grundbuchrichter genügt zum Nachweise, daß bei der Veräußerung den gesetzlichen Vorschriften genügt ist, die Bestätigung des Vertrages durch den Bezirksausschuß. § 51 a. a. O.[3]. Zur Veräußerung oder wesentlichen Veränderung von Sachen, die einen besonderen wissenschaftlichen, historischen oder Kunstwert haben, ist die Genehmigung des Regierungspräsidenten einzuholen. § 50 Nr. 2 Städteordg. und § 16 des Zuständ.-Ges.

Zum Erwerbe oder zur Belastung von Grundstücken durch die Stadtgemeinden bedarf es der Genehmigung der Aufsichtsbehörde nicht. JKG **3** 287.

In Berlin hat an Stelle des Regierungspräsidenten und Bezirksausschusses der Oberpräsident die Genehmigung zu erteilen. §§ 42, 43 Landesverw.-Ges. vom 30. Juli 1883 (GS S. 195).

[1] Zur Bewilligung einer Löschung im Grundbuch bedarf es außer der Unterschrift des Bürgermeisters oder seines Stellvertreters nicht noch der Unterschrift anderer Magistratsmitglieder (KGJ **33 A** 198).

[2] Zu diesen Veräußerungen gehören nicht Belastungen, insbesondere nicht die Belastung eines Erbbaurechts (KGJ **21 A** 129).

[3] § 50 Nr. 1 und § 51 (ebenso die entsprechenden Vorschriften der anderen Städteordnungen) sind — ausgenommen die Veräußerung von Gemeindewaldungen — durch Art. 2 Nr. 4 des Kriegsgesetzes zur Vereinfachung der Verwaltung vom 13. Mai 1918 (GS S. 53) i. V. mit dem Gesetz vom 3. Januar 1928 (GS S. 1) beseitigt (s. Vdg. vom 29. Dezember 1921, GS S. 1922 S. 10; Ges. vom 26. Oktober 1924, GS S. 669; vom 10. November 1925, GS S. 157).

Die Städteordnung für Westfalen vom 19. März 1856 (GS S. 237) und für die Rheinprovinz vom 15. Mai 1856 (GS S. 406) hat im wesentlichen dieselben Vorschriften[1]. Ähnliches gilt auch in Schleswig-Holstein nach der Städte- und Flecken-O vom 14. April 1869 (GS S. 589), in Frankfurt a. M. nach dem GemVrfG vom 25. März 1876 (GS S. 401), in Hessen-Nassau, außer Frankfurt a. M., nach der Städteordnung vom 4. August 1897 (GS S. 254) und der für einen Teil des Regierungsbezirks Wiesbaden geltenden Städteordnung vom 8. Juni 1891 (GS S. 107), in Hannover nach der Städteordnung vom 24. Juni 1858 (Hann. GS I S. 141). In Hohenzollern gilt die Gemeindeordnung vom 3. Juli 1900 (GS S. 189) auch für die Städte.

Städte, Landgemeinden, Bürgermeistereien, Ämter, Landkreise können zur Erfüllung einzelner kommunaler Aufgaben zu einem Zweckverband zusammengeschlossen werden. Der Zweckverband hat die Rechte einer öffentlichen Körperschaft, wenn diese sämtlichen Verbandsmitgliedern zustehen; anderenfalls können ihm diese Rechte durch das Staatsministerium verliehen werden. Vertreter des Zweckverbandes ist der Verbandsvorsteher; er ist öffentliche Behörde i. S. des § 29 GBO (s. RG vom 17. Februar 1927, Rspr S. 618). Zum Erwerbe von Grundstücken bedarf der Verband der Genehmigung der staatlichen Aufsichtsbehörde nicht, wenn im Rechtsgebiete des Zweckverbandes Land- und Stadtgemeinden Grundstücke ohne staatliche Genehmigung erwerben können (JFG **3** 286; diese Frage ist streitig). Im einzelnen s. Gesetz vom 19. Juli 1911 (GS S. 115).

Die städtischen Sparkassen[2], deren Vermögen der Gemeinde zusteht, werden durch den Magistrat, daneben mitunter auch statutengemäß durch ihre Vorstände vertreten. Sie besitzen in Preußen keine Rechtspersönlichkeit neben der Stadtgemeinde (RG **64** 400; **68** 280; KGJ **28** A 71); sie können nur gemäß § 4 AllgVfg im Grundbuch Erwähnung finden. Z. B.

Stadtgem. Lobau (Sparkasse der Stadt Lobau).

Der Magistrat ist zur Vertretung der Sparkasse auch dann berechtigt, wenn die Sparkasse nach ihrem Statut durch einen besonderen Vorstand vertreten wird, es sei denn, daß der Sparkasse juristische Persönlichkeit verliehen wäre (KGJ **34** A 224). Zur Legitimation der Vertreter einer Gemeindesparkasse, deren Vorstand nicht die Eigenschaft einer öffentlichen Behörde hat, im Grundbuchverkehr ist außer dem Nachweise der Bestellung der derzeitigen Vertreter auch der Nachweis des Inhalts des Statuts über deren Vertretungsmacht erforderlich. Der letztere Nachweis kann

---

[1] In der Rheinprovinz tritt an die Stelle des Magistrats der Bürgermeister. Das Grundbuchamt ist nicht befugt, von dem Beigeordneten einer rheinischen Stadt, der ihm als solcher bekannt ist, einen Nachweis darüber zu verlangen, daß er im besonderen Falle zur Vertretung des Bürgermeisters berechtigt ist (KGJ **33** A 194).

[2] S. Güthe Bd. II S. 1941 ff.

nicht nur durch Vorlegung des Statuts, sondern auch durch eine Bescheinigung der Aufsichtsbehörde geführt werden. Doch kann eine allgemeine Bescheinigung, die, ohne den Inhalt des Statuts erkennen zu lassen, dahin geht, daß gewisse Personen zur Vertretung der Kasse berechtigt seien, die Vorlegung des Statuts nicht ersetzen (KGJ **33** A 200).

Sind die von der Stadtgemeinde errichteten Sparkassen organisiert und mit selbständiger Verwaltung ausgestattet, so haben sie die Eigenschaften öffentlicher Behörden (KGJ **30** A 162). Dasselbe gilt für die selbständig organisierten Kreissparkassen. Außerdem steht im Geltungsgebiet des Sparkassenreglements vom 12. Dezember 1838 (GS 1839, S. 5) den organisierten Vorständen der Gemeindesparkassen die Behördeneigenschaft zu (KGJ **30** A 162; **42** 1). Über den Begriff der öffentlichen Sparkassen s. RG **117** 259.

Soweit die Sparkasse öffentliche Behörde ist, bedürfen die Unterschriften ihrer Vertreter keiner Beglaubigung (vgl. Art. 9 AGGBO; KGJ **21** A 101). Juristische Persönlichkeit haben auch die Sparkassen, die öffentliche Behörden sind, ohne besondere Verleihung nicht (KGJ **28** A 71; **34** A 224; RG **64** 401; **68** 280). Die von einer Landgemeinde errichteten Gemeindesparkassen haben keinen öffentlichen Behördencharakter, sondern werden von der gesetzlichen Gemeindevertretung verwaltet (KGJ **26** A 254; **33** A 200; **38** A 200)[1] [2].

§ 147. Die Landgemeinden[3].

Nach der für die sieben östlichen Provinzen geltenden Landgemeindeordnung vom 3. Juli 1891 (GS S. 233), ausgedehnt auf Schleswig-Holstein durch Gesetz vom 4. Juli 1892 (GS S. 147), wird die Gemeinde durch den Gemeindevorsteher vertreten. §§ 74, 88 a. a. O. Er kann z. B. für die Landgemeinde eine Auflassung entgegennehmen (KGJ **46** 171ff.). Rechtsgeschäftliche Urkunden und Vollmachten müssen unter Anführung des betreffenden Gemeindebeschlusses und der etwa erforderlichen Genehmigung der zuständigen Aufsichtsbehörde im Namen der Gemeinde von dem Gemeindevorsteher und einem der Schöffen unterschrieben und mit dem Gemeindesiegel versehen sein. § 88 Nr. 7 a. a. O. Über die zwingende Natur dieser Vorschrift vgl. RG **54** 408; **67** 269; **68** 407; **73** 205; **82** 8.

---

[1] Der Vorstand der Sparkasse eines Sparkassenverbandes in Schleswig-Holstein hat — auch gegenüber dem preuß. Zweckverbandsgesetz vom 19. Juli 1911 — nicht die Eigenschaft einer öffentlichen Behörde (KGJ **43** 174). Dies gilt auch dann, wenn dem Sparkassenverbande die Rechte einer öffentlichen Körperschaft verliehen sind (KGJ **38** A 200).

[2] Der Verbandsvorsteher eines zu einem kommunalen Bankbetriebe von mehreren Kreisen gegründeten Zweckverbandes ist öffentliche Behörde (JFG **4** 262).

[3] Über die Auflösung der selbständigen Gutsbezirke s. § 11 ff. des Gesetzes vom 27. Dezember 1927 (GS S. 211).

Der Genehmigung des Kreisausschusses bedarf die Landgemeinde zur Veräußerung (nicht auch zur Belastung) von Grundstücken und Gerechtigkeiten. § 114 a. a. O. Zum Erwerbe von Grundstücken bedarf die Landgemeinde der Genehmigung der Aufsichtsbehörde nicht. JFG **3** 287. Zum Nachweise, daß von einer Gemeinde bei der Veräußerung von Grundstücken oder Gerechtigkeiten die den Gemeinden vorgeschriebenen Formen beobachtet sind, genügt eine Bescheinigung des Landrats als Vorsitzenden des Kreisausschusses (§ 88 Nr. 7 Abs. 3 LGO). Sollen Sachen von wissenschaftlichem, historischem oder Kunstwert veräußert oder wesentlich verändert werden, so bedarf es der Genehmigung des Regierungspräsidenten. § 114 LGO, § 30 ZustG vom 1. August 1883 (GS S. 237).

Mehrere Landgemeinden bilden einen Amtsbezirk, der durch den Amtsvorsteher vertreten wird. Urkunden werden von dem Amtsvorsteher und mindestens einem Mitgliede des Amtsausschusses vollzogen. Die Veräußerung von Grundstücken und Rechten an solchen bedarf der Bestätigung des Kreisausschusses (s. S. 356 vor § 146).

Wegen der Zweckverbände s. S. 358 Abs. 2.

Ähnliche Bestimmungen gelten nach den Landgemeindeordnungen für Hessen-Nassau vom 4. August 1897 (GS S. 301)[1] und Hohenzollern vom 3. Juli 1900 (GS S. 189).

Nach der Landgemeindeordnung für Westfalen vom 19. März 1856 (GS S. 265) vertritt der Gemeindevorsteher die Gemeinde. Zur Veräußerung von Grundstücken ist die Genehmigung des Kreisausschusses erforderlich. Zur Erwerbung von Grundstücken und von solchen gesetzlich gleichstehenden Gerechtsamen ist nach § 53 der LGO und Art. 7 § 1 Abs. 1 AGBGB die staatliche Genehmigung erforderlich, wenn die Grundstücke einen Wert von mehr als 5000 RM. haben. Zur Veräußerung oder wesentlichen Veränderung von Sachen, die einen besonderen wissenschaftlichen, historischen oder Kunstwert haben, bedarf es der Genehmigung des Regierungspräsidenten. Für die Grundbuchbehörde genügt zum Nachweise, daß diesen Vorschriften genügt worden, die Bestätigung des Vertrages durch den Kreisausschuß oder Regierungspräsidenten. § 53 a. a. O. §§ 30, 31 ZustG vom 1. August 1883. Urkunden, durch die die Gemeinde verpflichtet werden soll, müssen von dem Bürgermeister und von dem Gemeindevorsteher und wenn der Bürgermeister zugleich Gemeindevorsteher ist, statt des letzteren von dem Stellvertreter vollzogen werden. Die etwa erforderliche Genehmigung der Aufsichtsbehörde ist n beglaubigter Form beizufügen.

---

[1] Die in der Provinz Hessen-Nassau für die Veräußerung von Gemeindegrundstücken erforderliche Genehmigung des Kreisausschusses kann auch durch den Vorsitzenden des Kreisausschusses allein wirksam erteilt werden. Die Urkunde über diese Genehmigung des Vorsitzenden bedarf für den Grundbuchverkehr der Beidrückung des Siegels des Landrats (KGJ **38** A 239).

Mehrere Gemeinden bilden ein Amt. Dieses wird durch die Amtsversammlung, deren Vorsitzender der Bürgermeister ist, vertreten. Wegen der Veräußerung und Erwerbung von Grundstücken gilt dasselbe wie bei den Gemeinden. Urkunden, die das Amt verpflichten, müssen vom Bürgermeister und dessen Beigeordneten oder statt des letzteren von einem Mitgliede der Amtsversammlung vollzogen werden. §§ 75, 76 a. a. O.

Für die Rheinprovinz gilt die GO vom 23. Juli 1845 (GS S. 523), ergänzt durch Gesetz vom 15. Mai 1856 (GS S. 435). Die rheinischen Landgemeinden werden vom Gemeinderat (Schöffenrat) oder Bürgermeister und Gemeindevorsteher vertreten. Urkunden sind vom Bürgermeister und dem Vorsteher zu unterzeichnen. Zur Veräußerung und zum Erwerbe von Grundstücken bedarf die Gemeinde der Genehmigung des Kreisausschusses, zum Erwerbe von Grundstücken indes nur bei einem Werte von mehr als 5000 RM. (KGJ **27** A 273). Vdg. 2. Juli 26 (GS 193). Mehrere Gemeinden bilden eine Bürgermeisterei, die nach § 2 des Gesetzes über die Regelung verschiedener Punkte des Gemeindeverfassungsrechts vom 27. Dezember 1927 (GS S. 211) die Bezeichnung „Amt" führt. Die rheinischen Landbürgermeistereien sind gleich den Landgemeinden vermögensfähig. Die Urkunden sind vom Bürgermeister (Stellvertreter) und zwei Mitgliedern der Bürgermeisterversammlung zu unterzeichnen. Zur Veräußerung von Grundstücken bedarf es der Genehmigung des Kreisausschusses. Für gemeinschaftliche Angelegenheiten mehrerer Bürgermeistereien ist in der aus allen Bürgermeistereivertretern der beteiligten Bürgermeistereien gebildeten Versammlung ein einheitliches Organ geschaffen, das nicht nur zu beraten, sondern bindende Beschlüsse zu fassen hat. Dieser Verwaltungskörper stellt aber eine privatrechtsfähige juristische Person nicht dar (KGJ **28** A 76).

In Hannover vertritt nach dem Landgemeindegesetz vom 28. April 1859 (HannovGS I S. 393), abgeändert durch Gesetz vom 17. März 1911 (GS S. 25), der Vorsteher die Gemeinde. Die Gemeindeversammlung hat mitzuwirken bei Veränderungen im Bestande des Gemeindevermögens und bei Anleihen auf den Kredit der Gemeinde. Verkäufe unter der Hand dürfen nur auf Grund von Beschlüssen der Gemeindeversammlungen vorgenommen werden. § 41 Nr. 4 bis 6 a. a. O. Die Beschlüsse der Gemeindeversammlungen bedürfen zu ihrer Gültigkeit der Bestätigung des Kreisausschusses bei freiwilligen Veräußerungen, wodurch der Bestand des Gemeindevermögens verändert wird, bei Anleihen auf den Kredit der Gemeinden und bei Übernahme bleibender Lasten. § 42 Nr. 4 bis 6 a. a. O.; § 31 ZustG. Handelt es sich um Veräußerung von Sachen, die einen besonderen wissenschaftlichen, historischen oder Kunstwert haben, so ist die Genehmigung des Regierungspräsidenten erforderlich. § 30 ZustG. Die Urkunden der Gemeinde, insbesondere Vollmachten, sind von dem Gemeindevorsteher und dem oder den Beigeordneten zu unterschreiben und vom Landrat zu beglaubigen.

Ist eine Landgemeinde rechtskräftig zur Abgabe einer Auflassungserklärung verurteilt worden, so erfolgt die Eigentumsumschreibung auf den Antrag des obsiegenden Klägers. Von dem Nachweise der Genehmigung des Kreisausschusses darf das Grundbuchamt die Eigentumsumschreibung nicht abhängig machen (KGJ **31** A 293).

C. Religionsgesellschaften, Schulen, Juristische Personen.

§ 148. Die evangelischen Landeskirchen.

Die Vertretung der Kirchengemeinden und die Verwaltung des Kirchenvermögens ist geregelt in den Kirchenverfassungen der evangelischen Landeskirchen, nämlich der evangelischen Kirche der altpreußischen Union, der evangelisch-lutherischen Landeskirche Hannovers, der evangelisch-lutherischen Landeskirche Schleswig-Holsteins, der evangelischen Landeskirche in Hessen-Kassel, der evangelischen Landeskirche in Nassau, der evangelisch-reformierten Landeskirche der Provinz Hannover, der evangelischen Landeskirche Frankfurt a. M.

Nach Art. 6 Z. 1 und 5 des Staatsgesetzes betr. die Kirchenverfassungen der evangelischen Landeskirchen vom 8. April 1924 (GS S. 221) bedürfen der Genehmigung der Staatsbehörde Beschlüsse der kirchlichen Organe über Veräußerung von Gegenständen, die einen geschichtlichen, wissenschaftlichen oder Kunstwert haben, ferner Beschlüsse über Verwendung des kirchlichen Vermögens zu anderen als den bestimmungsmäßigen Zwecken. Die Erteilung der Genehmigung steht nach § 1 der Vdg vom 4. August 1924 (GS S. 594) dem Minister für Wissenschaft, Kunst und Volksbildung, in gewissen Fällen des § 6 Nr. 5 dem Oberpräsidenten oder Regierungspräsidenten zu.

Die Kirche, ihre Provinzial- und Kreissynodalverbände, ihre Gemeinden und Gemeindeverbände sind Körperschaften des öffentlichen Rechts (vgl. RG **114** 220). Als juristische Personen unterliegen sie auch den Erwerbsbeschränkungen des Art. 7 AGBGB (a. A. Güthe Bd. II S. 1790 und 1880 u. Giese JW **26** 1479) in V. mit der 2. Vdg zur Durchführung des Münzgesetzes vom 12. Dezember 1924 (RGBl I S. 775) und § 3 der pr. Vdg vom 2. Juli 1926 (GS S. 192). KG in JurRdsch **26** Rspr Nr. 943 u. 2137. Sie bedürfen also für den Erwerb von Grundstücken im Werte von mehr als 5000 RM. der Genehmigung des Regierungspräsidenten (in Berlin des Polizeipräsidenten). Die Genehmigung ist jedoch dem Minister für Wissenschaft, Kunst und Volksbildung vorbehalten:

a) soweit es sich handelt um den Erwerb durch die evangelischen Landeskirchen und die Kirchenprovinzen der altpreußischen Union, oder

b) soweit der Wert des zu erwerbenden Grundstücks den Betrag von 50000 RM. übersteigt.

Siehe Erlaß des Ministers für Wissenschaft usw. vom 8. Oktober 1925 G I 1331 und 1332 G II (abgedruckt JMBl S. 379) und vom 9. November 1925 G I 1967 G II (ZentrBl der Unterrichts-Verwaltung S. 347).

Handelt es sich um mehrere Grundstücke, so ist der gesamte, den Gegenstand eines einheitlichen Erwerbsaktes bildende Wert entscheidend. Beim Erwerbe mehrerer Grundstücke von verschiedenen Rechtsvorgängern findet keine Zusammenrechnung statt, auch wenn die Kaufverträge in eine Urkunde zusammengefaßt sind (KGJ **25** A 126). Zu beachten ist, daß der Kaufpreis und der gemeine Wert sich nicht immer decken; der Grundbuchrichter hat zu prüfen, ob die Kaufpreise dem gemeinen Werte der Grundstücke entsprechen; hält er dies nicht für dargetan, so hat er den Nachweis der Werte durch öffentliche Urkunden (Bescheinigungen) und, wenn die Taxen etwa der Summe von 5000 RM. nahekommen, im Zweifel auch eine Erklärung der Aufsichtsbehörde über die erteilte Genehmigung oder, daß die Genehmigung wegen Minderwerts nicht notwendig sei, zu fordern (KGJ **25** A 126).

Auch die Bestimmungen des bisher geltenden kirchlichen Rechts über die Genehmigung der kirchlichen Aufsichtsbehörde sind in Kraft geblieben (Art. 152 der Verfassung). Hiernach bedürfen die Beschlüsse der kirchlichen Organe zu ihrer Gültigkeit der Genehmigung der kirchenregimentlichen Organe bei dem Erwerbe, der Veräußerung oder dinglichen Belastung von Grundeigentum und ferner bei Verwendung des kirchlichen Vermögens zu anderen als den bestimmungsmäßigen Zwecken (mit gewissen Ausnahmen) (KGJ **21** A 303). Das Grundbuchamt kann einen besonderen Nachweis dafür, daß der Erlös für den Verkauf eines Pfarrgrundstücks dem bisherigen Zwecke wieder zugeführt wird, nicht verlangen, es sei denn, daß ein sicherer Anhalt für eine bestimmungswidrige Verwendung gegeben ist (KGJ **50** 142).

Wegen der Schenkungen und letztwilligen Zuwendungen s. Art. 6 AGBGB, KGJ **42** 188.

In der Kirche der altpreußischen Union wird die Kirchengemeinde in vermögensrechtlicher Beziehung durch den Gemeindekirchenrat vertreten. Zu jeder die Gemeinde verpflichtenden schriftlichen Willenserklärung des Gemeindekirchenrates bedarf es der Unterschrift des Vorsitzenden oder seines Stellvertreters und zweier Ältesten sowie der Beidrückung des Gemeindesiegels. Art. 35 Abs. 2 der Verfassungsurkunde für die evangelische Kirche der altpreußischen Union (GS S. 1924 S. 226). Anderenfalls liegt eine wirksame Erklärung nicht vor (RG **82** 9). Die vom Gemeindekirchenrat als einer öffentlichen Behörde (KGJ **33** A 190) ausgestellten Urkunden bedürfen keiner anderweiten amtlichen Beglaubigung. Die vorgeschriebene Form kann nicht dadurch ersetzt werden, daß der Vorsitzende oder sein Stellvertreter und zwei Älteste die Erklärung im Namen des Gemeindekirchenrats zu gerichtlichem oder notariellem Protokoll abgeben (KGJ **1** 102). Dagegen würde es zulässig sein, wenn sämtliche Mitglieder des Gemeindekirchenrats die betreffenden Erklärungen zu gerichtlichem oder notariellem Protokoll abgeben (KGJ **33** A 190); diese sehr umständliche Form wird regelmäßig dadurch vereinfacht, daß der Gemeindekirchenrat in öffentlicher Form eines seiner Mitglieder oder auch eine dritte Person, z. B. den Küster, zur Vornahme der betreffenden Handlung, z. B. der Auflassung, bevollmächtigt. Die Gültigkeit dieser Vollmacht wird nicht dadurch beeinträchtigt, daß das bevollmächtigte Mitglied die Urkunde mitvollzogen hat; auch seine Mitwirkung bei der Beschlußfassung über die Bevollmächtigung ist zulässig (KGJ **2** 71; **30** A 190).

Durch die Beobachtung dieser Formen wird die ordnungsmäßige Fassung des Beschlusses festgestellt, so daß es des Nachweises seiner einzelnen Erfordernisse, insbesondere der erfolgten Zustimmung der Gemeindevertretung, wo eine solche notwendig ist, nicht bedarf. Art. 35 a. a. O.

Der Kreissynodenverband (Kirchenkreis als Selbstverwaltungskörper) wird durch den Kreissynodalvorstand vertreten. Verpflichtende Urkunden und Vollmachten sind namens des Vorstandes von dem Vorsitzenden (Superintendenten) oder seinem Stellvertreter unter Beidrückung des Verbandssiegels zu vollziehen. Entsprechendes gilt in Ansehung des Provinzialkirchenrats, der den Provinzialsynodalverband (Kirchenprovinz als Selbstverwaltungskörper) vertritt. Vorsitzender des Provinzialkirchenrats ist der Präses der Provinzialsynode (Art. 73 Abs. 2 Nr. 7, Art. 76 Abs. 3, Art. 97 Abs. 4, Art. 98 Abs. 7). Bezüglich der Vertretung der Kirche durch den Evangelischen Oberkirchenrat s. Art. 135 a. a. O.

In gewissen Fällen bedarf es der Zustimmung des Patrons. Wenn dieser nämlich Patronatslasten für die kirchlichen Bedürfnisse trägt, so muß seine Genehmigung zu gewissen Geschäften, z. B. zur Einziehung und Ausleihung von Kirchenkapitalien, Aufnahme von Kapitalien für die Kirche, Veräußerung von Kirchengut (vgl. KGJ **48** 205), Anlegung eines Grundbuchblattes für das einer Patronatkirche gehörige Grundstück (KGJ **7** 299) eingeholt werden; §§ 629ff., 645, 647 II, 11 ALR. Die Zustimmung des Patrons zu Beschlüssen der kirchlichen Körperschaften gilt als erteilt, wenn er auf die abschriftliche Zustellung des betreffenden Beschlusses nicht binnen 30 Tagen nach dem Empfange dem Gemeindekirchenrat seinen Widerspruch zu erkennen gibt. Der etwaige Widerspruch des Patrons kann auf Rekurs des Gemeindekirchenrats vom Regierungspräsidenten verworfen und seine Einwilligung ergänzt werden. Kommt es für Urkunden auf formelle Zustellung der Zustimmung des Patrons an und ist die letztere wegen Verabsäumung der dem Patron offenstehenden Erklärungsfrist für erteilt zu erachten, so wird seine fehlende Unterschrift durch den Regierungspräsidenten (in Berlin den Polizeipräsidenten) ergänzt. Nach Art. 19 des Staatsgesetzes sind die bisherigen staatlichen Vorschriften über die Rechte des Patrons unberührt geblieben.

Für Westfalen und die Rheinprovinz ist Art. 161, 162 der Kirchenverfassung zu beachten. Vertreter der Kirchengemeinde ist — an Stelle des Gemeindekirchenrats — das Presbyterium.

Wegen der Hohenzollernschen Lande s. Art. 164 a. a. O.

Ähnliche Vorschriften, wie sie für die Kirche der altpreußischen Union bestehen, gelten für die evangelisch-lutherische Landeskirche Schleswig-Holsteins (s. §§ 33, 36, 45, 76 der betr. Kirchenverfassung, GS 1924 S. 321). Statt der Kirchenkreise bestehen Probsteien (§ 79), die Körperschaften des öffentlichen Rechts sind und durch den Synodalausschuß bzw. dessen Vorsitzenden (Propst) vertreten werden (§§ 94, 97). Im Kreise Herzogtum Lauenburg tritt an Stelle des Propstes der Landessuperintendent (§ 102). Die Landeskirche wird durch das Landeskirchenamt vertreten (§ 149).

In Hannover werden in der evangelisch-reformierten Landeskirche die in Betracht kommenden Körperschaften vertreten durch den Kirchenrat, Bezirkskirchenrat und Landeskirchenrat (§§ 27, 28, 30, 75, 97 der Kirchenverfassung, GS S. 423), in der evangelisch-lutherischen Landeskirche durch den Kirchenvorstand, Kreiskirchenvorstand und das Landeskirchenamt (Art. 25, 39, 88 der Verfassung, GS S. 1924 S. 271, i. V. mit § 34 der Kirchengemeindeordnung (GS 1924 S. 289), § 24 der Kirchenkreisordnung (GS 1924 S. 305). Ein selbständiger Bestandteil der Landeskirche ist das Kloster Loccum (Art. 40ff. der Verfassung, GS 1924 S. 277).

In der evangelischen Landeskirche Hessen-Cassel sind zu nennen: der Kirchenvorstand, der Kreiskirchenvorstand und das Landeskirchenamt (§§ 23, 27, 58, 59, 115, 117 der Verfassung, GS 1924, S. 352). Die gleichen Organe bestehen für die evangelische Landeskirche in Nassau (§§ 13, 24, 33, 89, 136 der Verfassung, GS 1924 S. 377). Die Organe der evangelischen Landeskirche Frankfurt a. M. sind der Kirchenvorstand, der Stadtsynodalvorstand und der Landeskirchenrat (§§ 28, 29, 33, 64, 112 der Verfassung, GS 1924 S. 447).

§ 149. Die katholische Kirche.

Maßgebend ist das Gesetz über die Verwaltung des katholischen Kirchenvermögens vom 24. Juli 1924 (GS S. 585).

1. Einzelgemeinden. Der Kirchenvorstand vertritt die Gemeinde und das Vermögen. Der Kirchenvorstand besteht aus dem Pfarrer und mehreren von der Gemeinde gewählten Kirchenvorstehern.

Zu jeder die Gemeinde und die von dem Kirchenvorstande vertretenen Vermögensmassen verpflichtenden Willenserklärung des Kirchenvorstandes bedarf es der Schriftform mit der Unterschrift des Vorsitzenden oder seines Stellvertreters und noch zweier Mitglieder des Kirchenvorstandes sowie der Beidrückung des Amtssiegels[1]. Hierdurch wird Dritten gegenüber die ordnungsmäßige Fassung des Beschlusses festgestellt, so daß es eines Nachweises seiner einzelnen Erfordernisse nicht bedarf. Von dem Patrone gilt dasselbe wie bei evangelischen Kirchengemeinden (vgl.

[1] Diese Vorschrift ist zwingend (RG 82 9).

§ 148). Die auf ihn bezgl. §§ 39, 40 des Gesetzes vom 20. Juni 1875 (GS S. 241) sind gemäß § 29 des Gesetzes vom 24. Juli 1924 aufrechterhalten. Beschlüsse des Kirchenvorstandes bedürfen der Genehmigung des Ministers für Wissenschaft, Kunst und Volksbildung bei Veräußerung von Gegenständen, die einen geschichtlichen wissenschaftlichen oder Kunstwert haben (§ 15 Nr. 1 und Vdg vom 24. Oktober 1924, GS S. 731).

Ferner bedarf es nach Art. 7 § 1 AGBGB zum Erwerbe von Grundstücken der Genehmigung der staatlichen Aufsichtsbehörde (des Regierungspräsidenten, in Berlin des Polizeipräsidenten, bei Werten über 50000 RM. des Ministers, s. § 148), wenn die Grundstücke einen Wert von mehr als 5000 RM. haben. Wegen der Schenkungen und letztwilligen Zuwendungen vgl. Art. 6 AGBGB und § 3 der Vdg vom 2. Juli 1926 (GS S. 192). KG in JurRdsch **26** Rspr Nr. 943; G vom 8. April 1924 (GS 201). Die Genehmigung der Aufsichtsbehörde ist auch dann erforderlich, wenn eine Genehmigung aus Art. 6 nicht in Frage kommt (KGJ **29** A 141).

2. Gemeindeverbände. Kirchengemeinden können zu einem Verbande zusammengeschlossen werden (§ 22). Die Bildung eines Gesamtverbandes und die Feststellung der ihm zu übertragenden Rechte und Pflichten erfolgt auf Anordnung der bischöflichen Behörde und bedarf der Zustimmung der Kirchenvorstände der beteiligten Kirchengemeinden sowie der Genehmigung der Staatsbehörde, also nach der Vdg vom 24. Oktober 1924 (GS 731) des Regierungspräsidenten (in Berlin Polizeipräsidenten). Der Gesamtverband wird durch einen Ausschuß der Verbandsvertretung vertreten. Urkunden über Rechtsgeschäfte, die den Gesamtverband gegen Dritte verpflichten sollen, insbesondere Vollmachten, müssen unter Anführung des betreffenden Beschlusses der Verbandsvertretung oder des Ausschusses von dem Vorsitzenden und zwei Mitgliedern des Ausschusses unterschrieben und mit dem Siegel des Verbandes versehen sein. Wegen der Genehmigung der staatlichen Aufsichtsbehörde gelten die Vorschriften des § 15.

Die Fälle, in denen zur Rechtsgültigkeit der Beschlüsse der Kirchenvorstände und Vertretungen der Gemeindeverbände die bischöfliche Genehmigung erforderlich ist, sind mitgeteilt in der Anordnung des Ministers für Wissenschaft usw. vom 20. Februar 1928 (GS S. 12). Es handelt sich dabei u. a. um Erwerb, Belastung, Veräußerung und Aufgabe des Eigentums, sowie Änderung, Veräußerung und Aufgabe von Rechten an Grundstücken.

3. Auf das Vermögen der bischöflichen Stühle[1], Bistümer, Kapitel und der unter Verwaltung kirchlicher Organe gestellten Anstalten und

[1] Der Bischof ist eine öffentliche Behörde; seine Urkunden bedürfen keiner Beglaubigung. Auch das Bistum ist eine juristische Person des öffentlichen Rechts (§ 1032 II 11 ALR; Bulle de salute animarum vom 16. Juli 1821, anerkannt durch KabO vom 23. August 1821 GS S. 113). Das gleiche gilt von den Domkapiteln und dem Kollegiatstift in Aachen. Zur Veräußerung und Verpfändung von unbeweglichen Sachen des Bistums bedarf der Bischof der Genehmigung des Domkapitels.

Stiftungen findet § 15 gleichfalls Anwendung (§ 28). Zum Erwerbe von Grundstücken über 5000 RM. durch die bischöflichen Stühle, Bistümer und Kapitel ist die ministerielle Genehmigung erforderlich (Erlaß vom 8. Oktober 1925, S. 312 des ZentrBl. f. d. UV.). § 3 Abs. 2 Vdg vom 2. Juli 1926 (GS 192); KG in JurRdsch **26** Rspr Nr. 943; G vom 8. April 1924 (GS 201). Wegen der Genehmigung der bischöflichen Behörde s. Anordnung vom 20. Februar 1928 (GS 12).

4. Bezüglich der Orden und ordensähnlichen Kongregationen vgl. KGJ **47** 129; **53** 113; RG **97** 122; **113** 125. Im Gebiet des rheinischen Rechts ist zur Veräußerung von Grundeigentum durch Orden und ordensähnliche Kongregationen die Genehmigung der staatlichen Aufsichtsbehörde nicht erforderlich. Auch im übrigen wird das Aufsichtsrecht des Staates zur Zeit in Preußen nicht mehr ausgeübt (KGJ **53** 113). Körperschaftsrechte konnten Orden früher nur durch Gesetz erlangen; nach Art. 137 Abs. 4 der Reichsverfassung ist Erlangung der Rechtsfähigkeit durch Eintragung im Vereinsregister möglich. Als juristische Personen unterliegen sie den Erwerbsbeschränkungen der Art. 6, 7 AGBGB.

§ 150. Die Synagogen-, Mennoniten-, Herrnhuter-, Altlutheraner-, Altkatholiken- und Baptistengemeinden.

Die Synagogengemeinden können nach dem Gesetz vom 27. Juni 1847 (GS S. 263) selbständig Vermögen erwerben. Der Vorstand vertritt die Gemeinde. Zur Aufnahme von Anleihen für die Gemeinde sowie zur freiwilligen Veräußerung von Grundstücken ist das Einverständnis des Vorstandes und der Repräsentantenversammlung sowie die Genehmigung des Regierungspräsidenten erforderlich; dasselbe gilt beim Erwerbe von Grundstücken, die einen Wert von mehr als 5000 RM. haben. Art. 7 § 1 Abs. 1 AGBGB und § 3 der Vdg vom 2. Juli 1926 (GS S. 192). Eine Sonderregelung enthalten die Artikel 15, 20, 35 der Satzung der „Israelitischen Religionsgesellschaft" in Frankfurt a. M. (GS 1928 S. 82 ff.).

Die Baptistengemeinden und Mennoniten haben Körperschaftsrechte, soweit sie ihnen durch gemeinschaftliche Verfügung der Minister der Justiz, des Innern und des Kultus verliehen sind. Vgl. Gesetze vom 12. Juni 1874 und 7. Juli 1875 (GS 74 S. 238, 75 S. 374).

Das gleiche gilt von den Altlutheranern (Generalkonzession vom 23. Juli 1845, GS S. 516, Art. I des Ges. vom 23. Mai 1908, GS S. 155)[1].

Die Altkatholiken haben die Eigenschaft öffentlicher privilegierter Körperschaften nach dem Ges. vom 4. Juli 1875, GS S. 333.

Die Religionsgesellschaften der böhmischen und der Herrnhuter Brüdergemeinden haben juristische Persönlichkeit. Generalkonzess. vom 15. Dezember 1742, 7. Mai 1746 und 18. Juli 1763 sowie Konfirmation

[1] Ob die konzessionierten Kirchengemeinden der Altlutheraner Körperschaften des öffentlichen Rechts sind, ist zweifelhaft.

vom 10. April 1789. Sie werden durch einen Ältestenrat vertreten, der aber nicht die Eigenschaft einer öffentlichen Behörde hat (vgl. auch KGJ **28** 69). Zur Veräußerung von Grundeigentum ist staatliche Genehmigung erforderlich.

In Zukunft erwerben nach Art. 137 Abs. 4 der Reichsverfassung vom 11. August 1919 (RGBl S. 1383ff.) Religionsgesellschaften die Rechtsfähigkeit nach den Allgemeinen Vorschriften des bürgerlichen Rechts. Der Vorbehalt des Art. 84 EGBGB erscheint hiernach beseitigt, so daß ein Landesgesetz weder erforderlich noch geeignet ist, fortan einer Religionsgesellschaft die Rechtsfähigkeit zu verleihen. Unberührt bleibt jedoch die Verleihung der Rechte einer Körperschaft des öffentlichen Rechts. Z. B. ist die „Israelitische Religionsgesellschaft" in Frankfurt a. M. durch Gesetz vom 16. April 1928 (GS S. 81) als Körperschaft des öffentlichen Rechts anerkannt worden.

§ 151. Die Schulen.

Zu unterscheiden sind „Volksschulen", „gelehrte Schulen und Gymnasien" und „Universitäten".

1. Die Errichtung und Unterhaltung öffentlicher Volksschulen liegt nach dem Volksschulunterhaltungsgesetz vom 28. Juli 1906 (GS S. 335), abgeändert durch Gesetz vom 18. April 1928 (GS S. 88)[1], den bürgerlichen Gemeinden ob[2]. Gemeinden bilden entweder einen eigenen Schulverband oder werden zu einem Gesamtschulverband vereinigt.

Die Schulen treten hiernach nicht selbständig im Rechtsleben in die Erscheinung; vielmehr tritt die Land- oder Stadtgemeinde für sie auf, als deren Veranstaltungen sie erscheinen.

Gesamtschulverbände haben die Rechte der Körperschaften des öffentlichen Rechts; sie werden durch den Schulvorstand und Verbandsvorsteher vertreten (§ 46, 49 des Ges.). Der Verbandsvorsteher ist eine öffentliche Behörde. Eine Erklärung dieses Vorstehers muß daher dem Grundbuchamt genügen, auch ohne daß der Unterzeichner der Erklärung sich durch eine Bescheinigung der Schulaufsichtsbehörde als der Verbandsvorsteher ausweist (KGJ **43** 179).

Die vor dem Inkrafttreten des Gesetzes vom 28. Juli 1906 bestehenden, mit besonderen Körperschaftsrechten versehenen Schulen, auch Schulgemeinden genannt, sind beseitigt. Ihr Vermögen ist als Ganzes auf den Schulverband übergegangen (§ 24 a. a. O.)[3].

---

[1] Hinsichtlich des früheren Rechtszustandes vgl. RG **58** 62; **74** 57; KGJ **11** 120; **14** 109; **26 A** 85; **27 A** 244; **31 A** 306.

[2] Für die Stadtgemeinde Groß-Berlin sind ferner die §§ 42ff. des Gesetzes über die Bildung einer neuen Stadtgemeinde Berlin vom 27. April 1920 (GS S. 123) zu beachten.

[3] Im Gebiete der Schulordnung für die Elementarschulen der Provinz Preußen vom 11. Dezember 1845 (GS 1846 S. 1), abgeändert durch Gesetz vom 21. Juli 1926 (GS S. 221), ist bei Elementarschulen auf dem Lande die „Schule", nicht

Die rechtliche Stellung der Schulaufsichtsbehörde, wie sie durch die Instr. vom 23. Oktober 1817 (GS S. 248) begründet war, ist grundsätzlich aufrechterhalten (KGJ **42** 184). Zum Erwerbe von Grundstücken im Werte von über 5000 RM. sowie zur Veräußerung und Belastung von Grundstücken bedarf es der Genehmigung der Regierung und des Patrons (vgl. §§ 194, 219ff. II 11 ALR).

Ein allgemeines Antragsrecht hat die Aufsichtsbehörde nicht. Die Beschwerde steht ihr nur insoweit zu, als durch die angefochtene Entscheidung ihr Aufsichtsrecht beeinträchtigt ist (KGJ **42** 144ff.).

2. Die gelehrten Schulen und Gymnasien haben nach § 54 II, 12 ALR „die äußeren Rechte" einer Körperschaft[1]. Sie werden vom Provinzialschulkollegium vertreten (Instr. vom 23. Oktober 1817, GS S. 237; KabO vom 31. Dezember 1825, GS 1826 S. 5). Das Provinzialschulkollegium ist Vertreter des Fiskus auch für die im Staatseigentum stehenden Gymnasialgrundstücke in Hannover, Schleswig-Holstein und Hessen-Nassau (RG **71** 229).

3. Die Universitäten sind privilegierte Körperschaften; ihre Vertretung bestimmt sich nach den Universitätsstatuten. Sie unterstehen der Aufsicht des Ministers für Wissenschaft, Kunst und Volksbildung; vgl. § 67 II, 12 ALR.

§ 152. Die Vereine und Stiftungen. Die Freimaurerlogen.

I. a) Die in das Vereinsregister des zuständigen Amtsgerichts eingetragenen Vereine (§ 21 BGB) werden durch den Vorstand vertreten. — Der Vorstand kann aus einer oder mehreren Personen bestehen. § 26 BGB. Besteht er aus mehreren Personen, so müssen diese sämtlich die erforderlichen Erklärungen abgeben. Einzelne Vorstandsmitglieder bedürfen zur Vertretung des Vereins einer besonderen Vollmacht. Der Nachweis der Eintragung des Vereins in das Vereinsregister sowie der Nachweis, daß der Vorstand aus den im Register eingetragenen Personen besteht, wird dem Grundbuchrichter gegenüber durch ein Zeugnis des Amtsgerichts über die Eintragung geführt. § 69 BGB. Das Zeugnis muß neuesten Datums sein. — Durch die Satzung kann bestimmt werden, daß neben dem Vorstand für gewisse Geschäfte, z. B. für alle den Verein

---

die „Schulgemeinde" Träger der selbständigen Rechtspersönlichkeit und Inhaber des Schulvermögens (KGJ **27** A 244; RG **58** 61; **74** 457). Sie werden durch einen besonderen Schulvorstand vertreten (RG **58** 61).

Diese Regelung ist nach § 70 des Volksschulunterhaltungsgesetzes für die bei Preußen verbliebenen Restteile der früheren Provinz Westpreußen und Posen in Geltung geblieben.

[1] Desgleichen haben Rechtspersönlichkeit die höheren Schulen, die z. Z. des ALR noch nicht bestanden oder diesem als höhere Schulen fremd waren. Dasselbe muß für die Staatlichen Bildungsanstalten gelten. Bezüglich der Rheinprovinz s. jedoch JW 1906 S. 427, bezüglich Hannover RG **71** 229.

betreffenden Grundbuchangelegenheiten, besondere Vertreter zu bestellen sind. § 30 BGB. Ist dies geschehen, so werden die Rechte des Vereins durch diese besonderen Vertreter wahrgenommen. Diese weisen sich aus durch den Auszug aus dem Register, ausweislich dessen der Verein eingetragen ist, durch die Satzung und den Beschluß der Mitgliederversammlung.

Durch die Eröffnung des Konkurses verliert der Verein die Rechtsfähigkeit, § 42 BGB. Über die Entziehung der Rechtsfähigkeit in gewissen Fällen vgl. §§ 43ff. BGB.

Nach eingetretener Liquidation wird der Verein durch die Liquidatoren vertreten, die nicht notwendig aus denselben Personen wie der Vorstand bestehen müssen, wenn auch in der Regel die Liquidation durch den Vorstand erfolgt. § 48 BGB.

b) Die Vereine, denen Rechtsfähigkeit durch staatliche Verleihung[1] zugesprochen ist (§ 22 BGB), werden ebenfalls durch den Vorstand vertreten. Dem Grundbuchrichter werden die Verleihungsurkunde und der Beschluß der Mitgliederversammlung, durch den der Vorstand bestellt ist, vorzulegen sein.

c) Vereine, die nicht rechtsfähig sind, gelten als Gesellschaften und können als solche weder vor dem Grundbuchrichter vertreten noch in das Grundbuch eingetragen werden. Es müssen also die sämtlichen Mitglieder der Gesellschaft die erforderlichen Erklärungen abgeben; in der Regel werden sie ein Mitglied zur Abgabe bevollmächtigen. Eine solche Gesellschaft kann in das Grundbuch nicht eingetragen werden; vielmehr werden die sämtlichen Mitglieder dergestalt eingetragen, daß das Gesellschaftsverhältnis bezeichnet wird. §48 GBO. RG in JFG **3** 3. Die hierdurch sich ergebenden Weiterungen und Unbequemlichkeiten (man denke nur an das Ausscheiden oder Todesfälle einzelner Mitglieder) vermeidet man öfter dadurch, daß nur ein Mitglied eingetragen wird, daß aber diese Eintragung trotzdem, zwar nicht nach außen erkennbar und wirksam, wohl aber nach innen als für die Gesellschaft erfolgt gelten soll; man wird natürlich in solchen Fällen nur ein solches Mitglied eintragen lassen, dem man unbedingtes Vertrauen entgegenbringt.

Über Berichtigung des Grundbuchs bei der Eintragung von Hypotheken usw. für nicht rechtsfähige Vereine s. JFG 3 1ff. und oben § 67 Ziff. 12.

II. Ähnliche Vorschriften wie für die Vereine gelten für rechtsfähige Stiftungen (§§ 80ff. BGB). Auch sie werden im Grundbuchverkehr durch den Vorstand vertreten. § 86 BGB[2]. Vorzulegen sind das Stiftungsgeschäft und die behördliche Genehmigungsurkunde.

---

[1] In Preußen erfolgt die Verleihung durch den Minister des Innern. Art. 1 Pr. Vdg vom 16. November 1899 (GS S. 562); MinErl vom 25. November 1899 (VMBl S. 230).

[2] Eine von der Stadt verwaltete Stiftung hat nur, wenn sie gemäß § 80 BGB besonders genehmigt ist, Rechtspersönlichkeit neben der Stadtgemeinde. Wegen

Zum Erwerbe von Grundstücken im Werte von mehr als 5000 RM. bedürfen die Vereine und Stiftungen, die in Preußen ihren Sitz haben, der Genehmigung der staatlichen Aufsichtsbehörde. Die Vereine und Stiftungen, die in einem anderen Bundesstaat ihren Sitz haben, bedürfen in denselben Fällen der Genehmigung des Regierungspräsidenten, in Berlin des Polizeipräsidenten. Würde die juristische Person, wenn sie am Orte des zu erwerbenden Grundstücks ihren Sitz hätte, nach den bestehenden allgemeinen Bestimmungen einer anderen staatlichen Aufsichtsbehörde als dem Regierungs-(Polizei-)Präsidenten unterstehen, so ist diese andere Behörde für die Genehmigung zuständig. In allen Fällen ist für die örtliche Zuständigkeit die Lage des Grundstücks maßgebend. Der gleichen Genehmigung bedürfen ausländische Vereine und Stiftungen zum Erwerbe von Grundstücken ohne Rücksicht auf den Wert. Art. 7 §§ 1, 2 AGBGB in Verbindung mit § 1 der zweiten Verordnung zur Durchführung des Münzgesetzes vom 12. Dezember 1924 (RGBl I S. 775), § 3 Abs. 2 Vdg. vom 2. Juli 1926 (GS S. 192), sowie Verordnung der Preußischen Staatsregierung vom 25. März 1920 (GS S. 85). Wegen der Familienstiftungen vgl. Art. 1, 2, 6 § 4 und 7 § 1 Abs. 2 AGBGB.

III. Die Freimaurerlogen, die Körperschaftsrechte haben (z. B. die drei Mutterlogen: Zu den drei Weltkugeln, die Große Landesloge und die Royal York de l'Amitié), werden meist satzungsgemäß durch Repräsentanten vertreten, die sich durch die von der Polizeibehörde ausgestellten Urkunden dem Grundbuchrichter gegenüber ausweisen. Zur Veräußerung und Verpfändung von Grundstücken ist die Genehmigung des Ministers des Innern erforderlich. Zum Erwerbe von Grundstücken ist diese Genehmigung nur nach Maßgabe des Art. 7 AGBGB erforderlich.

§ 153. Die Innungen, Versicherungsträger, Gewerkschaften.

1. Die Innungen (§ 81ff. der GewO in der Fassung der Bekanntmachung vom 26. Juli 1900, RGBl S. 871) sind Korporationen des öffentlichen Rechts. — Grundstücksgeschäfte erfordern einen Beschluß der Innungsversammlung und die Genehmigung der Aufsichtsbehörde. Für den Erwerb von Grundstücken gilt ferner Art. 7 AGBGB. Der Vorstand der Innung weist sich durch ein Attest der Aufsichtsbehörde (in Preußen die Gemeindebehörde in Städten über 10000 Einwohnern, sonst der Landrat) aus. §§ 92b, 96 der GewO.

Die Innungsverbände, die durch mehrere, nicht derselben Aufsichtsbehörde unterstehende Innungen gebildet werden können, werden, soweit ihnen juristische Persönlichkeit verliehen ist, durch den Vorstand ver-

der Zuständigkeit für die staatliche Genehmigung einer Grundstücksveräußerung durch eine Hospitalstiftung s. KGJ **44** 203. Nach den in der Rheinprovinz geltenden Vorschriften bedürfen Stiftungen zur Belastung von Grundstücken der Genehmigung der Bezirksregierung (KGJ **39** A 310, OLG Köln).

treten, der sich durch eine Bescheinigung der höheren Verwaltungsbehörde, in deren Bezirk der Vorstand seinen Sitz hat, legitimieren muß. § 104ff. GewO.

2. Die Orts-, Land-, Betriebs- und Innungskrankenkassen werden von dem Vorstande vertreten. Dieser weist sich durch ein Attest der Aufsichtsbehörde aus. Einer Genehmigung der Aufsichtsbehörde bedürfen diese Kassen für jeden eine Vermögensanlage darstellenden Grundstückserwerb (s. unten Nr. 4). § 5 und § 226ff. RVO. Beschränkungen des Umfangs der Vertretungsmacht können sich nur aus dem Gesetze oder aus der Satzung ergeben (§ 5 a. a. O.). Über Krankenkassenverbände s. §§ 406ff. RVO.

3. Die eingeschriebenen Hilfskassen werden durch den Vorstand vertreten. Dieser weist sich dem Grundbuchrichter gegenüber durch ein Zeugnis des Gemeindevorstandes aus. Die Befugnis des Vorstandes zur Vornahme von Rechtshandlungen wird durch das dem Grundbuchrichter ebenfalls vorzulegende Statut dargetan. RG vom 7. April 1876; vgl. auch Abänderungsgesetz vom 1. Juni 1884 (RGBl 1876 S. 125 und 1884 S. 54). Nach dem Ges. vom 20. Dezember 1911 (RGBl S. 985), sog. Aufhebungs-Ges., ist das Hilfskassengesetz aufgehoben worden und finden seit dem 1. Juni 1912 (RGBl S. 309) auf die eingeschriebenen Hilfskassen die Bestimmungen des Gesetzes über die privaten Versicherungsunternehmungen vom 12. Mai 1901 (RGBl S. 139) Anwendung (vgl. die Vorbemerkung S. 377).

4. Die Berufsgenossenschaften als Träger der Unfallversicherung, desgl. die Versicherungsanstalten als Träger der Invalidenversicherung werden durch ihren Vorstand vertreten (§§ 685, 975, 1146, 1342 RVO). Zum Erwerbe von Grundstücken über einen vom RArbM festgesetzten Kaufpreis hinaus bedarf der Vorstand der Genehmigung der Aufsichtsbehörde. Die Berufsgenossenschaften sind keine öffentlichen Behörden, wohl aber die Landesversicherungsanstalten nach § 1343 RVO. Bisher hat der RArbM noch keine Freigrenze festgesetzt, so daß zur Zeit jeder Grunderwerb aller auf der RVO beruhenden Versicherungsträger, also aller Zwangskrankenkassen, Berufsgenossenschaften und Landesversicherungsanstalten der Genehmigung bedarf. RJM 28. April 1925 (Arbeiterverf. **25** 367); a. M. JFG **4** 320 (KG). Die Genehmigung ist aber jedenfalls nötig, wenn der Erwerb mit eigenen Mitteln des Versicherungsträgers erfolgt, ohne Rücksicht auf den mit dem Erwerbe verfolgten Zweck. JFG **4** 315ff. (KG). Dagegen ist nach KG a. a. O. die Genehmigung insoweit nicht nötig, als der Erwerb keine Vermögensanlage darstellt. Jeder Grundstückserwerb mit eigenen Mitteln des Versicherungsträgers ist als Vermögensanlage anzusehen. Die Genehmigung der Aufsichtsbehörde ist dem Grundbuchrichter nachzuweisen. Die von der Berufsgenossenschaft durch die Heberolle festgesetzten Beiträge, Prämien und Vorschüsse werden durch

die Gemeindekasse beigetrieben. Letztere hat daher auch um die Eintragung einer Zwangshypothek zu ersuchen (KGJ **39** A 258; **41** 253).

5. Rechtsfähig ist auch die Reichsknappschaft. Sie wird durch ihren Vorstand vertreten, der sich durch eine Bescheinigung des Reichsarbeitsministers ausweist. Für den Grundstückserwerb gilt das zu 4. Gesagte (s. auch § 109 des RKnappschaftsG). Die Bezirksknappschaften und die besonderen Krankenkassen, die innerhalb der Bezirksknappschaften errichtet werden können, haben keine Rechtspersönlichkeit; es sind lediglich örtliche Verwaltungsstellen (JFG **4** 315). Das Nähere ergeben die §§ 1 ff. des Reichsknappschaftgesetzes vom 23. Juni 1923, mit Einf.-Gesetz vom gleichen Tage (RGBl I S. 431, 454, 466), in der Fassung der Bekanntmachung vom 13. Juli 1926 (RGBl I S. 369). Nach Art. 8 des Einf.-Gesetzes haben die landesrechtlichen Knappschaftsvereine, Knappschaftskassen und -Krankenkassen sowie der knappschaftliche Rückversicherungsverband zu Berlin-Charlottenburg mit dem 31. Dezember 1923 zu bestehen aufgehört. Ihr Vermögen wird von der bisher zur Aufsicht zuständigen Behörde (Oberbergamt oder dessen Kommissar) festgestellt und der Reichsknappschaft überwiesen. Auf Grund der so bestätigten Rechtsverhältnisse sind die erforderlichen Umschreibungen im Grundbuch frei von Steuern, Gebühren und Auslagen vorzunehmen.

6. Die Reichsversicherungsanstalt für Angestellte als Träger der Angestelltenversicherung besitzt Rechtsfähigkeit. Sie wird vertreten durch das Direktorium (§§ 94, 98 des Angestelltenversicherungsgesetzes in der Fassung vom 28. Mai 1924, RGBl I S. 563). Verpflichtende Urkunden bedürfen der Unterschrift zweier Mitglieder des Direktoriums (§ 10 der Geschäftsordnung vom 19. Juni 1920, S. 145 der amtlichen Nachrichten „Die Angestelltenversicherung").

7. Die Reichsanstalt für Arbeitsvermittlung und Arbeitslosenversicherung in Berlin (s. Gesetz vom 16. Juli 1927 RGBl I S. 187) ist eine Körperschaft des öffentlichen Rechts. Ihre Vertretung erfolgt durch den Vorstand, der die Stellung eines gesetzlichen Vertreters hat (s. §§ 12, 21, 41). Die §§ 231 ff. regeln den gesetzlichen Übergang von Grundstücken der Länder und Gemeinden (Gemeindeverbände), die dem Zweck des Arbeitsnachweises dienen, in das Eigentum der Reichsanstalt.

8. Die Gewerkschaften neuen Rechts, die nach dem Berggesetze vom 24. Juni 1865 errichtet sind, werden durch den Repräsentanten oder den Grubenvorstand vertreten (§ 117, 119 Bergges.), der in einzelnen Fällen einer besonderen Vollmacht der Gewerkenversammlung bedarf, z. B. bei Auflassung oder Belastung des Bergwerkeigentums (§§ 114, 120). Der Erwerb von Grundstücken erfordert keine staatliche Genehmigung; vielmehr ist § 96 des Bergges. maßgebend (KGJ **24** A 98; **26** A 106).

§ 154. Sonstige juristische Personen.

1. Eine mit den Rechten einer juristischen Person beliehene Versorgungsanstalt im Sinne des § 42 II 19 ALR bedarf zum Erwerb und zur Veräußerung von Landgütern und Häusern der Genehmigung der Ministerialinstanz (KGJ **37** A 268), zur Veräußerung einzelner Grundstücke und zur Verpfändung der Genehmigung der Regierung. Bezüglich des Grundstückserwerbs gilt ferner Art. 7 AGBGB. Das Vermögen der milden Stiftungen hat die Rechte der Kirchengüter (§ 43 II 19 ALR).

2. Eine unter der Verwaltung und Aufsicht katholisch-kirchlicher Organe stehende Wohltätigkeitsanstalt erlangt durch die staatliche Genehmigung ihrer Satzung die Rechte einer juristischen Person. Zum Erwerbe des nach Inhalt der Satzung für ihre Zwecke bestimmten Grundstücks bedarf die Anstalt einer weiteren Genehmigung seitens der Staatsregierung oder der staatlichen Aufsichtsbehörde nicht (KGJ **31** A 289). Nach den in der Rheinprovinz geltenden Vorschriften bedürfen Wohltätigkeitsanstalten und Stiftungen zur Veräußerung und Belastung von Grundstücken der Genehmigung der Bezirksregierung (KGJ **39** A 310 [OLG Köln]).

3. Ist eine juristische Person als Erbin eingesetzt, so bedarf es zur Auflassung eines Nachlaßgrundstücks durch den Testamentsvollstrecker weder der im Art. 6, 7 AGBGB vorgesehenen Genehmigung zum Erwerbe der Erbschaft bzw. des Grundstücks durch die juristische Person noch des Nachweises der Genehmigung der Aufsichtsbehörde zur Veräußerung des Grundstücks, die etwa sonst nach besonderen gesetzlichen Vorschriften für die juristische Person einzuholen ist (KGJ **40** 213).

4. Ist zu der Zeit, zu der eine Auflassung behufs Abwicklung der Geschäfte einer aufgelösten Korporation erfolgen soll, die alte Vertretung der Korporation nicht mehr vorhanden, so kann und muß eine neue Vertretung gebildet werden (KGJ **31** A 306).

5. Die Industrie- und Handelskammern und die Landwirtschaftskammern haben Körperschaftsrechte und werden durch den Vorsitzenden oder dessen Stellvertreter vertreten. Urkunden sind von ihm und einem Mitgliede des Vorstandes zu unterschreiben und zu untersiegeln. Zum Erwerbe von Grundstücken im Werte von mehr als 5000 RM. bedarf es der Genehmigung des Handelsministeriums bzw. des Landwirtschaftsministers (KGJ **40** 217). Vdg vom 2. Juli 1926 (GS 192) § 3 Abs. 2. Entsprechendes gilt von der Handwerkskammer (§ 103 GewO), der Ärzte-[1], Tierärzte-, Zahnärztekammer und Apothekerkammer.

6. Die Rentenbank in Berlin (s. Vdg vom 15. Oktober 1923 [RGBl I S. 963] in der Fassung der Vdg vom 13. Februar 1924 [RGBl I S. 66], Vdg vom 14. November 1923, RGBl I S. 1092, ferner AV vom 11. Dezember 1926, JMBl S. 423) hat die Eigenschaft einer juristischen Person

---

[1] Siehe §§ 3, 36 des Gesetzes vom 30. Dezember 1926 (GS S. 353).

des Privatrechts. Die Befugnis zu ihrer Vertretung und die Form für Willenserklärungen werden durch die Satzung geregelt. Der Nachweis der Vertretungsbefugnis wird durch ein mit dem Dienststempel versehenes Zeugnis des gemäß § 7 der Vdg vom 14. November 1923 bestellten Komissars der Reichsregierung geführt (§ 1ff. a. a. O.). Dem Grundbuchamt gegenüber hat die Deutsche Rentenbank Behördeneigenschaft. Nach § 4 der Vdg vom 14. November 1923 gelten ihre Ersuchen um Eintragung als Ersuchen im Sinne des § 39 GBO. Ordnungsmäßig unterschriebene und mit einem Abdruck des Dienststempels versehene Erklärungen und Ersuchen der Rentenbank bedürfen keiner weiteren Beglaubigung. Siehe auch S. 409.

7. Die Reichsbank hat durch das Bankgesetz vom 30. August 1924 (RGBl II S. 235), abgeändert durch Gesetz vom 8. Juli 1926 (RGBl II S. 355), eine Neuregelung erfahren. Sie ist eine juristische Person und wird vertreten durch das Reichsbankdirektorium. Erklärungen sind verbindlich, wenn sie von zwei Mitgliedern des Direktoriums oder ihren Stellvertretern abgegeben werden. Erklärungen der Reichsbankhauptstellen und Reichsbankstellen (nicht auch Reichsbank**neben**stellen) verpflichten die Reichsbank, wenn sie innerhalb des Geschäftskreises der Zweiganstalt von beiden Vorstandsmitgliedern oder ihren Vertretern abgegeben werden. Die Eigenschaft der Reichsbankhauptstellen und Reichsbankstellen als öffentliche Behörden, die bisher anerkannt war (KGJ **39** A 149), ist auch weiterhin anzunehmen (s. oben S. 103). Die gemäß § 8 bestellten Urkundsbeamten sind berechtigt, für das Reichsbank-Direktorium und die Vorstandsbeamten der Zweiganstalten Zeugnisse zur Legitimation im Rechtsverkehr auszustellen.

8. Die Deutsche Reichsbahngesellschaft beruht auf dem Gesetz vom 30. August 1924 (RGBl II S. 272)[1]. Sie ist eine juristische Person des öffentlichen Rechts und steht für den Grundbuchverkehr einer öffentlichen Behörde gleich. Von dem Vermögen der Gesellschaft ist das Reichseisenbahnvermögen zu unterscheiden. Letzteres ist Eigentum des Reiches. Erwirbt die Gesellschaft Grundstücke für Zwecke der Reichseisenbahnen, so fallen diese kraft Gesetzes in das Eigentum des Reiches (§ 6). Zunächst muß jedoch die Gesellschaft im Grundbuch als Eigentümerin eingetragen werden. Die Umschreibung auf das Reich vollzieht sich im Wege der Berichtigung des Grundbuchs. Die Gesellschaft kann über das Reichsbahnvermögen, insbesondere durch hypothekarische Belastung, verfügen. Über die kraft Gesetzes auf allen zum Reichseisenbahnvermögen und zum Gesellschaftsvermögen gehörigen Grundstücken ruhenden Reparationshypotheken s. § 4ff. des Reichsbahngesetzes. Diese Hypotheken sind Gesamthypotheken an allen Gesellschaftsgrundstücken und entstehen zugunsten

[1] Über das Wesen der Reichsbahngesellschaft s. RG vom 19. März 1926 (JW 1927 S. 708).

der Gläubiger der von der Gesellschaft ausgegebenen Schuldverschreibungen; sie sind erststellig und gehen allen bereits eingetragenen Hypotheken vor.

Die Satzung der Reichsbahngesellschaft ist im RGBl 1924 II S. 281 veröffentlicht. Über die Vertretung durch den Generaldirektor, die Mitglieder des Vorstands, etwaige Abteilungsleiter s. AV vom 27. Februar 1925 (JMBl S. 78).

9. Die evangelischen Domkapitel in Brandenburg, Naumburg, Merseburg und Zeitz haben Körperschaftsrechte.

10. Die Akademie der Künste in Berlin ist eine juristische Person, die durch den Präsidenten und den ersten ständigen Sekretär vertreten wird. Urkunden müssen von beiden vollzogen werden. Verfügungen über Grundstücke und Grundstücksrechte bedürfen der Genehmigung des Ministers für Wissenschaft, Kunst und Volksbildung.

Ähnliche Bestimmungen gelten für die Akademie der Wissenschaften in Berlin, die gleichfalls rechtsfähig ist.

11. Deichverbände (§ 294ff. des Wassergesetzes vom 7. April 1913, GS S. 53), Wassergenossenschaften (§ 205ff. des Wassergesetzes), Fischereigenossenschaften (§§ 35, 48 des Fischereigesetzes vom 11. Mai 1916, GS S. 55) Bodenverbesserungsgenossenschaften (Ges. vom 5. Mai 1920, GS S. 351, abgeändert durch Gesetz vom 24. Juli 1926, GS S. 232) sind rechtsfähig[1]. Zur Veräußerung von Grundstücken bedürfen sie in der Regel der Genehmigung der zuständigen Aufsichtsinstanz.

12. Der von der Klosterkammer in Hannover verwaltete „Allgemeine Hannoversche Klosterfonds" ist eine juristische Person.

13. Die auf Grund des preuß. Zweckverbandsgesetzes vom 19. Juli 1911 (GS 115) gebildeten Zweckverbände bedürfen zum Erwerbe von Grundstücken keiner staatlichen Genehmigung, wenn im Rechtsgebiet des Zweckverbandes Land- und Stadtgemeinden Grundstücke ohne staatliche Genehmigung erwerben können. JFG **3** 286 (KG).

Vertretung der Handelsgesellschaften.

Vorbemerkung.

Die auf das Grundbuch bezüglichen Rechtsgeschäfte der Handelsgesellschaften, die ihren Sitz in Preußen haben, sind dort keinen öffentlich-rechtlichen Beschränkungen unterworfen. Dagegen bedürfen die zu den juristischen Personen gehörenden Handelsgesellschaften, die in einem anderen Lande ihren Sitz haben, zum Erwerbe von Grundstücken im Werte von mehr als 5000 RM. (s. Vdg vom 2. Juli 1926, GS S. 192) der Genehmigung des Regierungspräsidenten, in Berlin des Polizei-

[1] Siehe z. B. §§ 6, 12, 32 des Niersgesetzes vom 22. Juli 1927 (GS S. 139). Die Genossenschaft „Niersverband" ist eine Körperschaft des öffentlichen Rechts.

präsidenten. Würde die juristische Person, wenn sie am Orte des zu erwerbenden Grundstücks ihren Sitz hätte, nach den bestehenden allgemeinen Bestimmungen einer anderen staatlichen Aufsichtsbehörde als dem Regierungs-(Polizei-)Präsidenten unterstehen, so ist diese andere Behörde für die Genehmigung zuständig. In allen Fällen ist für die örtliche Zuständigkeit die Lage des Grundstücks maßgebend (Art. 7 AGBGB, Vdg der Preußischen Staatsregierung vom 25. März 1920, GS S. 85).

Ausländische Handelsgesellschaften bedürfen der Genehmigung zum Erwerbe von Grundstücken ohne Rücksicht auf den Wert.

Versicherungsaktiengesellschaften und Versicherungsvereine auf Gegenseitigkeit bedürfen zum Erwerbe von Grundstücken der Genehmigung der Aufsichtsbehörde, und zwar unabhängig vom Werte des zu erwerbenden Grundstücks. § 54 Abs. 1 des Gesetzes über die privaten Versicherungsunternehmungen vom 12. Mai 1901 (RGBl S. 139). Der landesgesetzlich vorgeschriebenen staatlichen Genehmigung bedarf es dagegen nicht. Ob dies auch für ausländische Versicherungsgesellschaften gilt, ist fraglich, aber wohl aus § 85 Abs. 2 des Gesetzes zu folgern.

Hypothekenbanken dürfen Grundstücke nur zur Verhütung von Verlusten an Hypotheken oder zur Beschaffung von Geschäftsräumen erwerben (§ 5 Abs. 3 des Hypothekengesetzes vom 13. Juli 1899, RGBl S. 375). Die Beachtung dieser Beschränkungen ist jedoch nur von der Ausichtsbehörde zu überwachen, geht also den Grundbuchrichter nichts an.

Über die bei Handelsgesellschaften vorkommenden Fälle einer Gesamtrechtsnachfolge s. JFG **4** 286. Überträgt ein Versicherungsverein a. G. sein Vermögen unter Ausschließung der Liquidation auf eine Versicherungsaktiengesellschaft, so tritt *keine* Gesamtrechtsnachfolge ein.

§ 155. Nachweis der Vertretungsbefugnis im allgemeinen.

Dem Grundbuchrichter wird der Nachweis darüber, wer zur Vertretung von Handelsgesellschaften befugt ist, durch einen *Auszug aus dem Handelsregister* erbracht[1]. § 33 GBO. Statt des Auszuges kann auch eine vom Notar oder Urkundsbeamten der Geschäftsstelle beglaubigte Abschrift vorgelegt werden (KGJ **20** A 285; **24** A 96). Bescheinigungen des Notars über den Inhalt des Handelsregister genügen aber nicht. Wenn das Grundbuchamt zugleich das Registerrecht ist, so genügt statt des Zeugnisses die Bezugnahme auf das Register. § 35 GBO[2]. Die Bezugnahme ist nicht deshalb unstatthaft, weil die Firma infolge Sitzverlegung bei dem alten Register gelöscht und in das neue noch nicht eingetragen ist. OLG **45** 99 (KG). Im Falle der Bezugnahme ist das Grundbuchamt berechtigt und verpflichtet, den gesamten, die Firma betreffenden Inhalt des

---

[1] Z. B. auch die Vertretungsbefugnis eines Prokuristen (KGJ **43** 163; **52** 120).

[2] Dies gilt auch, wenn das Grundbuch und das Register von verschiedenen Richtern desselben Gerichts geführt wird.

Handelsregisters zu berücksichtigen und erforderlichenfalls auf das den Registervermerken zugrunde liegende Aktenmaterial einzugehen (KGJ **20** A 72). Der Nachweis der aus dem Handelsregister sich ergebenden Voraussetzungen einer Eintragung in das Grundbuch kann auch in anderen als den im § 35 GBO erwähnten Fällen durch Bezugnahme auf das Handelsregister geführt werden, wenn dieses bei dem Amtsgericht geführt wird, zu dem das Grundbuchamt gehört (KGJ **37** A 226).

Der Auszug muß regelmäßig ein solcher aus der neuesten Zeit sein, da in der Zwischenzeit das Vertretungsverhältnis sich geändert haben kann. Der Zeitpunkt der Ausstellung des Auszuges muß sich möglichst genau mit dem Zeitpunkt decken, in dem der Vertreter der Gesellschaft seine Erklärung abgegeben hat; ist aber die bezügliche Erklärung in einer nur der Unterschrift nach beglaubigten Urkunde enthalten, so ist der Zeitpunkt, in dem die Beglaubigung erfolgt ist, ebenso maßgebend wie der, in dem die Unterschrift vollzogen ist (KGJ **21** A 276). Auszüge, die erst mehrere Tage vor oder nach dem maßgebenden Zeitpunkt ausgestellt sind, wird der Grundbuchrichter regelmäßig zurückweisen, wenn nach Lage des Falles anzunehmen ist, daß eine Änderung in dem Vertretungsverhältnis in der Zwischenzeit erfolgt und veröffentlicht sein kann (KGJ **20** A 179).

Bei Zweifeln, die sich aus dem Inhalt des Auszuges über die Legitimation eines eingetragenen Gesellschafters ergeben, kann das Grundbuchamt auch andere Beweismittel, namentlich die Registerakten, heranziehen (KGJ **33** A 153).

§ 156. Die offene Handelsgesellschaft. Die stille Gesellschaft. Die Kommanditgesellschaft.

1. Die offene Handelsgesellschaft, die unter ihrer Firma Eigentum und andere dingliche Rechte an Grundstücken erwerben kann, kann von jedem Gesellschafter vertreten werden, wenn er nicht durch den Gesellschaftsvertrag von der Vertretung ausgeschlossen ist. Die Vertretungsmacht der Gesellschafter erstreckt sich auch auf alle gerichtlichen Geschäfte und Rechtshandlungen, einschließlich der Veräußerung und Belastung von Grundstücken.

Im Gesellschaftsvertrag kann bestimmt werden, daß alle oder mehrere Gesellschafter nur in Gemeinschaft zur Vertretung der Gesellschaft ermächtigt sein sollen. Die zur Gesamtvertretung berechtigten Gesellschafter können einzelne von ihnen zur Vornahme bestimmter Geschäfte oder bestimmter Arten von Geschäften ermächtigen. Im Gesellschaftsvertrage kann bestimmt werden, daß die Gesellschafter, wenn nicht mehrere zusammen handeln, nur in Gemeinschaft mit einem Prokuristen zur Vertretung der Gesellschaft ermächtigt sein sollen. §§ 124ff. HGB. Diese Bestimmungen müssen zur Eintragung in das Handelsregister angemeldet werden.

Der zur Vertretung nach außen befugte Gesellschafter berechtigt und verpflichtet die Gesellschaft gemäß §§ 125 ff. HGB auch in dem Falle wirksam, wenn er sich im Verhältnis nach innen, seinen Mitgesellschaftern gegenüber, der Eingehung des betreffenden Geschäfts hätte enthalten sollen (KGJ **23** A 122).

Im Falle der Liquidation sind die Liquidatoren die Vertreter der Gesellschaft. §§ 149, 150 HGB. Ist eine als Hypothekengläubigerin eingetragene Handelsgesellschaft aufgelöst, so können die früheren Gesellschafter über die Hypothek vor dem Grundbuchamt nur dann verfügen, wenn sie sich als Liquidatoren ausweisen oder sich nach erfolgter Auseinandersetzung zuvor als Privatgläubiger der Hypothek eintragen lassen (KGJ **33** A 184). Die Vertretungsmacht der Liquidatoren beschränkt sich auf den im § 149 Satz 1 HGB bestimmten Geschäftskreis. Die Gesellschafter der aufgelösten Gesellschaft können die Vertretungsmacht erweitern oder ein die Vertretungsmacht überschreitendes Geschäft nachträglich genehmigen (JFG **4** 276).

2. Die stille Gesellschaft (§§ 335 ff. HBG) ist keine Handelsgesellschaft und kann keine Rechte erwerben. Vielmehr wird der Inhaber des Handelsgeschäfts aus den in dem Betriebe geschlossenen Geschäften allein berechtigt und verpflichtet.

3. Die Kommanditgesellschaft wird durch die persönlich haftenden Gesellschafter (nicht etwa durch die Kommanditisten), im Falle der Liquidation durch die Liquidatoren vertreten. §§ 161 ff. HGB. Über den Umfang der Vertretungsmacht gilt das zu 1. Gesagte.

Die Umwandlung einer offenen Handelsgesellschaft in eine Kommanditgesellschaft unter Beibehaltung der Firma läßt die Gesellschaft als das bisherige Rechtssubjekt fortbestehen. Eintragungen im Grundbuch können daher auf Grund einer Bewilligung der Kommanditgesellschaft ohne vorherige Umschreibung der offenen Handelsgesellschaft erfolgen (JFG **1** 368 unter Aufgabe von KGJ **39** A 218); s. auch JFG **4** 285 (KG).

Die Vorschriften über den öffentlichen Glauben des Grundbuchs sind nicht anwendbar, wenn das einer Miterbengemeinschaft zustehende Eigentum an einem Grundstück auf eine von allen Miterben ohne Hinzutritt anderer Personen gegründete Kommanditgesellschaft übertragen wird (RG **117** 257).

§ 157. Die Gesellschaft mit beschränkter Haftung.

Die Gesellschaften mit beschränkter Haftung werden nach dem Ges. vom 20. April 1892 in der Fassung vom 20. Mai 1898 (RGBl S. 370), geändert durch Gesetz vom 28. Juni 1926 (RGBl I S. 315), vor dem Grundbuchrichter durch die Geschäftsführer vertreten[1]. Diese haben in der durch

[1] Ist eine Eintragung z. B. einer Hypothek für eine nicht zur Entstehung gelangte G. m. b. H. erfolgt, so ist sie im Berichtigungsverfahren zu löschen (JFG **2** 340, Oberstes Landgericht München).

den Gesellschaftsvertrag bestimmten Form ihre Willenserklärungen kundzugeben und für die Gesellschaft zu zeichnen. Ist nichts darüber bestimmt, so muß die Erklärung und Zeichnung durch sämtliche Geschäftsführer erfolgen. (Zur Zulässigkeit anderweitiger Regelung vgl. KGJ **29** A 95; **42** 170). Die Zeichnung geschieht in der Weise, daß die Zeichnenden zu der Firma der Gesellschaft ihre Namensunterschrift beifügen. Ist nur ein Geschäftsführer bestellt, so vertritt dieser allein die Gesellschaft[1]. Jede Änderung in den Personen der Geschäftsführer, sowie die Beendigung der Vertretungsbefugnis eines Geschäftsführers ist zur Eintragung in das Handelsregister anzumelden. §§ 35 und 39 a. a. O. Die Geschäftsführer können eine widerrufliche Generalvollmacht erteilen (JFG **3** 272), nicht aber einem Dritten die gesamte Geschäftsführung überlassen (RG **86** 265; KGJ **40** 67). Im Falle der Liquidation der Gesellschaft wird diese durch die Liquidatoren vertreten. §§ 66ff. a. a. O. (s. hierüber KGJ **21** A 256; **44** 80).

§ 158. Die Aktiengesellschaft und die Kommanditgesellschaft auf Aktien.

1. Die Aktiengesellschaft wird durch ihren Vorstand, der aus einer oder mehreren Personen bestehen kann, vertreten. Zu Willenserklärungen, insbesondere zur Zeichnung des Vorstandes für die Gesellschaft, bedarf es der Mitwirkung sämtlicher Mitglieder des Vorstandes, sofern nicht im Gesellschaftsvertrag etwas anderes bestimmt ist. Der Vorstand kann jedoch einzelne Mitglieder zur Vornahme bestimmter Geschäfte oder bestimmter Arten von Geschäften ermächtigen. Die betreffende Vollmacht, durch die ein Vorstandsmitglied z. B. zu einer Auflassung bevollmächtigt wird, muß von allen Vorstandsmitgliedern, auch dem Mitglied, dem Vollmacht erteilt wird, unterschrieben, und die Unterschriften müssen gerichtlich oder notariell beglaubigt sein (KGJ **20** A 76). Steht nicht jedem einzelnen Vorstandsmitgliede die selbständige Vertretung der Gesellschaft nach dem Gesellschaftsvertrage zu, so kann durch letzteren bestimmt werden, daß die Vorstandsmitglieder, wenn nicht mehrere zusammen handeln, in Gemeinschaft mit einem Prokuristen zur Vertretung der Gesellschaft befugt sein sollen[2]. Auch kann durch den Gesellschaftsvertrag der Aufsichtsrat ermächtigt werden, einzelnen Mitgliedern des Vorstandes die Befugnis zu erteilen, die Gesellschaft allein oder in Gemeinschaft mit einem Prokuristen zu vertreten.

---

[1] Die Eintragung der Belastung eines Grundstücks einer G. m. b. H. zugunsten des Geschäftsführers kann auf Grund der vom Geschäftsführer selbst namens der Gesellschaft erklärten Eintragungsbewilligung nicht erfolgen (KGJ **37** A 283). Desgleichen ist er nicht ermächtigt, die Löschung einer auf seinem Grundstück für die Gesellschaft eingetragenen Hypothek namens der Gesellschaft zu bewilligen.

[2] Hierbei ist vorausgesetzt, daß mehrere Vorstandsmitglieder vorhanden sind (KGJ **20** A 30).

Im Falle der Bestellung von Stellvertretern für den Vorstand oder für einzelne Mitglieder des Vorstandes ist Dritten gegenüber die Vertretungsbefugnis der Stellvertreter nicht davon abhängig, daß der Vertretungsfall auch wirklich vorhanden war (KGJ **26** A 90)[1].

Der Vorstand hat in der Weise zu zeichnen, daß die Zeichnenden zu der Firma der Gesellschaft oder zu der Benennung des Vorstandes ihre Namensunterschrift hinzufügen. Jede Änderung des Vorstandes oder der Vertretungsbefugnis eines Vorstandsmitgliedes, sowie eine vom Aufsichtsrate nach besonderer Ermächtigung einzelnen Vorstandsmitgliedern erteilte Vertretungsbefugnis ist durch den Vorstand zum Handelsregister anzumelden. §§ 231 bis 234 HGB.

Für den Fall der Liquidation bestimmen die §§ 295 ff. HGB das Nähere über die Vertretung der Aktiengesellschaft durch Liquidatoren (vgl. auch KGJ **46** 190 und 194).

2. Die Kommanditgesellschaft auf Aktien wird durch die persönlich haftenden Gesellschafter vertreten. § 320 HGB. Wegen der Liquidation vgl. § 331 a. a. O.

§ 159. Die Erwerbs- und Wirtschaftsgenossenschaften.

Die eingetragenen Erwerbs- und Wirtschaftsgenossenschaften können Eigentum und andere dingliche Rechte an Grundstücken erwerben; sie werden mit Angabe ihrer Firma und ihres Sitzes im Grundbuch eingetragen. Z. B.: Hinterpommerscher Molkerei-Verein, eingetragene Genossenschaft mit beschränkter Haftpflicht in Stolp. § 4 Abs. 1 Nr. 2 AllgVfg. Sie werden durch den Vorstand vertreten. Dieser besteht aus mindestens zwei Mitgliedern. Er hat in der durch das Statut bestimmten Form seine Willenserklärungen kundzugeben und für die Genossenschaft zu zeichnen. Weniger als zwei Mitglieder dürfen hierfür nicht bestimmt werden. Ist in dem Statut für Willenserklärungen des Genossenschaftsvorstandes die Zeichnung der Genossenschafts*firma* erfordert, so ist dies eine für die Rechtswirksamkeit der betreffenden Willenserklärungen unerhebliche und im Grundbuchverkehr unbeachtliche Vorschrift. Es genügen die Unterschriften der Vorstandsmitglieder (KGJ **21** A 104). Das Grundbuchamt ist nicht berechtigt, eine nach dem Inhalt der Urkunde von den Vorstandsmitgliedern im Namen der Genossenschaft erklärte, notariell beglaubigte Eintragungsbewilligung deswegen zu beanstanden, weil die

---

[1] Ein ohne die nach § 207 HGB (Nachgründung) erforderliche Zustimmung der Generalversammlung abgeschlossener Grundstückskaufvertrag ist unwirksam; der bezeichnete Mangel steht aber der Wirksamkeit der Auflassung nicht entgegen (JFG 1 372); a. A. anscheinend Oberstes Landesgericht München (JFG **3** 307). Im Falle der nachträglichen Eröffnung des Konkurses über das Vermögen der AG bedarf es zu der noch nicht bewirkten Eintragung des Eigentumsrechtes der Genehmigung sowohl der Generalversammlung als auch des Konkursverwalters.

Vorstandsmitglieder sie ohne Voranstellung der Firma lediglich mit ihrem Vor- und Zunamen unterzeichnet haben (KGJ **33** A 156).

Ist in dem Statut nichts darüber bestimmt, so muß die Erklärung und Zeichnung durch sämtliche Mitglieder des Vorstandes erfolgen. Die Zeichnung geschieht in der Weise, daß die Zeichnenden zu der Firma der Genossenschaft oder zu der Benennung des Vorstandes ihre Namensunterschrift beifügen. Zum Ausweise des Vorstandes dem Grundbuchrichter gegenüber genügt eine Bescheinigung des Registergerichts, daß die darin bezeichneten Personen als Mitglieder des Vorstandes in das Genossenschaftsregister eingetragen sind. §§ 24 bis 26 des Ges. vom 1. Mai 1889 in der Fassung vom 20. Mai 1898 (RGBl S. 369), abgeändert durch Gesetz vom 19. Januar 1926 (RGBl I S. 91).

Die Vertretung der Genossenschaft kann auch sonstigen Bevollmächtigten[1] oder Beamten der Genossenschaft bei einzelnen geschäftlichen Maßnahmen und für ganze Geschäftskreise zugewiesen werden (KGJ **21** A 106). In diesem Falle bestimmt sich deren Befugnis nach der ihnen erteilten Vollmacht. § 42 a. a. O. Über die Vertretung der Genossenschaft durch Liquidatoren im Falle ihrer Auflösung vgl. §§ 82ff. a. a. O.

Die eingetragenen Genossenschaften sind juristische Personen im Sinne des Art. 7 § 2 Abs. 1 AGBGB (KGJ **36** A 156)[2].

§ 160. Prokura und Handlungsvollmacht im Grundbuchverkehr.

1. Die Prokura kann nur von dem Inhaber eines Handelsgeschäfts oder seinem gesetzlichen Vertreter[3] und nur durch ausdrückliche Erklärung erteilt werden. Die Erteilung kann an mehrere Personen gemeinschaftlich erfolgen (Gesamtprokura). Der Prokurist kann alle Arten von Geschäften und Rechtshandlungen vornehmen, die der Betrieb eines Handlungsgewerbes mit sich bringt; er kann also z. B. Grundstücke erwerben[4], Hypotheken und Grundschulden abtreten oder verpfänden, Entpfändungserklärungen abgeben, Vorrechtseinräumungen bewirken, löschungsfähige Quittungen erteilen u. dgl. Da sich seine Vertretungsmacht auf das gesamte Vermögen des Prinzipals erstreckt, so kann er auch die Löschung einer auf den Familiennamen des Einzelkaufmanns im Grundbuch eingetragenen Hypothek bewilligen (KGJ **37** A 226). Dagegen darf er Grund-

---

[1] „Sonstige" Bevollmächtigte können auch Vorstandsmitglieder sein (KGJ **21** A 106).

[2] Eine Reederei ist keine juristische Person, sondern eine Gesellschaft des bürgerlichen Rechts.

[3] Der Vormund oder Pfleger des Inhabers eines Handelsgeschäfts kann Prokura nur mit Genehmigung des Vormundschaftsgerichts erteilen, §§ 1822 Nr. 11, 1897, 1915 BGB, desgleichen der Vater als gesetzlicher Vertreter des minderjährigen Kindes (§ 1643 BGB).

[4] Es sei denn, daß der Erwerb des Grundstücks im Austausch gegen ein anderes Grundstück erfolgt (KGJ **43** 162).

stücke veräußern und belasten nur, wenn er hierzu besonders ermächtigt[1] [2] ist. Bestritten ist die Frage, ob der Prokurist beim Erwerbe eines Grundstücks eine Restkaufpreishypothek bestellen kann (verneinend KG **29** A 242, siehe jedoch oben § 141 Ia S. 346). Einer Belastung des Grundstücks ist die Übertragung von Eigentümerhypotheken oder Eigentümergrundschulden gleichzustellen. Auch hierzu dürfte der Prokurist nicht befugt sein.

Der Prokurist hat in der Weise zu zeichnen, daß er der Firma seinen Namen mit einem die Prokura andeutenden Zusatze beifügt[3]. Die Prokura ist jederzeit widerruflich und nicht übertragbar; sie erlischt aber nicht durch den Tod des Inhabers des Handlungsgeschäfts. Die Erteilung und das Erlöschen der Prokura, sowie die Erteilung einer Gesamtprokura ist zum Handelsregister anzumelden. §§ 48ff. HGB. Dem Grundbuchrichter gegenüber weist sich der Prokurist durch Vorlegung eines Auszuges aus dem Handelsregister aus.

2. Der Handlungsbevollmächtigte (§ 54 HGB) kann Grundbuchgeschäfte für den Inhaber des Handelsgeschäfts nach Maßgabe der ihm erteilten Handlungsvollmacht vornehmen. Lautet die Vollmacht allgemein auf den Betrieb des Handelsgewerbes, so kann der Bevollmächtigte alle Geschäfte und Rechtshandlungen vornehmen, die der Betrieb eines derartigen Handlungsgewerbes gewöhnlich mit sich bringt; er kann also gegebenenfalls Grundstücke erwerben, Hypotheken abtreten u. dgl. Dagegen kann er ebenso wie der Prokurist Grundstücke veräußern und belasten nur, wenn er hierzu besonders bevollmächtigt ist. § 54 HGB. Dem Grundbuchrichter gegenüber muß er sich durch Vorlegung seiner in der Form des § 29 GBO ausgestellten Vollmacht ausweisen; er kann nicht wie der Prokurist seine Vertretungsbefugnis durch einen Auszug aus dem Handelsregister dartun, weil seine Vollmacht in das Register nicht eingetragen wird.

Der Handlungsbevollmächtigte hat sich bei der Zeichnung jedes eine Prokura andeutenden Zusatzes zu enthalten; er hat mit einem das Vollmachtsverhältnis ausdrückenden Zusatze zu zeichnen. Der Handlungsbevollmächtigte kann ohne Zustimmung des Inhabers des Handelsgeschäfts seine Handlungsvollmacht auf einen anderen nicht übertragen. §§ 57, 58 HGB.

---

[1] Die besondere Ermächtigung des Prokuristen einer Aktiengesellschaft zur Veräußerung von Grundstücken kann allgemein durch die Bestimmung des Gesellschaftsvertrages erteilt werden, daß die Gesellschaft durch ein Vorstandsmitglied und einen Prokuristen oder durch zwei Prokuristen vertreten wird (KGJ **43** 162).

[2] Der Prokurist einer Zweigniederlassung kann nicht beantragen, eine durch Fusion in das Vermögen einer Aktiengesellschaft übergegangene Hypothek auf die Firma einer Zweigniederlassung umzuschreiben (KGJ **32** A 203).

[3] Dies ist aber nur eine Ordnungsvorschrift (KGJ **41** 175).

Siebenter Abschnitt.

Eheliches Güterrecht und erbrechtliche Verhältnisse im Grundbuchverfahren.

A. Eheliches Güterrecht.

§ 161. Das eheliche Güterrecht im Grundbuchverfahren.

I. In der Regel hat der Ehemann Verwaltung und Nutznießung am Vermögen seiner Ehefrau. § 1363 BGB. Der Grundbuchrichter kann daher solange das Bestehen des Verwaltungs- und Nutznießungsrechts des Ehemanns annehmen, bis er aus dem Grundbuch oder aus einem Zeugnis des für die Führung des Güterrechtsregisters zuständigen Gerichts ersteht, daß das gesetzliche Recht des Ehemannes nicht besteht oder durch ein anderes Recht ersetzt ist[1]. — Aus seinem Verwaltungs- oder Nutznießungsrecht kann der Ehemann — von Ausnahmen abgesehen — im allgemeinen nicht etwa die Befugnis herleiten, die Frau durch Rechtsgeschäfte zu verpflichten oder über eingebrachtes Gut ohne ihre Zustimmung zu verfügen. § 1375 BGB. Deshalb kann z. B. auf Grund seiner Eintragungsbewilligung die Eintragung einer Hypothek auf dem zum eingebrachten Gute gehörigen Grundstück einer im gesetzlichen Güterstand lebenden Ehefrau nur erfolgen, wenn die Zustimmung der Frau in der Form des § 29 GBO nachgewiesen ist (KGJ **37** A 286). Streitig ist, ob der Mann zur Bewilligung einer Vormerkung befugt ist (vgl. KGJ **29** A 150). Die Unterwerfung unter die sofortige Zwangsvollstreckung gilt nicht als Verfügung über das Grundstück (KGJ **47** 260).

Andererseits ist auch die Einwilligung des Mannes erforderlich, wenn seine Ehefrau über ihr gehörige Grundstücke, Hypotheken, Grundschulden usw. verfügen will. § 1395 BGB[2]. Auch dann, wenn die Ehefrau vor ihrer Verheiratung widerrufliche Vollmacht zu einem Grundstücksverkauf erteilt hatte und der Kaufvertrag auf Grund der Vollmacht nach Eingehung der Ehe abgeschlossen wurde, kann die Auflassung nicht ohne Zustimmung des Mannes erfolgen (RG **80** 247). Hat ferner eine unverheiratete Grundstückseigentümerin die Eintragung einer Hypothek auf ihr Grundstück in bindender Weise bewilligt, wird aber der Eintragungsantrag bei dem Grundbuchamt erst gestellt, nachdem sie eine Ehe mit dem

---

[1] Wird durch eine einstweilige Verfügung die Verwaltung und Nutznießung des Mannes an dem eingebrachten Gut der Frau einstweilen aufgehoben, so darf bis zur Entscheidung des Hauptprozesses oder der Aufhebung der einstweiligen Verfügung die Frau ohne Einwilligung des Mannes über ihr eingebrachtes Gut verfügen (KGJ **40** 136).

[2] Eine von der Frau ausgestellte Quittung bedarf der Zustimmung des Mannes (KGJ **40** 148).

gesetzlichen Güterstande geschlossen hat, so kann gleichfalls die Eintragung der Hypothek nur mit Einwilligung des Mannes erfolgen (KGJ **37** A 289)[1].

Der Grundbuchrichter darf sich aber nicht mit der Tatsache begnügen, daß der Mann überhaupt eine zustimmende Erklärung abgegeben hat. Er muß vielmehr den Nachweis fordern, daß die Zustimmung auch durch Erklärung gegenüber der Frau oder dem anderen Teile wirksam erfolgt ist; denn eine nicht so erklärte Zustimmung ist nach § 182 Abs. 1 BGB unwirksam[2]. Die nachträgliche Zustimmung kann die Unwirksamkeit nicht immer beseitigen. So ist z. B. nach § 1398 BGB ein einseitiges Rechtsgeschäft, durch das die Frau ohne Einwilligung des Mannes über eingebrachtes Gut verfügt, z. B. eine Entpfändungserklärung oder Löschungsbewilligung bezüglich einer für sie eingetragenen Hypothek, unwirksam, da es der vorherigen Zustimmung des Mannes bedarf; die nachträgliche Genehmigung des Mannes kann die Nichtigkeit dieses einseitigen Rechtsgeschäftes nicht heilen.

Dieser strenge Grundsatz wird aber in der Praxis durch besondere Verhältnisse häufig gemildert. So ist z. B. der Notar oft ermächtigt, die fehlende Zustimmung für die Beteiligten entgegenzunehmen, so daß sie mit dem Eingange bei ihm wirksam geworden ist (KGJ **24** A 235; RG **54** 385).

Hat ferner z. B. in einer notariellen Verhandlung zunächst die Ehefrau die Löschung bewilligt, dann der Mann diese Bewilligung genehmigt und demnächst der Eigentümer die Löschung beantragt, so ist, wenn der Notar Ausfertigung der Verhandlung zu den Grundakten lediglich mit dem Antrag auf Löschung einreicht, hierin die Abgabe der Löschungsbwilligungserklärung der Frau auch gegenüber dem Grundbuchamte zu finden und die von dem Manne in der Verhandlung erteilte Genehmigung als Einwilligung in diese letztere Erklärung der Frau zu erachten (KGJ **23** A 240; **24** A 216; **25** A 273).

Handelt es sich um eine Verfügung zugunsten des Mannes, nicht um einen Eingriff in sein Verwaltungs- und Nutznießungsrecht, so z. B.

---

[1] Ist die im Grundbuch als Ehefrau eingetragene Grundstückseigentümerin in einem notariellen Auflassungsprotokoll oder die im Grundbuch als Ehefrau eingetragene Hypothekengläubigerin in dem Beglaubigungsvermerk der notariell beglaubigten Löschungsbewilligung als Witwe bezeichnet, so darf das Grundbuchamt zum Nachweise ihrer Verfügungsbefugnis nicht außerdem eine Sterbeurkunde des Mannes verlangen (KGJ **44** 208; **52** 110).

[2] Das Oberste Landesgericht München (KGJ **27** A 305) hält dafür, daß statt der Erklärung eine Bestätigung des Genehmigungswillens des Mannes genüge, die darin liege, daß der Mann seine Genehmigungserklärung in öffentlicher Form habe beurkunden lassen, damit sie dem Grundbuchamt vorgelegt werde und dieses den genehmigten Rechtsakt eintrage. Dagegen Güthe, Anm. 48 zu § 19 S. 420 oben).

um die teilweise Aufgabe der vom Manne für das Eingebrachte bestellten Sicherheit, so ist die Genehmigung nicht erforderlich (KGJ **23** A 241).

Das gleiche gilt, wenn die Ehefrau Grundstücke, Hypotheken usw.[1] erwirbt (KGJ **30** A 207; **31** A 297); auch bedarf es der Genehmigung dann nicht, wenn die Ehefrau beim Erwerbe eines Grundstücks für das gestundete Kaufgeld mit dem Kaufgrundstück Hypothek bestellt (RG **69** 177; KGJ **26** A 283; vgl. oben § 141 S. 346). Desgleichen kann die Ehefrau das Kaufgrundstück mit Nutzungsrechten belasten, wenn die Bewilligung der Nutzungsrechte als Gegenleistung von dem Verkäufer zur unabwendbaren Voraussetzung für die Eigentumsübertragung gemacht ist, der Ehefrau also den Erwerb des Grundstücks erst ermöglicht (JFG **1** 335).

Ausnahmen gelten auch unter Umständen bei Krankheit oder Abwesenheit des Mannes. § 1401 BGB. Auch kann die Zustimmung des Mannes in gewissen Fällen durch die Genehmigung des Vormundschaftsgerichts ersetzt werden. § 1402 BGB. Endlich kann auch die Frau, wenn sie selbst zum Vormund oder Pfleger ihres Mannes bestellt ist, zu Rechtsgeschäften über eingebrachtes Gut, zu denen nach §§ 1395 ff. BGB die Einwilligung oder Genehmigung des Mannes erforderlich ist, diese sich selbst erteilen und bedarf es der Bestellung eines (anderen) Pflegers nicht (KGJ **27** A 166).

Ob der Ehemann seiner Ehefrau zur Verwaltung des eingebrachten Gutes Generalvollmacht erteilen kann, ist zweifelhaft. Unter Umständen wird man dies zulassen müssen. Alsdann kann die Ehefrau zu ihren Verfügungen namens des Ehemannes selbst die nach § 1395 ff. BGB erforderlichen Zustimmungserklärungen abgeben (KGJ **51** 205).

II. Behauptet ein Beteiligter, daß das gesetzliche Nießbrauchs- und Verwaltungsrecht des Mannes nicht bestehe, so muß der Nachweis über das bestehende Güterrecht durch ein Zeugnis des zuständigen Registergerichts erbracht werden. § 34 GBO. Das Zeugnis muß, da inzwischen der Güterstand geändert sein kann, entweder neuesten Datums sein oder, wenn es ein älteres ist, mit einer Bescheinigung gemäß § 162 FGG versehen sein. Der Grundbuchrichter hat die Rechtswirksamkeit des vom Registerrichter bezeugten Güterrechts nicht zu prüfen. In den Fällen, in denen das Grundbuchamt zugleich das Registergericht ist, genügt statt des Zeugnisses die Bezugnahme auf das Register; der Grundbuchrichter

---

[1] Handelt es sich um eine Hypothek an einem dem Manne gehörigen Grundstück, so erlischt das Zinsrecht nicht dadurch, daß dem Manne die Nutznießung zusteht (KGJ **47** 194). Zulässig ist auch die Eintragung einer Hypothek, die der Ehemann seiner Frau für eine verzinsliche Forderung einräumt (KGJ **52** 180 unter Aufgabe des gegenteiligen Standpunktes bei KGJ **40** 140). Indes können für die Forderung der Ehefrau auf Rückzahlung des in die Ehe eingebrachten baren Geldes Verzinsungs- und Kündigungsbestimmungen nicht eingetragen werden.

hat dann das Register einzusehen. § 35 GBO. Der Vorlegung der Heiratsurkunde neben dem Zeugnis bedarf es nicht, da eine Eintragung in das Güterrechtsregister erst nach Abschluß der Ehe erfolgen kann und daher durch die Eintragung die Eheschließung bewiesen wird. Die Ersetzung des Zeugnisses gemäß § 34 GBO durch andere Mittel ist nicht ausgeschlossen. Vor allem wird durch Vorlegung eines gerichtlichen oder notariellen Ehevertrags dem Grundbuchamt nicht nur die Entstehung des durch den Ehevertrag begründeten ehelichen Güterrechts, sondern auch das Fortbestehen dieses Güterrechts trotz erheblicher Zwischenzeit so lange nachgewiesen, bis sich bestimmte Anhaltspunkte für eine Aufhebung oder Änderung des Güterrechts ergeben (KGJ **39** A 180). Das Grundbuchamt ist nicht berechtigt, die Eintragung des güterrechtlichen Verhältnisses in das Güterrechtsregister zu fordern (KGJ **30** A 169).

III. An ehelichen Güterrechtsverhältnissen kommen neben dem unter I erwähnten regelmäßigen Nießbrauchs- und Verwaltungsrecht des Mannes besonders in Betracht: das Vorbehaltsgut der Frau, die Gütertrennung, die allgemeine Gütergemeinschaft, die Errungenschafts- und die Fahrnisgemeinschaft, sowie die Rechtsverhältnisse nach Scheidung der Ehe.

a) Besteht Gütertrennung oder handelt es sich um Vorbehaltsgut der Frau[1], so kann diese ohne Zustimmung ihres Ehemannes verfügen. Gütertrennung tritt zwischen Ehegatten u. a.[2] ein, wenn das Nießbrauchs- und Verwaltungsrecht des Mannes durch Ehevertrag ausgeschlossen wird, ohne daß die Güterrechtsverhältnisse anderweit geregelt werden; ferner wenn der Mann für tot erklärt oder der Konkurs über sein Vermögen verhängt ist. §§ 1436, 1419, 1420 BGB.

b) Bei der allgemeinen Gütergemeinschaft, die durch Ehevertrag begründet werden kann, steht die Verwaltung, Verfügung und Vertretungsbefugnis bezüglich des gütergemeinschaftlichen Vermögens dem Manne zu. § 1443 BGB. Deshalb kann der Mann Verträge zum Zwecke der Erwerbung von Sachen und Grundstücken für das gütergemeinschaftliche Vermögen schließen. Erwirbt also z. B. der Mann durch Kauf ein Grundstück für das Gesamtgut, so bedarf er hierzu nicht der Genehmigung der Frau, selbst wenn er gleichzeitig für das gestundete Kaufgeld das gekaufte Grundstück verpfändet. Letzteres ist streitig. (Vgl. RG **69** 177; KGJ **21** A 316; JFG **1** 337; vgl. oben S. 346).

Dagegen bedarf der Mann zu den in den §§ 1444 bis 1446 BGB bezeichneten Rechtsgeschäften der Genehmigung der Frau; insbesondere bedarf hiernach der Mann der Zustimmung der Frau, wenn er ein zu dem Gesamtgute gehörendes Grundstück veräußern oder belasten will. § 1445

---

[1] Die Eintragung der Vorbehaltsgutseigenschaft einer Hypothek ist unzulässig (KGJ 38 A 211).
[2] Vgl. auch die Fälle der §§ 1364, 1418 BGB.

BGB[1] [2] [3]. Die Bestimmung in einem Ehevertrage, daß der Ehemann berechtigt sein soll, ohne Einwilligung seiner Ehefrau über die zum Gesamtgut gehörenden Grundstücke zu verfügen, ist nichtig (KGJ **52** 105). Eine Verfügung über ein Grundstück im Sinne des § 1445 BGB liegt nicht vor, wenn eine Rangänderung, eine Abtretung oder Löschung von Hypotheken in Frage steht; zu solchen Rechtshandlungen bedarf der Mann also nicht der Zustimmung der Frau (KGJ **22** A 134), wenn nicht einer der in den §§ 1444, 1446 BGB erwähnten Ausnahmefälle vorliegt. Nicht erforderlich ist hierbei, daß die Zustimmungserklärung seitens des Ehemannes zugleich namens der Ehefrau abgegeben wird; denn die von dem ausschließlich verfügungsberechtigten Ehemann in eigenem Namen erklärte Zustimmung hat die rechtliche Wirkung, daß dadurch zugleich die Zustimmung der Ehefrau ersetzt wird. Hiernach kann der Mann in einem Rechtsstreite, der sich auf ein zum Gesamtgute gehöriges Grundstück bezieht, ohne Einwilligung der Frau durch einen Prozeßvergleich über dieses Grundstück nicht verfügen. Ebenso bedarf es, wenn im Wege der Grundbuchberichtigung eine Grundgerechtigkeit auf ein im Miteigentum eines Ehepaares kraft allg. Güterg. des BGB stehendes Grundstück eingetragen werden soll, der Bewilligung beider Eheleute, wenn die Unrichtigkeit des Grundbuchs nicht nachgewiesen ist (KGJ **40** 157). Als eine Verfügung über das Grundstück gilt auch die Erhöhung des Zinsfußes einer Hypothek, nicht aber die Unterwerfung unter die sofortige Zwangsvollstreckung (KGJ **38** A 317; **47** 260). Hat der Mann allein die Umschreibung einer zum Gesamtgute gehörigen Hypothek bewilligt, so kann der Grundbuchrichter bei der Prüfung der Vertretungsmacht des Mannes zu dieser Verfügung auf Grund des § 1446 BGB den Nachweis fordern, daß die Abtretung und Umschreibung nicht zum Zwecke der Erfüllung eines ohne Zustimmung der Ehefrau erteilten Schenkungsversprechens diene oder daß die Ehefrau in die Umschreibungsbewilligung eingewilligt habe (KGJ **23** A 130). Der Nachweis verlangt nicht die besonderen Formen des § 29 GBO; vgl. unten zu c.

Dagegen muß aus dem vollstreckbaren Schuldanerkenntnis, das der Mann ausgestellt hat, wenn die formalen Voraussetzungen der Zwangsvollstreckung erfüllt sind, die Vollstreckung in das Gesamtgut, insbesondere

---

[1] Dies schließt die Befugnis des in allgemeiner Gütergemeinschaft lebenden Mannes nicht aus, über den zum Gesamtgute gehörenden Anteil an einer Erbschaft ohne Einwilligung der Frau auch dann zu verfügen, wenn zu der Erbschaft ein Grundstück gehört (KGJ **27** A 30) (str.).

[2] Wenn der Mann ein Grundstück, das er selbst erst gekauft hat, vor dem Eigentumserwerb daran weiter veräußert, so bedarf er nicht der Einwilligung der Frau. Wird nachträglich das Grundstück Teil des Gesamtguts, so ist die Frau verpflichtet, ihre Einwilligung zur Auflassung zu erteilen (RG **111** 185).

[3] Unter den Begriff der Belastung fällt auch die Bewilligung einer Vormerkung (KGJ **29** A 150).

auch durch Eintragung einer Sicherungshypothek, zugelassen werden. Das Grundbuchamt darf die Eintragung nicht deshalb ablehnen, weil das Schuldanerkenntnis und die darauf erfolgende Eintragung gegen die Verfügungsbeschränkungen der §§ 1444 bis 1446 BGB verstoßen. (KGJ **32** A 273). Dies gilt auch für die Vollziehung einer einstweiligen Verfügung (KGJ **29** A 150).

Mit Eintritt der Gütergemeinschaft werden Grundstücke, Hypotheken usw. des Mannes oder der Frau gemeinschaftlich, ohne daß es einer besonderen Übertragung bedürfte. § 1438 BGB. Da aber infolge der eingetretenen Rechtsänderung das Grundbuch unrichtig geworden ist, so kann jeder Ehegatte nach § 1438 Abs. 2 BGB vom anderen die zur Umschreibung der Grundstücke, Hypotheken usw. auf den Namen beider Ehegatten nach § 894 BGB erforderliche Bewilligung verlangen; vgl. oben § 67 und RG **108** 286. Die nach § 22 Abs. 2 GBO erforderliche Zustimmung der Frau zu ihrer Eintragung als Gesamthänderin kann nicht von dem Ehemann kraft seines Verwaltungsrechts erklärt werden (KGJ **40** 153)[1].

Bei der Umschreibung im Grundbuch ist nach § 48 GBO zu vermerken, daß das Gemeinschaftsverhältnis auf der allgemeinen Gütergemeinschaft beruht; vgl. oben § 67 (KGJ **20** A 188). Die Eintragung der speziellen Gütergemeinschaft ist erforderlich. Die Eintragung, daß die Eheleute in Gütergemeinschaft leben, genügt nicht (RG **105** 53).

Solange die Berichtigung nicht erfolgt ist, sind Dritte beim Erwerb vom Ehemann (ob auch beim Erwerb von der Ehefrau, ist streitig, aber wohl anzunehmen) gegen die Wirkungen des ihnen nicht bekannten Güterstandes des Ehegatten gemäß §§ 892, 893 BGB geschützt, und daraus entsteht für den anderen Ehegatten eine Gefährdung des ihm an dem eingetragenen Recht als Bestandteil des Gesamtgutes zustehenden Anteilsrechts. Der Grundbuchrichter darf aber nicht von Amts wegen dieser Gefährdung vorbeugen und nicht die auf Grund eines rechtswirksamen Erwerbsgeschäfts beantragte Eintragung wegen des auf dem Güterstande beruhenden Rechtes des anderen Ehegatten verweigern. Es ist vielmehr Sache des Ehegatten, die dem bestehenden Güterstand entsprechende Berichtigung des Grundbuchs herbeizuführen (KGJ **27** A 303, Oberstes Landesgericht München).

Das Grundbuchamt darf die Entgegennahme der Auflassung eines Grundstücks an die gütergemeinschaftliche Ehefrau nicht deshalb ablehnen, weil die Zustimmung des Ehemannes zu Vertrag und Auflassung fehlt (KGJ **30** A 207). Die Frau kann ohne Zustimmung des Mannes ein Grundstück für die Gütergemeinschaft erwerben. Liegt der Auflassung ein gültiger Vertrag zugrunde, so ist dieser allerdings nicht unter allen Umständen durch die Auflassung an die Frau erfüllt (KGJ **31** A 297).

[1] Jedoch kann nach RG **84** 326 der Mann beim Erwerb eines Grundstücks es ohne Mitwirkung der Frau als Gesamtgut eintragen lassen. KGJ **40** 153 lehnt dies ab.

Unzulässig ist es, eine Hypothek auf den Namen einer in allgemeiner Gütergemeinschaft lebenden Ehefrau mit dem Vermerk einzutragen, daß die Hypothek zum Vorbehaltsgut der Frau gehöre (KGJ **38** A 211).

Zu beachten ist, daß bei Fortsetzung der Gütergemeinschaft im Falle des § 1483 BGB der Anteil des verstorbenen Ehegatten am Gesamtgut nicht zum Nachlasse gehört. Gleichwohl kann ein zum Gesamtgut gehörendes Grundstück von dem überlebenden Ehegatten aufgelassen werden, ohne daß zuvor gemäß § 40 GBO die Abkömmlinge in das Grundbuch eingetragen sind, vgl. S. 112 Anm. 1.

Bei fortgesetzter Gütergemeinschaft ist der überlebende Ehegatte befugt, ohne Zustimmung der Kinder den Zinsfuß einer auf einem Gesamtgutsgrundstück der Gütergemeinschaft lastenden Buchhypothek zu erhöhen und die Erteilung eines Hypothekenbriefes zu bewilligen (KGJ **38** A 317, OLG Hamburg).

Wird der überlebende Ehegatte, der mit einem Abkömmling[1] die Gütergemeinschaft fortsetzt, von diesem als alleinigen Erben beerbt, so vereinigen sich beide Anteile in der Hand des Abkömmlings; dieser ist nunmehr Alleineigentümer aller Gegenstände, die bisher zum Gesamtgut der fortgesetzten Gütergemeinschaft gehört hatten (JFG **1** 361). Eine von dem Ehegatten angeordnete Nacherbfolge belastet nur eine Bruchteilshälfte des zum ehemaligen Gesamtgut gehörigen Grundstücks.

Der Anteil eines verheirateten in allgemeiner Gütergemeinschaft lebenden Kindes an der fortgesetzten Gütergemeinschaft wird nicht Sondergut des Kindes, sondern Bestandteil des Gesamtguts der allgemeinen Gütergemeinschaft (JFG **1** 344, **2** 289, Oberstes Landesgericht München, gegen die herrschende Rechtslehre).

Wenn im Falle der fortgesetzten Gütergemeinschaft nach westfälischem Güterrecht die Kinder bei Aufhebung der Gütergemeinschaft durch Schichtung auf ihr Teilnahmerecht an der Gemeinschaft verzichten, so erlangt der überlebende Elternteil nur durch Auflassung Eigentum an den zum bisherigen Gesamtgut gehörenden Grundstücken. Dies gilt auch nach dem BGB (KGJ **31** A 373, OLG Hamm; **36** A 200).

Die Befugnis des die westfälische Gütergemeinschaft fortsetzenden Ehegatten, über das gemeinschaftliche Vermögen selbständig durch Übertragsvertrag zu verfügen, erstreckt sich auf einen Übertragsvertrag mit einem Schwiegerkinde grundsätzlich nicht (KGJ **45** 241). Die Vorschrift, daß bei Übertragung des gütergemeinschaftlichen Vermögens auf eins der Kinder der Schichtteil der übrigen Kinder zu wahren ist, verleiht letzteren nur einen persönlichen Geldanspruch (KGJ **45** 332).

---

[1] Dagegen kann bei Vorhandensein mehrerer Abkömmlinge nach dem Tode des überlebenden Ehegatten das Grundstück ohne vorherige Auseinandersetzung nicht auf einen durch Erbschein als Alleinerben des überlebenden Ehegatten ausgewiesenen Abkömmling umgeschrieben werden (JFG **3** 312).

Nach § 1484 BGB kann der überlebende Ehegatte die Fortsetzung der Gütergemeinschaft ablehnen. Alsdann ist der Anteil des verstorbenen Ehegatten am Gesamtgut Bestandteil seines Nachlasses. Für den Beginn der in den §§ 1484, 1944 BGB vorgesehenen Frist zur Ablehnung der fortgesetzten Gütergemeinschaft ist die Verkündung einer Verfügung von Todes wegen des verstorbenen Ehegatten ohne Bedeutung (KGJ **51** 168).

c) Über die Rechtsverhältnisse bei der Errungenschafts- und Fahrnisgemeinschaft vgl. Güthe Anm. 34ff. zu § 34 GBO. Wenn im gesetzlichen Güterstand lebende Ehegatten durch Ehevertrag Fahrnisgemeinschaft und Zugehörigkeit eines dem einen Ehegatten gehörigen Grundstücks zum Gesamtgut vereinbaren, so wird das Grundstück erst durch Auflassung Bestandteil des Gesamtguts (KGJ **52** 136).

Das Grundbuchamt darf den Antrag, ein Recht für Eheleute zu Bruchteilen einzutragen, nicht deshalb ablehnen, weil es annehmen muß, daß das Recht in das Gesamtgut der Errungenschafts- oder Fahrnisgemeinschaft fällt (RG **84** 71; KGJ **53** 131).

Eine für Ehegatten in Fahrnisgemeinschaft eingetragene Hypothek kann auf Grund einer Löschungsbewilligung des Mannes ohne Einwilligung der Frau nur gelöscht werden, wenn nachgewiesen ist, daß die Aufhebung der Hypothek keine Schenkung ist. Dieser Nachweis ist nicht an die Form des § 29 GBO gebunden. Das Grundbuchamt hat alle ihm beigebrachten Beweismittel zu würdigen und nach pflichtmäßigem Ermessen unter Berücksichtigung allgemeiner Erfahrungssätze zu entscheiden, ob der Nachweis geführt ist (KGJ **35** A 209; **38** A 212).

Bei der Fahrnisgemeinschaft kann fortgesetzte Gütergemeinschaft eintreten, wenn dies durch Ehevertrag vereinbart ist (§ 1557 BGB).

d) Über die Übergangsbestimmungen, die für die vor dem 1. Januar 1900 geschlossenen Ehen gelten, vgl. Güthe Anm. 3, 13, 34, 42, 49 zu § 34 GBO, Art. 200 EGBGB, Art. 44ff. AGBGB.

e) Mit der Scheidung der Ehe erlöschen die Rechte des Mannes am Vermögen seiner Ehefrau. Eine rechtskräftig geschiedene Frau kann daher im Grundbuchverkehr stets ohne Zuziehung ihres früheren Ehemannes auftreten; jedoch wird sie zum Nachweise der Scheidung das mit Rechtskraftattest versehene Scheidungsurteil dem Grundbuchrichter vorzulegen haben.

B. Stellung der Erben im Grundbuchverfahren.

§ 162. Legitimation der Erben durch Erbschein und Testament. Zeugnis bei fortgesetzter Gütergemeinschaft.

I. Nach § 36 GBO wird der Nachweis der Erbfolge dem Grundbuchrichter in der Regel erbracht durch einen vom zuständigen Nachlaßgericht ausgestellten Erbschein (§§ 2353ff. BGB)[1] [2]. Darunter ist nur ein gemäß § 2353 oder § 2369 BGB von einem deutschen Gericht erteiltes Zeugnis zu verstehen (KGJ **36** A 162). Es muß eine Ausfertigung des Erbscheins vorgelegt werden. Die Vorlegung einer beglaubigten Abschrift genügt in der Regel nicht zum Ausweise des Erben; denn ein Erbschein, von dem nur eine beglaubigte Abschrift vorgelegt wird, kann schon eingezogen und deshalb kraftlos sein (KGJ **26** A 92). Werden zum Nachweise der Erbfolge ein Erbschein und das ihm zugrunde liegende Testament vorgelegt, so ist nur der Inhalt des Erbscheins für den Grundbuchrichter maßgebend. Ist der Erbschein unverständlich, so ist dem Antragsteller nach § 18 GBO eine Frist zu setzen, um beim Nachlaßgericht die Erteilung eines anderen Erbscheins zu erwirken (KGJ **34** A 227). Wird ein Erbschein vorgelegt, so darf das Grundbuchamt die Verfügungsbefugnis der in ihm genannten Erben nicht deshalb beanstanden, weil das Testament, auf Grund dessen die vorgelegte Bescheinigung erteilt ist, wegen Verletzung einer Formvorschrift nichtig ist (KGJ **37** A 249). Andererseits ist das Grundbuchamt an den Erbschein nicht gebunden, wenn ihm neue Tatsachen, die der Richtigkeit des Erbscheins entgegenstehen, bekannt geworden sind, von denen es annehmen muß, daß das Nachlaßgericht angesichts ihrer den Erbschein nicht aufrechterhalten würde (KGJ **45** 252).

Ist der Erblasser vor dem 1. Januar 1900 verstorben, so kommt § 36 GBO nicht zur Anwendung; es bewendet dann bei dem bisherigen Rechte. Nach dem dann zur Anwendung kommenden § 51 Preuß. GBO vom 5. Mai 1872 kann der Nachweis der Erbfolge außer durch eine Erbbescheinigung nach dem Preuß. Ges. vom 12. März 1869 (GS S. 473) und ein öffentliches Testament auch durch ein Privattestament geführt werden; nur muß die Echtheit desselben durch öffentliche oder öffentlich beglaubigte Urkunden gemäß § 33 Preuß. GBO dargetan werden[3].

II. An Stelle des Erbscheins genügt zum Nachweise des Erbrechts auch eine Verfügung von Todes wegen (Testament, Erbvertrag), die

---

[1] Über Heimstättenfolge s. §§ 13ff. des Gesetzes vom 18. Januar 1924 (GS S. 49).

[2] Die Vollziehung eines Schuldtitels (auch einer einstweiligen Verfügung) gegen die noch nicht eingetragenen Erben des eingetragenen Eigentümers erfolgt nur bei Nachweis der Erbfolge in der im § 36 GBO angegebenen Weise (KG vom 20. Mai 1926, JW S. 1214).

[3] KGJ **25** A 123. Hiermit steht anscheinend KGJ **27** A 108 in Widerspruch; denn hier wird angenommen, daß die §§ 29, 36 GBO auch auf die vor dem 1. Januar 1900 eingetretenen Erbfälle Anwendung finden. Es wird deshalb ein nach ausländischem Recht im Auslande wirksam errichtetes eigenhändiges Testament, das vermöge der nach dem Tode des Erblassers durch dessen Angehörige bei der zuständigen ausländischen Behörde formell bewirkten Niederlegung nach ausländischem Rechte die Vermutung der Echtheit erhält, nicht für eine Urkunde erachtet, die als Unterlage für eine Eintragung dienen kann.

in einer öffentlichen Urkunde enthalten ist. Eine solche öffentliche Urkunde liegt vor, wenn das Testament vor einem Richter oder Notar errichtet ist; diese Errichtung kann in der Weise erfolgen, daß der Erblasser dem Richter oder Notar seinen letzten Willen mündlich erklärt oder eine Schrift offen oder verschlossen mit der mündlichen Erklärung übergibt, daß sie seinen letzten Willen enthalte. § 2238 BGB. In einem solchen Falle nimmt der Nachlaßrichter oder Notar über die Errichtung des Testaments ein Protokoll auf, verschließt dies Protokoll nebst Anlagen, insbesondere im Falle der Errichtung durch Übergabe einer Schrift, nebst dieser Schrift mit dem Amtssiegel, versieht es mit einer das Testament näher bezeichnenden Aufschrift und bringt es in die besondere amtliche Verwahrung des Gerichts. §§ 2240, 2246 BGB. Einem solchen Testament steht gleich ein vom Gemeindevorsteher oder einer anderen vom JM. bestellten Person (s. Art. 80 AGBGB), z. B. vom Verwaltungsdirektor eines Krankenhauses (z. B. AV vom 15. September 1926, JMBl S. 348) gemäß § 2249 (KGJ **24** A 88) und ein gemäß § 2250 a. a. O. an abgesperrten Orten sowie ein während einer Seereise nach § 2251 a. a. O. errichtetes Testament; jedoch ist die Wirkung dieser Testamente zeitlich beschränkt[1].

Ein privatschriftlich gemäß § 2231 Nr. 2 BGB errichtetes Testament reicht niemals zum Ausweis der Erben im Grundbuchverkehr aus. § 36 GBO. Vielmehr ist ein Erbschein zu erfordern. Dies gilt selbst dann, wenn das privatschriftliche Testament auf Verlangen des Erblassers gemäß § 2248 BGB in amtliche Verwahrung genommen ist; denn dieses Testament bleibt trotz der amtlichen Verwahrung, und wenn es auch später vom Nachlaßgericht eröffnet und ausgefertigt wird, ein privatschriftliches, und bietet den in ihm eingesetzten Personen dem Grundbuchrichter gegenüber keine ausreichende Legitimation (KGJ **25** A 278). Wenn neben einer in einer öffentlichen Urkunde enthaltenen Verfügung von Todes wegen ein vom Nachlaßgericht verkündetes privatschriftliches Testament vorliegt, ist das Grundbuchamt nicht berechtigt, in eine Würdigung des Inhalts des privatschriftlichen Testaments einzutreten und je nach dem Ergebnis seiner Erwägungen den Nachweis der Erbfolge für geführt oder für nicht geführt anzusehen (KGJ **37** A 245).

Soll der Nachweis des Erbrechts durch ein öffentliches Testament usw. geführt werden, so muß dem Grundbuchrichter die letztwillige Verfügung **und** das vom Nachlaßgericht über die Eröffnung der Verfügung aufgenommene Protokoll (§§ 2260, 2273, 2300 BGB) in

[1] Wegen der Form der vor dem 1. Januar 1900 errichteten Testamente vgl. Art. 214 EGBGB. Ein unter der Herrschaft des ALR dem Vorbehalt im Testament gemäß außergerichtlich errichteter Nachzettel hat, wenn der Erblasser nach dem Inkrafttreten des BGB gestorben ist, trotz gleichzeitiger Eröffnung und Ausfertigung mit dem Testament für den Grundbuchverkehr nicht die Bedeutung einer öffentlichen Urkunde (KGJ **35** A 202).

Ausfertigung oder beglaubigter Abschrift vorgelegt werden[1]. Befinden sich die Urschriften dieser Urkunden bei den Akten desselben Gerichts, wenn auch einer anderen Abteilung, so genügt eine Bezugnahme auf diese Akten (KGJ **20** A 289; vgl. § 35 Abs. 2 AllgVfg). In diesem Falle hat der Grundbuchrichter die Testamentsakten einzusehen und durch einen Vermerk in den Grundakten auf die als eine Ergänzung ihrer anzusehenden Testamentsakten hinzuweisen (KGJ **20** A 292). Der Grundbuchrichter kann aber die Vorlegung eines Erbscheins verlangen, wenn er die Erbfolge durch die vorgelegten Urkunden nicht für nachgewiesen hält, z. B. wenn die Rechtsgültigkeit des Testaments und der Erbeseinsetzung zweifelhaft oder die Anfechtbarkeit des Testaments gemäß § 2079 BGB aktenkundig (KGJ **29** A 159), wenn die Erbfolge nach ausländischem Rechte zu beurteilen ist (KGJ **36** A 162), wenn in der eine Nacherbfolge anordnenden letztwilligen Verfügung die Nacherben nicht mit derjenigen Bestimmtheit, die zur Beschaffung der Legitimation erforderlich ist, bezeichnet worden sind (KGJ **23** A 127; **24** A 88; **25** A 151), wenn das öffentliche Testament nicht für sich allein, sondern nur in Verbindung mit anderen öffentlichen Urkunden das Erbrecht beweist, wenn das Grundbuchamt etwa prüfen müßte, ob einer von mehreren Testamentserben vor dem Erblasser gestorben und sein Erbteil den neben ihm eingesetzten Erben angewachsen ist (KGJ **38** A 225), und dergleichen. Liegen aber keine auf konkrete Tatsachen gegründete Zweifel vor, so kann der Grundbuchrichter einen Erbschein nicht verlangen (KGJ **29** A 159)[2]. Dagegen können die Beteiligten in allen Fällen, also auch wenn ein in einer öffentlichen, die Erbfolge zweifelsfrei dartuenden Urkunde enthaltenes Testament errichtet ist, statt des Testaments einen Erbschein zum Nachweis des Erbrechts vorlegen.

Zu beachten ist noch, daß sich die Erbfolge in deutsche Liegenschaften grundsätzlich nach deutschem Recht regelt (RG **78** 48).

III. Das Bestehen der fortgesetzten Gütergemeinschaft (§§ 1483ff. BGB) kann nach § 36 Abs. 2 GBO dem Grundbuchrichter gegenüber nur durch ein nach § 1507 BGB vom Nachlaßgericht dem überlebenden Ehegatten erteiltes Zeugnis geführt werden[3].

---

[1] Dies gilt auch, gleichviel ob das für das Erbrecht maßgebende ausländische Recht die Eröffnung einer Verfügung von Todes wegen kennt oder nicht (KGJ **36** A 162).

[2] Z. B. braucht der im § 2242 Abs. 1 Satz 2 BGB vorgesehene Feststellungsvermerk von dem Erblasser nicht unterschrieben zu werden (JFG **4** 275). Gegen unbegründetes Einfordern des Erbscheins ist Beschwerde zulässig (KGJ **24** A 88). Zur Anstellung besonderer Ermittlungen über den Willen des Erblassers oder über tatsächliche Verhältnisse ist der Grundbuchrichter nicht verpflichtet (RG **54** 344; KGJ **24** A 221; **24** A 233; **38** A 225).

[3] § 1507 enthält mittelbar auch die Pflicht des Nachlaßgerichts, erforderlichenfalls ein Negativzeugnis darüber auszustellen, daß die Fortsetzung der Gütergemeinschaft nicht eingetreten ist (KGJ **45** 246).

Beispiel:

Die Witwe Krause in Lobau will nach dem Tode ihres Ehemannes, mit dem sie in Gütergemeinschaft gelebt hat, mit ihren Söhnen Oskar und Richard in fortgesetzter Gütergemeinschaft verbleiben und dies auf dem Nachlaßgrundstücke vermerken lassen. Sie stellt daher bei dem Grundbuchamt unter Überreichung des ihr nach § 1507 BGB vom Nachlaßgericht erteilten Zeugnisses den Antrag auf Berichtigung des Grundbuchs[1]. Die in den Spalten 1 bis 3 der ersten Abteilung zu bewirkenden Eintragungen lauten:

Sp. 1. Witwe Ottile Krause geborene Hacker in Lobau in fortgesetzter Gütergemeinschaft mit ihren Söhnen Oskar und Richard Krause, beide in Lobau.

Sp. 2. 1 bis 5.

Sp. 3. Auf Grund des Zeugnisses des Amtsgerichts in Lobau vom 15. März 1928 eingetragen am 14. April 1928.

IV. Soll bei einem Grundstück, einem Erbbaurecht, einer Hypothek, Grundschuld oder Rentenschuld, die zu dem Gesamtgut einer ehelichen Gütergemeinschaft oder einer fortgesetzten Gütergemeinschaft gehört, ein Beteiligter, auf den das Recht bei der Auseinandersetzung[2] übertragen ist, als neuer Eigentümer usw. eingetragen werden, so kann dies auf Grund eines von dem zuständigen Amtsgericht erteilten Zeugnisses geschehen. § 38 GBO; Art. 10 AGGBO. Solange die Auseinandersetzung nicht erfolgt ist, kann das Grundstück pp. nicht auf einen durch Erbschein als Alleinerben der Witwe ausgewiesenen Abkömmling umgeschrieben werden (JFG **3** 312).

V. Beim Güterstande des märkischen Provinzialrechts hört der überlebende Ehegatte mit der Wahl der Rücknahme des eigenen Vermögens nicht auf, Erbe des erstverstorbenen zu sein; die Nachlaßgegenstände fallen jedoch ohne weiteres in das Alleineigentum der anderen Erben. Für den Grundbuchverkehr genügt zum Nachweise des Eigentumsüberganges ein allen Erben erteilter Erbschein, in dem bezeugt wird, daß der überlebende Ehegatte Erbe ohne Anteil am Nachlasse sei (KGJ **35** A 213).

§ 163. Die Nacherbschaft.

Sehr häufig wird in Testamenten ein Erbe in der Weise eingesetzt, daß dieser erst Erbe wird, nachdem zunächst ein anderer Erbe geworden ist (Nacherbe). § 2100 BGB. Besonders die wechselseitigen Testamente unter Ehegatten werden vielfach dahin gefaßt, daß der überlebende Ehegatte Vorerbe und die aus der Ehe hervorgegangenen Kinder Nacherben sein sollen. Häufig wird auch das Nacherbrecht der Kinder dadurch beschränkt, daß sie sich nach der Bestimmung der Erblasser mit dem begnügen müssen, was von der Erbschaft nach dem Tode des über-

[1] Der Antrag muß in der Form des § 29 GBO gestellt sein; vgl. oben § 74. In der gleichen Form müssen volljährige Kinder ihre Zustimmung erteilen (Rechtsprechung der Oberlandesgerichte **31** 300).

[2] §§ 1471 ff., 1546 ff., 1497 ff. BGB.

lebenden Ehegatten noch übrig sein wird. § 2137 Abs. 1 BGB. Man spricht in letzterem Falle von befreiten Vorerben.

Der Grundbuchrichter muß, wenn nicht der Nacherbe hierauf verzichtet (RG **61** 232; KGJ **29** A 163; **40** 213; **52** 166), nach § 52 GBO in allen Fällen, in denen er den Vorerben als Eigentümer, Hypothekengläubiger usw. in das Grundbuch einträgt, ohne besonderen Antrag von Amts wegen[1] die Eintragung des Nacherbrechts verfügen[2] [3]. Ist der Vorerbe befreit, so ist dies bei der Eintragung zum Ausdruck zu bringen (KGJ **23** A 127), indem entweder bei dem Rechte des Vorerben vermerkt wird, daß dieser in der Verfügung über den Nachlaß nicht beschränkt ist, oder bei dem Rechte der Nacherben angegeben wird, daß die Nacherben sich mit dem begnügen müssen, was von der Erbschaft beim Tode des Vorerben noch übrig sein wird. Vgl. auch KGJ **40** 195.

Auch der unter einer aufschiebenden Bedingung (z. B. für den Fall der Wiederverheiratung des Vorerben) eingesetzte Nacherbe ist bei Eintragung der Vorerben mit seinem Rechte zugleich in das Grundbuch einzutragen (KGJ **33** A 176), desgleichen der Ersatznacherbe (KGJ **43** 304, OLG Rostock, a. M. KGJ **35** A 215). Das Nacherbenrecht der vom Erblasser testamentarisch errichteten und zum Nacherben eingesetzten Stiftung ist von Amts wegen bei dem Recht des Vorerben selbst dann zu vermerken, wenn die Stiftung noch nicht genehmigt ist (KGJ **28** A 85).

Die in den §§ 52, 53 GBO angeordneten Vermerke dürfen nur eingetragen werden, wenn ihre Richtigkeit dem Grundbuchrichter durch Vorlegung geeigneter Urkunden (Erbschein, letztwillige Verfügung) nachgewiesen ist; bloße Erklärungen der Beteiligten genügen nicht (KGJ **40** 190). § 894 BGB findet entsprechende Anwendung. Ist daher der Vorerbe noch nicht eingetragen, so kann der Nacherbe dessen Eintragung und zugleich die Eintragung des Nacherbenrechts herbeiführen[4]; ist andererseits der Vorerbe ohne Vermerk des Nacherbenrechts eingetragen worden, so kann der Nacherbe die Eintragung seines Rechts im Wege der Berichtigung erwirken. Hat zwischenzeitlich der Vorerbe über einen Erbschaftsgegenstand

---

[1] Ein Antrag dahingehend, nur das Recht des Vorerben einzutragen, ist zurückzuweisen.

[2] Der Erblasser kann die Eintragung nicht ausschließen.

[3] Wird der überlebende Ehegatte, der mit einem Abkömmling die Gütergemeinschaft fortgesetzt hat, von diesem als alleinigen Erben beerbt, so belastet die Nacherbschaft nur eine Bruchteilshälfte des zum ehemaligen Gesamtgut gehörigen Grundstücks (JFG **1** 360); dasselbe gilt für die Anordnung der Testamentsvollstreckung.

[4] Das einer offenen Handelsgesellschaft oder Kommanditgesellschaft gehörende Grundstück wird von der Vor- und Nacherbschaft nicht erfaßt. Der Nacherbe eines Gesellschafters kann also nicht eingetragen werden (JFG **4** 270). Der Vorerbe verfügt nicht über ein zur Erbschaft gehörendes Grundstück, wenn er der Bestellung einer Hypothek an dem auf den Namen der Gesellschaft eingetragenen Grundstück zustimmt.

eine Verfügung getroffen, die im Falle des Eintritts der Nacherbfolge dem Nacherben gegenüber unwirksam ist, hat er z. B. ein zur Erbschaft gehöriges Grundstück veräußert, so richtet sich der Berichtigungsanspruch gegen den Erwerber des Grundstücks, sofern diesem nicht die Vorschriften über den öffentlichen Glauben des Grundbuchs zur Seite stehen. Es macht keinen Unterschied, ob der Vorerbe bereits im Grundbuch eingetragen war oder nicht. Die Eintragung eines Widerspruchs kann vom Nacherben im Weg der Beschwerde gegen die bewirkte Eintragung verfolgt werden (KGJ **52** 143ff.).

Gegen eine Eintragung auf Grund des § 52 GBO ist die Beschwerde mit dem Ziele der Beseitigung der Eintragung zulässig (KGJ **34** A 237). Dagegen kommt die Eintragung eines Widerspruchs nicht in Frage (KGJ **34** A 236).

Das Recht des Nacherben kann nicht mehr eingetragen werden, wenn der Fall der Nacherbfolge bereits eingetreten ist (KGJ **49** 177; **50** 160).

Die Vorschrift des § 52 GBO gilt auch für die Fälle, in denen es sich um einen vor dem 1. Januar 1900 eingetretenen Erbfall handelt (KGJ **20** A 84; **23** A 127; **26** A 202; **40** 194); sie kommt also auch für die fideikommissarische Substitution des ALR und für das gemeinrechtliche Universalfideikommiß, und zwar auch bei Vermächtnissen, zur Anwendung (KGJ **22** A 299; **34** A 237).

Die §§ 52, 53 GBO sind ferner auch dann anzuwenden, wenn es sich um Grundstücke oder Rechte an Grundstücken handelt, die nicht zur Erbschaft gehören, sondern durch Rechtsgeschäft mit Mitteln der Erbschaft für diese erworben sind (KGJ **27** A 110; **40** 190). Wird ein Nachlaßgrundstück einem der Miterben, auf dessen Erbteil Nacherben eingesetzt sind, bei der Erbauseinandersetzung übereignet, so erscheint es zweifelhaft, ob der Fall der Surrogation des § 2111 BGB vorliegt oder der erwerbende Miterbe freies Sondereigentum erlangt hat. Vgl. hierüber KGJ **30** A 212; **42** 228; RG **89** 53.

Durch die Eintragung wird das Recht der Nacherben gegen mißbräuchliche Verfügungen des Vorerben geschützt und verhindert, daß ein gutgläubiger Dritter ein der Anfechtung des Nacherben nicht unterworfenes Recht erwirbt. Die Zugehörigkeit eines Grundstücks oder Grundstücksrechts zu einer Vorerbschaft und die dadurch dem Vorerben in bezug auf das Recht auferlegte Verfügungsbeschränkung (§ 2113 BGB) stehen, wenn das Nacherbenrecht im Grundbuch eingetragen ist, der grundbuchlichen Vollziehung von Verfügungen des Vorerben — mit Ausnahme von Löschungen — nicht entgegen. Die Verfügungen sind im Falle des Eintritts der Nacherbfolge nur insoweit unwirksam, als sie das Recht des Nacherben vereiteln oder beeinträchtigen würden. Der als Vorerbe aus dem Grundbuch ersichtliche Eigentümer kann die zur Eigentümergrundschuld gewordene Hypothek ohne vorherige Eintragung als Grundschuldgläubiger und ohne

Zustimmung des Nacherben abtreten; nach erfolgter Umschreibung der Hypothek auf den Erwerber ist das Grundbuch andererseits dahin zu berichtigen, daß die Post während des Durchgangszeitraumes als Eigentümergrundschuld zum Vorerbschaftsvermögen gehört hat. Behauptet der Vorerbe, daß die Grundschuld in sein freies Vermögen gefallen sei, so muß er nach § 40 Abs. 1 GBO zur Ermöglichung der Abtretung seine vorherige Eintragung als unbeschränkter Eigentümergrundschuldgläubiger herbeiführen. Gegenüber Löschungen muß der Schutz des Nacherben naturgemäß weitergehend sein (RG **65** 214; **102** 334; KGJ **30** A 261). Soll also eine Hypothek, mit der ein zu einer Vorerbschaft gehörendes Grundstück belastet ist, mit Zustimmung des als Eigentümer eingetragenen Vorerben gelöscht werden, so bedarf es der Zustimmung der Nacherben. Dies gilt auch, wenn Rechte, die der zu löschenden Hypothek im Range nachstehen, im Grundbuch nicht eingetragen sind. Wird die Zustimmung durch einen dem Nacherben bestellten Pfleger erklärt, so bedarf sie, falls ein Gegenpfleger oder Mitpfleger nicht bestellt ist, der Genehmigung des Vormundschaftsgerichts (KGJ **35** A 305).

Ist der Nacherbe nicht im Grundbuch vermerkt, so darf der nicht befreite Vorerbe über das betreffende Grundstück oder Recht ohne Zuziehung der Nacherben weder entgeltlich noch unentgeltlich verfügen (KGJ **22** A 315; **23** A 250; **27** A 110)[1]. Zahlt daher der Grundstückseigentümer den Hypothekenbetrag ohne Zustimmung des Nacherben an den Vorerben, so erwirbt er keine Eigentümergrundschuld (KGJ **50** 217).

Auch der befreite Vorerbe darf trotz seiner freieren Stellung gemäß §§ 2136, 2113 Abs. 2 BGB unentgeltliche Verfügungen ohne Zustimmung des Nacherben nicht vornehmen[2]. Will daher z. B. eine testamentarisch zur befreiten Vorerbin ihres Ehemannes eingesetzte Witwe das Nachlaßgrundstück auflassen, so muß sie entweder sich und ihre als Nacherben eingesetzten Kinder zuvor in das Grundbuch eintragen lassen, oder sie muß die Zustimmung ihrer Kinder in der Form des § 29 GBO beibringen, da auch bei befreiter Vorerbschaft die Nacherben als passiv Beteiligte im Sinne der §§ 41, 40, 19, 13 GBO anzusehen sind (KGJ **26** A 264; **30** A 261; **33** A 178, 184; **35** A 305; **52** 140; RG **61** 228; **65** 214; **70** 332). Will ein befreiter Vorerbe eine Nachlaßhypothek umschreiben lassen, so wird dasselbe gelten müssen; er muß also entweder die Bewilligung der vorbehaltlosen Umschreibung durch die Nacherben beibringen oder einen Vorbehalt der Rechte der Nacherben miteintragen lassen (KGJ **25** A 303; **33** A 178). Will er eine Nachlaßhypothek zur Löschung bringen, so wird, sofern nicht die Entgeltlichkeit der Verfügung

[1] Die unberechtigte Verfügung kann gemäß § 185 Abs. 2 BGB nachträglich endgültige Wirksamkeit erlangen (RG **110** 94).

[2] Eine Verfügung, für die ein Entgelt bedungen ist, kann durch das Mißverhältnis zwischen dem Entgelt und dem Gegenstande der Verfügung zu einer teilweisen unentgeltlichen Verfügung werden (JFG **4** 291).

feststellbar ist, stets die **Zustimmung** des Nacherben erforderlich sein (KGJ **33** A 178; **35** A 105; **41** 180; RG **102** 322). Das gleiche gilt, wenn der befreite Vorerbe eine das Nachlaßgrundstück belastende Hypothek nach Ausbezahlung zur Löschung bringen will (JFG **2** 431, OLG Hamburg)[1]. Ist die Zustimmung des Nacherben nötig, so kann das Grundbuchamt, wenn der Nacherbe durch einen Pfleger vertreten wird, zur Löschung der Nachlaßgrundschuld auch die Genehmigung des Vormundschaftsgerichts zur Zustimmung des Pflegers fordern; es kann sich aber auch an Stelle der Zustimmung des Nacherben mit dessen Zugeständnis begnügen, daß die Löschungsbewilligung des Vorerben nicht unentgeltlich erfolge; ein solches Zugeständnis bedarf keiner vormundschaftsgerichtlichen Genehmigung (KGJ **33** A 43). Das Grundbuchamt kann aber, auch wenn nach den Erklärungen der Beteiligten in der Verfügungsurkunde die Verfügung des befreiten Vorerben über die Nachlaßhypothek eine entgeltliche ist, eine unentgeltliche Verfügung als möglich ansehen (KGJ **33** A 178). Enthält die Löschungsbewilligung zugleich die Quittung, woraus sich die durch Leistung begründete Verpflichtung zur Löschungsbewilligung ergibt, so kann ohne besondere Gründe nicht vermutet werden, daß die Verfügung entgegen der Erklärung unentgeltlich erfolgt[2]. Eines in der Form des § 29 GBO zu führenden Beweises der Entgeltlichkeit bedarf es dann nicht, wenn die Unentgeltlichkeit durch die Natur der Sache oder die Sachlage ausgeschlossen wird (vgl. RG **61** 228; **65** 214; **69** 257; **70** 333; **81** 364; **105** 246; KGJ **41** 176; **52** 140; JFG **4** 291). Der zweite Fall wird regelmäßig dann vorliegen, wenn die Bewilligung des Vorerben Bestandteil eines zweiseitigen entgeltlichen Geschäfts ist (KGJ **38** A 223)[3]. Das letztere gilt auch für die einseitigen Rechtsgeschäfte; doch ist bei diesen besonders sorgfältig zu prüfen, ob nicht durch die besondere Sachlage eine Ausnahme bedingt wird (KGJ **40** 174). Die Unentgeltlichkeit wird regelmäßig durch die Sachlage dann ausgeschlossen sein, wenn ein Notar bezeugt, daß das Entgelt an den Vorerben bezahlt ist, und wenn die sonstigen tatsächlichen Verhältnisse die Unentgeltlichkeit unwahrscheinlich machen (KGJ **40** 180).

---

[1] Neben der Löschungsbewilligung des von dem verstorbenen eingetragenen Hypothekengläubiger für sich und seine Erben Bevollmächtigten kann indes der Nachweis der Zustimmung des Nacherben zur Löschung der Hypothek regelmäßig nicht verlangt werden (KGJ **36** A 166).

[2] KGJ **25** A 278. Dagegen nimmt KGJ **33** A 184 an, daß die Quittierungserklärung des Vorerben allein die Entgeltlichkeit nicht genügend beweise. — Der Vorerbe kann nicht zugleich als gesetzlicher Vertreter eines minderjährigen Nacherben (z. B. kraft elterlicher Gewalt) die Zustimmung zu seiner eigenen Erteilung löschungsfähiger Quittung hinsichtlich einer Nachlaßhypothek rechtswirksam erklären, es sei denn, daß die Quittung wirklich gegen Entgelt erteilt ist (KGJ **33** A 184; vgl. auch KGJ **30** A 261).

[3] Ist das Entgelt in der Inflationszeit entwertete Papiermark, so erscheint die Verfügung unter Umständen als eine unentgeltliche (RG **117** 97; JFG **2** 432, OLG Hamburg, ferner JFG **3** 278).

Sollen die in Ansehung einer Hypothek zwischen dem Eigentümer des belasteten Grundstücks und den Vorerben des eingetragenen Gläubigers vereinbarten Änderungen der Zins- und Zahlungsbedingungen in das Grundbuch eingetragen werden, so müssen zuvor die Vorerben als Gläubiger der Hypothek und die Nacherben mit ihrem Rechte gemäß § 40 Abs. 1 GBO in das Grundbuch eingetragen werden; eine Einwilligung der Nacherben in die Verfügung macht die Eintragung der Vorerben und Nacherben in diesem Falle nicht entbehrlich (KGJ **27** A 125). — Die Eintragung einer Zwangshypothek an einem zu einer Vorerbschaft gehörigen Grundstück ist nicht allein wegen einer Nachlaßforderung, sondern auch wegen einer gegen den Vorerben begründeten Forderung zulässig; jedoch müssen zuvor der Vorerbe als Eigentümer und die Nacherben mit ihrem Rechte in Abt. II nötigenfalls unter Anwendung des § 14 GBO eingetragen werden (KGJ **27** A 133); str.

Das Recht der Nacherben wird, wenn es das Eigentumsrecht an einem Grundstück betrifft, nach § 11 Nr. 2 AllgVfg nicht in Abt. I, sondern in Abt. II des Grundbuchs eingetragen. Betrifft das Recht der Nacherben eine Hypothek oder ein sonstiges Recht an einem Grundstück, so findet es in Spalte Veränderungen der betreffenden Abteilung (II oder III) seinen Platz. § 12 Abs. 2 AllgVfg. Die Nacherben sind nach § 4 Nr. 1 AllgVfg, soweit tunlich, mit ihren Namen zu bezeichnen (KGJ **23** A 127)[1].

Beispiel:

Die Witwe Karoline Redlich geb. Mühsam in Lobau überreicht in Ausfertigung ein öffentlich errichtetes Testament ihres verstorbenen Ehemannes, des Kaufmanns Karl Redlich, nebst dem Protokoll über dessen Eröffnung mit dem der Unterschrift nach notariell beglaubigten Antrage[2], sie auf Grund dieses Testaments als Eigentümerin des Grundstücks Lobau Bd. XX Bl. Nr. 530 und als Gläubigerin der im Grundbuche von Lobau Bd. XII Bl. Nr. 223 Abt. III Nr. 22 eingetragenen Buchhypothek von 5000 RM. einzutragen.

In dem Testamente ist die Antragstellerin zur befreiten Vorerbin und sind ihre Kinder Paul und Richard Redlich als Nacherben auf den Überrest eingesetzt. Die Verfügung lautet:

1. Einzutragen in das Grundbuch von Lobau

a) Bd. XX Bl. Nr. 530

Abt. I Sp. 1 bis 5.

Sp. 1. Witwe Karoline Redlich geb. Mühsam in Lobau.

Sp. 2. 1 bis 5.

Sp. 3. Auf Grund des Testaments des Kaufmanns Karl Redlich in Lobau vom 22. August 1926 nebst Eröffnungsverhandlung vom 12. April 1928 eingetragen am ... Juli 1928.

---

[1] Zulässig ist die Eintragung, daß die in einem bestimmten künftigen Zeitpunkt vorhandenen Abkömmlinge einer Person die Nacherben sind (KGJ **42** 224).

[2] Soweit sich der Antrag auf die Eintragung als Eigentümerin richtet, bedarf er der Form des § 29 GBO (KGJ **25** A 113, vgl. auch oben § 74); soweit er sich aber auf die Eintragung bei der Hypothek richtet, würde er auch privatschriftlich genügen (KGJ **22** A 154).

Abt. II Sp. 1 bis 3.

Sp. 1. 4.
Sp. 1. 1 bis 5.
Sp. 3. Paul Redlich und Richard Redlich, beide in Lobau, sind Nacherben der nach näherer Maßgabe des Testaments des Kaufmanns Karl Redlich in Lobau vom 22. August 1926 als befreiter Vorerbin eingesetzten Eigentümerin Witwe Karoline Redlich geb. Mühsam in Lobau. Eingetragen am ... Juli 1928.

b) Bd. XII Bl. Nr. 223

Abt. III Sp. Veränderungen.

Nr. 22. 5000 RM., fünftausend RM., nebst den Zinsen seit dem 1. Mai 1924 sind im Erbwege auf die Witwe Karoline Redlich geb. Mühsam in Lobau mit der Maßgabe übergegangen, daß die Witwe Redlich als Vorerbin unter Befreiung von den Beschränkungen ihres Verfügungsrechtes, ihr Söhne Paul und Richard Redlich, beide in Lobau, als Nacherben eingesetzt sind. Eingetragen am ... Juli 1928.

2. Nachricht von der Eintragung in Abt. I an das Katasteramt, Finanzamt und Zuwachssteueramt, die Witwe Redlich und die dinglich Berechtigten (Rentenbank, Ritterschaftsdirektion, Rentner Sahnau), von der Eintragung in Abt. II an die Witwe Redlich und ihre beiden Söhne, von der Eintragung in Abt. III an den Eigentümer von Lobau Bd. XII Bl. Nr. 223, die Witwe Redlich und ihre beiden Söhne, sowie das Finanzamt.

3. Testamentsausfertigung nebst Eröffnungsprotokoll z. d. A.

4. Beglaubigte Abschrift der Verf. zu 1b, 2 bis 4 zu den Grundakten von Lobau Bd. XII Bl. Nr. 223.

Lobau, 13. Juli 1928. Schm.

Dem für einen Nacherben eingesetzten *Ersatzerben* steht bis zum Wegfalle des Nacherben kein eintragungsfähiges Recht zu. Der Vorerbe ist bis zum Wegfalle des Nacherben nur durch diesen in der Verfügung über den Nachlaß beschränkt (KGJ **35** A 215, str., a. M. OLG Rostock, KGJ **43** 304). Nach Ansicht des OLG Dresden (JFG **4** 291) muß für noch ungewisse Nacherben ein Pfleger zur Wahrnehmung ihrer Rechte gegenüber dem Vorerben bestellt werden, der dann nicht nur die noch nicht geborenen oder erzeugten, sondern auch die bereits vorhandenen Nacherben vertritt.

Endlich ist noch zu beachten, daß das Anwartschaftsrecht des Nacherben mit dinglicher Wirkung übertragen werden kann (RG **101** 185). Hierbei ist die Form des § 2033 BGB zu beachten. Die Übertragung kann auch an den Vorerben erfolgen. Alsdann wird dieser Vollerbe. Er behält das Anwartschaftsrecht des Nacherben nicht als besonderes Recht in seiner Hand, kann es daher nicht weiterveräußern (KGJ **51** 214). Das Nacherbenrecht ist auch pfändbar, und die Pfändung kann durch Eintragung im Grundbuche kenntlich gemacht werden (RG **67** 428; **83** 434; KGJ **42** 234ff.; **47** 167).

Beim Eintritt des Nacherbfalls bedarf der Nacherbe zum Nachweise seines Erbrechts gegenüber dem Grundbuchamte in der Regel keines neuen Erbscheins (JFG **1** 368).

§ 164. Befugnisse des Testamentsvollstreckers[1].

Ist von dem Erblasser ein Testamentsvollstrecker ernannt, so tritt dieser vor dem Grundbuchrichter auf.

Die Stellung des Testamentsvollstreckers ist als ein Amt zu betrachten, das er zu eigenem Rechte, aber in fremdem Interesse ausübt, und das kein öffentliches Amt ist (KGJ **24** A 106; **25** A 73; **27** A 148; **40** 213; **41** 80; RG **56** 330; **61** 145). Der Testamentsvollstrecker verfügt an Stelle der Erben und für sie, aber doch in eigenem Namen, über die Nachlaßgegenstände[2]; den Erben ist eine Verfügung über den Nachlaß untersagt. § 2211 BGB. Der Testamentsvollstrecker kann also z. B. zum Nachlaß gehörige Grundstücke auflassen und zum Nachlaß gehörige Hypotheken abtreten oder ihre Löschung bewilligen, ohne daß zuvor die Erben als Eigentümer oder Erben einzutragen wären. § 41 Abs. 2 GBO. Ferner ist er zur hypothekarischen Belastung des Nachlaßgrundstücks befugt; auch in diesem Falle brauchen die Erben zuvor nicht etwa als Eigentümer eingetragen zu werden. § 41 Abs. 2 GBO (KGJ **27** A 192).

Aus der Rechtsprechung ist noch folgendes hervorzuheben: Der Testamentsvollstrecker kann gemäß § 13 GBO den Berichtigungsantrag stellen und Nachlaßhypotheken usw. auf die Erben umschreiben lassen (KGJ **44** 231). Er darf auch die nach § 22 Abs. 2 GBO zur Eintragung der Erben als Eigentümer eines Nachlaßgrundstücks erforderliche Zustimmung kraft eigenen Rechts erklären (KGJ **24** A 204). Auf Grund seiner Eintragungsbewilligung kann aber, selbst wenn der Erbe zustimmt, eine Eintragung in das Grundbuch nur erfolgen, wenn dem Grundbuchamt nachgewiesen ist, daß die Verfügung nicht unentgeltlich ist oder daß sie einer sittlichen Pflicht oder einer auf den Anstand zu nehmenden Rücksicht entspricht. Dieser Nachweis braucht aber nicht durch die im § 29 GBO bezeichneten Mittel geführt zu werden. Der Grundbuchrichter hat auch andere Beweismittel zu würdigen und nach pflichtgemäßem Ermessen zu entscheiden, ob der Beweis erbracht ist (KGJ **33** A 164; **48** 151); s. auch JFG **3** 278; RG **81** 364; **105** 246. Der ohne Anordnung von Beschränkungen ernannte Testamentsvollstrecker kann zum Zwecke der Auseinandersetzung unter den mehreren Miterben ein Nachlaßgrundstück an einen Miterben auflassen, ohne nachweisen zu brauchen, daß er die Erben über den Auseinandersetzungsplan gehört hat. Er kann aber nicht zugleich für den Miterben, dem er das Grundstück zugewiesen hat, die Auflassung entgegennehmen; vielmehr muß dieser Miterbe bei der Auflassung als Auf-

---

[1] Wegen Vertretung der Erben durch einen Bevollmächtigten, der über den Tod des Machtgebers hinaus zur Vertretung berechtigt ist, s. oben § 137, S. 338, Abs. 2.

[2] Einer Genehmigung des Vormundschaftsgerichts oder der in Art. 6, 7 AGGBG vorgeschriebenen Genehmigung von Aufsichtsbehörden bedarf er nicht (KGJ **40** 213, 216; RG **61** 144).

lassungsempfänger mitwirken. (KGJ **31** A 299.) Die Umschreibung einer Hypothek durch den Testamentsvollstrecker auf einen Miterben im Wege der Erbteilung erfordert den Nachweis des Erbrechts dessen, auf den die Hypothek umgeschrieben werden soll, eventuell durch ein Zeugnis gemäß § 37 GBO (KGJ **48** 151). Endlich steht dem Testamentsvollstrecker, nicht den Erben, das Beschwerderecht gemäß §§ 71ff. GBO zu (KGJ **51** 216).

Der Testamentsvollstrecker muß aber, bevor er über Nachlaßgegenstände verfügen kann, sein Amt durch Erklärung gegenüber dem Nachlaßgericht angenommen haben und in der Lage sein, dies dem Grundbuchrichter nachzuweisen (KGJ **25** A 278; **40** 196). Auch der Erbe kann vor diesem Zeitpunkt über Nachlaßgegenstände nicht verfügen (KGJ **40** 196).

Mit dem Amt des Testamentsvollstreckers ist es nicht unvereinbar, daß er zu seinen Gunsten Verfügungen vornimmt. Regelmäßig ist er hierzu berechtigt, es sei denn, daß ein entgegenstehender Wille des Erblassers erkennbar ist (§ 2208 BGB) oder ein Widerstreit der Interessen besteht (RG **61** 139; **74** 215; KGJ **50** 162). Liegt ein derartiger Ausnahmefall vor, so steht das Verfügungsrecht dem Erben zu. Bei Verfügungen zu eigenen Gunsten wird oft ein Widerstreit der Interessen gegeben sein. § 181 BGB findet *keine* Anwendung, da der Testamentsvollstrecker nicht *Vertreter* der Erben ist (RG **61** 145; **82** 151). Sind zwei Testamentsvollstrecker vorhanden, so bietet sich die Möglichkeit, daß der eine von ihnen an den anderen veräußert (RG **58** 299; vgl. auch RG **61** 143; **98** 174).

Unentgeltliche Verfügungen des Testamentsvollstreckers zu eigenem Nutzen sind selbst mit Zustimmung des Erben nichtig (RG **74** 215). Über den Begriff der Unentgeltlichkeit s. RG **81** 364; **105** 247; **117** 97, ferner Anm. 3 S. 399.

Der Testamentsvollstrecker kann für einzelne bestimmte Geschäfte *Bevollmächtigte* bestellen; er darf aber nicht seine sämtlichen Befugnisse auf einen Dritten übertragen, es sei denn, daß der Erblasser ihm dies ausdrücklich gestattet hat. §§ 2218, 2220 BGB (KGJ **27** A 197)[1]. *Mehrere* Testamentsvollstrecker führen ihr Amt gemeinschaftlich, wenn nicht der Erblasser etwas anderes bestimmt hat. § 2224 BGB.

Der Testamentsvollstrecker weist sich dem Grundbuchrichter gegenüber durch Vorlegung einer Ausfertigung des betreffenden Testaments nebst Eröffnungsprotokoll aus. Ist das Testament nicht in einer *öffentlichen* Urkunde enthalten, so muß er sich durch ein ihm gemäß § 2368 BGB vom Nachlaßgericht über seine Ernennung zu erteilendes *Zeugnis* ausweisen.

[1] Dagegen darf er eine Gesamtvollmacht unter Vorbehalt des Widerrufs erteilen (KGJ **32** A 90). Über Erteilung einer Prokura vgl. KGJ **41** 75.

§ 36 Abs. 2 GBO[1] [2]. Das Zeugnis des Nachlaßgerichts kann also nicht in jedem Falle vom Grundbuchrichter verlangt werden (KGJ **24** A 221). Dagegen muß bei Nichtvorlegung dieses Zeugnisses der Nachweis der Annahme des Testamentsvollstreckeramts durch öffentliche oder öffentlich beglaubigte Urkunden erbracht werden, auch wenn die Ernennung zum Testamentsvollstrecker durch Vorlegung einer Testamentsausfertigung nachgewiesen ist. Etwaige Beschränkungen des Testamentsvollstreckers in der Verwaltung des Nachlasses sind in dem Zeugnis zu vermerken. § 2368 BGB. Sind mehrere Testamentsvollstrecker ernannt und vom Erblasser über die Führung des Amtes von der Vorschrift des § 2224 BGB abweichende Anordnungen getroffen, so ist dies ebenfalls in dem Zeugnis anzugeben (KGJ **22** A 269). Der Inhalt des Zeugnisses ist für den Grundbuchrichter maßgebend; er braucht nicht zu prüfen, ob der Nachlaßrichter das Zeugnis richtig ausgestellt hat. Er darf auch die Verfügungsbefugnis des in dem Zeugnis benannten Testamentsvollstreckers nicht aus dem Grunde beanstanden, weil das Testament, auf Grund dessen das Zeugnis erteilt ist, wegen Verletzung einer Formvorschrift nichtig ist (KGJ **37** A 249); vgl. jedoch KGJ **42** 219[3]. Andererseits kann das Grundbuchamt, wenn das Nachlaßgericht die Erteilung eines Testamentsvollstreckerzeugnisses wegen Ungültigkeit der letztwilligen Verfügung abgelehnt hat, die selbständige Prüfung dieser Ungültigkeit zwecks Feststellung der Verfügungsbefugnis des vermeintlichen Testamentsvollstreckers ablehnen und fordern, daß ihm die Verfügungsbefugnis durch ein im Wege der Beschwerde gegen die Entscheidung des Nachlaßgerichts zu erlangendes Testamentsvollstreckerzeugnis nachgewiesen werde (KGJ **34** A 233).

Endlich ist noch zu beachten, daß auch die Befugnis ausländischer Testamentsvollstrecker zur Verfügung über ein zum Nachlasse eines Ausländers gehörendes, im Inland belegenes Grundstück dem Grundbuchamt, falls nicht die Ernennung zum Testamentsvollstrecker in einer öffentlichen Urkunde enthalten ist, durch ein Zeugnis des inländischen Nachlaßgerichts dargetan werden muß (KGJ **30** A 307, OLG Hamburg).

---

[1] Will der Testamentsvollstrecker für die Erben ein Grundstück oder ein Recht am Grundstück erwerben, so bedarf er außer dem Testamentsvollstreckerzeugnis noch des Nachweises der Person der als Eigentümer einzutragenden Erben in der Form des § 36 Abs. 1 GBO (KGJ **40** 201; **50** 165).

[2] § 36 Abs. 2 GBO gilt nicht nur in den Fällen, wo die Befugnis des Testamentvollstreckers zur Verfügung über einen Nachlaßgegenstand in Frage steht (KGJ **42** 219).

[3] Eine die Auseinandersetzung ausschließende Anordnung des Erblassers hat nur schuldrechtliche Wirkung, beschränkt daher das Verfügungsrecht des Testamentvollstreckers nicht. Darüber, ob ein wichtiger Grund zur vorzeitigen Auseinandersetzung vorliegt, entscheidet mangels anderer Anordnung des Erblassers der Testamentsvollstrecker; dem Grundbuchrichter steht ein Prüfungsrecht darüber nicht zu.

Ist ein Testamentsvollstrecker ernannt, so ist dies bei der Eintragung des Erben von Amts wegen mit einzutragen, es sei denn, daß der Nachlaßgegenstand der Verwaltung des Testamentsvollstreckers nicht unterliegt. § 53 GBO. Deshalb ist bei Eintragung des Erben als Eigentümer die Ernennung des Testamentsvollstreckers von Amts wegen mit einzutragen, wenn der Testamentsvollstrecker gemäß § 2209 BGB die Verwaltung des Erbteils auch nach beendeter Nachlaßteilung fortzuführen hat (KGJ **31** A 259). Durch die Vorschrift des § 53 GBO soll verhindert werden, daß die Erben an Stelle des Testamentsvollstreckers über den betreffenden Nachlaßgegenstand verfügen; denn wenn die Ernennung des Testamentsvollstreckers im Grundbuch eingetragen ist, kann sich der Erwerber nicht auf seinen guten Glauben berufen, da ihm der Inhalt des Grundbuchs bekannt sein muß. Die Eintragung des Testamentsvollstreckers erfolgt in Abt. II Spalte 1 bis 3 oder in Abt. III Spalte Veränderungen, je nachdem das Eigentum eines Grundstücks oder ein Recht an einem solchen in Frage steht. § 11 Nr. 2, 12 Abs. 2 AllgVfg[1]. Der Name des Testamentsvollstreckers und der Umfang der ihm zustehenden Vertretungsmacht darf hierbei nicht angegeben werden (KGJ **36** A 189; **40** 193; **50** 168).

Beispiele:

1. Nachdem in Abt. I Sp. 1 bis 3 die Erben als Eigentümer eingetragen sind, wird in Abt. II Sp. 1 bis 3 vermerkt:

Sp. 1 u. 2. Nr. 4. 1 und 2.

Sp. 3. Es ist ein Testamentsvollstrecker des Nachlasses des Rentiers Friedrich Garlieb ernannt. Eingetragen am 22. November 1928.

2. Ist in Abt. III eine Nachlaßhypothek auf die Erben umzuschreiben, so lautet die Eintragung in Sp. Veränderungen:

Sp. 5. Nr. 4.
Sp. 6. 10000.
Sp. 7. Zehntausend RM. sind mit den Zinsen seit dem 1. Januar 1928 im Erbwege auf den Malermeister Karl Schröder und den Handelsmann Richard Schröder, beide in Lobau, in ungeteilter Erbengemeinschaft übergegangen. Es ist ein Testamentsvollstrecker des Nachlasses des Sattlermeisters Paul Schröder ernannt. Eingetragen am 22. November 1928.

Das Grundbuchamt hat die Eintragung, daß ein Testamentsvollstrecker ernannt sei, solange als maßgebend anzusehen, bis ihm Tatsachen für die Unrichtigkeit der Eintragung bekannt werden (KGJ **40** 196). Das Amt des Testamentsvollstreckers erlischt nicht dadurch, daß er zum Vormunde des Alleinerben bestellt wird (KGJ **48** 141).

Ist ein Testamentsvollstrecker zur Ausübung der Rechte des Nacherben bis zum Eintritt der Nacherbfolge ernannt, so ist dies bei der Eintragung des Vorerben und des Rechtes des Nacherben von Amts wegen in das Grundbuch einzutragen (KGJ **40** 196; JFG **1** 362).

[1] Vgl. Anm. 3 S. 396.

§ 165. Eintragungen auf Grund eines Zeugnisses im Falle der Erbauseinandersetzung.

Ist kein Testamentsvollstrecker ernannt, so müssen stets die sämtlichen Erben die zur Verfügung über die hinterlassenen Vermögensstücke erforderlichen Erklärungen abgeben (bez. der Auflassung eines Nachlaßgrundstücks s. KG vom 1. Dezember 1927, JW 28 S. 915)[1]. Nur wenn bei einem zu einem Nachlasse gehörenden Grundstück, einem Erbbaurecht, einer Hypothek, oder Rentenschuld einer von mehreren Erben als neuer Eigentümer, Erbbauberechtigter oder Gläubiger eingetragen werden soll, ist ein vereinfachtes Verfahren möglich. § 37 GBO. Art. 10 AGGBO.

Hat z. B. ein Erblasser (A) eine Witwe (B) und fünf Kinder (C, D, E, F und G) als Erben hinterlassen, und soll eine Nachlaßhypothek auf den Miterben C übertragen werden, so müßten nach den allgemeinen Vorschriften die Erben einen Erbschein oder ein in öffentlicher Urkunde enthaltenes Testament nebst Eröffnungsprotokoll dem Grundbuchrichter vorlegen und sämtlich ihre Einwilligung zu der Umschreibung der Hypothek auf C in der Form des § 29 GBO erklären. Hat aber ein gerichtliches Nachlaßordnungsverfahren stattgefunden und haben in diesem die Erben zu Protokoll des Nachlaßrichters erklärt, daß sie darin willigen, daß die Hypothek auf C im Grundbuch umgeschrieben werde, so braucht dem Grundbuchrichter gemäß § 37 GBO nur ein Zeugnis des Nachlaßgerichts[2] darüber vorgelegt zu werden, daß die Hypothek auf C übergegangen ist.

Ein solches Zeugnis wird etwa lauten:

Es wird hiermit bescheinigt, daß in dem gerichtlichen Verfahren betreffend Ordnung des Nachlasses des am 22. September 1927 verstorbenen ... sich ..... als Erben ausgewiesen haben, und daß die sämtlichen Erben in die Umschreibung der im Grundbuch von Lobau Bd. VII Bl. Nr. 212 in Abt. III unter Nr. 7 für den Erblasser eingetragenen Hypothek von 10000 RM. nebst den Zinsen seit dem 1. April 1925 auf den Miterben ... gewilligt haben[3].

Lobau, den 20. Oktober 1928. — **Amtsgericht.**
(Siegel des Gerichts.) — **Schultze.**

Ein solches Zeugnis darf vom Nachlaßgericht nur ausgestellt werden, wenn die Voraussetzungen für die Erteilung eines Erbscheins vorliegen und die Erklärungen der Erben vor dem Nachlaßgericht zu Protokoll ge-

---

[1] Die Pfändung eines Erbteils schließt den Pfändungsschuldner von der Mitwirkung bei der Nachlaßteilung nicht aus.

[2] Wird das Grundbuch bei demselben Amtsgericht geführt, das als Nachlaß- oder Teilungsgericht zur Ausstellung des Überweisungszeugnisses bezüglich eines einem Beteiligten zugewiesenen Grundstücks zuständig ist, so kann die Auflassung vor dem Nachlaß- oder Teilungsrichter auch dann wirksam erfolgen, wenn dieser nicht zuständiger Grundbuchrichter ist und nicht in dessen Vertretung handeln will (KGJ **44** 233).

[3] Es muß also die Erbfolge und das Vorliegen der Eintragungsbewilligung bescheinigt sein; es darf nicht bloß die Übereignung der Hypothek bescheinigt sein (KGJ **44** 237).

geben oder durch öffentliche oder öffentlich beglaubigte Urkunden nachgewiesen sind. § 37 Abs. 2 GBO. Diese Vorschrift der Grundbuchordnung ist aber nur eine Anleitung für den Nachlaßrichter, und der Grundbuchrichter hat nicht nachzuprüfen, ob der Nachlaßrichter bei Ausstellung des Zeugnisses vorschriftsmäßig verfahren ist.

Das Zeugnis genügt dem Grundbuchrichter gegenüber zum Nachweise der Erbfolge und der Eintragungsbewilligung der Erben. Es braucht also in unserem Falle C weder einen Erbschein[1], noch ein Testament, noch eine Bewilligung seiner Miterben vorzulegen, sondern er beantragt in privatschriftlicher Form unter Überreichung des Zeugnisses und des etwa gebildeten Hypothekenbriefes die Umschreibung der Hypothek auf seinen Namen. Das Zeugnis ersetzt aber den Antrag nicht; das Amtsgericht ist weder als Nachlaßgericht noch als Vormundschaftsgericht befugt, das Grundbuchamt um Umschreibung einer bei der Auseinandersetzung einem von mehreren Erben überwiesenen Nachlaßhypothek zu ersuchen und gegen die Ablehnung der Umschreibung Beschwerde einzulegen (KGJ **32** A 243).

Erleichterte Formen für den Grundbuchverkehr sind auch gegeben im Falle einer rechtskräftig bestätigten Erbauseinandersetzungsverhandlung[2]. Der Erbauseinandersetzung steht gleich die Auseinandersetzung in Ansehung des Gesamtguts nach Beendigung einer ehelichen oder einer fortgesetzten Gütergemeinschaft. Die Versäumniswirkungen einer sochen Auseinandersetzung gemäß §§ 89ff. FGG, Art. 21ff. PrFGG und die Bestätigung erstrecken sich auch auf diejenigen Erklärungen der Beteiligten, die die Ausführung der Auseinandersetzung betreffen, soweit sich nicht aus dem Protokoll ein anderer Wille der Beteiligten ergibt (KGJ **35** A 74; **41** 249; JFG **1** 365). Sind also z. B. von den drei Erben A, B und C nur A und B in dem Verhandlungstermin erschienen und haben A und B in diesem Termin bei der Auseinandersetzung u. a. den X zur Auflassung des Nachlaßgrundstücks an Y bevollmächtigt, so braucht, wenn die Versäumnisfolgen gegen C eingetreten und die Auseinandersetzung bestätigt ist, bei dem Verfahren vor dem Grundbuchamt nicht noch eine besondere Vollmacht des C beigebracht zu werden (KGJ **28** A 30).

Die Erteilung eines Überweisungszeugnisses ist auch möglich bei der Auseinandersetzung einer Gütergemeinschaft von Todes wegen, die nach märkischem Provinzialrecht durch die Einwerfung des Vermögens des überlebenden Ehegatten zwecks Teilung nach dem Statut entstanden ist (KGJ **44** 233).

---

[1] Es wird dadurch erheblich an Kosten gespart.

[2] Nach Rechtskraft des Bestätigungsbeschlusses kann die Verletzung einer Verfahrensvorschrift nicht mehr geltend gemacht werden, wohl aber ein materieller Mangel, insbesondere ein solcher im Willen oder in der Geschäftsfähigkeit (JFG 1 365).

§ 166. Der Vermächtnisnehmer.

Der Vermächtnisnehmer kann nicht auf Grund der letztwilligen Verfügung dem Grundbuchrichter gegenüber über das vermachte Grundstück oder Recht an einem solchen verfügen. Vielmehr wird nach § 2174 BGB durch das Vermächtnis für ihn nur das Recht begründet, von dem beschwerten Erben die Übertragung des vermachten Grundstücks usw. zu fordern. Der Erbe muß also gemäß §§ 19ff. GBO das Eigentum oder das sonstige Recht an dem vermachten Grundstück auf den Bedachten übertragen.

Achter Abschnitt.

Die Tätigkeit des Grundbuchamts in besonderen Fällen.

§ 167. Die Zwangsversteigerung und Zwangsverwaltung[1] [2].

1. Die Eintragung der Anordnung der Zwangsversteigerung oder Zwangsverwaltung des Grundstücks erfolgt auf Ersuchen des Vollstreckungsrichters; das Ersuchen darf auch dann nicht unterlassen werden, wenn der Vollstreckungsrichter auch das Grundbuch führt. § 9 Abs. 1 ZwVG. Der Grundbuchrichter hat nach § 39 GBO nur zu prüfen, ob das Vollstreckungsgericht gesetzlich befugt ist, die beantragte Eintragung zu verlangen und ob das Ersuchen nach Art. 9 AGGBO ordnungsmäßig unterschrieben und mit Siegel oder Stempel versehen ist. Liegt dies vor, so ist die Rechtmäßigkeit des Ersuchens nicht weiter zu prüfen[3]; die Verantwortung trägt allein der Vollstreckungsrichter. Die Anordnung der Zwangsverwaltung ist auf Grund des Ersuchens des Vollstreckungsgerichts auch dann einzutragen, wenn die Zwangsverwaltung auf Grund des § 1134 Abs. 2 BGB durch einstweilige Verfügung angeordnet ist (KGJ **35** A 265). Der einzutragende Vermerk soll verhindern, daß der Schuldner nach Anordnung der Zwangsversteigerung oder Zwangsverwaltung noch Verfügungen über das Grundstück treffe, die entweder die Versteigerungsinteressen oder den Erwerber benachteiligen könnten (KGJ **26** A 78). Durch die Eintragung des Zwangsversteigerungsvermerks wird der

---

[1] Wichtige Vorschriften enthalten die §§ 14ff. der Vdg vom 12. September 1927 (RGBl I S. 299) zur weiteren Durchführung des AwG usw.

[2] Hinzuweisen ist auf das Buch von Reinhard: „Einfluß der neuen Gesetzgebung auf die Zwangsversteigerung und Zwangsverwaltung (Stuttgart 1927 bei W. Kohlhammer, 3. Aufl.).

[3] Der Grundbuchrichter muß dem Ersuchen auch dann stattgeben, wenn der Schuldner nicht mehr als Eigentümer eingetragen ist (JFG **4** 301); s. dagegen § 168 Abs. 2 u. KGJ **21** A 96; **26** A 78.

Eigentümer an der Veräußerung oder Belastung des Grundstücks nicht gehindert; er kann vielmehr auch dann noch die Eintragung von Rechten in das Grundbuch bewilligen (KGJ **34** A 282); der Erwerber oder Gläubiger muß sich aber die Fortsetzung der Versteigerung gefallen lassen. §§ 265, 266, 325, 727 ZPO. Der Grundbuchrichter darf also die Entgegennahme der Auflassungserklärungen und der Eintragung des neuen Erwerbers auf Grund dieser sowie die Eintragung neuer Hypotheken usw. trotz des eingetragenen Vermerks nicht ablehnen; er wird aber den Erwerber auf die Folgen des Vermerks aufmerksam machen müssen, und es wird nach dieser Belehrung der Erwerber in der Regel von dem Erwerbe wieder abstehen.

Der gemäß § 11 Nr. 2 AllgVfg in die zweite Abteilung einzutragende Vermerk lautet:

Die Zwangsversteigerung des Grundstücks ist angeordnet.
Eingetragen am 28. April 1928.
Schmidt. Lehmann.

Oder bei Versteigerungen eines der mehreren auf einem Grundbuchblatt eingetragenen Grundstücke:

„Die Zwangsversteigerung des unter Nr. 2 des Verzeichnisses der Grundstücke eingetragenen Gartens ist angeordnet.
Eingetragen am 3. Mai 1928.“
Schmidt. Lehmann.

Oder wenn ein ideeller Grundstücksteil versteigert werden soll:

„Die Zwangsversteigerung der dem Kaufmann David Strauß gehörigen ideellen Grundstücke ist angeordnet[1]**.**
Eingetragen am 10. Mai 1928.“
Schmidt. Lehmann.

Die Eintragung des Zwangsversteigerungs- und Zwangsverwaltungsvermerks ist gewissen Hypothekenbanken und Körperschaften oder Anstalten des öffentlichen Rechts bekanntzumachen (AV vom 15. September 1914, JMBl S. 712). In allen Fällen der Zwangsversteigerung von land-, forst- oder gartenwirtschaftlichen Grundstücken ist die Deutsche Rentenbank (Berlin W 8, Wilhelmstr. 67) als Beteiligte anzusehen. Ihr sind insbesondere die im ZVG für Beteiligte vorgesehenen Zustellungen und Benachrichtigungen (z. B. § 41, 146 ZVG) zu übermitteln (AV vom 11. Dezember 1926, JMBl S. 423) f. oben S. 374 Nr. 6.

Der Grundbuchrichter hat nach der Eintragung des Versteigerungsvermerks von Amts wegen dem Vollstreckungsgericht eine beglaubigte, von ihm und dem Grundbuchführer zu unterschreibende Abschrift des Grundbuchblattes und der Urkunden, auf die im Grundbuche Bezug genommen wird, zu erteilen, die bei ihm bestellten Zustellungsbevoll-

[1] Das Ersuchen um Eintragung des Vermerks kann der Grundbuchrichter nicht um deswillen ablehnen, weil die Größe des Anteils (Bruchteils) im Grundbuche nicht angegeben ist (KGJ **34** A 257).

mächtigten zu bezeichnen und Nachricht zu geben (nach Maßgabe des Wohnungsblattes), was ihm über Wohnort und Wohnung der eingetragenen Beteiligten und deren Vertreter bekannt ist. Statt der Erteilung einer beglaubigten Abschrift der Urkunden genügt die Beifügung der Grundakten oder der Urkunden. § 19 Abs. 2 ZwVG. Letzteres wird bei kleinen Gerichten, insbesondere dann, wenn der Grundbuch- und Vollstreckungsrichter dieselbe Person ist, zur Vermeidung unnötigen Schreibwerks stets erfolgen müssen.

2. Wird das Versteigerungsverfahren aufgehoben, z. B. wenn der betreibende Gläubiger den Versteigerungsantrag zurückgenommen hat, so ersucht der Vollstreckungsrichter das Grundbuchamt um Löschung des Versteigerungsvermerks. § 33 ZwVG. Auch diesem Ersuchen hat der Grundbuchrichter ohne Prüfung der Rechtmäßigkeit zu entsprechen. Die Eintragung in Abt. II Sp. Löschung lautet (KGJ **22** A 157; **23** A 252; **25** A 311):

Nr. 3 gelöscht am 30. Juli 1928.
Schmidt. Lehmann.

3. Nach Ausführung des Teilungsplans und nach Rechtskraft des Zuschlags ersucht der Vollstreckungsrichter das Grundbuchamt, den Ersteher[1] als Eigentümer einzutragen[2], den Versteigerungsvermerk sowie die durch den Zuschlag erloschenen Rechte zu löschen und die Eintragung der Sicherungshypotheken für die Forderungen gegen den Ersteher zu bewirken. Das Grundbuchamt hat auch in jedem Falle dem Ersuchen des Vollstreckungsgerichts um Eintragung einer Sicherungshypothek für den Ersteher zur Sicherung der auf ihn übertragenen Forderung des Versteigerungsschuldners stattzugeben; insbesondere kann es das Ersuchen nicht auf Grund des § 118 Abs. 2 ZwVG beanstanden (KGJ **44** 292). Die hier erwähnten Sicherungshypotheken können für Beträge unter 500 RM. und auf mehreren Grundstücken als Gesamthypotheken eingetragen werden.

Über die Eintragung der Sicherungshypothek als wertbeständige oder Höchstbetragshypothek s. §§ 15, 16 der Entlastungsverordnung vom 13. Mai 1924 (RGBl I S. 552).

Soll das Eigentum des versteigerten Grundstücks für mehrere Ersteher eingetragen werden, so hat sich das Ersuchen des Versteigerungsrichters bei Vermeidung der Ablehnung darüber auszusprechen, ob Mit-

---

[1] Ist der Ersteher nach dem Zuschlage verstorben und ersucht der Vollstreckungsrichter um Eintragung des Rechtsnachfolgers, so steht dem Grundbuchamt die sachliche Nachprüfung der Rechtsnachfolge zu (Oberstes Landesgericht München, KGJ **46** 259).

[2] Das Grundbuchamt kann das Ersuchen des Vollstreckungsgerichts um Eintragung des Erstehers wegen Fehlens der Bescheinigung der Steuerstelle über Stundung, Sicherstellung oder Nichterhebung der Grunderwerbsteuer beanstanden (KGJ **52** 154, JFG 1 406, OLG Dresden).

eigentum nach Bruchteilen oder welches sonstige für die Gemeinschaft maßgebende Rechtsverhältnis einzutragen ist. § 48 GBO (KGJ **23** A 224).

Ist das Grundstück dem Subhastaten zugeschlagen, so ist dessen erneute Eintragung erforderlich (KGJ **34** A 282ff.; **41** 290ff.; **51** 190).

Die Prüfung der Frage, welche Rechte im Zwangsversteigerungsverfahren durch den Zuschlag erloschen sind und also gelöscht werden müssen, steht dem Vollstreckungsrichter zu; sein Ersuchen um Löschung unterliegt nicht der Nachprüfung des Grundbuchrichters (KGJ **23** A 252)[1]. Der Vollstreckungsrichter ist aber nicht befugt, das Grundbuchamt um Löschung vnn Hypotheken, die nach dem Zuschlag auf Grund der Eintragungsbewilligung des Erstehers etwa eingetragen sind, zu ersuchen (KGJ **34** A 282).

Der Grundbuchrichter hat einem Ersuchen des Zwangsversteigerungsrichters um Wiedereintragung einer Hypothek, die infolge Versehens des letzteren bei dem nach Ausführung des Verteilungsplans erlassenen Ersuchen um Grundbuchberichtigung gelöscht ist, stattzugeben, jedoch vorbehaltlich inzwischen wohlerworbener Rechte Dritter. Besteht die Möglichkeit der Verletzung solcher, so ist ein Widerspruch gegen die Richtigkeit des Grundbuchs einzutragen (KGJ **25** A 311).

Der Vollstreckungsrichter hat aber nur für die nötigen Eintragungen auf dem Blatte des *versteigerten* Grundstücks zu sorgen. Das Ersuchen des Vollstreckungsgerichts um Löschung der Gesamthypotheken auf den Blättern des *mithaftenden* Grundstücks entbehrt der gesetzlichen Grundlage; denn selbst wenn die Gesamthypotheken dort erlöschen, so ist dies nicht die Folge des Zuschlags, sondern der Befriedigung aus dem versteigerten Grundstücke. Die Löschung kann jedoch erfolgen auf Grund von Erklärungen der Beteiligten. Erfolgen sie im Verteilungstermine, so kann der Vollstreckungsrichter sie dem Grundbuchrichter übermitteln, nicht aber sie durch sein Ersuchen ersetzen (KGJ **23** A 254).

Ergibt sich, daß ein bei der Feststellung des geringsten Gebots berücksichtigtes Recht nicht zur Entstehung gelangt, oder daß es erloschen ist — so z. B. Hypotheken, die von einem Nichtberechtigten bewilligt sind oder auf nichtiger oder angefochtener Eintragungsbewilligung beruhen[2] —, so ist das Ersuchen auch auf die Löschung dieses Rechts zu richten. § 130 ZwVG.

Eine Ausfertigung des Zuschlagsbeschlusses sowie des Protokolls über den Versteigerungstermin wird nicht beigefügt; für das Grundbuchamt ist nur der Inhalt des Ersuchungsschreibens des Voll-

[1] Siehe jedoch Anm. 4 S. 191 und JFG **4** 367. Unter den Rechten des Zwangsversteigerungsvermerks können nur die dem Privatrecht angehörigen Belastungen des Grundstücks zugunsten von dritten Berechtigten verstanden werden, die sich infolgedessen in eine Rangordnung am Grundstück einfügen, nicht also die öffentlichrechtlichen Verfügungsbeschränkungen.

[2] Nicht hierher gehören aber Hypotheken, die sich in der Hand *einer* Person mit dem Eigentum vereinigen; diese bleiben gemäß den Vorschriften über die Eigentümerhypothek (§§ 889, 1143ff. BGB) bestehen und erlöschen nicht.

streckungsgerichts, in dem das Datum des Zuschlagsbeschlusses anzugeben ist, maßgebend, während ihm eine Prüfung der Grundlagen des Ersuchungsschreibens für das allein das Vollstreckungsgericht die Verantwortung trägt, nicht zukommt (KGJ **22** A 157; **23** A 252; **25** A 311).

Das Grundbuchamt darf die vom Vollstreckungsgericht beantragte Eintragung nur ablehnen, wenn das Ersuchen der erforderlichen Form (s. oben) entbehrt oder wenn die darin bezeichnete Person oder das Grundstück mit der Bezeichnung im Zuschlage nicht übereinstimmt. Dem Ersuchen um Löschung der durch den Zuschlag erloschenen Hypotheken, Grund- oder Rentenschulden brauchen entgegen den §§ 42, 70 GBO die Briefe nicht beigefügt zu werden. § 131 ZwVG. Diese werden vielmehr, wenn sie im Zwangsversteigerungsverfahren vorgelegt werden, was nicht unbedingt erforderlich ist, bei gänzlichem Erlöschen des Rechts vom Vollstreckungsrichter unbrauchbar gemacht und bei teilweisem Erlöschen von ihm mit einem entsprechenden Vermerk versehen. § 127 ZwVG. In letzterem Falle ist ein weiterer Vermerk des Grundbuchamts auf dem Briefe entbehrlich (KGJ **51** 308). Zweckmäßig wird sich aus dem Ersuchen zu ergeben haben, daß der Vollstreckungsrichter mit den Briefen vorschriftsmäßig verfahren ist; notwendig ist aber eine solche Mitteilung an den Grundbuchrichter nicht.

Dagegen wird anzunehmen sein, daß dem Ersuchen des Vollstreckungsrichters um Löschung einer bei der Feststellung des geringsten Gebotes berücksichtigten, jedoch nicht zur Entstehung gelangten oder erloschenen Hypothek, Grund- oder Rentenschuld (vgl. oben) gemäß § 42 GBO der bezügliche Brief beizufügen ist, da § 131 ZwVG nur den Fall des § 130 Abs. 1, nicht aber auch den des Abs. 2 erwähnt. In diesem Falle werden auch neben dem Vollstreckungsrichter die Beteiligten selbst die Löschung betreiben können.

Bei der Eintragung der vorerwähnten Sicherungshypothek hat der Grundbuchrichter folgendes zu beachten: die Sicherungshypothek, die für die Forderung gegen den Ersteher wegen Nichtberichtigung des Bargebots gewährt wird, entsteht mit der Eintragung[1]. Sie wird mit dem Range des Anspruchs eingetragen; da sie räumlich in der dritten Abteilung nur nach den bestehenbleibenden Hypotheken, Grund- und Rentenschulden eingetragen werden kann, so muß, wenn sie diesen Rechten vorgehen soll — was bei den Rechten aus § 10 Nr. 1 bis 3 ZwVG, also z. B. bei den Lohnforderungen des ländlichen Personals der Fall ist[2] — das Ein-

[1] Die Belastung des Bruchteils eines Grundstücks, dessen Alleineigentum im Verfahren der Zwangsversteigerung durch Zuschlag vom Ersteher erworben ist, mit einer Hypothek zur Sicherung des Kaufgelderrestes ist unzulässig; das darauf gerichtete Ersuchen des Vollstreckungsrichters ist vom Grundbuchrichter abzulehnen (KGJ **23** A 230; **26** A 157).

[2] Vgl. aber § 129 ZwVG, wonach das Rangrecht nach einer bestimmten Frist verlorengeht.

tragungsersuchen des Vollstreckungsrichters den **Rang** der einzutragenden Sicherungshypothek angeben. Im Grundbuch muß dann nicht nur bei der Eintragung der Sicherungshypothek vermerkt werden, daß sie den bereits eingetragenen (bestehengebliebenen) Hypotheken im Range vorgeht, sondern es muß auch bei den bereits eingetragenen Hypotheken in Spalte Veränderungen vermerkt werden, daß die Sicherungshypothek den Vorrang vor dieser Hypothek hat. Dagegen ist die Vorlegung des Briefes über die bereits eingetragen gewesene Hypothek, damit auf ihm der Vorrang der Sicherungshypothek vermerkt würde, nicht erforderlich. § 131 ZwVG. Bei der Eintragung der Sicherungshypotheken soll aber auch im Grundbuch noch ersichtlich gemacht werden, daß sie auf Grund eines Zwangsversteigerungsverfahrens erfolgt ist. § 130 Abs. 1 Satz 2 ZwVG. Auch wird der Grundbuchrichter nach § 55 GBO nicht nur den Gläubiger der Sicherungshypothek, sondern auch den Gläubiger der zurücktretenden Hypothek von der Eintragung der Sicherungshypothek benachrichtigen.

War das Recht, aus welchem der Anspruch des Sicherungshypothekars herrührt, nach dem Inhalt des Grundbuchs **mit dem Recht eines Dritten**, z. B. einem Pfandrecht **belastet**, so wird dieses Recht als Recht an der Forderung zusammen mit der Sicherungshypothek eingetragen. § 128 ZwVG.

Das regelmäßige Ersuchen des Vollstreckungsrichters wird etwa folgenden Wortlaut haben:

Amtsgericht. Lobau, den 20. März 1928.

Zu den Grundakten von Lobau Bd. II Bl. Nr. 63 wird ersucht:

1. **den Ersteher, Schlossermeister Karl Clauser in Lobau, auf Grund des Zuschlagsbeschlusses des Amtsgerichts in Lobau vom 5. Februar 1928 als Eigentümer einzutragen;**
2. **den Versteigerungsvermerk, sowie den Zwangsverwaltungsvermerk Abt. II Nr. 3 und 4, sowie die durch den Zuschlag erloschenen Hypotheken Abt. III Nr. 7, 9, 13 und 15 zu löschen;**
3. **mit dem Range vor den bestehenbleibenden Hypotheken Abt. III Nr. 3 von 20000 RM. und Nr. 5 von 10000 RM. eine Sicherungshypothek für die Lohnforderung des Inspektors Karl Redlich in Lobau gegen den Ersteher in Höhe von 500 RM. nebst 4 vH. Zinsen vom 5. Februar 1928 einzutragen.**

Die Hypothekenbriefe über die Posten Abt. III Nr. 7, 9, 13 und 15 sind unbrauchbar gemacht.

(Siegel des Amtsgerichts.) Schmidt.

Der Grundbuchrichter verfügt auf dieses Ersuchen, das von dem Grundbuchführer mit dem Eingangsvermerk versehen und mit den Grundakten Lobau Bd. II Nr. 63 vorgelegt ist, folgendes:

V.

1. Einzutragen in das Grundbuch von Lobau Bd. II Bl. Nr. 63

Abt. I

Sp. 1. Schlossermeister Karl Clauser in Lobau.

Sp. 2. 1 **und** 2.

Sp. 3. Auf Grund des Zuschlagsbeschlusses des Amtsgerichts in Lobau vom 5. Februar 1928 eingetragen am ... März 1928[1].

Abt. II

Sp. Löschung.

**Nr. 3.
Nr. 4.** } **gelöscht am ... März 1928.**

Abt. III

Sp. Löschung.

Nr. 7.	3000 RM.	gelöscht am ... März 1928[2].
Nr. 9.	4000 RM.	
Nr. 13.	2000 RM.	
Nr. 15.	1500 RM.	

Abt. III Sp. 1 bis 4.

Sp. 1. 16.
Sp. 2. 1 und 2.
Sp. 3. 500.
Sp. 4. Fünfhundert RM. Sicherungshypothek mit vier vom Hundert jährlich seit dem 5. Februar 1928 verzinslich für die Lohnforderung des Inspektors Karl Redlich in Lobau mit dem Range vor den Hypotheken Nr. 3 von 20000 RM. und Nr. 5 von 10000 RM. auf Grund des das Grundstück betreffenden Zwangsversteigerungsverfahrens eingetragen am ... März 1928.

Abt. III Sp. Veränderungen.

Nr. 3. 20000.
Nr. 5. 10000. } **der Sicherungshypothek Abt. III Nr. 16 steht der Vorrang vor diesen Hypotheken zu. Eingetragen am ... März 1928.**

2. **Die frühere Eigentumseintragung ist rot zu unterstreichen.**
3. **Bekanntmachung an den früheren und jetzigen Eigentümer, das Katasteramt, Zuwachssteueramt und Finanzamt, sowie an sämtliche Berechtigte in Abt. II und III; nämlich:**
   die Rentenbank wegen Abt. II Nr. 1,
   die Gläubiger von Abt. III Nr. 3 und 5.
4. **Nachricht von der Eintragung in Abt. III dem früheren und jetzigen Eigentümer sowie den beteiligten Gläubigern.**
5. **Abschrift der Verfügung zu 1 geht zu den Zwangsversteigerungsakten K 2/20.**

Lobau, 22. März 1928. **Schm.**[3]

Hervorzuheben ist noch, daß der Ersteher nach § 90 ZwVG bereits durch den Zuschlag und nicht erst durch seine Eintragung im Grundbuch Eigentümer des Grundstücks wird[4]. Er kann daher schon vom Zu-

---

[1] Für die Form der Eintragung des Erstehers ist ausschließlich § 10 Vfg maßgebend; in Sp. 3 ist daher der Zuschlagsbeschluß mit Datum ohne Erwähnung des Ersuchens des Vollstreckungsgerichts anzugeben.

[2] Es wird angenommen, daß die Nr. 8, 10 bis 12 und 14 schon vor Einleitung des Zwangsversteigerungsverfahrens gelöscht waren.

[3] Der Amtsgerichtsrat Schmidt ist gleichzeitig Vollstreckungs- und Grundbuchrichter.

[4] Nach Erteilung des Zuschlags kommt eine Abtretung der Rechte aus dem Meistgebot nicht mehr in Frage; zur Übertragung des Eigentums von dem Ersteher auf einen Dritten bedarf es daher dann der Auflassung.

schlage ab dem Grundbuchamt Eintragungsanträge einreichen. Die noch nicht erfolgte Grundbuchberichtigung ist nicht als ein entgegenstehendes Hindernis im Sinne des § 18 GBO anzusehen (RG **62** 140). Allerdings können nach § 130 Abs. 3 ZwVG Eintragungen von Rechten an dem versteigerten Grundstück, die der Ersteher vor seiner Eintragung als Eigentümer bewilligt hat, nicht vor der Erledigung des geschilderten Ersuchens des Vollstreckungsrichters erfolgen. Hat also z. B. der Ersteher im Verteilungstermin mit einem Hypothekengläubiger zu Protokoll des Versteigerungsrichters vereinbart, daß seine an sich nach den Versteigerungsbedingungen zur Löschung kommende Hypothek bestehen bleiben soll, daß aber die Zins- und Rückzahlungsbestimmungen in einer näher dargelegten Weise geändert werden sollen, so darf der Grundbuchrichter einem von den Beteiligten gestellten Antrag auf Eintragung der abgeänderten Zins- und Zahlungsbestimmungen nicht eher stattgeben, als bis das im § 130 Abs. 1 ZwVG erwähnte Ersuchen des Vollstreckungsrichters erledigt ist (KGJ **22** A 157). Der Vollstreckungsrichter nimmt derartige Anträge in sein Ersuchen nicht mit auf; er kann sie indes dem Grundbuchrichter übermitteln; dieser muß aber die Rechtsgültigkeit der Bewilligung auch dann selbständig prüfen, wenn sie zum Protokoll des Vollstreckungsrichters im Verteilungstermin erklärt sind oder vom Vollstreckungsrichter zu den Grundakten übermittelt sind. Diese Übermittlung ist kein Ersuchen im Sinne des § 39 GBO (KGJ **22** A 157).

4. Wird die Zwangsverwaltung eines Grundstücks angeordnet, so wird das Grundbuchamt vom Vollstreckungsgericht um die Eintragung des Zwangsverwaltungsvermerks ersucht[1]. § 146 ZwVG. Der Vermerk lautet:

„Die Zwangsverwaltung des Grundstücks ist angeordnet. Eingetragen am 10. Mai 1928.“

Die Zwangsverwaltung hat den Zweck, den betreibenden Gläubiger aus den Einkünften des Grundstücks zu befriedigen. Dem Eigentümer wird zwar die Verwaltung und Benutzung des Grundstücks entzogen (§ 48 Abs. 2 ZwVG); er verliert aber damit nicht die Befugnis, das Grundstück aufzulassen oder weiter zu belasten. Natürlich muß jeder Erwerber oder neue Gläubiger die Zwangsverwaltung gegen sich gelten lassen. Soweit in dem Zwangsverwaltungsverfahren ein Hypotheken- oder Grundschuldgläubiger durch Zahlungen auf das Kapital befriedigt ist, hat der Vollstreckungsrichter unter Beifügung einer Ausfertigung des über den Hergang aufgenommenen Protokolls das Grundbuchamt um die Löschung des Rechtes zu ersuchen. Der Vorlegung des über das Recht erteilten Briefes bedarf es hierbei nicht. Der Brief wird vielmehr regelmäßig vom

[1] Die Eintragung des Zwangsverwaltungsvermerks erfolgt auch auf Ersuchen gewisser landschaftlicher oder ritterschaftlicher Kreditanstalten. § 1 bis 6 Ges vom 3. August 1897 (GS S. 388); Art. 167 EGBGB; § 2 EGZwVG.

Vollstreckungsgericht unbrauchbar gemacht oder mit dem Vermerk, daß das Recht nur zum Teil erloschen sei, versehen. §§ 158, 127 ZwVG.

Nach der Aufhebung des Verfahrens hat das Vollstreckungsgericht den Grundbuchrichter um Löschung des Zwangsverwaltungsvermerks zu ersuchen.

5. Die Verfügungen betreffend Eintragungen und Löschungen der Vermerke über Einleitung des Zwangsversteigerungs- und Zwangsverwaltungsverfahrens, Ausführung des Ersuchens des Vollstreckungsrichters nach beendetem Verfahren liegen an Stelle des Grundbuchrichters dem Rechtspfleger ob, falls die Voraussetzungen zu §§ 2ff., 23c der Entlastungsverfügung (JMBl 1928 S. 140) gegeben sind.

§ 168. Das Konkurs- und das gerichtliche Vergleichsverfahren.

I. Ein vom Konkursgericht gemäß § 106 KO erlassenes allgemeines Veräußerungsverbot oder die Eröffnung des Konkursverfahrens über das Vermögen des Eigentümers ist nach § 113 KO in das Grundbuch einzutragen:

1. bei den Grundstücken, als deren Eigentümer der Gemeinschuldner im Grundbuch eingetragen ist;

2. bei den für den Gemeinschuldner eingetragenen Rechten an Grundstücken oder an eingetragenen Rechten, wenn nach der Art des Rechts und den obwaltenden Umständen bei Unterlassung der Eintragung eine Beeinträchtigung der Konkursgläubiger zu besorgen ist (KGJ **22** A 129).

Das Konkursgericht hat, soweit ihm solche Grundstücke oder Rechte bekannt sind, das Grundbuchamt von Amts wegen um die Eintragung zu ersuchen. Ob das Grundbuchamt das Ersuchen ablehnen darf, weil als Eigentümer des betr. Grundstücks ein anderer als der Gemeinschuldner eingetragen ist, ist streitig (JFG **4** 305).

Ersucht das Konkursgericht um Eintragung der Eröffnung des Konkursverfahrens bei einer für den Gemeinschuldner eingetragenen Hypothek, so bedarf es der Vorlegung des Hypothekenbriefes nicht. Bei Briefhypotheken wird aber die Eintragung des Vermerks nur nötig sein, wenn der Brief fehlt; liegt der Brief vor, so läßt sich dem Gemeinschuldner die Möglichkeit der Verfügung über das Hypothekenrecht dadurch entziehen, daß der Konkursverwalter den Brief in Besitz nimmt.

Die Eintragungen sollen nur auf Ersuchen des Konkursgerichts oder auf Antrag des Konkursverwalters erfolgen. Ein ausdrückliches Ersuchen des Konkursgerichts ist aber nicht erforderlich; vielmehr kann eine Nachricht von der Konkurseröffnung als ein Ersuchen um Eintragung aufgefaßt werden.

Das Ersuchen des Konkursgerichts wird z. B. lauten:

Amtsgericht. **Lobau, den 5. Februar 1928.**

Zu den Grundakten des auf den Namen des Kaufmanns Heinrich Büttner in Lobau im Grundbuch von Lobau Bd. III Bl. Nr. 97 ein-

getragenen Grundstücks wird ersucht, einzutragen, daß über das Vermögen des Eigentümers das Konkursverfahren eröffnet ist.
(Siegel des Amtsgerichts.) Schultze.

Der Amtsgerichtsrat Schmidt, dem dieses Ersuchen (vom Justizbüroassistenten Lehmann mit dem Eingangsvermerk versehen) mit den Grundakten von Lobau Bd. III Bl. Nr. 97 vorgelegt wird, verfügt, da der Vermerk gemäß § 11 Nr. 2 AllgVfg in Abt. II einzutragen ist, folgendes:

V.

1. Einzutragen in das Grundbuch von Lobau Bd. III Bl. Nr. 97 Abt. II Sp. 1 bis 3.
Sp. 1. Nr. 4.
Sp. 2. 1 und 2.
Sp. 3. Über das Vermögen des Eigentümers ist das Konkursverfahren eröffnet. Eingetragen am ... Februar 1928.

2. Nachricht dem Eigentümer und zu den Konkursakten.

Lobau, 12. Februar 1928. Schmidt.

Ist dieser Vermerk im Grundbuch eingetragen, so darf der Grundbuchrichter Auflassungs- oder Belastungserklärungen des Eigentümers nicht mehr entgegennehmen[1]. Verfügungen eines Gemeinschuldners, die erst nach der Eröffnung des Konkursverfahrens getroffen oder beim Grundbuchamt eingereicht werden, können zu Eintragungen in das Grundbuch nicht führen (RG **71** 38; KGJ **40** 278). Die früher abweichende Auffassung des KGs (KGJ **22** 129) ist aufgegeben. Dies bezieht sich aber nur auf rechtsändernde[2], nicht auf berichtigende Eintragungen, wie die nach der Konkurseröffnung beantragte Umschreibung einer vorher wirksam abgetretenen Briefhypothek. Dabei kann, wo es, wie im Falle einer dazwischenliegenden Konkurseröffnung, auf den Zeitpunkt der zur Abtretung einer Briefhypothek erforderlichen Übergabe des Hypothekenbriefes ankommt, dieser Zeitpunkt aus dem Datum der Abtretungserklärung auch in Verbindung mit dem gegenwärtigen Besitze des Hypothekenbriefes durch den Zessionar nicht entnommen werden (KGJ **30** A 267; **40** 278). Im übrigen hat der Grundbuchrichter noch zu beachten, daß nach § 14 KO während der Dauer des Konkursverfahrens Sicherungshypotheken im Wege der Zwangsvollstreckung und zur Vollziehung eines Arrestes, sowie Vormerkungen auf Grund einer einstweiligen Verfügung im Grundbuch des dem Gemeinschuldner gehörigen Grundstücks nicht eingetragen werden dürfen, wenn sie zugunsten einzelner Konkursgläubiger[3] wirken sollen. Auch Eintragungsanträge dieser Art hat der Grundbuchrichter daher zurückzuweisen.

[1] Veräußert der Konkursverwalter ein Grundstück des Gemeinschuldners aus freier Hand, so darf das Grundbuchamt die Eintragung des Erwerbers nicht von dem Nachweis abhängig machen, daß der Gläubigerausschuß oder die Gläubigerversammlung die Veräußerung genehmigt hat (KGJ **45** 236).

[2] Z. B. Löschungen (KGJ **23** A 242).

[3] Anderes gilt bei Anträgen anderer Gläubiger des Gemeinschuldners.

Nach Beendigung des Konkursverfahrens hat das Konkursgericht das Grundbuchamt um die **Löschung** des eingetragenen Vermerks zu ersuchen.

Die Verfügungen betreffend Eintragung und Löschung des Vermerks über Eröffnung des Konkurses liegen an Stelle des Richters dem Rechtspfleger ob, falls die Voraussetzungen der §§ 2ff. 23c der Entlastungsverfügung (JMBl 1928 S. 140) erfüllt sind.

II. Zur Abwendung des Konkurses kann bei dem für die Eröffnung des Konkursverfahrens zuständigen Gericht die Eröffnung eines **gerichtlichen Vergleichsverfahrens** beantragt werden. Hierüber ist die **Vergleichsordnung** vom 5. Juli 1927 (RGBl I S. 139) ergangen[1] (s. Lucas, JW 1927 S. 1665). Für das Grundbuchrecht sind besonders beachtlich die §§ 50ff. Die vom Gericht dem Schuldner aufzuerlegenden Verfügungsbeschränkungen[2] können darin bestehen, daß an den Schuldner ein allgemeines Veräußerungsverbot erlassen wird, oder daß dem Schuldner die Verfügung über einzelne Vermögensgegenstände verboten wird. Diese Verbote sind auf Ersuchen des Vergleichsgerichts oder auf Antrag der gemäß § 40 bestellten Vertrauensperson in das Grundbuch gebührenfrei einzutragen. Verbotswidrige Verfügungen des Schuldners sind den beteiligten Gläubigern gegenüber unwirksam. Die Vorschriften der §§ 892, 893 bleiben auch gegenüber dem allgemeinen Veräußerungsverbot unberührt. Hiervon abgesehen ist eine Verfügung wirksam, wenn die Vertrauensperson zustimmt (§ 57 a. a. O.). Gemäß § 32 a. a. O. können nach Eröffnung des Vergleichsverfahrens die an ihm beteiligten Gläubiger (§ 2) Zwangsvollstreckungen gegen den Schuldner nicht mehr vornehmen. Zwangsvollstreckung ist auch die Vollziehung eines Arrests oder einer einstweiligen Verfügung.

§ 169. Das Enteignungsverfahren.

Im Falle einer Enteignung kommt das gemäß Art. 109 EGBGB aufrechterhaltene Ges. vom 11. Juni 1874 (GS S. 221) zur Anwendung[3].

---

[1] Mit dem Inkrafttreten dieses Gesetzes (1. Oktober 1927) ist die Geschäftsaufsichtsvdg. vom 14. Dezember 1916 (RGBl S. 1363) in der Fassung der Vdgn vom 8. Februar und 14. Juni 1924 (RGBl I S. 51, 641) außer Kraft getreten.

[2] Siehe hierüber Kiesow, JurRdsch 1928, S. 4ff.

[3] Ein besonderes Enteignungsverfahren ist z. B. in den §§ 15ff. Reichssiedlungsgesetzes vom 11. August 1919 (RGBl S. 1429) und 7. Juni 1923 (RGBl S. 364), §§ 1ff. des Ausführungsgesetzes hierzu vom 15. Dezember 1919 (GS S. 31) vorgesehen. Vgl. RG **112** 50. Enteignungsbehörde ist an Stelle der Regierung der Präsident des Landeskulturamts und bei der Enteignung großer Güter ein ständiger Ausschuß, der nach außen von dem genannten Präsidenten vertreten wird. Er hat z. B. das Beschwerderecht, wenn das Grundbuchamt die Vornahme des Enteignungsvermerks unterläßt (JFG **3** 268). **Nicht ausgeschlossen ist, daß Grundstücke aus Anlaß der Ausführung des Friedensvertrags** (RGBl 1919 S. 687ff.) enteignet werden. Vgl. hierzu das **Gesetz vom 31. August** 1919 (RGBl S. 1527) und die Verordnungen der Reichsregierung vom 11. Mai

Nach Feststellung des Plans über die Ausführung des Unternehmens ist dem Unternehmer, also z. B. dem Fiskus, zum Zwecke des Antrags auf Feststellung der Entschädigung gegen Vorlegung einer mit dem Rechtskraftzeugnisse versehenen Ausfertigung des Planfeststellungsbeschlusses (KGJ **40** 130)[1] ein beglaubigter Auszug aus dem Grundbuch zu erteilen. Gleichzeitig hiermit hat der Grundbuchrichter ohne weiteren Antrag (kostenfrei, JFG **3** 269) eine Vormerkung über das eingeleitete Enteignungsverfahren im Grundbuch, und zwar gemäß § 11 Nr. 3 AllgVfg in den Spalten 1 bis 3 der Abteilung II einzutragen. § 24 Abs. 4 EntG. Die Eintragung dieser Vormerkung darf nicht davon abhängig gemacht werden, daß das Katasteramt die zu enteignende Fläche vermißt und mit einer besonderen Parzellennummer versieht. Zur Bezeichnung der zu enteignenden Fläche in der Vormerkung genügt, wenn die Fläche ein Parzellenteil ist, die Angabe der Größe und die wörtliche Beschreibung der Grenzen. Enthält das dem Grundbuchamt vorliegende Material solche Beschreibung nicht, so ist die Vormerkung trotzdem einzutragen, gleichzeitig aber die Enteignungsbehörde um Mitteilung des weiter erforderlichen Materials zu ersuchen und nach dessen Eingang die Vormerkung zu berichtigen (KGJ **35** A 261; **41** 192; JFG **3** 271).

Irgendeine Prüfung der Zulässigkeit oder Ordnungsmäßigkeit des Enteignungsverfahrens steht dem Grundbuchamt nicht zu. JFG **3** 270.

Der bez. Vermerk lautet:

Das Enteignungsverfahren ist eingeleitet. Eingetragen am ....

Seine Löschung erfolgt mit vollzogener Enteignung oder auf besonderes Ersuchen des Regierungspräsidenten.

Der Vermerk ist keine Vormerkung im Sinne des § 883 BGB; er hindert nicht die Veräußerung und die weitere Belastung der zu enteignenden Grundstücke. Er tut nur jedem Erwerber eines dinglichen Rechtes dar, daß eine das Grundstück betreffende Enteignung eingeleitet ist, also eine öffentlich-rechtliche, die Pflicht zur Abtretung des Grundeigentums in sich schließende Belastung besteht. Die Eintragung des Vermerks ist dem Eigentümer, dem Unternehmer, der Enteignungsbehörde sowie den eingetragenen Berechtigten bekannt zu machen[2].

und 31. Juli 1920 (RGBl 970 und 1489). Der Antrag auf Eintragung des neuen Eigentümers eines gemäß § 2 des Gesetzes vom 31. August 1919 enteigneten Grundstücks ist Berichtigungsantrag (§ 9 a. a. O.) auch dann, wenn als neuer Eigentümer nicht das Reich, sondern derjenige, zu dessen Gunsten die Enteignung erfolgt ist, eingetragen werden soll (KGJ **53** 123). Über Enteignungen f. Reichsbahnzwecke s. § 38 des Ges. vom 30. August 1924 (RGBl II 272), über sonstige Fälle eines besonderen Enteignungsverfahrens Güthe Bd. II S. 1757ff., 1767.

[1] Die Vorlegung des festgestellten Plans kann nicht verlangt werden (KGJ **50** 174).

[2] Nach der Vdg vom 9. Dezember 1919 (RGBl S. 1968) ist der Bezirkswohnungskommissar zwecks Beschaffung von Bau- und Gartenland für Klein- und Mittelwohnungen befugt, geeignete Grundstücke gegen Entschädigung zu ent-

Gemäß § 24 EntG muß der Grundbuchrichter während der Dauer des Enteignungsverfahrens von jeder an dem Grundstück eintretenden Rechtsänderung, die für die Vertretung des Grundstücks oder die Auszahlung der Entschädigung von Bedeutung ist, von Amts wegen der Enteignungsbehörde Nachricht geben.

Durch die Unterlassung der Eintragung des Vermerks und der Benachrichtigung der Enteignungsbehörde von den vorgefallenen Veränderungen wird die Rechtsgültigkeit des Verfahrens nicht in Frage gestellt (KGJ **24** A 114).

Die Enteignung wird von dem Bezirksausschusse, in Berlin von der zuständigen Abt. des Polizeipräsidiums ausgesprochen. Mit der Zustellung des Enteignungsbeschlusses an den Eigentümer und den Unternehmer, nicht etwa erst mit der Eintragung des Eigentumsüberganges in das Grundbuch, geht das Eigentum des enteigneten Grundstücks auf den Unternehmer über. § 44 EntG. Der Bezirksausschuß ersucht auf Grund des in Ausfertigung beigefügten Enteignungsbeschlusses das Grundbuchamt um Bewirkung der Eintragung des Übergangs des Eigentums an dem enteigneten Grundstück auf den Unternehmer. Es muß jedoch vorher der Enteignungsbeschluß an den Eigentümer und den Unternehmer zugestellt sein. Der Bezirksausschuß braucht aber dem Grundbuchamt die Zustellung nicht nachzuweisen; es genügt die Mitteilung, daß die Zustellung erfolgt ist. Es braucht nicht angegeben zu werden, wann der Beschluß zugestellt ist. Die Erörterung des Legitimationspunktes steht lediglich der Enteignungsbehörde zu. Der Grundbuchrichter kann also das Ersuchen nicht deshalb beanstanden, weil der Enteignungsbeschluß nicht dem derzeitig eingetragenen Eigentümer, sondern dessen Rechtsvorgänger zugestellt sei, oder weil nicht die im Enteignungsverfahren als Eigentümer zugezogenen, sondern andere Personen im Grundbuch als Eigentümer eingetragen seien (KGJ **27** A 255; JFG **4** 353).

---

eignen. Dem Ersuchen des Bezirkswohnungskommissars um Eintragung des Eigentumsüberganges ist nach § 2 PrAusfV v. 14. Februar 1921 (GS 315) Abschrift der Urkunde über die Zustellung des Enteignungsbeschlusses an den Eigentümer beizufügen. Das Ersuchen ebenso wie der Enteignungsbeschluß brauchen das enteignete Grundstück nicht in allen Einzelheiten genau zu bezeichnen, wenn nur die Identität mit dem im Grundbuch vermerkten nicht zweifelhaft ist. OLG **45** 100 (KG); JFG **4** 353. In § 4 Abs. 3 Satz 1 Vdg vom 9. Dezember 1919 ist bestimmt, daß die Enteignung mit der Zustellung des Bescheides an den Eigentümer wirksam wird, so daß hiermit das Eigentum an den Unternehmer übergeht. Die Zustellung kann wirksam auch an einen Bevollmächtigten des Eigentümers erfolgen; zum Nachweise der Bevollmächtigung genügt für das Grundbuchamt die Erklärung der Enteignungsbehörde (JFG **4** 352). Wer nach Vollziehung der Enteignung als Eigentümer im Grundbuch eingetragen wird, erwirbt kein Eigentum, auch wenn ihm die Einleitung des Enteignungsverfahrens unbekannt war (JFG **1** 388). Nach RG **117** 43 besteht kein Anspruch auf Rückauflassung, wenn das enteignete Land demnächst nicht bebaut wird.

Die Abschreibung und Übertragung der enteigneten Trennstücke von den Stammgrundstücken erfolgt nach den allgemeinen Vorschriften; vgl. oben § 73. Es sind jedoch hierbei die Anträge des neuen Eigentümers der Trennstücke zu berücksichtigen, insbesondere dahingehend, ob für die Trennstücke ein neues Grundblattbuch angelegt werden soll oder ob sie in den Fällen des § 90 GBO und Art. 1 Vdg aus dem Grundbuche ausscheiden sollen. Die Beibringung des Steuerbuchauszuges und der Karte von den enteigneten Trennstücken kann der Grundbuchrichter nicht verlangen. § 30 Abs. 4 AllgVfg. Jedoch wird er regelmäßig ohne den Auszug den auf dem Stammgrundstücke nach Abschreibung des Trennstücks verbleibenden Bestand nicht richtig und vollständig eintragen können. Auch kann der Grundbuchrichter das Ersuchen ablehnen, wenn die katastermäßige Bezeichnung der Trennstücke weder aus dem Ersuchen noch aus dem Enteignungsbeschlusse hervorgeht noch sonst dem Grundbuchamt bekannt ist (KGJ **32** A 208; **41** 191).

Bei der Eintragung des Eigentumsübergangs wird die früher eingetragene Vormerkung von Amts wegen gelöscht. Mit dem Zeitpunkt des Eigentumsübergangs auf den Unternehmer wird das enteignete Grundstück von allen darauf haftenden privatrechtlichen Verpflichtungen frei, soweit der Unternehmer sie nicht vertragsmäßig übernommen hat. Der Grundbuchrichter hat daher bei Abschreibung der Parzellen die auf dem Stammgrundstück eingetragenen Lasten und Hypotheken regelmäßig nicht mit zu übertragen[1]; nur wenn die Enteignungsbehörde darum ausdrücklich ersucht, weil der Unternehmer sie mit übernommen hat, muß eine Mitübertragung erfolgen. Die Entschädigung tritt regelmäßig rücksichtlich aller Lasten, Hypotheken usw. an die Stelle des enteigneten Grundstücks. § 45 EntG.

Wird die Enteignung nur durch Auferlegung einer Beschränkung vollzogen, indem z. B. bestimmte Flächenabschnitte eines Grundstücks zur Anlage von Waldschutzstreifen und Feuergräben an einer Eisenbahnstrecke bestimmt werden, so wird das Grundstück nicht entzogen, sondern nur belastet, indem dem Eigentümer gewisse Eigentumsbefugnisse entzogen werden. Das dem Unternehmer bestellte Recht wird dann nach § 45 a. a. O. von den auf dem Grundstück haftenden privatrechtlichen Verpflichtungen frei; es treten also die Realrechte im Range hinter das Recht des Unternehmers zurück. Es wird dann die Belastung des Grundstücks zugunsten des Unternehmers mit dem Vorrechte vor den in Abt. II und III eingetragenen Rechten eingetragen, und es bedarf demnach insbesondere auch der Eintragung der Rangänderung bei den in Abt. III eingetragenen Hypotheken und Grundschulden. Der Vorlegung der Briefe zu den im

---

[1] Die Enteignungsbehörde ist zu dem entsprechenden Löschungsersuchen befugt (KGJ **28** A 155; **41** 194).

Range zurücktretenden Rechten der III. Abteilung bedarf es trotz der §§ 42 ff. GBO nicht. Werden aber die Briefe nachträglich vorgelegt, so ist die Eintragung auf ihnen zu vermerken (KGJ **28** A 105).

Die Enteignung durch Entziehung des Eigentums an einem Grundstück, das nicht allein auf einem Grundbuchblatt eingetragen steht, kann im Grundbuch nur durch Abschreibung und Übertragung auf ein anderes Grundbuchblatt oder durch Ausbuchung, nicht aber durch einen Vermerk in Abt. II eingetragen werden (KGJ **32** A 208).

Erfolgt eine Einigung zwischen dem Eigentümer und dem Unternehmer und kommt es deshalb nicht zu einem förmlichen Enteignungsverfahren, so vollzieht sich der Eigentumsübergang nach den allgemeinen Vorschriften, also durch Auflassung und Eintragung in das Grundbuch. In diesem Falle können die Trennstücke pfandfrei nur abgeschrieben werden, wenn die betreffenden Berechtigten sie aus der Verbindlichkeit entlassen und etwaige Hypotheken- usw. Briefe vorlegen; vgl. oben § 73.

§ 170. Die Rentengüter und Anerbengüter.

I. Unter Rentengut versteht man ein Grundstück, das nicht gegen Zahlung eines in einem Kapitalbetrage bestehenden Kaufpreises, sondern gegen Übernahme einer fortlaufenden Rente zu Eigentum erworben wird. Rentengüter dienen der Bildung und Erhaltung des bäuerlichen Mittelstandes und Seßhaftmachung ländlicher Arbeiter. Die Rechtsverhältnisse der Rentengüter sind geregelt in den Gesetzen vom 27. Juni 1890 (GS S. 209) und vom 7. Juli 1891 (GS S. 279), in der Fassung des Gesetzes zur Förderung der Ansiedlung vom 8. Mai 1916 (GS S. 51), abgeändert durch § 38 des AusfGes zum Reichssiedlungsgesetze vom 15. Dezember 1919 (GS 1920 S. 31)[1]. Die Gesetze sind auch dann anwendbar, wenn die Rentengutsbildung durch Konsolidation, d. h. durch Zusammenlegung eines dem Rentengutserwerber bereits eigentümlich gehörigen Gutes mit anderen, von ihm erst zu erwerbenden Grundstücken erfolgen soll (vgl. im einzelnen KGJ **30** A 190).

Für das Grundbuchwesen ist hinsichtlich der durch Vermittlung der Landeskulturbehörden[2] begründeten Rentengüter folgendes hervorzuheben:

---

[1] Die bei einem Siedlungsgrundstück eingetragenen Beschränkungen des Eigentümers aus § 35 G vom 15. Dezember 1919 erlöschen auch dann nicht durch den Zuschlag, wenn sie außerhalb des geringsten Gebots stehen. Das Vollstreckungsgericht ist daher nicht zuständig, um ihre Löschung zu ersuchen. JFG **4** 364 (KG).

[2] Die früheren Spezial- und Generalkommissionen haben durch das Ges. über die Landeskulturbehörden vom 3. Juni 1919 (GS S. 101) die Bezeichnung Kulturämter und Landeskulturämter erhalten. Das frühere Oberlandeskulturgericht führt den Namen Oberlandeskulturamt.

Die Landeskulturbehörde (Kulturamtsvorsteher) hat, wenn der Antrag auf Begründung des Rentengutes zugelassen ist[1], sofort das Grundbuchamt um die Eintragung einer Vormerkung über die eingeleitete Begründung des Rentenguts zu ersuchen. § 12 Abs. 3 Ges. vom 7. Juli 1891. In dem Ersuchen müssen die Grundstücke, auf die sich das Verfahren erstrecken soll, genau bezeichnet sein. Eine sachliche Prüfung des Ersuchens darf der Grundbuchrichter nicht vornehmen. Die Vormerkung wird in der II. Abt. Spalte 1 bis 3 des Grundbuchs eingetragen. § 11 Nr. 2 AllgVfg. Sie lautet z. B.:

Das Verfahren der Begründung eines Rentenguts ist eingeleitet. Eingetragen am ...

Durch die Vormerkung wird bewirkt, daß die später eingetragenen privatrechtlichen Belastungen dem Rentengutsübernehmer gegenüber rechtsunwirksam sind[2]. Die nach der Eintragung der Vormerkung auf dem Stammgrundstück eingetragenen Hypotheken usw. werden im Falle der Errichtung des Rentenguts aus diesem beseitigt. Die Verfügungsbefugnis des Rentengutsausgebers wird durch die Vormerkung nicht berührt; er kann vielmehr die zum Rentengute bestimmten Grundstücke veräußern und belasten. Die Belastungen sind nur dem Erwerber des Rentenguts gegenüber unwirksam, dem Rentengutsausgeber gegenüber sind sie wirksam.

Erfolgt die Rentengutsbildung, so ist die Vormerkung gleichzeitig mit der Umschreibung des Eigentums auf den Erwerber auf Ersuchen der Landeskulturbehörde zu löschen. § 12 Abs. 3 Ges. Sind privatrechtliche Belastungen nach der Vormerkung eingetragen, so sind auch diese bei Umschreibung des Eigentums auf Ersuchen der Landeskulturbehörde zu löschen. Auch die vor der Vormerkung eingetragenen Hypotheken usw. werden auf Ersuchen des Kulturamtsvorstehers[3] gelöscht. Schon nach Eintragung der Vormerkung kann die Landeskulturbehörde das Grundbuchamt um die Löschung der vor oder nach der Vormerkung eingetragenen Hypotheken und Grundschulden ersuchen. Das Ersuchen braucht also mit dem Ersuchen um Umschreibung des Eigentums auf die Rentengutsnehmer nicht verbunden zu werden, kann vielmehr gestellt werden, bevor die Rentengutsbegründung bis zur Bestätigung des Vertrages durchgeführt ist. Das Grundbuchamt darf die Löschung nicht von der Vorlegung einer Zu-

---

[1] Der Antrag ist abzulehnen, wenn der Rentengutsausgeber zur Auflassung nicht berechtigt sein würde. Ein Zwang gegen den Rentengutsausgeber zum Nachweise seines Eigentums und ein Ersuchen an das Grundbuchamt um Berichtigung des Grundbuchs durch Eintragung des Eigentums des Rentengutsausgebers findet daher nicht statt (KGJ **33 A** 212).

[2] Dies braucht nicht besonders eingetragen zu werden.

[3] Bei den nicht durch Vermittlung der Landeskulturbehörde errichteten Rentengütern bedarf es eines von dem Kulturamtsvorsteher erteilten Unschädlichkeitsattestes oder der Löschungsbewilligung des Gläubigers.

stimmungserklärung des Eigentümers oder einer Löschungsbewilligung der Gläubiger abhängig machen (KGJ **43** 197). Eine etwaige Einräumung des Vorrechts für die Rentengutsrente vor den übrigen privatrechtlichen Belastungen des Renteguts kann nur durch Erklärungen der Gläubiger bewirkt werden. Die Landeskulturbehörde kann diese Erklärungen nicht durch ihr Ersuchen ersetzen, wohl aber das Grundbuchamt unter Vorlegung der Erklärungen um Eintragung des Vorrangs ersuchen.

Das Eigentum am Rentengut wird durch die Eintragung des Eigentumsüberganges im Grundbuch erworben, die auf Grund des von der die Landeskulturbehörde bestätigten Rentengutsvertrags erfolgt. § 12 Abs. 2 G. (KGJ **24** A 228). Der Eigentumsübergang vollzieht sich also nicht erst wie bei Auseinandersetzungen durch die Besitzeinweisung (KGJ **24** A 228) seitens der Landeskulturbehörde. Die Umschreibung erfolgt auf Ersuchen des Vorstehers des Kulturamts, der den bestätigten Rentengutsvertrag beizufügen hat. Das Ersuchen ist ein wesentlicher Teil des Rentengutsbildungsverfahrens (RG vom 31. Mai 1927, Rspr S. 973); es ersetzt die Auflassung. Die Umschreibung des Eigentums und die Ausbuchung von Grundstücken regelt sich hierbei nach den allgemeinen Vorschriften über das Grundbuchwesen (KGJ **24** A 228). Auch die sonstigen, infolge der Begründung des Rentenguts und der Übernahme der Rentenbankrente erforderlichen Eintragungen in das Grundbuch erfolgen auf Ersuchen der Landeskulturbehörde. Unter den „erforderlichen Eintragungen" sind nicht nur diejenigen zu verstehen, die das Gesetz selbst in den §§ 6 Nr. 6, 12 Abs. 2 und 3 als erforderlich bezeichnet hat, sondern alle Eintragungen, ohne die die in dem Begründungsvertrage getroffenen Vereinbarungen rechtliche Wirkungen nicht erlangen können sowie diejenigen Eintragungen, die nach Einleitung des Begründungsverfahrens die Wirksamkeit der in dem künftigen Begründungsvertrage zu treffenden Vereinbarungen sichern sollen (KGJ **36** A 186; **40** 118; **41** 185; **43** 196; **49** 156). Das Grundbuchamt hat dem Ersuchen zu genügen oder den aus dem Grundbuch sich ergebenden Anstand der Landeskulturbehörde mitzuteilen. Als solcher Anstand gilt hier nicht die Tatsache, daß der, dessen Recht durch die Eintragung betroffen wird, als der Berechtigte im Grundbuch nicht eingetragen ist. Die Landeskulturbehörde muß aber bescheinigen, daß der bei den Verhandlungen aufgetretene Eigentümer sich als solcher ausgewiesen habe (KGJ **26** A 125). Eine materielle Nachprüfung steht dem Grundbuchrichter nicht zu (KGJ **49** 160). Nach der Bestätigung des Rentengutsrezesses bezeichnet der Rezeß die Grenzen der Zuständigkeit der Landeskulturbehörde zu Eintragungsersuchen an das Grundbuchamt (KGJ **43** 191).

Bei der Eintragung der Rente[1] in das Grundbuch müssen die Abreden über den Ausschluß der Ablösbarkeit sowie über die Feststellung des Ab-

[1] Über die Umwandlung in eine Rentenbankrente s. Güthe Anm. 11 und 52 zu Art. 12 AGBGB, S. 1401 und 1434 Bd. II.

lösungsbetrages und der Kündigungsfrist in das Grundbuch eingetragen werden. Ist dies nicht geschehen, so gilt Dritten gegenüber die das Grundstück belastende Rente als solche, die von dem Verpflichteten mit dem zwanzigfachen Betrage sechs Monate nach Kündigung abgelöst werden kann. § 1 Abs. 3 Ges. vom 27. Juni 1890. Art. 29 AGBGB[1] läßt die Eintragung eines dinglichen Wiedereinkaufsrechtes im Grundbuch zu[2]. Das Wiederkaufsrecht ist übertragbar. Ersucht die Landeskulturbehörde auf Grund eines Nachtragsrezesses um die Eintragung eines Wiederkaufsrechts auf dem Rentengut, so darf ihre Zuständigkeit in der Regel nicht deshalb beanstandet werden, weil sie dem Grundbuchamt die Beendigung des Verfahrens mitgeteilt hat (KGJ **35** A 249). Auch die sonstigen zur Sicherung der wirtschaftlichen Selbständigkeit des Rentenguts in dem Rentengutsvertrage dem Unternehmer auferlegten Pflichten, z. B. die Pflicht, auf dem Gute zu wohnen, seine Bewirtschaftung selbst zu führen, darauf befindliche Gebäude sowie das Inventar in gutem baulichen Zustand zu erhalten usw. und im Falle der Zuwiderhandlung Vertragsstrafen zu entrichten, sind eintragungsfähig (KGJ **39** 205; **45** 223; **47** 309; **51** 232 [unter Aufgabe der früheren gegenteiligen Ansicht bei KGJ **26** 118]; **52** 171). Unzulässig ist aber die Abrede, daß die Vertragsstrafe im Verwaltungsverfahren beizutreiben sei. Die vertragsmäßige Beschränkung, das Rentengut als Ganzes nicht ohne die Zustimmung des Rentengutsausgebers zu veräußern oder in Pacht, zum Nießbrauche oder sonst zur Nutzung zu geben, ist nicht mehr eintragungsfähig (KGJ **45** 220).

Der im vorstehenden geschilderte Rechtszustand hat durch das Pr. Landesrentenbankgesetz vom 29. Dezember 1927 (GS S. 283) eine Veränderung erfahren. Nach § 1 das. soll zur Förderung der landwirtschaftlichen Siedlung unter der Bezeichnung „Preußische Landesrentenbank" eine Anstalt des öffentlichen Rechts in Berlin errichtet werden. Die Anstalt gibt Landesrentenbriefe aus, die auf den Inhaber lauten und durch auf Rentengütern lastende Renten (Landesrentenbankrenten) verzinst und getilgt werden. (Siehe hierüber Vdg vom 21. März 1928, GS S. 45.) Der Vorstand der Anstalt ist eine dem Finanzminister und dem MinfLandw., Domänen und Forsten unterstellte Staatsbehörde. Auf die Landesrentenbankrente finden die für Reallasten geltenden reichsrechtlichen Vorschriften Anwendung. Sie bedarf zur Begründung und zur Wirksamkeit gegenüber dem öffentlichen Glauben des Grundbuchs nicht der Eintragung. Das Grundbuchamt hat jedoch auf Antrag der Landeskulturbehörde nach erfolgter Rentenübernahme den Betrag und die Tilgungszeit der Landesrentenbankrente im Grundbuch zu vermerken (§ 24). Wird das Grundstück

[1] Siehe auch JFG **1** 424.

[2] An der Stammstelle eines Zukaufrentenguts (s. Güthe S. 1425) kann ein Wiederkaufsrecht nicht begründet und deshalb auch auf Ersuchen der Landeskulturbehörde nicht eingetragen werden (KGJ **43** 191).

geteilt, so wird die Landesrentenbankrente auf die Teilstücke verteilt. Die Verteilung erfolgt durch das Katasteramt auf Grund eines den Beteiligten und dem Kulturamtsvorsteher zuzustellenden Plans. Gegen den Verteilungsplan findet Beschwerde binnen 2 Wochen statt, über die der Regierungspräsident endgültig entscheidet.

Die Landesrentenbankrenten und die auf ihrer Grundlage ausgegebenen Rentenbriefe lauten auf Goldmark.

Mit Errichtung der Landesrentenbank (d. h. gemäß Vdg vom 17. Januar 1928, GS S. 5, ab 1. Februar 1928) wird das eingangs erwähnte Gesetz vom 7. Juli 1891 aufgehoben. Für Rentengüter, die nach den Vorschriften dieses Gesetzes bereits mit Rentenbankrenten belastet sind, und für Verfahren zur Rentengutsgründung, die vor Errichtung der Landesrentenbank eingeleitet sind, verbleibt es bei den bisherigen Vorschriften. Über die Auflösung der Rentenbanken zum 1. Juli 1928 s. Vdg vom 29. März 1928 (GS S. 47).

Die §§ 6, 11, 12, 13 und 14 des Gesetzes vom 29. Dezember 1927 enthalten Bestimmungen über Siedlungsrentengüter (Rentengüter von mittlerem und kleinerem Umfang) und über die Rentenübernahme durch die Landesrentenbank. Wird das Rentenübernahmeverfahren eingeleitet, so hat der Vorsteher des Kulturamts das Grundbuchamt zu ersuchen, im Grundbuch einen Rangsicherungsvermerk einzutragen, der etwa wie folgt zu lauten hätte:

> **„Das Verfahren zwecks Übernahme einer Landesrentenbankrente ist eingeleitet. Eingetragen am ...“**

Der Vermerk hat die Wirkung, daß der Landesrentenbankrente nach der Übernahme der gleiche Rang zusteht, als wenn die Übernahme bereits zur Zeit der Eintragung des Rangsicherungsvermerks erfolgt wäre.

Die Löschung des Vermerks erfolgt nur auf Ersuchen des Kulturamtsvorstehers.

Bei Begründung eines Rentenguts gelten die §§ 18ff. des Gesetzes vom 29. Dezember 1927. Der Vorsteher des Kulturamts hat den Vertrag über die Begründung des Rentenguts, gegebenenfalls in Verbindung mit dem Vertrag über die Rentenübernahme, aufzunehmen. Der vom Präsidenten des Landeskulturamts bestätigte Vertrag ist dem Grundbuchamt einzureichen mit dem Ersuchen, den Rentengutserwerber als Eigentümer einzutragen. Das Eigentum wird durch die Eintragung erworben. Sofort nach Einleitung des Rentengutsverfahrens hat der Vorsteher des Kulturamts das Grundbuchamt zu ersuchen, im Grundbuch den Rentengutssperrvermerk einzutragen, etwa in folgender Fassung:

> **„Das Verfahren zur Begründung eines Rentenguts ist eingeleitet.“ Eingetragen am ...**

Der Vermerk hat die Wirkung, daß die später eingetragenen privatrechtlichen Belastungen dem Rentengutsübernehmer gegenüber unwirksam und Veräußerungen des Grundstücks durch die Eigentümer ohne Genehmigung des Kulturamtsvorstehers **nichtig** sind. Die Löschung des Vermerks erfolgt nur auf Ersuchen des Kulturamtsvorstehers.

II. Die Vorschriften des Gesetzes, betreffend das **Anerbenrecht** bei Renten- und Ansiedlungsgütern vom 8. Juni 1896 (GS S. 124)[1], abgeändert durch das Pr. Landesrentenbankgesetz vom 29. Dezember 1927 (GS S. 283), gelten fort. Jedes Anerbengut erhält ein besonderes Grundbuchblatt. § 3 Satz 3 a. a. O.; § 82 Abs. 2 EGBGB. Es tritt aber das in Anlage A der AllgVfg enthaltene Formular auch für die Eintragung von Anerbengütern an die Stelle des im § 3 Satz 1 Ges. vom 8. Juni 1896 vorgeschriebenen Formulars I der GO vom 5. Mai 1872. In Sp. 7 des Verzeichnisses der Grundstücke ist einzutragen:

Anerbengut Nr.... (Angabe der Hausnummer in der Gemeinde).

Der nach § 2 des Ges. vom 8. Juni 1896 einzutragende Vermerk der Anerbengutseigenschaft gehört in die Sp. 1 bis 3 der zweiten Abteilung des Grundbuchs. §§ 21 AllgVfg. Näheres s. Güthe Anm. 69ff. S. 1441, Bd. II.

Die Zwangsversteigerung eines Anerbengutes hat das Erlöschen der Anerbengutseigenschaft nicht zur Folge. Ein entsprechendes Ersuchen des Vollstreckungsrichters ist unzulässig (KGJ **42** 202f.; JFG **4** 366).

§ 171. Die agrarrechtlichen Auseinandersetzungen[2].

Zu den **agrarrechtlichen Auseinandersetzungen** gehören z. B. Gemeinheitsteilungen, Grundstückszusammenlegungen (Verkoppelung, Umlegung vermengt liegender Grundstücke) und Ablösungen von Reallasten. Unter Gemeinheitsteilung ist die Teilung gemeinschaftlicher Berechtigungen (gemeinschaftliches Eigentum oder gemeinschaftliche Dienstbarkeiten) zu verstehen. Ist sie mit Landtausch verbunden, so spricht man von Separation. Für das Verfahren sind die wichtigsten Gesetze: die Vdg vom 20. Juni 1817 (GS S. 161); Vdg vom 30. Juni 1834 (GS S. 96); Ges. vom 2. März 1850 (GS S. 77)[3], vom 27. April 1872 (GS S. 417), vom 26. Juni 1875 (GS S. 325); Ges. vom 2. April 1887 (GS S. 105); Vdg vom 18. Februar 1880 (GS S. 59), jetzt in neuer Fassung GS 1899 S. 403, sowie Ges. vom 3. Juni 1919 (GS S. 101) und 21. September

---

[1] Über das Anerbenrecht bei Landgütern s. Güthe Bd. II, S. 1436 ff., Anm. 57ff. zu Art. 12 AGGBO, ferner das Ges. vom 2. Juli 1898, betr. das Anerbenrecht in der Provinz Westfalen und in den Kreisen Rees, Essen (Land), Essen (Stadt), Duisburg, Ruhrort und Mühlheim-Ruhr (GS S. 139) und das Höfegesetz für die Provinz Hannover in der Fassung der Bekanntmachung vom 9. August 1909 (GS S. 662).

[2] Vgl. Güthe zu Art. 12 AGGBO S. 1395ff. Bd. II. Wegen der Rechtskraftwirkung des Separationsrezesses nach den hannoverschen Verkoppelungsgesetzen in bezug auf den Parzellenaustausch s. KGJ **31** A 378 (OLG Celle).

[3] Siehe auch Ges. vom 9. Januar 1922 (GS S. 7) und 13. Dezember 1927 (GS S. 293).

1920 (GS S. 453, Umlegungsordnung)[1]. Bei allen Auseinandersetzungen erhalten die Teilnehmer das Abfindungsland frei von allen bisher darauf ruhenden Belastungen (Hypotheken, Servituten, Reallasten usw.). Die Abfindung tritt, mag sie in Land oder Geld bestehen, an die Stelle der abgetretenen Grundstücke, der abgelösten Servitutberechtigungen usw. und überkommt alle deren privatrechtliche Eigenschaften; jede Abfindung tritt also in die Belastungsverhältnisse der bisher ihrem Empfänger gehörig gewesenen Grundstücke ein. Dieser Wechsel in dem Gegenstande der Belastung tritt kraft Gesetzes nicht erst mit der Berichtigung des Grundbuchs, sondern schon mit der Ausführung des endgültig festgestellten Auseinandersetzungsplans ein. Durch die Berichtigung des Grundbuchs wird nur dessen Inhalt mit der wirklichen Rechtslage in Einklang gebracht (KGJ **45** 219). Die Besitznehmer können also schon vor der Berichtigung des Grundbuchs über die Abfindungen verfügen, insbesondere sie belasten. Die Verfügung trifft buchmäßig das noch eingetragene Grundstück, in Wirklichkeit den Abfindungsplan. Jedoch ist die Belastung eines reellen Grundstückteils mit Rücksicht auf § 6 GBO während des Zusammenlegungsverfahrens bis zur Berichtigung des Steuer- und Grundbuchs nicht angängig (KGJ **23** A 141).

Zur Beantragung von Eintragungen und Löschungen im Grundbuch aus Anlaß agrarrechtlicher Auseinandersetzungen ist die Landeskulturbehörde (vgl. Ges. vom 3. Juni 1919, GS S. 101) zuständig[2]. Sie kann z. B. das Grundbuchamt um die Löschung einer Hypothek ersuchen, wenn ein Teil des belasteten Grundstücks in einem Zusammenlegungsverfahren gegen Kapitalsabfindung abgetreten werden soll und die gesetzmäßige Verwendung des Abfindungskapitals bescheinigt ist (KGJ **36** A 182). Sie hat die Legitimation der Beteiligten zu prüfen, zu diesem Zwecke das Grundbuch einzusehen, Abschriften daraus zu entnehmen und das Grundbuchamt um die Berichtigung des Grundbuchs durch Eintragung eines neuen Eigentümers zu ersuchen.

Die Landeskulturbehörde veranlaßt die reale Subrepartition und die sich daran anschließende Berichtigung des Grundbuchs. Sie ist allein für die materielle Richtigkeit ihres Antrags, insbesondere auch für die Zuverlässigkeit der Legitimationsfeststellung der Beteiligten verantwortlich.

---

[1] Hinzuweisen ist auch auf das Gesetz betreffend die Umlegung von Grundstücken in Frankfurt a. M. vom 28. Juli 1902 (GS S. 273), insbes. die §§ 8, 9, 43. Gleiche Bestimmungen gelten für Köln (Ges. vom 28. Juli 1911, GS S. 160), Wiesbaden (Ges. vom 3. Juni 1912, GS S. 179) und Griesheim a. M. (Ges. vom 5. Juni 1913, GS S. 302). Siehe auch Ges. betr. die Umlegung von Grundstücken in der Provinz Ostpreußen vom 11. Dezember 1915 (GS S. 172).

[2] An die Stelle der Landeskulturbehörde treten die Regierungen und Provinzialschulkollegien für die unter ihrer Verwaltung stehenden Grundstücke (Domänen, Güter milder Stiftungen) und die zu ihrem Patronat gehörigen kirchlichen Grundstücke.

Dem Grundbuchrichter steht eine Prüfung nach dieser Richtung nicht zu (KGJ **45** 216). Hat also z. B. ein vor dem 1. Januar 1900 verstorbener Erblasser Erben mit der Maßgabe eingesetzt, daß seine Witwe zur freien Verfügung über den Nachlaß befugt sein soll, und ersuchen die Auseinandersetzungsbehörden in einem vor ihnen anhängigen Verfahren das Grundbuchamt um die Berichtigung des Grundbuchs durch Eintragung der Erben als Eigentümer und einer Verfügungsbeschränkung zugunsten der Witwe, so kann das Grundbuchamt die Eintragung dieser Beschränkung nicht ablehnen (KGJ **25** A 270). — Das Ersuchen der Landeskulturbehörde ersetzt den Antrag der sonst antragsberechtigten Person, die Bewilligung desjenigen, dessen Recht von der Eintragung betroffen wird, sowie den Nachweis der Unrichtigkeit des Grundbuchs.

Im einzelnen hat die Landeskulturbehörde insbesondere folgende Obliegenheiten in bezug auf das Grundbuch:

1. Sie beantragt die Eintragung und Löschung des sogenannten Sperrvermerks aus § 59 Vdg vom 30. Juni 1834. Dieser Vermerk soll eingetragen werden, sobald entweder durch Vereinbarung der Beteiligten oder durch rechtskräftige Entscheidung feststeht, daß bei Auseinandersetzungen eine Abfindung in Kapital stattfinden wird. Der gemäß § 11 Nr. 2 AllgVfg in Abt. II einzutragende Vermerk lautet z. B.:

> **Die Parzellen Kartenblatt 4 Nr. 22 und 23 von 4a 23 qm Größe werden durch Kapital abgelöst und können künftig nicht mehr mit verpfändet werden. Eingetragen am 20. Dezember 1927.**

Der Vermerk will verhüten, daß durch spätere Eintragungen bei dem berechtigten Grundstück Weiterungen entstehen.

2. Sie kann schon vor Bestätigung des Rezesses und nach der Ausführung des endgültig festgestellten Auseinandersetzungsplans auf Grund des gemäß Art. 113 Satz 2 EGBGB aufrechterhaltenen Ges. vom 26. Juni 1875 (GS S. 325) für einzelne Teilnehmer des Verfahrens die Berichtigung des Grundbuchs durch Abtrennung der in Frage kommenden Parzellen auf Grund des Plans und der Fortschreibung des Grundsteuerkatasters beantragen. Solange der Plan noch nicht in das Grundsteuerkataster übernommen ist, kann der Antrag auf Berichtigung nicht gestellt werden (KGJ **21** A 115). Im Grundbuch ist bei einer solchen Berichtigung ausdrücklich zu vermerken, daß sie vor der Bestätigung des Rezesses auf Grund eines Planüberweisungsattestes erfolgt ist. Dieser Vermerk erfolgt im Verzeichnis der Grundstücke. Außerdem ist die veränderte Rechtslage in Abt. I zum Ausdruck zu bringen, z. B. in der Form: „Zu Nr. 2: Auf Grund der Ausführung des Auseinandersetzungsplans vom . . .; eingetragen am . . ." (KGJ **50** 145). Später ist auf Ersuchen der Landeskulturbehörde die Bestätigung des Rezesses nebst den aus diesem sich etwa ergebenden Änderungen des Auseinandersetzungsplans in das Grundbuch einzutragen. Vgl. A. 10 zu Muster 16 GeschO. Der Vorlegung eines be-

glaubigten Auszuges aus dem Steuerbuch sowie einer von dem Fortschreibungsbeamten beglaubigten Karte bedarf es zu diesen Abschreibungen nach § 30 Abs. 4 AllgVfg nicht. In der Praxis kommt man aber regelmäßig ohne einen Auszug aus dem Steuerbuch nicht durch, weil man ohne diesen den auf dem Stammgrundstück nach Abschreibung des Trennstücks verbleibenden Bestand nicht richtig und vollständig eintragen kann (vgl. auch KGJ **23** A 141).

3. Der Inhalt des bestätigten Rezesses ist nur in den in Art. 12 AGGBO bezeichneten Fällen in das Grundbuch einzutragen[1]. Das Ersuchen ist nicht nur auf die Eintragung der neuen Grundstücke, sondern auch, wenn es im einzelnen Falle erforderlich ist, zugleich auf Eintragung der Personen als Eigentümer der Abfindungsstücke zu richten, die im Auseinandersetzungsverfahren als die legitimierten Eigentümer der zum Verfahren gezogenen Grundstücke behandelt sind[2]; die Auseinandersetzungsbehörden können den Eigentümer zur Beibringung der nach ihrem Ermessen zum Nachweise des Eigentums erforderlichen Urkunden durch Ordnungsstrafen anhalten. Art. 14 AGGBO. Sind Abfindungsgrundstücke für mehrere, namentlich auch für Eheleute gemeinschaftlich ausgewiesen, so muß die Landeskulturbehörde bei ihrem Ersuchen angeben, zu welchen Bruchteilen diese Miteigentümer sind oder welches Rechtsverhältnis für ihre Gemeinschaft maßgebend ist (KGJ **26** A 103; vgl. auch § 48 GBO). Auch muß in einem Siedelungsverfahren die Neuvermessung von einem bestimmten Grundstück und nicht von einer aus einer Mehrheit von (etwa teilweise sogar grundbuchlich nicht gebuchten Grundstücken) gebildeten Masse ausgehen. In solchen Fällen muß auch im Siedelungsverfahren zunächst ein einheitliches, die aufzuteilenden Parzellen zusammenfassendes Grundbuchgrundstück gebildet werden. JFG **4** 307.

4. Besteht die Abfindung in einer an den Berechtigten zu entrichtenden festen Geldrente[3], so ist die Rente im Grundbuch des belasteten Grundstücks in Abt. II Spalte Veränderungen an Stelle der abgelösten Last, und falls diese nicht eingetragen war, in Abt. II Spalte 1 bis 3 einzutragen. Ferner ist die Rente im Grundbuch des berechtigten Grundstücks im Bestandsverzeichnis der Rechte einzutragen, eventuell an Stelle

---

[1] Sind auf Ersuchen der Landeskulturbehörden über die Vorschriften des Art. 12 AGGBO hinausgehende Eintragungen erfolgt, so kann die Landeskulturbehörde das Grundbuchamt um die Löschung ersuchen; auf Antrag des Eigentümers hat sie die Löschung herbeizuführen. Die Löschung erfolgt kostenfrei. Art. 13 AGGBO.

[2] Das Ersuchen, an Stelle eines zur Separation gezogenen Grundstücks oder Rechtes ein Abfindungsgrundstück einzutragen, darf mangels Bezeichnung des Berechtigten nicht abgelehnt werden, wenn erkennbar ist, auf wessen Namen das Abfindungsgrundstück eingetragen werden soll (KGJ **38** A 246).

[3] Über die Tätigkeit der Rentenbankdirektionen s. Güthe, Bd. II S. 1401, Anm. 11.

der dort eingetragenen bisherigen Berechtigung. Besteht die Abfindung in einem auf einmal oder in mehreren Raten zu zahlenden Kapital von mehr als 60 RM., so ist dieses sowohl im Grundbuch des belasteten als des berechtigten Grundstücks, in jenem in Abt. II, in diesem im Bestandsverzeichnis der Rechte an Stelle der abgelösten Last bzw. Berechtigung und, falls diese nicht eingetragen waren, selbständig einzutragen. Art. 12 Abs. 2 Nr. 2 AGGBO. Die Löschung des Kapitals erfolgt auf Grund einer von der Landeskulturbehörde ausgestellten Bescheinigung über dessen gesetzmäßige Verwendung auf Antrag der Landeskulturbehörde oder der Beteiligten.

5. Oft bleiben mehrere Grundflächen gemeinschaftliches Eigentum der Teilnehmer der Auseinandersetzung. Dahin gehören z. B. die in dem Verfahren ausgewiesenen Wirtschaftswege, Trockenplätze, Sandgruben u. a. Das gemeinschaftliche Eigentum kann sich auch auf Rechte, insbesondere Grundgerechtigkeiten, beschränken (KGJ **34 A** 287). Die Gesamtheit der Teilnehmer der Auseinandersetzung wird durch dieses reale Band zu einer dauernden Rechtsgemeinschaft. Nach dem Ges. vom 2. April 1887 (GS S. 105) erhält die Gesamtheit der Beteiligten ein besonderes Vertretungsorgan, und zwar meist in der Person des hierzu von der Landeskulturbehörde bestellten Gemeindevorstandes. Dieser muß sich dem Grundbuchrichter gegenüber über den Umfang der ihm übertragenen Angelegenheiten durch Vorlegung der von der Landeskulturbehörde hierüber ausgestellten Urkunde ausweisen.

Für eine in solcher Weise vertretene Gesamtheit kann für die ihr gehörigen gemeinschaftlichen Anlagen ein Grundbuchblatt derart angelegt werden, daß lediglich die Gesamtheit der Beteiligten, nicht die einzelnen Mitglieder als Eigentümer einzutragen sind. § 4 Abs. 3 AllgVfg.

Der Gemeindevorstand kann mit Genehmigung des Präsidenten des Landeskulturamts über die Substanz des gemeinschaftlichen Vermögens verfügen. Er kann also die dazu gehörigen Grundstücke veräußern und belasten, sowie das gemeinschaftliche Recht löschen lassen; auch kann er für die Gesamtheit erwerben. Bei der Auflassung erfolgt die Eintragung des veräußerten Grundstücks auf dem vorhandenen oder anzulegenden Grundbuchblatt des Erwerbers, ohne daß vorher, wenn das Grundstück oder die Anteilsrechte daran bisher nicht gebucht waren, für die Gesamtheit der Beteiligten ein Grundbuchblatt angelegt und das Grundstück darauf eingetragen würde oder daß die Anteilsrechte der einzelnen Mitglieder auf deren Grundbuchblättern vorher vermerkt würden. Art. 113 Satz 2 EGBGB; § 83 GBO; § 8 des Ges. vom 2. April 1887. Sind die Anteilsrechte auf den Grundbuchblättern der einzelnen Teilnehmer vermerkt, so sind auf diesen Blättern die Anteilsrechte an dem veräußerten Grundstück zu löschen. Sind auf den Grundstücken der einzelnen Teilnehmer Lasten eingetragen, so kann die Auflassung erst erfolgen, wenn von der Landeskulturbehörde bescheinigt wird, daß die Veräußerung oder der Tausch auch für die Realinteressenten unschädlich oder daß die Verwendung der Geldentschädigung erfolgt ist; vgl. hierzu KGJ **31** A 277.

Bei der Auflassung hat also der Vertreter der Gesamtheit dem Grundbuchrichter durch urkundliche Erklärungen der Landeskulturbehörde seine Vertretungsbefugnis, die Genehmigung der Veräußerung und die Unschädlichkeit der Veräußerung für die Realinteressenten oder die Verwendung der Geldentschädigung nachzuweisen.

§ 172. Die Familiengüter.

Familiengüter sind Familienfideikommisse, standesherrliche Hausvermögen, Lehen und Erbstammgüter (nicht Familienstiftungen)[1]. Als Eigentümer ist im Grundbuch der jeweilig zu Besitz und Nutzung Berechtigte, der sogenannte Unter- oder Nutzeigentümer einzutragen (s. RG **28** 230; **61** 33ff., Urteil des RFH vom 26. Februar 1927, mitgeteilt bei Kübler S. 328). Die Eigenschaft des Gutes ist als Verfügungsbeschränkung eingetragen (Art. 15 AGGBO), so daß der Besitzer Veräußerungen und Belastungen (Vorrechtseinräumung KGJ **20** A 118) nur mit Genehmigung der Familie vornehmen kann. Die Familienschlüsse bedürfen der Bestätigung der Fideikommißbehörde.

Ist die Eigenschaft im Grundbuch nicht eingetragen, so unterliegen die Verfügungsbeschränkungen beim Fideikommiß den Grundsätzen des BGB vom guten Glauben, kommen also dem gutgläubigen Erwerber gegenüber nicht in Betracht. Art. 61 EGBGB.

Im Falle der Veräußerung eines Teils eines Grundstücks, das im Lehns-, Fideikommiß-, Erbstammguts-, Stammguts- oder Leiheverbande steht, kann der Teil auf Grund eines Unschädlichkeitszeugnisses (KGJ **27** A 105; **41** 199; **42** 199) der zuständigen Behörde (z. B. des Vorstehers des Kulturamts) frei von allen oder einzelnen der vorbezeichneten Beschränkungen und Belastungen des Hauptgrundstücks von diesem ohne die Bewilligung der Berechtigten unter den im Art. 20 AGGBO näher bezeichneten Voraussetzungen abgeschrieben werden. Eine Veräußerung im Sinne des Art. 20 liegt auch vor, wenn einzelne Parzellen von dem Familienfideikommißgute abgeschrieben und einem Grundstück, das zu dem Allodialvermögen des Fideikommißbesitzers gehört, zugeschrieben werden sollen. Eine Auflassung der Parzellen ist zu diesem Zwecke nicht erforderlich (KGJ **36** A 209).

Soweit eine Mitwirkung der Aufsichtsbehörde als solcher bei der Veräußerung von Fideikommißgrundstücken fideikommißrechtlich vorgeschrieben ist, hat sie auch bei Veräußerung an den Landlieferungsverband auf Grund

[1] Über den Unterschied zwischen Familienfideikommiß und Familienstiftung s. Kübler S. 301.

des Reichssiedlungsgesetzes vom 11. August 1919 (RGBl S. 1429) stattzufinden (Kübler S. 169).

Über mehrere zu einem Familienfideikommiß gehörende Grundstücke kann ein gemeinschaftliches Grundbuchblatt gemäß § 4 GBO auch dann geführt werden, wenn die mehreren Grundstücke in den Bezirken verschiedener Grundbuchämter belegen sind. Das zuständige Grundbuchamt ist nach § 20 AGGVG zu bestimmen. Art. 37 Vdg, AV vom 10. Januar 1907, JMBl S. 6.

Die Löschung der Fideikommißeigenschaft bei solchen beaufsichtigten Fideikommissen erfolgt auf Grund einer Bescheinigung der Behörde über das Erlöschen oder auf Grund eines von der Behörde bestätigten Familienschlusses über die Aufhebung der Eigenschaft. Art. 16 AGGBO.

Näheres ergeben die Art. 15 bis 17, 19 AGGBO. Art. 18 ist durch § 13 der Vdg vom 10. März 1919, GS S. 39, aufgehoben.

Nach der neueren Gesetzgebung[1] (vgl. Art. 155 Abs. 2 Satz 2 der Reichsverfassung) sind die Familiengüter aufzulösen, und zwar grundsätzlich durch Familienschluß. Soweit dies bei standesherrlichen Hausvermögen und Hausgütern nicht bis zu bestimmten Terminen bewirkt wurde, ist ein Zwangsauflösungsverfahren eingetreten. Die gesetzlichen Grundlagen finden sich in Preußen in folgenden Gesetzen und Verordnungen:[2]

1. Vdg der Preuß. Regierung vom 10. März 1919 (Familiengüterverordnung [GS S. 39], ergänzt durch die Vdg des Staatsministerums vom 22. September 1920 [GS S. 431] in der Fassung der Bekanntmachung vom 30. Dezember 1920 [GS 1921 S. 77]),

2. Gesetz über die Aufhebung der Standesvorrechte des Adels usw. vom 23. Juni 1920 (Adelsgesetz GS S. 367), nebst Vdg vom 3. März 1921 (GS S. 339).

3. Zwangsauflösungsverordnung vom 19. November 1920 (GS S. 643),

4. Ergänzungsgesetz vom 7. Januar 1922 (GS S. 5),

5. Vdg zur Einführung der vorbezeichneten Vorschriften in Oberschlesien vom 23. September 1922 (GS S. 296).

Hierzu sind ergangen die AVen vom 10. Juni 1919 nebst RdVfg vom gleichen Tage (JMBl S. 320ff.), vom 30. Dezember 1920 nebst RdVfg vom gleichen Tage (JMBl 1921 S. 21ff.), vom 31. Dezember 1920 (Waldverfügung, JMBl 1921 S. 30), 15. Februar 1921 betr. die Auflösungsbehörde (JMBl S. 106), 1. März 1921 (JMBl S. 173), 20. September 1921 betr. die Ersuchen der Auflösungsämter um Eintragungen in das Grundbuch (JMBl S. 498), vom 20. September 1921 (JMBl S. 499, 506) betr. die Bildung von Wald-, Deich-, Wein- und Landgütern, in Verbindung mit der AV vom 6. Mai 1924 (JMBl S. 211) und 18. Oktober 1926 (JMBl

---

[1] Hinsichtlich der früheren Rechtslage s. Güthe, Vorbemerkung 82 zum zweiten Abschnitt (Bd. I S. 258).

[2] Siehe Kübler, S. 1ff.

S. 373), sowie vom 17. Januar 1922 zur Ausführung des Ges. vom 7. Januar 1922 (JMBl S. 23). Nach der AV vom 7. November 1925 (JMBl S. 396, Nr. 309) ist von Eintragungen auf Grundstücken, die ausweislich des Grundbuchs zu einem Familiengut oder zu einem Hausvermögen gehören, das zuständige Auflösungsamt für Familiengüter zu benachrichtigen.

Ein Familienschluß bedarf der Aufnahme und Bestätigung durch die Aufsichtsbehörde, bei Thronlehen auch der Thronlehnskurie (s. Kübler S. 301). Die Löschung der Familiengutseigenschaft im Grundbuch erfolgt auf Ersuchen des Oberlandesgerichts.

Bis zur Durchführung der Auflösung ist zum entgeltlichen Erwerbe von Grundbesitz für ein Familiengut die von dem Oberlandesgericht einzuholende Genehmigung des Justizministers und des Landwirtschaftsministers erforderlich.

Zur Auflösung eines Familiengutes oder Hausvermögens ist nach § 10 der Familiengüterverordnung in der Fassung der Bekanntmachung vom 30. Dezember 1920 und nach §§ 7, 15 des Adelsgesetzes die Genehmigung des Justizministers und des Ministers für Landwirtschaft, Domänen und Forsten erforderlich, wenn zu dem Gute bzw. Vermögen Wald gehört, der sich nach Beschaffenheit und Umfang zu einer nachhaltigen forstmäßigen Bewirtschaftung eignet (Schutzforst)[1] [2]. Die Mindestgröße soll in der Regel nicht unter 100 ha sein. Die Genehmigung ist zu erteilen, wenn in dem Familienschlusse Vorsorge getroffen ist, daß der Wald vor einer unwirtschaftlichen Zersplitterung geschützt wird und der Verfügungsberechtigte sich hinsichtlich des Maßes der Nutzung und der Art der Bewirtschaftung einem behördlich genehmigten Wirtschaftsplan unterwirft. Zur Sicherung gegen unwirtschaftliche Zersplitterung genügt es, wenn der zu einer einheitlichen Bewirtschaftung zu erhaltende Wald im Grundbuch als ein einheitliches Grundstück eingetragen und auf dem Grundbuchblatt dieses Grundstücks vermerkt wird, daß eine Teilung oder Veräußerung (auch im Falle der Zwangsversteigerung!) nur mit Genehmigung des Justizministers und des Ministers für Landwirtschaft, Domänen und Forsten zulässig ist (Schutzforstvermerk; vgl. im einzelnen hinsichtlich der Grundbuchbehandlung die AV vom 31. Dezember 1920, Waldvfg, JMBl 1921 S. 30 und Kübler S. 252, 336ff.). Die Schutzforsteigenschaft entsteht außerhalb des Grundbuchs und wird in diesem lediglich verlautbart (Kübler S. 340). Diese Bestimmungen finden auf die geschlossene Erhaltung von Weinbergen entsprechende Anwendung mit der Maßgabe, daß es eines Wirtschaftsplanes hier nicht bedarf, auch eine Mindestgröße hier nicht vor-

---

[1] Die Bildung eines Schutzforstes kann mit Zustimmung des Besitzers auch bei Zwangsauflösung des Gutes erfolgen, § 1 des Ges. vom 7. Januar 1922 (GS S. 5). Sie bedarf der Genehmigung des Justizministers und des Landwirtschaftsministers (s. § 2 der AV vom 17. Januar 1922, JMBl S. 23).

[2] Über die Voraussetzungen der Waldsicherung s. Kübler S. 308.

geschrieben ist. Über die Umwandlung von Wäldern in eine Stiftung vgl. § 9b der Familiengüterverordnung, § 18 des Adelsgesetzes, Nr. 8 der AV vom 30. Dezember 1920 und Nr. 11, 12 der RdVfg vom gleichen Tage (JMBl 1921 S. 21, 24) sowie Anm. 3 S. 436.

Bei der Auflösung oder dem Erlöschen eines Familienguts erwirbt jeder Anfallberechtigte die ihm gesetzlich oder stiftungsgemäß zugewiesenen Bestandteile des bisher gebundenen Vermögens unmittelbar kraft Gesetzes, ohne daß es einer besonderen Rechtshandlung, wie Auflassung usw. bedarf, vorausgesetzt, daß die Zuweisung als eine solche auf das ganze Vermögen oder auf einen Bruchteil desselben, nicht aber nur als Zuwendung eines einzelnen Gegenstandes anzusehen ist (Kübler S. 200). Das hat auch steuerrechtliche Wirkung, indem z. B. die Grunderwerbsteuer wie bei einem Erbanfall entfällt (s. auch RFH vom 26. Februar 1927, mitgeteilt bei Kübler S. 328).

Nach der Zwangsauflösungsverordnung liegen die Geschäfte der Zwangsauflösung besonderen Auflösungsbehörden ob. Die unteren Auflösungsbehörden, die am Sitze eines jeden Oberlandesgerichts und für dessen Bezirk zu bilden sind (AV vom 15. Februar 1921, JMBl S. 106), führen die Bezeichnung „Auflösungsamt für Familiengüter". Gegen ihre Entscheidungen findet Beschwerde beim Landesamt für Familiengüter in Berlin statt, das dem Justizministerium angegliedert ist. Das Nähere über die Besetzung der Auflösungsämter und des Landesamts regelt § 27 a. a. O.)[1] Die Auflösungsbehörde hat über das Erlöschen der Fideikommißeigenschaft eine Bescheinigung zu erteilen (Fideikommiß-Auflösungsschein). Hiergegen ist sofortige Beschwerde zulässig. Nach Eintritt der Rechtskraft des Fideikommiß-Auflösungsscheins hat die Auflösungsbehörde das Grundbuchamt um die Löschung der Fideikommißeigenschaft im Grundbuch zu ersuchen (s. auch Kübler S. 313).

Auch im übrigen erfolgen die zur Vollziehung der rechtskräftig bestätigten Familienschlüsse und der Entscheidungen der Auflösungsbehörden erforderlichen Eintragungen auf Ersuchen des Auflösungsamts. Über Inhalt und Unterlagen des Ersuchens s. §§ 1ff. der AV vom 20. September 1921 (JMBl S. 498). Die ordentlichen Gerichte sind an die rechtskräftigen Entscheidungen der für fideikommißrechtliche Fragen ausschließlich zuständigen Auflösungsbehörden gebunden (Kübler S. 295ff. und § 28 ZwAV). Bis zur Erteilung des Fideikommiß-Auflösungsscheins kann die Auflösungsbehörde auf Antrag der Fideikommißgläubiger die Sicherstellung der Gläubigeransprüche durch Eintragung von Sicherungshypotheken auf den zum Fideikommißvermögen gehörigen Grundstücken anordnen. Dies gilt auch für die Angestellten, Abfindungs- und Versorgungs-

[1] Vgl. auch die durch AV vom 26. März 1921 mitgeteilte Geschäftsordnung für die Auflösungsbehörden (JMBl 1921 S. 231ff.) und die AV vom 4. März 1926 (JMBl S. 84).

berechtigten (§§ 4, 7, 19ff., 23). Aus besonderen Gründen kann auch die Eintragung eines anderen Sicherungsrechts angeordnet werden[1].

Vom Beginn der Zwangsauflösung an kann nach § 5 der ZwAV vom 19. November 1920 die Aufsichtsbehörde nach Anhörung des nächsten Folgeberechtigten den Besitzer ermächtigen, auch insoweit über Gegenstände des Fideikommißvermögens zu verfügen, als er darin bisher beschränkt war. Erfolgt die Veräußerung eines Grundstücks zum Zwecke der Bodensiedlung an den Landlieferungsverband, so steht dem Fideikommißbesitzer sowohl das Verfahren nach § 5 ZwAV als auch der durch § 17 RSG zugelassene Weg offen (Kübler S. 171).

Im öffentlichen Interesse ist in den §§ 12ff. der Zwangsauflösungsverordnung[2] und in den §§ 4ff. des Gesetzes vom 7. Januar 1922 (GS S. 5) die Erhaltung der Wälder und anderer Bestandteile der Familiengüter vorgesehen (s. Kübler S. 235ff.).

a) Der Erhaltung der Wälder dient die im öffentlichen Interesse erfolgende Bildung von Waldgütern[3]. Vor Erteilung des Fideikommiß-Auflösungsscheins hat die Auflösungsbehörde das Grundbuchamt um Eintragung der Waldgutseigenschaft im Grundbuch zu ersuchen.

Die Grundstücke sind auf einem einheitlichen Grundbuchblatt einzutragen und tunlichst zu einem Grundstück zu vereinigen; gehören zum Waldgute Grundstücke aus verschiedenen Grundbuchbezirken, so wird das zuständige Grundbuchamt vom Justizminister bestimmt.

Näheres über die grundbuchliche Behandlung s. in der AV vom 20. September 1921 (JMBl S. 499).

Das Waldgut entsteht durch den der ministeriellen Genehmigung bedürfenden Beschluß des Auflösungsamts; die Eintragung im Grundbuch bedeutet nur die Verlautbarung eines außerhalb des Grundbuchs entstandenen Rechtszustandes. Die Schutzforst- und die Waldgutseigenschaft ist unabhängig gegenüber den Vorschriften über den sog. Erwerb in gutem Glauben, ebenso gegenüber den Rangvorschriften des § 879ff. BGB (Kübler S. 336, 340).

Hinsichtlich der Verfügungen über das Gut oder Teile desselben ist der Besitzer beschränkt. § 12 Abs. 4 ZwAV[4]. Dies gilt auch für Vergröße-

---

[1] Die Erklärungen der nach § 8 Abs. 4 der Familiengütervdg bestellten behördlichen Familienvertretung bedürfen grundsätzlich der vormundschaftsgerichtlichen Genehmigung (Kübler S. 169).

[2] Unter die nach § 12 Abs. 10 genehmungspflichtigen Verfügungen fallen auch Grundstücksbelastungen (Kübler S. 243).

[3] Über Waldstiftungen und Waldgutsstiftungen s. Kübler S. 235, 246. Die Waldgutsbildung kann auch bei der Absicht einer Stiftungsgründung unbedenklich erfolgen (Kübler S. 238).

[4] § 12 Abs. 4 Satz 1 Halbsatz 2 ZwAV ist dahin auszulegen, daß die Genehmigung des JM und des MfLDuF auch dann erforderlich ist, wenn über ein Waldgut von mehr als 100 ha Waldfläche im ganzen verfügt werden soll (Kübler

rungen des Bestandes. Die Aufnahme von Hypotheken usw. auf nur einzelne Teile eines Waldgutes ist nicht zulässig (Kübler S. 255). Die Vererbung des Waldgutes (Gutsfolge) ist durch ein besonderes Anerbenrecht geregelt (vgl. § 12 Abs. 3ff., 13 a. a. O.), dem das jüngste, beste und praktisch wohl am meisten gehandhabte und bewährte Anerbenrechtssystem des Höfegesetzes für die Provinz Hannover in der Neufassung vom 9. August 1909 (GS S. 663) zum Vorbilde gedient hat. Dieser Gutsfolge unterliegen die zum Waldgut gehörigen Allodgrundstücke nicht (Kübler S. 245).

b) Weiterhin kommen Deich- und Weingüter sowie Landgüter in Frage (§§ 15, 16), letztere indes nur mit einer Acker- und Wiesenfläche bis zu 1500 ha. Auch für sie gelten die Bestimmungen der AV vom 20. September 1921 (JMBl S. 499) in Verbindung mit der AV vom 6. Mai 1924 (JMBl S. 211) und vom 18. Oktober 1926 (JMBl S. 373). Vgl. auch § 4 der AV vom 17. Januar 1922 (JMBl S. 23).

Die Landgutsbildung bedarf der Zustimmung der Landeskulturämter. Zu einem Land-, Deich- oder Weingut kann ein auf demselben Grundbuchblatt mit den übrigen Gutsteilen vereinigter Schutzforst gehören. Dies hindert die Eintragung einer dinglichen Last als Gutsschuld im Sinne des § 12 Abs. 4 ZwAV nicht, obwohl sonst bei einem Schutzforst eine Gutsschuld nicht in Frage kommt (s. Kübler S. 251).

Auf Grundbuchblättern, auf denen Deich-, Wein- oder Landgüter eingetragen sind, ist g. F. auch der auf ihnen bestehende Schutzforst miteinzutragen. Es dürfte sich, wie bei Kübler S. 252 ausgeführt wird, empfehlen, in der Aufschrift des Blattes darauf hinzuweisen, daß zu ihm ein Schutzforst gehört. Die Aufschrift würde lauten: Die auf diesem Grundbuchblatt einschl. des Schutzforstes X (Name) verzeichneten Grundstücke bilden das Land- (Deich-, Wein-) Gut NN". Ferner ist zweckmäßig der Zusatz: „Der Umfang des Schutzforstes ergibt sich aus dem Bestandsverzeichnis und den Eintragungen in Abteilung II."

c) Gemeinnützige Anstalten (Kranken-, Armen-, Waisenhäuser usw.), die zum Fideikommißvermögen gehören, können unter gewissen Voraussetzungen auf den Staat, eine Gemeindebehörde, einen Armenverband, eine Stiftung oder eine andere Rechtsperson übertragen oder in eine Stiftung umgewandelt werden. Der Übergang des Vermögens, also auch etwaiger Grundstücke und Rechte an solchen, tritt mit der Rechtskraft des Beschlusses der Auflösungsbehörde ein. Das Grundbuch bedarf gegebenenfalls lediglich der Berichtigung.

d) Endlich sieht § 18 der Zwangsauflösungsverordnung die Erhaltung von Kunstwerken und Sammlungen vor.

S. 258). Zu einer vor Bildung eines Waldgutes erfolgenden Vfg über Grundstücke im Sinne des § 12 Abs. 10 ZwAV ist nur die Genehmigung der AuflBehörde erforderlich, nicht auch die Genehmigung der Minister (Kübler S. 263).

Das Kostenwesen regelt die Gebührenordnung für Auflösung von Familiengütern vom 11. Januar 1924 (GS S. 29), abgeändert durch Vdg vom 31. Mai 1924 (GS S. 545). Gebührenfrei ist die auf Ersuchen der Auflösungsbehörde erfolgte Löschung des Fideikommißvermerks und Eintragung des Schutzforstvermerks oder des Vermerks über die Wald- (Deich-, Wein-, Land-)gutseigenschaft und über die Zugehörigkeit zu einer Waldstiftung oder Waldgutsstiftung, auch wenn das Ersuchen auf Grund eines die freiwillige Auflösung und die Sicherung des Waldes anordnenden Familienschlusses gestellt wird. AV vom 20. Juli 1925 (JMBl S. 267 und JW 1925 S. 2144). S. auch die Rechtsentscheide über Kostenfragen bei Kübler Seite 286ff.

§ 173. Erbbaurecht, Heimstätte, Bergwerkseigentum, bäuerliche Erbleihe, selbständige Gerechtigkeiten. Bahngrundbücher.

1. Das Erbbaurecht[1] ist das veräußerliche und vererbliche Recht, auf oder unter der Oberfläche eines Grundstücks ein Bauwerk zu haben. Die Beschränkung des Erbbaurechts auf einen Teil eines Gebäudes, insbesondere ein Stockwerk, ist unzulässig.

Die gesetzliche Regelung des Erbbaurechts ist neuerdings unter Aufhebung der §§ 1012 bis 1017 BGB und des § 7 GBO durch die Vdg vom 15. Januar 1919, RGBl S. 72, erfolgt, die am 22. Januar 1919 in Kraft getreten ist. Die Verordnung hat keine rückwirkende Kraft; vielmehr bleiben für ein Erbbaurecht, mit dem ein Grundstück vor dem 22. Januar 1919 belastet worden ist, die bisherigen Gesetze maßgebend. Aus der Fülle der materiellen und formellen Vorschriften der genannten Vdg seien hier nur folgende erwähnt:

a) Bei der Bestellung des Erbbaurechts findet § 925 BGB keine Anwendung, wohl aber § 20 GBO; es genügt also im Falle der Bestellung, Änderung des Inhalts oder Übertragung eines Erbbaurechts zur Eintragung nicht die Bewilligung des von der Eintragung Betroffenen, sondern es muß auch die Zustimmung des anderen Teils vorliegen. Auch die Berichtigung des Grundbuchs durch Eintragung eines Erbbauberechtigten darf, sofern nicht der Fall des § 14 GBO vorliegt, nur mit Zustimmung des Erbbauberechtigten erfolgen. § 22 Abs. 2 GBO.

b) Wird ein Erbbauzins (§ 9) ausbedungen, so finden die Vorschriften des BGB über die Reallasten (also nicht die landesgesetzlichen Vorschriften) entsprechende Anwendung. Die Bestimmung der Höhe des Zinses kann jedoch nicht in der Weise erfolgen, daß eine Höchst- und Mindestgrenze festgesetzt und die Feststellung der Höhe des Zinses für die einzelnen Zeit-

[1] Dem Erbbaurecht nachgebildet sind die Heimstätten für Kriegsteilnehmer, Witwen der im Kriege Gefallenen und kinderreiche Familien nach dem Gef. vom 10. Mai 1920, RGBl S. 962.

abschnitte der späteren Vereinbarung durch die Beteiligten oder der Ermittlung durch einen Dritten vorbehalten wird (JFG 3 325).

c) Das Erbbaurecht kann nur zur ausschließlich ersten Rangstelle bestellt werden; der Rang kann nicht geändert werden (§ 10 der Vdg). Ausnahmen können durch einzelstaatliche Vdg zugelassen werden; vgl. z. B. Vdg der preuß. Staatsregierung vom 30. April 1919, GS S. 88.

d) Bei der Eintragung in das Grundbuch wird für das Erbbaurecht ein besonderes „Erbbaugrundbuch" angelegt. Der Inhalt des Erbbaurechts ist im Erbbaugrundbuch vollständig ohne Bezugnahme auf die Eintragungsbewilligung (s. JFG 2 304, OLG Dresden) zu vermerken.

Die Einzelheiten der formellen Behandlung des Erbbaurechts sind in der AV vom 25. März 1919 (JMBl S. 138) und vom 12. Januar 1921 (JMBl S. 50) geregelt.

Jede Eintragung in das Erbbaugrundbuch soll auch dem Grundstückseigentümer, die Eintragung von Verfügungsbeschränkungen des Erbbauberechtigten den im Erbbaugrundbuch eingetragenen dinglich Berechtigten bekanntgemacht werden. Wegen Benachrichtigung der Katasterämter s. AV vom 10. September 1923 (JMBl. S. 629).[1]

Dem Erbbauberechtigten andererseits ist die Eintragung eines Grundstückseigentümers, die Eintragung von Verfügungsbeschränkungen des Grundstückseigentümers sowie die Eintragung eines Widerspruchs gegen die Eintragung des Eigentümers mitzuteilen.

Auf die Bekanntmachung kann verzichtet werden.

e) Die Übertragung des Erbbaurechts muß unbedingt und unbefristet sein. Die Belastung des Erbbaurechts erfolgt im allgemeinen in gleicher Weise wie die Belastung eines Grundstücks. § 11, 5 Abs. 2 Vdg. Auch erlischt das Erbbaurecht nicht dadurch, daß der Eigentümer das Recht erwirbt. § 889 BGB. In diesem Falle bleiben die Belastungen des Erbbaurechts bestehen.

f) Eine Aufhebung des Rechts bedarf der Zustimmung des Grundstückseigentümers sowie der an dem Erbbaurechte dinglich Berechtigten.

g) Wird das Grundstück zwangsweise versteigert, so bleibt das Erbbaurecht auch dann bestehen, wenn es bei der Feststellung des geringsten Gebots nicht berücksichtigt ist.

2. Die Heimstätte, s. Reichsgesetz vom 10. Mai 1920 (RGBl S. 962) und AG vom 18. Januar 1924 (GS S. 49)[2].

Nach § 1 des Reichsgesetzes können Reich, Länder und Gemeinden (Gemeindeverbände) Grundstücke, die aus einem Einfamilienhause mit Nutzgarten bestehen (Wohnheimstätten) oder landwirtschaftliche oder gärt-

---

[1] Betr. Nachweis des Erbbaurechts in den Katasterbüchern s. RdErl d. FM vom 6. Juli 1927 (FMBl S. 373).

[2] Siehe auch Gesetz über die Abtretung von Beamtenbezügen zum Heimstättenbau vom 30. Juni 1927 (RGBl I S. 133).

nerische Anwesen, zu deren Bewirtschaftung eine Familie regelmäßig keiner ständigen fremden Arbeitskraft bedarf (Wirtschaftsheimstätte), als Heimstätten ausgeben. Kriegsteilnehmer, Witwen der im Kriege Gefallenen und kinderreiche Familien werden hierbei bevorzugt. Die Eigenschaft als Heimstätte und der Ausgeber werden in das Grundbuch eingetragen, und zwar zur ausschließlichen ersten Rangstelle. Der Rang kann nicht geändert werden. Der Betrag, der als Entgelt für den Boden (ohne Baulichkeiten oder sonstige Verbesserungen) entfällt, ist im Grundbuch zu vermerken.

Über die zu einer Reichsheimstätte gehörigen Grundstücke ist gemäß der AV vom 30. Dezember 1924 (GS 1925 S. 23) ein gesondertes Grundbuchblatt zu führen. Liegen die Grundstücke in verschiedenen Grundbuchbezirken, so wird das zur Führung des Grundbuchs zuständige Grundbuchamt nach § 20 AGGBG in der Fassung des Art. 130 III PrFGG bestimmt.

Die RHE wird in Abt. II des Grundbuchs eingetragen. Der Vermerk lautet etwa dahin:

> **„Dieses Grundstück ist Reichsheimstätte (Näheres siehe in der Aufschrift). Eingetragen am ...“**

Die sich auf die RHE beziehenden Eintragungen erfolgen in der Aufschrift des Grundbuchblattes nach Maßgabe des im JMBl 1925 S. 24 abgedr. Musters. Reicht der Raum in der Aufschrift nicht aus, so sind die Eintragungen am Schluß des Grundbuchblattes hinter Abteilung III fortzusetzen. Auf diese Fortsetzung ist durch einen Vermerk am Schlusse der Eintragungen in der Aufschrift hinzuweisen. In der Tabelle kann eine hinter die Aufschrift einzufügende Einlage für die Fortsetzung der Eintragungen verwendet werden. Wird die RHE bezüglich einzelner Grundstücke gelöscht, so sind die Grundstücke in Sp. 1 rot zu unterstreichen. Entsprechendes gilt für alle Eintragungen, die durch spätere Eintragungen erledigt werden. Bei Fortschreibung von Grundstücken ist Sp. 1 der Heimstätteneintragung entsprechend zu ergänzen. Bei Erteilung von Abschriften des Grundbuchblattes ist die Tatsache und Dauer der Eintragung des RHV auch nach seiner Löschung anzugeben, wenn Eintragungen in Abt. II oder III aus der Zeit der RHE noch bestehen.

Ist das Grundstück bei Begründung der Heimstätte mit Rechten belastet, die bestehen bleiben und dem RHV den Vorrang einräumen, so ist bei diesen Rechten in Sp. Veränderungen folgender Vermerk zu machen:

> **„Das Recht — der Nießbrauch — die Hypothek usw. — unterliegt infolge Einräumung des Vorrangs dem Heimstättenrechte.“**

Dieser Vermerk ist auch auf die erteilten Hypotheken- usw. Briefe zu setzen.

Wird die Eigenschaft als Heimstätte bei einem Erbbaurecht eingetragen[1], für das die Verordnung vom 15. Januar 1919 (RGBl S. 72) gilt, so gilt der Eigentümer des Grundstücks als Ausgeber der Heimstätte. Kann er nicht Ausgeber sein, so ist die Eintragung unzulässig. Über die Eintragung im Grundbuch vgl. Nr. 10 der AV vom 30. Dezember 1924, JMBl S. 23.

Die Teilung der Heimstätte und Abveräußerung einzelner Grundstücke oder Grundstücksteile bedarf der Zustimmung des Ausgebers (auch im Erbfalle bei der Teilung unter Miterben). Wird ein anderes Grundstück mit der Heimstätte vereinigt oder ihr als Bestandteil zugeschrieben, so erstreckt sich die Heimstätteneigenschaft auf das ganze vergrößerte Grundstück. Die Vereinigung oder Zuschreibung bedarf der Zustimmung des Ausgebers.

Bei Veräußerungen der Heimstätte hat der Ausgeber das Vorkaufsrecht, desgleichen bei Veräußerungen im Wege der Zwangsvollstreckung oder durch den Konkursverwalter. Die §§ 504, 505, 508—510 und 513 BGB finden Anwendung. Das Vorkaufsrecht gilt nicht bei Veräußerungen an den Ehegatten, an Verwandte gerader Linie oder an Verwandte der Seitenlinie bis zum dritten Grade oder Verschwägerte bis zum zweiten Grade. Das Grundbuchamt hat die Eintragung des Erwerbers so lange auszusetzen, bis ihm die Nichtausübung des Vorkaufsrechts nachgewiesen ist. Ferner besteht ein Heimfallanspruch des Ausgebers, falls der Heimstätter die Heimstätte nicht selbst bewirtschaftet oder grobe Mißwirtschaft treibt. Vorkaufsrecht und Heimfallanspruch haben die Wirkung einer Vormerkung zur Sicherung des durch die Ausübung des Rechts entstehenden Anspruchs auf Eigentumsübertragung. Macht der Ausgeber von seinem Recht Gebrauch, so kann er einen Dritten bezeichnen, an den die Heimstätte aufzulassen ist. Vorkaufsrecht und Heimfallanspruch werden nicht im Grundbuch eingetragen (Nr. 8 der AV vom 30. Dezember 1924).

Auch die Belastung der Heimstätte bedarf der Zustimmung des Ausgebers. Hypotheken und Grundschulden können vorbehaltlich anderweiter Bestimmung der Landeszentralbehörde nur in der Form von unkündbaren Tilgungsschulden eingetragen werden; mit Erlöschen der persönlichen Schuld erlischt auch die Hypothek oder Grundschuld. Die oberste Landesbehörde kann die Eintragung von Hypotheken und Grundschulden in anderer Form zulassen[2]. Nach einem Erlaß des Pr. Ministers für Volkswohlfahrt vom 26. Mai 1924 — II 3 Nr. 536, mitgeteilt im JMBl 1924 S. 251 — sind die Regierungspräsidenten (in Berlin der Oberpräsident) ermächtigt, auf begründete Anträge nach genauer Prüfung die Eintragung der Be-

[1] Die nachträgliche Bestellung eines Grundstücks oder Erbbaurechts zur Wohnheimstätte erfordert, falls an ihnen Belastungen mit Rechten Dritter bestehen, die Genehmigung des Ministers (JFG 4 384).

[2] Der Minister für Volkswohlfahrt hat durch RdErl vom 5. Juli 1926 II 3 607 genehmigt, daß auf Heimstätten auch Hauszinssteuerhypotheken in das Grundbuch eingetragen werden (JMBl 1926 S. 336). Betr. Hauszinssteuerverordnung und Durchführungsverordnungen s. GS 1926 S. 213ff., 1927 S. 61.

lastungen in anderer als unkündbarer Form zu genehmigen; s. auch die AV des JM und MfV vom 3. Januar 1925 über die Eintragung von Hypotheken auf Heimstätten (JMBl 1925 S. 31). Nach dem RErl des MfV vom 14. November 1925 II 3 Nr. 1180 (mitgeteilt im JMBl S. 410) sind die Regierungspräsidenten (Oberpräsident) ermächtigt, grundsätzlich in allen Fällen, in denen es sich in Durchführung der Beamtensiedlungsvdg. vom 11. Februar 1924 sowie des Pr. Beamtensiedlungsgesetzes vom 27. März 1924 um die Ausgabe von Reichsheimstätten handelt, allgemein die Eintragung von Sicherungshypotheken zu genehmigen.

Für die Belastung mit Hypotheken, Grundschulden und Rentenschulden kann eine Verschuldungsgrenze eingetragen werden. Innerhalb dieser Grenze ist die Zustimmung des Ausgebers für Eintragungen nicht erforderlich.

Eine Zwangsvollstreckung wegen einer persönlichen Schuld des Heimstätters in die Heimstätte ist unzulässig (JFG 3 447). Hat die Schuld bereits zur Zeit der Begründung der Heimstätte bestanden, so ist bis zum Ablauf eines Jahres die Eintragung einer Sicherungshypothek zulässig, auf Grund deren nach Ablauf von 5 Jahren gf. die Zwangsversteigerung betrieben werden kann.

Die Eigenschaft der Heimstätte kann nur mit Zustimmung des Ausgebers gelöscht werden. Alsdann gilt unter gewissen Voraussetzungen der das Wiederkaufsrecht behandelnde § 21 des Reichssiedlungsgesetzes (s. S. 193).

Nach § 6 des AG zum RHG vom 18. Januar 1924 (GS S. 49) kann der Regierungspräsident dem Ausgeber eine Frist zur Ausgabe des für Heimstätten beschafften oder enteigneten Landes setzen. Nach Ablauf der Frist kann der Regierungspräsident die Übertragung des Eigentums an einen anderen von ihm zu bezeichnenden Ausgeber mit dessen Einverständnis verlangen (Ankaufsrecht). — Dieses Ankaufsrecht hat die Wirkung einer Vormerkung zur Sicherung des Anspruchs auf Eigentumsübertragung. Es bedarf der Eintragung im Grundbuch, die bei Eintragung des Ausgebers in das Grundbuch bei Enteignungen von Amts wegen, in den übrigen Fällen auf Ersuchen der Gemeinde erfolgt. Das Vorkaufsrecht wird zugunsten des Preußischen Staates, vertreten durch den Regierungspräsidenten des zuständigen Bezirks, in Abt. II eingetragen, und zwar in folgender Form:

> **„Ankaufsrecht des Preuß. Staates, vertreten durch den Regierungspräsidenten in ...., gemäß § 6 des PrAG zum Reichsheimstättengesetz vom 18. Januar 1924."**

Der Vermerk wird bei Eintragung des Heimstättenvermerks gelöscht. Der frühere Eigentümer hat ein Wiederkaufsrecht, wenn das Grundstück nicht binnen 10 Jahren für Heimstättenzwecke verwendet worden ist. Das Wiederkaufsrecht ist binnen 1 Jahre auszuüben. Es ist als Belastung im Grundbuch einzutragen.

Besonderes gilt für die Erbfolge; siehe hierüber die §§ 13ff. Die Eintragung des Heimstättenfolgers in das Grundbuch erfolgt auf Grund einer Bescheinigung des Nachlaßgerichts über die Heimstättenfolge. Die Auseinandersetzung unter Miterben kann nur so erfolgen, daß die Heimstätte einer natürlichen Person oder den Mitgliedern einer ehelichen oder fortgesetzten Gütergemeinschaft oder dem Ausgeber übertragen wird. Die Begründung von Bruchteilseigentum ist unzulässig. Der Erblasser kann zugunsten des überlebenden Ehegatten oder eines Abkömmlings einen Nießbrauch oder ein Wohnrecht anordnen.

Zu beachten sind hinsichtlich der Wohnheimstätten und der Heimstättengärten noch die Ausführungsbestimmungen des MfV vom 25. April 1924 (mitgeteilt im JMBl 1925 S. 131). Für das Grundbuchrecht ist hieraus folgendes zu entnehmen: Der Preußische Staat wird nicht als Ausgeber auftreten. Vielmehr sind als Ausgeber die provinziellen Wohnungsfürsorgegesellschaften und die Gemeinnützige Aktiengesellschaft für Angestelltenheimstätten in Berlin zugelassen. Der MfV entscheidet über weitere Zulassungen. Löst eine provinzielle Wohnungsfürsorgegesellschaft, die Ausgeberein ist, sich auf oder verliert ein Ausgeber die Befugnis zur Ausgabe von Heimstätten, so geht die Ausgebereigenschaft vorläufig auf die Belegenheitsgemeinde über.

Die Vergrößerung, Teilung, Veräußerung, Belastung der Heimstätte sowie die Veräußerung einzelner Grundstücke oder Grundstücksteile ist vorläufig nur mit Genehmigung des zuständigen Ministers zulässig. Dies gilt auch für die nachträgliche Bestellung eines Grundstücks oder Erbbaurechts zur Heimstätte, wenn an ihnen Belastungen mit Rechten Dritter bestehen. JFG **4** 384. Bis auf weiteres ist der Regierungspräsident (in Berlin der Oberpräsident) ermächtigt, diese Genehmigung zu erteilen (RdErl des MfV vom 23. Dezember 1925 II 3 Nr. 1233, mitgeteilt JMBl 1926 S. 3). Im übrigen s. Z. X bis XX der bez. AusfBest vom 25. April 1924.

3. Für das Bergwerkseigentum (KGJ **22** A 148, 152; **23** A 98, 226; **24** A 141; **25** A 129; **26** A 100, 106) kommt das durch zahlreiche Gesetze abgeänderte[1] Berggesetz vom 24. Juni 1865 (GS S. 705) in Betracht.

Nach Art. **22** AGGBO finden die sich auf Grundstücke beziehenden Vorschriften der GBO und des AGGBO auf Bergwerke, selbständige

[1] Vgl. auch die Ges. vom 18. Juni 1907 (GS S. 119), 28. Juli 1909 (GS S. 677), 17. Juni 1912 (GS S. 137ff.), 11. Dezember 1920 (GS S. 74), Vdg vom 10. Oktober 1927 (GS S. 189) über einen erweiterten Staatsvorbehalt zur Aufsuchung und Gewinnung von Steinkohle und Erdöl, sowie Art. 37 AGBGB.

Kohlenabbaugerechtigkeiten und andere selbständige Gerechtigkeiten entsprechende Anwendung[1 2 3].

Die Art. 23 bis 28 AGGBO enthalten ins einzelne gehende Vorschriften für die grundbuchliche Behandlung des Bergwerkeigentums usw. Über die Gewerkschaft älteren Rechts s. JFG **4** 359 und § 25 der AllgVfg. Sie erlischt mit dem Erwerbe sämtlicher Kuxe durch eine Person. JFG **4** 359. Eine Gewerkschaft alten Rechts kann nicht als Eigentümerin des Bergwerks im Grundbuch eingetragen werden. Das Bergwerk steht im Gesamthandseigentum der Gewerken (KGJ **52** 208). Dagegen ist die Gewerkschaft neuen Rechts eine juristische Person. Bei Umwandlung einer Gewerkschaft älteren Rechts in eine solche neueren Rechts ist das bisher nach Formular III (s. § 25 AllgVfg) geführte Grundbuchblatt zu schließen und ein neues Blatt nach dem allgemeinen Formular anzulegen (KGJ **18** 81).

Ist das Bergwerkseigentum durch Verleihung begründet, so hat das Oberbergamt, wenn es das Grundbuchamt um die Anlegung eines Grundbuchblattes ersucht, die erforderlichen Eintragungen bestimmt zu bezeichnen, namentlich auch das Rechtsverhältnis mehrerer Berechtigter (KGJ **32** A 179).

Bei der Bestellung eines Gewinnungsrechts gemäß Art. V 1 § 38c des Ges. vom 18. Juni 1907 (GS S. 119) ist auch für dieses ein besonderes Grundbuchblatt anzulegen; die Anlegung wird auf dem Grundbuchblatt des Bergwerks vermerkt.

Die Vorschriften der §§ 1 bis 20 AllgVfg finden auf Bergwerke, Gewinnungsrechte (AV vom 5. August 1907, JMBl S. 491) usw. entsprechende Anwendung, soweit nicht in den §§ 23 bis 26 AllgVfg etwas anderes bestimmt ist. Bergwerke, die verschiedenen Eigentümern angehören, können nicht auf demselben Grundbuchblatt eingetragen werden. Das Bergwerk kann andererseits im Miteigentum nach Bruchteilen stehen. Wollen die eingetragenen Miteigentümer eine Gewerkschaft bilden, so entsteht diese dadurch, daß die Miteigentümer vor dem Grundbuchamt ihre Einigung dahin erklären, daß die zu begründende Gewerkschaft als neue Eigentümerin des Bergwerks eingetragen werde (KGJ **30** A 180).

Die Eintragung eines Bergwerkseigentümers ist auch dem Oberbergamt mitzuteilen. § 31 Abs. 2 AllgVfg in der Fassung der AV vom 25. September 1908 (JMBl S. 355).

Die Grundbuchämter sind verpflichtet, dem zur Verwaltung der Gesellschaftssteuer zuständigen Finanzamt ihres Sitzes die Veräußerung eines Bergwerks an mehrere Personen und die Veräußerung eines Anteils an

---

[1] Die Tonnenzinsverpflichtung ist nicht eintragungsfähig (KGJ **47** 218).

[2] Über die Zwangshypothek am Bergwerk einer altrechtlichen Gewerkschaft s. KGJ **52** 208.

[3] Eine selbständige Kohlenabbaugerechtigkeit kann durch Rechtsgeschäft aufgehoben werden. JFG **4** 354.

einem Bergwerk mitzuteilen, sobald ihnen solche Vorgänge aus Anlaß einer Umschreibung im Grundbuche bekannt werden (§ 13 der AusfBest zum Kapitalverkehrssteuergesetz vom 22. Juli 1927, mitgeteilt durch AV vom 1. November 1927 über die den Gerichten und Notaren hinsichtlich der Durchführung des Kapitalverkehrssteuergesetzes obliegenden Pflichten, JMBl S. 330).

4. Auf die Erbpacht-, Büdner- und Häuslerrechte (bäuerliche Erbleihe) sowie die vererblichen und veräußerlichen Rechte zur Gewinnung eines den bergrechtlichen Vorschriften nicht unterliegenden Minerals (Art. 63 und 68 EGBGB) finden die Vorschriften der §§ 20 und 22 GBO über das Erbbaurecht (vgl. unter 1) sowie die Vorschrift des § 50 GBO entsprechende Anwendung. § 84 GBO; s. ferner Art. 15 AGGBO und Güthe Bd. II S. 1274. Für ein Recht der im Art. 63 und 68 EGBGB bezeichneten Art ist auf Antrag ein besonderes Grundbuchblatt anzulegen. Bei Veräußerung oder Belastung des Rechts erfolgt die Anlegung von Amts wegen. Landesgesetze können bestimmen, daß statt dieser Vorschriften die §§ 14 bis 17 der Verordnung über das Erbbaurecht vom 15. Januar 1919 (RGBl S. 72) entsprechend anzuwenden sind (§ 37 das.).

5. Für Gerechtigkeiten, die nach den bisherigen Gesetzen in Ansehung der Eintragung in die gerichtlichen Bücher und der Verpfändung den Grundstücken gleichstehen (selbständige Gerechtigkeiten), z. B. eine Kohlenabbaugerechtigkeit, gelten die sich auf dem Grundstücke beziehenden Vorschriften des BGB, wenn die Gerechtigkeit ein Grundbuchblatt erhalten hat[1]. Unter der gleichen Voraussetzung finden die für den Erwerb des Eigentums und die Ansprüche aus dem Eigentum an Grundstücken geltenden Vorschriften auf eine solche Gerechtigkeit entsprechende Anwendung[2]. Art. 40 Abs. 1 und 2 AGBGB. Über die rechtsgeschäftliche Aufhebung selbständiger Gerechtigkeiten s. JFG **4** 354. Soweit sie nach dem bisherigen Rechte „selbständige Gerechtigkeiten" waren, kommen auf sie die sich auf Grundstücke beziehenden Vorschriften der GBO zur Anwendung, sofern nicht ein anderes bestimmt ist. Auch für solche Gerechtigkeiten kann ein besonderes Grundbuchblatt angelegt werden[3]. Ebenso findet § 870

---

[1] Nur die im Grundbuch eingetragenen selbständigen Gerechtigkeiten haben die Eigenschaft unbeweglicher Sachen (RG **74** 318, **106** 227).

[2] Soweit das die selbständige Gerechtigkeit behandelnde Gesetz auf die Vorschriften über das Erbbaurecht verweist, kann die Einigung über die Bestellung der selbständigen Gerechtigkeit formlos erfolgen. Sie muß aber dem Grundbuchamt in der Form des § 29 GBO nachgewiesen werden (KGJ **53** 150).

[3] Es kann deshalb auch für eine Fischereigerechtigkeit in Preußen, sofern sie eine selbständige Gerechtigkeit ist, ein besonderes Grundbuchblatt auf Antrag des Berechtigten angelegt werden. Selbständige Gerechtigkeiten sind aber in Preußen nur solche, die subjektiv persönlich, nicht solche, die subjektiv dinglich sind (RG **57** 33f.; **67** 221; KGJ **34** A 218; **39** B 94; **49** 186). Ist die Fischereigerechtigkeit subjektiv dinglich, so kann sie dem herrschenden Grundstück als Bestandteil zugeschrieben werden (KGJ **34** A 218). Über die Rechtswirkung von

ZPO Anwendung. Die Zwangsvollstreckung erfolgt also durch Eintragung einer Sicherungshypothek.

6. Die Bahngrundbücher werden nach dem durch Art. 112 EGBGB aufrechterhaltenen Gesetz über die Bahneinheiten vom 19. August 1895 (GS S. 499) in der Fassung des Ges. vom 8. Juli 1902 (GS S. 238) und nach der AV vom 19. September 1895 (JMBl S. 286), geändert durch die AV vom 11. November 1902 (JMBl S. 275), geführt. § 45 AllgVfg. Rechte an einzelnen Bestandteilen einer Bahneinheit können nicht in das Bahngrundbuch eingetragen werden (s. Güthe, Anm. 11 zu Art. 31 AGGBO, Bd. II, S. 1601). Daher läßt sich z. B. eine beschränkte persönliche Dienstbarkeit an einer Gleisteilstrecke nicht durch Eintragung in das Bahngrundbuch bestellen (KGJ **33** A 220). Die Zugehörigkeit eines Grundstücks zu einer Bahneinheit[1] wird in den Sp. 1 bis 3 der zweiten Abteilung des Grundbuchs eingetragen. § 11 Nr. 2 AllgVfg[2]. Näheres siehe Güthe Bd. II S. 1596ff.

Neunter Abschnitt.

Die Aufwertung der Grundstückspfandrechte.

§ 174. Rechtsquellen.

1. Nachdem sich die Rechtsprechung längere Zeit bemüht hatte, den Gedanken der Aufwertung zu entwickeln und in dem Urteil des Reichsgerichts vom 28. November 1923 (RG **107** 78) zu einem gewissen Ergebnis gekommen war[3], fand die gesetzliche Regelung der Aufwertung ihre erste Formulierung in der 3. Steuernotverordnung vom 14. Februar 1924 (RGBl I S. 74). In Ansehung der Grundstückspfandrechte, die in der 3. Steuernotverordnung als Vermögensanlagen bezeichnet werden, war eine Aufwertung von 15% des Goldmarkbetrages vorgesehen. Die Aufwertung kam nicht in Frage für Rechte, die bereits gelöscht waren oder

---

Abverkäufen (Teilung des berechtigten Grundstücks) s. § 23 des Fischereigesetzes vom 11. Mai 1916 (GS S. 55) und RG **112** 269. Die Frage, ob subjektiv-dingliche, ihrem Inhalte nach eine Realgewerbeberechtigung enthaltende Rechte in selbständige Gerechtigkeiten umgewandelt werden können, wird in KGJ **43** 128 eingehend erörtert. Die Umwandlung eines als subjektiv-dinglich auftretenden Apothekerprivilegs in eine selbständige Gerechtigkeit ist regelmäßig zulässig; für diese Gerechtigkeit ist auf Antrag ein Grundbuchblatt anzulegen (JFG **2** 310).

[1] Über die Entstehung und Veräußerung von Bahneinheiten vgl. KGJ **28** A 158ff., über ihre Belastung KGJ **33** A 220.

[2] Der durch § 15 Abs. 1 Satz 1 preuß. G. über die Bahneinheiten vorgeschriebene Sperrvermerk darf nicht auf dem Blatte eines fremden, von dem Bahnunternehmer nur kraft dinglichen Rechtes benutzten Grundstücks eingetragen werden (KGJ **40** 102).

[3] Siehe Mügel, Die Entwicklung der Aufwertungslehre des Reichsgerichts. D. Jur.Ztg. 1928, S. 29.

deren Löschung bereits bewilligt war, es sei denn, daß der Gläubiger sich seine Rechte bei Bewilligung der Löschung vorbehalten hatte.

2. Demnächst wurde die Aufwertung neu geregelt durch Reichsgesetz vom 16. Juli 1925 (AwG, RGBl I S. 117). Dieses Gesetz ist rechtswirksam und verfassungsgemäß (RG **111** 320ff.) und kein Eingriff in wohlerworbene Rechte (RG vom 4. November 1927, JW 1928 S. 102). Es erhielt seine Ergänzung durch das Gesetz über die Verzinsung aufgewerteter Hypotheken und ihre Umwandlung in Grundschulden, sowie über Vorzugsrenten vom 9. Juli 1927 (RGBl I S. 171), nachstehend als AwErgG bezeichnet[1].

Zu diesen Gesetzen sind bisher seitens der Reichsregierung und in Preußen folgende für das Grundbuchrecht in Betracht kommende Ausführungsbestimmungen ergangen.

I. Seitens der Reichsregierung:

a) Durchführungsverordnung vom 29. November 1925 (RGBl I S. 392), im folgenden mit „DurchfV" abgekürzt.

b) Vdg zur Durchführung der Aufwertung von Ansprüchen gegen öffentlich-rechtliche Grundkreditanstalten vom 20. Januar und vom 30. Juli 1926 (RGBl I S. 96 und 429).

c) Vdg über die Berechnung des Zwischenzinses bei vorzeitiger Zahlung des Aufwertungsbetrages (vom 26. März 1926 RGBl I S. 182) und 20. Januar 1927 (RGBl I S. 49).

d) Vdg zur weiteren Erleichterung des Grundbuchverkehrs in Aufwertungssachen vom 18. Juni 1926 (RGBl I S. 273).

e) Vdg über die weitere Durchführung der Aufwertung von Pfandbriefen und verwandten Schuldverschreibungen vom 28. Juli 1926 (RGBl I S. 423).

f) Vdg zur weiteren Durchführung des AwG und zur Durchführung des Gesetzes vom 9. Juli 1927. Vom 12. September 1927 (RGBl I S. 299).

g) Vdg zur weiteren Durchführung des AwG vom 20. Dezember 1927[2] (RGBl I S. 513).

II. Für Preußen[3].

A. Gesetze und Verordnungen.

a) Vdg über das Kostenwesen bei den Aufwertungsstellen vom 28. Juli 1925 (GS S. 103).

b) Vdg über das Beschwerdegericht für Entscheidungen der Aufwertungsstellen vom 27. August 1925 (GS S. 109).

c) Vdg zur Änderung des PrGKG vom 31. August 1925 (GS S. 111).

[1] Siehe Quassowski, „Das neue Aufwertungsrecht", JW 1927, S. 1801 und Reichert im Preußischen Verwaltungsblatt 1927 S. 209.

[2] Zu § 47ff. AwG s. Schlegelberger-Harmening, Das Aufwertungsgesetz, 5. Aufl., S. 411ff.

[3] Bez. der AusfBestimmungen der übrigen deutschen Länder und der ausländischen AwGesetzgebung s. Schlegelberger-Harmening, 5. Aufl., S. 783 u. 1103ff.

d) Erste Vdg über die Aufwertung der Ansprüche aus Pfandbriefen und Schuldverschreibungen landschaftlicher (ritterschaftlicher) Kreditanstalten, von Stadtschaften, Pfandbriefämtern usw. vom 10. Dezember 1925 (GS S. 169); desgl. zweite Vdg vom 16. November 1926 (GS S. 301); desgl. dritte Vdg vom 22. März 1928 (GS S. 40).

e) Erste Vdg über die Aufwertung von Ansprüchen aus Rentenbriefen den Rentenbanken vom 9. Februar 1926 (GS S. 45).

f) Erste Vdg über die Aufwertung der Ansprüche aus Pfandbriefen usw. von öffentlich-rechtlichen Grundkreditanstalten der Provinzial-(Bezirks-) Verbände vom 15. September 1926 (GS S. 255); desgl. zweite Vdg vom 4. April 1927 (GS S. 46).

g) Gesetz über die Aufwertung von Erbpachtzinsen (Kanon), Grundmieten, erblichen und ähnlichen Ansprüchen vom 28. Dezember 1927 (GS S. 215) nebst DurchfV vom gleichen Tag (GS S. 219).

h) Vdg über die Auflösung der Rentenbanken und über die Aufwertung von Ansprüchen aus Rentenbriefen der Rentenbanken vom 29. März 1928 (GS S. 47).

B. Allgemeine Verfügungen und Erlasse.

1. AV vom 11. Januar 1926 über das Verfahren in Aufwertungs- und Grundbuchsachen (JMBl S. 10), abgeändert durch AV vom 2. November 1926 (JMBl S. 387); dazu AV vom 10. März 1926 über Führung des Registers für AufwSachen (JMBl S. 84) und AV vom 13. April 1926 (JMBl 137) über das Namensverzeichnis zum AufwRegister.

2. AV vom 8. August 1925 (JMBl S. 275) betr. die Aufwertung von Mündelvermögen.

3. AV vom 15. Oktober 1925 (JMBl 377) über die Feststellung des Bestandes der aufgewerteten Hypotheken in Preußen.

4. AV vom 7. November 1925 (JMBl S. 397) betr. Sammelanmeldungen von Reallastenablösungsrenten zur Aufwertung.

5. AV vom 10. November 1925 (JMBl S. 411) betr. Vordruck des Verzichts gemäß § 7 Abs. 5 AwG.

6. AV vom 8. Dezember 1925 (JMBl S. 426) betr. die Übertragung richterlicher Geschäfte in Aufwertungs- und Grundbuchsachen auf die Rechtspfleger.

7. AV über die Gebührenberechnung in Aufwertungsangelegenheiten vom 30. September 1925 (JMBl S. 363).

8. RdErl des Fin.-Min. vom 2. November 1925 — II C 3121 — über Berechnung des Stempels zu Anträgen auf Eintragung der Aufwertung oder auf Wiedereintragung einer Hypothek, auszugsweise mitgeteilt im JMBl 1925 S. 397.

9. Erl d. Fin.-Min. vom 3. November 1925 — II C 2793 — über Stempelfreiheit der Vollmachten in Aufwertungssachen (JMBl 1925 S. 397).

10. AV vom 17. November 1925 über Kosten in Aufwertungssachen (JMBl S. 404).

11. AV vom 9. Januar 1926 (JMBl S. 12) über Spruchstellen in Aufwertungssachen.

12. AV vom 15. Februar 1926 (JMBl S. 64) über die Blattsammlungen der AufwStelle.

13. AV vom 17. Februar 1926 (JMBl S. 64) über registermäßige Kennzeichnung der auf Grund der AufwGesetzgebung vorgenommenen Geschäfte.

Die sich auf die Anmeldung gemäß § 16 des AwG beziehenden AVfgen vom 16. September 1925 und 7. Dezember 1925 (JMBl S. 345, 426) sind durch Zeitablauf überholt.

3. Die folgende Darstellung befaßt sich nur mit der Tätigkeit des Grundbuchrichters, soweit er Aufwertungsgrundbuchsachen zu bearbeiten hat; dagegen ist die Tätigkeit des Aufwertungsrichters nur insoweit berücksichtigt, als sie für den Grundbuchrichter von unmittelbarem Interesse ist.

§ 175. Allgemeines.

1. Die Aufwertung wird den Grundbuchrichter noch längere Zeit beschäftigen. Die im Aufwertungsrecht liegenden Schwierigkeiten (z. B. Rangverhältnisse, öffentlicher Glauben des Grundbuchs, Rangbefugnis des Eigentümers) werden noch zu zahlreichen Eintragungen im Grundbuch oder Änderungen der bereits erfolgten Eintragungen führen. Zu beachten ist hierbei, daß Unklarheiten oder Härten des AufwRechts, die sich im Laufe der Zeit herausstellten, zu weiteren Gesetzen und Verordnungen geführt haben, die mehr oder weniger einschneidend die bereits erfolgten Eintragungen berührten und veränderten. Vor allem aber hatten die schwankenden Ergebnisse der Rechtsprechung die bedauerliche Folge, daß in zahlreichen Fällen die Grundbucheintragungen der neuen Rechtsauffassung angepaßt werden mußten und noch weiterhin der Berichtigung unterliegen.

2. Die Aufwertung der Grundstückspfandrechte beschäftigt zwei Stellen des Amtsgerichts: das Grundbuchamt und die Aufwertungsstelle[1]. Die AufwStelle und das Grundbuchamt sind nicht selbständige Behörden, sondern Abteilungen derselben einheitlichen Behörde. JFG **3** 404. Eine an die Aufwertungsstelle gesandte, einen Grundbuchantrag enthaltende Eingabe geht dem Grundbuchamt i. S. des § 13 GBO (s. o. § 43) natürlich erst dann zu, wenn das Grundbuchamt, d. h. einer der nach Art. 4 AGGBO zuständigen Beamten, den Vorgang durch Vermittlung der Aufwertungsstelle tatsächlich erhält (JFG **3** 388). Fehlen in dem dem Grundbuchrichter zugegangenen Antrag die nötigen Voraussetzungen, so ist gemäß § 18 GBO zu verfahren. Der Grundbuchrichter hat über die Wirksamkeit der Anmeldung und des Einspruchs selbst zu entscheiden, wenn nicht die AufwStelle schon rechtskräftig entschieden hat. Daß in sachlicher Be-

[1] Hinsichtlich der Übertragung richterlicher Geschäfte in Aufwertungssachen auf die Rechtspfleger s. AV vom 8. Dezember 1925 (JMBl S. 426) und oben S. 4.

ziehung eine strenge Trennung der Tätigkeit des Grundbuchrichters und des Aufwertungsrichters unbedingt geboten ist, erhellt bei der Verschiedenartigkeit der Aufgaben, die diesen Stellen obliegen, ohne weiteres. Dies ist besonders da zu beachten, wo die Tätigkeit des Grundbuchamts und der Aufwertungsstelle demselben Richter obliegt. Es ist stets zweifelsfrei zum Ausdruck zu bringen, ob eine Verfügung, Entscheidung usw. von der Aufwertungsstelle oder vom Grundbuchamt ausgeht (I Ziff. 5 AV 11. Januar 1926, JMBl S. 10)[1 2 3]. Die Aufwertungs- und Grundbuchakten sind getrennt zu führen.

3. Der Grundbuchrichter muß auch in Aufwertungssachen den § 18 GBO beachten; er hat ferner nicht die Ermittlungspflicht des § 12 FGG (allerdings mit gewissen Einschränkungen s. S. 107 und JFG **3** 368) und darf nur das Beantragte eintragen. Nur das Grundbuchamt und nicht die Aufwertungsstelle hat über Eintragungsanträge und Widersprüche zu entscheiden, und zwar nicht auf Ersuchen der — hierzu nicht zuständigen — Aufwertungsstelle, sondern auf Antrag der Beteiligten[4].

Auch bei Streit der Beteiligten über die Höhe der Aufwertung hat das Grundbuchamt über den Antrag auf Eintragung der Aufwertung nach Maßgabe des ihm unterbreiteten Sachverhalts zu entscheiden und darf nicht die Eintragung von der vorherigen Beibringung oder Entscheidung der Aufwertungsstelle abhängig machen. (JMBl **26** 359 b.)

Bei allen mit der Aufwertung zusammenhängenden Grundbuchsachen ist e r h ö h t e P r ü f u n g d e s w a h r e n W i l l e n s der Beteiligten gemäß § 133 BGB geboten. JFG **3** 363.

Wenn der Aufwertungsbetrag, der Verzicht auf das aufgewertete

---

[1] Befindet sich bei einer Blattsammlung der AufwStelle eine Urkunde, auf die eine Eintragung im Grundbuche sich gründet oder Bezug nimmt, ohne daß bei den Grundakten eine beglaubigte Abschrift dieser Urkunde aufbewahrt wird, so ist die Blattsammlung nach Erledigung des AufwVerfahrens von der AufwStelle zu den Grundakten hinüberzugeben, wo sie als Sonderheft aufbewahrt wird. Die Grundbuchabteilung hat die AufwStelle von dem Vorliegen der genannten Voraussetzungen zu benachrichtigen und um die Überlassung der Blattsammlung zu ersuchen. JM 15. Februar 1926 (JMBl S. 64).

[2] Im Beurkundungsregister sowie im Tagebuch des Grundbuchführers (s. oben S. 64, 65) sind für die Zeit vom 1. Januar 1926 ab die auf Grund der AufwGesetzgebg. vorgenommenen Geschäfte durch rote Unterstreichung der Eintragung in Sp. 1 des Beurkundungsregisters und in Sp. 1a des Tagebuchs zu kennzeichnen. JM 17. Februar 1926 (JMBl S. 64.)

In das Register für AufwSachen sind reine Grundbuchsachen nicht einzutragen, und zwar auch dann nicht, wenn sie im Anschluß an eine unwidersprochen gebliebene Anmeldung entstehen. JM 10. März 1926 (JMBl S. 84).

[3] Über die vom 25. Oktober 1925 ab in Abt. III des Grundbuchs durch die Aufw veranlaßten Eintragungen sind Nachweisungen aufzustellen und dem statistischen Landesamt einzureichen. JM 15. Oktober 1925 (JMBl S. 377) u. oben S. 66.

[4] Zur Zeit können die Gläubiger saarländischer Hypotheken auch im übrigen Deutschland die Aufwertung nicht betreiben (KG vom 18. November 1926, JW **27** S. 1000).

Recht, die Einräumung des Vorrangs vor diesem Recht, ein Widerspruch gemäß § 8, § 16 Abs. 2, 3 AwG oder Art. 15 DurchfV, die Befugnis des Eigentümers, an der ihm vorbehaltenen Rangstelle eine Hypothek oder Grundschuld eintragen zu lassen, der Verzicht auf diese Befugnis oder ein Rangrücktritt mit dieser Befugnis in das Grundbuch eingetragen werden sollen (vgl. die §§ 176 bis 180 dieser Darstellung), so finden die Vorschriften des § 41 GBO (s. oben S. 114) entsprechende Anwendung. Art. 16 DurchfV. Es ist also in allen diesen Fällen nicht nötig, daß zuvor derjenige, dessen Recht durch die Eintragung betroffen wird, als der Berechtigte eingetragen wird, wenn er der Erbe des eingetragenen Berechtigten ist. Dies gilt sowohl für den Erben des Eigentümers wie für den Erben eines Gläubigers.

4. Die Legitimation zur Stellung des Antrags auf Eintragung der Aufwertung richtet sich nach den allgemeinen Grundsätzen (vgl. oben Abschnitt 6ff.). Für den Bevollmächtigten genügt schriftliche Vollmacht, die nicht stempelpflichtig ist; ferner muß der Vater für sein minderjähriges Kind, der Vormund für sein Mündel, der Testamentsvollstrecker für die Erben, der Ehemann für das eingebrachte Gut der Frau oder das Gesamtgut, den Antrag stellen. Bei Miterben wird aus § 2039 Satz 2 BGB zu folgern sein, daß jeder von ihnen den Antrag für alle stellen kann; entsprechendes wird auch für Gesamthänder anderer Art (Gesellschafter) anzunehmen sein. Eine juristische Person bedarf nicht des Nachweises der Vertretungsbefugnis der Unterzeichner des — formlos zulässigen — Antrages auf Eintragung der Aufwertung. KG JurRdsch **26** Rspr Sp. 1619.

Behält der Antragsteller sich die Rechte vor, die sich aus einer anderen gesetzlichen Regelung ergeben würden, so liegt darin kein die Erledigung des Eintragungsantrags bedingender Vorbehalt gemäß § 16 Abs. 2 GBO (s. oben § 37) und hindert daher die Eintragung nicht. Ring **1** 136 (OLG Dresden).

Gegen den Bucheigentümer kann Grundbuchberichtigung durch Wiedereintragung des wahren Eigentümers auch der AufwGläubiger betreiben, der damit die Berufung auf den öffentlichen Glauben des Grundbuchs gegenüber seinem Anspruch auf Wiedereintragung einer gelöschten Hypothek entkräften will (RG vom 9. Juli 1927, Rspr S. 1289).

5. Bei der Eintragung der Aufwertung im Grundbuch ist der Aufw-Betrag in Goldmark, nicht in Feingoldmark, einzutragen. Dem Wort „Goldmark" braucht nicht hinzugefügt zu werden, daß eine GM. die Bezeichnung für den amtlich festgesetzten Preis von $^1/_{2790}$ kg Feingold ist (Art. 1 Abs. 2 DurchfV und KG JMBl 1926 S. 120). Dies gilt nach Art. 8 a. a. O. auch für den Fall der Wiedereintragung nach den §§ 20, 21 AwG. Die Eintragung der Aufwertung statt in GM. in Reichsmark ist nur dann zulässig, wenn die gleich- und nachstehenden Gläubiger zustimmen. Hypotheken für Ansprüche aus Industrieobligationen und verwandten Schuldverschreibungen sind nach Art. 33 Abs. 2 DurchfV auf RM. aufzuwerten.

Die Eintragung der Aufw zu einem Teilbetrage ist unzulässig (KG vom 7. April 1927, Rspr S. 610). Die Eintragung der Aufwertung einer z. T. gelöschten, im ganzen Umfange aufwertbaren Hypothek hat einschließlich des gelöschten Teils in einem einheitlichen Vermerk in Sp. Veränderungen unter der alten Eintragungs-Nr. zu erfolgen. Der bisherige Brief ist für die ganze aufgewertete Hypothek auch dann weiterzuführen, wenn der Aufwertungsbetrag des gelöschten Teils 500 GM. nicht übersteigt (KG vom 20. Januar 1927, JurRdsch **27** Rspr S. 414 = JW S. 1319).

Eine u n t e r der Normalaufwertung zurückbleibende Aufwertungssumme darf, abgesehen von den Fällen einer Vereinbarung der Beteiligten auf den geringeren Betrag oder einer Abwertungsentscheidung, in das Grundbuch nicht eingetragen werden. Ring **27** 2. Sonderheft 8 = JMBl **26** 411.

Die Rückzahlungs- und Verzinsungsbedingungen des Aufwertungsbetrags ergeben sich aus §§ 25ff. AwG. Ein hierauf hinweisender Vermerk im Grundbuch ist nicht erforderlich (Art. 1 d. Vdg vom 18. Juni 1926, RGBl I S. 273). Höhere Zinsbeträge als im § 28 vorgesehen, dürfen auch dann nicht eingetragen werden, wenn der eingetragene Kapitalbetrag hinter den eintragbaren 25% entsprechend zurückbleibt (KG vom 20. Oktober 1927, HRR 28 Nr. 48). Die ungünstige Regelung des § 28 Abs. 2 bezüglich Verzinsung der infolge Aufwertung kraft Rückwirkung wieder eingetragenen Hypothek[1] (Grundschulden) ist durch §§ 1, 3 AwErgG abgeändert worden; hiernach ist der Aufwertungsbetrag ohne Rücksicht auf den Zeitpunkt der Wiedereintragung spätestens ab 1. April 1926 zu verzinsen. Dies gilt auch für die Verzinsung des Aufwertungsbetrags eines früheren Gläubigers. Sind die gesetzlichen Verzinsungsbedingungen abweichend von diesen Vorschriften des AwErgG im Grundbuch eingetragen, so findet eine Berichtigung des Grundbuchs nicht statt (§ 5 d. Vdg vom 12. September 1927).

Eintragung des Verzichts auf Abzug des Zwischenzinses in den Fällen der Art. 21 und 22 DurchfV bei einer Aufwertungshypothek ist zulässig und setzt eine Bewilligung der der Aufwertungshypothek im Range gleichstehenden oder nachgehenden Berechtigten nicht voraus (KG vom 17. November 1927, Ring **28** 30). Der Zwischenzins beträgt seit dem 23. Januar 1927 7 vH. (Vdg vom 20. Januar 1927, RGBl I S. 49, nebst Anl. I, betr. Barwert der am 1. Januar 1932 fälligen Aufwertungsforderungen.)

6. Ist eine Aufwertung bereits abweichend von den Vorschriften des AwG oder der DurchfV in das Grundbuch eingetragen, so ist die Eintragung zu berichtigen. Weicht die Eintragung von den Vorschriften der Art. 1 bis 9 DurchfV ab, so erfolgt die Berichtigung von Amts wegen. Bei Abweichungen anderer Art erfolgt die Berichtigung auf (formlosen) Antrag. Die Berichtigungen sind gebührenfrei. Art. 25 DurchfVdg. Es

[1] War zwar Löschungsbewilligung erteilt, die Löschung aber noch nicht erfolgt, so hat die Verzinsung bereits am 1. Januar 1925 begonnen (KG vom 29. Oktober 1927, Ring **1** 781; JW **28** S. 51, HRR **28** Nr. 166).

müssen also z. B. Hypotheken usw., die in RM. eingetragen waren, in GM. berichtigt werden (JFG 3 363).

7. Gebührenfrei sind die Eintragungen im Grundbuch, wenn sie die Eintragung des gesetzlichen Aufwertungsbetrages[1], ferner die Wiedereintragung gelöschter Hypotheken usw. in Höhe des gesetzlichen Aufwertungsbetrages, endlich die Eintragung der Befugnis des Eigentümers aus § 7 AwG, sowie die Eintragung des Verzichts auf die Befugnis betreffen (Vdg vom 31. August 1925, GS S. 111). Gebührenfrei ist auch die Eintragung des Vermerks im Grundbuch über die Löschung des Widerspruchs im Falle des § 16 Abs. 2 Satz 2 AwG (JM 4. Oktober 1926, JMBl S. 365). Gebührenpflichtig sind z. B. die Ablehnung des Eintragungsantrags, die Löschung der aufzuwertenden Hypothek, die Eintragung oder Wiedereintragung einer Hypothek, soweit sie den gesetzlichen Aufwertungsbetrag übersteigt. Schreibgebühren, die auf Grund von Eintragungen der gesetzlichen Aufwertungsbeträge bei dem Grundbuchamt entstehen (z. B. Benachrichtigungen, Ausstellung von Briefen), sind zu erheben, und zwar vom Eigentümer (KG vom 30. August 1927, Rspr S. 1327).

Das Siedlungsunternehmen genießt in Aufwertungssachen keine Gebührenfreiheit (KG vom 13. Oktober 1927, JW S. 2930).

8. Hat sich der Eigentümer in einer Urkunde im Sinne des § 794 Abs. 1 Nr. 5 ZPO der sofortigen Zwangsvollstreckung wegen eines Anspruchs aus einer Hypothek, Grund- oder Rentenschuld unterworfen, deren Betrag in früherer Reichswährung bestimmt ist, so kann eine vollstreckbare Ausfertigung (zur Zwangsvollstreckung in das belastete Grundstück) über den Aufwertungsbetrag erteilt werden, wenn seit der Eintragung der Aufwertung in das Grundbuch ein Monat verstrichen ist (im einzelnen s. Art. 24 DurchfV). Bei Eintragung der Aufwertung ist, sofern die Hypothek noch nicht gelöscht ist, die Wiederholung der im Grundbuch eingetragenen Unterwerfungsklausel in den die Aufwertung betreffenden Eintragungsvermerk weder erforderlich noch zulässig; auch der Hypothekenbrief wird nicht etwa durch Neueintragung der Klausel berichtigt. Dagegen muß bei der Wiedereintragung einer gelöschten Hypothek auch eine Neueintragung der Klausel erfolgen (KGJMBl 1926 S. 209 = Ring 1 384), desgleichen bei Wiedereintragung des früheren Gläubigers (KG vom 14. April 1927, JW S. 1649; a. A. Oberstes Landesgericht München vom 19. Februar 1927, JW S. 1650).

9. Die Vorschriften des AwG über die Hypothekenaufwertung gelten nicht nur für Verkehrs-, sondern auch für Sicherungshypotheken. Ring 1 601. Auch unterliegt jede Forderung, für die eine Hypothek in das Grundbuch eingetragen ist, dem AwG, selbst wenn der Goldmarkbetrag

[1] Wird gleichzeitig eine andere Veränderung des Rechtszustandes, z. B. Umschreibung der Hypothek auf die Erben des verstorbenen Gläubigers eingetragen, so sind dafür Gebühren aus § 57 PrGKG zu entrichten (KGJMBl 1927 S. 138).

der Hypothek nur ganz geringfügig ist. Ring 1 604. Bleibt aber der Aufwertungsbetrag unter einem Goldpfennig, so können Papiermarkhypotheken auf Berichtigungsantrag gelöscht werden. Ring 1 661.

10. Die Vorschriften des AwG über Grundstücke finden auf Kohlenabbaugerechtigkeiten Anwendung. KG Ring 1 601.

§ 176. Die Aufwertung noch bestehender Grundstückspfandrechte.

I. 1. Gegenstand der Aufwertung sind die von dem Währungsverfall betroffenen Geldansprüche aus Rechtsverhältnissen, die vor dem 14. Februar 1924 begründet sind.

In ausländischer Währung eingetragene Hypotheken sowie wertbeständige Hypotheken unterliegen nicht der Aufwertung.

Grundlage der Aufwertung ist der Goldmarkbetrag des Anspruchs; für dessen Höhe ist maßgebend der Tag, an dem der Anspruch erworben wurde (vgl. RG **115** 6, 13; s. aber Ring **1** 342 u. 453). Bezüglich der Hypotheken, Grundschulden, Rentenschulden und Reallast wird vermutet, daß das Recht am Tage der Eintragung in das Grundbuch erworben worden ist; wenn eine Briefhypothek (Grund-, Rentenschuld) durch Abtretungserklärung und Übergabe des Briefes abgetreten worden ist, so gilt im Zweifel das Datum der Abtretungsurkunde und nicht der Tag der später erfolgten Umschreibung als Tag des Erwerbes der Hypothek usw. Ring **1** 667. Für die Berechnung des GM.-Betrages einer abgetretenen Buchhypothek ist der Zeitpunkt, in dem die Abtretung im Grundbuch eingetragen wurde, auch dann maßgebend, wenn zwischen der Abtretungserklärung und der Eintragung ein längerer Zeitraum liegt. Der bisherige Gläubiger kann mit dem neuen Gläubiger mit Wirkung gegenüber dem Schuldner keine abweichende Regelung vereinbaren (RG **117** 431). Hinsichtlich Überweisung einer gepfändeten Hypothek s. KG vom 26. Januar 1928, HRR. Nr. 743.

Die an Stelle einer Rangänderung vorgenommene Abtretung oder Neueintragung bleibt für die Berechnung des Goldmarkbetrages außer Betracht; das gleiche gilt im Falle einer Auswechselung des belasteten Grundstücks gegen ein anderes Grundstück desselben Eigentümers. Die Annahme einer solchen Pfandauswechselung wird nicht dadurch ausgeschlossen, daß der Erwerber des bisher haftenden Grundstücks dort erst nach geschehenem Austausch der Pfänder als Eigentümer eingetragen wird (KGJMBl 1927 S. 89). Ferner liegt eine Pfandauswechselung auch dann vor, wenn das ausgewechselte Grundstück beiden Ehegatten, das neue Grundstück nur einem von ihnen gehört (KGJMBl 1926, S. 224).

Ein Erwerb, der nachdem 13. Februar 1924 stattgefunden hat, bleibt für die Berechnung des Goldmarkbetrages außer Betracht. Unter Erwerb ist der Erwerb im Rechtssinn gemeint (OLG Hamburg vom 14. November 1927, Ring 2 825; s. jedoch Oberstes Landesg. München vom 9. März 1928, HRR. S. 259).

Vereinbaren Ersteher und Gläubiger gemäß § 91 Abs. 2 ZwVG das Bestehenbleiben einer Hypothek, so ist, falls nicht gemäß § 1180 BGB der Hypothek eine neue persönliche Forderung zugrunde gelegt wird, für die Berechnung des Goldmarkbetrages der aufzuwertenden Hypothek der ursprüngliche Erwerbstag maßgebend, nicht dagegen der Tag der Vereinbarung (KG JMBl 1926 S. 359).

Befriedigt der Eigentümer, der zugleich persönlicher Schuldner ist, den Hypothekengläubiger und läßt sich von ihm eine Abtretungserklärung ausstellen, so erwirbt er die Hypothek nicht erst mit der Eintragung der Abtretung, sondern nach § 1163 BGB schon mit der Befriedigung des Gläubigers (OLG Hamburg vom 14. Oktober 1927, Ring S. V S. 1).

Bei einer Hypothek für die Forderung aus einer verzinslichen Schuldverschreibung, die auf den Inhaber lautet oder durch Indossement übertragbar ist, gilt der Tag der Ausgabe als maßgebend. Diese Vorschrift ist auch auf Grund- und Rentenschulden, deren Brief auf den Inhaber ausgestellt ist, anwendbar (§ 2 Abs. 2 und § 5 Abs. 3 AwG)[1].

Sind hiernach Rechte vor dem 1. Januar 1918 erworben, so deckt sich der Nennbetrag mit dem GM.-Betrag. Ein späterer Erwerb dagegen läßt den GM.-Betrag vom Nennbetrag abweichen, wie dies aus der dem AwG beigefügten, am Schlusse dieses Abschnitts abgedruckten Tabelle (Anhang I) ersichtlich ist. Das Umrechnungsverhältnis trägt der inländischen Kaufkraft der Mark Rechnung, die höher war als der Wert der Mark nach Dollarkurs. S. ferner Ring **1** 629 (OLG Dresden).

2. Die Grundstückspfandrechte (auch die Höchstbetragshypothek; s. KG vom 10. November 1927 JW 1928 S. 179; s. auch Ring **1** 749 (OLG Karlsruhe) werden grundsätzlich mit 25 vH. des GM.-Betrages aufgewertet. Bei einer Reallast (§ 31 AwG) ist die Aufwertung nur möglich, wenn es sich um eine Verpflichtung zu bestimmten (nicht bloß bestimmbaren) Geldleistungen handelt. § 31 AwG findet auch auf landesgesetzliche Reallasten Anwendung (RG vom 26. Oktober 1927, HRR 1928 Nr. 167), es sei denn, daß auf Grund des § 63 Abs. 5 AwG für sie durch Landesgesetz eine besondere Regelung erfolgt ist (RG **113** 93)[2].

Nach dem Gesagten wird z. B. eine Hypothek von 75000 M., die vor dem 1. Januar 1918 eingetragen wurde, aufgewertet auf $\frac{75000}{4} = 18750$ GM., und eine Hypothek von 75000 M., die am 8. April 1920 eingetragen wurde, auf $\frac{5250}{4} = 1312{,}50$ GM. Hat jemand die am 8. April 1920 eingetragene

[1] Die Aufwertung der Forderung beträgt in diesem Falle nur 15 vH. (§§ 33, 51 AwG).

[2] Vgl. Gesetz über die Aufwertung von Erbpachtzinsen (Kanon), Grundmieten, Erbleihen und ähnlichen Ansprüchen vom 28. Dezember 1927 nebst DurchfV vom gleichen Tage (GS S. 215 bis 219).

Hypothek von 75000 M. am 1. März 1924 erworben, so bleibt der Betrag von 5250 GM. als Goldmarkbetrag maßgebend.

Auch die durch Befriedigung des Gläubigers entstandenen Eigentümergrundschulden sind aufwertbar (Ring **1** S. 625 und 705; ferner OLG Hamburg vom 6. November 1927, HRR 1928 Nr. 262; s. jedoch S. 487 Z. 9).

3. Der Goldmarkbetrag einer Rentenschuld und gegebenenfalls auch einer Reallast bestimmt sich nach der Ablösungssumme. Wiederkehrende Leistungen, die auf Grund einer Rentenschuld oder Reallast geschuldet werden[1], sind im Jahre 1925 mit 40 vH., vom 1. Januar 1926 ab mit 60 vH. und vom 1. Januar 1928 ab in voller Höhe des Aufwertungsbetrages der Jahresleistung zu bewirken. Rückständige Leistungen gelten als erlassen. Würde also eine Rentenschuld begründet sein mit Jahresleistungen von 2000 M., so würden die aufgewerteten Jahresleistungen bei Erwerb der Rentenschuld vor dem 1. Januar 1918 für das Jahr 1925 200, ab 1. Januar 1926 300, ab 1. Januar 1928 500 GM. betragen; bei Erwerb des Rechts am 8. April 1920 würden die entsprechenden Jahresleistungen 14, 21 und 35 GM. betragen.

II. 1. Die Aufwertung, die sich kraft Gesetzes vollzieht, macht das Grundbuch unrichtig; s. Gutachten des RG vom 5. November 1925, Ring **1** 9ff. = JW **25** 62/63; Oberst.LG. München 12. November 1925, JW **26** 60; OLG Dresden in Ring **1** 73. Zur Berichtigung, also zur Eintragung der Aufwertung (auch der aufgewerteten Jahresleistung einer Rentenschuld) ist erforderlich, aber auch genügend ein Antrag des Gläubigers oder des Grundstückseigentümers. Der Antrag bedarf nicht der Form des § 29 GBO. JFG **3** 345. Er ist stempelfrei. JM 2. November 1925 (JMBl S. 397).

Ein auf „Aufwertung gemäß den Bestimmungen des AwG" gerichteter Antrag ist dahin zu verstehen, daß die Vorschriften des AwG auch hinsichtlich der Verzinsung und Rückzahlung gelten und, soweit solche fehlen, die Bedingungen des alten Hypothekenverhältnisses weitergelten sollen. (RG 23. Dezember 1925 in JW **26** 263; vgl. Gutachten des RG vom 11. März 1926, JMBl S. 120.)

Wird der Antrag von dem Eigentümer gestellt, so bedarf es der Vorlegung des Hypotheken-, Grund- oder Rentenschuldbriefes nicht. Das Grundbuchamt hat indes den Besitzer dieses Briefes zur Vorlegung anzuhalten, um nachträglich die Eintragung auf dem Briefe zu vermerken Art. 17 Abs. 2 DurchfV). Der Gläubiger, der den Antrag stellt, muß den Brief bei Einreichung des Antrags vorlegen. Dem Gläubiger oder Eigentümer stehen Personen gleich, denen das Recht mit dem aus der Auf-

[1] Hierbei handelt es sich also nicht um Leistungen aus einem mit der Überlassung des Grundstücks in Verbindung stehenden Altenteilsvertrage; für diesen gilt vielmehr das Gesetz vom 18. Aug. 1923 (RGBl I S. 815) und die preuß. Vdg vom 8. September 1923 (GS S. 433). Vgl. ferner die AV vom 30. Januar 1924 über die registermäßige Behandlung von Altenteilssachen (JMBl 50) sowie die AV vom 26. Juni 1924, betreffend die Zuständigkeit des Amtsgerichts in Altenteilssachen (JMBl S. 267).

wertung sich ergebenden Berichtigungsanspruch nach Pfändung zur Einziehung überwiesen worden ist (§ 14 GBO). KG 29. Juni 1925 DJZ S. 1268. Nachhypothekare haben das Recht nicht. Wenn Eigentümer und Gläubiger gemeinsam die Eintragung der Aufwertung beantragen, so findet § 6 Abs. 1 Satz 2 AwG keine Anwendung, vielmehr ist der Hypothekenbrief vorzulegen. Ist die Eintragung gleichwohl ohne Vorlegung des Briefes erfolgt, so ist das Grundbuchamt nicht befugt, den Brief nachträglich einzufordern. Das Grundbuchamt darf auch nicht die Einleitung eines Verfahrens zum Zweck des Aufgebots des Hypothekenbriefes fordern (KG vom 10. November 1927, JW **28** S. 190, HRR 1928 Nr. 251).

2. Der Nachweis der Unrichtigkeit des Grundbuchs ist nach den Darlegungen zu 1. im allgemeinen leicht zu führen. Die Unrichtigkeit ergibt sich aus dem Gesetze selbst, sobald die Erwerbszeit und der Erwerbspreis feststehen. (Oberstes LG München 12. November 1925, JW **26** 60; OLG Dresden in Ring **1** 73). Nach Art. 2 DurchfV bedarf der Nachweis des Erwerbstages und Erwerbspreises nicht der in § 29 GBO vorgeschriebenen Form, desgl. nicht der Nachweis des Erwerbsgrundes; das gleiche gilt für die Voraussetzungen des § 3 Abs. 2 und des § 5 Abs. 2 AwG (§ 1 der Vdg vom 12. September 1927). Der Nachweis des Erwerbstages ist durch die Vermutung erleichtert, daß die Eintragung im Grundbuch maßgeblich ist. § 5 Abs. 1 AwG. Dem Umstand, daß der Gläubiger entgegen der widerlegbaren Vermutung infolge einer nach der Eintragung erfolgten Einigung die Hypothek erst an einem späteren Tage erworben hat, hat der Grundbuchrichter nicht Rechnung zu tragen. OLG Dresden in Ring **1** 73. Der Gläubiger braucht nicht nachzuweisen, daß Zahlungen nicht oder nur in bestimmter Höhe geleistet sind (Oberstes LG München 12. November 1925 in JW **26** 60). Zahlungen werden — abgesehen vielleicht von Amortisationshypotheken — nicht vermutet. Nach Art. 3 DurchfV wird vermutet, daß die von dem Gläubiger angegebenen Zahlungen, und zwar zu den von ihm bezeichneten Zeiten, vorgenommen sind. Bei Eintragung der Aufwertung von landschaftlichen (ritterschaftlichen) Hypotheken wird vermutet, daß die Hypothek nur in der von der Kreditanstalt angegebenen Höhe getilgt ist. § 7 Vdg vom 10. Dezember 1925 (GS S. 169). Im übrigen wird durch den Antrag regelmäßig keine zur Eintragung erforderliche Erklärung ersetzt (GBO § 30).

Mehrere im Range unmittelbar aufeinanderfolgende aufgewertete Hypotheken (Grundschulden, Rentenschulden, Reallasten) eines Gläubigers sind auf dessen Antrag als einheitliches Recht einzutragen, wenn der Eigentümer in der Form des § 29 GBO (§ 13 der Vdg vom 12. September 1927, RGBl I S. 299) zustimmt. Der Zustimmung des Eigentümers bedarf es nicht, wenn das Recht des Eigentümers zur selbständigen Rückzahlung der einzelnen Hypotheken ausgeschlossen ist und auf Grund der Zahlung von Tilgungsbeträgen eine Hypothekengrundschuld nicht oder erst hinter den Kapitalbeträgen der mehreren Hypotheken (Grundschulden, Rentenschulden, Reallasten) zur Entstehung gelangt (§ 10 des AwErgG).

Die Zusammenfassung mehrerer aufwertbarer Hypotheken zu einem einheitlichen Aufwertungsbetrag ist jedenfalls solange nicht zulässig, als nicht der Eigentümer auf den Rangvorbehalt des § 7 AwG verzichtet hat. Ring **1** 359 u. **1** Sonderheft S. 26 (OLG Braunschweig u. Dresden).

Über Anwendbarkeit des § 10 AwErgGes. s. im übrigen RG. vom 16. Februar 1928, Ring S. 269 = HRR. Nr. 762.

3. Die Erteilung eines Hypotheken-, Grundschuld- oder Rentenschuldbriefes gilt als nachträglich ausgeschlossen, wenn der Aufwertungsbetrag 500 GM. nicht übersteigt[1 2]. Die Ausschließung ist im Grundbuche zu vermerken; z. B. in der Fassung: „brieflos gemäß Art. 6 Vdg vom 29. November 1925" oder „die Erteilung eines Briefes gilt gemäß Art. 6 Vdg vom 29. November 1925 als nachträglich ausgeschlossen." Das Grundbuchamt hat den Brief mit dem Vermerk „unbrauchbar gemacht gemäß Art. 6 Vdg vom 29. November 1925" zu versehen, sodann unbrauchbar zu machen und dem Gläubiger zurückzusenden. Ist der Brief noch nicht eingereicht, so ist der Besitzer des Briefes zur Vorlegung anzuhalten. Art. 6 DurchfV. Das Grundbuchamt kann also gemäß Art. 15, 17 PrFGG Zwangsmittel zur Herausgabe des Briefes anwenden (KG 17. Dezember 1925, JW **26** 183). Die Parteien können gemäß § 1116 Abs. 3 BGB die Ausschließung aufheben (Art. 6 DurchfV). Ist entgegen diesen Vorschriften bei Inkrafttreten der DurchfV ein Brief bereits aus den Aufwertungsbetrag umgeschrieben oder über den Aufwertungsbetrag neu erteilt gewesen, so behält es hierbei sein Bewenden (Art. 26 a. a. O.).

Da die Hypothek noch nicht gelöscht und somit der Brief noch vorhanden ist, so ist er zu benutzen. Es ist auf ihm ein Vermerk entsprechend der Aufwertungseintragung zu machen. Ein neuer Brief ist nicht auszustellen.

4. Der Wechsel des Eigentums ist bei der Eintragung der Aufwertung für eine noch eingetragene Hypothek belanglos, anders als bei der Wiedereintragung (s. unten S. 475 Ziff. 3).

---

[1] Im Falle des § 17 des AwG wird auch dem früheren Gläubiger ein Hypotheken- oder Grundschuldbrief erteilt (evtl. nachträglich!), wenn der ihm zustehende Aufwertungsbetrag 500 Goldmark übersteigt. Dies gilt nicht, wenn die Erteilung des Briefes ausgeschlossen war; die Befugnis aus § 1116 Abs. 3 BGB bleibt unberührt (§ 3 der Vdg vom 12. September 1927). Über Verwendung eines Hypothekenbriefes für die Aufwertungshypothek des Zedenten, falls die für den Zessionar in Frage kommende Aufwertung 500 GM. nicht übersteigt s. KG vom 2. Dezember 1926, JurRdsch Rspr 1927 S. 159.

[2] Ist über mehrere Hypotheken gemäß § 66 GBO ein gemeinschaftlicher Brief erteilt, so gilt die Erteilung des Briefes nur dann als nachträglich ausgeschlossen, wenn die Aufwertungsbeträge aller in dem Briefe zusammengefaßten Hypotheken zusammen 500 GM nicht übersteigen. Ist dies lediglich bei einer der Hypotheken der Fall, so bleibt die Briefhypothek (KG. vom 26. Januar 1928, Ring S. 228 = HRR. Nr. 767).

5. Der Eintragung der Aufwertung steht nicht entgegen, daß ein Antrag auf Herabsetzung der Aufwertung nach § 8 AwG gestellt oder die Frist für diesen Antrag noch nicht abgelaufen ist (s. unten 7a). Art. 5 DurchfV; Ring 1 368. Ebensowenig steht der Eintragung die Möglichkeit entgegen, daß eine teilweise Rückgängigmachung der Normalaufwertung gemäß §§ 9, 10 AwG eintritt. Ring 1 523 (OLG Braunschweig).

Beispiel I.

Antrag auf Eintragung der Aufwertung.

Lobau, den 18. Januar 1928.

An das Grundbuchamt des Amtsgerichts Lobau.

Im Grundbuch von Lobau Bd. II Bl. 68 ist in Abt. III unter Nr. 1 für mich seit dem 15. Juni 1914 eine Hypothek von 40000 M. eingetragen. Die Aufwertung beträgt also 10000 GM.[1] Unter Überreichung des über die Hypothek gebildeten Briefes beantrage ich, die Aufwertung in der bezeichneten Höhe mit dem bisherigen Range der Hypothek in das Grundbuch einzutragen.

Rentner Peter Krause,
Lobau, Gartenweg 7.

Die Aufwertung einer noch eingetragenen Hypothek wird in der Spalte Veränderungen (5 bis 7) eingetragen; in Spalte 3 wird zweckmäßig der Papiermarkbetrag zu röten und der Aufwertungsbetrag darunter neu einzutragen sein. Die gesetzlichen Zinsen des § 28 AwG werden nicht eingetragen. Wegen der Eintragung der Befugnis des Eigentümers nach § 7 AwG und eines Rangvermerks s. unten S. 490ff. Die Eintragung ist gebührenfrei. Vdg vom 31. August 1925 (GS S. 111).

Ein Beispiel für die Eintragung s. § 179 Beispiel IX.

Ist eine Hypothek nur z. T. gelöscht, mit dem anderen Teil aber noch im Grundbuch eingetragen, so ist die für beide Teile in Betracht kommende Aufwertung unter der Nr. des noch eingetragenen Teils zu buchen. Auf dem für den noch eingetragenen Teil bestehenden Hypothekenbrief wird auch die den gelöschten Teil betreffende Aufwertung vermerkt (RG vom 20. Januar 1927, JW S. 1319).

6. Stellt der Eigentümer den Antrag, so ist die Zustimmung des Gläubigers natürlich nicht erforderlich; aber auch der Antrag des Gläubigers bedarf, wie aus obigem erhellt, bei nachgewiesener Unrichtigkeit des Grundbuchs nicht der Zustimmung des Eigentümers und gleich- oder nachgehender Rechte. Ring 1 Sonderheft 13 (OLG Braunschweig). Hieraus entstehen Schwierigkeiten, wenn demnächst eine Herabsetzung der Aufwertung erfolgt. Zwei Fälle sind in dieser Beziehung zu beachten:

a) Nach § 8 des Gesetzes (Härteklausel) kann der Eigentümer eine Herabsetzung der Aufwertung um höchstens 10 vH. des Goldmarkbetrages

[1] Der Grundbuchrichter kann u. E. die Angabe des Aufwertungsbetrages verlangen, um nachzuprüfen, ob sie mit der von ihm selbst vorzunehmenden Berechnung übereinstimmt. In der Regel wird er den Aufwertungsbetrag selbst berechnen. Dies gilt jedenfalls dann, wenn es sich um eine vor dem 1. Januar 1918 eingetragene Hypothek handelt.

erwirken, wenn dies mit Rücksicht auf seine wirtschaftliche Lage[1] zur Abwendung einer groben Unbilligkeit unabweisbar erscheint[2]; dies Verlangen muß vor dem 1. April 1926 bei der Aufwertungsstelle angebracht worden sein. Ist der Antrag rechtzeitig eingereicht, so ist auf Antrag des Eigentümers[3] ein Widerspruch in das Grundbuch einzutragen. Der Vorlegung des Hypotheken- oder Grundschuldbriefes bedarf es nicht. Art. 17 Abs. 1 Ziff. 2, Art. 27 DurchfV. Es ist auch nicht erforderlich, den Gläubiger nach der Eintragung zur Einreichung des Briefes zwecks Vornahme des Vermerks der Eintragung zu veranlassen. Die Eintragung des Widerspruchs setzt die Eintragung der Aufwertung nicht voraus (KG 19. Dezember 1925, JW **26** 178), wohl aber die — vom Grundbuchrichter zu prüfende — rechtzeitige Anbringung des Antrags aus § 8 bei der Aufwertungsstelle. Die Aufwertungsstelle hat dem Eigentümer auf Antrag gebührenfrei zu bescheinigen, daß er die Herabsetzung der Aufwertung rechtzeitig beantragt hat (Art. 126d a. a. O.). Es dürfte aber genügen, wenn der Antragsteller auf die Akten der Aufwertungsstelle verweist. Man wird auch eine Verbindung der an die Aufwertungsstelle und an das Grundbuchamt zu richtenden Anträge zulassen müssen; es wird dann die Aufwertungsstelle die Eingabe an das Grundbuchamt zur Erledigung der Anträge weitergeben; s. auch oben § 175 Ziff. 1.

Der Antrag auf Eintragung des Widerspruchs bedarf keiner Form. Die Eintragung braucht einen Goldmarkbetrag nicht zu enthalten.

Die Kosten der Eintragung des Widerspruchs, die nicht gebührenfrei ist (KG in JurRdsch **26** S. 1484), trägt der Eigentümer. Art. 130 der Durchführungsverordnung.

Beispiel II.

An das Grundbuchamt des Amtsgerichts Lobau.

Als Eigentümer des im Grundbuch von Lobau Bd. II Bl. 20 eingetragenen Grundstücks habe ich gemäß § 8 AwG die Herabsetzung der Aufwertung der in Abt. III Nr. 1 für den Rentner Peter Krause eingetragenen Hypothek um 10 vH. beantragt. Die Bescheinigung der Aufwertungsstelle über die erfolgte rechtzeitige Einreichung des Antrags füge ich bei.

Ich beantrage Eintragung eines Widerspruchs gemäß § 8 Abs. 2 des Aufwertungsgesetzes.

Lobau, den 2. Januar 1928.

Kaufmann Arnold Müller, Breitestr. 12.

---

[1] Die wirtschaftliche Lage des Erwerbers eines Grundstücks, der noch nicht als Eigentümer eingetragen ist oder das Grundstück erst nach dem Inkrafttreten des AwG erworben hat, kommt nicht in Betracht (KGJMBl 1927 S. 3, 218).

[2] Es ist möglich, daß diese Voraussetzungen bei einer Gesamthypothek nur auf einen der Grundstückseigentümer zutreffen. Auch eine Einzelhypothek, die auf einem mehreren Bruchteilseigentümern gehörigen Grundstücke ruht, kann für die einzelnen Bruchteile verschieden hoch aufgewertet werden (KG vom 19. Januar 1928, Ring **3** S. 98).

[3] Gesamthänder (Miterben, Gesellschafter) müssen den Antrag gemeinschaftlich stellen.

Die auf diesen Antrag zu bewirkende Eintragung erfolgt in Sp. 5 bis 7. Sie wird in Sp. 7 etwa lauten:

„Ein Widerspruch gemäß § 8 Abs. 2 AwG für den Kaufmann Arnold Müller in Lobau eingetragen am ....“

b) Ein weiterer Fall der Herabsetzung der Aufwertung ergibt sich aus § 10, 12 i. V. mit § 4 a. a. O. Nach dem wirtschaftlich sehr anfechtbaren Grundsatze des § 4 darf das dingliche Hypothekenrecht nicht höher aufgewertet werden als die ihm zugrunde liegende Forderung[1] [2]. Letztere wird grundsätzlich nach Maßgabe der für das dingliche Recht geltenden Vorschriften aufgewertet (normaler Höchstsatz). Es ist aber in gewissen Fällen (s. § 10) eine höhere oder geringere Aufwertung der persönlichen Forderung zulässig. Der entsprechende Antrag muß vor dem 1. April 1926 bei der Aufwertungsstelle angebracht worden sein (§ 12). Die höhere Aufwertung würde die erfolgte Grundbucheintragung der gesetzlichen Aufwertung nicht berühren, wohl aber eine geringere Aufwertung der persönlichen Forderung, da, wie gesagt, die Hypothek nicht höher aufgewertet werden darf als die durch sie gesicherte Forderung. In diesem Falle würde die bereits eingetragene Aufwertung nach Maßgabe der Entscheidung der Aufwertungsstelle geändert werden müssen. Trotzdem kann die gesetzliche Aufwertung alsbald eingetragen werden. Ring 1 368. Der den Antrag auf Herabsetzung des normalen Höchstsatzes behandelnde § 12 läßt einen Widerspruch nicht zu, vielmehr muß die endgültige Entscheidung der Aufwertungsstelle abgewartet werden.

Der Gläubiger kann der Gefahr, daß die persönliche Forderung eine geringere Aufwertung erfährt, nach den Vorschriften des AwErgGes begegnen[3]. Auf seinen Antrag ist die Hypothek bei Eintragung des Aufwertungsbetrags in eine Grundschuld umzuwandeln[4]. Der Antrag ist beim Grundbuchamt zu stellen; die Zustimmung des Eigentümers oder der im Range gleich- oder nachstehenden Berechtigten ist nicht erforderlich. Einreden, die der Eigentümer zur Zeit der Eintragung der Umwandlung gegen die Hypothek geltend machen kann, bleiben gegenüber der Grundschuld erhalten, wobei die Vorschriften der §§ 891 bis 899, 1140 BGB auch für diese Einreden gelten. Das Grundbuchamt hat den Antrag auf Umwand-

[1] Die Übertragung der §§ 9 bis 13 AwG auf die Aufwertung einer durch Grundschuld (Rentenschuld, Reallast) gesicherten Forderung ist abzulehnen (RG **117** 147 und die dort angeführte Rechtsprechung; s. Ring **27** Sonderheft **2** 42 = JMBl **27** 3).

[2] Dies gilt auch, wenn der Aufwertungsbetrag der persönlichen Forderung auf Grund der §§ 8, 15 AwG herabgesetzt wird. Ring **2** 51.

[3] Siehe Quassowski: Das neue Aufwertungsrecht. JW 1927 S. 1801.

[4] Die Umwandlung der auf dem ganzen Grundstück lastenden Hypothek in eine Grundschuld lediglich auf den Anteil eines Miteigentümers ist nicht zulässig. Bei einer Gesamthypothek kann die Umwandlung nur einheitlich auf allen belasteten Grundstücken durch Eintragung einer Gesamtgrundschuld geschehen (RG. vom 2. Februar 1928, Ring S. 249 = HRR. Nr. 659).

lung dem Eigentümer mitzuteilen. Für die Mitteilung sind die Vorschriften der ZPO über die Zustellung von Amts wegen anzuwenden (§ 12 der Vdg vom 12. September 1927, RGBl I S. 299). Das Grundbuchamt hat jedem, der ein berechtigtes Interesse darlegt, auf Antrag (gebührenfrei!) eine Bescheinigung darüber zu erteilen, ob der Gläubiger die Umwandlung beantragt hat. Art. 126 Abs. 2 DurchfV findet Anwendung (§ 11 der Vdg vom 12. September 1927). Ist der Aufwertungsbetrag der Hypothek bereits eingetragen, so kann der Gläubiger die nachträgliche Umwandlung (formlos!) beantragen, wenn ein Verfahren zur Festsetzung einer geringeren Aufwertung der persönlichen Forderung abhängig ist oder wird[1]. §§ 4, 5 AwErgG.

Besonderes gilt für den Fall, daß infolge geringerer Aufwertung der persönlichen Forderung die Hypothek auf weniger als 25 vH. des GM.-Betrages bereits aufgewertet worden ist (Zusatzgrundschuld; s. auch § 13 Abs. 2b der Vdg vom 12. September 1927). § 6 AwErgGes. Für die Eintragung der Umwandlung (§§ 4 bis 6 des AwErgGes) sowie für die Eintragung einer Zusatzgrundschuld gemäß § 6 Abs. 1 Z. 3 werden Gebühren und Kosten nicht erhoben. § 9 AwErgGes. Die Anträge des Gläubigers gemäß §§ 4, 5, 6, 10, 12, 13 bedürfen nicht der im § 29 GBO vorgeschriebenen Form (§ 13 der Vdg vom 12. September 1927).

Ist die Hypothek in eine Grundschuld umgewandelt, so bleiben in Ansehung der Verzinslichkeit, des Zinssatzes, der Zahlungszeit, der Kündigung und des Zahlungsortes die für die Forderung geltenden Bestimmungen maßgebend.

Über die Grundschuld und die Zusatzgrundschuld wird ein Brief nur erteilt, wenn die Erteilung des Briefes bei der Hypothek nicht ausgeschlossen war; Art. 6 DurchfV findet Anwendung. Sofern nicht die Erteilung eines neuen Briefes für die Grundschuld beantragt wird, ist die Umwandlung auf dem bisherigen Briefe zu vermerken und eine mit dem Briefe verbundene Schuldurkunde abzutrennen. Für die Zusatzgrundschuld wird ein besonderer Brief erteilt. Die Erteilung des Briefes ist auf dem Briefe für die Grundschuld zu vermerken; die Erteilung eines gemeinschaftlichen Grundschuldbriefes findet nicht statt (§§ 9ff. der Vdg vom 12. September 1927).

c) Endlich können sich aus dem materiellen Rechte Einwendungen gegen die Aufwertung oder deren Höhe ergeben.

7. Der Umstand, daß solche Möglichkeiten einer Abweichung von dem gesetzlichen Aufwertungsbetrage vorliegen, macht fraglich, ob der Grundbuchrichter den Antrag des Gläubigers auf Eintragung des normalen Aufwertungsbetrages dem Eigentümer und sogar den gleich- oder nachstehenden Grundstücksgläubigern zur Erklärung mitteilen

[1] Im übrigen bestimmen sich nach Eintragung des Aufwertungsbetrags die Voraussetzungen und Wirkungen der Umwandlung der Hypothek in eine Grundschuld ausschließlich nach den Vorschriften des BGB.

soll. Wie bereits bemerkt, hat der Art. 5 DurchfV die Frage insoweit verneint, als ein Antrag aus § 8 des AwG in Betracht kommt. Aber auch im übrigen wird man zu einer Verneinung der Frage gelangen müssen. Die Gefahr, daß die Eintragung der Aufwertung demnächst wieder berichtigt wird, muß in Kauf genommen werden. Die Eintragung der Aufwertung zu einem Teilbetrage ist jedenfalls unzulässig (KG vom 7. April 1927, Rspr S. 610).

8. Hält der Grundbuchrichter den Nachweis der Unrichtigkeit nicht für geführt, so muß er eine formgerechte Bewilligung der Betroffenen, d. h. des Eigentümers und der gleich- und nachstehenden Berechtigten oder eine rechtskräftige Entscheidung der Aufwertungsstelle verlangen. Der Grundbuchrichter ist aber verpflichtet, Anträge auf Eintragung der Aufwertung auch bei Vorlegung einer Bewilligung des Eigentümers stets gleichzeitig vom Gesichtspunkt des Unrichtigkeitsnachweises zu prüfen, falls nicht nach den Umständen des Einzelfalls außer Zweifel steht, daß die Bewilligung die ausschließliche Eintragungsunterlage bilden soll (JFG **3** 342). Letzterenfalls bedarf es auch der Zustimmung von Gläubigern gelöschter, im Range nachstehender Hypotheken, wenn Aufwertbarkeit gemäß § 15 AwG anzunehmen ist. Die meisten sog. Bewilligungen sind keine eigentlichen Bewilligungen i. S. der GBO, sondern weisen nur die Unrichtigkeit nach.

Eine Eintragung der Aufwertung unter Vorbehalt der Aufwertung auf einen höheren Betrag ist ihrem Inhalt nach unzulässig (KG vom 11. November 1926, Rspr S. 99; desgleichen ist der Vorbehalt „der bei einer Änderung der Aufwertungsgesetzgebung sich für den Gläubiger ergebenden neuen Rechtsansprüche" nicht eintragungsfähig (KG vom 4. November 1926, Rspr S. 94).

9. Der Verzicht auf das aufgewertete Recht und eine Vorrangseinräumung vor diesem kann im Grundbuch eingetragen werden, und zwar auch dann, wenn der Aufwertungsbetrag noch nicht eingetragen ist. Es bedarf auch nicht des Nachweises, daß das Recht aufgewertet ist. Der Verzicht des Gläubigers führt eine Eigentümerhypothek, und zwar regelmäßig als Grundschuld, herbei[1]. Der Eigentümer kann durch formlosen Antrag die Eintragung berichtigen lassen. Der Vermerk in Sp. 7 würde lauten:

> **„Durch Verzicht des Gläubigers auf das aufgewertete Recht ist die Hypothek in Höhe von ... GM. Eigentümergrundschuld geworden."**

Vgl. hierzu JFG **4** 433. Der Verzicht auf die aufgewertete Eigentümergrundschuld kann nicht eingetragen werden. Wohl aber kann der Eigentümer die aufgewertete Hypothek, die er infolge des Verzichts des Gläubigers erworben hat, aufgeben. Gegebenenfalls erfolgt die Löschung des Rechts, und zwar auch dann, wenn weder der Erwerb durch den Eigentümer,

[1] Die Erteilung einer löschungsfähigen Quittung kann nicht ohne weiteres als Verzicht auf die Aufwertung angesehen werden (KG vom 23. Dezember 1926, JW **27** S. 601).

noch der Aufwertungsbetrag eingetragen ist (§ 2 der Vdg vom 12. September 1927). Grundbuchmäßig wird in der Weise zu verfahren sein, daß der Gläubiger die Löschung bewilligt, der Eigentümer ihr zustimmt und die Löschung beantragt. Der Löschungsvermerk würde wie üblich in Sp. 11 einzutragen sein.

Zur völligen Bereinigung des Grundbuchs würde es dienen, wenn gleichzeitig der Eigentümer auf seine Rangbefugnis gemäß § 7 AwG verzichten würde (s. S. 499).

Bei Briefhypotheken wird der Verzicht des Gläubigers auf dem Briefe vermerkt, wenn der Brief nicht wegen Löschung unbrauchbar zu machen ist.

§ 177. Aufwertung trotz Bewirkung der Leistung.

Das Gesetz unterscheidet die Fälle des Vorbehalts und der Rückwirkung. §§ 14, 15 AwG[1].

I. Der Gläubiger hat sich bei Annahme der Leistung (oder Teilleistung) seine Rechte auf Aufwertung vorbehalten. Denkbar ist auch die Aufrechterhaltung eines vor Annahme der Leistung erklärten Vorbehalts (RG vom 28. Januar 1928, Ring S. 238). Über den Begriff des Vorbehalts s. RG vom 29. Juni 1927 (JurRdsch **27** Rspr S. 1183), vom 26. November 1927 D. Jur.Ztg. 1928 S. 382 = Ring **28** S. 134 = HRR 28 Nr. 656) und unter erheblicher Abänderung des bisherigen Standpunktes vom 22. Dezember 1927 (Ring **3** S. 33 = JW **28** S. 236); s. auch RG **117** 180; **118** 342 und JW 1926 S. 145ff. Eine bloße Äußerung des Unwillens ist kein ausreichender Vorbehalt. Ring **2** 55 (OLG Dresden) gegen Ring **1** 195 (KG). Es ist erforderlich und genügend, daß der Vorbehalt sich auf die persönliche Forderung bezieht, es sei denn, daß der Gläubiger sich seiner Rechte auf Aufwertung des dinglichen Rechts ausdrücklich begeben hat (§ 14 AwG). Übrigens stellt die Erklärung in einer Löschungsbewilligung, daß die Rückzahlung des eingetragenen Hypothekenkapitals in „Papiermark" erfolgt sei, eine auf das dingliche Recht zu beziehenden Vorbehalt dar (RG in JFG **3** 15; KG vom 26. November 1925, JW **26** S. 90); neuerdings durch RG Ring **3** 33 zweifelhaft geworden. Eine trotzdem erfolgte Löschung der Hypothek ist unter Verletzung gesetzlicher Vorschriften (s. oben § 66) geschehen und gibt Anlaß zur Eintragung eines Amtswiderspruchs (RG bei JFG **3** 15)[1]. Über die Begriffe der Bewirkung und der Annahme der Leistung s. im übrigen RG vom 12. November 1927 (HRR 1928 Nr. 43), vom 22. Dezember 1927, JW **28** S. 717 und 828 Nr. 657 RG **117** 340 und RG **119** 76 gegen Oberstes Landesg. München vom 17. Juli 1926 (JW S. 2378), ferner RG vom 6. Oktober 1927 (JurRdsch **27** Rspr S. 1315). Die Annahme der Leistung kann regelmäßig nicht vor Kenntnis von ihrer Bewirkung (z. B. Bankgutschrift) erfolgen (OLG Stettin

[1] Die Vorschriften des Aufwertungsgesetzes über die rückwirkende Aufwertung finden auch gegen Ausländer Anwendung (KGJMBl 1927 S. 306).

vom 20. September 1927, Ring S. V S. 6). Hat der Gläubiger zum Ausdruck gebracht, daß er die Leistung überhaupt als geschehen, wenn auch nur als Teilleistung gelten lassen will, so liegt eine Annahme unter Vorbehalt vor (RG vom 12. November 1927, Ring **2** 780 = HRR **28** Nr. 43 = JW **28** 152). Liegt eine Annahme im Rechtssinne nicht vor, so bedurfte es keines Vorbehalts (RG **111** 333; Ring **1** 364, OLG Stettin; Ring **1** 611, OLG München) und auch nicht der unter III. erwähnten Anmeldung des Aufwertungsanspruchs gemäß § 16 AwG[1] (RG vom 17. Dezember 1927, Ring **28** S. 101 = HRR **28** Nr. 747). Das gleiche gilt bei zwangsweiser Beitreibung des Nennbetrags (RG **111** 333).

Unter Annahme der Leistung i. S. des § 14 AwG ist hiernach ein Verhalten zu verstehen, das nach Lage des Falles unter Berücksichtigung der Verkehrssitte und der Grundsätze von Treu und Glauben sich als Ausdruck des Willens darstellt, eine ihm zugehende Leistung als Erfüllung gelten zu lassen.

Bezieht sich der Vorbehalt des Gläubigers auf die persönliche Forderung, so wirkt er auch zugunsten der Hypothek. Der Gläubiger kann auf die Aufwertung ausdrücklich verzichten. Dieser Verzicht steht nur im Falle des § 14 AwG, nicht aber im Falle des § 15 (Rückwirkung) der Aufwertung entgegen (RG **117** 97, 230 = JW 1927 S. 1823); er muß zweifelsfrei erklärt sein (RG vom 1. Oktober 1925 JW **26** S. 180).

II. Der Gläubiger hat die Leistung in der Zeit vom 15. Juni 1922 bis 14. Februar 1924 angenommen. Alsdann findet die Aufwertung auch ohne Rechtsvorbehalt statt (Aufwertung kraft Rückwirkung); § 15 AwG. § 14 Satz 2 zweiter Halbsatz (Verzicht auf Aufwertung) ist, wie bereits bemerkt, in diesem Falle nicht anwendbar. Eine in der genannten Zeit erteilte Löschungsbewilligung ist eine ausreichende Löschungsunterlage selbst dann nicht, wenn sie über eine Zahlung der Hypothekenforderung nichts enthält[2]. Es bedarf vielmehr ergänzender Unterlagen (JFG **3** 378). Dasselbe gilt für die in der Zeit vom 14. Februar 1924 bis zum Inkrafttreten des AwG erteilte Löschungsbewilligung im Hinblick auf § 78 AwG (JFG **3** 381). Ergänzend läßt § 78 die Aufwertung auch dann zu, wenn der Gläubiger eine Leistung nach dem 13. Februar 1924 angenommen hat. Das Verhältnis der §§ 15 und 78 zueinander ist zweifelhaft, besonders hinsichtlich der Frage, ob die Härteklausel des § 15 Satz 2 auch auf den Tatbestand des § 78 Anwendung findet. Letzterer verweist lediglich auf die §§ 16, 18 bis 24; da aber in § 16 wiederum der § 15 angezogen ist, wird

[1] Ein Gläubiger, der die Anmeldefrist versäumt hat, wird nicht selten geltend machen, daß eine Bewirkung oder Annahme der Leistung nicht vorliegt. Der Grundbuchrichter wird daher in diesen Fällen stets entscheiden müssen, ob dieser Einwand begründet ist.

[2] Andererseits hat ein Notar, der im Oktober 1923 die Auskunft erteilt hat, daß eine zurückbezahlte Hypothek auf Grund einer über den Empfang von Papiermark lautenden bereits vorliegenden Quittung gelöscht werden würde, nicht schuldhaft gehandelt (RG vom 18. Oktober 1927, Ring **2** 772).

man die gestellte Frage bejahen müssen (KG vom 29. September 1927, HRR 1928 Nr. 157).

Ist eine Reallast in der Rückwirkungszeit abgelöst worden, so findet eine Aw der Ablösungssumme nicht statt, vielmehr sind lediglich die wiederkehrenden Leistungen im Rahmen des § 31 Abs. 2 AwG aufzuwerten. Die gezahlte Ablösungssumme ist gemäß Art. 28 DurchfV auf die zunächst fälligwerdenden Jahresleistungen anzurechnen (KG vom 9. Februar 1928, Ring **3** S. 165).

III. Die in Rede stehenden Fälle der §§ 14, 15, 78 berühren den Grundbuchrichter nur dann, wenn der Gläubiger bis zum 1. Januar 1926 den Anspruch auf Aufwertung bei der Aufwertungsstelle angemeldet hat. § 16 Abs. 1 (KGJMBl 1926 S. 228, 275). Die Frist ist erst am 2. Januar 1926 abgelaufen. KG a. a. O. Die Anmeldung ist auch nötig, wenn der Gläubiger und der Eigentümer sich über die Wiedereintragung der Hypothek geeinigt haben; doch ist die Frage bestritten; s. unten S. 470. Zur Rechtsgültigkeit der Anmeldung genügt, wenn der Anspruch hinreichend individualisiert wird. Dazu ist nur nötig, daß der Gläubiger die Hypothek und das Grundstück bezeichnet und dabei irgendwie ausdrückt, daß er Aufwertung beansprucht. In der Anmeldung der Hypothek ist ohne weiteres auch die Anmeldung der persönlichen Forderung zu erblicken. Die Angabe des Eigentümers und des persönlichen Schuldners ist kein notwendiges Erfordernis der Anmeldung. Die Anmeldung braucht auch keine Erklärungen über den Vorbehalt nach § 14 oder die Voraussetzungen der Rückwirkung nach § 15 zu enthalten. Gutacht. d. KG in JW **26** 31, 32 = Ring **1** 17; Ring **1** 219 (OLG Dresden). Die Aufwertung auf Grund eines Vorbehalts wird nicht dadurch ausgeschlossen, daß in der Anmeldung die Aufwertung „kraft Rückwirkung" begehrt wird, wenn nur im übrigen aus der Anmeldung hervorgeht, daß das Vorliegen eines Vorbehalts behauptet werden soll (Oberstes LG München vom 5. November 1927, Ring **2** S. 799). In dem Antrage auf Wiedereintragung einer gelöschten Hypothek kann eine Anmeldung im Sinne des § 16 Abs. 1 erblickt werden. Die Aufwertungsstelle entscheidet nur über die Höhe der Aufwertung und die Anwendung der Härteklauseln. Die rechtskräftige Entscheidung ist für den Grundbuchrichter bindend (§ 75). Er hat aber zu prüfen, ob die Aufwertungsstelle die Grenzen ihrer sachlichen Zuständigkeit innegehalten hat. Ist die Anmeldung bis zum 2. Januar 1926 versäumt worden, so ist die Forderung als endgültig erloschen anzusehen mit der Wirkung, daß z. B. eine zwar bezahlte, aber noch eingetragene Hypothek als Grundschuld dem Eigentümer zusteht und dieser die Aufwertung verlangen kann. Die nach § 16 AwErgGes vorgesehene Wiedereinsetzung in den vorigen Stand berührt nur die persönliche Forderung, nicht auch die Hypothek.

Über die erfolgte Anmeldung erteilt die Aufwertungsstelle auf Antrag gebührenfrei eine Bescheinigung (Art. 126 DurchfV). Hinsichtlich der Bedeutung dieser Bescheinigung für das Grundbuchamt s. KG vom 1. März 1928, HRR Nr. 772.

IV. 1. Die rechzeitige Anmeldung ist geeignet, die Wiedereintragung der bereits gelöschten[1] Hypothek usw. herbeizuführen (KG 23. Dezember 1925, JW **26** 263). Der Gläubiger, auch der Pfandgläubiger (KGJMBl 1926 S. 209), kann nach § 16 Abs. 2 Satz 2 diese Wirkung alsbald durch Eintragung eines Widerspruchs sichern lassen[2]. Über die Voraussetzungen dieses Widerspruchs s. KG vom 8. Dezember 1927, JW **28** S. 729 = Ring **28** S. 105. Der Widerspruch kann nicht eingetragen werden, solange eine Papiermarkhypothek noch im Grundbuch eingetragen ist, mag auch eine Löschungsbewilligung erteilt und der Hypothekenbrief ausgehändigt sein (JFG **3** 394), Rspr **26** S. 137. Es ist auch die Anmeldung des Anspruchs bei der Aufwertungsstelle nachzuweisen (KG JMBl 1926 S. 76 = Rspr **26** Nr. 504. Der Widerspruch kann auch nicht eingetragen werden, wenn der Verlust des AufwAnspruchs wegen Nichtanmeldung oder infolge ausdrücklichen vorherigen Verzichts zweifelsfrei feststeht. Der Antrag bedarf keiner Form, da er keine Erklärung i. S. des § 30 GBO ersetzt. Gutachten des KG vom 5. November 1925 (JW **26** 163). Von Amts wegen kann der Widerspruch nicht eingetragen werden.

Beispiel III.

Lobau, den 20. Dezember 1927.

An das Amtsgericht Lobau (Grundbuchamt).

Im Grundbuch von Lobau Bd. II Bl. 26 war für mich in Abt. III Nr. 2 seit dem 1. Oktober 1917 eine Darlehnshypothek von 50000 M. eingetragen. Der Eigentümer hat am 1. Juli 1922 die Hypothek an mich zurückgezahlt[3]. Die Hypothek ist dann gelöscht worden. Gemäß § 15 des

[1] Der Löschung des Rechts steht es gleich, wenn das Recht z. B. die Hypothek als Grundschuld auf den Eigentümer umgeschrieben ist. Dies gilt auch dann, wenn der Eigentümer demnächst die Hypothek an einen Dritten abgetreten hat. Auch in diesem Falle kann von dem früheren Gläubiger die Eintragung eines Widerspruchs verlangt werden (KG JMBl 1926 S. 94). Ist die Eigentümergrundschuld gelöscht, so kommt eine Aufwertung zugunsten des Eigentümers nicht in Frage. Dasselbe gilt, wenn die gesetzliche Aufwertung bereits freiwillig erfolgt und der Aufwertungsbetrag gezahlt ist (KG 10. Oktober 1925 in DRichterZtg **26** Rspr Nr. 288). Hat der Hypothekengläubiger in der Form des § 29 GBO bekannt, 25 vH. des eingetragenen Nennbetrags in Gold- oder Reichsmark vom Schuldner erhalten zu haben, und die Löschung bewilligt, so hindert ein seiner Bewilligung zugefügter Aufwertungsvorbehalt die Löschung nicht. In solchem Falle beweist die Löschungserklärung, daß die Hypothek Eigentümergrundschuld geworden und der bisherige Hypothekengläubiger nicht mehr Berechtigter im Sinne des § 19 GBO ist (JFG **3** 384).

Die Eintragung eines Vermerks bei einer gelöschten Hypothek dahin, daß eine Aufwertung nach dem AwG und eine Auszahlung des Aufwertungsanspruchs stattgefunden habe, ist unzulässig (JFG **3** 399), da er nichts besagen, vielmehr irreführend sein würde.

[2] Der Brief ist in diesen Fällen stets vernichtet, so daß seine Vorlegung nicht in Frage kommen kann; s. aber für den Fall der Abtretung der Hypothek S. 485.

[3] Es wird vermutet, daß nur die von dem Gläubiger angegebenen Zahlungen, und zwar zu den von ihm angegebenen Zeiten, angenommen sind (Art. 3 DurchfV).

Aufwertungsgesetzes verlange ich Aufwertung kraft Rückwirkung und habe diesen Anspruch am 10. Dezember 1925 bei der Aufwertungsstelle des dortigen Amtsgerichts angemeldet. Beweis: anliegende Bescheinigung der Aufwertungsstelle — die Akten der Aufwertungsstelle. Auf Grund des § 16 Abs. 2 Satz 2 AwG beantrage ich Eintragung eines Widerspruchs zur Sicherung meines Anspruchs auf Wiedereintragung der Hypothek.

Rentner Ernst Krantwig in Lobau.

Die Legitimation des Antragstellers muß wie sonst nach den Vorschriften der GBO z. B. § 36 GBO geprüft werden; s. auch oben S. 451 Nr. 4.

Die materiellen Voraussetzungen der §§ 14, 15 AwG braucht der Grundbuchrichter bei dieser vorläufigen Sicherungsmaßnahme nicht nachzuprüfen, desgleichen nicht, ob ein gutgläubiger Rechtserwerb Dritter der endgültigen Wiedereintragung des Antragstellers hinderlich ist, und zwar auch dann nicht, wenn nach den vorliegenden Tatsachen die Gutgläubigkeit des Zwischenerwerbers außer Zweifel zu stehen scheint (KGJMBl 1926 S. 148). Im übrigen aber ist, wenn sich aus der Anmeldung oder aus ihr in Verbindung mit dem Inhalt des Grundbuchs und dem sonstigen Vorbringen des Gläubigers mit Sicherheit ergibt, daß ein den §§ 14, 15 AwG unterfallender Sachverhalt nicht geltend gemacht wird, die Eintragung des Widerspruchs abzulehnen ist. KG 4. Februar 1926 JW 714, Rspr Nr. 503. Der Widerspruch ist auch einzutragen, wenn nach der Löschung der Eigentümer gewechselt hat. Dies gilt auch, wenn die belastet gewesenen Parzellen infolge Eigentumswechsels auf ein anderes Blatt übertragen sind; s. auch Ring **1** 298 (OLG Dresden). Bei jeder Übertragung eines Grundstücks oder Grundstücksteils von seinem bisherigen auf ein anderes Grundbuchblatt wird das Grundbuchamt im Hinblick auf die Möglichkeit der Aufwertung gelöschter Rechte mit besonderer Sorgfalt zu prüfen haben, ob und inwieweit es angezeigt erscheint, die gelöschten Eintragungen auf das neue Blatt mit zu übertragen (III Nr. 4 der AV vom 11. Januar 1926, JFG **3** 417 = Ring **1** 133).

Der Widerspruch ist in den Spalten 1 bis 4 (linke Hälfte der Sp. 4) einzutragen. Nr. III Z. 3 AV vom 11. Januar 1926 (JMBl S. 10). Bei Eintragung des Widerspruchs braucht der Aufwertungsbetrag ziffernmäßig nicht angegeben zu werden. Es genügt bei der Eintragung ein Hinweis auf § 16 Abs. 2 AwG. Eine Feststellung oder Glaubhaftmachung, daß ein AufwAnspruch in bestimmter Höhe bestehe, ist nicht erforderlich (JFG **3** 392).

Bei der Eintragung ist auch der Berechtigte anzugeben.

Auf obigen Antrag würde der Grundbuchrichter verfügen:

Beispiel IV.

V.

1. **Einzutragen in das Grundbuch von Lobau Bd. II Bl. 20, Abt. III.**
   Sp. 1. 4.
   Sp. 2. 1.
   Sp. 3. 50000 M.

Sp. 4. linke Hälfte: Ein Widerspruch zur Sicherung des Anspruchs auf Wiedereintragung der gelöschten Hypothek Nr. 2 gemäß § 16 Abs. 2 Satz 2 AwG für den Rentner Ernst Krantwig zu Lobau, eingetragen am ......
2. Nachricht an den Antragsteller und den Eigentümer.
L., 20. Dezember 1927. Schm.

Der Umstand, daß in vorstehendem Beispiel bei Bezeichnung des vom Widerspruch betroffenen Rechts der Papiermarkbetrag wieder in das Grundbuch gelangt, ist ohne Belang, weil der im Eintragungsvermerk notwendige Hinweis auf § 16 Abs. 2 Satz 2 AwG erkennbar macht, daß das Recht nicht zum bisherigen Nennbetrag in Papiermark, sondern nur zu einem Bruchteil in Goldmark gemäß AwG und DurchfV gesichert sein soll.

Die Eintragung des Widerspruchs ist gebührenfrei. AV 30. September 1925 (JMBl S. 363)[1].

Kommt es nach Eintragung des Widerspruchs später zur Wiedereintragung der gelöschten Hypothek, so erfolgt diese in der rechten Hälfte der Spalte 4 und lautet etwa:

> **„Umgeschrieben in eine Hypothek für das unter Nr. 2 gemäß Bewilligung vom ...... eingetragen gewesene, auf 12025 (i. B.) GM. aufgewertete Darlehen, sofort vollstreckbar gegen den jeweiligen Eigentümer mit dem bisherigen Range für den Rentner Ernst Krantwig in Lobau, wieder eingetragen am ...."**

Dabei müßte die linke Halbspalte gerötet werden und es würde dann gegebenenfalls unter einer neuen Nummer in den Spalten 1 bis 4 (linke Halbspalte) die Befugnis des Eigentümers gemäß § 7 einzutragen sein; s. das Beispiel XII, unten S. 501. Die Eintragung des Vermerks über die Löschung des Widerspruchs im Falle des § 16 Abs. 2 Satz 2 AwG ist gebührenfrei. JM 4. Oktober 1926 (JMBl 365).

2. a) Die Wiedereintragung der Hypothek, Grundschuld oder Rentenschuld[2] findet erst statt, wenn die in § 16 vorgesehene Einspruchsfrist verstrichen ist, ohne daß ein Einspruch des Eigentümers eingelegt wurde, oder, nachdem rechtskräftig entschieden ist, daß ein wirksamer Vorbehalt der Rechte vorliegt oder eine Rückwirkung stattfindet[3]. Zum Nachweise

---

[1] Ist ein auf Grund des § 16 Abs. 2 Satz 2 AwG eingetragener Widerspruch auf Grund einer Löschungsbewilligung des Gläubigers der durch den Widerspruch gesicherten AwHypothek gelöscht worden, so ist die erneute Eintragung eines Widerspruchs nur nach den Vorschriften des allgemeinen Liegenschaftsrechts zulässig (KG vom 8. Dezember 1927, Ring **3** S. 104).

[2] Ist das Recht nicht gelöscht, so ist die Aufwertung gemäß § 6 Abs. 1 Satz 2 § 18 Abs. 1 des AwG in das Grundbuch einzutragen.

[3] Nunmehr ist es Sache des Gläubigers, den Antrag auf Wiedereintragung bei dem Grundbuchamt zu stellen, falls dies nicht etwa schon mit der Anmeldung geschehen sein sollte. Um diesen Antrag alsbald herbeizuführen, wird in der Praxis vielfach derart verfahren, daß die Aufwertungsstelle dem Gläubiger von Amtswegen nach Formular eine Bescheinigung über den einspruchslosen Ablauf der Dreimonatsfrist ausstellt und ihm dabei gleichzeitig die Stellung des Wiedereintragungsantrages beim Grundbuchamt anheimstellt. Auf diese Weise werden

des fruchtlosen Fristablaufs genügt Bezugnahme auf die Aufwertungsakten (KGJMBl 1926 S. 234). Zur Wiedereintragung bedarf es nicht des Ablaufs der Einspruchsfrist gegen den persönlichen Schuldner. Art. 15 DurchfV.

Hat der Grundbuchrichter die Eintragung mit dem früheren Rang vorgenommen, auch wenn die Einspruchsfrist noch nicht abgelaufen war, so ist die Eintragung gültig, wenn die materiellen Voraussetzungen der Wiedereintragung (Vorbehalt oder Rückwirkung) vorgelegen haben.

Die Versäumung der Einspruchsfrist hindert den Eigentümer oder Schuldner nicht, das Bestehen des Anspruchs aus anderen Gründen als denen der §§ 14, 15 AwG zu bestreiten oder Herabsetzung gemäß §§ 8 bis 10 AwG zu beantragen oder den Anspruch unter Berufung auf seinen gutgläubigen Eigentumserwerb nach § 20 a. a. O. zu bestreiten (KGJMBl 1926 S. 393). Die Unterlassung des Einspruchs gegen die Anmeldung hat nicht die Feststellung des Vorbehalts zur Folge, wenn vor Ablauf der Einspruchsfrist durch Urteil das Nichtvorliegen eines Vorbehalts festgestellt worden ist (OLG Dresden vom 12. Januar 1928, Ring **3** 91).

Bewilligt der Eigentümer die Wiedereintragung — hierzu wird es der Form des § 29 GBO bedürfen —, so braucht natürlich der Ablauf der Frist nicht abgewartet zu werden (KG 23. Dezember 1925 JW **26** 263; KG 21. Januar 1926, JFG **3** 404 = Rspr **26** Nr. 500 = JW **26** S. 713). Auch wenn Gläubiger und Eigentümer einig sind, erübrigt sich die Anmeldung bei der Aufwertungsstelle nicht, wohl aber der Nachweis der Anmeldung gegenüber dem Grundbuchamt (JFG **3** 404). Der Bewilligung der gleich- oder nachstehenden Gläubiger in der Form des § 29 GBO bedarf es, falls der Antrag lediglich auf die Bewilligung des Eigentümers gestützt wird. KG 23. Dezember 1925 Ring **1** 145 = JFG **3** 342 = JW **26** S. 263. In diesem Falle müssen auch die Gläubiger zustimmen, deren im Range nachgehende Hypotheken zwar gelöscht, aber aufwertungsfähig sind.

Die Hypothek darf nicht etwa von Amts wegen, sondern nur auf Antrag des Gläubigers wieder eingetragen werden. Ring **1** 51. Der Vorlegung des Hypothekenbriefs bedarf es auch dann nicht, wenn die aufzuwertende Hypothek noch eingetragen ist (Art. 17 Z. 1 DurchfV; KG vom 11. Juli 1927 JW S. 1259). Ein solcher Antrag wird oft zusammen mit der Anmeldung gestellt sein. Er ist dann nach Abschluß des Verfahrens von der Aufwertungsstelle von Amts wegen an das Grundbuchamt abzugeben. Verlangt der Eigentümer die Wiedereintragung, so bedarf es

die Wiedereintragungen gelöschter Hypotheken am schnellsten gefördert. Dies Verfahren entspricht allerdings strenggenommen nicht dem Art. 126b u. c DurchfV. Denn danach erhält der Gläubiger auf Antrag gebührenfrei eine Bescheinigung der Aufwertungsstelle darüber, wann die Anmeldung seines Anspruchs dem Eigentümer oder persönlichen Schuldner mitgeteilt ist und ob bei ihr ein Einspruch ergangen ist. Die Ausstellung der Bescheinigung begegnet nicht selten erheblichen Schwierigkeiten (hierüber s. KGJMBl 1926 S. 393).

der Bewilligung des Gläubigers als des von der Wiedereintragung Betroffenen. Gutachten des KG vom 5. November 1925 in Ring **1** 10. Bei der Wiedereintragung handelt es sich um einen Berichtigungsanspruch und nicht um ein selbständiges Recht auf Neueintragung. (Gutachten des KG vom 5. November 1925 in Ring **1** 9; JW **26** 62.)[1] Der Antrag ist deshalb formfrei. Gutachten des KG vom 5. November 1925 a. a. O.; KG vom 23. Dezember 1925 Ring 1 145 = JFG **3** 342 = JW **26** 263. Der Antrag ist auch stempelfrei, sofern die einzutragende Summe den gesetzlichen Aufwertungsbetrag nicht übersteigt und die Anmeldung bei der Aufwertungsstelle rechtzeitig erfolgt ist. JM 2. November 1925 (JMBl S. 397). Die Abtretung einer aufwertungsfähigen gelöschten Hypothek ist vor ihrer Wiedereintragung nicht angängig. Durch die Abtretung des Aufwertungsanspruchs wird der Zessionar nur in den Stand gesetzt, die Rechte des Zedenten für diesen geltendzumachen (KG vom 7. Oktober 1926, JW 1927 S. 1321, Rspr S. 91 und KG vom 5. Januar 1928, HRR Nr. 649); a. A. KG vom 23. Dezember 1926, Rspr S. 328, wo die Abtretung einer gelöschten Briefhypothek für zulässig erklärt wird.

Zulässig ist es, mehrere, im Range unmittelbar aufeinanderfolgende, aufgewertete Hypotheken (Grundschulden, Rentenschulden, Reallasten) eines Gläubigers auf dessen Antrag als einheitliches Recht einzutragen, wenn der Eigentümer zustimmt (s. § 10 AwErgGes., § 13 der Vdg vom 12. September 1927 und oben S. 458).

b) Der die Wiedereintragung behandelnde Abs. 2 des § 16 enthält keine grundbuchrechtliche Bestimmung. Er bezeichnet nur den Zeitpunkt der Zulässigkeit der Wiedereintragung. Es bedarf daher weiterhin der Erörterung, welche Nachweise der Grundbuchrichter außer dem Antrage des Gläubigers und der Voraussetzungen des § 16 (s. oben zu a) fordern kann. Solche werden jetzt gegenüber dem Art. 3 DurchfV in der Regel nicht mehr verlangt werden können. Insbesondere ist eine Bewilligung des Eigentümers gemäß §§ 19, 29 GBO nicht erforderlich. Danach genügen in den meisten Fällen die einfachen Behauptungen des Gläubigers über die Höhe und die Zeit der Zahlungen, deren Annahme in die Zeit vom 15. Juni 1922 bis 14. Februar 1924 fallen muß (KG vom 23. Dezember 1925 Ring **1** 145 = JFG **3** 342 = JW **26** 263); s. dazu Ring **1** 381 = JMBl **26** 234; Ring **1** 359 (OLG Braunschweig). Dabei hat der Grundbuchrichter den Inhalt der AufwAkten als offenkundig gemäß § 29 GBO anzunehmen; s. dazu KG vom 3. Juni 1926 (JMBl S. 234 = Ring 1. Sonderheft 39 = JW **26** 184; s. ferner Ring **1** 369. Das gleiche gilt, wenn der Gläubiger ein rechtskräftiges Urteil vorlegt, in dem festgestellt wird, daß ein wirksamer Vorbehalt der Rechte vorliegt oder eine Rückwirkung stattfindet; dies wird dem Grundbuchrichter grundsätzlich genügen müssen (vgl. auch

[1] Gegen die Ablehnung des Antrags ist die unbeschränkte Beschwerde zulässig (JFG **3** 388).

Art. 15 Satz 3 DurchfV). Allerdings kann eine Verurteilung nur scheinbar kontradiktorisch sein und ein frauduloses Zusammenwirken mit dem Gläubiger decken. Aber das ist die Ausnahme, und der Grundbuchrichter wird nur dann weitere Nachweise verlangen müssen, wenn aus dem Inhalt des Urteils oder sonstigen Umständen der Verdacht einer unlauteren Handlungsweise begründet ist.

c) Was die Höhe des wiedereinzutragenden Betrages angeht, so wird der Grundbuchrichter, den ihm anzugebenden Betrag unter Beachtung des § 18 des AwG und Art. 3, 18ff. DurchfV nachprüfen müssen[1]. Zur Auslegung des § 18 AwG s. KG vom 21. Oktober 1926 JW **27** S. 70. Es sind also geleistete Zahlungen in Höhe ihres Goldmarkbetrages (§§ 2, 3 AwG) auf den Aufwertungsbetrag anzurechnen. Eine Anrechnung auf den Goldmarkbetrag der Hypothek selbst ist unzulässig. (KG 19. November 1925 in Ring **1** 51.) Sollen mehrere Rechte für denselben Gläubiger wieder eingetragen werden, so werden die geleisteten Zahlungen des § 18 Abs. 1 anteilig auf jeden Aufwertungsbetrag eines jeden Rechts anzurechnen sein; es ist nicht zulässig, die Anrechnung etwa nur bei dem letzten oder einem sonst geeigneten Rechte vorzunehmen, etwa um auf diese Weise ziffernmäßig abgerundete Rechte zu erhalten. Zahlungen, die vor dem 15. Juni 1922 ohne Vorbehalt angenommen sind, sind — weil damals die Geldentwertung noch nicht sehr stark vorgeschritten war — zum Nennbetrag auf den Nennbetrag anzurechnen. Ring **1** 641 (OLG München). Bei der Eintragung der Aufwertung wird vermutet, daß nur die von dem Gläubiger angegebenen Zahlungen und zwar zu den von ihm angegebenen Zeiten, angenommen sind; § 18 AwG, Art. 3 DurchfV. Diese Vermutung wird entkräftet, wenn sich aus Urkunden, die dem Grundbuchamt vorliegen, z. B. aus löschungsfähigen Quittungen etwas Gegenteiliges ergibt. Sie gilt auch nicht für Tilgungshypotheken; s. JFG **3** 20ff.

Sehr ins einzelne gehende Bestimmungen sind getroffen für den Fall, daß sich der Gläubiger Sachleistungen anrechnen, eine Aufrechnung oder einen Vergleich entgegenhalten lassen muß u. dgl. Art. 18 bis 23 DurchfV; s. dazu Ring 1. Sonderheft **26** 47 (OLG Hamburg); KG 17. Juni 1926 (JMBl S. 260).

d) Bei der Wiedereintragung genügt es, wenn unter Angabe der Höhe des Aufwertungsbetrages die Forderung, wie sie sich „heute" darstellt, gekennzeichnet und im übrigen auf die früheren Eintragungsbewilligungen Bezug genommen wird. Die neue Eintragung muß aus sich heraus verständlich sein. Bei der Wiedereintragung sind nicht die früheren Zinsen

[1] § 18 Abs. 1 AwG betrifft nur Zahlungen in deutscher Währung. Der Dollar ist als Sachleistung i. S. des § 18 Abs. 3 DurchfV anzusehen (Oberstes LG. München vom 13. Mai 1927, KG vom 15. September 1927, Rspr S. 1132, 1319).

und Nebenleistungen (Verzugszinsen, Entschädigungen, Vertragsstrafen, Verwaltungskostenbeiträge usw.) einzutragen, sondern nur die Bezugnahme auf etwaige Bewilligungen und Satzungen, die Bestimmungen über vorzeitige Schuldfälligkeit enthalten. Des Vermerks „verzinslich und zahlbar gemäß AwG" bedarf es nicht (Art. 1 Abs. 1 Vdg vom 18. Juni 1926, RGBl I S. 273).

Die Wiedereintragung der gelöschten Hypothek (§ 20 AwG) erfolgt in den Sp. 1 bis 4 Abt. III. (Ziff. 3 Nr. III AV vom 11. Januar 1926, JMBl S. 10.) Die Wiedereintragung in Höhe des gesetzlichen Aufwertungsbetrages ist gebührenfrei. Vdg vom 31. August 1925 (GS S. 111). Zu vgl. das Beispiel XII S. 501.

Zu beachten ist, daß der Grundbuchrichter bei der Wiedereintragung gegebenenfalls von Amts wegen die Befugnis des Eigentümers gemäß § 7 Abs. 3 Satz 2 einzutragen hat; s. unten S. 492 zu d.

War früher die Unterwerfung unter die Zwangsvollstreckung eingetragen, so muß diese Klausel auch jetzt wieder in den Eintragungsvermerk aufgenommen werden. RG 29 .April 1926 (JMBl S. 209 = Rspr Nr. 1289).

e) Ist der Gläubiger der gelöschten Hypothek gestorben, so ist die Hypothek für seine Erben einzutragen[1]. Dabei müssen aber die Erben namentlich bezeichnet werden. Eine Eintragung „für die Erben" wird nur zulässig sein, wenn die Erben nachweislich unbekannt sind. Bedenklich ist es, dies auch dann zuzulassen, wenn die Beschaffung des Erbscheins Schwierigkeiten bereitet.

f) Wegen der Rangverhältnisse s. unten § 179 Ziff. 3, S. 501.

g) Die Erteilung eines Hypotheken- oder Grundschuldbriefes gilt als nachträglich ausgeschlossen, wenn der Aufwertungsbetrag der Hypothek 500 GM. nicht übersteigt. Die Ausschließung ist im Grundbuche zu vermerken. Art. 6 Abs. 1. Wenn aber der Brief in der Übergangszeit bereits über den Aufwertungsbetrag neu erteilt war, so behält es dabei sein Bewenden. Art. 26 DurchfV. Die Beteiligten können die Ausschließung der Erteilung eines Briefes nachträglich wieder aufheben. § 1116 Abs. 3 BGB; Art. 6 Abs. 2 DurchfV. Hierzu bedarf es der Einigung des Eigentümers und des Gläubigers in der Form des § 29 GBO und der Bildung eines neuen Briefes.

Der Inhalt des neuen Briefes richtet sich nach den §§ 56, 57 GBO. Er muß also den Inhalt der Aufwertungseintragung enthalten. Falls eine Schuldurkunde vorhanden ist, ist sie mit dem neuen Hypothekenbriefe zu verbinden. Ist die Schuldurkunde nicht mehr vorhanden, so ist eine neue herzustellen. Grundsätzlich wird bei gerichtlichen oder notariellen Schuldurkunden von dem Gläubiger die Beibringung einer neuen Ausfertigung

[1] Ob in diesem Falle die Umschreibungsgebühr zu erheben ist, ist streitig; s. auch oben § 175 Anm. zu Ziff. 7, S. 453.

zu verlangen sein. In Ausnahmefällen ist nach dem bei den Grundakten befindlichen Exemplar der Schuldurkunde von dem Gericht eine beglaubigte Abschrift zu fertigen und mit dem Brief zu verbinden. Zu den „vorhergehenden Rechten", die im Hypothekenbriefe zu vermerken sind, gehören auch die gelöschten, aber möglicherweise nach den §§ 14, 15 AufwG aufzuwertenden Hypotheken, wenn sie im Falle der Wiedereintragung mit dem Range vor der neuen Hypothek oder mit gleichem Range einzutragen sind. In dem Vermerk ist der Zeitpunkt der Löschung anzugeben und auf die Möglichkeit einer Wiedereintragung des gelöschten Rechts mit dem Range vor der neuen Hypothek (Grund- oder Rentenschuld) oder mit gleichem Range hinzuweisen (Art. 2 der Vdg vom 18. Juni 1926 RGBl I S. 273). Wenn nachträglich offenkundig oder durch eine Bescheinigung der AufwStelle nachgewiesen wird, daß die gelöschte Hypothek wegen Nichtanmeldung nicht aufgewertet wird, so ist auf Antrag ein berichtigender Vermerk in den Brief aufzunehmen (KG vom 27. Januar 1927 Rspr S. 406). Für die Wiederherstellung eines Hypothekenbriefes bei Wiedereintragung einer bereits gelöschten Hypothek ist keine Gebühr zu erheben. § 64 Abs. 1 PrGKG findet insoweit keine Anwendung, da es sich nicht um Erteilung eines neuen Briefes im Sinne dieser Vorschrift handelt (Ziff. 3 AV 30. September 1925, JMBl S. 363). Der Eintragung eines Grundbuchvermerks über die Erteilung des Briefes bedarf es nicht. Art. 1 Abs. 2 Vdg vom 18. Juni 1926 (RGBl I S. 273).

h) Ist die Hypothek trotz Bewirkung der Leistung noch eingetragen, so brauchen vor der Eintragung des Aufwertungsbetrages zurückgezahlte Beträge nicht gelöscht zu werden. Die Ansicht, es sei auch nicht angezeigt, bei der Eintragung der Aufwertung auf die erfolgten Rückzahlungen hinzuweisen und den Vermerk einfach „aufgewertet auf ..... Goldmark" zu fassen, ist bedenklich, da auf diese Weise die wahre Rechtslage nicht erkennbar wird. Die Praxis verfährt deshalb vielfach derart, daß sie neben dem Aufwertungsvermerk einen Hinweis auf die erfolgten Rückzahlungen einträgt.

i) Wegen Verzinsung der Hypothek, d. h. des dinglichen Rechts und der persönlichen Forderung (RG **114** 178) s. S. 452.

k) Findet die Wiedereintragung vor Ablauf der Einspruchsfrist gegen den persönlichen Schuldner statt, so ist auf formlosen Antrag des Eigentümers, falls er nicht bereits die Wiedereintragung bewilligt hat, ein Widerspruch im Grundbuch einzutragen. Dieser Widerspruch sichert den Eigentümer gegen die Gefahr, daß ein Dritter die wiedereingetragene Hypothek gutgläubig erwirbt.

Dasselbe gilt, wenn die Einspruchsfrist abgelaufen ist und der Schuldner rechtzeitig Einspruch eingelegt hat. Auch dann kann der Eigentümer einen Widerspruch eintragen lassen. Der Grundbuchrichter braucht in solchen Fällen nur zu prüfen, ob die Hypothek und die persönliche Forderung rechtzeitig angemeldet sind und die Einspruchsfrist gegen den persönlichen Schuldner noch nicht abgelaufen oder rechtzeitig Einspruch erhoben ist. Dies ist aus den Akten der Aufwertungsstelle zu ersehen. Ring 1 13 (OLG Dresden). Die Eintragung ist gebührenpflichtig.

Beispiel V.

Lobau, den 1. März 1928.
Breitestr. 7.

An das Amtsgericht in Lobau, Grundbuchamt.

Auf dem mir gehörigen, im Grundbuch von Lobau Bd. II Bl. 20 eingetragenen Grundstück lastet eine bereits gelöscht gewesene, auf Grund des § 16 des AwG aber in Abt. III unter Nr. 3 mit dem Aufwertungsbetrage von 2000 GM. wieder eingetragene Hypothek. Da nach der beiliegenden Bescheinigung der Aufwertungsstelle — nach den Akten der Aufwertungsstelle, die ich beizuziehen bitte — die Einspruchsfrist gegen den persönlichen Schuldner noch nicht verstrichen ist, beantrage ich gemäß Art. 15 der Vdg vom 29. November 1925 (RGBl I S. 392) die Eintragung eines Widerspruchs. **Kaufmann Ernst Krause.**

Darauf verfügt der Grundbuchrichter:

V.

1. **Einzutragen in das Grundbuch von Lobau Bd. II Bl. 20 Abt. III.**
   Sp. 5. 3.
   Sp. 6. 2000 GM.
   Sp. 7. Widerspruch gegen die Wiedereintragung gemäß Art. 15 der DurchfV vom 29. November 1925 für den Kaufmann Ernst Krause in Lobau eingetragen am ....
2. **Nachricht an den Gläubiger und Eigentümer, an ersteren mit der Aufforderung, den Brief einzureichen (Art. 17 Abs. 1 Nr. 2 u. Abs. 2 DurchfV)**
3. **nach 2 W.**

Lobau, 2. März 1928. **Schm.**

Der Widerspruch ist von Amts wegen zu löschen, wenn auch die Einspruchsfrist gegen den persönlichen Schuldner abgelaufen ist, ohne daß dieser Einspruch eingelegt hat, oder nachdem durch rechtskräftige Entscheidung des Prozeßgerichts festgestellt ist, daß ein wirksamer Vorbehalt der Rechte vorliegt oder eine Rückwirkung stattfindet (Art. 15 DurchfV). Die Löschung ist gebührenpflichtig.

Solange aber die Möglichkeit besteht, daß der Aufwertungsbetrag auf Antrag des Schuldners herabgesetzt wird, darf der Widerspruch nicht vor Beendigung des vor der Aufwertungsstelle schwebenden Verfahrens gelöscht werden.

Da der Widerspruch von Amts wegen zu löschen ist, so wird der Grundbuchrichter zweckmäßig die Aufwertungsstelle ersuchen, ihm die Akten nach Beendigung des Verfahrens zu übersenden.

3. Der Wiedereintragung des Gläubigers werden nicht selten die Vorschriften über den öffentlichen Glauben des Grundbuchs oder über das Erlöschen von Rechten durch den Zuschlag bei der Zwangsversteigerung entgegenstehen (§ 20 AwG), gegebenenfalls nur in der Weise, daß die wiedereinzutragende Hypothek hinter anderen, zwischenzeitlich er-

worbenen Rechten zurücktreten muß. So kann die Hypothek dann nicht wieder eingetragen werden, wenn der Eigentümer das Grundstück nach der Löschung gutgläubig erworben hat, also von der Unrichtigkeit der Löschung beim Erwerbe keine Kenntnis gehabt hat[1] (RG 7. Januar 1926 JW S. 264 = Rspr Nr. 294 und RG vom 25. Januar 1928, HRR Nr. 754). Der Erwerb einer Sicherungshypothek steht der Wiedereintragung der gelöschten, aufgewerteten Hypothek an der bisherigen Rangstelle nur solange entgegen, als die zugrundeliegende Forderung besteht (Oberstes LG München vom 21. Januar 1928, Ring S. 114). Der Schutz des öffentlichen Glaubens kommt auch denjenigen zugute, die Rechte bei einer mit dem Grundbuch in Einklang stehenden materiellen Rechtslage erwerben (RG vom 25. Februar 1928, Ring S. 240).

Die Vorschriften über den öffentlichen Glauben des Grundbuchs sind entsprechend anzuwenden, wenn in dem in § 892 Abs. 2 BGB bestimmten Zeitpunkt (d. i. die Zeit der Stellung des Antrags auf Eintragung oder, wenn die nach § 873 BGB erforderliche Einigung erst später zustande kommt, die Zeit der Einigung)[2] eine dem § 29 GBO entsprechende Löschungsbewilligung oder löschungsfähige Quittung bereits erteilt war oder gleichzeitig erteilt wurde (vgl. RG vom 28. Mai 1927, Ring **2** 498; § 20 Abs. 2 AwG). Eine zu spät erfolgte vormundschaftsgerichtliche Genehmigung hat in dieser Hinsicht keine rückwirkende Kraft (KG. vom 1. März 1928, Ring S. 241, HRR Nr. 753). § 20 Abs. 2 bezieht sich nur auf Hypotheken, die z. Zt. des Inkrafttretens des AwG. gelöscht waren (RG vom 25. Juni 1927, Ring **2** 590, ferner RG vom 10. November 1927, HRR **1928** Nr. 163, 164). Guter Glaube des Erwerbers wird auch dann vermutet, wenn er von der Löschungsbewilligung oder löschungsfähigen Quittung keine Kenntnis gehabt hat (RG vom 29. Juni 1927, Rspr S. 1318). Erforderlich ist andererseits, daß der Zeitpunkt des Erwerbes eines Rechts an dem Grundstücke[3] oder der im § 892 Abs. 2 BGB bestimmte Zeitpunkt vor dem 1. Juli 1925 liegt (§ 22 Abs. 2 das.) § 22 Abs. 2 schützt also die Wiedereintragung gelöschter, umgeschriebener und außerhalb des Grundbuchs abgetretener, der Aufwertung nach Maßgabe der §§ 14, 15, 78 AwG unterliegender Hypotheken gegen den Erwerb von Rechten nach dem 1. Juli 1925. Die Vorschrift findet keine Anwendung, wenn die Hypothek erst nach Inkrafttreten des AwGes. auf Grund einer früher erteilten Löschungsbewilligung zu Unrecht gelöscht worden ist und nach der Löschung ein gutgläubiger Erwerb

[1] Dies gilt auch dann, wenn der Erwerber in die schuldrechtlichen Verpflichtungen des Veräußerers eingetreten ist. Neben dem dinglichen Berichtigungsanspruch besteht in der Regel kein schuldrechtlicher (KGJMBl 1927, S. 166).

[2] Siehe Mügel „Die Tragweite des § 892 Abs. 2 BGB", JurRdsch 1928 S. 45.

[3] Hierzu gehören auch Rechte an Grundstücksrechten (KG vom 2. Dezember 1926, Rspr 1927, S. 103), nicht aber eine Auflassungsvormerkung (RG vom 30. April 1927 Ring S. 475, Rspr S. 1128; RG vom 10. November 1927, HRR 1928 Nr. 260; RG vom 7. März 1928. Ring S. 273 und S. 275; RG **116** 328.

stattgefunden hat (KG vom 24. März 1927, JW S. 2523, Rspr S. 739).

Die §§ 20, 22 Abs. 2 AwG haben naturgemäß zu einer großen Fülle höchstrichterlicher Entscheidungen geführt, von denen hier nur auf die wichtigsten hingewiesen werden kann. Gegen den Bucheigentümer kann Grundbuchberichtigung durch Wiedereintragung des wahren Eigentümers auch der Aufwertungsgläubiger betreiben, der damit die Berufung auf den öffentlichen Glauben des Grundbuchs gegenüber seinem Anspruch auf Wiedereintragung einer gelöschten Hypothek entkräften will (RG vom 9. Juli 1927, Rspr S. 1289).

Die Erklärung in einer Löschungsbewilligung, daß die Rückzahlung in „Papiermark" erfolgt sei, stellt zwar einen auf das dingliche Recht zu beziehenden Vorbehalt dar (RG **110** 87); ist aber auf Grund einer solchen Löschungsbewilligung die Hypothek gelöscht worden, so wird die Berufung auf den öffentlichen Glauben des Grundbuchs nicht schon dadurch ausgeschlossen, daß der Erwerber z. Zt. seines Erwerbes die Löschungserklärung gekannt hat. Er muß vielmehr auch gewußt haben, daß das Wort „Papiermark" die Bedeutung eines rechtserhaltenden Vorbehalts habe (RG **116** 105; KGJMBl **26** S. 90 = Ring **1** Nr. 22). Zweifel an der Richtigkeit des Grundbuchs schließen den guten Glauben nicht aus, es sei denn, daß der Tatbestand des § 826 BGB vorliegt (RG **117** 180).

Ob der Wiedereintragung der Hypothek die Vorschriften über dem öffentlichen Glauben des Grundbuchs entgegenstehen, hat der Grundbuchrichter von Amts wegen zu prüfen (RG **116** 340; KG vom 8. Juli 1926, Ring S. 462). Die Berufung des Grundstückserwerbers auf den öffentlichen Glauben wird nicht dadurch ausgeschlossen, daß er gegen die Anmeldung der Hypothek nicht oder nicht rechtzeitig Einspruch eingelegt hat (RG **116** 340, JW S. 1825, Ring **2** 363 vom 30. April 1927; KG vom 18. November 1926 und vom 28. April 1927, JW 1927 S. 65 und S. 1882 oder daß der Erwerber im Kaufvertrage die Aufwertungsgefahr ausdrücklich übernommen hat (RG vom 25. Januar 1928, Ring **3** S. 138). Der Schutz des öffentlichen Glaubens ist nicht auf Fälle auszudehnen, wo nur wirtschaftlich die Verfügungsmacht über ein Grundstück, nicht aber rechtlich dessen Eigentum wechselt. Z. B. ist Übergang sämtlicher Aktien einer Aktiengesellschaft im Sinne des § 892 BGB ohne rechtlichen Belang (RG 10. November 1927, HRR **1928** Nr. 162). Ferner sind die Vorschriften über den öffentlichen Glauben des Grundbuchs nicht anwendbar, wenn das einer Miterbengemeinschaft zustehende Eigentum an einem Grundstück auf eine von allen Miterben ohne Hinzutritt anderer Personen gegründete Kommanditgesellschaft übertragen wird (RG **117** 257). Entsprechendes gilt für sonstige Gesamthandsgemeinschaften (KGJMBl 1927 S. 43), ferner dann, wenn das Eigentum von einer offenen Handelsgesellschaft auf eine Aktiengesellschaft übergegangen ist, deren Aktionäre mit den

Inhabern der offenen Handelsgesellschaft identisch sind (KGJMBl 1927 S. 167). Ganz allgemein ist § 20 AwG nach den Beschlüssen des KG vom 20. Januar 1927 und 17. Februar 1927 (JW S. 805, 1430, 1494) nicht anwendbar in Fällen, wo sich auf der Veräußerer- und Erwerberseite dieselben natürlichen Personen, wenngleich in verschiedener rechtlicher Eigenschaft oder Gebundenheit gegenüberstehen, mögen sie jeweils auch nur das nach außen nicht hervortretende Willensorgan einer juristischen Person sein.

Der Miteigentümer eines Grundstücks, der nach Löschung einer später aufgewerteten Hypothek einen weiteren Eigentumsanteil durch Rechtsgeschäft erworben hat, kann sich in Ansehung dieses Bruchteils auf den öffentlichen Glauben des Grundbuchs berufen (KG vom 21. April 1927, Rspr S. 805), jedoch dann nicht, wenn die gelöschte Hypothek auf dem ganzen Grundstück eingetragen war (KG vom 14. April 1927 JW S. 2521; Oberstes LG München vom 5. Oktober 1927, Ring **2** S. 752 und HRR **28** Nr. 424).

Ist eine Hypothek (Grund-, Rentenschuld, Reallast) von dem Erwerber des Grundstücks oder für seine Rechnung abgelöst werden, so kann er sich gegenüber dem Antrage auf Wiedereintragung des Rechts nicht darauf berufen, daß in dem in § 892 BGB bestimmten Zeitpunkt das Recht im Grundbuch gelöscht war oder daß in diesem Zeitpunkt eine dem § 29 GBO entsprechende Löschungsbewilligung oder löschungsfähige Quittung bereits erteilt war oder erteilt wurde (§ 14 AwErgGes)[1]. Dies gilt auch dann, wenn der Erwerber für Rechnung des Veräußerers abgelöst hat (KG vom 24. November 1927, Ring **3** S. 39), ferner dann, wenn die Hypothek usw. vor dem Eigentumsübergang von dem Veräußerer abgelöst worden ist und wenn sich aus der Sachlage ergibt, daß nach dem Willen der Beteiligten der Kaufpreis dazu bestimmt sein sollte, dem Veräußerer das Kapital für die Ablösung der Hypothek zu liefern, die der Erwerber nicht übernehmen will, und die Hypothek als mit diesen Mitteln abgelöst erscheint (OLG Dresden vom 3. Oktober 1927, Ring **2** 800). Eine Ablösung für Rechnung des Erwerbers liegt dann nicht mehr vor, wenn die Tilgung und Löschung der Hypothek anderthalb Jahre vor dem Erwerb des Grundstücks liegt und für einen Zusammenhang zwischen ihrer Ablösung und dem Erwerb des Grundstücks kein Anhalt besteht (RG vom 25. Januar 1928, Ring S. 138).

Auch der Erwerb im Wege der sog. „verfrühten (antizipierten) Erbfolge" ist ein rechtsgeschäftlicher i. S. des § 20 AwG (KG vom 25. März 1927, Rspr S. 983).

Die Eigentümergrundschuld ist nicht als ein durch den öffentlichen Glauben des Grundbuchs geschütztes Recht anzusehen. Dagegen kann

---

[1] RG **116** 161 hatte früher anders entschieden. § 14 AwErgGes hat rückwirkende Kraft! (KG vom 13. Oktober 1927, JurRdsch **27** Rspr S. 1436). Vgl. auch Püschel, Zur Auslegung des § 14 der AufwNovelle. JurRdsch **1928** S. 35. Die Voraussetzungen des § 14 AwErgGes müssen dem Grundbuchamt einwandfrei in der Form des § 29 GBO nachgewiesen werden (OLG Dresden vom 31. Jan. 1928, Ring S. 219).

ein an der Grundschuld nach Löschung, aber vor Wiedereintragung der AufwHypothek bestelltes Pfandrecht sich auf den öffentlichen Glauben berufen, geht also der AufwHypothek im Range vor (KG 11. November 1926 und vom 16. Dezember 1926, Rspr 1927 S. 160 und 227, vom 12. September 1927, JW 1928 S. 189; Oberstes LG München vom 18. Dezember 1926, Rspr 1927 S. 358). Der Eintragung ins Grundbuch nicht bedürfende Rentenbankrenten behalten, auch wenn sie im Grundbuch eingetragen waren, alsdann aber gelöscht und aufgewertet sind, den Vorrang vor anderen Rechten, die nach Löschung der Renten gutgläubig erworben sind (KG vom 2. Dezember 1926, Rspr 1927 S. 356).

Ist die Löschung einer nach §§ 14, 15 AwG aufzuwertenden Hypothek bis zur Eintragung des Erwerbers eines Rechts i. S. des § 892 Abs. 1 Satz 1 erfolgt, so steht der Wiedereintragung der öffentliche Glaube entgegen, und zwar auch dann, wenn die Löschungsbewilligung oder löschungsfähige Quittung erst nach dem im § 892 Abs. 2 BGB bestimmten Zeitpunkt erteilt ist. Es genügt, daß der gute Glaube bis zur Zeit der Vollendung des Rechtserwerbs vorhanden ist (RG vom 9. Juli 1927, Ring S. 544; **116** 345, 351 ff.). Ist aber die Löschung erst nach der Eintragung des Rechtserwerbers erfolgt, so findet § 20 Abs. 2 AwG nur Anwendung, wenn die Löschungsbewilligung oder löschungsfähige Quittung in dem durch § 892 Abs. 2 BGB bestimmten Zeitpunkt erteilt war (KG vom 5. Mai 1927, Ring **2** S. 441; desgl. vom 23. Juni 1927, JW S. 2928).

§ 20 Abs. 2 AwG bestimmt nicht schlechthin, daß die Löschungsbewilligung der wirklichen Löschung rechtlich gleichstehe. Ist die Hypothek bis zum Inkrafttreten des AwG, spätestens also am 14. Juli 1925, nicht gelöscht worden, so kann der Erwerber des Grundstücks der Aufwertung der Hypothek nicht widersprechen (RG **117** 107 und die S. 111 das. angeführte Rechtsprechung und Literatur; s. auch RG vom 25. Juni 1927, Ring **2** 527, vom 1. Februar 1928, Ring S. 243, und Oberstes LG München vom 3. Juni 1927, Ring **2** 612). Für den gutgläubigen Erwerb ist es ausreichend, wenn die unrichtige Eintragung, aus der der Erwerber sein Recht herleitet, erst nachträglich, jedoch spätestens bis zu seiner Eintragung erfolgt und ihm zu dieser Zeit die wahre Rechtslage unbekannt ist, z. B. in dem Fall, daß bei Einreichung des Eintragungsantrags die Löschung einer der rückwirkenden Aufwertung unterliegenden Hypothek weder erfolgt noch i. S. des § 20 Abs. 2 AwG bewilligt, die Löschung aber nachträglich und noch vor der Eintragung des Erwerbers erfolgt ist. Über diese streitige Frage s. Boehmer D. Jur. Ztg. 1927 S. 1518 und RG das. S. 1342, 1343.

V. Ist trotz Bewirkung der Leistung die Hypothek noch nicht gelöscht, so kann der Eigentümer auf seinen formlosen Antrag im Grundbuch in Sp. 5 bis 7 der dritten Abteilung (Nr. III Ziff. 3 AV vom 11. Jan. 1926, JMBl S. 10) gemäß § 16 Abs. 3 einen Widerspruch eintragen lassen auf Grund der Behauptung, daß entweder ein wirksamer Vorbehalt nicht vorliege oder der Gläubiger sich seiner Rechte auf Aufwertung ausdrücklich begeben habe oder die Aufwertung kraft Rückwirkung eine unbillige Härte i. S. des § 15 sein würde. Eine Nachprüfung der Richtigkeit dieser Behauptung, deren Feststellung dem Prozeßgerichte bzw. der Aufwertungsstelle obliegt, steht dem Grundbuchrichter nicht zu. Es braucht der Eigentümer nicht nachzuweisen, daß eine Aufwertung nur auf Grund des Vorbehalts oder kraft Rückwirkung erfolgen könne, daß also die Leistung bereits bewirkt ist. Die Eintragung des Widerspruchs ist zulässig, bevor die Aufwertung selbst eingetragen ist (KG 19. Dezember 1925, JW **26** S. 178). Die Vorlegung des Briefes ist für die Eintragung des Widerspruchs nicht erforderlich. Das Grundbuchamt hat aber den Besitzer des Briefes zur Vorlegung anzuhalten, um nachträglich die Eintragung auf dem Briefe zu vermerken (Art. 17 Abs. 1 Ziff. 2 DurchfV.).

Beispiel VI.

Lobau, den 4. Januar 1928.

An das Amtsgericht in Lobau (Grundbuchamt).

Im Grundbuch von Lobau Bd. II Bl. 20 ist in Abt. III eine Hypothek von 50000 M. unter Ausschluß des Briefes eingetragen. Obgleich diese am 1. April 1922 gemäß beiliegender vorbehaltlos erteilter Quittung zurückbezahlt worden ist, wurde sie nicht gelöscht. Der Gläubiger hat bei der Aufwertungsstelle einen Anspruch auf Aufwertung angemeldet. Gemäß § 16 Abs. 3 AwG beantrage ich als Eigentümer des bez. Grundstücks die Eintragung eines Widerspruchs.

Kaufmann Ernst Schulze,
Lobau, Breitestr. 7.

Hierauf verfügt der Grundbuchrichter:

V.

1. Einzutragen im Grundbuch von Lobau Bd. II Bl. 20 Abt. III.
Sp. 5. 2.
Sp. 6. 50000 M.
Sp. 7. Widerspruch gegen die Aufwertung der Hypothek auf Grund des § 16 Abs. 3 des AwG für den Kaufmann Ernst Schulze in Lobau, eingetragen am ... Januar 1928.
2. Nachricht dem Eigentümer und Gläubiger.
Lobau, 6. Januar 1928. Schm.

Das weitere Schicksal des Widerspruchs hängt davon ab, ob und in welcher Höhe eine Aufwertung durch rechtskräftige Entscheidung des Prozeßgerichts oder der Aufwertungsstelle zuerkannt wird.

VI. Auch gegenüber gelöschten, der Aufwertung unterliegenden Hypotheken kann auf das aufgewertete Recht verzichtet und der Verzicht und eine Vorrangseinräumung vor diesem Recht in das Grundbuch eingetragen werden, auch wenn der Aufwertungsbetrag noch nicht eingetragen ist. Art. 7 Satz 1 DurchfV; KG 19. Dezember 1925, JW **26** 178. Es ist aber der Verzicht auf das eingetragene Recht selbst, nicht „auf die Aufwertung" einzutragen. Zur Eintragung des Verzichtes bedarf es nicht des Nachweises, daß das Recht aufgewertet ist. Der Verzicht auf Wiedereintragung eines Rechts aus Art. 7, 8 DurchfV wird in Sp. 1 bis 4 und wenn bereits ein Widerspruch eingetragen ist, unter Rötung dieser Eintragung in der rechten Halbspalte 4 eingetragen. Ein in der Zeit vom 15. Juni 1922 bis 14. Februar 1924 ausgestellte Hypothekenlöschungsbewilligung enthält nicht schon um deswillen einen Aufwertungsverzicht, weil nicht gesagt ist, daß vorbehaltlos quittiert und die Löschung bewilligt worden ist (JFG 3 386).

Auch die Zurücknahme der gemäß § 16 AwG erfolgten Anmeldung kann als Verzicht auf das aufgewertete Recht (§ 1168 BGB) angesehen werden[1]. Der Verzicht bedarf der im § 29 GBO vorgesehenen Form. Er hat die Entstehung einer Eigentümergrundschuld zur Folge, führt also keineswegs zur Bereinigung des Grundbuchs. Soll diese Folge eintreten, so muß der Eigentümer die für ihn entstandene Grundschuld in Gemäßheit der §§ 875, 1183 BGB aufgeben und ferner auf die ihm zustehende Rangbefugnis hinter diesem Recht verzichten (s. S. 499). Die Löschung des Rechts ist auch dann zulässig, wenn weder der Erwerb durch den Eigentümer noch der Aufwertungsbetrag eingetragen ist. Zur Löschung bedarf es nicht des Nachweises, daß das Recht aufgewertet ist (§ 2 der Vdg vom 12. September 1927). Hiernach sind also folgende Erklärungen in der Form des § 29 GBO erforderlich:

a) Die Erklärung des Gläubigers: „Ich verzichte auf die aufgewertete Hypothek und bewillige und beantrage die Eintragung des Verzichts im Grundbuche."

b) Die Erklärung des Grundstückseigentümers: „Ich gebe die Grundschuld, die ich infolge des Verzichts des Gläubigers erworben habe, auf, stimme der Löschung der Grundschuld zu und beantrage die Löschung als endgültig im Grundbuch einzutragen.

Außerdem verzichte ich auf meine Rangbefugnis hinter der Grundschuld und beantrage, auch diesen Verzicht im Grundbuche einzutragen."

Die Eintragung würde, wie folgt, lauten können: „Gemäß Verzicht auf die aufgewertete Hypothek und Aufgabe der hierdurch entstandenen Grundschuld ist das Recht endgültig gelöscht." Wegen der Eintragung des Verzichts auf die Rangbefugnis s. S. 500.

§ 2 der Vdg vom 12. September 1927 regelt nur die Fälle des Gläubigerverzichts. Die Bestimmung dürfte indes auch dann anzuwenden sein, wenn der Gläubiger einer kraft Rückwirkung oder auf Grund eines Vorbehalts aufgewerteten Hypothek vor der Wiedereintragung befriedigt wird und hierdurch gleichfalls eine Eigentümergrundschuld entsteht.

VII. Nicht zulässig ist es in einem Falle, in dem die gelöschte Hypothek aufgewertet und der Aufwertungsbetrag mit Zinsen gezahlt ist, diese Tat-

[1] Die durch die rechtzeitige Anmeldung eingetretene materielle Rechtswirkung wird durch die Zurücknahme der Anmeldung nicht beseitigt (KG vom 16. Juni 1927, Rspr S. 1062; vom 20. Oktober 1927 JW S. 2926 und HRR 1928 Nr. 159 sowie RG vom 29. Februar 1928, Ring S. 196).

sachen in das Grundbuch einzutragen. Denn diese Tatsachen lassen nicht erkennen, ob und in welchem Umfange und für wen das Hypothekenrecht noch besteht; eine nur diese Tatsachen enthaltende Eintragung würde nur verwirrend wirken. KG 21. Januar 1926 Rspr Nr. 392 = Ring 3 399 (s. auch S. 467 Anm. 1).

§ 178. Aufwertung bei Abtretung des Rechts.

1. Eine Teilung der Aufwertung ist in § 17 AwG für den Fall der Abtretung des Rechts vorgesehen. Bei der Abtretung von Briefhypotheken (-Grundschulden, -Rentenschulden), die nicht eingetragen ist, muß sich der neue Gläubiger aus einer ununterbrochenen Reihe öffentlich beglaubigter Abtretungserklärungen (§ 1155 BGB) ergeben; anderenfalls gilt der frühere Gläubiger noch als Rechtsinhaber. Pfändung und Überweisung an Zahlungsstatt ist der Abtretung gleichzustellen (KG vom 1. Dezember 1927, Ring 3 S. 29 = HRR 28 Nr. 259). Ferner ist der Fall einer cessio legis wie die freiwillige Abtretung zu behandeln. (str.)

2. Hat der Gläubiger die Hypothek usw. abgetreten und die Gegenleistung entweder nach dem 14. Juni 1922 oder unter Vorbehalt der Rechte angenommen, so kommt, von gewissen Ausnahmen abgesehen, eine Aufwertung sowohl für den früheren Gläubiger als auch für den Erwerber in Frage. Die Hypothek gilt in Ansehung des früheren Gläubigers als gelöscht, so daß für diesen die oben im § 177 besprochene Wiedereintragung stattfinden kann, falls er gemäß § 16 seinen Anspruch auf Aufwertung bis zum 1. Januar 1926 bei der Aufwertungsstelle angemeldet hat. Darüber, ob seiner Eintragung der gutgläubige Rechtserwerb Dritter entgegensteht (z. B. beim Wechsel im Eigentum des Grundstücks), s. unten § 179 Nr. 3c S. 503.

Beispiel VII.

Für A ist am 4. Juni 1917 eine Briefhypothek von 30000 M. eingetragen worden, die er am 8. April 1922 durch öffentlich beglaubigte Abtretungserklärung und Übergabe des Hypothekenbriefes an B abgetreten hat. Zunächst hat B einen Anspruch auf Aufwertung; maßgebend für die Berechnung des Aufwertungsbetrages ist im Zweifel das Datum der Abtretungsurkunde. A kann seinerseits Aufwertung nur verlangen, wenn er die Gegenleistung entweder nach dem 14. Juni 1922[1] oder vorher unter Vorbehalt[2] angenommen hat.

---

[1] Hier ist also nicht die Zeit der Abtretung, sondern der Zeitpunkt der Annahme der Gegenleistung entscheidend.

[2] Ob der Vorbehalt gegenüber dem Zessionar genügt, muß bezweifelt werden. Der Fall des Vorbehalts ist wohl nur bei der sog. unechten Zession denkbar, wenn also der Eigentümer die Hypothek in der Weise zurückbezahlt hat, daß er die Schuldsumme dem Gläubiger durch den neuen Geldgeber gegen Abtretung der Hypothek an diesen hat zahlen lassen. Da es sich hierbei um eine verschleierte Rückzahlung des Eigentümers handelt, muß u. E. der Vorbehalt gemäß § 14 gegenüber dem Schuldner erfolgt sein.

In den Fällen, in denen sich nach § 2 Abs. 1 oder § 3 Abs. 1 Ziff. 2 bis 11 die Höhe der Aufw zugunsten des Erwerbers nach der Zeit des Erwerbs durch den früheren Gläubiger richtet, kommt für den Zedenten eine Aufwertung nicht in Frage. § 17 AwG; KG vom 4. Februar 1926. Rspr Nr. 503[1]. Hat also der Hypothekengläubiger die Hypothek zum Zwecke der Sicherung abgegeben, so ist, solange nicht eine Rückzession erfolgt ist, nur der Zessionar zur Geltendmachung des Aufw-Anspruchs befugt. KG 19. April 1926 (JMBl S. 234).

Wird nach Abtretung und Umschreibung einer Hypothek ein Aufwertungsbetrag für den Zedenten eingetragen, so kann dieser nicht verlangen, daß die bei der aufgewerteten Hypothek eingetragene Unterwerfung des jeweiligen Eigentümers unter die sofortige Zwangsvollstreckung bei dem Aufwertungsbetrag erneut eingetragen wird. Ring 4. Sonderheft S. 34 (Oberst. LG München).

3. Wie hoch die Aufwertung für den ursprünglichen Berechtigten und für den Zessionar stattfindet, unterliegt zunächst der Beurteilung der Aufwertungsstelle (s. RG **117** 306; KGJMBl 1927 S. 196, 277). Die Höhe des dem Zessionar gesetzlich zustehenden Aufwertungsbetrages ist nach der Höhe des für die Abtretung gezahlten Erwerbspreises zu bemessen (§ 2 Abs. 1 Satz 2 AwG. KG 14. Januar 1926 in JW S. 292 = Rspr Nr. 293). Die Bewilligung des Eigentümers wird daher erkennen lassen müssen, welcher Erwerbspreis für die Abtretung gezahlt ist; vgl. Art. 2, 3 DurchfV. Für die Berechnung des Goldmarkbetrags einer abgetretenen Buchhypothek ist der Zeitpunkt, in dem die Abtretung im Grundbuch eingetragen wurde, auch dann maßgebend, wenn zwischen der Abtretungserklärung und der Eintragung ein längerer Zeitraum liegt. Ring **1** 470 und 472 (OLG Hamburg u. OLG München). Der bisherige Gläubiger kann mit dem neuen Gläubiger mit Wirkung gegenüber dem Schuldner keine abweichende Regelung vereinbaren (RG **117** 431). Bei der Briefhypothek kommt für die Berechnung des Goldmarkbetrages ein anderer Tag als der Tag der Eintragung der Abtretung im Grundbuch nur in Betracht, wenn die dingliche Einigung über den Übergang der Hypothek nach der Eintragung der Abtretung erfolgt ist. OLG Dresden 22. Dezember 1925. Ring **1** 86. Der Aufwertungsbetrag einer noch für den Zedenten eingetragenen Hypothek wird vom 1. Januar 1925 ab verzinst. Dies gilt auch in dem Falle, daß der Tatbestand des § 1155 BGB gegeben ist. KG vom 10. November 1927, Ring **2** 814 = HRR **28** Nr. 258.

---

[1] Eine Abtretungsurkunde, in der der Zedent die in der Zeit vom 15. Juni 1922 bis zum 14. Februar 1924 fallende Annahme der Gegenleistung bekennt, oder die nach dem Ausstellungsdatum darauf hinweist, daß die Annahme innerhalb dieses Zeitraums erfolgt ist, bildet keine Grundlage für die Eintragung der Abtretung ins Grundbuch. Die Hypothek ist ausschließlich für den Zedenten aufgewertet (OLG Dresden vom 10. Oktober 1927, Ring SV S. 10).

Der Zedent hat, wie bemerkt, einen Aufwertungsanspruch nur, wenn er die Hypothek unter Vorbehalt der Rechte abgetreten oder die Gegenleistung erst nach dem 14. Juni 1922 angenommen hatte. Hat er z. B. eine vor dem 1. Januar 1918 erworbene Hypothek von 100000 M. in der Zeit vom 1. bis 10. Januar 1923 gegen Zahlung von 100000 Papiermark abgetreten, so hat er damals eine Summe erhalten, die einem Werte von 49,40 RM. entsprach. Der Zessionar kann daher in Höhe von 25 vH. von 49,40 GM., d. h. 12,35 GM. Aufwertung beanspruchen. Der Zedent legt seiner Aufwertung zunächst 25 vH. von 100000 = 25000 GM. abzüglich der 49,40 GM. also 24950,60 GM. zugrunde; nach § 18 Abs. 2 erhält er aber den Aufwertungsbetrag nur in der Höhe, wie er den Aufwertungsbetrag für den Zessionar übersteigt, d. h. 24950,60 GM. — 12,35 GM. = 24937,25 GM.; vgl. hierzu KG in Ring **1** 707 = JMBl **26** 393 und KG in Ring **2** 321.

§ 18 Abs. 2 bestimmt nicht, was der Schuldner dem Zedenten anrechnen kann. Insoweit ist auf § 18 Abs. 1 zurückzugehen. Diese Vorschrift gilt auch für den Fall, daß der Schuldner auf Grund eines Vergleichs an den Zessionar geleistet hat, der Vergleich aber nach § 67 Abs. 2 dem Aufwertungsverlangen des Zedenten nicht entgegensteht (KG vom 24. Juni 1927 JW S. 1252 = Ring **2** 525). Die Entsch des KG vom 2. März 1927 (JW S. 1246 = Ring **2** 321) steht nicht entgegen, da sie einen Fall behandelt, wo keine Zahlung des Schuldners vorliegt, sondern ein Abtretungsentgelt in Frage kommt. Das Abtretungsentgelt ist keine Zahlung i. S. des § 18 Abs. 1 AwG, ist also nicht auf den vom Zedenten begehrten Betrag anzurechnen. Liegt keine echte Abtretung vor, hat vielmehr der Gläubiger unter Vorbehalt oder in der Rückwirkungszeit Zahlung angenommen, der Grundstückseigentümer sodann die hierdurch erworbene Eigentumsgrundschuld unter Umwandlung in eine Hypothek an einen anderen abgetreten, so muß sich der Gläubiger den Goldwert der Zahlung nach § 18 Abs. 1 anrechnen lassen, und zwar nur diesen, wenn er mehr beträgt als die Summe der Aufwertungsbeträge der ihm zeitlich nachfolgenden Gläubiger, andernfalls nur die letztere (KG vom 12. Mai 1927, Rspr S. 803). Gegen die unterschiedliche Behandlung der echten und unechten Zession wendet sich KG vom 16. Juni 1927, Rspr S. 1127 = Ring **2** 557.

Ist eine Hypothek nach dem 13. Februar 1924[1], d. h. nach Inkrafttreten der 3. SteuernotVdg abgetreten, so hat der Zessionar eine bereits aufgewertete Hypothek erworben; er erhält dann als Aufwertung den Betrag, den der Zedent erhalten haben würde, wenn die Abtretung nicht erfolgt wäre, also in vorstehendem Beispiel 25000 GM., während der Zedent nichts erhält, weil er ja schon bei der Abtretung ein der Aufwertung entsprechendes Entgelt von dem Zessionar erhalten haben wird; vgl. § 2 Abs. 1 Schlußsatz (KG vom 12. November 1925 in JW **26** 184 = Ring **1** 21).

[1] Bei einer Buchhypothek ist maßgebend die Umschreibung im Grundbuch (KG vom 15. März 1928, Ring S. 261.

4. Das Grundbuchamt hat auf Antrag des früheren Gläubigers einen Widerspruch zur Sicherung des Anspruchs auf Wiedereintragung des Antragstellers in das Grundbuch einzutragen. Ring 1 95 (KG vom 3. Dezember 1925). Man muß annehmen, daß das dingliche Recht des früheren Gläubigers kraft Gesetzes wieder aufgelebt ist, und zwar als Teil einer Hypothek, deren andere Teile dem Erwerber zustehen. Der Antrag auf Eintragung des Widerspruchs kann formlos unter Bezugnahme auf die rechtzeitige Anmeldung bei der Aufwertungsstelle gestellt werden. Er bedarf keiner materiellen Nachweise; vielmehr genügen als Grundlage für diese vorläufigen Sicherungsmaßnahmen die schlüssigen Behauptungen des früheren Gläubigers. Der Widerspruch kann auch bei noch eingetragenen Hypotheken eingetragen werden, wenn das Recht der früheren Gläubiger als gelöscht anzusehen ist.

Zur Eintragung bedarf es der Vorlegung des Hypothekenbriefes nicht. Ist aber der Widerspruch eingetragen, so kann das Grundbuchamt von dem neuen Hypothekengläubiger die Vorlegung des Hypothekenbriefes verlangen zwecks Vermerks des Widerspruchs. Die Vorlegung kann durch Ordnungsstrafen erzwungen werden. (KG vom 17. Dezember 1925 in JW **26** 183 = Rspr **26** Nr. 292 = JMBl **26** 90.) Oft wird allerdings der Brief nicht mehr vorhanden sein, so z. B. wenn die Hypothek im Grundbuch gelöscht ist.

Beispiel VIII.

Lobau, den 15. Januar 1928.

An das Amtsgericht (Grundbuchamt) in Lobau.

Auf dem im Grundbuch von Lobau Bd. II Bl. 20 eingetragenen Grundstück ist für mich, den Rentner Peter Krause, am 1. April 1917 eine Hypothek von 30000 M. in Abt. III Nr. 1 eingetragen worden. Ich habe diese Hypothek am 8. April 1920 an den pp. abgetreten und am gleichen Tage den Betrag von 30000 M. = 2100 GM. unter Vorbehalt meiner Rechte empfangen. Gemäß §§ 16, 17 des Aufwertungsgesetzes habe ich meinen Anspruch auf Aufwertung bei der Aufwertungsstelle am 10. Dezember 1925 angemeldet (Beweis: anl. Bescheinigung — Akten der Aufwertungsstelle).

Zur Sicherung der Wiedereintragung der mir zustehenden Teilhypothek beantrage ich Eintragung eines Widerspruchs.

Rentner Peter Krause,
Lobau, Gartenweg 3.

Die Eintragung findet, wenn die Hypothek bereits gelöscht ist, in den Sp. 1 bis 4 statt (AV vom 11. Januar 1926, JMBl S. 10). Der Grundbuchrichter verfügt also:

V.

1. Einzutragen in das Grundbuch von Lobau Bd. II Bl. 20 Abt. III.
Sp. 1. 4.
Sp. 2. 1.
Sp. 3. 30000 M.
Sp. 4 linke Hälfte. Widerspruch gegen die Löschung bzw. die Abtretung der Post Nr. 1 zur Sicherung des Anspruchs auf Wiederein-

tragung gemäß §§ 17, 16 Abs. 2 AwG für den Rentner Peter Krause eingetragen am ...

2. Nachricht dem Eigentümer und Antragsteller.

Lobau, 15. Januar 1928. Schm.

Wegen der Angabe des Papiermarkbetrages bei der Eintragung des Widerspruchs s. KG vom 11. Februar 1926, JMBl 76 und oben S. 467.

Ist die Hypothek noch nicht gelöscht, so findet die Eintragung des Widerspruchs in den Sp. 5 bis 7 statt. (Nr. III Ziff. 3 der AV vom 11. Januar 1926, JMBl S. 10).

5. Der Hypothekenaufwertungsbetrag des früheren Gläubigers geht nicht nur dem Aufwertungsbetrage des gegenwärtigen Gläubigers und den diesen im Range gleichstehenden oder nachgehenden Rechten im Range nach (§ 21 Abs. 2 AwG), sondern auch an die Zessionarhypothek und die erwähnten Rechte sich etwa anschließenden Rangvorbehalteu. Zu den im Range gleichstehenden oder nachgehenden Rechten im Sinne des § 21 Abs. 2 gehören auch diejenigen Hypotheken, die bei Inkrafttreten des AwG bereits gelöscht waren, aber kraft Rückwirkung oder auf Grund Vorbehalts aufgewertet und wieder eingetragen sind. Ring **1** 703 (KG).

6. Ist die Hypothek gelöscht, so ist sie für jeden Gläubiger in Höhe seines Aufwertungsbetrages besonders wieder einzutragen. Da es sich aber nach wie vor um Teilhypotheken handelt, so sind Teilhypothekenbriefe zu bilden, und zwar erhält der Zessionar den Stammbrief. Ist die Hypothek zurückgezahlt, aber nicht gelöscht, so ist die Aufwertung — auch wenn sie gemäß § 17 AwG für mehrere Gläubiger erfolgt — in Spalte Veränderungen einzutragen.

Stellt der frühere Gläubiger den Antrag auf Eintragung der Aufwertung, so ist die Vorlegung des Hypothekenbriefes nicht erforderlich. Art. 17 Abs. 1 Ziff. 1 DurchfV. Es ist ihm aber ein Hypotheken- oder Grundschuldbrief zu erteilen, wenn der ihm zustehende Aufwertungsbetrag 500 GM. übersteigt. Dies gilt nicht, wenn die Erteilung des Briefes ausgeschlossen war; s. näheres § 3 Vdg vom 12. September 1927 (RGBl I 299). Über Verwendung eines Hypothekenbriefs für die Aufwertungshypothek des Zedenten, falls die für den Zessionar in Frage kommende Aufwertung 500 GM. nicht übersteigt, s. KG vom 2. Dezember 1926, Rspr **1927** S. 159.

Bei der Wiedereintragung des früheren Gläubigers ist die vordem zu seinen Gunsten eingetragen gewesene Unterwerfungsklausel in den Eintragungsvermerk aufzunehmen (KG vom 14. April 1927, JW S 1649; a. A. Oberstes LG München vom 19. Februar 1927 JW S. 1650 = Rspr S. 1174).

7. Der Aufwertungsanspruch des Zedenten ist unabhängig von dem des Zessionars. Ring **1** 138. Es kann sein, daß der Zessionar sich seiner Aufwertungsrechte durch vorbehaltlose Annahme der Leistung, durch Ver-

zicht[1] usw. begeben hat. Solche Verfügungen braucht der Zedent nicht gegen sich gelten zu lassen. Sein Anspruch ist in Höhe des für ihn herauskommenden Aufwertungsbetrages ein selbständiges Teilrecht der ursprünglichen Hypothek (JFG **3** 353).

Andererseits kann der Zessionar die Aufwertung seines Rechts auf Grund des § 6 AwG eintragen lassen, gleichviel wie sich der Zedent hinsichtlich der ihm gebührenden Aufwertung verhält, ob er sie gemäß § 16 anmelden und rechtskräftig feststellen lassen will oder auf sie verzichtet. Der etwaige Aufwertunganspruch des Zedenten schließt Vereinbarungen zwischen Zessionar und Eigentümer mit Wirkung für und gegen den Zessionar nicht aus.

Die Aufwertung für den Zessionar kann eingetragen werden, ohne daß zunächst gemäß § 40 GBO der Teilbetrag des Zedenten im Grundbuch auf den Namen des Berechtigten eingetragen wird; auch ist die Eintragung der Aufwertung nicht von einem Verzicht des Zedenten auf seine Ansprüche abhängig (JFG **3** 351).

8. Zur Löschung einer unter § 17 AwG fallenden Hypothek ist neben der Löschungsbewilligung des Zessionars auch die Löschungsbewilligung des Zedenten erforderlich. Seine Zustimmung ist nur dann nicht erforderlich wenn er einen AwAnspruch nicht hat (RG vom 21. Dezember 1927, HRR **28** Nr. 738 und vom 11. Februar 1928, Ring S. 200).

9. Fraglich ist, ob die unter Umwandlung in eine Hypothek abgetretene Eigentümer-Grundschuld für den Eigentümer aufgewertet werden kann. Man wird dies verneinen müssen. § 17 hat zwei Fälle der Abtretung im Auge: die bereits S. 482 Anm. 2 erwähnte unechte und die echte Zession. Bei der echten Zession, die hier in Frage kommt, will § 17 verhindern, daß der Schuldner der Hypothek, der Eigentümer des Grundstücks, durch die Abtretung in einer Zeit des verschlechterten Geldes einen ungerechtfertigten Vorteil hat; darum ist auch die Aufwertung für den Zedenten gegeben. Ist der Eigentümer selbst der Zedent, so fällt die ratio legis fort. Der Eigentümer hat daher u. E. kein Recht auf Aufwertung und Wiedereintragung der betreffenden Grundschuld.

10. Wegen des Rangvorbehalts des Eigentümers gemäß § 7 im Falle der Aufwertung einer abgetretenen Hypothek s. unten §179 Nr. 2 unter a) S. 491.

11. Die unter einem Vorbehalt hinsichtlich des Abtretungsgegenstandes, nicht nur hinsichtlich des Abtretungsentgelts erklärte Abtretung einer Hypothek ist auch nach Inkrafttreten des AwG unwirksam. Ring 2 Sonderheft **27** S. 8.

---

[1] Bezüglich eines Vergleichs siehe jedoch S. 504. Der Grundstückseigentümer, der mit dem Zessionar keinen Vergleich i. S. des § 67 AwG abgeschlossen hat, kann sich dem auf § 17 AwG gestützten Anspruch des Zedenten gegenüber nicht auf die Vorschriften der §§ 409, 893 BGB berufen (RG **119** 48, **56**, HRR **28** Nr. 358).

§ 179. Rangverhältnisse. Der Rangvorbehalt des Eigentümers.

(§§ 6, 7, 20ff. AwG.)

Nach § 6 des AwG behält die aufgewertete Hypothek, Grundschuld usw. ihren bisherigen Rang. Dieser Grundsatz ist in mehrfacher Hinsicht in den §§ 6, 7, 20ff. AwG durchbrochen. Die Regelung der Rangverhältnisse stellt daher den Grundbuchrichter vor außerordentliche Schwierigkeiten und erheischt von ihm die größte Vorsicht und Aufmerksamkeit (vgl. S. 501 Nr. 3).

1. Wer in der Zeit vom 14. Februar bis einschließlich (Ring **2** 245 = JMBl **27** 35) 1. Oktober 1924 ein Recht erworben oder durch Vormerkung für sich gesichert hat, handelte im Vertrauen auf die Regelung der 3. Steuernotverordnung, die bekanntlich nur eine 15%ige Aufwertung vorsah. Daher muß die jetzt auf 25 vH. aufgewertete Hypothek in Höhe von 10 vH. hinter dem erwähnten Recht zurücktreten[1]. § 6 Abs. 2 AwG[2] [3]. Die Erhöhung des Aufwertungsbetrages bleibt unberücksichtigt, soweit sie auf der Einführung des Umrechnungsverhältnisses (§ 2) beruht; dieses kann ergeben, daß die 15 vH. nach § 2 AwG einen höheren Betrag darstellen als die 15 vH. nach der 3. Steuernotverordnung. Auf Antrag des Gläubigers, dessen Hypothek, Grundschuld, Rentenschuld, Reallast nach § 6 Abs. 2 AwG mit einem Teile des Aufwertungsbetrages einer Ge-

[1] Der Grundbuchrichter muß also bei der Eintragung der Aufwertung einer Hypothek die Abt. II und III daraufhin genau durchsehen, ob etwa in der Zeit vom 14. Februar bis 1. Oktober 1924 eine Hypothek oder Grundschuld oder ein sonstiges (in der zweiten Abteilung enthaltenes) Recht entweder neu begründet oder durch Abtretung auf einen anderen Gläubiger übergegangen ist. Bei der Buchhypothek läßt sich dies aus dem Grundbuch leicht feststellen. Zur Erleichterung des Grundbuchverkehrs hat nun aber Art. 4 der DurchfV in den Fällen des § 1155 BGB (Abtretung einer Briefhypothek) die Vermutung aufgestellt, daß ein dem aufgewerteten Rechte im Range gleichstehendes oder nachgehendes Recht demjenigen zusteht, für den es eingetragen ist. Es bleibt dem Erwerber des Rechts überlassen, diese Vermutung zu entkräften. Für den Grundbuchrichter bedeutet dies eine erhebliche Vereinfachung bei der Prüfung der Frage, ob das Recht in der Zeit vom 14. Februar bis 1. Oktober 1924 erworben worden ist.

[2] Zu den Rechten i. S. des § 6 Abs. 2 AwG gehört auch eine gemäß § 1196 BGB bestellte Eigentümergrundschuld (KGJMBl 1927 S. 196), ferner eine Höchstbetraghypothek (KGJMBl 1927 S. 224) und eine Arresthypothek (KG vom 1. Dezember 1927, JW **28** 728). § 6 Abs. 2 AwG findet auch Anwendung, wenn dem Neuerwerb des anderen (z. B. Eigentümergrundschuld) ein gelöschtes, aber kraft Vorbehalts oder Rückwirkung wieder einzutragendes Recht gegenübersteht (KG vom 17. November 1927, HRR **28** Nr. 349).

[3] Die Vorschrift gilt nicht etwa auch für den Erwerb des Eigentumsrechts. Wer also in der Zeit vom 14. Februar bis 1. Oktober 1924 das Grundstück selbst erworben hat, kann sich den eingetragenen Gläubigern gegenüber nicht darauf berufen, daß er mit einer Aufwertung der Hypotheken nur in Höhe von 15 vH. gerechnet habe.

samthypothek oder Gesamtgrundschuld im Range nachgeht, ist der Vorrang der letzteren auf den Betrag zu beschränken, der dem Verhältnis des Wertes des belasteten Grundstücks zu dem Wert sämtlicher Grundstücke entspricht. Der Betrag wird auf Antrag von der Aufwertungsstelle festgesetzt. Die Anträge konnten jedoch nur bis 31. Dezember 1927 gestellt werden, in den Fällen der §§ 203, 204, 206, 207 BGB bis zum Ablauf von 3 Monaten nach Fortfall des Hindernisses (§ 13 AwErgG). Grundstückswert ist der berichtigte Wehrbeitragswert (s. die Durchführungsbestimmung für die Vermögensteuer vom 8. März 1924, RMinBl S. 103); § 7 Abs. 2 AwG findet entsprechende Anwendung (§ 6 der Vdg vom 12. September 1927).

Der Grundbuchrichter muß also in jedem Falle prüfen, ob nicht gemäß § 6 Abs. 2 ein Rangvermerk erforderlich ist. Er wird den Vermerk bei einer in Abt. III unter Nr. 1 vor dem 1. Januar 1918 eingetragenen Hypothek von 100000 Papiermark in Spalte 7 etwa so fassen:

> **„Diese Post ist auf 25000 GM. (i. B.) aufgewertet, und zwar gemäß § 6 Abs. 2 AwG mit 10000 GM. im Range hinter der Hypothek Nr. 2. Eingetragen am ...**

Es müßte dann bei der unter Nr. 2 etwa am 26. Mai 1924 eingetragenen wertbeständigen Hypothek in Spalte Veränderungen gleichzeitig vermerkt werden:

> **„Diese Hypothek Nr. 2 hat gemäß § 6 Abs. 2 AwG den Vorrang vor dem Teilbetrage von 10000 GM. der Hypothek Nr. 1. Eingetragen am ...**

Ein Rangvorbehalt gemäß § 7 kommt in diesem Beispiel nicht in Frage, weil die an sich dem Eigentümer vorbehaltene Stelle hinter der aufgewerteten Post Nr. 1 durch die wertbeständige Post Nr. 2 ausgefüllt wird und weitere Rechte nicht nachfolgen; vgl. § 7 Abs. 4[1].

Auch ein vor dem 14. Februar 1924 begründetes und eingetragenes, in der Zeit vom 14. Februar bis 1. Oktober 1924 abgetretenes Recht fällt unter § 6 Abs. 2. KG vom 3. Juni 1926 (JMBl **26** 244 = Ring 1. Sonderh. S. 14).

Wer aber nach dem 1. Oktober 1924 ein Recht an einem Grundstück hinter einem aufgewerteten oder aufzuwertenden Recht erworben hat, mußte mit einer höheren Aufwertung rechnen und kann sich nicht auf § 6 Abs. 2 berufen.

Unzulässig ist ein Vermerk auf den Hypothekenbrief, daß in der Zeit vom 14. Februar 1924 bis 1. Oktober 1924 keine Rechte im Sinne des § 6 Abs. 2 AwG eingetragen oder vorgemerkt worden sind (KGJMBl 1926 S. 245 = Ring **1** 417).

---

[1] Liegen für dasselbe wertbeständige Recht zugleich die Voraussetzungen des § 6 Abs. 2 und diejenigen des § 7 Abs. 4 AwG vor, so sind beide Bestimmungen zur Anwendung zu bringen (KGJMBl 1927 S. 35 = Ring **2** 133).

2. Der Rangvorbehalt für den Grundstückseigentümer.

a) Nach § 7 Abs. 1 AwG kann der Eigentümer im Range nach dem an erster Stelle eingetragenen aufgewerteten Rechte[1] und vor allen nachgehenden[2] beim Inkrafttreten des AwG bereits bestehenden Rechten (s. RG **117** 426 und AV vom 19. September 1927, JMBl S. 303)[3], eine Hypothek oder Grundschuld in Höhe von 25 vH. des Goldmarkbetrags des aufgewerteten Rechts mit dem üblichen Zinsfuß eintragen lassen. Es soll ihm dadurch die neue Kreditbeschaffung erleichtert werden. Der Betrag wird in der Regel mit dem Aufwertungsbetrage des aufgewerteten Rechts übereinstimmen, kann aber davon abweichen, z. B. wenn der Eigentümer oder Schuldner gemäß § 8 AwG eine Herabsetzung des Aufwertungsbetrages erwirkt hat (s. auch unten S. 494, 2d letzter Absatz).

Steht das Eigentum an dem belasteten Grundstück mehreren nach Bruchteilen zu, so ist der einzelne Miteigentümer berechtigt, die sich an die aufgewertete Hypothek anschließende Rangbefugnis nach dem Verhältnis seines Bruchteils in Anspruch zu nehmen und über sie in diesem Umfange selbständig zu verfügen (OLG Dresden vom 24. Oktober 1927, JW S 831).

Eine hinter einer aufgewerteten Pfandbriefhypothek entstandene Rangbefugnis ist nach dem vollen Goldmarkbetrag der Hypothek ohne Abzug des zuletzt vor dem 15. Juni 1922 festgestellten Tilgungsfonds zu berechnen (KG vom 7. Juli 1927 JW S 1312 = DJZtg S. 1559). Rechte, die zur Zeit des Inkrafttretens des AwG untereinander gleichen Rang, und zwar den Rang der ersten Stelle hatten, sind im Sinne des § 7 Abs. 1 als ein einheitliches, erststelliges Recht zu behandeln (KGJMBl 1926 S. 176 = Ring 1 229). Zu beachten ist ferner, daß trotz der Teilung eines Rechts die durch die Nummer gekennzeichnete Rangstelle als eine Einheit zu gelten hat (KG vom 28 Oktober 1926, JW 1927 S. 64; Ring 1 625 (OLG Dresden). Bei einer Gesamthypothek oder Gesamtgrundschuld richtet sich die Eigentümerbefugnis an jedem Grundstück nach dem vollen Betrage der Hypothek. Jedoch ist dieser Rangvorbehalt auf Antrag des Eigentümers, ferner der Gläubiger eines die vorbehaltene Rangstelle gemäß § 7 Abs. 4 AwG einnehmenden Rechts (s. unten S. 497p) oder endlich der Gläubiger eines dem Rangvorbehalte gleich- oder nachstehenden Rechts, auf den Teilbetrag zu beschränken, der dem Verhältnis des Wertes[4] des belasteten Grundstücks

[1] Über das an erster Stelle eingetragene Recht i. S. des § 7 AwG s. KG vom 27. Oktober 1927, HRR **28** Nr. 40 u. OLG Dresden Ring 1 568.

[2] Unter nachgehenden Rechten sind nicht nur aufgewertete Rechte zu verstehen (Oberstes LG München vom 14. Januar 1928, Ring 3 113).

[3] Über die relative Wirkung des Rangvorbehaltes s. KG vom 16. Februar 1928, HRR Nr. 652.

[4] Grundstückswert ist der berichtigte Wehrbeitragswert; § 7 Abs. 2 AwG findet entsprechende Anwendung (§ 6 der Vdg vom 12. September 1927). Über Wehrbeitragswert, der auf das Gesetz vom 3. Juli 1913 (RGBl S. 505) zurückzuführen ist, s. DurchfBest für die Vermögenssteuer 1924 vom 8. März 1924

zu dem Wert sämtlicher Grundstücke entspricht. Der Betrag wird auf Antrag von der Aufwertungsstelle festgesetzt; derartige Anträge konnten indes nur bis 31. Dezember 1927 gestellt werden (in den Fällen der §§ 203, 204, 206, 207 BGB bis zum Ablauf von 3 Monaten nach Fortfall des Hindernisses) § 12 AwErgG.

Wird die erste Hypothek gemäß § 17 AwG auch für einen Vormann aufgewertet (vgl. oben § 178), so gilt als Goldmarkbetrag der 1. Hypothek im Sinne des § 7 Abs. 1 nur der des jetzigen Gläubigers, da ja der frühere Gläubiger hinter die gleich- und nachstehenden Rechte zurücktreten muß (RG vom 31. März und 23. September 1926, JMBl **26** 162 = Ring **1** 357; JW **27** S. 64 = Ring **1** 750).

Ist der Eigentümer befugt, die ihm vorbehaltene Post im Range nach einer Rentenschuld oder Reallast eintragen zu lassen, so wird für die Berechnung des Goldmarkbetrages der Rentenschuld oder Reallast die Ablösungssumme zugrunde gelegt. Ist für eine Reallast eine Ablösungssumme nicht bestimmt, so ist der Wert nach den Vorschriften des § 9 ZPO zu berechnen (Art. 13 DurchfV).

Der Aufwertung gemäß § 31 AwG unterliegende, nicht eintragungsbedürftige Reallasten, insbesondere Rentenbank- und Domänenamortisationsrenten, kommen für Bestand, Höhe und Rangart des Rangvorbehalts nach § 7 AwG auch dann nicht in Betracht, wenn sie im Grundbuch eingetragen sind (RG vom 13. Januar 1927, Rspr S. 223 = JMBl **27** 21 = Ring **2** 227).

b) Eine weitere Kreditpost kann der Eigentümer hinter einem nachstehenden und vor den diesen im Range nachgehenden Rechten eintragen lassen, falls der gemäß § 2 Abs. 1 AwG festzustellende Goldmarkbetrag (nicht etwa der sich nach ihm richtende Aufwertungsbetrag, RG in JMBl 1926 S. 373) des nachstehenden Rechts und aller vorhergehenden Rechte (bei gleichrangigen Reallasten und Hypotheken der zusammengerechnete Goldmarkbetrag beider Rechte) in voller Höhe innerhalb der für die Anlegung von Mündelgeld geltenden Sicherheitsgrenze liegt, in Preußen nach Art. 73 AGBGB bei einem ländlichen Grundstück innerhalb des fünfzehn- oder zwanzigfachen des Grundsteuerreinertrages oder der ersten zwei Drittel, bei städtischen Grundstücken innerhalb der ersten Hälfte des Grundstückswerts. Letzterer ist der berichtigte oder zu ermittelnde Wehrbeitragswert.

Gegenüber dem an erster Stelle eingetragenen aufgewerteten Recht kommt es nicht auf die Grenze der Mündelsicherheit an. (RG vom 21. Januar 1926, Ring **1** 118.) Bei den nachstehenden Rechten dagegen muß zunächst der berichtigte Wehrbeitragswert feststehen; sofern er dem Grundbuchamt unbekannt ist, wird es ihn durch Befragen des Finanzamts, unter Um-

RMinBl **24** S. 103 und AV vom 15. Mai 1926, JMBl S. 190; s. auch §§ 21—23 DurchfBest zum ReichsbewertgsG vom 14. Mai 1926 (RGBl I S. 230).

ständen der Aufwertungsstelle zu erkunden haben. Insofern liegt ihm also eine Ermittlungspflicht ob. (KG vom 26. November 1925 in JW **26** 179 = Ring **1** 77.) Soll die Befugnis nicht von Amts wegen, sondern auf Antrag des Eigentümers eingetragen werden, so muß dieser die Auskunft des Finanzamts bzw. der Aufwertungsstelle beibringen.

Ist der Wehrbeitragswert nicht festgestellt, so kann nicht etwa an dessen Stelle der Vermögenssteuerbilanzwert für maßgebend erachtet werden. Die Eintragung der Aufwertung einer Post, die keine erststellige ist, kann aber erfolgen, auch wenn der berichtigte Wehrbeitragswert nicht bekannt ist, also der Vorbehalt des Eigentümers gemäß § 7 nicht eingetragen werden kann.

Beschleunigte Auskunft über den berichtigten Wehrbeitragswert ist den Finanzämtern durch RFM vom 29. September und 24. Oktober 1925 (mitgeteilt im JMBl 1926, S. 31) zur Pflicht gemacht. Diese Auskunft ist den Aufwertungsstellen und den Grundbuchämtern unbedingt, dem Hypothekengläubiger aber nur dann zu erteilen, wenn die Einwilligung des Grundstückseigentümers vorliegt oder wenn im Einzelfall ein Bedürfnis an einem amtlichen Nachweis über die Höhe des berichtigten Wehrbeitragswerts besteht.

Bisweilen ist der Wehrbeitrag nicht berichtigt; dadurch entstehen große Weiterungen.

Nicht notwendig ist es, alle für den Eigentümer möglichen Befugnisse gleichzeitig einzutragen; es genügt, wenn die Befugnis hinter dem Recht eingetragen wird, dessen Aufwertung eingetragen wird.

c) Bei Veräußerung des Grundstücks gehen die genannten Befugnisse auf den Erwerber über (§ 881 Abs. 3 BGB)[1].

Da die Befugnis mit dem Eigentum am Grundstück verbunden ist, kann sie weder abgetreten noch verpfändet oder gepfändet werden (s. Entsch des RG, mitgeteilt durch AV vom 19. September 1927, JMBl S. 303; KG vom 9. Februar 1928, HRR Nr. 653, OLG Dresden Ring **1** Sonderheft 1 S. 17).

Die Befugnis des Eigentümers besteht im Gegensatz zu § 881 Abs. 2 BGB auch ohne grundbuchliche Eintragung und ist auch ohne sie gegen den öffentlichen Glauben des Grundbuchs geschützt. Sie wird dadurch nicht berührt, daß ein im Range nachgehendes Recht von einem Dritten erworben ist; der Dritte kann sich insoweit auf seinen guten Glauben nicht berufen (KG vom 22. April 1926, Ring **1** 352 und vom 3. März 1927, Ring **2** 414 = JW S. 2519; OLG Dresden Ring **1** Sonderheft 1 S. 17; s. dagegen Münzel „Rangbefugnis des Eigentümers und öffentlicher Glaube des Grundbuchs", JurRdsch **28** S. 9).

d) Nach § 7 Abs. 3 Satz 2 ist die Befugnis des Eigentümers bei Eintragung der Aufwertung von Amts wegen, auf formfreien Antrag des Eigentümers auch früher, also schon vor Eintragung des aufgewerteten

[1] Über den Unterschied zwischen § 7 AufwG und § 881 BGB s. JFG **3** 369.

Rechts (Ring **1** 89; OLG Dresden Ring Sonderheft S. 17) in das Grundbuch einzutragen. Dies gilt auch bei gelöschten und wieder einzutragenden Hypotheken. (KG vom 17. Dezember 1925 in JW **26** 177.) Der Richter muß also, sobald eine Aufwertung in das Grundbuch einzutragen ist, die etwa bestehende Befugnis des Eigentümers hinter dem aufgewerteten Rechte von Amts wegen eintragen.

Über die wesentlichen Erfordernisse für die Eintragung der Eigentümerbefugnis s. KG vom 10. November 1927 (HRR **1928** Nr. 151). Die Eintragung: „Der Eigentümer ist befugt, an der vorbehaltenen Rangstelle eine Hypothek oder Grundschuld mit dem üblichen Zinsfuß eintragen zu lassen (§ 7 AwG)" ist unzulässig; sie ist von Amts wegen zu löschen. Umfang und Rangplatz der vorbehaltenen Hypothek (Grundschuld) ist anzugeben. Ein ziffernmäßig bestimmter Zinssatz braucht nicht angegeben zu werden (JFG **3** 369).

Die Befugnis des Eigentümers ist gemäß Nr. III Ziff. 1 JM vom 11. Januar 1926 (JMBl S. 10) in den Sp. 1 bis 4 (linke Hälfte der Sp. 4) der dritten Abteilung unter ziffermäßiger Eintragung des Betrages (nicht etwa „in Höhe von 25 vH. des Goldmarkbetrages") einzutragen. Der Eintragung bei den nachgehenden Rechten bedarf es nicht. Üblicher Zinsfuß ist bis auf weiteres ein Zinsfuß von 10 vH. V. v. 27. März 1926 (RGBl I S. 183). Jede Änderung dieses Zinsfußes wird vom Reichswirtschaftsminister im RGBl veröffentlicht. Änderungen des Zinsfußes, die nach Eingang des Eintragungsantrages bei dem Grundbuchamt in Kraft treten, stehen der Eintragung nach dem Antrage nicht entgegen (Art. 11 DurchfV).

Die vorgehenden und nachgehenden Rechte sind bei der Eintragung anzugeben. Die Eintragung ist gebührenfrei. Vdg vom 31. August 1925 (GS. S. 111).

Wenn ein mit aufgewerteten Rechten belastetes Grundstück einem anderen, gleichfalls mit aufgewerteten Rechten belastetem Grundstück als Bestandteil zugeschrieben ist, so ist mit Rücksicht auf die sich aus § 1131 Satz 2 BGB ergebenden verschiedenen Rangordnungen vor Eintragung einer Rangbefugnis der zugeschriebene Bestandteil von Amts wegen von dem Gesamtgrundstück wieder abzuschreiben und als selbständiges Grundstück wieder einzutragen (KG vom 3. März 1927, Rspr S. 532; vgl. § 6 GBO).

Die Eintragung der Rangbefugnis mit ziffernmäßigen Angaben bietet oft große Schwierigkeiten. Vor allem ist es nicht selten zweifelhaft, welches Recht als das an erster Stelle eingetragene aufgewertete Recht zu erachten ist. Ob durch eine vor Inkrafttreten des AwG unter aufwertbaren Rechten vorgenommene Rangänderung die an der Rangänderung nicht beteiligten Zwischenrechte i. S. des § 880 Abs. 5 BGB nicht berührt werden, ist nach Inkrafttreten des AwG auf Grund der Bewertung zu entscheiden, die die an der Rangänderung beteiligten Rechte durch die Vorschriften des AwG erfahren haben. Ist in dem bezeichneten Falle der Goldmarkbetrag des zurücktretenden Rechts höher als der des vortretenden Rechts, so gilt das vortretende Recht seinem ganzen Umfange nach als das an erster Stelle eingetragene aufgewertete Recht im Sinne des § 7 Abs. 1 AwG (KG vom 27. Oktober 1927, HRR **1928** Nr. 40).

Unter Umständen ist auch die Wiedereintragung bereits gelöschter Rechte zu erwarten, und selbst dann, wenn das Grundbuch eine klare Rechtslage zu ergeben scheint, kann es vorkommen, daß aus zunächst nicht erkennbaren Gründen demnächst Abweichungen von der Grundbuchlage hervortreten. Der Grundbuchrichter muß sich natürlich im Regelfalle damit begnügen, den Tatbestand so hinzunehmen, wie ihn das Grundbuch anzeigt. Kann hieraus eine genügende Klarheit gewonnen werden, so steht der Eintragung der Befugnis nichts im Wege. Anderenfalls muß er versuchen, durch Zwischenverfügungen die erforderlichen Feststellungen zu treffen (JFG **3** 368). Gelingt dies nicht, so ist nicht etwa die Befugnis bedingt, sondern nur die Aufwertung ohne die Befugnis des Eigentümers einzutragen. Wird die Befugnis nicht von Amts wegen, sondern auf Antrag des Eigentümers eingetragen, so muß dieser zuvor die Voraussetzungen dartun, insbesondere die Goldmarkbeträge der vorgehenden Hypotheken nachweisen.

Ist in den Fällen der §§ 8, 9 die aufgewertete Hypothek geringer als der stets 25 vH. betragende Goldmarkbetrag der dem Eigentümer vorbehaltenen Stelle, so tritt trotzdem eine Verminderung des Vorbehalts nicht ein (s. oben S. 490 unter Nr. 2a).

e) Zu beachten ist, daß auch nach Reallasten, also Rechten der II. Abteilung, die Eintragung der Befugnis gemäß § 7 in Frage kommt. § 31 Abs. 1 AwG.

f) Streitig ist, welcher Zeitpunkt maßgebend ist für die Beurteilung der Frage, ob ein Recht an erster Stelle eingetragen ist oder innerhalb der Mündelsicherheitsgrenze liegt. Die herrschende Meinung hält den Zeitpunkt des Inkrafttretens des AwG für maßgebend.

g) Gegen die Eintragung ist Beschwerde zulässig, weil die Rangbefugnis kein unter dem öffentlichen Glauben des Grundbuchs stehendes Recht ist; KG in JMBl **26** 202 (s. oben unter c).

h) Für die Eintragung der Befugnis des Eigentümers bedarf es nicht der Vorlegung des über eine im Range vor- oder nachgehende oder gleichstehende Hypothek, Grundschuld oder Rentenschuld gebildeten Briefs (Art. 10 DurchfV).

Beispiel IX.

Auf den im Beispiel I (S. 459) gestellten Antrag würde der Grundbuchrichter etwa, wie folgt, verfügen:

V.

1. **Einzutragen in das Grundbuch von Lobau Bd. II Bl. 68 Abt. III.**
   A. **Sp. 5. 1.**
   Sp. 6. 10000 GM.

Sp. 7. Aufgewertet auf 10000 Goldmark. Eingetragen am ... 1928[1].

B. Sp. 1. 4.
Sp. 2. 1.
Sp. 3. 10000 GM.
Sp. 4 (linke Hälfte): Der Eigentümer ist nach § 7 AwG befugt, eine Hypothek oder Grundschuld in Höhe von 10000 GM. mit dem üblichen Zinsfuß im Range nach der unter Nr. 1 eingetragenen aufgewerteten Hypothek und vor den dieser nachgehenden Rechten eintragen zu lassen. Eingetragen am ...... 1928.

2. In Sp. 3 zu Nr. 1 ist der Papiermarkbetrag zu röten und der Aufwertungsbetrag darunter neu einzutragen.

3. Vermerk der Aufwertung auf dem Brief, diesen alsdann an den Gläubiger zurück.

4. Nachricht.
a) dem Eigentümer,
b) den Gläubigern zu Nr.... mit dem Ersuchen, die Hypothekenbriefe zum Vermerk der Eintragung der Befugnis des Eigentümers binnen 2 W. einzureichen[2].

5. Nach 2 W. wegen 4b.

Lobau, 19. Januar 1928.

i) Es kommt häufig vor, daß für öffentlich-rechtliche oder unter Staatsaufsicht stehende Unternehmen, die nach dem Gesetz oder Satzung bestimmte Beleihungsgrenzen einzuhalten haben (z. B. Hypothekenbanken, Sparkassen und alle sonstigen öffentlich-rechtlichen oder unter Staatsaufsicht stehenden Unternehmungen, z. B. Berufsgenossenschaften (KG in JMBl **26** 228 = Ring **1** 419 = JW **26** 1840), die evangelischen Kirchengemeinden (KG in JMBl **27** 3 u. 8) und andere, nicht etwa nur auf Hypotheken-Darlehnsgewährung gerichtete Unternehmen), in unmittelbarem Zusammenhange mit dem an erster Stelle eingetragenen aufgewerteten Rechte andere aufgewertete Rechte eingetragen sind. Alle diese Rechte gelten gegenüber der Befugnis des Eigentümers aus § 7 als einheitliches, an erster Stelle eingetragenes Recht; der Rangvorbehalt kann sich also nicht zwischen die Rechte einschieben. § 7 Abs. 1 Satz 3 AwG. Vorausgesetzt ist, daß die Rechte des Gläubigers im Rang einander unmittelbar folgen. Der unmittelbare Zusammenhang wird nicht dadurch unterbrochen, daß eines oder mehrere der Rechte ganz oder teilweise als Eigentümergrundschuld auf den Eigentümer übergegangen sind (§ 11 AwErgG); s. auch Ring **2** 52 (OLG Dresden); Ring 2. Sonderheft S. 12; KG vom 24. Februar 1927 (JMBl 139 = Ring 4. Sonderheft S. 7) ist durch § 11 AwErgG überholt.

k) Von der Eintragung der „Befugnis" des Eigentümers aus § 7 ist die Eintragung der mit der vorbehaltenen Rangstelle ausgestatteten Hypothek

[1] Die Eintragung der sich aus dem AwG ergebenden Zins- und Zahlungsbestimmungen oder die Bezugnahme auf die entsprechenden gesetzlichen Vorschriften erfolgt nicht. Art. 1 Abs. 1 Vdg vom 18. Juni 1926 (RGBl I S. 273).

[2] Mitteilung ist gegebenenfalls auch den Inhabern der in der Zeit vom 14. Februar bis 1. Oktober 1924 eingetragenen Rechte zu machen.

oder Grundschuld **selbst** zu unterscheiden. Die Eintragung einer Hypothek oder Grundschuld an der dem Eigentümer vorbehaltenen Rangstelle ist erst zulässig, nachdem der Rangvorbehalt selbst eingetragen ist (JFG 3 360). Eine wiederholte Ausübung der Befugnis aus § 7 AwG nach Wegfall der an der vorbehaltenen Stelle eingetragenen Hypothek oder Grundschuld ist nicht zulässig (JMBl 1927 S. 218). Solche Hypotheken und Grundschulden, die der Eigentümer gemäß § 7 an den ihm vorbehaltenen Rangstellen eintragen läßt, sind in Goldmark einzutragen; eine Goldmark ist auch hier die Bezeichnung für den amtlich festgestellten Preis von $^1/_{2790}$ kg Feingold. Art. 9 DurchfV. Die Hypothek oder Grundschuld darf nicht mit einem höheren als dem aus Art. 11 Abs. 2 sich ergebenden Zinsfuß (z. Zt. 10 vH.) eingetragen werden. **Vor** dem 10. Dezember 1925, dem Tage des Inkrafttretens der DurchfV, erfolgte höhere Zinseintragungen bleiben in **Kraft**.

Für die Eintragung dieser Rechte bedarf es nicht der Vorlegung des über eine im Range vor- oder nachgehende Hypothek, Grundschuld oder Rentenschuld gebildeten Briefes. Art. 10 Abs. 1 DurchfV. Ist der Brief über eine gleichstehende oder nachgehende Post nicht vorgelegt, so hat das Grundbuchamt den Besitzer des Briefes zur Vorlegung anzuhalten, um nachträglich die Eintragung auf dem Briefe zu vermerken; dies gilt nicht, wenn der Brief unbrauchbar gemacht ist. Art. 10 Abs. 2 DurchfV. Letzteres wird in der Regel der Fall sein, wenn es sich um Hypotheken handelt, die einen Aufwertungsbetrag von 500 GM. nicht übersteigen. Art. 6 DurchfV.

Der Antrag des Eigentümers, an der vorbehaltenen Rangstelle eine Eigentümergrundschuld einzutragen, unterliegt der Form des § 29 GBO (KG vom 10. Februar 1927, Rspr S. 475). Stehen dem Eigentümer mehrere Rangstellen zur Verfügung, so kann er sie in der Weise ausnützen, daß er die einzelnen Rangstellen einer einheitlichen Hypothek in Teilbeträgen einräumt (KG vom 6. Oktober 1927, Rspr S. 1382). Im Falle mehrerer Belastungen einer dem Eigentümer vorbehaltenen Rangstelle haben die einzelnen Belastungen unter sich nicht gleichen, sondern gemäß § 879 Abs. 1 Satz 1 BGB den der Reihenfolge der Eintragungen entsprechenden Rang. Ein diesbezüglicher Vermerk im Grundbuch ist entbehrlich und als überflüssig abzulehnen (KG vom 24. November 1927, Ring 3 1 = JW 28 S. 188).

Nach der Beschlagnahme des Grundstücks in der Zwangsversteigerung ist der Eigentümer nicht mehr befugt, Hypotheken usw. auf Grund des Rangvorbehalts eintragen zu lassen (OLG Frankfurt a. M. vom 28. Juli 1926, Ring 2 119).

l) Bei der einzigen und (innerhalb der Sicherheitsgrenze) letzten Hypothek ist eine Befugnis des Eigentümers aus § 7 AwG nicht einzutragen, da in diesen Fällen kein Bedürfnis für den Eigentümer vorliegt, die ratio legis also entfällt; der Rangvorbehalt ist also nicht eintragungsfähig, wenn hinter dem erststelligen andere Rechte nicht eingetragen oder eingetragene Rechte nicht aufwertungsfähig (KGJMBl 1927 S. 139), auch gelöschte, aber aufwertungs- und wiedereintragungsfähige nachfolgende Rechte nicht vorhanden sind (JFG 3 363). Ein Rangvorbehalt ist aber auch dann einzutragen, wenn das Nachrecht, das zur Zeit des Inkrafttretens des AwG noch eingetragen war, nachträglich gleichzeitig mit der Eintragung der Aufwertung des erststelligen Rechts gelöscht ist (KG vom 23. Juni 1927, Rspr S. 1247).

m) Der Eigentümer hat die Befugnis aus § 7 auch, wenn das vorhergehende Recht Eigentümergrundschuld ist.

n) Haben die gleichstelligen Hypotheken Nr. 2, 3 den Rang vor der Hypothek Nr. 1, so ist die Eigentümerbefugnis in der Gesamthöhe von Nr. 2, 3 einzutragen.

Rangänderungen nach Inkrafttreten des AwG werden bei Berechnung der Eigentümerbefugnis nicht berücksichtigt. Maßgebend bleibt hierfür vielmehr der Rechtszustand bei Inkrafttreten des AwG. Die Befugnisse aus § 7 haben nicht den Rang vor den nach dem Inkrafttreten des AwG eingetragenen Rechten. (Entsch des RG, mitgeteilt durch AV vom 19. September 1927, JMBl S. 303).

Tritt ein an erster Stelle stehendes Recht, das gelöscht war und gemäß §§ 14ff. wieder eingetragen wird, zurück hinter ein von einem Dritten gutgläubig erworbenes Recht, so nimmt es im Sinne des § 7 nach wie vor die erste Stelle ein. Dasselbe gilt, wenn die erste Post wegen der Vorschrift des § 6 Abs. 2 hinter ein in der Zeit vom 14. Februar bis 1. Oktober 1924 erworbenes Recht rückt.

o) Der Verzicht eines Gläubigers auf das aufgewertete Recht berührt die Eigentümerbefugnis nicht. Dagegen besteht die Befugnis nicht mehr, wenn das für sie maßgebende Recht auf Bewilligung des Gläubigers und des Eigentümers nach dem Inkrafttreten des AwG vor einspruchslosem Ablauf der Frist des § 16 Abs. 1 letzter Satz und vor Eintragung des Aufwertungsbetrages im Grundbuch gelöscht ist; zweckmäßig wird bei Aufnahme der Löschungsbewilligung der Eigentümer auch die Eintragung des Verzichts auf die Befugnis beantragen.

p) Bei Anwendung des § 7 muß der Grundbuchrichter darauf achten, ob nicht wertbeständige Rechte bestehen, die bereits bei Inkrafttreten des AwG eingetragen oder vorgemerkt (KGJMBl 1926 S. 336) waren[1]. Ist das der Fall, so ist dies zwar auf die Eintragung des Rangvorbehaltes ohne Einfluß (JFG 3 367), jedoch nehmen diese wertbeständigen Rechte

[1] Ist auf Grund eines auf Rentenmark lautenden Schuldtitels vor dem Inkrafttreten des AwG auf dem Grundstück des Schuldners eine Sicherungshypothek zum Höchstbetrage der in die alte Papiermarkrechnung umgerechneten Schuldsumme eingetragen worden, so ist die Sicherungshypothek nicht als ein wertbeständiges Recht i. S. des § 7 Abs. 4 anzusehen (JW 27 S. 834).

kraft Gesetzes in der Reihenfolge ihres Ranges die für den Eigentümer vorbehaltene Rangstelle ein. § 7 Abs. 4[1]. Dies ist bestimmt, weil in der Bestellung solcher Rechte bereits eine Befriedigung des Kreditbedürfnisses durch den Eigentümer liegt, der die vorbehaltene Rangstelle dienen soll. § 7 Abs. 4 gilt aber nicht für nur vorgemerkte wertbeständige Rechte. Ring **1** 581 (OLG Dresden); s. aber Ring **1** 456 = JMBl **26** 336 (KG).

Über die Berechnung des Goldmarkwertes dieser wertbeständigen Rechte s. Art. 12 DurchfV. Zu diesen Rechten gehören z. B. die Hypotheken, die auf Goldmark, Reichsmark, eine ausländische Währung, Kohle, Roggen u. dgl. lauten. Ein erst am 15. Juli 1925 im Grundbuch eingetragenes wertbeständiges Recht rückt in den Rangvorbehalt nicht ein (KG vom 4. November 1926, Rspr S. 157). Sind bei Inkrafttreten des AwG wertbeständige, auf RM. oder eine ausländische Währung lautende Rechte vorhanden, die den aufgewerteten Rechten im Range vorgehen, so bestehen hinter dem ersten und den innerhalb der Mündelsicherheitsgrenze liegenden weiteren aufgewerteten Rechten Rangbefugnisse im Sinne des 7 § Abs. 1 AwG nur insoweit, als der Gesamtbetrag der wertbeständigen Rechte 25 vH. der Goldmarkbeträge der vorbezeichneten aufgewerteten Rechte nicht erreicht (KGJMBl 1926 S. 202).

Als wertbeständige Rechte i. S. des § 7 Abs. 4 AwG gelten nicht solche Rechte, die ausschließlich auf Grund gesetzlicher Aufwertungsbestimmungen bei Inkrafttreten des AwG auf Goldmark lauteten (KG vom 6. Oktober 1927, Rspr S. 1383 = D. Jur. Ztg. S. 1698).

Der Grundbuchrichter darf die Befugnis des Eigentümers eintragen, auch wenn der Tatbestand des § 7 Abs. 4 vorliegt. Die Eintragung der Befugnis und die Einnahme der vorbehaltenen Rangstelle durch die wertbeständige Hypothek stehen nicht im Widerspruch miteinander, sondern die Eintragung rechtfertigt grundbuchlich das Einrücken in die Rangstelle. Durch die Eintragung der Befugnis wird gerade das Vorhandensein einer solchen vorbehaltenen Rangstelle, in die die wertbeständigen Rechte einrücken können, offen gelegt. Die Entscheidung über die Frage, in welcher Höhe die für den Eigentümer vorbehaltene Rangstelle durch die wertbeständigen Rechte eingenommen worden ist, erfolgt bei der nach § 7 Abs. 4 Satz 2 auf Antrag vorzunehmenden Berichtigung des Grundbuchs bezüglich des Ranges der wertbeständigen Rechte. (KG vom 26. November 1925, JFG **3** 367 = Ring **1** 77 = JW **26** 179.) Die Eintragung in Halbspalte 4 wird etwa lauten:

„Die dem Eigentümer gemäß § 7 AwG im Range nach der aufgewerteten Post Nr. ... in Höhe von ..... Goldmark zustehende Rangstelle

---

[1] Soweit solche Rechte nachträglich gelöscht werden, ist der Eigentümer nicht befugt, an der Rangstelle und in Höhe der bezeichneten Rechte auf Grund des § 7 Abs. 1 AwG eine Hypothek oder Grundschuld eintragen zu lassen (KGJMBl 1927, S. 218).

nimmt gemäß § 7 Abs. 4 AwG die Post Nr. .... in voller Höhe ein, unbeschadet des ihr nach § 20 AwG vor der Post Nr ... zustehenden Vorrangs. Eingetragen am ....

Der letztere Zusatz ist gegebenenfalls zur Klarstellung der Rangverhältnisse zweckmäßig. Die Befugnis ist auch dann einzutragen, wenn gleichzeitig die rechte Halbspalte durch Eintragung einer wertbeständigen Hypothek auszufüllen ist, die in die Rangstelle der dadurch verbrauchten Befugnis in der für den Eigentümer maßgebenden Höhe rückt. Die Gläubiger dieser wertbeständigen Rechte können an Stelle des Eigentümers ihre Eintragung an der dem Eigentümer vorbehaltenen Rangstelle (formlos) beantragen.

Die Befugnis erlischt durch Eintragung des Einrückens einer neuen Hypothek in ihre Rangstelle und ist rot zu unterstreichen, soweit nicht noch ein Rest bleibt.

Beispiel X.

Angenommen, daß auf einem städtischen Grundstück, dessen berichtigter Wehrbeitrag 80000 GM. beträgt, folgende Rechte lasten:

1. Hypothek 30000 M., eingetragen am 1. Mai 1914,
2. " 20000 M., " " 10. März 1919,
3. " 100000 M., " " 12. April 1922,

sodann 4. eine wertbeständige Hypothek im Goldwert von 6000 GM. eingetragen am 1. Februar 1924,

so haben die Hypotheken 1 bis 3 einen Goldwert von 30000, 8000 und 1500 GM., werden also aufgewertet auf 7500, 2000 und 375 Goldmark. Bei Anwendung des § 7 ergibt sich folgende Reihenfolge:

1. 7500 GM.,
2. 6000 GM. (früher Hypothek Nr. 4),
3. 1500 GM. (Eigentümerbefugnis),
4. 2000 GM. (Hypothek Nr. 2),
5. 2000 GM. (Eigentümerbefugnis),
6. 375 GM. (Hypothek Nr. 3),

Bei einer Verdoppelung der Beträge würde hinter 15000 GM folgen:

6000 GM., 9000 GM. und 750 GM.

Die Rangstellen von 4000 und 750 GM. würden für die Eigentümerbefugnis nicht in Betracht kommen, weil der Goldmarkbetrag dieser Rechte nicht innerhalb der Sicherheitsgrenze von 40000 GM. liegt.

q) Der Eigentümer kann, g. F. mit Zustimmung der in § 7 Abs. 4 bezeichneten Gläubiger wertbeständiger Rechte, auf seine Befugnis verzichten. Der Verzicht ist auch dann zulässig und eintragungsfähig, wenn noch nicht feststeht, ob gelöschte Vorhypotheken zur Aufwertung und Wiedereintragung gelangen und ob sie in die Mündelsicherheitsgrenze fallen (JFG **3** 371). Dies gilt besonders dann, wenn die Eintragung des Verzichts im Zusammenhang mit einer Neubeleihung erfolgen soll. (KG 30. November 1925 in Rspr **26** S. 130.) Verzicht und Zustimmung bedürfen der im § 29 GBO vorgeschriebenen Form. Der Verzicht bedarf zu seiner Wirksamkeit der Eintragung in das Grundbuch. Er hat stets absolute Wirkung. Ein Verzicht nur zugunsten eines bestimmten Rechts, unter Aufrechterhaltung des Vorbehalts gegenüber den anderen Rechten ist unzulässig (KGJMBl 26 S. 377 = Ring 1 648). Er ist

a) falls die Befugnis selbst bereits eingetragen ist, in den Sp. 9 bis 11 der 3. Abteilung unter Rötung der Eintragungen in den Sp. 1 bis 4,

b) falls die Befugnis selbst noch nicht eingetragen ist, in Sp. 7 der 3. Abt einzutragen, wobei zum Ausdruck zu bringen ist, ob der Verzicht sich auf eine einzelne Rangstelle oder auf alle in Betracht kommenden Rangstellen bezieht; eines Vermerks in den Sp. 5 und 6 bedarf es nicht (s. Vdg vom 2. November 1926, JMBl S. 387 unter Abänderung der Ziff. III Nr. 2 JM 11. Januar 1926, JMBl 10).

Die Eintragung ist gebührenfrei. Vdg. vom 31. August 1925 (GS S. 111).

Beispiel XI. (KG 19. Dezember 1925 in JW **26** 179.)

V.

1. **Einzutragen in das Grundbuch von Lobau Bd. II Bl. 20 Abt. III. Sp. 7. Der Eigentümer hat hinsichtlich der aufgewerteten Post Nr. 1 auf die Befugnis, gemäß § 7 AwG an der ihm vorbehaltenen Rangstelle eine Hypothek oder Grundschuld eintragen zu lassen, verzichtet. Eingetragen am ..... 1928.**
2. **Nachricht dem Eigentümer und dem Gläubiger der Post Nr. 3.**

Lobau, 10. Januar 1928. Schm.

Die Eintragung des Verzichts auf den Rangvorbehalt setzt aber das Vorhandensein eines eingetragenen oder gelöschten, aber wiedereintragungsfähigen Rechtes im Range nach dem erststelligen voraus. Denn der Verzicht bedeutet begrifflich die Aufgabe des Rangvorbehalts. Kommt solcher nicht in Frage, so ist die Eintragung des Verzichts nichtssagend und daher unzulässig. Der Grund für den Verzicht fällt weg, wenn infolge Fehlens von Nachrechten die Rangstelle des neu einzutragenden Rechts unmittelbar hinter das erststellige Recht kraft Gesetzes tritt (JFG **3** 376).

Die Eintragung des Verzichts auf den Rangvorbehalt (§ 7 Abs. 5 AwG) ist eine unter dem öffentlichen Glauben des Grundbuchs stehende Eintragung, gegen die die Eintragung eines Amtswiderspruchs zulässig ist.

Wenn der Verzicht eingetragen werden soll, ist der Brief über ein die Rangstelle des Eigentümers einnehmendes wertbeständiges Recht vorzulegen.

Ist letzteres mit dem Rechte eines Dritten belastet, so ist auch dessen Zustimmung zum Verzicht auf den Rangvorbehalt notwendig (KG vom 22. September 1927, Rspr S. 1348, 1373).

r) Auch bei gelöschten und wieder eingetragenen Hypotheken usw. gelten die mitgeteilten Vorschriften des § 7 AwG über die Befugnis des Eigentümers auf den Rangvorbehalt. (KG vom 17. Dezember 1925 in JW **26** 177.) Die Befugnis kann auch eingetragen werden, wenn alle Rechte gelöscht sind, aber ihre Aufwertung gemäß § 16 AwG angemeldet ist. Es wird folgende Fassung vorgeschlagen:

„Falls das am .... gelöschte Recht (Hypothek Nr. ... von ..... M.) wieder eingetragen wird, hat der Eigentümer die Befugnis, eine Hypothek oder Grundschuld in Höhe von 25 vH. des Goldmarkbetrages der Hypothek Nr. .... eintragen zu lassen.

Der noch nicht bestimmt feststellbare Goldmarkbetrag ist nicht eintragbar, auch nicht durch eine Eintragung „bis zum Betrage von ... GM.".

Die Befugnis ist in den Sp. 1 bis 4 (linke Hälfte der Sp. 4) der dritten Abteilung einzutragen. Nr. III JM vom 11. Januar 1926 (JMBl S. 10) s. näheres oben S. 493.

Beispiel XII.

V.

1. Einzutragen in das Grundbuch von Lobau Bd. X Bl. 180 Abt. III.
A. zu Nr. 1.
Sp. 2: Rückwirkend aufgewertet. Vgl. Nr. 3.
B. zu Nr. 3.
Sp. 1. 3.
Sp. 2. 1.
Sp. 3. 2000 GM.
Sp. 4. Die unter Nr. 1 eingetragen gewesene Post, nämlich 8000 M. Darlehn, sofort vollstreckbar gegen den jeweiligen Grundstückseigentümer, unter Bezugnahme auf die Bewilligung vom 10. Oktober 1908 eingetragen am 15. Oktober 1908 für den Kaufmann Paul Krüger in Lobau, ist auf 2000 GM. (i. W.) rückwirkend aufgewertet und mit dem bisherigen Range für den Kaufmann Paul Krüger in Lobau wieder eingetragen am ... Januar 1928.

2. Nachricht an Eigentümer und Gläubiger.

3. Es ist ein neuer Hypothekenbrief zu bilden, mit einer beglaubigten Abschrift der auf die Post Nr. 1 bezüglichen Schuldurkunde zu verbinden und dem Gläubiger zu übermitteln (Quittung, Einschreiben).

4. Einzutragen ebenda zu Nr. ...
Sp. 1. 4.
Sp. 2. 1.
Sp. 3. 2000 Goldmark.
Sp. 4. linke Hälfte: Dem Eigentümer steht gemäß § 7 AwG die Befugnis zu, im Range nach der Post Nr. 3 und vor den dieser nachgehenden Rechten eine Hypothek oder Grundschuld in Höhe von 2000 GM. (i. B.) mit dem üblichen Zinsfuß eintragen zu lassen. Eingetragen am ..... 1928.

3. Der Rang der nach § 20, 31 AwG wieder eingetragenen Rechte.

a) Diese Rangvorschriften brauchen nicht beachtet zu werden, wenn es sich nur um die Eintragung der Aufwertung bei nicht gelöschten Hypotheken handelt; sie kommen erst zur Geltung, wenn gelöschte Hypotheken wieder eingetragen werden sollen. Ring 1 219 (OLG Dresden). Dann werden oft auch die Hypotheken, deren Aufwertung verbucht ist, in ihrem Range betroffen werden. Das AwG führt in erheblichem Umfange zur Entstehung relativer Rangverhältnisse, besonders im Falle des § 20. Hierüber s. RG vom 30. Juni 1927, Rspr S. 1316 = D. Jur. Ztg. S. 1485 = JW S. 2144.

b) Die Wiedereintragung gelöschter Hypotheken usw. (s. oben S. 469ff.) erfolgt grundsätzlich mit dem bisherigen Rang. Jedoch hat der Wiedereinzutragende mit der Möglichkeit zu rechnen, daß nach Löschung seines Rechts das Grundstück an einen gutgläubigen Erwerber veräußert worden ist oder ein Dritter in gutem Glauben ein Recht an dem Grundstück erworben hat. Hierauf muß der Grundbuchrichter von Amts wegen achten[1]; RG in JW **26** 2641 Nr. 1; dabei hat er von der Vermutung: quisque praesumitur bonus auszugehen. Im allgemeinen kann hier auf die Darstellung S. 475 Nr. 3 verwiesen werden. Der gutgläubige Grundstückserwerb hat also die Wirkung, daß die Löschung trotz etwaiger Unwirksamkeitsgründe als wirksam und das Recht des bisherigen Gläubigers trotz Vorliegens der Aufwertungsvoraussetzungen als erloschen und nicht aufwertbar gilt; die Wiedereintragung ist abzulehnen. JFG **3** 355. Ebenso kann der Gläubiger einer gelöschten Hypothek seine Wiedereintragung nur im Range hinter dem verlangen, der zwischenzeitlich ein Recht am Grundstück gutgläubig erworben hat[2]. Die wiedereingetragene Hypothek geht auch einer gutgläubig erworbenen Höchstbetragshypothek im Range nach, es sei denn, daß das Kreditverhältnis bereits abgeschlossen ist und sich hierbei eine Nichtvalutierung der Höchstbetragshypothek ergeben hat. Die hierdurch entstandene Eigentümergrundschuld muß zugunsten des aufgewerteten Rechts zurücktreten (RGJMBl 1927 S. 224) und Oberstes LG München vom 12. Januar 1928, Ring **3** 114). Die Berufung auf den öffentlichen Glauben versagt, wenn ein Recht an einem Grundstück nach dem 30. Juni 1925 durch Abtretung erworben und zur Zeit des vor dem 1. Juli 1925 liegenden Erwerbs des Rechts die aufgewertete Hypothek noch nicht gelöscht, auch Löschungsbewilligung noch nicht erteilt war (RG vom 26. November 1927, Ring **3** 6). Lasten auf einem Grundstück 2 Hypotheken und wurde nach Löschung der 1. Hypothek ein neues Grund-

[1] Bei der Eintragung im Grundbuch wird auch in den Fällen des § 1155 BGB vermutet, daß ein dem aufgewerteten Rechte im Range gleichstehendes oder nachgehendes Recht demjenigen zusteht, für den es eingetragen ist (Art. 4, 8 DurchfV). Der Grundbuchrichter braucht also die Möglichkeit, daß außerhalb des Grundbuchs ein Rechtswererb z. B. durch Abtretung der Buchhypothek in der Zeit vom 14. Februar bis 1. Oktober 1924 erfolgt ist, nicht mehr zu berücksichtigen. Seine Prüfungspflicht beschränkt sich auf die aus dem Grundbuch ersichtlichen Rechtserwerbe.

[2] Für die Annahme des guten Glaubens genügt es, wenn zu dem nach § 892 Abs. 2 BGB bestimmten Zeitpunkte (Stellung des Eintragungsantrags oder Zeit der Einigung, falls sie erst später zustande kommt) eine dem § 29 GBO entsprechende Löschungsbewilligung oder löschungsfähige Quittung bereits erteilt war oder gleichzeitig erteilt wurde; s. dazu § 14 AwErgG und über den Begriff der „Erteilung" Ring **1** 689 (RG).

stücksrecht mit wertbeständigem Maßstab vor dem 1. Juli 1925 gutgläubig bestellt, so ergibt sich, wenn die 1. Hypothek kraft Rückwirkung aufgewertet wird, folgendes Rangverhältnis (Oberstes LG München vom 29. Oktober 1926, Rspr S. 346):

1. das neue Recht, soweit der Aufwertungsbetrag der 1. Hypothek und der Rangvorbehalt des Eigentümers (§ 7 Abs. 4 AwG) ziffernmäßig reichen,
2. die bisherige 2. Hypothek,
3. der Rest des neuen Rechts,
4. die frühere 1. Hypothek.

Durch den Vorrang auf Grund des guten Glaubens werden, wie das Beispiel zeigt, die Zwischenhypotheken nicht benachteiligt. Ring 2. Sonderheft S. 39. Bezüglich der zwischen dem gelöschten und dem für einen Dritten neu eingetragenen Rechte bestehenden sonstigen Rechte s. KGJMBl 1927 S. 283.

c) Im Falle des § 17 (Abtretung) kann trotz Eigentumswechsels und guten Glaubens des Erwerbers der Zedent wieder eingetragen werden (RG **116** 177; RG vom 9. Mai 1927, Ring **2** 393 = JW S. 1626, vom 13. Juli 1927, Rspr S. 1185 und vom 12. November 1927, HRR **28** Nr. 45; JFG **3** 355 gegen KG vom 9. Dezember 1926, Rspr 1927 S. 229). Der Erwerber des Grundstücks kann sich gegenüber der Eintragung des früheren Gläubigers auf den öffentlichen Glauben des Grundbuchs auch dann nicht berufen, wenn der die Annahme der Gegenleistung vor dem 15. Juni 1922 gemachte Vorbehalt des früheren Gläubigers aus dem Grundbuch nicht ersichtlich war (RG vom 25. Januar 1928, Ring **3** 135). Auch den Erwerbern von Nachrechten gegenüber ist die Aufwertung für den Zedenten vor ihrem Recht zulässig.

Nach § 21 Abs. 2 AwG geht der Aufwertungsbetrag des früheren Gläubigers dem Aufwertungsbetrag des gegenwärtigen Gläubigers und den diesem im Range gleichstehenden und nachgehenden Rechten im Range nach, ferner auch den sich an diese Rechte etwa anschließenden Rangvorbehalten. Zu den im § 21 Abs. 2 AwG bezeichneten Rechten gehören auch die Hypotheken, die bei Inkrafttreten des AwG bereits gelöscht waren, aber kraft Rückwirkung oder auf Grund Vorbehalts aufgewertet und wiedereingetragen sind (KG vom 23. und vom 30. September 1926, Rspr 1927 S. 33 und S. 29).

§ 21 Abs. 2 findet auch dann Anwendung, wenn die abgetretene Hypothek später auf Bewilligung des Zessionars gelöscht worden ist (OLG Dresden vom 30. Juni 1927, Ring S. 528), ferner in dem Falle, daß eine Hypothek nach Zahlung in eine Eigentumsgrundschuld umgeschrieben ist (RG vom 25. Februar 1928, Ring S. 185; KG vom 23. September 1926, JW 1927 S. 71 und vom 1. August 1927, JW S. 1440).

Zu beachten ist, daß der Aufwertungsbetrag des Zedenten nach § 22 Abs 2 AwG solchen Rechten, die erst nach dem 30. Juni 1925 begründet worden sind, vorgeht.

d) Der öffentliche Glaube des Grundbuchs und die Vorschrift des § 21 Abs. 2 steht der Wiedereintragung an der bisherigen Rangstelle nicht entgegen, wenn nach dem 1. Januar 1925 Rechte durch den Eigentümer, seiner Ehefrau oder nahe Verwandte erworben sind oder wenn Rechte nach dem 30. Juni 1925[1] begründet worden sind (§ 22 des Ges). Eintragung einer Vormerkung vor dem 1. Juli 1925 genügt nicht (RG **116** 238).

e) Unbillig wäre es, die wiedereingetragene Hypothek hinter einer Gesamthypothek zurücktreten zu lassen. Auf Antrag des Gläubigers, der bis 1. Januar 1926 gestellt sein mußte, hat die Aufwertungsstelle den Betrag zu bestimmen, der auf die mitverhafteten Grundstücke entfallen würde, wenn eine angemessene Verteilung der Gesamthypothek stattfände. In der Höhe dieses Betrags hat der Gläubiger der Gesamthypothek dem Gläubiger der aufgewerteten Hypothek den Vorrang einzuräumen.

§ 180. Vergleich und gerichtliche Entscheidungen über die Aufwertung (§§ 67, 68 AwG).

1. Nach § 67 Abs. 1 bleiben Vergleiche der Parteien, die den Zweck hatten, den Streit oder die Ungewißheit über die Höhe des zu zahlenden Aufwertungsbetrages zu beseitigen, grundsätzlich unberührt[2]. Über den Begriff des Vergleichs i. S. des § 67 f. RG in JW 1926 S. 2567, D. Jur.Ztg. 1927 S. 383, Ring 28 S. 244, HRR 28 Nr. 758, ferner RG **116** 143; **117** 226, 296)[3]. Ein Vergleich i. S. des § 67 AwG setzt voraus, daß die Vertragschließenden an die Möglichkeit einer Aufwertung überhaupt gedacht haben (RG vom 25. Dezember 1927, JW 28 S. 400). Auch der auf der Vorschrift des § 17 AwG beruhende Aufwertungsanspruch eines früheren Gläubigers wird dadurch berührt (RG **116** 184 gegen RG vom 28. April 1927, JW S. 1882). Vgl. auch RG **119** 48, ferner RG vom 11. Mai 1927, JW S. 1269, vom 24. Juni 1927, Ring **2** 525, vom 24. und 26. November

[1] Ist ein vor dem 1. Juli 1925 gestellter Antrag zunächst abgewiesen, der Abweisungsbeschluß aber wieder aufgehoben und die Eintragung auf einen erneuten, nach dem 30. Juni 1925 gestellten, auf den früheren Antrag Bezug nehmenden Antrag vorgenommen, so ist die Eintragung als auf den vor dem 1. Juli 1925 gestellten Antrag erfolgt anzusehen (OLG Hamburg vom 29. September 1927, Ring 2 762).

[2] Vergleiche aus der Zeit nach dem 14. Juli 1925, die lediglich den Streit oder die Ungewißheit über den Beginn der Verzinsung oder über eines der im Art. II und III des Aufwertungsergänzungsgesetzes bezeichneten Rechtsverhältnisse betreffen, stehen der Anwendung des Aufwertungsergänzungsgesetzes nicht entgegen. Das gleiche gilt für rechtskräftige Entscheidungen, die auf Grund des AwG ergangen sind (§ 17 AwErgG).

[3] Vereinbarungen, die nicht den Tatbestand des § 67 AwG erfüllen, stehen dem Gläubiger nicht entgegen (s. hierüber RG vom 22. Juni 1927, JW S. 1255).

1927, Ring **3** S. 2, 6 und vom 17. Januar 1928, HRR Nr. 749; s. jedoch RG vom 24. Juni 1927, JW S. 1839 für den Fall des § 67 Abs. 2 Satz 2 AwG)[1]. Auch ein Vergleich mit ausdrücklichem Verzicht auf weitere Aufwertung unterliegt dem § 67 AwG (RG **117** 226 und die S. 230 daselbst angeführte Rechtsprechung und Literatur). Grundsätzlich ist nicht anzunehmen, daß ein Gläubiger, der in einem im Januar 1923 abgeschlossenen Vergleich auf die Mehrforderung über die Vergleichssumme hinaus verzichtet hat, auch auf den späteren Aufwertungsanspruch verzichten wollte (RG vom 20. September 1927, RSpr S. 1282). Ein Vergleich i. S. des § 67 AwG kann auch dann vorliegen, wenn die Parteien sich ohne Feilschen auf eine Summe geeinigt haben und der Gläubiger ausdrücklich auf alle durch Gesetzgebung oder Rechtsprechung zukünftig einzuführenden Aufwertungsansprüche verzichtet hat. Verlangt der Gläubiger jetzt trotzdem Aufwertung, so handelt er nicht arglistig (RG vom 6. Dezember 1927, Ring **3** 68).

Vergleiche gemäß § 67 AwG bedürfen für den Grundbuchverkehr der Form des § 29 GBO[2]. Der Grundbuchrichter darf jedoch bei der Eintragung der Aufwertung der Grundstücksrechte auch mit Zustimmung des Gläubigers und des Eigentümers nicht über 25 vH. des Goldmarkbetrages hinausgehen. Weitergehende Vereinbarungen sind g. F. als Begründung einer neuen Hypothek usw. aufzufassen und entsprechend zu behandeln. Die Eintragung des Überschußbetrages kann daher nicht in der Spalte „Veränderungen" an der Stelle der bisherigen Hypothek, sondern nur unter einer neuen Nummer an der nächst bereiten Stelle der Hauptspalte der Abt. III erfolgen. Es kann aber in solchen Fällen der Eigentümer auch die Eintragung der neuen, die 25 vH. übersteigenden Hypothek an der ihm gemäß § 7 vorbehaltenen Rangstelle bewilligen. An der alten Stelle ist lediglich der gesetzliche Aufwertungsbetrag einzutragen. (KG 24. Januar 1926, JW S. 262; Ring **1** 138). Dies gilt auch dann, wenn Rechte dritter Personen, die durch eine Eintragung des ganzen vereinbarten Aufwertungsbetrages an der alten Stelle benachteiligt werden könnten, nicht vorhanden sind (JFG **3** 346, 354); s. aber OLG Dresden Ring **1** 401.

Beispiel XIII.

Die im Grundbuch von Lobau Bd. XII Bl. Nr. 165 am 3. Oktober 1914 in Abt. III Nr. 1 eingetragene Restkaufgeldhypothek von 10000 M. wird durch Vereinbarung vom 23. Dezember 1925 auf 7500 GM. aufgewertet. Hinter

---

[1] Hat der Zessionar einen höheren als den gesetzlichen AwBetrag erhalten, ohne daß ein Vergleich i. S. des § 67 Abs. 2 AwG vorlag, so braucht sich der frühere Gläubiger jedenfalls dann nur den gesetzlichen AwBetrag anrechnen zu lassen, wenn Zessionar und Eigentümer dieselben Personen, wenngleich in verschiedener rechtlicher Gebundenheit, waren (RG vom 15. Dezember 1927, Ring **3** 136).

[2] Solche Vergleiche sind nach Tarifstelle 17 LStG mit dem Feststempel von 3 RM. zu versteuern. Übersteigt aber der vereinbarte Aufwertungsbetrag den gesetzlichen Aufwertungsbetrag, so liegt insoweit ein neues Schuldverhältnis vor, das in Höhe des Mehrbetrages gemäß Tarifstelle 14 LStG zu versteuern ist. JM 27. November 1925 in JurRdsch S. 1172.

der Hypothek Nr. 1 ist am 1. August 1925 eine Darlehnshypothek von 10000 RM. unter Nr. 2 eingetragen. Es soll jetzt die vereinbarte Aufwertung eingetragen werden.

Die Vermerke lauten dann:

a) Sp. Veränderungen.

Sp. 5. 1.

Sp. 6. 2500.

Sp. 7. Diese Hypothek ist auf 2500 GM. (i. W.) aufgewertet. Unter Bezugnahme auf die Eintragungsbewilligung vom 23. Dezember 1927 eingetragen am 28. Dezember 1927. Der zu dieser Post gehörige Teilbetrag von 5000 GM. ist unter Nr. 3 vermerkt.

b) **Sp. 1 bis 4.**

Sp. 1. 3.

Sp. 2. 1.

Sp. 3. 5000 GM.

Sp. 4. 5000 (i. W.) Goldmark vereinbarter Aufwertungsbetrag zuzüglich zu dem gesetzlichen Aufwertungsbetrag der Post Nr. 1 von 2500 GM. mit dem im AwG bestimmten Zinssatz, verzinslich vom 1. Januar 1925 ab, sofort vollstreckbar gegen den jeweiligen Eigentümer unter Bezugnahme auf die Eintragungsbewilligung vom 23. Dezember 1927 und die auf die Post Nr. 1 bezügliche Eintragungsbewilligung vom 25. September 1914 für den Kaufmann Carl Müller in Lobau eingetragen am 28. Dezember 1927.

Wäre die Post Nr. 1 bereits gelöscht und würde sie gemäß § 15 wieder aufgewertet, so würde sie unter Nr. 3 in Sp. 1 bis 4 in Höhe von 2500 GM. mit dem Range vor der Post Nr. 2 und in Höhe von 5000 GM. unter Nr. 4 einzutragen sein.

Zweckmäßiger und für das Grundbuch übersichtlicher ist es allerdings, in solchen Fällen die Papiermarkhypothek zu löschen und eine neue Hypothek in Höhe des vereinbarten Aufwertungsbetrages einzutragen. Das macht allerdings höhere Kosten, weil die Eintragung der Aufwertung und die Wiedereintragung von gelöschten Hypotheken nur in Höhe des gesetzlichen Aufwertungsbetrages gebührenfrei ist. Vdg vom 31. August 1925 (GS S. 111).

2. Eine Ausnahme bilden Vergleiche, die zwischen dem 15. Juni 1922 und 14. Februar 1924 abgeschlossen worden sind. Diese sind, soweit sie die Aufwertung ausschließen, unwirksam[1], es sei denn, daß der Gläubiger zur Zeit der Tätigung des Vergleichs Kaufmann war und den Vergleich im Betriebe seines Handelsgewerbes geschlossen hat. § 67 Abs. 2 AwG. Ein Versicherungsverein auf Gegenseitigkeit ist an sich nicht Kaufmann i. S. dieser Vorschrift (KGJMBl 1926 S. 348).

3. Ähnliche Bestimmungen trifft § 68 für gerichtliche Entscheidungen, durch die die Aufwertung von Ansprüchen rechtskräftig geregelt ist. Zu diesen Entscheidungen gehört z. B. nicht ein Urteil, das den Gläubiger verurteilt, die Löschung gegen Zahlung eines bestimmten Aufwertungsbe-

[1] Nur der Gläubiger, dem der Vergleich weniger gewährt als das Gesetz, kann sich hierauf berufen, nicht auch der Schuldner, der sich zu mehr verpflichtet hat, als das Gesetz erfordert (RG **114** 49).

trages zu bewilligen. (RG **114** 85 gegen KG 21. Januar 1926 in Rspr Nr. 507.) Die Bestimmung des § 68 hat nicht eine Erweiterung der Rechtskraftwirkung schaffen wollen. § 68 setzt eine Entscheidung über eine mit Klage oder Widerklage geltend gemachte Forderung voraus. Solche Entscheidungen bleiben wirksam, hindern aber nicht die Aufwertung kraft Rückwirkung. Im Falle einer auf mehr als 25 vH. lautenden gerichtlichen Entscheidung ist auch der Mehrbetrag an der bisherigen Rangstelle einzutragen. (KG 28. Januar 1926, Rspr Nr. 507.) Ein rechtskräftiges Urteil, durch das nur die Klage des Gläubigers einer Hypothek auf Ersatz des Valutaschadens wegen Verzugs bei Rückzahlung des durch die Hypothek gesicherten Darlehns abgewiesen ist, steht der Aufwertung der Hypothek nicht entgegen (JFG **3** 414). § 68 gebietet enge Auslegung.

4. Änderungen des Inhalts der im § 2 Abs. 2a und b, Vdg vom 10. Dezember 1925 (GS S. 169), bezeichneten Hypotheken der landschaftlichen (ritterschaftlichen) Kreditanstalten usw. auf Grund von Vereinbarungen über die Aufwertung zwischen der Kredtianstalt und dem Eigentümer des belasteten Grundstücks oder dem sonstigen Darlehnsnehmer oder auf Grund einer Anordnung der obersten Verwaltungsdirektion der Kreditanstalt oder einer Entscheidung der Aufwertungsstelle sind auf Antrag der Kreditanstalt usw. oder des Eigentümers in das Grundbuch einzutragen. Soweit durch die Bewilligung oder durch die Eintragung Kosten entstehen, trägt diese die Kreditanstalt. § 8 Abs. 1 Vdg vom 10. Dezember 1925 (GS S. 169); s. auch § 11 Abs. 5 a. a. O. Vereinbarungen über die Aufwertung der im § 2 Abs. 2a und b bezeichneten Hypotheken und die Grundsätze für solche Vereinbarungen bedürfen der Zustimmung der Aufsichtsbehörde. § 10 a. a. O. Auf Grundschulden und Reallasten der Kreditanstalten usw. finden diese Vorschriften entsprechende Anwendung. § 12 a. a. O.

Zeit	Wert von .... Papiermark	Wert in Goldmark
1918		
Januar—Juni	10	8,00
Juli	10	7,14
August	10	6,90
Sept.—Oktober	10	6,45
November	10	5,71
Dezember	10	5,00
1919		
Januar	10	5,13
Februar	10	4,65
März	10	4,00
April	10	3,41
Mai	10	3,32
Juni	10	3,11
Juli	10	2,86
August	10	2,29
September	10	1,88
Oktober	10	1,66
November	10	1,26
Dezember	10	1,04
1920		
Januar 1.—10.	100	9,67
11.—20.	100	7,75
21.—31.	100	5,76
Februar 1.—10.	100	4,90
11.—20.	100	5,06
21.—29.	100	4,86
März 1.—10.	100	4,87
11.—20.	100	6,12
21.—31.	100	5,79
April 1.—10.	100	7,00
11.—20.	100	6,99
21.—30.	100	7,10
Mai 1.—10.	100	7,86
11.—20.	100	8,79
21.—31.	100	11,01
Juni 1.—10.	100	10,32
11.—20.	100	10,64
21.—30.	100	11,19
Juli 1.—10.	100	11,10
11.—20.	100	10,91
21.—31.	100	10,05
August 1.—10.	100	9,23
11.—20.	100	8,83
21.—31.	100	8,40
Sept. 1.—10.	100	8,24
11.—20.	100	6,80
21.—30.	100	6,80
Oktober 1.—10.	100	6,87
11.—20.	100	6,39
21.—31.	100	6,22
Nov. 1.—10.	100	5,57
11.—20.	100	5,83
21.—30.	100	6,65
Dezemb. 1.—10.	100	6,38
11.—20.	100	6,27
21.—31.	100	6,20
1921		
Januar 1.—10.	100	6,05
11.—20.	100	6,62
21.—31.	100	7,41
Februar 1.—10.	100	6,90
11.—20.	100	7,26
21.—28.	100	7,01
März 1.—10.	100	7,01
11.—20.	100	7,09
21.—31.	100	7,12
April 1.—10.	100	7,24
11.—20.	100	7,15
21.—30.	100	6,77
Mai 1.—10.	100	6,77
11.—20.	100	7,42
21.—31.	100	7,32
Juni 1.—10.	100	6,88
11.—20.	100	6,61
21.—30.	100	6,39
Juli 1.—10.	100	6,34
11.—20.	100	6,25
21.—31.	100	5,88
August 1.—10.	100	5,32
11.—20.	100	4,96
21.—31.	100	5,01
Sept. 1.—10.	100	4,82
11.—20.	100	4,31
21.—30.	100	4,07
Oktober 1.—10.	100	3,88
11.—20.	100	3,23
21.—31.	100	2,98
Novbr. 1.—10.	100	2,24
11.—20.	100	2,06
21.—30.	100	1,92
Dezbr. 1.—10.	100	2,37
11.—20.	100	2,56
21.—31.	100	2,55

Zeit	Wert von .... Papiermark	in Goldmark	Zeit	Wert von .... Papiermark	in Goldmark
1922			April 1.–10.	10000	2,02
			11.–20.	10000	1,92
Januar 1.–10.	100	2,52	21.–30.	10000	1,57
11.–20.	100	2,50	Mai 1.–10.	10000	1,29
21.–31.	100	2,28	11.–20.	10000	1,09
Februar 1.–10.	100	2,30	21.–31.	100000	8,40
11.–20.	100	2,24	Juni 1. . .	100000	6,47
21.–28.	100	2,08	2. . .	100000	6,82
März 1.–10.	100	1,86	4. . .	100000	6,83
11.–20.	100	1,70	5. . .	100000	6,71
21.–31.	100	1,43	6. . .	100000	6,30
April 1.–10.	100	1,43	7. . .	100000	6,17
11.–20.	100	1,50	8. . .	100000	6,18
21.–30.	100	1,59	9. . .	100000	6,09
Mai 1.–10.	100	1,50	11. . .	100000	5,79
11.–20.	100	1,49	12. . .	100000	5,29
21.–31.	100	1,51	13. . .	100000	4,94
Juni 1.–10.	100	1,52	14. . .	100000	4,73
11.–20.	100	1,37	15. . .	100000	4,26
21.–30.	100	1,26	16. . .	100000	3,86
Juli 1.–10.	1000	9,50	18. . .	100000	3,66
11.–20.	1000	9,70	19. . .	100000	3,80
21.–31.	1000	8,46	20. . .	100000	3,79
August 1.–10.	1000	6,06	21. . .	100000	3,82
11.–20.	1000	4,88	22. . .	100000	3,89
21.–31.	1000	3,16	23. . .	100000	3,94
Septbr. 1.–10.	1000	3,33	25. . .	100000	3,58
11.–20.	1000	3,09	26. . .	100000	3,26
21.–30.	1000	3,05	27. . .	100000	3,03
Oktober 1.–10.	1000	2,13	28. . .	100000	3,00
11.–20.	1000	1,65	29. . .	100000	2,92
21.–31.	1000	1,11	30. . .	100000	2,87
Novbr. 1.–10.	10000	7,60	Juli 2. . .	100000	2,73
11.–20.	10000	6,79	3. . .	100000	2,68
21.–30.	10000	6,62	4. . .	100000	2,54
Dezbr. 1.–10.	10000	5,80	5. . .	100000	2,43
11.–20.	10000	6,18	6. . .	100000	2,37
21.–31.	10000	6,34	7. . .	100000	2,32
			9. . .	100000	2,28
1923			10. . .	100000	2,25
			11. . .	100000	2,25
Januar 1.–10.	10000	4,94	12. . .	100000	2,21
11.–20.	10000	3,22	13. . .	100000	2,10
21.–31.	10000	1,87	16. . .	100000	1,99
Februar 1.–10.	10000	1,35	17. . .	100000	1,75
11.–20.	10000	1,87	19. . .	100000	1,52
21.–28.	10000	1,86	20. . .	100000	1,33
März 1.–10.	10000	1,95	23. . .	1 Million	9,83
11.–20.	10000	2,06	24. . .	1 "	8,39
21.–31.	10000	2,04	26. . .	1 "	6,01

Zeit		Wert von .... Papiermark	in Goldmark	Zeit		Wert von .... Papiermark	in Goldmark
Juli	27. . .	1 Million	5,16	Oktober	4. . .	1 Milliarde	7,71
	30. . .	1 "	4,49		5. . .	1 "	6,10
	31. . .	1 "	4,37		8. . .	1 "	3,38
August	1. . .	1 "	3,98		9. . .	1 "	1,93
	3. . .	1 "	2,63		10. . .	1 "	1,41
	6. . .	1 "	1,68		11. . .	1 "	1,27
	7. . .	1 "	1,32		12. . .	1 "	1,31
	8. . .	1 "	1,18		15. . .	1 "	1,12
	9. . .	1 "	1,20		16. . .	10 Milliarden	8,06
	10. . .	1 "	1,33		17. . .	10 "	5,44
	13. . .	1 "	1,42		18. .	10 "	2,26
	14. . .	1 "	1,50		19. . .	10 "	1,23
	15. . .	1 "	1,47		22. . .	100 "	8,18
	16. . .	1 "	1,25		23. . .	100 "	7,02
	17. . .	10 Millionen	9,81		24. . .	100 "	6,65
	20. . .	10 "	8,44		25. . .	100 "	6,65
	21. . .	10 "	7,98		26. . .	100 "	6,72
	22. . .	10 "	8,51		27. . .	100 "	6,79
	23. . .	10 "	8,46		29. . .	100 "	6,60
	24. . .	10 "	7,90		30. . .	100 "	5,05
	27. . .	10 "	6,86		31. . .	100 "	2,57
	28. . .	10 "	5,45	Novbr.	1. . .	100 "	1,53
	29. . .	10 "	4,86		2. . .	100 "	1,14
	30. . .	10 "	4,67		3. . .	100 "	1,04
	31. . .	10 "	4,53		5. . .	1 Billion	8,85
Septbr.	3. . .	10 "	3,62		6. . .	1 "	7,69
	4. . .	10 "	2,42		7. . .	1 "	6,97
	5. . .	10 "	1,51		8. . .	1 "	7,12
	6. . .	10 "	1,17		9. . .	1 "	7,28
	7. . .	100 "	9,43		10. . .	1 "	6,70
	10. . .	100 "	7,52		12. . .	1 "	5,27
	11. . .	100 "	6,29		13. . .	1 "	3,19
	12. . .	100 "	5,52		14. . .	1 "	2,19
	13. . .	100 "	4,70		15. . .	1 "	1,72
	14. . .	100 "	3,84		16. . .	1 "	1,67
	17. . .	100 "	2,97		17. . .	1 "	1,36
	18. . .	100 "	2,59		19. . .	1 "	1,15
	19. . .	100 "	2,73		20. . .	1 "	1,00
	20. . .	100 "	2,87		21. . .	1 "	1,00
	21. . .	100 "	3,33		22. . .	1 "	1,00
	24. . .	100 "	3,20		23. . .	1 "	1,00
	25. . .	100 "	3,23		24. . .	1 "	1,00
	26. . .	100 "	2,94		26. . .	1 "	1,00
	27. . .	100 "	2,31		27. . .	1 "	1,00
	28. . .	100 "	1,78		28. . .	1 "	1,00
Oktober	1. . .	100 "	1,35		29. . .	1 "	1,00
	2. . .	100 "	1,07		30. und folgende Tage	1 "	1,00
	3. . .	1 Milliarde	9,21				

Anhang II: **Das amtliche Grundbuchformular** (JMBl 1899, S. 359ff. und 1927, S. 35).

Amtsgericht Lobau. **Anlage A.**

Grundbuch

von

Buchhain, Kreis Seefeld.

Band I Blatt Nr. 12.

I. Verzeichnis der

Laufende Nummer der Grundstücke	Bisherige laufende Nummer der Grundstücke	Gemarkung	Flurbuch: Kartenblatt (Flur)	Flurbuch: Parzelle	Grundsteuermutterrolle	Gebäudesteuerrolle	Wirtschaftsart und Lage	Größe			Grundsteuerreinertrag		Gebäudesteuernutzungswert
			Nr.	Nr.	Art.	Nr.		ha	a	qm	RM.	1/100	RM.
1.	2.	3.	4.		5.	6.	7.	8.			9.		10.
1*)	—	Buchhain	—	—	3	27	Bauerhof Nr. 8	41	67	09	1373	29	136
2	—	Buchhain	2	110	—	—	Garten im Dorfe	—	34	86	27	68	—
3	1 mit 2	Buchhain	—	—	3	27	Bauerhof Nr. 8	42	01	95	1380	97	136
4	—	Buchhain	5	90	24	—	Acker im Mittelfelde	2	18	90	59	83	—
5	—	Brühl	3	20	15	—	Holzung in den Fichten	1	31	66	30	31	—
6	Rest von 4	Buchhain	5	$\frac{419}{90}$	24	—	Acker im Mittelfelde	—	60	75	26	30	—
7	—	Buchhain	5	17	—	—	Acker im Mittelfelde	—	73	40	27	60	—
8	6, 7	Buchhain	5	$\frac{419}{90}$, 17	24	—	Acker im Mittelfelde	1	34	15	43	90	—

*) Die punktierten Linien bedeuten rote Striche.

Grundstücke.

Bestand und Zuschreibungen		Abschreibungen	
Zur laufenden Nummer der Grundstücke		Zur laufenden Nummer der Grundstücke	
11.	12.	13.	14.
1	Bei Anlegung des Grundbuchs eingetragen am 3. August 1901. Fischer Neumann	4	Von Nr. 4 die Parzelle $\frac{420}{90}$ übertragen nach Band II Blatt Nr. 50 am 18. Oktober 1908. Rest: laufende Nr. 6. Fischer Neumann
1, 2, 3	Nr. 2 nach Abschreibung von Band I Blatt Nr. 20 der Nr. 1 als Bestandteil zugeschrieben und Nr. 1 mit Nr. 2 unter Nr. 3 neu eingetragen am 24. Februar 1903. Fischer Neumann		
4	Von Band I Blatt Nr. 17 hierher übertragen am 4. August 1904. Fischer Neumann		
5	Von Band IV Blatt Nr. 29 des Grundbuchs von Brühl hierher übertragen am 12. Juni 1908. Fischer Neumann	5	Übertragen nach Band III Blatt Nr. 117 des Grundbuchs von Brühl am 3. Mai 1910. Fischer Neumann
6 7 8	Nr. 7 von Band II Blatt Nr. 32 hierher übertragen und infolge Vereinigung mit Nr. 6 unter 8 als ein Grundstück eingetragen am 3. Mai 1910. Fischer Neumann		

II. Verzeichnis der mit dem Eigentume verbundenen Rechte.

Laufende Nummer der Eintragung	Laufende Nummer des beteiligten Grundstücks	Bezeichnung des Rechtes	Veränderungen	Löschungen
1.	2.	3.	4.	5.
1	1	Die auf dem Grundstücke Buchhain Kartenblatt 10 Parzelle 5 (Band I Blatt Nr. 15) in Abteilung II Nr. 3 eingetragene jährliche Rente von 200 RM. hier vermerkt am 10. September 1901. Fischer Neumann		Nr. 2 gelöscht am 15. Oktober 1904. Fischer Neumann
2	2	Das auf dem Grundstücke Buchhain Kartenblatt 2 Parzelle 114 (Band I Blatt Nr. 37) in Abteilung II Nr. 1 eingetragene Wegerecht bei der Zuschreibung von Nr. 2 hier vermerkt am 24. Februar 1903. Fischer Neumann		

Erste Abteilung.

Eigentümer	Laufende Nummer der Grundstücke	Grund des Erwerbes, Verzicht	Erwerbspreis, Wert, Feuerversicherungssumme
1.	2.	3.	4.
Landwirt Friedrich Gerber in Buchhain	1	Bei der Anlegung des Grundbuchs auf Grund des Kaufvertrags vom 20. September 1895 eingetragen am 3. August 1901. Fischer Neumann	Zu Nr. 1: 51500 RM. Kaufpreis vom 20. September 1895 eingetragen am 3. August 1901. Fischer Neumann
	2	Aufgelassen und Band I Blatt Nr. 20 eingetragen am 30. Januar 1902, hierher übertragen am 24. Februar 1903. Fischer Neumann	
Bauer Heinrich Schmidt in Buchhain	3	Aufgelassen und eingetragen am 5. April 1904. Fischer Neumann	Zu Nr. 3: Wohnhaus und Wirtschaftsgebäude am 30. April 1904 versichert mit 8400 RM. Eingetragen am 5. Mai 1904. Fischer Neumann
	4	Aufgelassen und eingetragen am 4. August 1904. Fischer Neumann	
Die Ehefrau des Heinrich Schmidt, Sophie geborene Busse, als Miteigentümerin kraft ehelicher Gütergemeinschaft	3, 4	Auf Grund des Zeugnisses des Amtsgerichts zu Lobau vom 7. November eingetragen am 23. November 1907. Fischer Neumann	
	5	Die Ehefrau Schmidt auf Grund des Erbscheins vom 5. Februar 1908, der Ehemann kraft ehelicher Gütergemeinschaft eingetragen am 12. Juni 1908. Fischer Neumann	
	7	Aufgelassen am 2. und eingetragen am 3. Mai 1910. Fischer Neumann	

Zweite

Laufende Nummer der Eintragung	Laufende Nummer der belasteten Grundstücke	Lasten und Beschränkungen	Zur laufenden Nummer der Eintragung
1.	2.	3.	4.
1	1	Ein Altenteil für Anton Siegert in Buchhain nach Maßgabe des Kaufvertrags vom 20. September 1895 bei der Anlegung des Grundbuchs eingetragen am 3. August 1901. Fischer Neumann	2 5
2	3	Ein lebenslängliches Wohnungsrecht für den Landwirt Friedrich Gerber in Buchhain nach Maßgabe der Bewilligung vom 30. März 1904. Der Höchstbetrag des Ersatzes für den Fall des Erlöschens durch den Zuschlag ist auf eintausend RM. festgesetzt. Zur Löschung des Rechtes soll der Nachweis des Todes des Berechtigten genügen. Vorbehalten ist der Vorrang für eine später einzutragende Hypothek von dreitausend RM. nebst fünf vom Hundert Zinsen. Eingetragen am 5. April 1904. Fischer Neumann	
3	4	Ein Vorkaufsrecht für den Gastwirt Wilhelm Schröder in Seefeld unter Bezugnahme auf die Bewilligung vom 3. März 1906 eingetragen am 4. April 1906. Fischer Neumann	
4	5	Widerspruch gegen die Eintragung des Eigentums des Bauers Heinrich Schmidt und seiner Ehefrau zugunsten des Kaufmanns Felix Busse in Grünbusch auf Grund der einstweiligen Verfügung des Landgerichts zu N. vom 25. September eingetragen am 3. Oktober 1908. Fischer Neumann	
5	8	Ein Erbbaurecht nach Maßgabe der Bewilligung vom 15. August 1910 für den Gastwirt Wilhelm Schröder in Seefeld eingetragen am 17. August 1910. Fischer Neumann	

Abteilung.

Veränderungen		Löschungen	
Eintragung	Löschung	Zur laufenden Nummer der Eintragung	
5.	6.	7.	8.
Der vorbehaltene Vorrang vor diesem Rechte ist der in Abteilung III Nr. 4 eingetragenen Hypothek eingeräumt. Eingetragen am 16. Oktober 1905. Fischer Neumann		1	Gelöscht am 5. April 1904 Fischer Neumann
		2	Gelöscht am 5. Juli 1909. Fischer Neumann
Für das Erbbaurecht ist das Blatt Nr. 86 in Band III dieses Grundbuchs angelegt. Eingetragen am 5. Februar 1912. Fischer Neumann		3	Gelöscht am 17. August 1910. Fischer Neumann

Dritte

Laufende Nummer der Eintragung	Laufende Nummer der belast. Grundstücke	Betrag RM.	Hypotheken, Grundschulden, Rentenschulden		
				Zur laufend. Nr. der Eintragung	Betrag RM.
1.	2.	3.	4.	5.	6.
1	1	9000 — 4000 5000 — 2000 3000	Neuntausend RM. Darlehn mit fünf vom Hundert jährlich seit 1. April 1896 verzinslich und sechs Monate nach Kündigung rückzahlbar für den Schankwirt Wilhelm Peters in Schwarzbach bei der Anlegung des Grundbuchs eingetragen am 3. August 1901. Fischer Neumann	2	2800
2	3	3300 — 500 2800	Sicherungshypothek für eine am 1. April 1904 zahlbare Kaufgeldforderung von dreitausenddreihundert RM. für den Maschinenfabrikanten Karl Franck in Lobau eingetragen am 12. Juni 1903. Fischer Neumann	1	5000
3	3, 4	500	Vormerkung zur Sicherung des Anspruchs auf Einräumung einer Hypothek im Betrage von fünfhundert RM. für den Kaufmann Karl Müller in Seefeld unter Bezugnahme auf die einstweilige Verfügung des Landgerichts zu N vom 1., eingetragen am 3. Februar 1905. Fischer Neumann Umgeschrieben in eine Hypothek für eine Kaufgeldforderung von fünfhundert RM. nebst vier vom Hundert jährlichen Zinsen seit dem 1. Mai 1905 für den Kaufmann Karl Müller in Seefeld unter Bezugnahme auf das rechtskräftige Urteil des Landgerichts zu N vom 6. Juni 1905 eingetragen am 12. Juli 1905. Fischer Neumann	1 2 1 2 4	5000 2800 500 2800 300
4	3	3000	Dreitausend RM. Darlehen, mit fünf vom Hundert jährlich seit dem 1. Oktober 1905 verzinslich, für die Landwirtschaftliche Kreditbank, Aktiengesellschaft in Hannover. Die Eigentümer haben sich der sofortigen Zwangsvollstreckung in der Weise unterworfen, daß sie gegen den jeweiligen Eigentümer zulässig sein soll. Unter Bezugnahme auf die Bewilligung vom 24. September 1905 eingetragen mit dem Vorrange vor dem in Abteilung II Nr. 2 eingetragenen Wohnungsrecht am 16. Oktober 1905. Fischer Neumann		

Abteilung.

Veränderungen		Löschungen		
Eintragung	Löschung	Zur laufenden Nummer der Eintragung	Betrag RM.	
7.	8.	9.	10.	11.
Der Restbetrag von zweitausendachthundert RM. umgewandelt in eine gewöhnliche Hypothek für ein mit fünf vom Hundert jährlich seit dem 1. April 1904 verzinsliches Darlehen für den Fabrikbesitzer Karl Franck in Lobau eingetragen am 4. April 1904. Fischer Neumann		2	500	Fünfhundert RM. gelöscht am 4. April 1904. Fischer Neumann
		1	4000	Viertausend RM. Resthypothek des Wilhelm Peters gelöscht am 6. Januar 1905. Fischer Neumann
		3	500	Gelöscht am 16. Oktober 1905. Fischer Neumann
Fünftausend RM. mit dem Vorrange vor dem Reste nebst den Zinsen seit dem 1. Oktober 1904 abgetreten an den Schmied Heinrich Stark in Hannover. Eingetragen am 24. Oktober 1904. Fischer Neumann		1	2000	Zweitausend RM. gelöscht am 10. Dezember 1907. Fischer Neumann
		6	1000	Gelöscht am 4. April 1912. Fischer Neumann
Umgeschrieben für die Landwirtschaftliche Kreditbank, Aktiengesellschaft, in Hannover mit der Maßgabe, daß an die Stelle der bisherigen Forderungen eine mit fünf vom Hundert jährlich seit dem 1. Oktober 1905 verzinsliche Darlehnsforderung gesetzt ist. Die Eigentümer haben sich der sofortigen Zwangsvollstreckung in der Weise unterworfen, daß sie gegen den jeweiligen Eigentümer zulässig sein soll. Unter Bezugnahme auf die Bewilligung vom 24. September eingetragen am 16. Oktober 1905. Fischer Neumann		7	2500	Zweitausendfünfhundert RM. Ablösungssumme und einhundertzehn RM. jährliche Rentenschuld gelöscht am 16. Oktober 1916. Fischer Neumann
Über diese Hypotheken ist der Gläubigerin ein gemeinschaftlicher Brief erteilt. Eingetragen am 20. Oktober 1905. Fischer Neumann				

Dritte

Laufende Nummer der Eintragung	Laufende Nummer der belasteten Grundstücke	Betrag RM.	Hypotheken, Grundschulden, Rentenschulden	Zur laufenden Nummer der Eintragung	Betrag RM.
1.	2.	3.	4.	5.	6.
5	3	500	Sicherungshypothek zum Höchstbetrage von fünfhundert RM. für den Zimmermeister Hermann Zander in Seefeld eingetragen am 4. März 1908. Fischer Neumann	6	1000
6	3	1000	Eintausend RM. Grundschuld mit sechs vom Hundert jährlich seit dem 1. April 1908 verzinslich und drei Monate nach Kündigung zahlbar für den Rentier Friedrich Klein in Hannover. Die Erteilung eines Briefes ist ausgeschlossen. Eingetragen am 7. April 1908. Fischer Neumann		
7	3	6000 — 2500 3500	Zweihundertfünfundachtzig RM. vom 1. April 1912 an jährlich am 1. April zahlbare Rentenschuld, ablösbar mit sechstausend RM., für die Kirchengemeinde in Hochdorf mit dem Vorrange vor den unter Nr. 5 eingetragenen fünfhundert RM. eingetragen am 4. April 1912. Fischer Neumann	5	500
				5	500

Abteilung.

Veränderungen		Löschungen		
Eintragung	Löschung	Zur laufenden Nummer der Eintragung	Betrag RM.	
7.	8.	9.	10.	11.
Mit den Zinsen seit 1. Oktober 1909 abgetreten an den Bankier Karl Scholz in Hannover und umgewandelt in eine Hypothek für eine vom 1. Oktober 1909 an jährlich mit sechs vom Hundert verzinsliche, sechs Monate nach Kündigung rückzahlbare Darlehnsforderung. Die Ausschließung der Erteilung eines Briefes ist aufgehoben. Das Grundstück Buchhain Kartenblatt 2 Parzelle 25 (Band III Blatt Nr. 22) haftet mit. Eingetragen am 3. Oktober 1909. Fischer Neumann				
Diese Hypothek ist infolge Verzichts des Gläubigers vom 7. Januar 1910 als Grundschuld für den Bauer Heinrich Schmidt in Buchhain und seine Ehefrau Sophie, geborene Busse, umgeschrieben am 7. Januar 1910. Fischer Neumann				
Vor dieser Grundschuld ist der unter Nr. 7 eingetragenen Rentenschuld der Vorrang eingeräumt. Eingetragen am 4. April 1912. Fischer Neumann				

Sachverzeichnis.

(Die Zahlen bedeuten die Seiten.)

A.

B.

C.

D.

E.

F.

G.

H.

J.

K.

L.

M.

N.

S.

T.

U.

V.

Gesetz über die Aufwertung von Hypotheken und anderen Ansprüchen (Aufwertungsgesetz) vom 16. Juli 1925 und **Durchführungsverordnung** vom 29. November 1925 unter besonderer Berücksichtigung der Rechtsprechung des Kammergerichts erläutert von **Carl Gribel,** Kammergerichtsrat in Berlin. Zweite, neu bearbeitete Auflage. XVI, 356 Seiten. 1926. RM 12.—

Die Aufwertung. Systematische Einführung. Vorträge von **C. Gribel, H. Neufeld, O. Mügel, H. Wunderlich.** Herausgegeben von der **Verwaltungsakademie Berlin.** IV, 78 Seiten. 1926. RM. 3.60

Die Aufwertungskrise. Ein Ergebnis der Lehre vom Nominalismus des Geldes und des Rechts. Von Dr. **James Goldschmidt,** ord. Professor der Rechte an der Universität Berlin. Vortrag, gehalten im Berliner Anwaltverein am 7. Juni 1926. 36 Seiten. 1926. RM. 2.70

Aktenmuster für Richter, Notare, Rechtsanwälte, Kanzleibeamte, Ausgleichs-, Konkursmassenverwalter und Studierende. Von Dr. **Michael Heller,** Hofrat i. R., Dr. **Georg Frankl,** Landgerichtsrat i. R., Dr. **Ludwig Heller,** Richter.

I. Band: Das novellierte Gesetz über das gerichtliche Verfahren außer Streitsachen. **Verlassenschaftsabhandlung. Vormundschaft. Freiwillige Schätzung und Feilbietung.** VI, 287 Seiten. 1926. RM 10.—

II. Band: **Die novellierte Konkurs-, Ausgleichs- und Anfechtungsordnung.** Mit Entscheidungen, Literaturangaben und 35 Aktenmustern. IX, 467 Seiten. 1927. RM 17.20

(Verlag von Julius Springer in Wien I)

Freiwillige Gerichtsbarkeit. Von Dr. **Friedrich Lent,** Professor an der Universität Erlangen. („Enzyklopädie der Rechts- und Staatswissenschaft", Band XIX.) V, 24 Seiten. 1925. RM 2.70

Fürsorgerecht. Von Dr. **Hans Muthesius,** Stadtrat in Berlin-Schöneberg. (Bildet Band XXXIb der „Enzyklopädie der Rechts- und Staatswissenschaft".) XII, 184 Seiten. 1928. RM 8.60

Die Wohlfahrtspflege auf Grund der Fürsorgepflichtverordnung und der Reichsgrundsätze. Systematische Einführung von Dr. **Hans Muthesius,** Stadtrat in Berlin-Schöneberg. Zweite Auflage. VIII, 131 Seiten. 1928. RM 3.90